A tragédia da Ucrânia

NICOLAI N. PETRO

A tragédia da Ucrânia

O que a tragédia grega pode nos ensinar sobre a solução de conflitos

Tradução
Rachel Meneguello

INCT INEU
INSTITUTO NACIONAL DE CIÊNCIA E TECNOLOGIA PARA ESTUDOS SOBRE OS ESTADOS UNIDOS

editora unesp

Título original: *The Tragedy of Ukraine: What Classical Greek Tragedy Can Teach Us About Conflict Resolution*

Direitos de publicação reservados à:
Fundação Editora da Unesp (FEU)
Praça da Sé, 108
01001-900 – São Paulo – SP
Tel.: (0xx11) 3242-7171
Fax: (0xx11) 3242-7172
www.editoraunesp.com.br
www.livrariaunesp.com.br
atendimento.editora@unesp.br

Dados Internacionais de Catalogação na Publicação (CIP) de acordo com ISBD
Elaborado por Odilio Hilario Moreira Junior – CRB-8/9949

P497t

Petro, Nicolai N.
A tragédia da Ucrânia: o que a tragédia grega pode nos ensinar sobre a solução de conflitos / Nicolai N. Petro; traduzido por Rachel Meneguello. – São Paulo: Editora Unesp, 2025.

Tradução de: *The Tragedy of Ukraine: What Classical Greek Tragedy Can Teach Us About Conflict Resolution*
Inclui bibliografia.
ISBN: 978-65-5711-273-1

1. Relações internacionais. 2. Diplomacia. 3. Guerra da Ucrânia. 4. Mediação. 5. Solução de conflitos. 6. Negociação. I. Meneguello, Rachel. II. Título.

2025-1331 CDD 327
CDU 327

Esta publicação contou com apoio do Conselho Nacional de Desenvolvimento Científico e Tecnológico (CNPq, processo n.465460/2014-3)

Editora afiliada:

A justiça inclina a balança para aqueles que sofrem.

Ésquilo, *Agamenon*, 250

Sumário

Lista de figuras e tabelas

Agradecimentos

Ao longo da década que levei para escrever este livro, recebi a assistência generosa de muitas fontes diferentes. Minha dívida começa com a Academia Ucraniana de Ciências e o Fórum Ucraniano, que me convidaram pela primeira vez para visitar Kiev em 2008. Dois anos depois, a Universidade Nacional Vladimir Karazin, na Carcóvia, providenciou para que eu desse lá uma série de palestras. A Comissão Fulbright dos Estados Unidos me patrocinou com uma bolsa Fulbright para a Universidade Nacional Ilya Mechnikov, em Odessa, Ucrânia, para o ano acadêmico de 2013-2014, onde o então reitor Igor N. Koval, o reitor Viktor Glebov e o professor Volodymyr Dubovyk gentilmente organizaram várias palestras para mim.

As universidades de Pisa e de Bolonha, na Itália, não apenas me ofereceram oportunidades de falar, mas também me convidaram para participar da supervisão de três teses de pós-graduação que tratam da Ucrânia. Isso culminou, em 2021, em um convite como pesquisador visitante no Institute for Advanced Studies da Universidade de Bolonha, onde apresentei três palestras que, mais tarde, se tornaram a base para este livro. Palestras subsequentes na Brown, na Johns Hopkins, no Monterey Summer Symposium on Russia, na Fairfield University, no Austrian International Institute for Peace, e no Research Center of Post-Soviet Countries, em Moscou, me ajudaram a refinar ainda mais meus argumentos.

O apoio financeiro inesgotável foi fornecido pela University of Rhode Island, que não apenas financiou duas licenças sabáticas de um ano, a maioria das quais foi passada na Ucrânia, mas também ajudou a custear a edição de texto e a indexação por meio de prêmios competitivos do URI Center for Humanities e do URI Provost's Office. Agradecimentos especiais a Michaela

Goebels, editora de conteúdo de livros da De Gruyter, por conduzir este livro até a publicação.

Por fim, nenhuma palavra pode expressar adequadamente minha dívida com minha esposa, Allison, que pacientemente suportou meus muitos fins de semana escrevendo, as entrevistas para a mídia a qualquer hora do dia e as longas estadas no exterior, muitas vezes em circunstâncias nada ideais. Sendo casado com ela por quase quarenta anos, posso dizer honestamente que este é o *nosso* livro.

Introdução

Tenho acompanhado os eventos na Ucrânia desde 2008, quando fui convidado para dar uma palestra pela Academia Nacional de Ciências da Ucrânia e participei de um painel presidido pelo ex-presidente ucraniano, Leonid Kuchma.[1] Desde então, minha esposa e eu visitamos a Ucrânia quase todos os anos. Enquanto estávamos lá, viajamos muito, fascinados pela rica história e a diversidade regional do país. Em 2013, recebi uma bolsa de pesquisa Fulbright para ir à Ucrânia durante todo o ano acadêmico. Foi um ano de grande importância, com os protestos de Maidan começando apenas três meses após a nossa chegada. Minha agenda de pesquisa original, que era explorar o papel da Igreja Ortodoxa Russa na Ucrânia, rapidamente caiu no esquecimento enquanto eu lutava para entender o que estava acontecendo ao meu redor.

A visão mais popular na época, como agora, é que a crise do país pós-Maidan é inteiramente resultado da agressão russa. O que torna essa explicação menos do que completa, no entanto, é que as divisões históricas e culturais da Ucrânia são bem estabelecidas e têm sido um tema proeminente em escritos acadêmicos sobre o país. É difícil imaginar como elas poderiam subitamente se divorciar dos eventos atuais. Portanto, concordo com Mykola Riabchuk (com quem concordo em pouco mais) que "o problema continua sendo encontrar a essência da discórdia ucraniana, que não pode

1 "Security and Development Strategies in 21st Century" [Estratégias de segurança e desenvolvimento], 13-14 nov. 2008, Kiev, Ucrânia, financiado pelo Fórum Ucraniano e Academia Nacional de Ciências da Ucrânia.

ser exclusivamente atribuída à subversão russa ou mesmo à invasão".[2] Para mim, isso significa prestar mais atenção, não menos, à diversidade histórica e cultural da Ucrânia.

No entanto, eu não tinha um esquema satisfatório para explicar a intensidade e a persistência da discórdia interna do país, até que me deparei com o livro de Richard Ned Lebow, *The Tragic Vision of Politics*.[3] Nele, reconheci processos comparáveis aos que testemunhei na Ucrânia – nacionalismo apaixonado e zelo revolucionário, seguidos pela rejeição de opções políticas sólidas e o aumento de tensões sociais. O trabalho clássico de Lebow se concentra nas relações internacionais, mas eu estava confiante de que abordar a sociedade ucraniana através das lentes da tragédia grega clássica revelaria muitas das mesmas patologias sociais subjacentes.

Um estudo mais aprofundado da tragédia grega clássica me levou à conclusão de que um ciclo político trágico pode se manifestar de várias maneiras diferentes. O declínio social, por exemplo, é frequentemente prenunciado pela crescente estridência do discurso político doméstico e pela demonização dos oponentes locais. Outra característica proeminente é a ascensão do nacionalismo, que pode se tornar uma forma de psicose coletiva. Mas, apesar do valor da tragédia grega clássica para obter uma visão das raízes emocionais do conflito, a ciência política moderna parece ter esquecido completamente que sua função mais importante era restaurar a sociedade e reconciliar antigos inimigos; em outras palavras, ajudar na solução de conflitos.

Isso me forneceu a peça que faltava no quebra-cabeça. A essência da discórdia ucraniana, para usar a feliz expressão de Riabchuk, estava na relutância do Estado em reconhecer a Outra Ucrânia – o terço da população que considera a sua própria identidade cultural russa compatível com uma identidade cívica ucraniana – como uma porção legítima da nação ucraniana. Os eventos trágicos de hoje, portanto, fazem parte de um ciclo trágico muito maior que torna as elites políticas ucranianas perplexas há mais de um século. Esse ciclo é alimentado pelas narrativas destrutivas que um lado conta sobre o outro, que então legitimam o conflito em nome da obtenção de justiça. Presos por sua insistência em corrigir as injustiças do passado antes de se engajarem no diálogo, ambos os lados contribuíram involuntariamente para a perpetuação de sua tragédia mútua.

Minha discussão sobre o papel que a tragédia desempenhou na discórdia social da Ucrânia e o papel que ela pode desempenhar em sua cura prossegue da seguinte forma. O Capítulo 1 relembra os leitores do impacto social

2 Riabchuk, "'Two Ukraines' Reconsidered: The End of Ukrainian Ambivalence?", *Studies in Ethnicity and Nationalism*, v.15, n.1, n.esp. Nationalism and Belonging, p.138-56, abr. 2015. Disponível em: <https://doi.org/10.1111/sena.12120>. Acesso em: 13 dez. 2024.

3 Lebow, *The Tragic Vision of Politics*.

e terapêutico único da tragédia durante o auge da democracia ateniense – o século V a.C. Depois de descrever como a tragédia buscou transformar os atenienses em cidadãos melhores e mais compassivos, o capítulo explora por que a ciência política moderna abandonou a tragédia e conclui sugerindo que uma visão trágica da política tem potencial inexplorado para curar a Ucrânia.

O Capítulo 2 investiga profundamente o ciclo recorrente da tragédia ucraniana, mostrando como ela está ligada ao nacionalismo. Ele descreve várias narrativas históricas importantes que dividem o leste e o oeste da Ucrânia, e como elas ainda estão sendo usadas hoje para manipular o discurso político e social no país.

O Capítulo 3 analisa o apelo do nacionalismo de extrema direita na Ucrânia, que se baseia em sua afirmação de que somente o nacionalismo pode garantir a unidade do país. Descrevo como a integração da extrema direita após 2014 intensificou o conflito social entre o leste e o oeste da Ucrânia, e sugiro que o patriotismo republicano, que tem as suas origens em um senso de comunidade muito diferente do nacionalismo, pode ser mais eficaz para alcançar a unidade nacional.

O Capítulo 4 descreve os danos concretos que o nacionalismo causou em áreas da política nacional como a saúde, a economia, a cultura e a religião, e o Capítulo 5 analisa o impacto que o nacionalismo teve nos interesses geopolíticos e de segurança da Ucrânia. Argumento que, embora a perda territorial da Crimeia e de partes de Donbass tenha sido devido à intervenção militar da Rússia, suas origens psicológicas podem ser atribuídas a três décadas de políticas nacionalistas que alienaram a população local.

No capítulo final, examino os esforços para trazer paz à Ucrânia. Eles se enquadram em duas categorias amplas: os esforços externos, como os Acordos de Minsk, e os esforços internos, como a Plataforma Nacional para Reconciliação e Unidade. Ambos fracassaram em alcançar a paz porque não incluíram qualquer mecanismo para promover a reintegração social entre os próprios ucranianos. Sugiro que uma Comissão Ucraniana de Verdade e Reconciliação poderia fornecer tais mecanismos.

A invasão da Rússia em 2022 começou quando eu estava dando os últimos retoques no capítulo final. Ela confirmou algumas partes de minha análise e me forçou a reavaliar outras. Ainda mais importante, ela confirmou a minha visão da política como um ciclo trágico impulsionado pelo medo mútuo e pela perda da capacidade de comunicação. Isso me sugere que não importa como o conflito militar seja resolvido, ele não porá fim ao ciclo trágico da Ucrânia, a menos que as elites do país também reconheçam como suas próprias ações estão contribuindo para a perpetuação desse ciclo.

O conflito recorrente é tanto um problema das atitudes quanto das instituições, e o valor duradouro da tragédia grega clássica é que ela busca induzir uma mudança de atitudes, uma *catharsis*. Édipo ficou cego por sua raiva muito antes de impor as mãos sobre si mesmo, e só começou a ver verdadeiramente quando perdeu a visão externa e foi forçado a olhar para dentro. Espero que, ao chamar a atenção para o ciclo trágico que os envolve, mais ucranianos sejam encorajados a olhar para dentro. É quando encontrarão a compaixão e o perdão necessários para a reconciliação.

Kingston, Rhode Island
Odessa, Ucrânia
Nicolai N. Petro

Nota sobre transliteração

O sistema de transliteração usado neste livro é uma versão simplificada do usado para russo e o ucraniano pela American Library Association e Library of Congress (ALA-LC), com as seguintes exceções. Sinais fortes e suaves foram omitidos. Quando um sinal suave aparece no meio de uma palavra precedida por uma vogal, ele foi substituído por um "y". As letras "ю" e "я" são transliteradas como "yu" e "ya". A letra "й" é transliterada como "i" em russo, mas "y" em ucraniano (como em "Andrei" e "Andriy").

Na transliteração de nomes próprios, tentei usar a forma que predomina atualmente no uso do inglês, conforme determinado pela frequência de uso da internet. Portanto, transliterei "ий" como "y" em russo, mas "ій" como "iy" em ucraniano (como em "Volodymyr Zelensky" e "Andriy Parubiy"). Para nomes de lugares, dei preferência ao idioma local predominante. Assim, Lviv, em vez de Lwow ou Lvov; Lugansk, em vez de Luhansk; Odessa, em vez de Odesa, e Kiev, em vez de Kyiv.

Ao mencionar traduções e citá-las, preservei a transliteração original. Minha assistente de pós-graduação multilíngue, Ekaterina Sylvester, foi uma ajuda inestimável na verificação de minhas traduções, transliterações e referências ao longo do livro. Quaisquer erros que permaneçam são inteiramente meus.

1
O que Atenas tem a ver com Kiev?

A tragédia nasce no momento em que o mito passa a ser olhado do ponto de vista do cidadão e em relação à lei e à cidade.

Simon Critchley, professor de filosofia[1]

Isso não é uma "crise". Isso é algo mais, algo mais profundo e mais fatal... estamos testemunhando um drama de destruição; ainda pior que a autodestruição. Os fatores externos, russos ou globais, desempenham um papel mínimo. Isso é a elite nacional e, verdade seja dita, uma ampla parcela do povo, determinando seu destino.

Dmitry Vydrin, conselheiro de quatro presidentes ucranianos, Rada MP (2006-2007)[2]

Desde 2014, a Ucrânia tem estado nas notícias principalmente devido aos seus conflitos com a Rússia. Boa parte do Ocidente assume que esses conflitos começaram em 2014, com a "Revolução da Dignidade", que levou primeiro à anexação da Crimeia pela Rússia e depois ao conflito na região de Donbass, no leste da Ucrânia. O governo ucraniano respondeu a

1 Critchley, *Tragedy, the Greeks, and Us*, p.40.

2 Kevorkyan, "Vydrin: Vlast – eto kogda stranoi pravyat idei" [Vydrin: poder é quando as ideias governam o país]. *Ukraina.ru*, 3 fev. 2020. Disponível em: <https://ukraina.ru/20200203/1026505926.html>. Acesso em: 13 dez. 2024.

esses eventos lançando uma "operação antiterrorista" (ATO) em abril de 2014. Quatro anos depois, tornou-se uma operação militar completa contra a Rússia, designada "a nação agressora".[3]

Entretanto, na verdade, o conflito atual é apenas o mais recente de uma série de conflitos que têm atormentado essa área do mundo por mais de um século. Eles incluem: a grande rivalidade de poder entre a Rússia e o Ocidente; o conflito entre a Rússia e a Ucrânia; e, finalmente, o conflito dentro da própria Ucrânia sobre sua identidade nacional, sua relação com a Rússia e seu papel no mundo. Em suma, é um conflito sobre quem define a identidade ucraniana.

Para muitos na Ucrânia Ocidental, inspirados pelo exemplo histórico da Galícia, ser ucraniano significa rejeitar todas as coisas russas – o idioma, a religião, o comércio, os recursos, a ciência, a música, os livros, tudo. Somente depois que a Ucrânia tiver se "descolonizado" é que a verdadeira Ucrânia poderá emergir. Durante o Maidan de 2014, isso foi chamado de "escolha civilizacional".

Para muitos na Ucrânia Oriental, ou Malorossia,* no entanto, ser ucraniano significa ter uma identidade regional que reconhece os laços históricos e culturais do país com a Rússia. A maioria das pessoas nessa metade russófila da Ucrânia, portanto, viu o chamado para uma escolha civilizacional como desnecessário, divisivo e humilhante. Esse conflito de pontos de vista sobre o passado e o futuro da Ucrânia irrompeu em conflito armado em seu interior pelo menos quatro vezes – durante a Primeira Guerra Mundial, durante a Segunda Guerra Mundial, após o Maidan de 2014 e agora novamente em 2022.

Por que isso persiste? Como esse país abundante, cujos líderes políticos prometeram que, após a independência, ele rapidamente rivalizaria com a França em seu padrão de vida, acabou declinando em um terço em população e se tornando o país mais pobre da Europa?[4] A resposta a essa pergunta, que tem incomodado analistas políticos, está enraizada na longa e difícil luta para estabelecer uma nação ucraniana independente. Essa luta deu origem ao engajamento cívico com base em uma identidade comum, mas também a

---

3 "ATO zavershilas" [A ATO acabou]. *TSN.ua*, 30 abr. 2018. Disponível em: <https://tsn.ua/ru/ato/ato-zavershilas-poroshenko-obyavil-nachalo-operacii-obedinennyh-sil-1147884.html>. Acesso em: 13 dez. 2024.

* [Malorossia ou Pequena Rússia é o nome dado à região que abrange partes do Norte, Centro, Leste e Sul da Ucrânia, antes pertencentes ao Império Russo do século XIX. O oeste da Ucrânia, que inclui as regiões de Volyn e Galícia, anteriormente pertencente à Comunidade Polaco-Lituana, teve distinto desenvolvimento cultural. O autor utiliza como referência a essa região o nome Malorossia/maloross em diversas partes do livro. Cf. Rothman; Peperkamp; Rietjens (orgs.), *Reflections on the Russia-Ukraine War*. (N. T.)]

4 Anoshin, "Skarshevksy: 27 let Ukrainy – put is pustyni v boloto" [Skarshevsky: 27 anos de Ucrânia – o caminho do deserto ao pântano]. *Ukraina.ru*, 24 ago. 2018. Disponível em: <https://ukraina.ru/20180824/1020917780.html>. Acesso em: 13 dez. 2024.

patologias sociais que colocam os ucranianos uns contra os outros. Para entender a persistência dessas patologias, é necessária uma abordagem analítica que compreenda como os medos profundamente arraigados ainda podem ser evocados hoje por eventos que ocorreram décadas, ou mesmo séculos atrás.

O estudo da tragédia grega clássica oferece essa abordagem analítica. Em contraste com a ciência política moderna, que trata todos os atores sociais como maximizadores de lucro, a tragédia concentra atenção particular em emoções como a raiva, o ódio ou o amor. Uma abordagem que combine a política e a tragédia grega clássica, portanto, nos permite entender melhor o nacionalismo ucraniano e por que ele foi capaz de exercer uma influência tão extraordinária sobre o pensamento de gerações de ucranianos.

A razão é que a tragédia grega clássica desempenhou um papel fundamental na formação do pensamento da sociedade ateniense sobre eventos políticos da época. Ela promoveu a harmonia social e ajudou a promover a paz com os inimigos mais ferrenhos de Atenas. Pode, portanto, oferecer às sociedades modernas uma forma de resolução de conflitos que é particularmente adequada para sociedades profundamente divididas que, às vezes, podem se tornar obcecadas pelo medo de que suas próprias instituições fracassem com elas.

Antes de abordar os aspectos específicos da tragédia da Ucrânia, portanto, é importante relembrar o significado político e a função cívica da tragédia na Atenas antiga. Em seguida, examinarei por que, apesar de uma linhagem tão distinta, a ciência política moderna virou as costas à tragédia como uma ferramenta analítica, e concluirei argumentando que uma abordagem trágica à política pode ser especialmente valiosa para compreender e curar a Ucrânia contemporânea.

1.1 A *Dionísia*: o teatro clássico grego como uma instituição política

Como gênero teatral, a tragédia está conosco há mais de 2.500 anos. Nesse espaço de tempo ela assumiu uma variedade de formas: do teatro puro à filosofia, à psicologia (individual e social), ao protesto social e até mesmo ao burlesco.[5] Essa riqueza levou alguns a concluir que "nenhuma definição de tragédia mais elaborada que 'muito triste' já funcionou".[6] Mas isso é um exagero. Sabemos, por exemplo, que na Atenas antiga a performance da tragédia era uma parte essencial da educação cívica, uma instituição de governança que ensinava os cidadãos a lidar com as crises políticas

5 Gamel, "The Postclassical Reception of Greek Tragedy", em Lefkowitz; Romm (orgs.), *The Greek Plays: Sixteen Plays by Aeschylus, Sophocles, and Euripides*, p.816.

6 Eagleton, *Sweet Violence: The Idea of the Tragic*, p.3.

e sociais da época. Ela era o coração pulsante da democracia ateniense em exibição pública.

É comumente assumido que a tragédia surgiu dos rituais religiosos realizados em homenagem ao deus grego Dionísio. Ela era a principal atração da *Dionísia*, o festival anual da cidade de Atenas. A cada ano, durante esses festivais, quatro peças eram encenadas – três tragédias e uma comédia ou sátira.[7] Um fundo especial subsidiava ingressos para os pobres e até fornecia carnes caras para atrair as massas – o *hoi polloi*. A maior arena, o teatro de Dionísio na encosta sul da Acrópole, podia receber até 18 mil pessoas, levando alguns estudiosos a concluir que a maioria dos cidadãos atenienses comparecia.[8]

Uma ideia da importância da *Dionísia* pode ser obtida a partir do tempo e das despesas investidas nessas produções.[9] Os preparativos levavam mais da metade do ano e podiam envolver mais de mil artistas. Os cidadãos ricos frequentemente competiam entre si para apoiar os grandes coros – até cinquenta cantores – que eram isentos do serviço militar, mesmo durante a longa e exaustiva guerra com Esparta. Os atores e os escritores eram pagos pelos cofres da cidade, e as produções eram supervisionadas tão meticulosamente que Platão, certa vez, se referiu com desprezo a Atenas como uma teatrocracia (*theatrokratia*), uma cidade governada por seu teatro.[10]

O próprio termo do qual deriva a palavra teatro em grego, *theaomai*, refere-se a um lugar no qual todas as questões e todas as pessoas são visíveis e expostas.[11] As apresentações frequentemente lidavam com tópicos controversos e podiam servir como uma válvula de escape para aqueles excluídos do processo político – as mulheres, os escravos e os estrangeiros residentes. No teatro, eles tinham uma voz que os cidadãos atenienses eram forçados a ouvir. Devemos pensar nas apresentações do teatro grego clássico não como os lugares silenciosos de observação passiva com os quais estamos familiarizados hoje, mas sim como tendo a atmosfera turbulenta de uma convenção política. "A política para esse público", escreve John Ferguson, "não era um profissionalismo remoto, mas seu sopro de vida, e estamos certos em buscar o contexto político de qualquer peça, seja tragédia ou comédia."[12]

---

7 Mendelsohn, "'Saving the City', Tragedy in its Civic Context", em Lefkowitz; Romm (orgs.), *The Greek Plays*, p.793; Goldhill, "The Audience of Athenian Tragedy", em Easterling (org.), *The Cambridge Companion to Greek Tragedy*, p.54-68.

8 Rehm, *Understanding Greek Tragic Theater*, p.19 e 31; Ferguson, *A Companion to Greek Tragedy*, p.13.

9 Jacob Burckhardt fala das "riqueza e variedade incalculáveis de festivais". Meier, *The Political Art of Greek Tragedy*, p.44-5 e 52-6.

10 Critchley, *Tragedy, the Greeks, and Us*, p.42.

11 Zappulla, "Reading *Antigone* through Hannah Arendt's Political Philosophy", em V Mediterranean Congress of Aesthetics. Disponível em: <https://www.um.es/vmca/proceedings/docs/11.Silvia-Zappulla.pdf>. Acesso em: 30 dez. 2024.

12 Ferguson, *A Companion to Greek Tragedy*, p.12.

Parece que a apresentação da tragédia foi adaptada pela primeira vez para uso político no ápice dos séculos VI e V a.C. Naquela época, Atenas estava cheia de orgulho por sua vitória sobre a Pérsia, mas também estava em tumulto por causa das reformas democráticas de Clístenes. Platão reclamou que as leis estavam mudando tão rapidamente que qualquer um que estivesse fora da cidade por três meses não seria capaz de reconhecer seu entorno.[13]

A tragédia forneceu uma âncora nessa tempestade de três maneiras. Primeiro, ofereceu um local para a discussão política. *As troianas*, de Eurípides, por exemplo, é um relato comovente do destino de mulheres capturadas na guerra, produzido um ano depois que os próprios atenienses votaram para escravizar as mulheres e as crianças de Melos. Em *As suplicantes*, Ésquilo possui um refrão sobre a injustiça disso.

Em segundo lugar, a tragédia trouxe à tona questões controversas que não poderiam ser abordadas em outros espaços cívicos. Em *As fenícias*, os personagens de Eurípides discutem as circunstâncias sob as quais alguém pode trair e até atacar seu próprio país.[14] Em *Antígona*, o dilema central é se a responsabilidade de um cidadão deve ser para com a família, a *pólis* ou os deuses. Esses conflitos morais eram comumente debatidos na tragédia grega clássica, onde podiam ser ambientados no passado distante, e os deuses usados para restaurar a própria ordem social.

Finalmente, ela fornecia um modelo de comportamento social adequado. Assim, em *Os persas*, Ésquilo fornece uma explicação política e teológica para a vitória grega sobre os persas. Na *Ilíada*, de Homero, Sarpedon e Glauco argumentam que um país deve honrar os guerreiros não por sua habilidade militar, mas por escolherem sacrificar suas vidas pelo bem da *pólis*.[15] Em *Ájax*, Sófocles sugere que até mesmo os reis devem estar sujeitos à justiça divina. Quando Agamenon rejeita isso, ele paga um alto preço por seu desafio.[16]

Mais realismo no palco significava também mais realismo político. De acordo com Simon Goldhill, o dramaturgo trágico está sempre tentando persuadir o público sobre a postura cívica e moral correta a ser tomada, seja sobre a natureza da cidadania, o tratamento de inimigos ou a justiça da guerra.[17] Por meio dessa interação, os atenienses eram ensinados a reconhecer situações que poderiam ter que enfrentar como cidadãos e como responder a elas.

---

13 Meier, *The Political Art of Greek Tragedy*, p.10 e 34.

14 Goldhill, "Greek Drama and Political Theory", em Rowe; Schofield (orgs.), *The Cambridge History of Greek and Roman Political Thought*, p.74.

15 Anhalt, *Enraged: Why Violent Times Need Ancient Greek Myths*, p.74.

16 Meier, *The Political Art of Greek Tragedy*, p.172 e 166.

17 Eagleton, *Sweet Violence*, p.144.

Certamente, a democracia ateniense estava longe de ser perfeita. Na verdade, nem a democracia nem a tragédia clássica sobreviveram ao século. No entanto, ao longo desse século notável, o teatro se tornou uma instituição essencial da democracia ateniense, e assistir a peças era considerado um dever cívico tanto quanto assistir à assembleia ou servir em um júri.

1.2 Como a tragédia criou cidadãos melhores

Os atenienses acreditavam que sua democracia volátil poderia ser mais bem administrada com a ajuda das narrativas evocativas do teatro, um lugar onde vozes dissonantes poderiam ser moldadas em algo semelhante a uma cultura cívica. Aristófanes diz, explicitamente, em sua descrição da competição entre Ésquilo e Eurípides em Hades, que o melhor escritor deve ser considerado aquele que pode transformar "as pessoas em melhores cidadãos".[18]

Essas peças transmitiam o significado preciso de boa cidadania ao reiterar uma mensagem social consistente. Como apenas 3% das peças sobreviveram até hoje, talvez nunca saibamos se elas refletiam todo o *corpus* trágico. No entanto, mesmo essas poucas exibem uma consistência surpreendente de temas, em peças tão diversas quanto *Prometeu acorrentado*, *Ájax*, *Antígona* e a trilogia *Oresteia*.[19]

1.2.1 *Prometeu acorrentado*: a piedade leva à sabedoria

Em *Prometeu acorrentado* (457 a.C.), Ésquilo nos mostra que a vitória sobre o adversário não é, por si só, suficiente para acabar com o ciclo da tragédia. A justiça exige reconciliação com os derrotados, e mesmo Zeus deve aprender essa lição.

Ésquilo retrata Zeus como um tirano, alguém que pensa que o poder absoluto lhe permitirá escapar de qualquer coisa. Ao longo do caminho, no entanto, Zeus é forçado a aprender que a ordem adequada do universo exige moderação e reconciliação. É o filho meio-humano de Zeus, Hércules, que lhe revela isso ao libertar Prometeu contra os desejos de seu pai.

Na narração de Ésquilo desse antigo mito grego, o maior presente de Prometeu para a humanidade não é o fogo, mas seu próprio sofrimento semelhante ao de Cristo, por meio do qual a humanidade aprende a ter piedade.

---

18 Meier, *The Political Art of Greek Tragedy*, p.160.

19 Ferguson, *A Companion to Greek Tragedy*, p.238, 244, 243 e 463. Eurípides também se encaixa nesse padrão, embora eu não tenha incluído nenhuma de suas peças. Enquanto alguns argumentaram que Eurípides estava mais interessado no teatro pelo teatro, Ferguson vê em suas peças um pacifismo determinado, ódio pela subjugação das mulheres e anti-imperialismo. Ele destaca as conexões entre o pensamento de Eurípides e Tucídides, e aponta para uma tradição que diz que Tucídides escreveu o epitáfio do poeta.

Movido pelo exemplo de Prometeu, a arrogância de Zeus dá lugar à piedade, e ele é capaz de amadurecer de um tirano para um líder sábio.

1.2.2 *Ájax*: a compaixão é necessária para terminar com o ciclo da tragédia

Em *Ájax* (442 a.C.), Sófocles aborda outro tema familiar: o perigo da arrogância e da presunção na vitória. A peça gira em torno do conflito entre o dever para com o Estado e o dever para com a família, que é expresso no desejo da família de honrar alguém que, da perspectiva do Estado, morreu desonrosamente. O conflito é resolvido quando Odisseu insiste que há uma obrigação maior do que a lealdade ao Estado – a lealdade à comunidade grega como um todo.

Odisseu, o inimigo mortal de Ájax em vida, insiste que após a morte toda inimizade deve cessar; a fragilidade comum que une a humanidade (morte) deve estar acima da conveniência política.[20] Ao transcender sua inimizade pessoal e se tornar o porta-voz de Ájax na morte, Odisseu remove qualquer motivo para a vingança futura e impede que o ciclo trágico se repita. A "verdadeira sabedoria" de Odisseu (*sophein skopein*) deu a ele uma visão das leis divinas que estabelecem a conduta adequada para a humanidade.[21]

Sófocles dá mais pungência à sua mensagem ao mostrar que, quando Agamenon cede, de forma relutante, ao argumento de Odisseu, ele o faz pelos motivos errados. Ao contrário de Odisseu, que coloca o bem comum acima da vantagem pessoal, Agamenon busca criar uma obrigação da parte de Odisseu, pela qual pode extrair pagamento futuro. Ele não aprendeu o significado da verdadeira justiça e, portanto, está destinado a sofrer mais tragédias: mais tarde, é assassinado por sua esposa, Clitemnestra.

1.2.3 *Antígona*: a verdadeira justiça requer o triunfo do todo

Antígona (442 a.C.) também está imersa em política. A peça foi encenada na época do decreto de Péricles elevando a lealdade a Atenas acima de todas as outras lealdades, mesmo aquelas à própria família. Isso se torna a questão central de *Antígona*, que Sófocles ambienta na cidade rival de Tebas. O tirano local, Creonte, insiste que o irmão de Antígona, Polinices, que atacou Tebas para resolver uma disputa dinástica, não pode ser enterrado com honra porque "uma vez inimigo, nunca amigo, nem mesmo após a morte!".[22]

20 Meier, *The Political Art of Greek Tragedy*, p.177. Como Meier observa, as palavras que Sófocles usa são as mesmas que Atenas usava quando se referia aos seus estados vassalos, tornando as implicações políticas cristalinas para o seu público.

21 Ibidem, p.183.

22 Ibidem, p.190.

Antígona desobedece a esse decreto, então Creonte a empareda viva por desafiar sua autoridade. A defesa de Creonte é que ele está apenas buscando os melhores interesses da *pólis*. Sua devoção absoluta à razão de estado (*raison d'etat*), no entanto, o impede de ver que a verdadeira justiça é sobre o triunfo do todo, em vez do triunfo de sua própria visão parcial da justiça. Isso leva à sua queda.

A genialidade de Sófocles está em mostrar que a própria Antígona sofre do mesmo erro trágico. Não menos que Creonte, ela também está tentando manipular a justiça para o cumprimento de seus próprios desejos, enganando as autoridades sobre quem realmente enterrou Polinices. Creonte está errado por desobedecer às leis dos deuses, mas Antígona está errada por agir como se fosse "uma lei [para] si mesma" (Sófocles, *Antígona*). A recusa obstinada de ver qualquer outro ponto de vista além do seu leva cada um, à sua maneira, a se opor à *pólis*, uma condição que Sófocles chama de loucura (*dysboulian*).[23]

A capacidade de sacrificar o ganho pessoal pelo bem comum é o próprio fundamento sobre o qual o bem-estar da *pólis* repousa. A demanda de Creonte por autoridade total para manter a ordem e salvar a cidade – um argumento típico de "segurança nacional" – fracassa porque nenhuma ordem duradoura pode ser alcançada sem diálogo constante. Em Tebas não há espaço compartilhado (a tirania o aniquila) e nenhuma comunidade compartilhada (as pessoas estão isoladas umas das outras). Portanto, não pode mais ser considerada uma verdadeira *pólis*.[24]

1.2.4 *Oresteia*: a compaixão leva à verdadeira justiça e prosperidade

A trilogia *Oresteia*, de Ésquilo (458 a.C.), merece menção especial porque é a única trilogia completa que sobreviveu até os nossos tempos. Seu enredo ilumina os dilemas de injustiça e desigualdade, de lealdades conflitantes e as disputas civis que se seguiram à destruição de Troia. Ela ensina que crimes que permanecem sem perdão sempre gerarão novos crimes, para a miséria eterna da humanidade.

Na primeira peça, *Agamenon*, Clitemnestra, a esposa de Agamenon, assassina seu marido, após este retornar triunfante de Troia, por ter sacrificado sua filha Ifigênia para obter a vitória. Na sequência, em *As coéforas* (*As portadoras de libação*), essa maldição de sangue passa para seus descendentes, Orestes e Electra. Enquanto Orestes jura matar sua mãe para vingar o pai, ele refere-se a si mesmo como "vestindo a mancha da vitória", como Agamenon fez ao sancionar o assassinato de Ifigênia.[25] Finalmente, em *Eumênides*

23 Zappulla, "Reading *Antigone* through Hannah Arendt's Political Philosophy".

24 Ibidem.

25 Rehm, *Understanding Greek Tragic Theatre*, p.112.

(*As benevolentes*), a própria deusa Atena intervém. Quando Orestes é acusado do assassinato de sua mãe, ela convoca um júri para ouvir ambos os lados. Quando o júri absolve Orestes, as Fúrias, os espíritos da retidão, ficam inicialmente indignadas, mas quando Atena lhes oferece um lugar de honra em troca de mostrar compaixão a Orestes, elas são transformadas.

Devido à verdadeira justiça ter triunfado sobre a vingança, ricas bênçãos são conferidas a Atenas: a praga não infectará brotos e flores, as mulheres encontrarão maridos, as crianças crescerão, a guerra civil desaparecerá e a concórdia reinará.[26] A conclusão da trilogia cumpre assim a promessa feita por Zeus em *Agamenon* de que a vitória final irá para aqueles que promoverem a reconciliação e restaurarem a ordem adequada à *pólis*.[27]

A partir deste breve resumo de seis peças (de um total de 33 existentes), vemos que elas compartilhavam um propósito comum: ensinar aos cidadãos como acabar com o caos e restaurar a ordem. Para esse fim, as tragédias promulgaram um conjunto consistente de valores. Orgulho e vingança eram valores a serem evitados a todo custo. O orgulho levou ao desastre porque os homens, e às vezes até os deuses, muitas vezes falharam em compreender o escopo total da verdadeira justiça e, portanto, buscaram vingança. William Arrowsmith pinta esse quadro sombrio da vingança de Apolo contra Argos pelo crime de Orestes: "o palácio em chamas, a menina morta, a multidão gritando e os herdeiros degenerados morrendo no incêndio de seu próprio ódio".[28] Cada novo ciclo de tragédia é regado pelo sangue daqueles que buscam vingança por ofensas passadas.

Mas Zeus revelou outro caminho, que pode levar à sabedoria, se os homens escolherem segui-lo. Ao testemunhar no palco os horrores que resultam da busca incessante por vingança, o público pode escolher a *catharsis*, uma purgação de emoções tão poderosa que permite que novas emoções, como a pena (*eleos*) e a compaixão (*oiktos*), entrem na alma e tomem o lugar da raiva. Nossa pena tende a ser reservada para aqueles que conhecemos bem, mas a tragédia evoca pena para aqueles que não conhecemos, a fim de alcançar uma *catharsis* mais profunda e duradoura. Eurípides usa essa técnica em *Andrômaca*, concentrando-se inicialmente apenas na maldade de Esparta, mas depois expandindo gradualmente sua atenção para toda a Grécia.[29] Piedade e compaixão nos permitem forjar os laços de identidade que sustentam a comunidade. "Homens sem educação são impiedosos", diz Orestes à sua irmã Electra, "mas nós, que somos educados, temos muita pena" (Eurípides, *Elektra*, 295).

---

26 Ferguson, *A Companion to Greek Tragedy*, p.106.
27 Meier, *The Political Art of Greek Tragedy*, p.135.
28 Ferguson, *A Companion to Greek Tragedy*, p.566.
29 Ibidem, p.333.

Ao combinar a apresentação de peças com o debate público, os festivais dionisíacos promoveram uma nova forma de engajamento cívico – a democracia direta. As tragédias ajudaram na formação de uma cidadania preparada para governar, estabelecendo uma disputa artificial, ou *agon*, que imitava os conflitos na sociedade. À medida que a peça se desenrola, o herói deve explicar o raciocínio por trás de suas ações para o público, como se estivesse falando para uma assembleia de jurados. Depois disso, a parte oposta responde, estabelecendo assim um diálogo para o público avaliar. Às vezes, como em *Eumênides*, de Ésquilo, *As suplicantes*, de Eurípides, e *Édipo em Colono*, de Sófocles, os julgamentos tornavam-se parte do enredo real.

Alcançar a compaixão pelo inimigo era uma parte essencial da lição de civismo, pois sem ela o ciclo trágico nunca poderia ser quebrado. Em *As troianas*, Eurípides admite que a justiça estava do lado dos gregos, não dos troianos, mas ele está mais preocupado em arrancar lágrimas de sua audiência, para que os atenienses vissem em sua vitória "não a glória, mas a vergonha, a cegueira e um mundo engolido pela noite".[30] A tragédia grega clássica não era apenas sobre sofrimento; era uma celebração cívica do sofrimento.[31] De acordo com J. Peter Euben, esperava-se que os cidadãos "passassem por uma transformação de caráter de forma que sua raiva em relação aos outros se tornasse gentileza e um senso autodirigido de vergonha".[32]

O comportamento no palco, que era prudente e altruísta, era evidentemente nobre (*aretê*), e os dramaturgos gregos clássicos tomavam muito cuidado para mostrar como tal comportamento beneficiava a sociedade como um todo. *Húbris* e *hamartia* (a palavra que a Septuaginta frequentemente usa para "pecado") não eram tanto falhas morais, mas erros de categoria que poderiam colocar a *pólis* em perigo. O excesso de confiança ou o ódio cego faziam os líderes assumirem riscos desnecessários, enquanto a tragédia treinava os cidadãos a reconhecer e evitar políticas que poderiam levar ao desastre. A cidadania deveria ser sistematicamente afastada da *húbris* em direção à compaixão e à *catharsis*, a qual Aristóteles descreve como a introdução da ordem em "almas desordenadas ou incoerentes".[33] Ao substituir as emoções irracionais por um raciocínio adequado, a *catharsis* poderia libertar os indivíduos e as sociedades da repetição infinita de um roteiro trágico.

Um dos roteiros trágicos mais duradouros, tanto nos tempos antigos quanto nos modernos, é o imperativo presumido da guerra. Em *As suplicantes*, de Eurípides, o arauto desmente o pomposo apelo às armas de Teseu ao

30 Ibidem, p.48 e 336.

31 "A tragédia grega é uma celebração da vontade e capacidade dos cidadãos de Atenas de compartilhar a dor uns dos outros. Péricles transforma a partilha da dor em um ato de virtude cívica." (Alford, "Greek Tragedy and Civilization: The Cultivation of Pity". *Political Research Quarterly*, v.46, n.2, p.266, jun. 1993.)

32 Euben (org.), *Greek Tragedy and Political Theory*, p.282-3.

33 Ibidem, p.283-4 e 287.

comentar sardonicamente: "Se a morte estivesse diante dos nossos olhos enquanto dávamos os nossos votos, a Grécia não estaria agora perecendo de loucura pela guerra".[34]

Isso nem sempre funcionou. O apetite de Atenas por império e conquista foi, em última instância, sua ruína. Que alguns atenienses entenderam isso está mostrado no relato de Tucídides sobre o discurso que os enviados atenienses fizeram à assembleia espartana sobre suas razões para declarar guerra: "E por fim, quando quase todos nos odiavam, quando alguns já haviam se revoltado e sido subjugados, quando vocês deixaram de ser os amigos que eram e se tornaram objetos de suspeita e antipatia, não pareceu seguro renunciar a nosso império; especialmente porque todos os que nos deixassem recairiam sobre vocês".[35]

Mas antes de descartarmos o uso cívico da tragédia como um fracasso por não erradicar os instintos humanos mais básicos, devemos considerar seu sucesso em inculcar a piedade e a compaixão durante o século notável em que prosperou. De acordo com Heródoto, o público do teatro explodiu em lágrimas durante a apresentação de *Captura de Mileto*, de Frínico. Em dado momento, a peça foi proibida porque lembrava as pessoas muito intensamente de seu sofrimento.[36] Os prisioneiros de guerra atenienses que retornavam da expedição à Sicília relataram terem sido libertados porque conseguiam recitar as peças de Eurípides.[37] Portanto, é bem possível, como Emily Katz Anhalt sugere, que as peças trágicas que focavam no conflito entre as obrigações cívicas e as morais levaram os atenienses a pensar sobre as relações entre a democracia e o império, e a ser um pouco menos arrogantes sobre sua capacidade de moldar os eventos humanos.[38]

Também sido sugerido que a audiência trazia ensinamentos do teatro para suas deliberações na assembleia ou nos tribunais. Há, por exemplo, um relato da sacerdotisa Theano desobedecendo um decreto público exigindo que todos os sacerdotes amaldiçoassem publicamente o general ateniense Alcibíades. Em sua famosa recusa, ela faz o mesmo caso de Antígona, dizendo que sua função na *pólis* não é amaldiçoar, mas pregar.[39]

1.3 Como a política moderna perdeu de vista a tragédia

Nos séculos desde a queda de Atenas, a tragédia grega continuou a ser uma fonte de inspiração para o teatro, a filosofia, a psicologia, a literatura, a

34 Ferguson, *A Companion to Greek Tragedy*, p.312.
35 Lebow, *The Tragic Vision of Politics: Ethics, Interests and Orders*, p.269.
36 Meier, *The Political Art of Greek Tragedy*, p.61-3 e 219.
37 Ferguson, *A Companion to Greek Tragedy*, p.245 e 163.
38 Anhalt, "Introdução", em *Enraged*.
39 Meier, *The Political Art of Greek Tragedy*, p.201.

arte, de fato todas as humanidades, mas sua função mais importante – a de estimular o diálogo entre os cidadãos sobre valores e comportamento cívicos – foi praticamente esquecida.

Há muitas razões para isso. A mais óbvia é a passagem do tempo, que nos deixou com menos de 3% dos textos das tragédias gregas clássicas e talvez 10% dos títulos.[40] Outra é a queda da democracia ateniense. Tendo sido uma parte importante da ascensão da democracia, não deveria ser surpresa que a significância social da tragédia tenha diminuído com o fim da democracia. Na época em que as democracias modernas surgiram, a maioria do público já não compreendia mais o significado social da tragédia ou simplesmente achava a introspecção catártica muito opressiva.[41] Alguns acadêmicos argumentaram que a tragédia é especialmente desagradável para os norte-americanos por causa de sua tendência a ver sua própria cultura política como "quase livre de ironia e tragédia".[42]

Mas, acima de tudo, devemos a Platão a atual cisão entre a tragédia e a política. Seus argumentos contra a tragédia se alinham estreitamente com sua crítica influente à democracia em *A república*. A maior falha da democracia, como Platão a via, era que ela empoderava os humildes e os ignorantes. Isso encorajava "uma forma de desejo perigosa, selvagem e sem lei" que inevitavelmente levava ao caos, à guerra civil e à tirania. Censurar as funções públicas que despertavam paixões excessivas, como a tragédia, era, portanto, essencial para prevenir a guerra civil dentro da alma.[43]

Nos tempos modernos, os apelos para conter as paixões públicas para evitar o caos soam positivamente antidemocráticos. De fato, às vezes, é sugerido que em sociedades autoritárias uma certa quantidade de caos deve ser bem-vinda como um prenúncio da democracia.[44] Uma inversão de papéis tão completa levou alguns a concluir que qualquer sabedoria política que a tragédia possa ter tido claramente não se aplica mais hoje. Com a atenção da ciência social moderna firmemente fixada na coleta de dados e modelagem, o destino tornou-se algo que um bom planejamento social deveria ser capaz de evitar. A crença no progresso científico efetivamente apagou a tragédia de nossa consciência social e, junto com ela, qualquer compreensão de como ela moldou o nosso comportamento político. Nesse contexto,

40 Rehm, *Understanding Greek Tragic Theater*, p.26.

41 Steiner, "'Tragedy' Reconsidered", em Felski (org.), *Rethinking Tragedy*, p.29-44.

42 Mansfield, "The Tragedy of Weber". *Washington Examiner*, 9 dez. 1996. Disponível em: <https://perma.cc/7SYG-A2LV>. Acesso em: 11 mar. 2025.

43 Barker; McIvor, "Tragedy and Politics". *Wiley Online Library*, 18 jul. 2014. Disponível em: <https://doi.org/10.1002/9781118474396.wbept1009>. Acesso em: 18 dez. 2024

44 Applebaum, "Nationalism Is Exactly what Ukraine Needs". *The New Republic*, 12 maio 2014. Disponível em: <https://newrepublic.com/article/117505/ukraines-only-hope-nationalism>. Acesso em: 18 dez. 2024.

a ideia de que o estudo da tragédia pode ser uma parte valiosa do processo democrático, um baluarte contra o caos, parece curiosa.

Na verdade, porém, precisamos da tragédia hoje tanto quanto sempre, pelas mesmas razões que os gregos. Primeiro, porque, como os gregos antigos, continuamos a buscar significado e ordem em um mundo engolfado pelo caos. Uma função vital da tragédia era estabelecer âncoras profundas, enraizadas na história e na tradição, nas quais as sociedades em turbulência poderiam confiar para restaurar a ordem.[45] Segundo, porque a tragédia depende da narrativa, um mecanismo muito eficaz para dar significado e estrutura ao mundo. "A ideia de destino", como Terry Eagleton observa, é "a ideia de uma narrativa que faz sentido".[46] Não há razão para pensar que, se as histórias trágicas fossem contadas hoje, elas não poderiam servir ao mesmo propósito que serviam há dois mil anos – nos forçar a confrontar diretamente as fontes do nosso descontentamento.

Para refutar, diz-se, às vezes, que dificilmente se pode esperar que a tragédia desempenhe um papel socialmente significativo hoje porque os supostos subjacentes da modernidade são "não trágicos". Raymond Williams, no entanto, coloca esse argumento de cabeça para baixo. Sugere que as ideologias modernas, que retratam a humanidade como dilacerada por contradições internas, são, na verdade, gritos de ajuda para escapar de circunstâncias essencialmente trágicas. Se a tragédia decorre de contradições inerentes à condição humana, então talvez a própria modernidade, ele sugere, seja uma tragédia clássica.[47]

A terrível crueldade, a perda de vidas e as convulsões cataclísmicas do século XX levaram muitos pensadores políticos a concluir que algo vital havia sido perdido na busca pela modernidade. Chocados com a facilidade com que os políticos perdiam de vista a ordem, o significado e os valores no discurso político, eles se voltaram para a tragédia grega clássica em busca de soluções, gerando uma abordagem à política conhecida como realismo político. Proponentes notáveis do realismo político, como Hannah Arendt, Hans J. Morgenthau, Reinhold Niebuhr e Richard Ned Lebow, confiaram tanto na tragédia grega clássica que poderiam muito bem ser chamados de realistas trágicos modernos. No cômputo final, entretanto, acredito que sua apreciação pelo papel da tragédia na política não foi longe o suficiente.

1.3.1 Hanna Arendt: a importância das narrativas trágicas

De acordo com seu biógrafo Robert C. Pirro, Arendt considerava a tragédia grega "a arte política por excelência", porque possibilitava "o cultivo

45 Williams, *Modern Tragedy*, p.29 e 46.
46 Eagleton, *Sweet Violence*, p.129.
47 Williams, *Modern Tragedy*, p.189.

da capacidade do cidadão de ver as coisas do ponto de vista de seus concidadãos".[48] A maior parte do mal no mundo, ela concluiu, é feita por pessoas que nunca decidem fazer o bem. Essas pessoas precisam de uma base intelectual para resistir ao mal, um diálogo interno que possa estimular sua consciência.[49] As performances trágicas, ela sugeriu, poderiam transformar esse diálogo interno em um externo.

Arendt concordou com Aristóteles que as ações no palco poderiam provocar um senso de reconhecimento pessoal no público e criar nele uma capacidade de reconciliação. Como exemplo, ela cita uma cena da *Ilíada* em que Odisseu, incógnito, ouve a história de sua própria vida, sua "reconciliação com a realidade" pessoal surgindo por meio de lágrimas de lembrança.[50] Ao promover a reflexão individual e coletiva, a tragédia, ela tinha esperança, poderia promover o diálogo público.

1.3.2 Hans J. Morgenthau: a tragédia do nacionalismo

Se para Arendt a tragédia era uma história que precisava ser contada de múltiplas perspectivas, para Morgenthau era uma condição essencial. A tragédia da humanidade é estar presa entre um destino espiritual que não pode cumprir e uma natureza animal à qual não pode retornar. A frustração que isso evoca é multiplicada pelo fato de que qualquer ação política que um indivíduo possa tomar para resolver essa contradição envolve causar algum dano.[51] Sob essas circunstâncias, o melhor que um indivíduo pode fazer é "minimizar a imoralidade intrínseca do ato político" escolhendo o mal menor.[52]

Por causa dessa avaliação um tanto sombria da condição humana, o "Pai da *Realpolitik*" é frequentemente acusado de amoralidade. Seus apoiadores, no entanto, argumentam que Morgenthau nunca viu a ubiquidade do mal como significando que a ética deveria ser desconsiderada, mas sim que, ao considerar as alternativas, a sabedoria política significava adotar o mal menor. Morgenthau argumenta que é precisamente a ausência de tal sabedoria política que levou à tragédia do nacionalismo do século XX, a qual projeta a ânsia da humanidade por poder sobre a nação e a glorifica.

---

48 Pirro, *Hannah Arendt and the Politics of Tragedy*, p.139.

49 Arendt, "Some Questions of Moral Philosophy", em Arendt; Morgenthau, *Responsibility, Evil and Political Ethics*, 2003, p.96; Arendt, "Thinking", em Arendt; Morgenthau, *Responsibility, Evil and Political Ethics*, 1978, p.179-193.

50 Pirro, *Hannah Arendt and the Politics of Tragedy*, p.135.

51 Morgenthau, *Scientific Man vs. Power Politics*, p.221.

52 Molloy, "Aristotle, Epicurus, Morgenthau and the Political Ethics of Lesser Evil". *Journal of International Political Theory*, v.5, n.1, p.99, 2009. Disponível em: <https://journals.sagepub.com/doi/abs/10.3366/E1755088209000342>. Acesso em: 29 dez. 2024.

O nacionalismo é um mal totalitário, pois transforma a nação no "único espaço moral em um mundo amoral".[53] Por ser uma religião política, ele priva os líderes do distanciamento necessário para avaliar com precisão o mundo a seu redor e os leva a superestimar seus próprios recursos e habilidades (Morgenthau considerou a Alemanha nazista um excelente exemplo disso). Seus efeitos deletérios, no entanto, podem ser revertidos cultivando a prudência, a compaixão e a sabedoria entre os líderes políticos. Enquanto os críticos de Morgenthau reclamam que isso é pouco mais do que uma declaração de que *noblesse oblige*, ele propõe mais dois passos que devem ser tomados para combater o nacionalismo.

Um é a busca consciente do equilíbrio de poder para a preservação da paz. Preservar um equilíbrio de poder, ele diz, forçará os atores internacionais a se comprometerem novamente com "os valores subjacentes e o senso de comunidade que unem os atores no sistema".[54] É importante ressaltar que Morgenthau *não* está falando sobre exportar valores, como a democracia ou os direitos humanos, para atingir tal comunidade. Pelo contrário, ele enfatiza "a fragilidade da razão humana, carregada nas ondas da paixão e incapaz de tratar com as ricas complexidades da experiência. Nessa fragilidade, todos os homens compartilham; gregos e persas, americanos e russos. Vendo-os como irmãos na cegueira, podemos ser justos com eles".[55]

Seu segundo passo, igualmente emprestado da tragédia grega, envolve a tutela direta de estadistas.[56] No auge da Guerra do Vietnã, Morgenthau parecia acreditar, um tanto ingenuamente, que mais intelectuais na Casa Branca poderiam ajudar o presidente Lyndon Johnson a se tornar um tal estadista: "O que o presidente precisa, então, é de um pai-confessor intelectual, que ouse lembrá-lo da fragilidade do poder, de sua arrogância e cegueira, de seus limites e armadilhas; que lhe diga como os impérios ascendem, declinam e caem, como o poder se transforma em loucura, os impérios em cinzas. Ele deveria ouvir essa voz e tremer".[57]

1.3.3 Richard Ned Lebow: a visão trágica da política

Um dos alunos de Morgenthau na Universidade de Chicago, Lebow leva adiante o realismo político de seu mentor, também baseando-se explicitamente em sua herança grega clássica. Lebow enfatiza a importância

53 Kostagiannis, "Hans Morgenthau and the Tragedy of the Nation-State". *The International History Review*, v.36, n.3, p.517, 2014. Disponível em: <https://www.tandfonline.com/doi/abs/10.1080/07075332.2013.828639>. Acesso em: 23 dez. 2024.

54 Lebow, *The Tragic Vision of Politics*, p.228.

55 Morgenthau, *Truth and Power: Essays of a Decade, 1960-1970*, p.82.

56 Lebow, *The Tragic Vision of Politics*, p.225.

57 Morgenthau, *Truth and Power*, p.14.

da justiça para fornecer uma estrutura dentro da qual formular interesses. Quando a política se divorcia da justiça, seus objetivos se tornam ilimitados, com consequências trágicas.[58]

Essas consequências trágicas são descritas em *História da Guerra do Peloponeso*, de Tucídides. De acordo com Lebow, Tucídides viu a guerra como o resultado de uma série de maus julgamentos dos líderes políticos da Grécia, que podem ser rastreados até o colapso das instituições e convenções (*nomos*) que sustentavam sua civilização compartilhada. Simplificando, a guerra irrompeu porque os gregos sentiram que não compartilhavam mais as ideias, a identidade e os valores que os ligavam uns aos outros. Incapazes de distinguir amigo de inimigo com base em valores compartilhados, os atenienses partiram para obter quaisquer vantagens que pudessem para si mesmos e acabaram tornando o mundo inteiro seu inimigo.[59]

Para Tucídides, embora os heróis trágicos tendam a fazer más escolhas, eles também têm o poder de corrigi-las. O mesmo acontece com as sociedades. Para restaurar a ordem e o equilíbrio, o discurso (*logoi*) e as ações (*erga*) que resultaram em conflito (*stasis*) devem ser substituídos por discurso e ações que reforcem a paz e a quietude (*hesuchia*). Tucídides escreveu *História da Guerra do Peloponeso* para ajudar a restaurar a harmonia e o equilíbrio na civilização grega, tornando-se, nas palavras de Lebow, "o último dos trágicos".[60]

1.4 A tragédia e os limites do realismo político moderno

Esta breve síntese do impacto da tragédia grega clássica no pensamento dos realistas políticos modernos poderia ser muito mais longa. Há referências semelhantes nos escritos de Reinhold Niebuhr, Edward H. Carr, *Sir* Herbert Butterfield, George F. Kennan Jr., e meus próprios mentores universitários, Kenneth W. Thompson e John H. Adam Watson. Alguém poderia pensar que isso por si garantiria à tragédia grega clássica um lugar central nos cânones da ciência política. Para entender por que esse não é o caso, precisamos entender a crítica moderna do realismo político.

Muitos cientistas sociais rejeitam o realismo político e seus fundamentos trágicos, com base em que: 1) ele leva à resignação e à passividade; 2) relativiza o mal e é moralmente repugnante; e 3) não é científico porque não oferece alternativas testáveis. Cada uma dessas críticas, no entanto, decorre de uma compreensão equivocada da tragédia grega clássica.

58 Lebow, *The Tragic Vision of Politics*, p.xii.
59 Ibidem, p.89, 119 e 127.
60 Ibidem, p.20, 117-8 e 148-9.

A noção de que a visão trágica do realismo político sobre a natureza humana leva à resignação e à passividade diante do mal tem sido uma crítica persistente. Hannah Arendt a usa para criticar o padrão de "mal menor" de Morgenthau para o comportamento político. O problema com esse padrão, ela diz, é que ele poderia ser usado para legitimar a prática do mal.[61] Para Arendt, a compreensão política deve nos permitir compreender a natureza do mal, para que possamos resistir a ele.[62]

Mas, se Morgenthau pode ser criticado por relativizar o mal, Arendt pode ser criticada (com a mesma imprecisão) por argumentar que diferentes tipos de mal merecem tratamentos diferentes. Em contraste com Morgenthau, por exemplo, ela se recusou a abordar o Holocausto do ponto de vista da tragédia, dizendo que ele exigia uma reavaliação total dos limites entre a responsabilidade coletiva e a individual, não um recuo para o sofrimento pessoal e a lembrança trágica.[63]

Em última instância, Arendt confiou na lei para impor tanto a responsabilidade moral quanto a justiça prática. Morgenthau, no entanto, sentiu que a lei seria fraca demais para se opor à força bruta e instou os estadistas a não se entregarem a tais fantasias. Embora Morgenthau seja frequentemente criticado por não enfrentar os desafios morais impostos pelo mal, no final das contas, suspeito que tanto ele quanto Arendt teriam concordado que escolher a ação adequada a ser tomada contra o mal dependeria das circunstâncias.[64]

Os realistas políticos, e Morgenthau em particular, também são acusados de dar aos atores políticos uma justificativa maravilhosamente elástica para quebrar qualquer lei a serviço de seus objetivos políticos preferidos; algo que Michael Ignatieff ridiculariza como narcisismo moral.[65] Isso é considerado insuportavelmente elitista, pois "nos atrai para o reino exaltante da grandeza e, portanto, apesar de toda a honestidade lúcida, obscurece a verdade. A tragédia se torna o privilégio de poucos exaltados – todos os outros devem se contentar em ser eliminados em um desastre de forma indiferente".[66]

---

61 Pirro, *Hannah Arendt and the Politics of Tragedy*, p.143.

62 Klusmeyer, "Beyond Tragedy: Hannah Arendt and Hans Morgenthau on Responsibility, Evil and Political Ethics". *International Studies Review*, v.11, n.2, p.335, jun. 2009. É interessante considerar as lições que Arendt tira da *Oresteia*, de Ésquilo. Ela argumenta que Orestes fez a coisa certa ao matar sua mãe e amante para vingar o assassinato de seu pai, Agamenon, mas que ele ainda é culpado de um crime hediondo. A solução criativa de Atena para esse enigma é criar um tribunal para manter a ordem correta, ao mesmo tempo que suspende a maldição. Arendt, portanto, vê a lei como suficiente para resolver os conflitos trágicos de indivíduos e comunidades políticas.

63 Pirro, *Hannah Arendt and the Politics of Tragedy*, p.143.

64 Klusmeyer, "Beyond Tragedy", p.335.

65 Ibidem, p.344.

66 Idem.

Finalmente, há críticos que argumentam que as chamadas verdades universais expressas na tragédia são tão nebulosas que tornam a tragédia inadequada para o estudo da política. "A vida humana não é 'trágica'", escreve Michael Oakeshott, "nem em parte, nem no todo: a tragédia pertence à arte, não à vida. [...] Para as crianças e as mulheres românticas, mas para ninguém mais, pode parecer 'trágico' que não possamos ter primavera sem inverno, juventude eterna ou paixão sempre no auge de seu início."[67] A tragédia não tem valor algum para a análise política, diz o teórico de relações internacionais Mervyn Frost, porque o "herói trágico" está preso no passado e sempre obrigado a fazer uma escolha com consequências negativas.[68]

Mas a crítica de Frost se concentra muito no resultado da peça trágica e muito pouco no processo de aprendizado que está ocorrendo enquanto o público a assiste. Frost está certo em apontar que os gregos consideravam a perfeição impossível, mas ele está errado em sugerir que isso significava paralisia ética. Há sempre um resultado moral preferido na peça, que o herói deve se esforçar para atingir. Além disso, sua descrição do *agon* como nada mais do que um conflito ético interno ignora as implicações sociais desse conflito. O *agon*, como Frost sugere, não move a tragédia sem propósito; move-a em direção à restituição da ordem social. O enredo força o herói a fazer escolhas morais conscientes, e o próprio ponto da performance é ilustrar as consequências que fluem dessas escolhas.[69]

Portanto, o ponto da tragédia *não* é precisamente mostrar os protagonistas "como cientistas sociais desafortunados".[70] Ao contrário, o fracasso do protagonista normalmente não é oriundo de descuido ou de omissão, mas de imprudência. Sugerir, como Frost faz, que um herói grego se sentiria eticamente obrigado a cometer atrocidades sob quaisquer circunstâncias confunde destino com agência. Na verdade, como Rita Felski aponta, é precisamente o desvendar dessa diferença que distingue a tragédia grega clássica.[71]

É notável que todas essas críticas tendam a atribuir as falhas do realismo político moderno à influência da tragédia grega clássica. Essa suposta falha é ainda agravada pelo fato de que os herdeiros naturais da tradição grega clássica, os próprios realistas políticos, muitas vezes falham em apreciar a função social terapêutica da tragédia.

---

67 Rengger, "Tragedy or Scepticism? Defending the Anti-Pelagian Mind in World Politics". *International Relations*, v.19, p.47, 2005. Disponível em: <https://journals.sagepub.com/doi/abs/10.1177/0047117805055409>. Acesso em: 29 dez. 2024.

68 Frost, "Tragedy, Ethics and International Relations". *International Relations*, v.17, n.4, p.477-95, 2003.

69 Euben, *Greek Tragedy and Political Theory*, p.12.

70 Frost, "Tragedy, Ethics and International Relations", p.485.

71 Felski, *Rethinking Tragedy*, p.11.

Um exemplo revelador é Reinhold Niebuhr, que, como muitos realistas políticos, escreveu de forma incisiva sobre os *insights* que as tragédias gregas forneceram sobre a condição trágica da humanidade.[72] Para Niebuhr, essa tragédia estava na tentativa de evitar o que é inevitável: a propensão da humanidade à autodestruição. Essa propensão segue de mãos dadas com o ceticismo dos realistas sobre a democracia moderna que, eles temiam, não tem nem a resistência nem a coesão social e cultural que Atenas já teve. Niebuhr, Kennan, Morgenthau e, mais recentemente, Brands e Edel, portanto, veem a principal lição da tragédia como uma lição de medo, em vez de esperança.[73]

A visão grega da tragédia, no entanto, estava longe de ser temerosa. Enquanto os realistas modernos veem a tragédia como um lembrete de que a política nunca pode resultar em nada além de compromissos imperfeitos, os gregos viam a tragédia como tendo uma agenda muito mais ambiciosa – moldar o caráter dos cidadãos atenienses demonstrando o conteúdo adequado de uma alma nobre e o tipo de ações que tal alma poderia empreender. Cabia ao dramaturgo trágico apontar como fazer isso, para que a tragédia pudesse cumprir sua vocação terapêutica. Os realistas modernos, por outro lado, não precisam desse aspecto terapêutico da tragédia, porque consideram a tragédia parte da condição humana, que é irremediavelmente falha.

Outra diferença fundamental entre a tragédia clássica e o realismo moderno é a suposição deste último de que há um abismo intransponível entre a moralidade individual e a moralidade coletiva. Isso cria um dilema moral para os realistas, que tendem a definir a ação coletiva no interesse nacional como sendo, por definição, moral, mas também reconhecem que ela pode cair na barbárie.[74]

Muitos realistas modernos têm lutado para preencher a lacuna entre a moralidade individual e a moralidade coletiva, mas normalmente ignoram como os gregos antigos resolveram esse dilema – tratando a moderação e a prudência não como presentes concedidos a alguns poucos selecionados, mas como habilidades (*tekne*) acessíveis a todos. Dentro da *pólis*, a moralidade coletiva e a individual eram inseparáveis por causa das extensas obrigações sociais da cidadania.[75]

72 Niebuhr, "Greek Tragedy and Modern Politics". *The Nation*, v.146, n.1, p.740, jan. 1938.

73 Brands; Edel, *The Lessons of Tragedy: Statecraft and World Order.*

74 Em *The Irony of American History*, Niebuhr criticou duramente a sugestão de George Kennan de que o "interesse nacional" deveria servir como pedra de toque moral da diplomacia norte-americana, dizendo que isso esvaziaria os objetivos da política externa de seu conteúdo moral. Deve ser possível, ele escreveu, conduzir uma política externa no interesse nacional, preservando um "respeito decente pelas opiniões da humanidade" (p.148).

75 Ferguson, *A Companion to Greek Tragedy*, p.210.

Finalmente, os realistas modernos geralmente prestam muito pouca atenção ao componente social da *hamartia* e, como resultado, raramente mencionam a *catharsis*. Típicos nesse sentido são Hal Brands e Charles Edel, que afirmam que a tragédia grega tinha como objetivo ensinar ao público uma forma muscular e militarista de heroísmo, projetada explicitamente para a defesa da nação (pela qual eles querem dizer a *pólis*). A *catharsis*, em sua narrativa, serve apenas para mostrar que resultados desastrosos eram "eminentemente evitáveis".[76] Eu creio, por outro lado, que a *catharsis* tem como objetivo evocar compaixão e, assim, transformar a alma do indivíduo e da *pólis*.

Em sua própria marca de realismo cristão, Niebuhr descreveu a compaixão como um antídoto para a arrogância *(hubris)* individual, mas ainda não conseguia imaginá-la como um instrumento para a transformação social. Esta última, para Niebuhr, exigia a intervenção redentora e apocalíptica de Deus nos assuntos humanos. Para ele, tal intervenção divina marca o fim da história humana e o amanhecer de uma nova era. Para os gregos, no entanto, a intervenção divina era apenas mais uma oportunidade de aprendizado no ciclo contínuo da história humana.

Devemos, portanto, distinguir entre as duas maneiras muito diferentes em que os realistas políticos modernos usam o termo "trágico". Uma descreve como trágico o nosso conhecimento limitado da natureza da existência humana. Ao nos tornar mais conscientes dessa limitação, o estudo da tragédia pode nos ensinar a ser mais sensíveis a dilemas éticos e mais contidos em nossas ambições. Morgenthau, Lebow e Niebuhr se encaixam confortavelmente nessa categoria.

Outra abordagem, por outro lado, vê a tragédia em si como a limitação porque é incompatível com o progresso social. Douglas Klusmeyer pensa a tragédia como irrevogavelmente retrógrada e pessimista; Nicholas Rengger a descreve como nada mais do que uma romantização das vicissitudes da vida; enquanto Rita Felski argumenta que todo o gênero deve ser condenado como reacionário.[77]

Os gregos antigos normalmente tinham mais em comum com a primeira visão do que com a última. Eles consideravam o conhecimento trágico como ensinável, da mesma forma que o conhecimento do direito ou a política podem ser ensinados.[78] É realmente lamentável que os alunos de

76 Brands; Edel, *The Lessons of Tragedy*, p.2-3.

77 Klusmeyer, "Beyond Tragedy"; Rengger, "Tragedy or Scepticism?", p.327; Felski, "Introdução", em *Rethinking Tragedy*.

78 Lebow, *The Tragic Vision of Politics*, p.59-60. *Tekne* é o domínio do conhecimento elaborado, em vez do conhecimento primário [*episteme*]. Quando *episteme* e *tekne* são combinados, resulta em *sophia*, que é uma compreensão da vida que vai além do conhecimento discreto para integrar o significado mais profundo da vida.

graduação que estudam ciência política hoje não sejam obrigados a cobrir o tópico da tragédia política; duplamente, já que as narrativas trágicas foram explicitamente projetadas para dar vida a dilemas políticos e morais para o debate e a avaliação.

Nos capítulos à frente, tentaremos reconectar a tragédia e a política identificando aqueles elementos da primeira que permanecem analítica e praticamente úteis, mas, antes, devemos nos perguntar o que a tragédia pode oferecer à política hoje?

1.5 O que a tragédia tem a oferecer à política moderna

Encontrar o equilíbrio adequado entre a teoria e a prática sempre foi uma preocupação central do pensamento grego clássico. Como afirma Critchley, a antiga palavra grega para "espectador" era *theoros*, da qual derivamos a palavra teoria. O verbo *theorein*, "ver", e a palavra grega para teatro (*theatron)* derivam da mesma raiz. *Praxis*, ou ação, é aquilo que pode ser visto no teatro, demonstrado de uma perspectiva teórica.[79]

Entre outras coisas, a tragédia alertou os atenienses sobre as manipulações dos políticos.[80] Entre os alvos favoritos dos dramaturgos trágicos estavam as justificativas dadas para a guerra. Independentemente do que os líderes políticos possam dizer, Eurípides nos lembra que a guerra é sempre travada por uma ilusão: "Vocês que ganham honra na guerra na ponta de suas lanças resistentes, tentando ignorantemente deter os problemas do mundo – vocês são todos loucos. Se o derramamento de sangue resolver a questão, a violência nunca abandonará as cidades dos homens".[81]

O único antídoto real para a loucura da guerra é a compaixão, uma qualidade que poderia ser ensinada. Eurípides mostra como em sua peça *Hecabe*. Encenada no meio da longa e sangrenta guerra contra Esparta, ele apresenta a seu público ateniense esta cena comovente:

> Sim, e no esplêndido riacho de Eurotas,
> uma mulher espartana está sentada em casa chorando
> e uma mãe de cabelos grisalhos
> cujos filhos morreram
> bate a cabeça e rasga sua face,
> rasga até que suas unhas pinguem sangue.[82]

---

79 Critchley, *Tragedy, the Greeks, and Us*, p.5.
80 Lebow, *The Tragic Vision of Politics*, p.378.
81 Ferguson, *A Companion to Greek Tragedy*, p.413 e 423.
82 Ibidem, p.301.

De acordo com o mito fundador da civilização grega, a própria civilização surgiu da compaixão. Tal como a história é contada, os primeiros humanos se uniram para proteção contra animais selvagens, mas então se trataram tão mal que se retiraram para suas cavernas individuais. Zeus teve pena deles e enviou Hermes para ensinar-lhes *aidos* (respeito, reverência) e *diké* (justiça), para que pudessem viver juntos em harmonia. *Aidos* impôs a justiça através da vergonha, enquanto *diké* os obrigou a ver as coisas do ponto de vista do outro. Juntos, eles criaram os laços de afeição que trouxeram ordem ao caos.[83]

A tragédia grega clássica, portanto, continua relevante hoje porque nos força a refletir sobre a importância da afeição mútua para a ordem social e como aplicá-la para melhorar o caráter moral da cidadania. Albert Hirschman certa vez argumentou que o progresso humano baseia-se na transformação das paixões (prazer, dominação e ganho) em interesses. Ele sentiu que a melhor esperança para transformar tais paixões em um comportamento socialmente benévolo seria colocá-las umas contra as outras por meio da comercialização.[84] A abordagem grega de combater paixões incivilizadas com uma educação moral nas paixões civilizadas foi considerada teologia, não política, com o resultado líquido, como C. Fred Alford aponta, de pressionar *ambas* as paixões, a civilizada e a incivilizada, para fora da política.[85]

Portanto, não é de todo surpreendente que o regime pós-Maidan na Ucrânia tenha procurado desumanizar seus oponentes e retratar sua oposição à Rússia como um choque de civilizações. Foi exatamente isso que Agamenon fez com Ájax e Creonte fez com Antígona. A tragédia grega clássica condena isso não apenas por razões morais, mas também pelas razões práticas de que isso impede a resolução de conflitos – as mesmas razões práticas pelas quais os realistas políticos criticam o nacionalismo.

Mas isso é o mais longe que a maioria dos realistas políticos modernos irá ao discutir o valor da tragédia para a política contemporânea. Mesmo aqueles simpáticos à visão trágica da política, como J. Peter Euben, insistem que ela não deve ser usada como "um ingrediente em uma receita".[86] Não como um ingrediente, talvez, mas por que não como a receita em si? Uma receita para a cura social que começa com ingredientes como a *catharsis* e o diálogo, e então prossegue para institucionalizá-los para criar uma ordem social mais justa.

83 Lebow, *The Tragic Vision of Politics*, p.276.
84 Hirschman, *The Passions and the Interests: Political Arguments for Capitalism before its Triumph*.
85 Alford, "Greek Tragedy and Civilization", p.261.
86 Euben, "The Tragedy of Tragedy". *International Relations*, v.21, n.1, p.15, 2007.

1.5.1 A tragédia como terapia social

Os gregos consideravam a tragédia uma forma de terapia, tanto para a alma do indivíduo quanto para a alma da sociedade. Como Critchley observa, é "a cidade justa que vive na alma".[87]

Para esse fim, as tragédias gregas clássicas atraíam atenção especial para as ações que estavam em conflito com a justiça; isto é, contrárias à vontade dos deuses e à ordem adequada. O espetáculo trágico encenado no palco servia como modelo para resolver conflitos e curar a comunidade. O *agon* (disputa) do herói tinha que ser demonstrado vívida e publicamente para que pudesse levar à *catharsis* (limpeza) e à cura. Até que o *protagonista* (literalmente o primeiro a perseverar na luta) alcance a *catharsis* e mostre aos outros o caminho para a compaixão, as gerações futuras estão condenadas a repetir o ciclo da tragédia.

Esse laborioso processo envolve *peripeteia* (divagações), *agon*, *agnorisis* (reconhecimento), *catharsis* e, finalmente, *metanoia* (transformação). À medida que o herói aprende a compaixão, ele também está curando a *pólis*. É por isso que muitos dos termos usados no drama grego, como *mimesis* e *pharmakos*, são medicinais.[88]

Nas tragédias gregas clássicas, a narrativa passa da desordem para a ordem. Primeiro, a perda da ordem deve ser reconhecida por todos (*anagnorisis*). Tal reconhecimento é essencial, porque a ordem adequada não pode ser restaurada apenas pelos esforços do herói; deve ser o trabalho de toda a comunidade. Se a tragédia envolve a morte do herói, essa morte *per se* não é o ponto. O ponto é mostrar como a propriedade social pode ser restaurada, mesmo após a morte, por "algum ato gratuito de renúncia e perdão" por parte da comunidade.[89]

Portanto, a tragédia grega clássica é, essencialmente, um conjunto interligado de diálogos: entre os próprios personagens e entre o público e a peça. Esses diálogos levam o público ao *ekstasis* (*êxtase*), a experiência de estar fora de si mesmo e ver, talvez pela primeira vez, o ponto de vista do inimigo Outro.[90] O diálogo pode levar à *catharsis* – uma purgação da alma que restaura o equilíbrio saudável ao remover emoções e ambições tóxicas. A *catharsis* cura por meio da "participação na desordem, como uma forma de acabar com ela".[91] Os gregos acreditavam que o impacto da *catharsis* era tão

---

87 Critchley, *Tragedy, the Greeks, and Us*, p.160 e 185.

88 Ibidem, p.33-4, 138-9 e 204.

89 Williams, *Modern Tragedy*, p.58; Eagleton, *Sweet Violence*, p.151.

90 Lebow, *The Tragic Vision of Politics*, p.358; Euben, "The Tragedy of Tragedy", p.22.

91 Williams, *Modern Tragedy*, p.81; Lebow, *The Tragic Vision of Politics*, p.151.

profundo que tinha o poder de libertar indivíduos e sociedades de seus roteiros e transformá-los em agentes de mudança.[92]

Para um cientista social, a *catharsis* soa muito como revolução, mas há uma diferença crucial. A *catharsis* é baseada na compaixão – a capacidade de ver o inimigo, o Outro, como um cossofredor. A revolução, por outro lado, é tipicamente um acerto de contas com esse inimigo. A maioria dos revolucionários modernos é avessa às lições da tragédia porque estão buscando derrubar o *status quo*, não restaurar a ordem na sociedade. Eles são incapazes de compreender como suas próprias ações estão realmente perpetuando a desordem e, portanto, não conseguem ver que a solução real está no que Williams chama de uma "pacificação muito diferente que procuraria antes resolver, em vez de cobrir a desordem trágica determinante. Qualquer resolução desse tipo significaria mudar a nós mesmos, de maneiras fundamentais".[93]

A nós foi mostrado como todo esse processo se desenrola na única trilogia completa que temos – a *Oresteia.*

1.5.2 As lições políticas da *Oresteia*

Uma ordem social justa é o resultado de retribuição ou de perdão? Esta é a questão que Ésquilo coloca em sua última grande obra, a *Oresteia*, que ganhou o Primeiro Prêmio na *Dionísia* Ateniense no século 458 a.C., apenas dois anos antes de sua morte. As três peças que a compõem – *Agamenon, As portadoras da libação* (*As coéforas*) e *As benevolentes* (*Eumênides*) – deveriam ser vistas de uma só vez, formando assim uma narrativa única e multigeracional.[94]

A primeira peça nos apresenta o ciclo trágico que vem obscurecendo a Casa de Atreu por gerações. Clitemnestra perpetua esse ciclo assassinando seu marido, Agamenon. Na segunda peça, seus filhos, Orestes e Electra, vingam o assassinato de seu pai. Na peça final, todos os conflitos são resolvidos pela deusa Atena. Eu vejo essa peça final, *As benevolentes*, como uma contribuição profunda para o que hoje seria chamado de resolução de conflitos. Ao mudar a definição de justiça de vingança para compaixão, ela argumenta que um novo contrato social foi criado entre os cidadãos de Atenas e seus deuses.

Eis como a tragédia se desenrola.

92 Salkever, "Tragedy and the Education of the Demos", em Euben (org.), *Greek Tragedy and Political Theory*, p.284.
93 Williams, *Modern Tragedy*, p.64 e 80-1.
94 Lefkowitz; Romm, *The Greek Plays*, p.45.

1.5.2.1 Agamenon: *A vingança é a razão da tragédia*

Após dez longos anos, o navio de Agamenon voltou para casa da Guerra de Troia. Uma recepção festiva é preparada por sua esposa, Clitemnestra, mas há sinais de problemas nas canções do coro e da vidente, Cassandra, que retornou como escrava e concubina de Agamenon. De fato, logo após dar-lhe uma recepção calorosa, Clitemnestra assassina Agamenon e instala seu amante, Egisto, como tirano de Argos.

Clitemnestra explica que suas ações são uma retribuição pela morte de sua filha, Ifigênia, que foi sacrificada aos deuses por Agamenon para que a frota grega pudesse zarpar para Troia. No entanto, do coro, aprendemos que a maldição sobre a Casa de Atreu começou muito antes. Mais recentemente, houve o crime de Atreu, que assassinou os filhos de seu irmão Tiestes e os serviu a ele como uma refeição no que deveria ser um banquete de reconciliação. O filho de Tiestes, o mencionado Egisto, está, portanto, exigindo sua própria vingança ao seduzir Clitemnestra e tramar a morte de Agamenon.

Após seu retorno, Agamenon jurou curar as feridas da guerra, tanto em casa quanto no exterior. Clitemnestra também diz que suas ações são projetadas para "acabar com o frenesi de matar lá e cá neste palácio" (Ésquilo, *Agamenon*). Seus esforços estão condenados, no entanto, porque o que eles realmente buscam não é justiça, mas vingança.

1.5.2.2 As portadoras da libação: *a justiça clama por sangue?*

Os anos passam. Quando a segunda peça começa, Clitemnestra e Egisto ainda governam Argos, mas seu reinado é tudo menos pacífico e justo. Os céus estão em turbulência, e o deus Apolo ordena que o filho exilado de Agamenon, Orestes, agora com idade para reivindicar o trono, volte para casa e vingue seu pai.

Orestes parece relutante em fazê-lo. Em seu caminho para casa, ele para no túmulo de seu pai para pedir bênçãos. Lá, encontra sua irmã, Electra, que está rezando por um salvador para vingar o assassinato de seu pai. Com suas dúvidas amenizadas por esse encontro improvável, juntos, eles conspiram para matar Clitemnestra e Egisto.

Após o assassinato, Orestes se pergunta se suas ações foram realmente justas, mas agora é tarde demais. Ele é um assassino contaminado com *miasma*, uma contaminação tão imunda que ninguém pode tocá-lo ou mesmo falar com ele. Quando *As coéforas* termina, Orestes foge da cidade perseguido pelas Fúrias, as atormentadoras divinas daqueles que derramaram sangue de parentes. O coro lamenta: "Quando tudo isso cessará? Quando o assassino, com sua fúria gasta, descansará finalmente em sono?" (Ésquilo, *As coéforas*, 1075).

Ninguém sabe dizer. A situação parece totalmente desesperadora, não apenas para a Casa de Atreu, que parece empenhada na autodestruição, mas para a humanidade como um todo. Ao longo dessas duas primeiras peças, a vingança ainda é equiparada à justiça. O coro na verdade incita Orestes, instando-o a atacar rapidamente e não dar atenção aos apelos por misericórdia de Clitemnestra. Depois que o feito é feito, no entanto, o coro está cheio de pavor pela nova onda de assassinatos que está fadada a se seguir, e está ansioso para ver Orestes partir. Como podemos entender a disposição do coro de abandonar a um destino tão sombrio alguém que eles tão recentemente saudaram como o salvador da cidade?

Creio que Ésquilo está preparando seu público para uma mudança tectônica na própria definição de justiça. Enquanto o coro, que representa a *pólis*, ainda argumenta que os pecados do passado devem ser expiados através do sangue ("como ensinado pelas Fúrias gloriosamente profundas" – Ésquilo, *As coéforas*, 651), ele está começando a perceber que a vingança só pode levar a mais do mesmo. Em seu desejo de vingança, Clitemnestra, Egisto, Electra e Orestes são todos iguais – eles são descritos como "monstros alimentados pela terra… o que torna todos os homens semelhantes a bestas brutas" (Ésquilo, *As portadoras da libação*, 585, 601).

Mas há um caminho para a cura. Em seu cerne está uma nova sabedoria que só pode ser obtida por meio da compaixão:

> Zeus, que estabeleceu o caminho para os homens
> para o bom senso, estabeleceu firmemente esta regra soberana,
> de que a sabedoria é filha da dor.
> Deslocando o sono diante do coração, pinga
> a constante memória da tristeza, e a sabedoria vem,
> goste ou não, sobre os homens.
> (Ésquilo, *Agamenon*, 175-81)

A memória do luto pode trazer compaixão e perdão, mas o coro ainda não está pronto para abraçar esse caminho. Ele ainda está sob a ilusão de que a boa sorte pode ser restaurada simplesmente removendo o tirano atual. O coro lamenta a necessidade de Orestes ser sacrificado, mas insiste que o bem-estar da cidade deve vir em primeiro lugar. O assassinato de Clitemnestra é celebrado, portanto, porque liberta a cidade da tirania, não porque trará um fim ao ciclo de vingança. O coro entende perfeitamente bem que não trará.

Ademais, ele argumenta, ainda há esperança de que Orestes seja considerado inocente, já que ele foi ordenado a fazer esse ato terrível pelo próprio deus Apolo. No final da segunda peça, portanto, vemos o coro enviando Orestes para o Oráculo de Apolo em Delfos, o único que agora pode salvá-lo.

1.5.2.3 As benevolentes: *a justiça é "uma canção própria para uma vitória comum"*

Com a exceção de Orestes e sua irmã, todos os assassinos já foram assassinados, embora a justiça continue tão distante quanto sempre. Mesmo quando a violência é feita por uma causa justa – para libertar Argos da tirania de Egisto –, ela fracassa em obter justiça. Mas se a vingança sangue por sangue é o que a tradição e as leis ordenam, por que o ciclo da tragédia continua? A resposta, sugere Ésquilo, é que a vingança não é o mesmo que a justiça.

Orestes foge, perseguido pelas Fúrias. Depois de meses vagando pelas encostas gregas, finalmente chega a Delfos e apela a Apolo. Este lança um feitiço de sono nas Fúrias e magicamente leva Orestes para Atenas para ser julgado pela própria Atena. Informada sobre as questões do caso, Atena decide que o assunto é complexo demais para ela julgar sozinha, e ordena que Orestes seja julgado por uma nova instituição – um júri dos melhores cidadãos de Atenas.

Atena apresenta o júri como uma inovação fundamental na vida ateniense. O público, é claro, sabe que há muito tempo existem júris em Atenas, mas este será investido com a responsabilidade única de julgar casos de assassinato. Isso é significativo porque a autoridade para punir homicídios era vista pelos gregos como o primeiro passo na transição da humanidade de uma existência brutal para uma existência comunitária. A *pólis* deve sua própria existência a essa distinção. A criação de um novo júri, portanto, implica que os deuses agora reconhecem que a sabedoria e a autonomia humanas rivalizam com suas próprias. O relacionamento, embora não seja de igual para igual, está se tornando de codependência.[95]

Um ponto a favor dessa interpretação é que, como chefe do júri, Atena sente que precisa explicar seu voto, colocando-se assim em pé de igualdade com os outros jurados. O júri vota seis a cinco para condenar Orestes, mas o voto final de Atena empata a votação, e Orestes é absolvido. A intervenção de Atena muda o resultado, mas, mais importante, o faz para estabelecer um novo padrão de justiça. A partir da trajetória das três peças, sentimos que esse novo padrão envolve esquecer, em vez de lembrar, afrontas passadas.

A capacidade de esquecer e, portanto, de perdoar, agora se torna um requisito crucial para a justiça e a harmonia social. Há indícios ao longo da trilogia de que o repouso, o esquecimento e o sono ajudam a superar os pensamentos de vingança.[96] A justiça de Zeus é descrita como vinda "no sono

95 Dover, "The Political Aspect of Aeschylus's Eumenides". *The Journal of Hellenic Studies*, v.77, parte 2, p.232, 1957.

96 O medo é contrastado ao sono pelo vigia na cena de abertura de *Agamenon* (linhas 13-5); a raiva é contrastada ao sono por Clitemnestra (*Agamenon*, 345-7); o sono é comparado à cura

contra o sofrimento da memória" (Ésquilo, *Agamenon*, 179-80). No início de *As benevolentes*, Apolo coloca as Fúrias para dormir, para que Orestes possa escapar para Atenas e lá buscar justiça (Ésquilo, *As benevolentes*, 60-70). No final de *As coéforas*, o coro pergunta: "Quando o assassino, sua fúria gasta, finalmente descansará em sono?" (Ésquilo, *As coéforas*, 833). Finalmente, Atena ordena às Fúrias que "coloquem para dormir a força amarga na onda negra e vivam comigo e compartilhem meu orgulho de adoração"; ou, se não, "pelo menos deixem a rivalidade dormir" (Ésquilo, *As benevolentes*, 888-9).

Tendo afirmado seu ponto, Ésquilo deve agora "vender" essa ideia para um público ateniense cético, do qual a maioria sem dúvida estará do lado do júri que votou para condenar Orestes. Ele deve alterar radicalmente sua visão tradicional de justiça como vingança de sangue. Para que passem por *catharsis*, Ésquilo deve fazer que as próprias Fúrias, os próprios espíritos da vingança, passem por tal *catharsis* primeiro.

A princípio, as Fúrias ficam bastante irritadas com o veredito, que dizem zombar dos juramentos que consideram mais sagrados. Atena tenta apaziguá-las apontando que a maioria do júri votou a seu favor. Quando isso não funciona, ela lhes oferece um lugar de honra "em tronos brilhantes" em Atenas, se elas apenas detiverem sua ira. As Fúrias rejeitam isso como uma mentira astuta e insistem em sua vingança.

Atena então redobra seus esforços. Lembra-as, como que de passagem, que ela detém as chaves dos raios de Zeus, mas então imediatamente se afasta da ameaça implícita ao elogiar a sabedoria das Fúrias. Se, em sua sabedoria, elas escolherem abençoar Atenas, então se tornarão coproprietárias da terra, honradas para sempre. As Fúrias permanecem céticas e pedem a Atena para descrever quais benefícios sua bênção traria. Atena expõe para elas uma visão de um novo pacto social, descrito em termos de harmonia musical:

> *Coro*: Que magia você me pede para colocar em canção sobre esta terra?
> *Atena*: Uma canção que é apropriada para este tempo de vitória comum:
> uma canção da terra e das profundezas do mar,
> do céu, como uma brisa cheia de luz do sol,
> ares leves e brilhantes que descem, acariciando a terra;
> uma canção para garantir a abundância de frutas na terra,
> nunca falhando, e uma riqueza de finas criaturas para as pessoas,
> garantindo a segurança e a saúde de sua semente mortal.
> (Ésquilo, *As benevolentes*, 902-9)

---

por Cassandra em *Agamenon* (1247-8), e contrastado à voz do medo em *As coéforas* (linha 35); o fantasma de Clitemnestra repreende as Fúrias por deixarem o sono diminuir a sua raiva mortal e esquecer o seu tormento em *As benevolentes* (95-135).

Essa nova canção de civilidade e justiça perdurará para sempre porque Atena pretende transferir sua supervisão sobre Atenas para as Fúrias. Enquanto as Fúrias invocam bênçãos sobre os atenienses, Atena lhes trará vitória na guerra e glórias que "toda a humanidade possa ver". Além disso, ela avisa os atenienses que, caso ofendam as Fúrias, eles agora terão também sua ira para enfrentar (Ésquilo, *As benevolentes*, 914, 932).

Considerando essa garantia final confiável, as Fúrias concordam em ver o resultado do julgamento não como uma derrota, mas como uma vitória comum, sob os termos de um novo sistema de Justiça Verdadeira do qual elas são agora uma parte fundamental. A compaixão de Atena por elas permitiu que alcançassem a *catharsis* e, por sua vez, desbloqueou sua compaixão pelos atenienses. As Fúrias, agora transformadas, tornam-se as *benevolentes* (Eumênides). A compaixão prevaleceu, e a antístrofe final se alegra com esse "pacto pela paz [que] viverá por todo o tempo!" (Ésquilo, *As benevolentes*, 1044).

1.5.3 Estratégia de Atena para a harmonia social

Em sua peça final da trilogia, Ésquilo apresenta uma estratégia abrangente para a cura social. Primeiro, as partes prejudicadas apelam a alguém que consideram um juiz imparcial – Atena. Alguns o fazem ansiosamente, outros relutantemente, mas todos esperam que seus interesses sejam ouvidos de forma justa e respeitosa.

Atena rapidamente percebe que nenhum julgamento que ela possa fazer satisfará todas as partes, então "passa a responsabilidade". Cria uma nova instituição – o júri – que coloca o fardo do julgamento sobre toda a *pólis*. Ao fazer isso, ela também redefine seu próprio papel. Não é mais uma juíza que dá um veredito, mas uma estadista que propõe uma estrutura para a resolução de conflitos. Este último papel requer uma definição mais ampla de justiça, que por sua vez formará a base de uma nova e inclusiva ordem social.

É por isso que, quando o júri absolve Orestes, o primeiro passo de Atena é defender a instituição como parte de uma nova ordem que foi ordenada pelo próprio Zeus (Ésquilo, *Eumênides*, 970-5). Mas então ela vai além. Sugere às Fúrias que elas poderiam se tornar os pilares dessa nova ordem, se estivessem dispostas a passar por *catharsis* e aprender compaixão, pois é a compaixão, não a vingança, que deve ser a base dessa nova ordem social.

A nova ordem social que emerge, portanto, tem três cofundadores, todos os quais têm uma participação vital na prosperidade de Atenas: o Júri, que promete governar com justiça; as Fúrias, que prometem salvaguardar o bem-estar de Atenas; e a própria Atena, que promete espalhar a fama e a glória de Atenas. Trabalhando lado a lado, eles aprofundam a coesão social e a estabilidade da *pólis*.

Ésquilo quer que o público veja que criar uma ordem social harmônica requer que antigos inimigos se tornem partes interessadas na sociedade. O processo de mover a sociedade da tragédia para a reconciliação passa pelos seguintes estágios:

1) *Anagnorisis*, que envolve aumentar a conscientização do público de que a restauração da harmonia social exigirá os esforços combinados de toda a comunidade.
2) *Catharsis*, que envolve purgar a alma do ódio, para que o confronto possa dar lugar ao verdadeiro diálogo.
3) *Diálogo*, que evoca compaixão e perdão. Seu verdadeiro objetivo é uma autotransformação que permite a formação de um novo relacionamento com o Outro. A tragédia grega clássica é, essencialmente, uma série de diálogos nos quais somos encorajados a expor nossas falhas trágicas para nós mesmos, pois somente quando os participantes entendem como suas próprias ações alimentaram o ódio dos outros, eles podem escolher um caminho diferente.

Anagnorisis, *catharsis* e *diálogo* levam, em última análise, à verdadeira justiça, que está enraizada na compaixão e não na vingança. Quando a compaixão substitui a vingança em uma escala suficientemente ampla na sociedade, ela permite a criação de um novo pacto social. Esse pacto social estará seguro quando antigos inimigos se tornarem partes interessadas e participantes ativos na ordem social.

Alguns estudiosos são céticos de que Ésquilo tinha algo tão grandioso em mente quando escreveu *Oresteia*. O respeitado classicista Richard Livingstone acredita que ele provavelmente estava mais preocupado em fazer os atenienses pensarem sobre os custos da reforma do Areópago, principalmente porque Efialtes, o autor dessas reformas, havia sido assassinado recentemente.[97]

Mas há muito mais acontecendo aqui do que uma discussão sobre os méritos do novo Areópago. Ao longo da peça, Ésquilo cuidadosamente tece um caminho do meio entre detratores e apoiadores da reforma, às vezes exaltando o Areópago como o guardião das reverenciadas tradições

97 Livingstone, "The Problem of the Eumenides of Aeschylus". *Journal of Hellenic Studies*, v.45, n.1, p.124, 1925. Disponível em: <https://doi.org/10.2307/624909>. Acesso em: 29 dez. 2024. "Ephialtes", em Blackwell (org.), *Dēmos: Classical Athenian Democracy*. Disponível em: <https://ancientworldonline.blogspot.com/2012/03/demos-classical-athenian-democracy.html>. Acesso em: 12 mar. 2025. A década anterior viu Temístocles (524-460 a.C.) ser condenado ao ostracismo, julgado e condenado à morte; o protegido de Temístocles, Efialtes, vingou-se do seu antecessor Címon, destruindo o poder do Areópago e banindo Címon por dez anos; e, finalmente, o próprio Efialtes assassinado, alguns suspeitam, pelo seu próprio protegido, Péricles (495-429 a.C.).

atenienses, outras vezes sugerindo que sua base social é muito estreita. Acredito que isso sugere a abordagem da política que o próprio Ésquilo privilegia, que ele coloca nos lábios da própria Deusa da Sabedoria: "O deus sempre concedeu poder aos moderados, embora os objetos de sua escolha possam mudar. Moderação é o credo que prego" (Ésquilo, *As benevolentes*, 529-31).

Kenneth Dover me parece estar mais certo quando sugere que a mensagem de Ésquilo precisa ser lida de forma mais ampla, como um aviso contra mudanças políticas repentinas.[98] Isso também se encaixa na tradução moderna de Ésquilo por Robin Bond, na qual ele traduz a famosa passagem de Atena sobre haver um tempo e um lugar para o terror, mesmo em uma democracia, da seguinte forma: "o medo inato dos cidadãos, que reprime a injustiça, deve, gentilmente, tanto de dia quanto de noite, impedir os cidadãos de introduzir leis que fomentem a revolução" (Ésquilo, *As benevolentes*, 517-21).

Em suma, embora a tragédia grega clássica nunca tenha sido apenas sobre política, ela sempre foi relevante para a política. As peças pediam ao público que participasse de um experimento mental: considerar as consequências sociais das ações demonstradas no palco. Às vezes, essas consequências se mostravam bastante calamitosas, enquanto em outras vezes levavam à resolução do conflito. Em ambos os casos, o catalisador acaba sendo a disposição ou a indisposição do herói de passar por uma *catharsis*.

Os gregos também tinham a vantagem de uma compreensão coletiva do bem social. Qualquer indivíduo que se considerasse a única fonte de sabedoria era culpado de *hubris*, ou um *idiotes*, alguém a ser evitado porque vivia fora das normas da sociedade.[99] As tragédias eram o veículo pelo qual a moralidade pessoal de alguém podia ser medida em relação à moralidade coletiva e às normas sociais. É difícil pensar em uma definição melhor de educação cívica.

1.6 Aplicando o potencial inexplorado da tragédia à Ucrânia

Agora deve estar facilmente aparente por que vejo a crise na Ucrânia como uma tragédia que lembra a Guerra do Peloponeso, que Simon Critchley descreve apropriadamente como um "longo suicídio" da cidade-estado ateniense.[100] Raymond Williams captura sua essência quando escreve: "A tragédia não reside no destino individual... mas na condição geral de um povo que se reduz ou se destrói porque não tem consciência

98 Dover, "The Political Aspect of Aeschylus's Eumenides", p.232-3.

99 Zappulla, "Reading *Antigone* through Hannah Arendt's Political Philosophy".

100 Critchley, *Tragedy, the Greeks, and Us*, p.45.

de sua verdadeira condição".[101] A tragédia pode, portanto, ser definida, de forma mais simples, como um resultado que se torna inevitável pelo fato de que os atores não veem como suas ações estão levando ao resultado que estão tentando evitar. Isso, é claro, implica que, se os atores pudessem reconhecer essa conexão e mudar seu comportamento, o ciclo trágico poderia ser quebrado.

Talvez combinando a análise social com a tragédia possamos lançar luz sobre duas questões que há muito tempo preocupam analistas: por que os esforços de reforma anunciados por todos os governos ucranianos desde 1990 perdem força tão rapidamente? E por que, apesar de todos os esforços para forjar a unidade nacional, os conflitos políticos se replicam tão tenazmente ao longo da divisão cultural tradicional do país? O fracasso da Ucrânia em alcançar a consolidação social, apesar de grande assistência financeira, diplomática e técnica, é tão óbvio que até recebeu seu próprio diagnóstico – "fadiga da Ucrânia".[102]

A resposta a essas questões está enraizada na natureza trágica da crise interna da Ucrânia, que se replica em todos os aspectos de sua sociedade. Isso não quer dizer que outros fatores, e aqui estou me referindo especificamente à intervenção russa antes de 2022, sejam irrelevantes. Isso significa, no entanto, que focar em fatores externos, excluindo esses fatores originários recorrentes, não ajudará a entender ou resolver as profundas disfunções da Ucrânia. Abordagens que focam em questões únicas – a corrupção, as lutas oligárquicas internas, a intervenção russa, a administração externa ocidental – tratam os sintomas da doença em vez de suas causas subjacentes. A vantagem da tragédia é que ela foi projetada para revelar, e, então, curar, as raízes do conflito social.

A introspecção e a autocorreção, no entanto, nunca são soluções populares. Ésquilo estava profundamente ciente disso e, portanto, escreveu a conclusão da *Oresteia* como um médico prescrevendo um medicamento. De acordo com R. W. Livingstone: "ele os inventou em uma pílula. As pílulas não nos enganam; mas sua superfície arredondada e agradável nos permite tomar drogas que, em seu estado nu, deveríamos recusar".[103]

Alguns ucranianos, em busca de um remédio mais rápido para a falta crônica de unidade da Ucrânia, se voltaram para o nacionalismo. A dificuldade com o nacionalismo, no entanto, é que ele agrava muito o problema de alcançar a harmonia social. Isso ocorre porque os nacionalistas tendem a acreditar que a história ucraniana e a identidade ucraniana devem primeiro ser completamente limpas das influências culturais russas antes que

101 Williams, *Modern Tragedy*, p.162.

102 Pifer, "Curing 'Ukraine Fatigue'". *Brookings blog*, 9 fev. 2010. Disponível em: <https://www.brookings.edu/articles/curing-ukraine-fatigue/>. Acesso em: 2 jan. 2025.

103 Livingstone, "The Problem of the Eumenides of Aeschylus", p.130-1.

a população possa participar da construção da nação. Tais esforços para lobotomizar a consciência nacional da Ucrânia, apagando todas as memórias positivas da Rússia, geraram resistência entre os 40% dos ucranianos (dois terços no leste), que até 2021 ainda consideravam os dois como um só povo.[104]

Uma abordagem alternativa, como a estratégia de Atena para a reconciliação em *As benevolentes*, exigiria novas instituições e uma consciência social nova e mais compassiva. Uma não funcionará sem a outra e, das duas, transformar a consciência social será mais difícil. Isso começa com a transformação de atitudes individuais em relação ao inimigo Outro e deve eventualmente ser vinculado a novas instituições que tornem a Outra Ucrânia parte integrante da sociedade.

Antes de passar para os detalhes nos próximos capítulos, é importante abordar algumas críticas potenciais à minha abordagem. Uma delas é que focar exclusivamente na aplicabilidade da tragédia à política estreita artificialmente o conceito e permite que ele seja manipulado para obter quaisquer resultados desejados. Reconhecer, como faço, a riqueza e a complexidade da tragédia grega clássica, no entanto, não implica que ela também não buscou ensinar sabedoria e sua aplicação prática. Como Euben observa, "Toda *tekne*, incluindo a trágica, visa algum bem ou alguma necessidade ou deficiência que pretende preencher".[105] Sugerir o contrário é divorciar *theoria* de *praxis* e *sophia* de *tekne*, o que vai contra o pensamento grego.[106]

Reafirmo essa conexão sugerindo que as ações trágicas ocorrem não apenas no palco do teatro, mas também na vida real. As consequências políticas de tais ações podem ser objetivamente definidas como trágicas se forem observadas em padrões recorrentes de comportamento que minam o senso de comunidade cívica. Essa perda pode ser medida por meio de instrumentos tradicionais das ciências sociais, como as pesquisas e os dados sociológicos. Essas pesquisas podem revelar o impacto que a tragédia teve em uma sociedade, rastrear seu impacto em políticas específicas e testar a hipótese de que combater esse impacto pode ajudar a quebrar o ciclo trágico.

Embora a minha abordagem derive sua inspiração da tragédia grega clássica, na verdade não é tão diferente da maneira como os cientistas

---

104 Em julho de 2021, a agência de pesquisas ucraniana Rating perguntou aos ucranianos se eles concordavam com a declaração do presidente Putin de que "russos e ucranianos são um povo, que pertence a um espaço histórico e espiritual". Em todo o país, 41% disseram que sim. "Suspilno-politychni nastroi naselennya (23-25 lypnia 2021) – Ukraina – Doslidzhennya – Sotsiolohichna hrupa Reitynh" [Sentimentos sociopolíticos da população (23-25 jul. 2021) – Ucrânia – Pesquisa – Classificação de grupo sociológico]. *Rating*, 27 jul. 2021. Disponível em: <https://ratinggroup.ua/research/ukraine/obschestvenno-politicheskie_nastroeniya_naseleniya_23-25_iyulya_2021.html>. Acesso em: 6 jan. 2025.

105 Euben, *Greek Tragedy and Political Theory*, p.292.

106 Lebow, *The Tragic Vision of Politics*, p.59-60.

políticos tradicionalmente determinam uma variável crítica. Como o falecido Harry Eckstein apontou, tais variáveis são determinadas pela criação de um modelo de realidade contra o qual testar sua hipótese.[107] A tragédia grega clássica chamaria isso de *mimesis* da realidade. Em ambos os casos, o propósito é o mesmo, destacar as contradições entre a hipótese e o que está acontecendo na vida real. De uma perspectiva da ciência social, portanto, nos capítulos seguintes, testarei a hipótese de que a política ucraniana está seguindo um padrão trágico típico, comparando-a a eventos recentes reais.

Outra crítica provável é que não houve conflito interno na Ucrânia e, portanto, nenhum ciclo trágico, antes de a Rússia intervir militarmente em 2014. Esta é a posição do governo ucraniano. Como os trágicos gregos são rápidos em apontar, no entanto, os apelos à retidão ignoram completamente o problema. Não são as diferenças de interpretação que levam ao conflito cíclico, mas sim a tentativa de derivar justiça para o próprio grupo à custa da justiça para o Outro. Para que a harmonia social seja restaurada, a sociedade deve adotar uma definição de justiça que seja aceitável para todas as partes. Isso significa envolver o Outro na construção de uma sociedade na qual todos terão participação.

Isso é precisamente o que os governantes ucranianos fracassaram em fazer. Em vez de agirem como *As benevolentes* em *Oresteia*, agiram como as Fúrias, movidos por um sentimento de vingança justa, tanto contra a Rússia quanto contra seus próprios cidadãos russófilos, que são frequentemente considerados uma "quinta coluna" da Rússia dentro da Ucrânia.[108] Essa demonização cria um confronto perpétuo entre os ucranianos ocidentais, que são considerados "verdadeiros ucranianos", e os ucranianos orientais e meridionais de língua russa, que não o são.[109] Embora tais políticas sejam

---

107 Eckstein, "Case Study and Theory in Political Science", em Greenstein; Polsby (orgs.), *Handbook of Political Science*, v.7: Strategies of Inquiry. Os estudos de caso, argumenta Eckstein, permitem uma análise intensiva de múltiplas variáveis, aumentando a probabilidade de que variáveis e relações críticas sejam encontradas.

108 Belous, "Poroshenko rasskazal o 'Pyatoi Kolonne' i atamanshchine" [Poroshenko falou sobre a "quinta coluna" e os Atamans]. *Zerkalo Nedeli*, 22 jan. 2018. Disponível em: <https://zn.ua/POLITICS/poroshenko-rasskazal-o-pyatoy-kolonne-i-atamanschine-272799_.html>. Acesso em: 16 dez. 2024. Plakhotny, "Na lbu ne napisano" [Isto não está escrito na testa dele]. *Fakti.com*, 26 mar. 2018. Disponível em: <https://fakty.ictv.ua/ru/ukraine/20180326-na-lobi-ne-napysano-poroshenko-zayavyv-pro-p-yatu-kolonu-v-ukrayini>. Acesso em: 5 jan. 2025. "Poroshenko: Nam khvatit uma i sil, chtoby 'Pyataya Kolonna' i ne dumala podnyat golovu" [Poroshenko: temos inteligência e força suficientes para garantir que a "quinta coluna" nem pense em levantar a cabeça]. *Gordon.ua*, 24 ago. 2017. Disponível em: <https://gordonua.com/news/politics/poroshenko-nam-hvatit-uma-i-sil-chtoby-pyataya-kolonna-i-ne-dumala-podnyat-golovu-203989.html>. Acesso em: 6 jan. 2025.

109 Krushelnycky, "Crimean Peninsula Could Be the Next South Ossetia". *The Independent*, 28 ago. 2008. Disponível em: <https://www.independent.co.uk/news/world/europe/crimean-peninsula-could-be-the-next-south-ossetia-910769.html>. Acesso em: 19 dez. 2024. Kuzio, *The Crimea: Europe's Next Flashpoint?* O termo "Quinta Coluna" também foi usado na

empreendidas em nome da unidade nacional e da justiça, elas estão, na verdade, plantando as sementes para a vingança e a retaliação futuras – a próxima rodada do ciclo trágico.

O medo entre os apoiadores do Maidan de 2014 é que qualquer compromisso que conceda legitimidade à Outra Ucrânia só aumentará a influência cultural e política da Rússia na Ucrânia. Como resultado, qualquer tentativa de acabar com o ciclo trágico abordando as preocupações dos ucranianos de língua russa, rapidamente acaba sendo rotulada como traição pelos nacionalistas ucranianos mais fervorosos. As pesquisas, no entanto, sugerem que a grande maioria dos falantes de russo são ucranianos leais dispostos a defender seu país de qualquer influência russa indevida. Tratá-los como potenciais traidores, portanto, não só é improvável que leve à unidade nacional, mas é ativamente destrutivo dela.

Felizmente, há outro caminho. Políticas e retórica que promovem ódio e vingança podem ser substituídas por outras que promovam compaixão e reconciliação. Para conseguir isso, no entanto, os ucranianos terão que reconhecer que a desarmonia e o sentimento de mal-estar do país estão sendo alimentados por esforços para obter justiça parcial para um grupo, em vez de uma justiça verdadeira que pode ser compartilhada por todos.

O restante deste livro é organizado em torno de questões específicas de disputa, destacando a falha trágica que os atravessa como um novelo vermelho – a falta de diálogo significativo entre Galícia e Donbass – os centros culturais, respectivamente, da Ucrânia de língua ucraniana e de língua russa. Espero que uma compreensão mais profunda delas forneça o que Tucídides chamou uma vez de "uma gramática para auxiliar na reconstrução da linguagem da política".[110]

emigração ucraniana para descrever regiões de idioma russo como a Crimeia. Knott, "Identity in Crimea before Annexation: A Bottom-Up Perspective", em Kolstø; Blakkisrud (orgs.), *Russia before and after Crimea: Nationalism and Identity, 2010-2017*, p.286.

110 Lebow, *The Tragic Vision of Politics*, p.299.

2
Duas nações em um Estado

A história ucraniana só deve ser lida depois de se tomar um brometo. Antes disso, é uma das histórias mais infelizes, sem sentido e desvalidas [...] *uma série de revoltas, guerras, incêndios, fomes, ataques, golpes militares, intrigas, brigas e sabotagens sem fim e ininterruptos. E não está acontecendo a mesma coisa agora?*

Volodymyr Vynnychenko,
presidente do Diretório Ucraniano (1918-1919)[1]

Toda a história da Ucrânia é uma luta de duas Ucrânias diferentes resumidas nas frases "Longe de Moscou!" de um lado, e "Juntos para sempre" do outro. Esse "longe" une Mazepa, vários ativistas da independência e os seguidores de Bandera. Tanto em 1917 quanto em 1990, os ideólogos do ucranianismo estavam unidos na tentativa de não mencionar seu objetivo final em voz alta pelo maior tempo possível.

Vladimir Kornilov, historiador de Donbass[2]

---

1 "12 tsytat vid Volodymyra Vynnychenka" [12 citações de Volodymyr Vynnychenko]. *Istorychna Pravda*, 27 jul. 2020. Disponível em: <https://www.istpravda.com.ua/articles/2020/07/27/157869/>. Acesso em: 16 dez. 2024.

2 Chalenko, "100 let pervoi nezavisimosti" [100 anos da Primeira Independência: do IV Universal ao "Ato de Zluka"]. *Ukraina.ru*, 22 jan. 2018. Disponível em: <https://ukraina.ru/exclusive/20180122/1019802575.html>. Acesso em: 16 dez. 2024.

A Ucrânia contém três pequenas Ucrânias: o Sudeste, o Centro e o Oeste. Diferentes raízes históricas, diferentes mentalidades, diferentes memórias históricas.

Leonid Kravchuk, presidente da Ucrânia (1991-1994)[3]

Não é possível entender as persistentes divisões políticas que assolam a Ucrânia sem primeiro entender que elas derivam de histórias muito diferentes sobre o mesmo país: sobre suas origens, sobre suas aspirações e sobre quem é o culpado pelo fato de essas aspirações terem sido tão frequentemente frustradas. Este capítulo analisa essa controversa história por meio das narrativas de duas identidades ucranianas distintas – a identidade galega e a identidade maloross.

A competição entre essas duas versões mutuamente exclusivas da identidade ucraniana desempenha um papel central na história do país. Durante grande parte do século XX, essas duas identidades lutaram para coexistir e encontrar um ponto em comum. A conquista da independência em 1991 pareceu oferecer esperança de sucesso, mas o impacto devastador das revoltas de Maidan de 2004 e 2014 renovou sua cautela mútua. Essa fragmentação histórica e cultural não é incomum para nações que já foram partes de impérios concorrentes. O que é incomum é o grau em que esses debates ainda estão sendo usados hoje para culpar o outro lado pelo fracasso contínuo em alcançar um Estado ucraniano unido e bem-sucedido.

Esse padrão de culpar o Outro pode ser rastreado até os debates contenciosos à véspera da Primeira Guerra Mundial sobre como avaliar a decisão de Bohdan Khmelnitsky em 1654 de se juntar ao Império Russo; aos debates sobre por que a Ucrânia não conseguiu alcançar a nacionalidade depois daquela guerra; ao fracasso renovado em alcançar a nacionalidade depois da Segunda Guerra Mundial; até o debate atual sobre por que, depois de mais de trinta anos de independência, o país ainda é, nas palavras do ex-presidente Viktor Yushchenko, uma "quase nação".[4]

3 "Kravchuk posporil s Savchenko o trekh raznykh Ukrainakh" [Kravchuk discutiu com Savchenko sobre as três diferentes Ucrânias]. *RIA Novosti*, 3 jan. 2020. Disponível em: <https://ria.ru/20200103/1563095636.html>. Acesso em: 23 dez. 2024.

4 "Byvshiy prezident Ukrainy Viktor Yushchenko nazval zhitelei strany 'kvazinatsiei'" [O ex-presidente ucraniano Viktor Yushchenko chamou os residentes do país de "quase nação"]. *Argumenty i fakty*, 28 ago. 2021. Disponível em: <https://argumenti-ru.turbopages.org/argumenti.ru/s/world/2021/08/736023>. Acesso em: 19 dez. 2024. "Kuchma nazvav odnu z naibilsh boliuchykh nevyrishenykh problem Ukrainy" [Kuchma nomeou um dos mais dolorosos problemas não resolvidos da Ucrânia]. *112ua.tv*, 21 fev. 2019. Disponível em: <https://ua.112ua.tv/polityka/kuchma-nazvav-odnu-z-naibilsh-boliuchykh-nevyrishenykh-problem-ukrainy-481460.html>. Acesso em: 12 mar. 2025.

2.1 Debatendo as origens da Rus

A visão de que a Ucrânia contém duas nações distintas tem uma longa linhagem. Ela foi amplamente compartilhada por jornalistas, acadêmicos e políticos na virada do século XX, quando a questão da independência ucraniana assumiu nova urgência nas relações entre os impérios russo e austro-húngaro. Ela foi citada pelo ministro do Interior do tsar Nicolau II, Peter N. Durnovo, como uma razão importante para não ceder à tentação de anexar a Galícia, que era então parte do Império Austro-Húngaro.[5] Nos tempos modernos, essa distinção é uma verdade tão óbvia que todos os presidentes ucranianos desde 1991 fizeram referência a ela, enquanto observadores ocidentais têm rotineiramente alertado que a persistência dessa divisão terminaria na fragmentação da Ucrânia.[6]

Entretanto, desde 2014, analistas e políticos estão mais propensos a dizer que tal divisão da Ucrânia em leste e oeste é demasiado simplista, ou mesmo uma invenção da propaganda russa.[7] É minha opinião, no entanto, que, uma vez que muitas das questões levantadas pelo conflito atual remontam a divisões que eram aparentes muito antes de a Ucrânia conquistar a independência, elas provavelmente continuarão até que essas divisões sejam resolvidas.

5 Smagin, "Tragediya ukraintsa-rusofila" [A tragédia de um russófilo ucraniano]. *Ukraina.ru*, 27 jul. 2020. Disponível em: <https://ukraina.ru/history/20200727/1028344214.html>. Acesso em: 30 dez. 2024. Durnovo escreveu: "É claramente improdutivo para nós, em nome da ideia do sentimentalismo nacional, anexar à nossa pátria uma região que perdeu qualquer conexão de vida com ela [...]. O conhecido movimento ucraniano ou Mazepa não é assustador em nosso país agora, mas não deveríamos deixá-lo crescer, aumentando o número de elementos ucranianos inquietantes, uma vez que esse movimento é, sem dúvida, o embrião de um extremamente perigoso separatismo maloross (Pequena Rússia)". Recuperado de forma ostensiva entre os papéis do tsar alguns anos após a sua execução, alguns estudiosos consideram esse documento apócrifo.

6 Marples, "Ukrainians in 2018: Where do They Stand?". *David R. Marples*, 11 jan. 2018. Disponível em: <https://davidrmarples.wordpress.com/2018/01/11/ukrainians-in-2018-where-do-they-stand/>. Acesso em: 2 jan. 2025; Huntington, *The Clash of Civilizations and Remaking of World*, p.138; Carnes, "Kissinger's Flawed and Offensive Analysis of Ukraine". *Washington Times*, 10 mar. 2014. Disponível em: <https://www.washingtontimes.com/news/2014/mar/10/carnes-kissingers-flawed-and-offensive-analysis-uk/>. Acesso em: 21 dez. 2024; Beebe, "Groupthink Resurgent". *National Interest*, 22 dez. 2019. Disponível em: <https://nationalinterest.org/feature/groupthink-resurgent-106951>. Acesso em: 21 dez. 2024; Herbst, "Think Again". *Atlantic Council blog*, 16 jan. 2020. Disponível em: <https://www.atlanticcouncil.org/blogs/ukrainealert/think-again/>. Acesso em: 22 dez. 2024; Ostriitchouk, *Les Ukrainiens face à leur passé: Vers une meilleure compréhension du clivage est/ouest*.

7 Applebaum et al., *From "Memory Wars" to a Common Future: Overcoming Polarisation in Ukraine*. Disponível em: <https://www.lse.ac.uk/iga/assets/documents/Arena-LSE-From-Memory-Wars-to-a-Common-Future-Overcoming-Polarisation-in-Ukraine.pdf>. Acesso em: 18 dez. 2024. Esse relatório bastante típico afirma que "a sociologia mais recente na Ucrânia aponta que a dicotomia simplista leste-oeste é menos clara do que somos levados a acreditar pela propaganda russa e pelas campanhas divisionistas de alguns atores políticos ucranianos".

No fundo, este é um debate sobre poder – o poder de definir a identidade ucraniana. Nessa luta pelo poder, ambos os lados apelam para a história, a qual desde 2014 tornou-se um campo minado que deve ser percorrido com muito cuidado. O ponto de interpretar milênios de história comum com a Rússia – como uma imposição colonial a ser rejeitada ou uma herança imperial da qual se orgulhar – tem sido frequentemente usado para manter aceso o conflito entre essas duas identidades nacionais ucranianas concorrentes.

Um bom exemplo disso é o debate sobre as origens da Rus – ou Rus-Ucrânia, como os historiadores nacionalistas ucranianos preferem chamá-la –, o protoestado eslavo oriental do qual, de acordo com o conto do século XII, "A história dos anos passados" [Povest' vremennykh let], "veio a Terra Russa".[8] De acordo com a visão tradicional, os três principais ramos dos povos eslavos orientais – os grandes russos no norte, os pequenos russos no sul e os russos brancos no oeste – já fizeram parte de uma única etnia que gradualmente evoluiu para as nações russa, ucraniana e bielorrussa de hoje.

Essa tese foi imbuída de significado político pelo primeiro abade do Mosteiro das Cavernas de Kiev, Inocêncio (Gizel), em sua *Sinopse de Kiev* (1674). Inocêncio traçou uma nítida distinção entre o papel geopolítico desempenhado nas fronteiras ucranianas pelo reino cristão ortodoxo da Rússia e o reino católico da Polônia – uma tese que se encaixava nas ambições expansionistas dos tsares russos, que fizeram dessa obra uma das mais amplamente disseminadas na Rússia do século XVII.[9]

O abade Inocêncio sustentou sua tese de que as três populações são um povo em quatro pontos principais. O primeiro é a unidade territorial. Aqui ele cita crônicas monásticas do norte e do sul da Rússia que se referem às cidades do norte ao sul como "cidades da Rus".

O segundo ponto é o rápido estabelecimento da unidade confessional. Apenas dois séculos após o cisma entre as igrejas católica e ortodoxa oriental, a ortodoxia estava bem estabelecida em toda a Rus e era cada vez mais citada como uma justificativa para a unidade política.

O terceiro ponto é a unidade dinástica. Todos os príncipes governantes da Rus descendem da linhagem de Ryurik, diz o padre Inocêncio, e os primeiros cronistas em geral exaltavam os príncipes que buscavam preservar a harmonia política entre seus irmãos.

O ponto final é a unidade linguística. Crônicas antigas, obras literárias e fábulas populares eram compartilhadas em toda a Rus, de norte a sul, sem

8 Mikheicheva, "Otkuda est poshla Russkaya zemlya"/"From Whence the Russian Land Came To Be...". *Scientific Notes of Orel State University*, v.2, n.58, p.212-7, 2014. Disponível em: <https://cyberleninka.ru/article/n/otkuda-est-poshla-russkaya-zemlya-1/viewer>. Acesso em: 12 mar. 2025.

9 Konstantinov, "Drevnerusskaya narodnost" [Povo antigo russo. Mito científico ou realidade histórica]. *Ukraina.ru*, 23 jul. 2020. Disponível em: <https://ukraina.ru/history/20200723/1028331967.html>. Acesso em: 21 dez. 2024.

necessidade de tradução. Isso, de acordo com o padre Inocêncio, aponta para a existência de uma única tradição literária, com sede em Kiev. Isso faz de Kiev o berço da nação russa – "a mãe das cidades de Rus", como Nestor, o Cronista, disse. Embora ela tenha sido por fim sucedida por Moscou como sede do poder imperial, isso faz que todas as realizações subsequentes do Império Russo sejam herança comum de ucranianos, russos e bielorrussos.

O crítico mais famoso dessa visão foi o professor universitário de Kiev Mikhailo Hrushevsky (também conhecido como Mikhail Grushevsky) (1866-1934). Hrushevsky também foi membro ativo do movimento nacional ucraniano. Ele liderou brevemente a Rada Central, o Parlamento da Ucrânia, de março de 1917 a abril de 1918. Após a Revolução Bolchevique, emigrou para Praga, mas, após a morte de Lênin, retornou a Kiev e se tornou uma figura cultural proeminente na Ucrânia Soviética.

Hrushevsky argumentava que o surgimento da "Ucrânia-Rus" no território da Ucrânia moderna poderia ser rastreado mais para trás, até as culturas de estepe da Cítia. Suas distintas origens étnicas e culturais levaram a padrões divergentes de desenvolvimento na Ucrânia e na Rússia, incluindo uma linha distinta de Estado para a "Rus de Kiev" que sobreviveu no Principado da Galícia-Volínia e, mais tarde, no Zaporozhian Sich, antes de ser finalmente incorporada ao Império Russo por Catarina, a Grande.

Os escritos de Hrushevsky continuam sendo a base da historiografia nacionalista ucraniana contemporânea, embora historiadores ucranianos subsequentes tenham adicionado alguns novos elementos a seus argumentos. Um deles é que o vasto território da Rus nunca foi uniformemente ortodoxo. Portanto, enfatizam as persistentes diferenças confessionais, em vez das semelhanças confessionais com a Rússia. Outro é que os territórios do noroeste da Rus foram colonizados depois de Kiev e principalmente por povos fino-úgricos. Para alguns historiadores ucranianos, isso sugere que o norte nunca foi mais do que uma colônia da Rus de Kiev.[10]

Em sua maior parte, no entanto, a versão nacionalista ucraniana da história não rejeita o argumento de origens comuns, mas, em vez disso, inverte sua polaridade. Assim, em vez da ascensão de Moscou ser uma resposta à destruição de Kiev pelos mongóis em 1240, ela é vista como algo venenoso e estranho que impediu Kiev de estabelecer seu lugar de direito sob o sol.

O ponto-chave para os historiadores nacionalistas é que "Rus" nunca deve ser confundida com "Rússia". O termo apropriado para a última, eles argumentam, é "Moscóvia". Isso torna a Ucrânia pós-soviética a única descendente cultural da Rus de Kiev. A confusão constante de rus e russo, por outro lado, serve apenas para mascarar a supressão colonial da identidade,

10 Hoje esse confronto está ocorrendo on-line. Para as interpretações contemporâneas nacionalistas, ver <https://www.istpravda.com.ua/>. Acesso em: 9 jan. 2025. Para as interpretações tradicionalistas, ver <https://ukraina.ru/history/>. Acesso em: 9 jan. 2025.

cultura e Estado ucranianos, primeiro no Império Russo e depois na União Soviética.[11]

2.2 Como a Ucrânia juntou-se ao Império Russo

Outro episódio histórico que continua a lançar uma longa sombra política é a decisão do *hetman* (líder cossaco) Bohdan Khmelnitsky e da Assembleia Cossaca Zaporozhiana de 1654 de juntarem-se ao Império Russo. Gerações de ucranianos têm debatido sobre como caracterizar esse ato e que tom ele estabeleceu para as relações entre os ucranianos e os russos.

As lutas dinásticas do século XVI entre o Reino Polaco-Lituano e a Rússia deixaram grande parte do território da margem esquerda superior da Ucrânia nas mãos da nobreza polonesa, enquanto a porção inferior, "além das corredeiras" (*za porog*), estava supervisionada pelo Império Otomano e pelo Canato da Crimeia. Os cristãos que se estabeleceram nessas terras, mais tarde conhecidos como cossacos, se organizaram militarmente em torno de fortes (*sich*), daí o nome Zaporozhian Sich.

Durante o início do século XVII, o ressentimento popular contra os proprietários de terras polonesas levou a múltiplas revoltas camponesas, com muitas pessoas fugindo dos domínios poloneses para o Zaporozhian Sich. Mas, como em geral ocorre, a faísca que desencadeou a "Grande Revolta" contra os poloneses foi uma afronta muito pessoal. Um oficial polonês local chamado Daniel Czapliński decidiu saquear a propriedade de outro nobre, Bohdan Khmelnitsky, matando seu filho de dez anos e sequestrando a mulher que ele amava. Quando Khmelnitsky, como um nobre polonês, buscou reparação nos tribunais poloneses, foi informado de que não tinha documentos que comprovassem seu título à propriedade. Seu apelo ao rei polonês também foi negado, e ele foi jogado na prisão. Libertado por seus amigos, foi para o Sich, procurando outros igualmente inclinados a se vingar dos poloneses.

Eleito *hetman* do Sich em janeiro de 1648, lançou uma campanha militar contra os poloneses, mas depois de alguns meses pediu perdão ao rei da Polônia, Ladislau IV, e se ofereceu para submeter-se a seu julgamento. Como quis o destino, no entanto, Ladislau morreu antes que a carta de

---

11 Shevchuk, "Konets Rossii" [O fim da Rússia]. *Apostrophe*, 28 dez. 2021. Disponível em: <https://apostrophe.ua/article/politics/foreign-policy/2021– 12 – 28/konets-rossii-kak-deputatyi-re-shili-poizdevatsya-nad-agressorom/43664>; Kevorkyan, "Kompleks nepolnotsennosti Ukrainy" [O complexo de inferioridade da Ucrânia]. *Ukraina.ru*, 6 jan. 2022. Disponível em: <https://ukraina.ru/opinion/20220106/1033023733.html>. Acesso em: 22 dez. 2024; Gladilin, "Russkie – vragi ukraintsev" [Russos são os inimigos dos ucranianos]. *KM.ru*, 13 fev. 2013. Disponível em: <https://www.km.ru/v-rossii/2013/02/13/istoricheskoe-edinstvo-rossii-i-ukrainy/703952-russkie-vragi-ukraintsev-potomu-c>. Acesso em: 22 dez. 2024.

Khmelnitsky chegasse e o grupo de guerra ganhasse a vantagem na corte polonesa. Não vendo nenhuma perspectiva de reconciliação com os poloneses, Khmelnitsky mudou de tática e, em junho de 1648, enviou uma carta ao tsar russo Alexei Romanov, então com apenas dezenove anos, implorando para que se juntasse ao ataque aos poloneses. O exército cossaco, ele garantiu, estava pronto para ajudar a cumprir a "profecia familiar dos tempos antigos" de Deus para elevar um tsar ortodoxo para defender todos os verdadeiros crentes cristãos.[12]

O mais alto órgão deliberativo da Rússia, a Assembleia da Terra (*Zemsky Sobor*), no entanto, percebeu que a Rússia não estava pronta para a guerra com a Polônia. Ela ofereceu assistência financeira, mas atrasou a tomada de qualquer ação direta até que a situação militar e política se estabilizasse. Isso, como se viu, levou cinco anos.

Quando Khmelnitsky renovou seu apelo por proteção em outubro de 1653, o *Zemsky Sobor* concordou em "tomar o *hetman* Bohdan Khmelnitsky e toda a Hoste Cossaca, com cidades e terras, sob a proteção do tsar". Os termos exatos dessa proteção seriam determinados por uma missão diplomática no Zaporozhian Sich. Ela chegou em 19 de dezembro de 1653 e, em 8 de janeiro de 1654, Khmelnitsky convocou uma Assembleia Geral (*Rada*) da Hoste Cossaca na cidade de Pereyaslavl.

Khmelnitsky disse à Assembleia que seis anos sem a proteção de um soberano devastaram as terras cossacas, e propôs que a assembleia escolhesse entre quatro candidatos que disputavam sua lealdade – o sultão turco, o *khan* dos tártaros da Crimeia, o rei da Polônia e o tsar da Rússia. Depois de argumentar a favor deste último com base na afinidade religiosa, Khmelnitsky colocou a questão em votação, que favoreceu esmagadoramente o tsar. A delegação russa visitou então 117 aldeias e cidades para determinar suas lealdades.[13] Embora a decisão da *Pereyaslavl Rada* tenha sido recebida com resistência ocasional, tanto os cronistas russos quanto os ucranianos descrevem a decisão geral de jurar lealdade ao tsar como tendo recebido aprovação esmagadora.[14]

Como não há muita discordância sobre esse ponto, o debate se acirrou sobre como interpretar os termos sob os quais a Hoste Cossaca se juntou ao Império Russo. Em março de 1654, os novos súditos cossacos do tsar fizeram onze solicitações, então conhecidas como Artigos de Março. Quando sua delegação chegou a Moscou, o número de solicitações havia dobrado.

12 "Vosstanie Khmel'nitskogo" [A rebelião de Khmelnitsky]. *Wikipedia*, 14 set. 2021. Disponível em: <https://ru.wikipedia.org/w/index.php?title=Vosstanie_Khmel'nitskogo>. Acesso em: 6 jan. 2025.

13 Subtelny, *Ukraine: A History*, p.135.

14 Dzyr, *Litopys Samovydtsya* [Crônica de uma testemunha ocular], p.67.

As solicitações originais tratam principalmente de toda a hoste militar, cerca de 60 mil homens, sendo adicionada à folha de pagamento do Estado (art. 9º). Um ponto trata das relações exteriores e pede ao tsar que permita que a Hoste Cossaca mantenha o direito de receber emissários estrangeiros, exceto aqueles do sultão turco e do rei da Polônia (art. 5º). As demandas adicionais incluem uma lista de privilégios e remunerações a serem concedidos ao próprio Khmelmitsky e aos escalões superiores da Hoste Cossaca. Há também os reconhecimentos costumeiros dos antigos privilégios do governo local (art. 3º, 7º), liberdade religiosa (art. 13, 16, 17), autoridade legal local (art. 1º, 16) e a coleta de impostos locais, sob a supervisão do tsar (art. 4º, 15).

O tsar concordou em fornecer suprimentos e armamento ao Sich (art. 12), mas recusou-se a pagar por todo o exército, dizendo que Khmelnitsky havia prometido não pedir provisões que seriam onerosas para a coroa. O acordo final mantém as restrições sobre as negociações da Hoste Cossaca com os emissários estrangeiros, acrescentando apenas que quaisquer emissários "com más intenções" devem ser detidos pelos cossacos até que recebam novas instruções de Moscou (art. 14).[15]

Esse acordo não satisfez todos os líderes da Hoste Cossaca. A morte de Khmelnitsky, apenas três anos depois, levou, portanto, a esforços para obter um acordo ainda melhor da Polônia. Depois que a Rússia derrotou a Polônia, no entanto, ela também renegociou os termos acordados em 1654, impondo restrições adicionais à autonomia do Cossack Sich e tornando a eleição de todo novo *hetman* cossaco sujeita à confirmação do tsar.[16]

Os historiadores tradicionalmente descrevem a ascensão de Khmelnitsky como feita sob a coação do infortúnio militar, mas também observam que ela encontrou ampla aceitação popular. De fato, com a notável exceção do *hetman* Ivan Mazepa (1639-1709), que mudou sua lealdade a Pedro, o Grande, para o rei sueco Carlos XII na véspera da Batalha de Poltava, parece ter havido pouco esforço entre os cossacos para estabelecer uma entidade política ucraniana distinta até o início do século XX. Quando, em 1775, a imperatriz Catarina, a Grande, estendeu seu governo pessoal sobre o Cossack Sich e encerrou seus privilégios especiais, os cossacos não ofereceram resistência.

Os historiadores nacionalistas ucranianos, no entanto, contam uma história muito diferente. O pacto de Khmelnitsky com o tsar, eles afirmam, foi puramente um casamento de conveniência, do qual o tsar então abusou

---

15 "Martovskie statyi" [Artigos de março]. *Wikipedia*, 18 abr. 2021. Disponível em: <https://ru.wikipedia.org/w/index.php?title=Martovskie_stat'i>.

16 Vasilyev, "Byla li Pereyaslavskaya rada vossoedineniem Ukrainy s Rossiei" [A Pereyaslav Rada foi a reunificação da Ucrânia com a Rússia?]. *Ukraina.ru*, 21 jan. 2019. Disponível em: <https://ukraina.ru/history/20190121/1022370094.html>. Acesso em: 16 dez. 2024.

para estender seu governo sobre as terras cossacas. Essa injustiça levou a rebeliões subsequentes, que se tornaram cada vez mais sangrentas e repressivas. A ausência de qualquer movimento nacional ucraniano até os tempos modernos é explicada por séculos de opressão tsarista pesada, e Mazepa é mitificado como um herói nacional que buscou restaurar a independência cossaca (leia-se ucraniana).[17] Por essa razão, Mazepa e seu escriba Pylyp Orlyk são frequentemente elogiados por nacionalistas ucranianos como sendo ancestrais muito mais dignos do que Khmelnitsky.[18]

2.3 A Ucrânia maloross sob o domínio russo: Shulgin *vs*. Hrushevsky

As ambições dinásticas, exacerbadas pelos esforços do clero católico e ortodoxo para influenciar a sucessão dinástica, garantiram que as terras fronteiriças da Polônia, Rússia e Austro-Hungria se tornassem um campo de batalha civilizacional. Após a terceira partição da Polônia em 1795, o Império Russo recebeu a maior parte da Ucrânia da Margem Direita, enquanto a monarquia dos Habsburgo (mais tarde o Império Austro-Húngaro) foi recompensada com as regiões da Galícia e Bucovina.

De acordo com a interpretação tradicional, ao longo de três séculos de domínio russo, a Ucrânia (então comumente conhecida como "Pequena Rússia" ou mesmo simplesmente Rússia do Sul) forjou laços estreitos com a Rússia, mantendo a distinta identidade cultural local e a linguagem imortalizada nos escritos de Nikolai Gógol, Ivan Kotlyarevski, Anton Tchékhov, Taras Shevchenko e outros.[19]

---

17 Plokhy, *The Cossack Myth: History and Nationhood in the Age of Empires*.

18 "Stanovlenie Kazatsko-Getmanskogo Gosudarstva" [A formação do estado cossaco-hetmanato]. *Onlain Biblioteka*, [s.d.]. Disponível em: <http://politics.ellib.org.ua/pages-1837.html>. Acesso em: 30 dez. 2024. Mazepa morreu logo após sua derrota em Poltava, mas seu escriba P(h)ilip Orlyk (1672-1742), continuou a defender a continuidade do estado cossaco em seu "Pacto e Constituição de Leis e Liberdades do Exército Zaporozhiano", frequentemente chamado de Constituição Orlyk e em sua "Conclusão sobre os Direitos da Ucrânia", que argumentava que a Ucrânia deveria ser considerada um reino independente, pois Khmelnitsky havia firmado um acordo voluntário com o tsar russo em 1654. Como o tsar violou esse acordo ao impor posteriormente restrições à soberania ucraniana, esse acordo, segundo Orlyk, não era mais válido.

19 De Biase, "L'Ucraina, piccola Rus" [Ucrânia, pequena Rússia]. *Il Foglio*, 14 abr. 2014. Disponível em: <https://www.ilfoglio.it/articoli/2014/04/14/news/lucraina-piccola-rus-50579/>. Acesso em: 26 dez. 2024; Rostovtsev, "Gogol obyedinyaet dazhe v razdiraemoi na kuski Ukraine" [Gogol se une mesmo a uma Ucrânia dilacerada]. *Nezavisimaya Gazeta*, 18 maio 2017. Disponível em: <https://www.ng.ru/kartblansh/2017-05-18/100_gogolukr.html>. Acesso em: 27 dez. 2024; Vidishenko, "Oles Buzina byl prodolzhatelem dukhovnykh traditsii Gogolya i Bulgakova" [Oles Buzina foi um sucessor das tradições

Kiev era seu centro administrativo e religioso; Carcóvia, sua principal universidade e um centro proeminente de literatura, filologia e vida intelectual ucraniana; enquanto Odessa, a cidade portuária criada por Catarina, a Grande, tornou-se o maior portal comercial da Rússia e a "Terceira Capital".[20]

Nesse vasto território, aproximadamente do tamanho da França, o russo predominava nas cidades, enquanto o ucraniano predominava no campo. Autoridades tsaristas tentaram erradicar essa discrepância por meio de uma série de decretos que determinavam o uso do russo em toda a Ucrânia. Isso foi explicado na época como um esforço para melhorar a integração das populações rurais na corrente principal do império, um processo comum em toda a Europa na época.[21] Hoje, no entanto, muitos historiadores veem isso como uma tentativa de suprimir o surgimento de uma cultura e identidade nacional ucraniana distintas.

---

espirituais de Gogol e Bulgakov]. *Ukraina.ru*, 16 abr. 2020. Disponível em: <https://ukraina.ru/20200416/1027429152.html>. Acesso em: 17 dez. 2024; Rozanov, "Golos malorossa o neomalorossakh" [A voz de um pequeno russo sobre os neopequenos russos]. *Wikisource*, 19 jan. 1914. Disponível em: <https://bit.ly/3PvI9A4>. Acesso em: 3 jan. 2025; Minin, "Vse merzavtsy" [Todos são canalhas]. *Strana.ua*, 15 maio 2021. Disponível em: <https://strana.one/news/333426-mikhail-bulhakov-130-let-nazad-rodilsja-avtor-mastera-i-marharity-chto-on-hovoril-ob-ukraine.html>. Acesso em: 26 dez. 2024; Chervak, "'Formalnyi' i 'realnyi' natsionalizm Franko" [O nacionalismo "formal" e "real" de Franko, ou lições de uma controvérsia]. *Den*, n.151, 28 ago. 2009. Disponível em: <https://day.kyiv.ua/ru/article/kultura/formalnyy-i-realnyy-nacionalizm-franko-ili-uroki-odnoy-polemiki>. Acesso em: 18 dez. 2024; Khavich, "Den v istorii. 4 oktyabrya: vo Lvove sozdana russko-ukrainskaya partiya" [Um dia na História. 4 de outubro: partido russo-ucraniano estabelecido em Lviv]. *Ukraina.ru*, 4 out. 2020. Disponível em: <https://ukraina.ru/history/20201004/1029121815.html>. Acesso em: 12 mar. 2025; Izmailov, "Istoriya gimna poukrainski: sovmestnoe tvorchestvo rusofobov pripisali levaku s khoroshimi svyazyami" [A história do hino ucraniano: a criatividade conjunta dos russofóbicos atribuída a um esquerdista bem relacionado]. *Ukraina.ru*, 27 jan. 2019. Disponível em: <https://ukraina.ru/exclusive/20190127/1022461479.html>. Acesso em: 27 dez. 2024; Chemakin, "My dolzhny reshitelno skazat: my – russkie, i Kiev – nash" [Devemos dizer decisivamente: somos russos, e Kiev é nossa]. *Ukraina.ru*, 14 fev. 2019. Disponível em: <https://ukraina.ru/20190214/1022667672.html>. Acesso em: 18 dez. 2024; Gaida, "Zrada na million griven" [Traição por um milhão de hryvnias]. *Ukraina.ru*, 19 nov. 2019. Disponível em: <https://ukraina.ru/20191119/1025712466.html>. Acesso em: 21 dez. 2024. Como Gógol disse, "Eu mesmo não sei se minha alma é ucraniana (*khokhlatskaia*) ou russa. Sei apenas que em hipótese alguma daria prioridade ao maloross antes do russo, ou ao russo antes do maloross. Ambas as naturezas são muito ricamente dotadas por Deus e, como se fosse um desígnio, cada uma delas separadamente contém em si o que a outra não tem – um sinal seguro de que elas se complementam", citado em Wilson, *The Ukrainians: Unexpected Nation*, p.88-9. A lista de ucranianos russófilos inclui até mesmo vários luminares agora inscritos no panteão dos nacionalistas ucranianos, como Ivan Franko, Mikhail Drahomanov, Pavel Chubinsky, o autor do hino nacional ucraniano, Igor Sikorsky e Vladimir Vernadsky.

20 Kamenetsky, "Odessa… – reshitelno tretya stolitsa Rossii…" [Odessa… é, definitivamente, a terceira capital da Rússia]. *Porto-Franco*, v.23, n.819, 16 jun. 2006. Disponível em: <https://perma.cc/QK78-WREZ>. Acesso em: 18 dez. 2024.

21 Weber, *Peasants into Frenchmen: The Modernization of Rural France: 1870-1914* [*De campesinos a franceses: la modernización del mundo rural, 1870-1914*].

O primeiro movimento nacional ucraniano importante foi a Irmandade de São Cirilo e São Metódio, estabelecida em Kiev em 1845 e fechada apenas dois anos depois. Ela incluía luminares como o escritor Taras Shevchenko e o historiador Nikolai Kostomarov. Seu objetivo não era a independência ucraniana, mas a transformação do Império Russo em uma confederação, na qual a Ucrânia seria uma das seis nacionalidades históricas russas.[22]

O esforço para obter maior autonomia para a Ucrânia, evitando uma separação completa da Rússia, se tornaria *o* ponto central da política ucraniana de Malorossia. Seus defensores viam a etnia ucraniana como uma parte distinta da grande família cultural russa, e muitos presumiram que essa distinção levaria algum dia ao autogoverno.[23] É por isso que, à véspera da Primeira Guerra Mundial, quando parecia que os eventos mundiais poderiam fornecer aos ucranianos uma oportunidade para um futuro diferente daquele escolhido por Khmelnitsky dois séculos e meio antes, um debate feroz surgiu na imprensa ucraniana sobre essa escolha.

Até então, Khmelnitsky era considerado pela maioria dos ucranianos como uma figura unificadora. Ele era visto positivamente tanto por aqueles que viam a Ucrânia como um ramo da nação russa do sul, quanto por aqueles que favoreciam a ideia de uma confederação entre a Ucrânia e a Rússia.[24] De fato, quando surgiu a ideia de estabelecer um monumento a Khmelnitsky no coração de Kiev (onde ainda está hoje), ela foi apoiada por todos os principais historiadores ucranianos da época, incluindo Nikolai Kostomarov e Vladimir Antonovich, professor e mentor de Mikhailo Hrushevsky. No início do século XX, no entanto, o debate sobre o legado de Khmelnitsky havia se tornado um marcador que identificava as aspirações políticas de alguém para a Ucrânia. A visão tradicional de Khmelnitsky como unificador da nação foi defendida por Vasily Shulgin, o editor do jornal monarquista *Kievlyanin* (O Kievano). Para Shulgin, "existem dois tipos de *ucranófilos*... alguns defendem a ideia da unidade do povo russo, sua unidade cultural, nacional e, consequentemente, política. Esses são os bohdanovistas-ucranófilos. Outros defendem a independência cultural, nacional e, consequentemente,

22 Lappo, "Proiskhozhdenie ukrainskoi ideologii noveishego vremeni" [A origem da ideologia ucraniana dos Tempos Modernos]. *Imperskoe Vozrozhdenie*, n.7, p.101, 2007.

23 Shulgin, "Ukrainstuyushchie i my!" [Os ucranianos e nós!]. *Angel Fire*, [s.d.]. Disponível em: <https://www.angelfire.com/nt/oboguev/images/shulgin1.htm>. Acesso em: 12 mar. 2025 Como Shulgin afirmou: "Nós defenderemos tudo que tornar mais fácil para a população do sul da Rússia ter sucesso em seu caminho cultural material e mental, que é distinto do norte da Rússia [...] quando chegar a hora, buscaremos todos os tipos de 'autonomias', tanto administrativas quanto na forma de amplo autogoverno. Mas uma coisa precisa ser lembrada firmemente: *não abriremos mão da unidade do povo russo para ninguém, em nenhum momento*".

24 Buzina, "Ukraina – ne Galichina" [Ucrânia não é Galícia]. *Buzina.org*, 10 jan. 2012. Disponível em: <https://buzina.org/publications/2129-ukraina-ne-galichina-7.html>. Acesso em: 27 dez. 2024.

política (*samostiinost*) da Malorossia. Aqueles que insistem na independência do povo ucraniano, no entanto, não são *ucranófilos*, mas *mazepovitas*". Deveria ser evidente para todos, ele disse, que "Moscou sem Kiev não seria a Rússia, mas apenas Moscóvia; enquanto Kiev sem Moscou não seria mais a Rus, mas apenas uma extensão da Áustria".[25]

Essa caracterização foi imediatamente desafiada por Hrushevsky, que insistiu que as ambições de Khmelnitsky iam muito além da autonomia e eram, de fato, "uma personificação consciente da ideia de Estado ucraniano". De acordo com Hrushevsky, Khmelnitsky procurou contrabalançar a autocracia moscovita fazendo outras alianças. Ele até concordou com uma campanha conjunta com os suecos contra os poloneses em 1657. Pouco antes de sua morte, de acordo com Hrushevsky, ele considerava uma união formal com a Suécia, uma ação que foi, por fim, realizada por Mazepa. A refutação de Hrushevsky ajudou a cristalizar a visão em círculos nacionalistas de que a Ucrânia vinha lutando pela independência da Moscóvia havia séculos. Essa visão agradou muito a Simon Petlyura, mais tarde presidente da breve República Popular Ucraniana, que a republicou em seu jornal *Ukrayinskaya Zhizn* [Vida Ucraniana], sob o título "A nova bandeira nacionalista".[26]

Em sua resposta, Shulgin reconheceu que Khmelnitsky havia buscado novos aliados, mas insistiu que seu objetivo ao fazê-lo não era libertar Malorossia da Moscóvia, mas libertá-la da Polônia. Em busca desse objetivo, Khmelnitsky teria forjado uma aliança com o próprio diabo, diz Shulgin, mas ele nunca questionaria a unidade das terras russas ou sua fidelidade à fé ortodoxa. É por isso que, diz Shulgin, o acordo alcançado em Pereyaslavl nunca menciona as palavras "Ucrânia" ou "ucraniano", mas fala apenas de "Malorossia", "o povo russo" e de ações tomadas "em nome da Rússia".[27]

Shulgin argumentou que o ambicioso projeto geopolítico de Khmelnitsky era vincular a Ucrânia à Rússia para sempre. Isso o colocou em desacordo com o *establishment* moscovita da época, que preferia ter a Ucrânia como uma zona-tampão com os poloneses e os otomanos, em vez de parte

---

25 Antonyuk, "Den v istorii. 11 avgusta: rodilsya deyatel, kotorogo nazyvayut pervym ukrainskim ministrom inostrannykh del" [Um dia na História. 11 de agosto: nasce a figura chamada de primeiro ministro ucraniano das Relações Exteriores]. *Ukraina.ru*, 11 ago. 2020. Disponível em: <https://ukraina.ru/history/20200811/1028479197.html>. Acesso em: 21 dez. 2024. Curiosamente, muitos dos parentes de Shulgin defenderam a independência da Ucrânia. Simon Petlyura até nomeou o seu primo em segundo grau, Alexander Shulgin, para ser o ministro das Relações Exteriores da República Popular Ucraniana (UNR).

26 Chemakin, "'Russky natsionalist' ili 'ukrainsky avtonomist'?" ["Nacionalista russo" ou "autonomista ucraniano"?]. *Ukraina.ru*, 25 fev. 2019. Disponível em: <https://ukraina.ru/history/20190225/1022806360.html>. Acesso em: 18 dez. 2024.

27 Ibidem.

do Império Russo.[28] Na versão da história de Shulgin, Khmelnitsky surge como um nacionalista russo por se recusar a deixar o tsar moscovita esquecer que as verdadeiras origens de seu reino, Rus, estavam em Kiev.

Esse conflito de visões, tão eloquentemente articulado por dois dos principais intelectuais de sua época, continuou a ecoar muito além da Primeira e Segunda Guerras Mundiais. Hrushevsky se tornou uma figura proeminente no novo governo da República Popular da Ucrânia (1917-1921), e hoje é reverenciado como um dos Pais Fundadores das independências ucranianas. Shulgin, por outro lado, ficou do lado do Exército Voluntário do Sul da Rússia do general Anton Denikin (os brancos), e escreveu o manifesto que as tropas de Denikin distribuíram ao entrarem em Kiev. Em uma estranha reviravolta do destino, depois de fugir do regime bolchevique, ambos os homens acabaram voltando para a União Soviética como apoiadores do regime comunista.

Talvez valha a pena enfatizar que, apesar de sua intensidade emocional, este foi um debate entre pessoas que reconheciam o patriotismo umas das outras. Nunca teria ocorrido a Shulgin ou Hrushevsky torturar, prender ou privar seu oponente do direito de expressar sua opinião. Eles eram concorrentes na causa da Ucrânia, em vez de inimigos, porque a única Ucrânia que qualquer um deles poderia imaginar era multiétnica, multilíngue e religiosamente pluralista. Mas a cada fracasso sucessivo em atingir o objeto de profundo desejo – uma Ucrânia independente e próspera – tal tolerância seria cada vez mais escassa.

2.4 A Ucrânia galega sob o domínio austro-húngaro: o debate político

As terras ucranianas do Império Austro-Húngaro incluíam formalmente os reinos da Galícia, Lodoméria, Bucovina e Transcarpácia. Embora sua população rural se referisse a si mesma como *rusyn* (rutenos), ou "filhos da Rússia", a influência política nessa região era fortemente discutida com os poloneses, que buscavam restabelecer seu próprio estado, perdido no final do século XVIII.[29] A influência polonesa era especialmente forte em centros urbanos como Lviv.

---

28 Pronin, "'Volim pod tsarya vostochnogo, pravoslavnogo!'" ["Estaremos sob o tsar oriental e ortodoxo!"]. *Stoletie*, 13 jan. 2014. Disponível em: <https://www.stoletie.ru/territoriya_istorii/volim_pod_cara_vostochnogo_pravoslavnogo__383.htm>. Acesso em: 16 dez. 2024.

29 Chemakin, "'Russky natsionalist' ili 'ukrainsky avtonomist'?". Segundo Chemakin, os socialistas ucranianos criticavam frequentemente os esforços dos galegos para inventar um "particularismo ucraniano", salientando que se autodenominavam rutenos havia séculos.

Para compensar o domínio polonês, em 1860 a corte vienense expandiu o autogoverno galego. Isso levou, em 1890, à formação em Lviv do Partido Radical Russo-Ucraniano, considerado o primeiro partido político ucraniano. Organizado por intelectuais ucranianos notáveis como Mikhail Dragomanov, Ivan Franko e Mikhail Pavlyk, seu objetivo declarado era a "autonomia política [*samostoyatelnost*] do povo ucraniano".[30] Foi sucedido pelo Partido Democrático Popular Ucraniano, que combinava aspirações nacionalistas e socialistas, e incluía Franko, Hrushevsky e Evhen Petrushevich, que mais tarde se tornou presidente da breve República Nacional Ucraniana Ocidental.[31]

De acordo com os historiadores nacionalistas ucranianos modernos, o Império Austro-Húngaro era mais avançado política e culturalmente do que o Império Russo, o que deu aos galegos a chance de forjar uma identidade política distinta e se tornar, nas palavras de Hrushevsky, "o Piemonte da Ucrânia" – uma referência consciente ao papel de liderança desempenhado pela região do Piemonte na unificação da Itália. Hrushevksy sentiu que a Galícia poderia servir como o ímã cultural e intelectual para a Ucrânia, a Ucrânia maloross oriental como seu ímã econômico e industrial, e Kiev como seu centro político. Essa divisão estereotipada sobrevive até hoje.[32]

A essa mistura, no entanto, deve ser adicionada a russofilia da Galícia, agora amplamente esquecida.[33] Historicamente, os principais antagonistas da Galícia eram a Polônia e o catolicismo, e a antipatia regional em relação a

---

30 Teslya, "Federalizm M. P. Dragomanova" [Federalismo M. P. Drahomanov]. *Filosofiya. Zhurnal Vysshei Shkoly Ekonomiki*, v.1, n.1, p. 72-90, 31 mar. 2017. Disponível em: <https://philosophy.hse.ru/article/view/4424>. Acesso em: 16 dez. 2024; Khavich, "Den v istorii. 4 oktyabrya"; "Mikhail Dragomanov", *Onlain Biblioteka*, [s.d.]. Disponível em: <https://banauka.ru/2216.html>. Acesso em: 4 nov. 2021.

31 Azarevich, "Galitskoe ukrainstvo" [Ucranianos galegos]. *Ukraina.ru*, 20 fev. 2019. Disponível em: <https://ukraina.ru/history/20190220/1022757181.html>. Acesso em: 3 jan. 2025.

32 Khavich, "Den v istorii. 11 iyulya: ukrainskie natsionalisty provozglasili sebya 'demokratami'" [Um dia na História. 11 de julho: nacionalistas ucranianos se declaram "democratas"]. *Rambler*, 11 jul. 2020. Disponível em: <https://news.rambler.ru/ukraine/44488434-den-v-istorii-11-iyulya-ukrainskie-natsionalisty-provozglasili-sebya-demokratami/>. Acesso em: 27 dez. 2024.

33 Korotin, "Pochemu zhiteli Galitsii ne lyubyat russkikh" [Por que o povo da Galícia não gosta dos russos?]. *Russkaya semerka*, 14 maio 2020. Disponível em: <https://russian7.ru/post/pochemu-zhiteli-galicii-ne-lyubyat-russki/>. Acesso em: 6 jan. 2025. O político galego russófilo mais proeminente foi, sem dúvida, Dmitry Andreevich Markov, que venceu duas vezes em campanhas eleitorais para o Parlamento austro-húngaro contra o então futuro presidente da República Popular Ucraniana Ocidental (ZUNR, em ucraniano), Evhen Petrushevich. Markov, que insistia em se autodenominar um maloross, falava regularmente em apoio ao que chamava de "nosso pequeno dialeto russo", mas ao mesmo tempo considerava "o ucranofilismo em sua atual edição, chamada exclusivamente galega, de perigoso". Ele foi um dos cerca de 2 mil principais russófilos galegos presos preventivamente na véspera da Primeira Guerra Mundial. Mais tarde, foram acompanhados por cerca de 80 mil outros nos campos de concentração austro-húngaros de Thalerhof e Teresien, onde aproximadamente um terço deles morreu.

eles superava em muito a antipatia regional em relação a Moscou. Isso ajuda a explicar a decisão do exército galego de se juntar primeiro aos brancos, depois aos vermelhos, contra as forças da Rada Central ucraniana, depois que esta última se aliou aos poloneses durante a Revolução Bolchevique.[34]

A "Política Oriental" do Império Austro-Húngaro havia muito buscava neutralizar a russofilia nas províncias orientais do império financiando organizações políticas, como a União para a Libertação da Ucrânia, que apoiava uma Ucrânia independente que defenderia a Europa contra a Rússia e "libertaria o mundo eslavo da influência deletéria do pan-moscovitismo".[35] Ela proibia a importação de livros em russo para a Galícia depois de 1822, bem como o ensino do russo nas escolas locais que, como disse o governador (*Statthalter*) da Galícia, o conde Agenor Romuald Gołuchowski, apenas "fortaleceria a orientação da população em relação à Rússia".[36] Também encorajou ativamente o desenvolvimento de um idioma ucraniano distinto do russo ao introduzir palavras em alemão, ídiche e polonês para substituir as palavras russas de uso mais comum, uma política que os governos ucranianos modernos continuaram.[37]

---

34 Lehovich, *White against Red: The Life of General Anton Denikin*; Antonyuk, "Petlyura u vlasti" [Petlyura é poder]. *Ukraina.ru*, 25 maio 2020. Disponível em: <https://ukraina.ru/history/20200525/1027795002.html>. Acesso em: 21 dez. 2024; Gubin, "'Kiev vozvrashchaetsya v sostav edinoi i nedelimoi Rossii'" ["Kiev está retornando a uma Rússia unida e indivisível": como os "brancos" superaram os "amarelos-azuis"]. *Ukraina.ru*, 31 ago. 2024. Disponível em: <https://ukraina.ru/20240831/1024802006.html>. Acesso em: 19 dez. 2024; Chemakin, "Psikhoz otorvannosti ot vsego mira" [A psicose do isolamento do resto do mundo]. *Ukraina.ru*, 11 abr. 2019. Disponível em: <https://ukraina.ru/20190411/1023248067.html>. Acesso em: 18 dez. 2024. Quando Petlyura reclamou sobre seus comandantes quererem forjar uma federação com a Rússia, citou "primeiramente e acima de tudo os galegos", e quando tentou reuni-los para se juntarem aos poloneses contra Moscou, eles foram seus oponentes mais ferozes. O ministro de Assuntos Internos da UNR, Isaak Mazepa, lembra-se de ter sido informado pelos comandantes do exército galego que os soldados galegos não lutariam por Kiev até que tivessem primeiro retomado Lviv dos poloneses.

35 Barry; Dal Lago; Healy (orgs.), *Small Nations and Colonial Peripheries in World War I*; Burns Jr., *The Balkan Policy of Count Gyula Andrassy*. Texas, 1980. Tese (Doutorado em Filosofia) – Rice University. Disponível em: <https://repository.rice.edu/items/c63b1ca2-4018-4f86-9d41-bc3d73f3fc65>. Acesso em: 6 jan. 2025; Antonyuk, "Den v istorii. 4 avgusta: emigranty iz Rossii sozdali soyuz za otdelenie Ukrainy" [Um dia na História. 4 de agosto: emigrantes russos formam união para a secessão da Ucrânia]. *Ukraina.ru*, 4 ago. 2020. Disponível em: <https://ukraina.ru/history/20200804/1028429702.html>. Acesso em: 21 dez. 2024.

36 Korotin, "Pochemu zhiteli Galitsii ne lyubyat russkikh".

37 "Neveroyatno, No Fakt: Ukraintsy Na Ukraine Ne Ponimayut 'novoukrainskogo' Yazyka" [Inacreditável, mas verídico: ucranianos na Ucrânia não entendem a "nova língua ucraniana"]. *yurasumy*, 10 set. 2020. Disponível em: <https://yurasumy.livejournal.com/2797338.html>. Acesso em: 27 out. 2021; Murzina, "Chakhlyk i Khmarochos" [Chakhlyk e Khmarochos. o que há de errado com a língua ucraniana?]. *Ukraina.ru*, 13 fev. 2021. Disponível em: <https://ukraina.ru/20210213/1030493658.html>. Acesso em: 20 dez. 2024; Zalevskaya, "Nemaya Ukraina" [Ucrânia silenciosa]. *Novorossiya*, 10 fev. 2021. Disponível em: <https://novorosinform.org/nemaya-ukrainaya-kak-v-sssr-ukrainskij-literaturnyj-yazyk-sozdavali-13516.

Assim, na véspera da Primeira Guerra Mundial, dentro das quatro regiões predominantemente ucranianas do império – Lviv, Volyn [Volínia], Ternopil e Stanislavov (agora Ivano-Frankivsk) – surgiu uma narrativa que olhava para a Galícia como a sede da identidade ucraniana e a melhor esperança para a nacionalidade ucraniana. De acordo com essa narrativa, a separação histórica da Galícia do resto da Ucrânia, embora infeliz, também foi de certa forma fortuita, uma vez que levou à formação de uma língua distinta, uma cultura política distinta e uma exposição ao catolicismo. E uma vez que a luta para estabelecer uma Ucrânia independente surgiu de dentro do contexto da luta pela identidade galega, seu sucesso final tornou-se associado à supremacia cultural e política das normas galegas no interior da Ucrânia.

Por outro lado, a identidade ucraniana malorossia da Ucrânia da Margem Esquerda, com seus principais centros urbanos Kiev, Carcóvia, Odessa, Dnipro e Donetsk, se via como distinta, mas ainda complementar à cultura russa. Ela rejeitou a visão de que a Ucrânia deve escolher entre a Europa e a Rússia, preferindo, em vez disso, uma parceria com ambas. Se o ideal galego moderno é uma Ucrânia que pode servir como baluarte da Europa contra a Rússia, o ideal malorossiano é que a Ucrânia pode servir como uma ponte entre a Europa e a Rússia.

O contraste entre essas duas visões da Ucrânia é agora tão gritante que permeia quase todos os debates políticos e culturais na Ucrânia. Uma indicação reveladora de como a consciência histórica distinta de cada região sobreviveu até hoje é uma pesquisa feita no tricentenário da Batalha de Poltava, em 2009. Nas regiões ocidentais da Ucrânia, 41% disseram que teriam ficado do lado de Mazepa contra Pedro, o Grande, enquanto, no leste e no sul, apenas 7,1% teriam feito essa escolha.[38]

2.5 As reações maloross e galegas ao colapso do Império

Com o colapso dos impérios russo e austro-húngaro, essas divisões palpáveis rapidamente explodiram em violência. Duas entidades políticas distintas, cada uma originalmente se autodenominando República Popular da Ucrânia, emergiram de suas conchas imperiais agora rachadas, uma em Kiev e outra em Lviv. Embora ambas falassem em querer uma Ucrânia unida, se

---

html>. Acesso em: 26 dez. 2024. Depois de 1991, o governo ucraniano continuou essa estratégia de introduzir particularismos galegos no ucraniano padrão, em um esforço para alargar a sua distinção do russo.

38 "300 letie Poltavskoi bitvy: geroi i predateli" [300º aniversário da Batalha de Poltava: heróis e traidores]. *Research & Branding Group*, 12 fev. 2018. Disponível em: <https://pt.slideshare.net/slideshow/300-87851172/87851172>. Acesso em: 16 dez. 2024.

referiam uma à outra como Grande e Pequena Ucrânia, ou às vezes como Ucrânia baseada em Dniepr (*naddniprianska Ukraina*) e Galícia.[39]

Após a queda da monarquia russa, democratas e socialistas em Kiev decidiram estabelecer seu próprio Parlamento, ou Rada Central. Inicialmente, essa Rada não solicitou independência, mas solicitou ao governo provisório em Petrogrado criar uma administração territorial ucraniana a partir das doze províncias do sul do Império Russo com uma população predominantemente étnica ucraniana. Ela também solicitou um exército ucraniano e autonomia dentro de uma Rússia democrática.[40]

Após o governo provisório rejeitar essa proposta, a Rada Central declarou a soberania ucraniana, embora ainda dentro do Império Russo. Uma delegação da Duma Russa foi então enviada a Kiev em junho de 1917 para negociar um acordo pelo qual a Rada submeteria suas propostas à Assembleia Constituinte Pan-Russa. Mas, depois que as eleições do conselho municipal em toda a Ucrânia mostraram que os partidos que favoreciam a independência total da Ucrânia obtiveram menos de um quinto dos votos, os delegados da Duma se retiraram.[41]

Foi somente em sua Terceira Universal, adotada em 22 de novembro de 1917, que a Rada Central declarou a independência da Ucrânia sobre um território que abrangia nove regiões (*gubernii*): Kiev, Chernigov, Carcóvia, Kherson, Podolsk, Poltava, Volyn, Yekaterinoslav e Tavriya (sem incluir a península da Crimeia).[42] Curiosamente, a Rada Central não reivindicou os territórios do Don Cossack Host (*Oblast Voisko Donskogo*) para a nova

---

39 "Velikaya i Malaya Rus" [Grande e Pequena Rus]. *Russkaya semerka*, 28 set. 2021. Disponível em: <https://russian7.ru/post/velikaya-i-malaya-rus-kakie-zemli-tak-na/>. Acesso em: 3 jan. 2025; Smolin, "Niskhozhdenie Ukrainskogo separatizma" [A descida do separatismo ucraniano]. *Maloros.ru*, [s.d.]. Disponível em: <https://malorus.ru/ukrstor/smolin_nishozhdenije.htm>. Acesso em: 4 nov. 2021. Segundo Smolin, os termos "Rus Maior" e "Rus Menor" surgiram da prática do patriarca de Constantinopla de referir-se às duas partes do seu bispado, ao norte e ao sudoeste, que tinham sido administrativamente separadas como resultado da invasão mongol.

40 Antonyuk, "Den v istorii. 11 fevralya: V Kharkove poyavilas pervaya ukrainskaya politicheskaya partiya" [Um dia na História. 11 de fevereiro: o primeiro partido político ucraniano apareceu em Kharkov]. *Ukraina.ru*, 11 fev. 2019. Disponível em: <https://ukraina.ru/history/20190211/1022631526.html>. Acesso em: 21 dez. 2024. Essa convocação à federação com a Rússia está de acordo com a tradição da maioria dos partidos políticos da Grande Ucrânia, começando com o protótipo do "Partido Revolucionário Ucraniano" estabelecido em 11 de de fevereiro de 1900, que rejeitou as convocações à separação da Rússia por considerá-las muito extremas. Embora tenha convidado o famoso jornalista nacionalista ucraniano Mykola Mikhnovsky para escrever a sua plataforma política, mais tarde ele repudiou publicamente o seu manifesto por não ser representativo das aspirações do partido e do povo ucraniano.

41 Pipes, *The Formation of the Soviet Union: Communism and Nationalism, 1917-1923*, p.53-61.

42 Likwithout, "III Universal ukrainskoi tsentralnoi Rady" [III Universal da Rada Central Ucraniana]. *Likbez*, 28 jul. 2014. Disponível em: <https://likbez.org.ua/iii-decree-ukrainian-central-rada.html>. Acesso em: 12 mar. 2025.

Ucrânia, embora tenha deixado em aberto a possibilidade de adicionar outros distritos no futuro.[43]

Mesmo essa independência autoproclamada, no entanto, foi fortemente qualificada. Seus autores reiteraram consistentemente que aspiravam à

> proteção dos direitos e da revolução não apenas em nossas próprias terras, mas em toda a Rússia, com a recém-formada "República Popular Ucraniana" como parte da república russa... [S]em nos separarmos da República Russa e preservarmos sua unidade, permaneceremos firmes em nossa terra e com nossas forças ajudaremos toda a Rússia, para que toda a República Russa se torne uma federação de povos iguais e livres.[44]

Por sua vez, os bolcheviques sitiados se ofereceram para reconhecer a Rada Central como sua representante local em cinco dessas nove regiões, excluindo Novorossiya no sul e Slobozhanshchina no nordeste.

Para resumir, as três primeiras das quatro universais emitidas pela Rada Central previam alguma forma de relacionamento federal entre uma Ucrânia socialista e uma Rússia socialista, com considerável autonomia local. Foi somente com a Quarta Universal, publicada em 9 (22) de janeiro de 1918, que a Rada de Kiev declarou a República Popular da Ucrânia como um estado totalmente soberano e independente do povo ucraniano.

Enfrentando uma derrota iminente, a monarquia austro-húngara dos Habsburgo também decidiu formar uma nova confederação. Aproveitando o momento, em 22 de setembro de 1918, os deputados ucranianos do Parlamento austro-húngaro estabeleceram o Conselho Nacional Ucraniano e declararam sua intenção de criar um estado nacional ucraniano nos reinos da Galícia, Lodoméria e Bucovina. Os delegados da Bucovina, no entanto, recusaram essa oferta e até hoje os transcarpáticos votam de forma muito diferente de seus vizinhos galegos e, ocasionalmente, expressam sentimentos separatistas.[45]

---

43 "Ideologiya organizatsii ukrainskikh natsionalistov" [Ideologia da organização dos nacionalistas ucranianos]. *Wikipedia*, 21 jun. 2021. Disponível em: <https://ru.wikipedia.org/w/index.php?title=Ideologiia_Organizatsii_ukrainskikh_natsionalistov>. Acesso em: 22 dez. 2024; Mikhnovsky, *Samostiina Ukraina* [Ucrânia independente].

44 Vasilyev, "Den v istorii. 20 noyabrya: vo imya spaseniya Rossii provozglashena Ukrainskaya Narodnaya Respublika" [Um dia na História. 20 de novembro: a República Popular da Ucrânia é proclamada em nome da salvação da Rússia]. *Ukraina.ru*, 20 nov. 2018. Disponível em: <https://ukraina.ru/history/20181120/1021803240.html>. Acesso em: 16 dez. 2024.

45 Koloskov, "Zakarpatye – novyi ukrainsky 'Donbass'?" [Transcarpácia – o novo "Donbass" ucraniano?]. *Ritm Eurasia*, 16 dez. 2020. Disponível em: <https://www.ritmeurasia.ru/news--2020-12-16--zakarpate-novyj-ukrainskij-donbass-52393>. Acesso em: 21 dez. 2024; Bratus, "Deputaty ot Partii Vengrov ustroili demarsh na pervom zasedanii Zakarpatskogo Oblsoveta" [Deputados do partido húngaro organizaram uma diligência na primeira

A monarquia austro-húngara, no entanto, já havia concedido essas mesmas regiões, conhecidas em polonês como *Malopolska* ou Pequena Polônia, aos membros poloneses do Parlamento austro-húngaro como parte de um Estado polonês recém-formado. Para evitar essa transferência, o Conselho Nacional Ucraniano assumiu o controle de Lviv e, em 1º de novembro de 1918, estabeleceu a República Popular Ucraniana Ocidental (ZUNR, em ucraniano), estabelecendo um conflito direto entre a Ucrânia Ocidental e o recém-formado estado polonês.

Tal como o Império Austro-Húngaro do qual fazia parte, a ZUNR aspirava ser uma comunidade multiétnica. Aproximadamente do tamanho da Irlanda, seus seis milhões de pessoas eram 71% ucranianos, 14% poloneses e 13% judeus; 62% eram greco-católicos, 18% católicos romanos, 13% judeus e apenas 6% cristãos ortodoxos. Seus líderes prometeram autodeterminação, justiça social e igualdade para as minorias. Embora o idioma ucraniano tenha recebido primazia, todas as minorias nacionais receberam o direito de estudar em seus próprios idiomas e de usar seus idiomas em todas as instituições oficiais. "No Estado ucraniano", declararam os líderes da ZUNR, "todos os cidadãos, sem referência à língua, fé, ancestralidade, herança ou sexo, serão verdadeiramente livres perante a lei, manifestos em um sistema democrático transparente."[46]

O governo da ZUNR então enviou uma delegação ao *hetman* Pavel Skoropadsky, recém-instalado pelas forças alemãs que estavam na época ocupando Kiev, para apelar por assistência militar contra os poloneses. Quando eles chegaram, no entanto, a ZUNR havia perdido o controle de Lviv para os poloneses e, em Kiev, Skoropadsky havia sido deposto por um novo governo conhecido como Diretório. O Diretório era encabeçado pelo patriarca político Volodymyr Vinnichenko, juntamente com o jornalista

---

reunião do Conselho Regional da Transcarpácia]. *Zerkalo Nedeli*, 7 dez. 2020. Disponível em: <https://zn.ua/UKRAINE/deputaty-ot-partii-venhrov-ustroili-demarsh-na-pervom-zasedanii-zakarpatskoho-oblsoveta.html>. Acesso em: 26 dez. 2024; Rakhmanin; Kravchenko, "'Het vid Kieva?'" ["Afaste-se de Kiev?"]. *Zerkalo Nedeli*, 8 jun. 2019. Disponível em: <https://zn.ua/internal/get-vid-kiyeva-320129_.html>. Acesso em: 30 dez. 2024; Stepushova, "Lider rusinov" [Líder dos rutenos]. *Pravda.ru*, 23 jul. 2019. Disponível em: <https://www.pravda.ru/world/1422193-tjasko/>. Acesso em: 6 jan. 2025; Tyshchenko, "Lyshe chvert zakarpattsiv khochut zhyty v unitarnii tsentralizovanii Ukraini" [Apenas um quarto dos transcarpáticos quer viver em uma Ucrânia unitária e centralizada]. *Ukrainska pravda*, 8 jun. 2019. Disponível em: <https://www.pravda.com.ua/news/2019/06/8/7217536/>. Acesso em: 21 dez. 2024; Azarevich, "Russkie bez Rossii" [Russos sem Rússia]. *Ukraina.ru*, 30 out. 2018. Disponível em: <https://ukraina.ru/history/20181030/1021599648.html>. Acesso em: 3 jan. 2025.

46 Tymchenko, "Use pro respubliku zakhidnykh ukraintsiv" [ZUNR: Tudo sobre a República dos Ucranianos Ocidentais]. *Istorychna pravda*, 13 nov. 2018. Disponível em: <https://www.istpravda.com.ua/articles/2018/11/13/153262/>. Acesso em: 12 mar. 2025. Em 20 de novembro de 1919, a Liga das Nações concedeu à Polônia um mandato de 25 anos para governar a Galícia Oriental, mas, em 15 de março de 1923, o território foi simplesmente concedido à Polônia pelo Conselho de Embaixadores da Entente.

cada vez mais influente, Simon Petlyura, que detinha o curioso título de "Chefe das Tropas Republicanas Ucranianas [Russas]".[47]

Esse encontro histórico entre dois projetos nacionais ucranianos, um da Galícia e o outro de Malorossia, resultou no Ato de Unificação (*Akt Zluki*) de 22 de janeiro de 1919, que é celebrado na Ucrânia moderna como o primeiro Estado ucraniano unido. Na realidade, foi apenas uma declaração de intenção de estabelecer um sistema federal no qual as regiões ocidentais da República Popular da Ucrânia manteriam o autogoverno cultural, político e legislativo, cujos detalhes seriam elaborados posteriormente. Enquanto isso, os dois governos concordaram em continuar a agir separadamente e até enviaram delegações separadas para a Conferência de Paz de Paris de 1919.[48]

Como se viu, no entanto, nada disso faria qualquer diferença. Em fevereiro de 1919, Kiev foi tomada pelo Exército Vermelho, e o Diretório nunca conseguiu enviar tropas para ajudar a Ucrânia Ocidental. Em junho, toda a Ucrânia Ocidental foi absorvida pela Polônia, Romênia, Hungria ou Tchecoslováquia.

Os historiadores continuam a debater se o Ato de Unificação foi uma tentativa *bona fide* de constituir um estado Estado ucraniano unido ou apenas um meio de ganhar vantagem em negociações subsequentes. A retórica pública da época sugere que a unidade nacional tinha um apelo popular considerável, embora, mesmo nesse estágio inicial, os galegos tendessem a se considerar os verdadeiros porta-estandartes da identidade ucraniana, o mesmo acontecendo com os maloross. Portanto, cada lado estava interessado, antes de tudo, na sobrevivência de sua versão da Ucrânia, mesmo que, se necessário, à custa do outro.

Foi exatamente o que aconteceu. O Ato de Unificação foi denunciado pela ZUNR depois que se descobriu que Petlyura havia concordado em ceder toda a Ucrânia Ocidental à Polônia em troca do apoio polonês contra o Exército Vermelho. É, portanto, bastante irônico que, em 2016, a Rada Ucraniana tenha adotado uma resolução em homenagem a Petlyura, que orquestrou efetivamente a desintegração da Ucrânia.[49] A Grande e a

---

47 "Predvstupitelnyi dogovor" [Tratado de pré-adesão]. *Prostopravo*, [s.d.]. Disponível em: <https://prostopravo.com.ua/klub_yuristov/zakonodatelstvo/istoriko_pravovye_dokumenty/predvstupitelnyy_dogovor_01_12_1918>. Acesso em: 12 mar. 2025.

48 Norin, "Strashnee velikogo i strashnogo" [Mais terrível que o grande e terrível]. *Ukraina.ru*, 17 jan. 2019. Disponível em: <https://ukraina.ru/history/20190117/1022370061.html>. Acesso em: 21 dez. 2024; Zaborin, "Globus Ukrainy" [Globo da Ucrânia]. *Ukraina.ru*, 23 jan. 2020. Disponível em: <https://ukraina.ru/20200123/1026429521.html>. Acesso em: 20 dez. 2024. A ZUNR buscava um Estado galego independente sob protetorado da Liga das Nações, enquanto a Rada Central em Kiev buscava o reconhecimento de uma Ucrânia independente.

49 "Za chto nash zemlyak ubil Simona Petlyuru" [Por que nosso compatriota matou Simon Petlyura]. *Timer-Odessa*, 3 fev. 2016. Disponível em: <https://web.archive.org/web/20210126020617/https://timer-odessa.net/statji/za_chto_nash_zemlyak_ubil_simona_petlyuru_ili_zachem_ukraine_antisemitskaya_reputatsiya_860.html>. Acesso em: 12 mar. 2025.

Pequena Ucrânia não seriam reunidas por mais três décadas, até o Pacto Molotov-Ribbentrop de 1939.

Outra peça reveladora desse quebra-cabeça complicado é o que estava acontecendo na época no leste e no sul da Ucrânia, e nas regiões vizinhas de Kuban e Don. A identidade regional nesta última tendia a ser cossaca, mas leal a uma Grande Rússia, mais do que a uma identidade maloross. Muitos apoiavam o general Denikin, que buscava uma Rússia unida que incluísse a Ucrânia, enquanto outros apoiavam uma Rússia unida sob as bandeiras do Exército Vermelho. Em janeiro de 1919, o Exército Vermelho tomou Kharkov e declarou a República Soviética Ucraniana.[50]

Curiosamente, a vitória dos vermelhos satisfez muitos ucranianos fora da Galícia. Os socialistas, os reformadores políticos e até os monarquistas podiam justificar o apoio aos vermelhos porque os viam como oferecendo certas continuidades com o Império Russo. Os monarquistas valorizavam o fato de os bolcheviques buscarem reunir o território russo de volta à nova União Soviética; os socialistas valorizavam os objetivos ideológicos pelos quais lutavam; enquanto os reformadores nacionais valorizavam que os bolcheviques promovessem o uso do ucraniano na sociedade, um processo mais tarde conhecido como *korenizatiia*.

Como resultado, muitos ucranianos importantes que inicialmente apoiaram a República Popular da Ucrânia e fugiram após a vitória bolchevique mais tarde retornaram à União Soviética ou a apoiaram do exterior. Isso inclui Hrushevsky, o primeiro líder da Rada, e seu sucessor Volodymyr Vinnichenko, que até serviu brevemente como vice-presidente do Conselho dos Deputados do Povo da República Socialista Soviética (RSS) da Ucrânia.[51] Até Shulgin, que serviu como ministro das Relações Exteriores do governo branco do sul da Rússia, ficou favoravelmente impressionado com a Nova Política Econômica de Lênin.[52] Capturado por tropas soviéticas na Iugoslá-

---

50 Ucrânia, "Den Sobornosti" [Dia da unidade]. *Ukrainian Nuclear Society*, 22 jan. 2024. Disponível em: <https://ukrns.org/en/activity/2024-en/ukrainian-unity-day>. Acesso em: 19 dez. 2024; Gubin, "Kiev vozvrashchaetsya v sostav edinoi i nedelimoi Rossii"; Vasilyev, "24 sentyabrya. Ukraina obyavila voinu Rossii" [24 de setembro. Ucrânia declara guerra contra a Rússia]. *Ukraina.ru*, 24 set. 2018. Disponível em: <https://ukraina.ru/20180924/1021217159.html>. Acesso em: 19 dez. 2024. Cabe notar que a convocação de Denikin de 25 de agosto de 1919, "À população de Malorossiya", escrito por Shulgin, incluía tanto um apelo emocional "à antiga Kiev, a mãe das cidades russas", quanto uma promessa de criar uma nova ordem baseada nos "princípios de autogoverno e descentralização com respeito absoluto pelas especificidades da vida local", incluindo o uso livre do idioma ucraniano na imprensa e em todas as instituições e escolas públicas.

51 Sidorchik, "Posle nezalezhnosti" [Depois da independência]. 15 out. 2019. Disponível em: <https://aif.ru/society/history/posle_nezalezhnosti_chem_zakonchili_ukrainskie_vozhdi_nachala_xx_-veka>.

52 Ver o seu livro de 1925: Shulgin, *Tri stolitsy* [Três capitais], reimpresso em Moscou pela Sovremennik em 1991.

via durante a Segunda Guerra Mundial, ele serviu doze anos em campos de prisioneiros soviéticos. Posteriormente anistiado, no final de sua vida, ele afirmou que os bolcheviques, *volens nolens*, haviam se tornado patriotas russos.

Refletindo sobre esses eventos caóticos, o historiador ucraniano contemporâneo Kost Bondarenko diz que os políticos galegos daquela época eram, primeiro, austríacos; segundo, galegos, e, por último, ucranianos. Também pode ser dito que os políticos em Kiev na época eram, primeiro, socialistas; segundo, maloross, e, por último, ucranianos. Ele conta uma história de como Simon Petlyura conheceu o líder polonês Jozef Pilsudski depois da guerra e o repreendeu por abandonar o socialismo. Pilsudski respondeu que, ao contrário de Petlyura, quando o trem destinado ao socialismo chegou à estação da Polônia, ele percebeu que era hora de descer.[53]

No final, isso deu aos ucranianos na Galícia exatamente o que estavam lutando *contra* – o domínio polonês. Enquanto isso, os ucranianos que aspiravam à independência no que agora era a União Soviética viram seus sonhos destruídos, mas aqueles que aspiravam à autonomia viram os seus parcialmente realizados durante o período de *korenizatsiya*. Portanto, não é surpreendente que as lições tiradas pela Galícia e Malorossia desse primeiro fracasso em alcançar a condição de Estado fossem muito diferentes e alimentassem futuras recriminações.

Para os socialistas maloross, foi a falta de perspectiva adequada (socialista) do nacionalista galego que condenou a democracia ucraniana e a russa. Mais tarde, alguns se juntaram ao movimento *Smena vekh* e abraçaram a visão eurasianista de que a União Soviética, por mais desagradável que seu regime político pudesse ser, merecia ser apoiada porque agora era o Império Russo *de facto*. Aqueles, como os filósofos Pyotr Savitsky e Nikolai Berdyaev, que eram de origem ucraniana, mais tarde apoiariam a União Soviética em sua luta contra a Alemanha nazista.[54]

Para os ucranianos da Galícia, por outro lado, a lição principal era que havia muitos elementos estrangeiros dentro da Ucrânia minando sua unidade de propósito. Em 1926, Dmytro Dontsov escreveu sua obra mais

---

53 Podkopayev, "Konstantin Bondarenko: Obedinenie ZUNR i UNR uchit, chto ukraint sam nuzhno spokoino vosprinimat otlichiya drug druga" [Konstantin Bondarenko: a unificação da ZUNR e da UNR ensina que os ucranianos precisam aceitar calmamente as diferenças uns dos outros]. *Ukraina.ru*, 22 jan. 2018. Disponível em: <https://ukraina.ru/exclusive/20180122/1019804567.html>. Acesso em: 27 dez. 2024.

54 Sizemskaya, "Istoki evraziistva" [As origens do eurasianismo]. *Filosofskie nauki*, n.3, p.49-52, 2013; "Georges Florovsky". *Wikipedia*, 10 out. 2021. Disponível em: <https://en.wikipedia.org/w/index.php?title=Georges_Florovsky&oldid=1049143081>. Acesso em: 21 dez. 2024; Ivanov et al., "The Ethno-Cultural Concept of Classical Eurasianism". *International Journal of Environmental and Science Education*, v.11, n.12, p.5155-63, 2016. Entre os eurasianistas ucranianos notáveis estavam o príncipe Dimitry Petrovich Svyatopolk-Mirsky, de Kharkov, e o filósofo religioso russo Georges Florovsky, de Odessa.

influente, *Natsionalizm* [Nacionalismo], especificamente para identificar russos, judeus e poloneses como elementos estrangeiros, e para demolir a noção de que a Ucrânia deveria ser tolerante à diversidade. Tal avaliação levou a um interesse compreensível no fascismo, que muitos europeus na época consideravam um veículo muito promissor para promover a unidade nacional. Logo isso deu origem à sabotagem e ao terrorismo, que no oeste da Ucrânia eram direcionados ao alvo mais acessível da região – as autoridades polonesas.

2.5.1 A revolta galega sob o governo polonês

Os ucranianos foram a única grande nacionalidade europeia deixada de fora do Tratado de Versalhes. Quando a Liga das Nações, em deferência à Polônia, negou o pedido de *status* de protetorado da ZUNR, quase 7 milhões de ucranianos se encontraram dentro das fronteiras de um Estado recém-formado, que estava, na época, preocupado em reafirmar sua própria identidade nacional, muitas vezes especificamente contra a deles. Para garantir esses novos territórios para si, os poloneses proibiram o uso do ucraniano no governo local, fecharam as escolas de idioma ucraniano e reassentaram os ex-soldados e suas famílias por toda a região.[55]

O "Programa Volyn", como esse projeto era conhecido, visava transformar ucranianos em poloneses leais, separando-os da influência cultural e política deletéria de Lviv. Como disse o governador militar da região, Henryk Józewski, "rejeitei a ideia de Lviv como a capital de Volyn. Nessa situação, Lviv não tinha nada a dizer a Volyn, e as mentalidades polonesa e ucraniana da Galícia só podiam envenenar a vida em Volyn".[56]

Para obter o apoio local, Józewski rotulou essa política de assimilação de "ucranização". Ela incluía a imposição da língua ucraniana nas igrejas ortodoxas, a apreensão de livros e periódicos publicados em Lviv e a supressão em Volyn de quaisquer organizações sediadas em Lviv. Apesar desses esforços, o número de comungantes ortodoxos em Volyn continuou a superar os católicos em quatro para um; então, em 1937, o governo começou a auxiliar a transferência de comunidades com mais de 10 mil residentes da fé ortodoxa para o catolicismo.[57]

---

55 Khavich, "Nakanune rezni" [Na véspera do massacre]. *Ukraina.ru*, 19 fev. 2020. Disponível em: <https://ukraina.ru/history/20200219/1026743222.html>. Acesso em: 27 dez. 2024; Hahn, "Report: Maidan Ukraine, the Ultra-Nationalist Tradition, and Anti-Semitism". *Russian & Eurasian Politics*, 17 jan. 2016. Disponível em: <https://gordonhahn.com/2016/01/17/report-maidan-ukraine-the-ultra-nationalist-tradition-and-anti-semitism-full-version-parts-1-3/>. Acesso em: 22 fev. 2024.

56 Khavich, "Nakanune rezni".

57 Ibidem.

No final de 1938, a "ucranização" foi declarada um fracasso e Józewski foi transferido. Ela foi substituída por uma política similarmente *orwelliana* de "coexistência", cujo objetivo era a "assimilação governamental e nacional da população não polonesa".[58] Os ucranianos agora estavam proibidos de se autodenominar ucranianos. As restrições culturais generalizadas foram acompanhadas por campanhas de pacificação, durante as quais centenas de ucranianos e "cossacos" politicamente suspeitos foram presos.[59] Esses esforços, juntamente com as campanhas semelhantes em Lviv e Lutsk, engrossaram as fileiras de nacionalistas ucranianos e simpatizantes pró-soviéticos.

Essa breve visão geral nos ajuda a entender melhor a rápida ascensão e militarização da Organização dos Nacionalistas Ucranianos (OUN, na sigla em inglês). Ela também fornece um pouco de contexto para um dos mais infames assassinatos em massa da Segunda Guerra Mundial: os Massacres de Volyn de junho a agosto de 1943, nos quais o braço militar da OUN, o Exército Insurgente Ucraniano, tirou a vida de cerca de 70 mil a 100 mil poloneses, em seu esforço para erradicar a influência polonesa na região e reafirmar a "justiça histórica".[60] Ironicamente, a deportação anterior pelas autoridades soviéticas de vários milhares de poloneses e judeus politicamente suspeitos, trazidos para a região como parte do Programa Volyn, pode ter acabado salvando suas vidas.[61]

---

58 Lyaska, "Bohdan Gud: Volin pered Volinnyu" [Bohdan Hud: Volyn antes de Volyn]. *Istorichna pravda*, 27 jul. 2020. Disponível em: <https://www.istpravda.com.ua/articles/2020/07/27/157862/>. Acesso em: 19 dez. 2024.

59 Khavich, "Nakanune rezni"; Lipovetsky, "Tri goda polskoi okkupatsii" [Três anos de ocupação polonesa]. *Zerkalo Nedeli*, 15 mar. 2018. Disponível em: <https://zn.ua/HISTORY/tri-goda-polskoy-okkupacii-278056_.html>. Acesso em: 27 dez. 2024.

60 "Verkhovnaiya Rada osudila reshenie polskogo seima o 'genotside na Volyni'" [A Verkhovna Rada condena a decisão do Sejm polonês sobre o "Genocídio em Volyn"]. *Fokus*, 8 set. 2016. Disponível em: <https://focus.ua/politics/356747>. Acesso em: 3 jan. 2025; Shkandrij, *Ukrainian Nationalism: Politics, Ideology, and Literature, 1929-1956*; Katchanovski, "The OUN, the UPA, and the Nazi Genocide in Ukraine". *Social Science Research Network*, 15 jul. 2019. Disponível em: <https://papers.ssrn.com/abstract=3429340>. Acesso em: 22 dez. 2024. A Rada Ucraniana rejeitou essas conclusões porque: 1) os poloneses também mataram ucranianos; 2) o número não poderia ter excedido os 30 mil, uma vez que não havia sequer tantas pessoas em Volyn naquela época; 3) está "bem estabelecido" que os perpetradores eram agentes da polícia secreta soviética (Narodniy Komissariat Vnutrennikh Diel – NKVD [Comissariado do Povo de Assuntos Internos]) vestidos como combatentes da Organization of Ukrainian Nationalists-Ukrainian Insurgent Army (OUN-UPA) [Organização dos Nacionalistas Ucranianos-Exército Insurgente Ucraniano]; e 4) levantar essa questão apenas serve aos interesses russos.

61 Statsenko, "'Yevreyskiy lager' Lemberg'. Kak natsisty unichtozhali yevreyev L'vova" ["Acampamento judeu em Lemberg". Como os nazistas exterminaram os judeus de Lviv]. *Ukraina.ru*, 8 nov. 2020. Disponível em: <https://ukraina.ru/history/20201108/1029539982.html>. Acesso em: 13 mar. 2025.

2.5.2 A ascensão da Organização dos Nacionalistas Ucranianos (OUN), 1923-1939

Após a Primeira Guerra Mundial, dezenas de milhares de emigrantes ucranianos acabaram na Tchecoslováquia, na Polônia e na Alemanha. Os mais radicalmente inclinados entre eles se juntaram à Organização Militar Ucraniana (UVO), liderada por Evhen Konovalets, que, estabelecido na Alemanha, coordenou suas atividades com a inteligência militar alemã, enquanto a coordenação na Polônia foi deixada para Andriy Melnyk.[62] No início da década de 1920, a UVO conduziu vários atos de sabotagem ferroviária, assassinatos direcionados e incêndios criminosos contra empresas polonesas. As forças de segurança polonesas responderam prendendo mais de 20 mil pessoas.[63]

Se o objetivo era convencer as potências da Entente a tornar a Galícia independente da Polônia, as ações da UVO tiveram precisamente o efeito oposto. Quando os esforços diplomáticos para obter o reconhecimento da Galícia na Liga das Nações fracassaram, muitos olharam para a União Soviética em busca de apoio. Aqueles que não o fizeram, criaram a OUN em 1929. Com a morte de seu fundador, Konovalets, a OUN se dividiu na "Velha Guarda" de Melnyk, ainda localizada principalmente na Alemanha, e um grupo liderado por um jovem ativista na Polônia, Stepan Bandera.

A ideologia da OUN era uma mistura eclética de ideias autoritárias populares na Europa na época. Uma figura importante foi Mykola Stsiborskyi, que defendeu uma forma ucraniana de corporativismo que incorporava muito da Itália fascista. A prioridade para a Ucrânia, ele disse, era criar uma organização revolucionária altamente disciplinada, capaz de estabelecer uma ditadura nacional. Imaginou que um dia tal ditadura poderia ser substituída pela expressão direta da vontade do povo, criando o que ele chamou de "totalitarismo espiritual ucraniano".[64]

Outro ideólogo importante foi Dmytro Dontsov, que argumentou que, para sobreviver, os ucranianos precisavam desenvolver uma vontade indomável de vida e poder político, manifestada em um "nacionalismo ativo".[65] "A natureza", escreveu Dontsov, "não conhece humanismo e justiça... o que chamamos de resistência... é simplesmente o extermínio dos fracos."[66]

62 Khavich, "Den v istorii. 11 iyulya".

63 Ibidem.

64 Stsiborskyi, "Natsiokratiya" [Natiocracia]. *Ukrainske zhyttya v Sevastopoli*. Disponível em: <http://ukrlife.org/main/evshan/natiocracy.htm>. Acesso em: 27 dez. 2021.

65 Kasyanov, *Do pytannya pro ideolohiyu OUN* [Sobre a questão da ideologia da OUN]. Disponível em: <http://irbis-nbuv.gov.ua/cgi-bin/ua/elib.exe?Z21ID=&I21DBN=UKRLIB&P21DBN=UKRLIB&S21STN=1&S21REF=10&S21FMT=online_book&C21COM=S&S21CNR=20&S21P01=0&S21P02=0&S21P03=FF=&S21STR=ukr0000835>. Acesso em: 22 dez. 2024.

66 Kevorkyan, "Oruell zhiv!" [Orwell está vivo!]. *Ukraina.ru*, 27 dez. 2017. Disponível em: <https://ukraina.ru/opinion/20171227/1019719194.html>. Acesso em: 22 dez. 2024.

O direito de uma nação existir, ele conclui, deve, portanto, estar "acima da vida de qualquer indivíduo, acima do sangue e das mortes de milhares, acima do bem-estar de uma determinada geração, acima de cálculos mentais abstratos, acima da ética humana universal, acima de qualquer conceito imaginário de bem e mal".[67]

De acordo com Dontsov, a forma mais elevada de nação é a nação conquistadora – uma nação que está disposta a transformar o mundo à sua própria imagem, independentemente do custo. A Ucrânia deve se tornar uma nação conquistadora ou sofrer extinção. Seu ideal nacional unificador deve ser, portanto, destruir a Rússia, pois somente com a Rússia desmembrada e seus territórios absorvidos pela Ucrânia, esta pode alcançar a verdadeira segurança e grandeza.

Dontsov rapidamente se tornou um dos autores mais populares e influentes da OUN, mas nunca se tornou seu ideólogo oficial, porque discordava do foco da organização pré-1939 ser a Polônia, em vez da Rússia Soviética, como o obstáculo mais sério à soberania ucraniana. Seus escritos continuam a servir de inspiração e modelo para muitos nacionalistas ucranianos contemporâneos.[68]

Ainda que a OUN não tivesse uma política antirrussa forte antes de 1939, isso mudou após o Pacto Molotov-Ribbentrop, quando os senhores *de facto* da Galícia passaram a ser os soviéticos, em lugar dos poloneses. Embora o desgosto contra os poloneses persistisse, simplesmente não havia mais necessidade de lutar contra a Polônia e a polonização. Os novos alvos eram agora a Rússia Soviética e a russificação.

Em sua última reunião pré-guerra em agosto de 1939, a OUN declarou que o Estado ucraniano seria construído com base no princípio do poder nacional. De acordo com essa "Constituição Stsiborskyi", a Ucrânia aspirava ser um "Estado soberano, autoritário, totalitário e profissional". A autoridade total pertencia à Nação Ucraniana, mas era realizada pelo líder da nação. A única ideologia permitida era o nacionalismo ucraniano, e a única organização política permitida era a Organização dos Nacionalistas Ucranianos. O ucraniano seria o único idioma oficial. Apenas as duas igrejas – a Igreja Ortodoxa Autocéfala Ucraniana e a Igreja Greco-Católica

---

67 Polishchuk, "Ponyatie integralnogo ukrainskogo natsionalizma" [O conceito de nacionalismo ucraniano integral]. *Maloros.ru*, set. 1997. Disponível em: <https://malorus.ru/ukrstor/piun.html>. Acesso em: 4 jan. 2025.

68 "Mer Dnepra" [O prefeito de Dnepra]. *IA Regnum*, 8 set. 2018. Disponível em: <https://regnum.ru/news/society/2478026.html>. Acesso em: 26 dez. 2024; Kevorkyan, "O chem ne skazal Vladimir Putin. Ukraina kak anti-Rossiya" [O que Vladimir Putin não disse. Ucrânia como anti-Rússia]. *Ukraina.ru*, 4 ago. 2021. Disponível em: <https://ukraina.ru/history/20210804/1031989027.html>. Acesso em: 22 dez. 2024. Serhiy Kvit, ministro da Educação da Ucrânia de 2014 a 2016, escreveu a introdução do livro *Natsionalizm* de Dontsov.

Ucraniana – seriam permitidas, e seus principais hierarcas confirmados pelo líder da nação.[69]

Assim, na véspera da Segunda Guerra Mundial, a OUN adotou uma forma de nacionalismo integral que era bastante comum na Europa oriental na época.[70] John Armstrong, um dos primeiros estudantes do nacionalismo ucraniano, observa cinco semelhanças principais de tais movimentos: 1) uma crença na nação como um valor absoluto; 2) uma crença na unidade mística das pessoas que compõem a nação; 3) a subordinação do raciocínio analítico à intuição e às emoções corretas; 4) uma confiança em um líder carismático que encarna a vontade da nação; e 5) um culto à ação, à guerra e à violência que expressa a vitalidade espiritual da nação.[71]

Sua orientação ideológica fez da OUN uma aliada natural das potências do Eixo, e os principais membros da OUN foram bastante sinceros sobre suas simpatias tanto pelo nazismo alemão quanto pelo fascismo italiano.[72] Apesar dessas simpatias, no entanto, Evhen Onatsky, o representante da OUN em Roma e um colaborador regular do jornal de Sziborsky, *Postroenie Natsii* [A Construção da Nação], argumentou que uma distinção importante deve sempre ser mantida em mente: "O fascismo", ele escreveu, "é o nacionalismo de um Estado-nação hostil a quaisquer irredentistas, pronto para sacrificar tudo e todos ao culto de seu Estado já criado. O nacionalismo ucraniano é, por outro lado, o nacionalismo de um não Estado-nação, que vive apenas pelo irredentismo e está pronto para sacrificar tudo e todos para destruir o culto daqueles estados que o impedem de viver".[73]

---

69 Stsiborskyi, "Natsiokratiya"; Kulchytskyi; Veselova (orgs.), *OUN v 1941 Rotsi: Dokumenty* [OUN em 1941: documentos], p.201; Hishchynskyi (org.), *Zavolyu Ukrainy: antolohiya pisen nacionalno-vyzvolnych zmahan* [Pela liberdade da Ucrânia: uma antologia de canções de competições de libertação nacional].

70 Subtelny, *Ukraine: A History*, p.442-4. Havia muitos ovimentos semelhantes, como a Ustashi croata, a Guarda de Ferro romena, a guarda Hlinkova eslovaca, a ONR polonesa (Obz Narodowo-Radykalny) e o Partido da Cruz Flechada – Movimento Húngaro (Nyilaskeresztes Párt). De acordo com Subtelny, o nacionalismo integral ucraniano "claramente continha elementos de fascismo e totalitarismo" e propôs "a criação de uma nova geração de 'super' ucranianos".

71 Armstrong, *Ukrainian Nationalism*, p.13.

72 "Ideologiya organizatsii ukrainskikh natsionalistov"; Rudling, "Historical Representation of the Wartime Accounts of the Activities of the OUN-UPA". *East European Jewish Affairs*, v.36, n.2, p.163-89, 2006. Disponível em: <https://doi.org/10.1080/13501670600983008>. Acesso em: 27 dez. 2024; Kasyanov, *Do pitannya pro ideolohiyu OUN*, Dontsov, em um artigo "Are We Fascists?", escrito após a tomada do poder por Hitler na Alemanha, escreveu: "O espírito político e psicomoral que inspira os nacionalistas ucranianos é, inegavelmente, o fascismo". Bandera escreveria em 1940 que "Esses novos movimentos nacionalistas têm nomes diferentes em diferentes países: na Itália – fascismo, na Alemanha – hitlerismo e para nós – nacionalismo ucraniano".

73 Zaitsev, "Ukrainskyi integralnyi natsionalizm v poiskakh 'osobogo puti'" [Nacionalismo integral ucraniano em busca de um "caminho especial"]. *Novoye Literaturnoye Obozreniye (NLO)*, n.2, 2011; Antonyuk, "Den v istorii. 27 oktyabrya: v Argentine umer nastoyashchiy

Portanto, não se pode simplesmente rotular a OUN como uma cópia do fascismo italiano ou do nazismo alemão. Em vez disso, fazia parte de um grupo de associações políticas com ideias semelhantes que existiam em muitos países, cada um com suas próprias prioridades nacionais específicas. Para as principais potências do Eixo, como a Alemanha e a Itália, a prioridade era ganhar território e influência explorando as fraquezas de seus inimigos (e aliados). Para potências menores, como a Hungria e a Romênia, o objetivo poderia ser o mesmo, mas as oportunidades para fazê-lo muito mais limitadas. Na base do grupo estavam os aliados como a Ucrânia e a Croácia, que não tinham Estado próprio. Sua primeira prioridade era simplesmente criar um Estado.

No caso dos *Ustashi* croatas, eles tiveram sucesso. Os alemães apoiaram a declaração de independência da Croácia e seus esforços para instituir um regime fascista de pleno direito aliado à Alemanha nazista. Na Ucrânia, no entanto, a liderança nazista buscou colonização, não aliança. Com isso, prenderam a liderança da OUN quando ela declarou um Estado independente da Ucrânia em Lviv em 30 de junho de 1941, embora a OUN também tenha se declarado aliada da Alemanha nazista.

A OUN estava lutando na Segunda Guerra Mundial principalmente pela liberdade da Ucrânia ou como aliada do Terceiro Reich? Essa questão tem incomodado várias gerações de ucranianos e se tornou um teste decisivo de lealdade política desde 2014. Na verdade, a OUN estava lutando pela liberdade da Ucrânia de fazer parte do Terceiro Reich.[74] Segundo seu ponto de vista, essa era a melhor escolha civilizacional disponível para a Ucrânia na época. Posteriormente, quando o Terceiro Reich começou a entrar em colapso, a OUN alterou essa escolha civilizacional para se tornar parte do Ocidente anticomunista. Essa mudança tática, no entanto, apenas destaca a consistência da mensagem ideológica abrangente da organização – que a Ucrânia pode se aliar a qualquer um, exceto à Rússia.

---

ukrainskiy fashist" [Um dia na História. 27 de outubro: um verdadeiro fascista ucraniano morre na Argentina]. *Ukraina.ru*, 27 out. 2020. Disponível em: <https://ukraina.ru/history/20201027/1029395160.html>. Acesso em: 21 dez. 2024.

74 Kasyanov, *Do pitannya pro ideolohiyu OUN*; Rudling, "The OUN, the UPA and the Holocaust: A Study in the Manufacturing of Historical Myths". *The Carl Beck Papers in Russian and East European Studies*, n.2107, p.3, 2011. Disponível em: <https://carlbeckpapers.pitt.edu/ojs/index.php/cbp/article/view/164/160>. Acesso em: 22 dez. 2024; Katchanovski, "The OUN, the UPA, and the Nazi Genocide in Ukraine". Katchanovski estima que 63% dos principais líderes da UPA e da OUN-B, e pelo menos 74% dos principais comandantes da UPA, colaboraram com a Alemanha nazista. A colaboração próxima entre a ala militar da OUN e as autoridades nazistas não deve ser nenhuma surpresa, dada a sua afinidade ideológica e a colaboração entre exilados ucranianos e a inteligência alemã estabelecida no início da década de 1920. Relatórios de inteligência sugerem que Konovalets se encontrou com Hitler duas vezes no início da década de 1930, entre outras coisas para discutir o treinamento de ucranianos em uma Escola do Partido Nazista em Leipzig.

Esse segundo fracasso em alcançar a independência ucraniana, apenas três décadas após o primeiro, adicionou novo combustível ao conflito entre as visões galega e maloross da Ucrânia. Na interpretação galega, os membros da Organização dos Nacionalistas Ucranianos-Exército Insurgente Ucraniano (OUN-UPA) eram heróis que lutavam pela liberdade ucraniana. A necessidade os forçou a estabelecer uma aliança temporária com os nazistas, mas perto do fim da guerra, quando entenderam completamente a verdadeira natureza do regime nazista, abraçaram os ideais ocidentais. Desde então, lutaram ao lado do Ocidente contra a ameaça soviética/russa comum.[75]

Para os adeptos da interpretação maloross, os da OUN-UPA eram traidores e criminosos de guerra. Eles indicam que 3 milhões de ucranianos lutaram no Exército Vermelho, em comparação com talvez 80 mil no Exército Insurgente Ucraniano.[76] Consideram a transformação ideológica da OUN no fim da guerra como nada mais do que uma tentativa de encontrar novos patrocinadores no Ocidente e salvar suas peles.

O que mais se destaca em ambas as narrativas é sua notável consistência. Para os ucranianos galegos, apesar da mudança na retórica do nacionalismo integral para o nacionalismo pró-ocidental, os elementos básicos da hostilidade em relação à Rússia e ao expansionismo russo dificilmente mudaram desde a época do Império Austro-Húngaro. Para os ucranianos maloross, apesar do comunismo soviético, do Holodomor* e da coletivização, a Rússia e a Ucrânia ainda são vistas como compartilhando um destino comum, mesmo durante as provações mais difíceis.

Mais de três quartos de século se passaram desde o fim da Segunda Guerra Mundial, mas a memória desses eventos continua a envenenar as emoções políticas na Ucrânia em uma extensão raramente vista em outros lugares. Os esforços em 2005 do Instituto de História da Academia Ucraniana de Ciências em Kiev para encerrar essa divisão foram descartados na Galícia como um esforço para desacreditar a luta pela independência

---

75 Motyka, *Ukraińska Partyzantka 1942-1960: Działalność Organizacji Ukraińskich Nacjonalistów i Ukraińskiej Powstańczej Armii* [Partidários ucranianos 1942-1960: atividades da organização dos nacionalistas ucranianos e do exército insurgente ucraniano].

76 Hahn, *Ukraine over the Edge: Russia, the West and the "New Cold War"*, p.41. De acordo com Hahn, em 1944-1945, batalhas campais ocorreram entre 30 mil-40 mil partidários da OUN-UPA e as forças soviéticas. Para privá-los de sua base de apoio, a NKVD soviética bloqueou e despovoou grandes áreas da Galícia, Volínia e as colinas da Transcarpácia, deportando famílias e até mesmo aldeias inteiras. Estima-se que cerca de 500 mil pessoas podem ter sido deportadas para a Sibéria dessas regiões entre 1946 e 1949.

* [Período de intensa fome entre 1932 e 1933 na Ucrânia sob o regime da União Soviética. Cf. por exemplo, Andriewsky, "Towards a Decentred History: The Study of the Holodomor and Ukrainian Historiography". *East/West: Journal of Ukrainian Studies*, v.2, n.1, p.17-52, 2015. Disponível em: <https://ewjus.com/index.php/ewjus/article/view/Andriewsky/24>. Acesso em: 14 jan. 2025. (N. T.)]

ucraniana; enquanto os esforços do Instituto Ucraniano de Memória Nacional após 2014 para redefinir a Segunda Guerra Mundial como uma luta de libertação são tipicamente vistos na Malorossia como uma tentativa de glorificar os colaboradores nazistas.[77]

Uma razão para isso, é claro, é que a forma como se interpreta o passado tem implicações para o tipo de Ucrânia que está sendo construída hoje. Por exemplo, Yana Primachenko, pesquisadora da Academia Ucraniana de Ciências, argumenta que a OUN e a UPA não podem ser consideradas racistas, chauvinistas ou fascistas porque, "por mais radicais que tenham sido, sem os recursos institucionais do Estado era impossível realizar esse potencial".[78] Este é o mesmo argumento que Onatsky utilizou na década de 1930 e convenientemente evita a questão de que tipo de sociedade a OUN queria estabelecer depois de ter alcançado o poder.

É precisamente essa questão, no entanto, que se tornou uma preocupação para os ucranianos de Malorossia após a independência, quando políticos ucranianos proeminentes começaram a se referir rotineiramente aos líderes da OUN-UPA como heróis nacionais e figuras exemplares.[79]

2.5.3 A República Soviética Socialista (SSR) da Ucrânia: a ucranização ao estilo soviético ou sovietização ao estilo ucraniano?

Enquanto muitos intelectuais galegos na Polônia e na Alemanha abraçaram o nacionalismo radical como um meio de obter a nacionalidade após a

---

77 Sidoruk, "Stanislav Kulchytskyi: 'Bilykh plyam' shchodo diyalnosti UPA vzhe ne isnue" [Stanislav Kulchytskyi: não há mais "pontos em branco" em relação às atividades da UPA]. *Ukraina moloda*, 10 jan. 2007. Disponível em: <https://www.umoloda.kiev.ua/number/833/169/30322/>. Acesso em: 30 dez. 2024; Pogorelov, *Izgibaniya poverkhnostei i ustoichivost obolochek* [Flexão de superfícies e estabilidade de cascas].

78 Primachenko, "Istoricheskaya spravka ob izmeneniyakh v ideologii OUN" [Contexto histórico das mudanças na ideologia da OUN]. *Likbez*, 1º set. 2014. Disponível em: <https://likbez.org.ua/historical-information-about-the-changes-in-the-ideology-of-the-oun.html>. Acesso em: 6 jan. 2025.

79 Janiga, "Minister zdrowia Ukrainy: w pracy zastanawiamy się, co by na naszym miejscu zrobił Bandera" [Ministro da Saúde da Ucrânia: no trabalho, nós nos perguntamos o que Bandera faria em nosso lugar]. *Kresy blog*, 7 ago. 2017. Disponível em: <https://kresy.pl/wydarzenia/spoleczenstwo/minister-zdrowia-ukrainy-pracy-zastanawiamy-sie-by-naszym-miejscu-zrobil-bandera/>. Acesso em: 23 dez. 2024; Babiak, "Poroshenko: 'UPA Are Heroes'". *Euromaidan Press*, 26 set. 2014. Disponível em: <https://euromaidanpress.com/2014/09/26/poroshenko-to-consider-giving-upa-veterans-legal-status/>. Acesso em: 26 dez. 2024; "Nalyvaichenko: SBU budem reformirovat po obrazu OUN-UPA" [Nalyvaichenko: Reformaremos o SBU à imagem da OUN-UPA]. *Ukraina.ru*, 1º abr. 2015. Disponível em: <https://ukraina.ru/news/20150401/1012608625.html>. Acesso em: 26 dez. 2024; "Poroshenko obyavil UPA 'drugim frontom' borby s fashizmom" [Poroshenko declarou a UPA como "outra frente" na luta contra o fascismo]. *Ukraina.ru*, 9 maio 2015. Disponível em: <https://ukraina.ru/news/20150509/1013015597.html>. Acesso em: 27 dez. 2024.

Primeira Guerra Mundial, seus equivalentes na Ucrânia soviética, em geral, não o fizeram. Isso é frequentemente atribuído à supressão da identidade e cultura nacional ucraniana na União Soviética, mas seria mais preciso dizer que a política de nacionalidade soviética na Ucrânia oscilou entre dois extremos: a supressão violenta da identidade nacional local e sua imposição violenta.

A princípio, os bolcheviques buscaram minar o "grande chauvinismo russo", que viam como um pilar do antigo regime tsarista. Para esse fim, em abril de 1923, o 12º Congresso do Partido Comunista Russo (Bolcheviques) adotou a "indigenização" (*korenizatsiya*) como sua postura oficial em relação às nacionalidades não russas. A mesma política foi adotada pelo Partido Comunista Ucraniano mais tarde naquele mês sob o nome de "ucranização".[80] O Comissário do Povo para o Iluminismo da Ucrânia, Aleksandr Shumsky, nomeou o escritor Nikolai Khvylevoi para ser o principal ideólogo da ucranização. Um século depois, a frase de Khvylevoi "Longe de Moscou!" [*Het vid Moskvy*] foi adotada pelo presidente ucraniano Petro Poroshenko.[81]

Khvylevoi, Shumsky e seu sucessor Nikolai Skrypnik iniciaram um plano de três anos para a "ucranização total", que incluía o fechamento de todas as escolas, teatros e meios de comunicação de língua russa, bem como a exigência do uso do ucraniano por todos os membros do partido em todas as organizações estatais. Qualquer pessoa que não conseguisse passar em um exame de língua ucraniana tinha que frequentar aulas para aprendê-la. A recusa em fazê-lo poderia resultar em demissão e negação de benefícios trabalhistas. Também poderia resultar em ser rotulado como politicamente não confiável.[82]

O objetivo oficial da ucranização, de acordo com Skrypnik, era "tornar o campesinato ucraniano igual ao proletariado da cidade", mas foi amplamente visto como um ataque à língua e à cultura das cidades, que eram então principalmente de idioma russo.[83] Quando a política soviética

80 Lênin, "K voprosu o natsionalnostiyakh ili ob avtonomizatsii" [Sobre a questão das nacionalidades ou "autonomização"]. *Revarchiv*, 30 dez. 1922. Disponível em: <https://revarchiv.narod.ru/vladimilitch/lenin45/avtonomisazia.html>. Acesso em: 3 jan. 2025. [Ed. bras.: "Para a questão das nacionalidades ou da 'autonomização'". *Ponto-e-vírgula*, v.21, ed. "100 anos da Revolução Russa", p.96-105, 2017. Disponível em: <https://doi.org/10.23925/1982-4807.2017i21p96-105>. Acesso em: 3 jan. 2025.]

81 "Poroshenko: 'Het vid Moskvy, dayesh Yevropu'" [Poroshenko: "Longe de Moscou, dá-nos a Europa"]. *BBC News Ukraina*, 14 maio 2017. Disponível em: <https://www.bbc.com/ukrainian/news-39914781>. Acesso em: 29 dez. 2024.

82 Chernyshov, "Ukrainizatsiya kak ona byla" ["A ucranização como era"]. *Maloros.ru*, [s.d.]. Disponível em: <https://malorus.ru/ukrstor/czernyszew-ukrainisazija.html>. Acesso em: 3 jan. 2025.

83 Vasiliev, "Nikolai Skripnik i ukranizatsiya 'Odesskikh izvestii'" [Nikolai Skrypnik e a ucranização do "Odessa News"]. *Ukraina.ru*, 25 abr. 2020. Disponível em: <https://ukraina.ru/history/20200425/1027520304.html>. Acesso em: 27 dez. 2024. Uma resolução aprovada

mudou da pacificação das cidades para a pacificação do campo, o ritmo da ucranização diminuiu, mas a política nunca foi formalmente abandonada.[84] O ensino do idioma russo na escola foi permitido novamente apenas em 1938, o mesmo ano em que o primeiro jornal ucraniano em idioma russo, *Ukrainska Pravda*, foi fundado.

Uma segunda onda de ucranização começou na década de 1950. Seu herói improvável, de acordo com o historiador Serhyi Grabovsky, foi o notório chefe de segurança do Estado de Stálin, Lavrenty Beria. Como Hrabovsky conta, logo após a morte de Stálin, Beria preparou um relatório para o Politburo sobre as "perversões grosseiras do partido e da liderança soviética" na Lituânia e na Ucrânia ocidental. Beria condenou o pequeno número de ucranianos entre professores e diretores de escolas, e o fato de que a grande maioria das instruções ainda era feita em russo. Beria argumentou que isso encorajou o "subterrâneo burguês-nacionalista" e poderia potencialmente minar o governo soviético ali. Em resposta, o Politburo aprovou uma resolução secreta para restaurar a *korenizatsiya* na Ucrânia ocidental, mas a rescindiu um mês depois, quando o próprio Beria caiu em desgraça.[85]

Um outro historiador ucraniano, Petro Kralyuk, no entanto, argumenta que partes do plano de Beria foram posteriormente implementadas por Nikita Khrushchev. Ele cita como evidência a nomeação de Petro Shelest para chefiar o Partido Comunista Ucraniano em junho de 1963.[86] Shelest encorajou a elaborada comemoração de figuras literárias ucranianas como Taras Shevchenko, Ivan Kotlyarevski e Lesi Ukrainka, e fundou museus nacionais para o folclore e a arquitetura ucranianos.[87] O mais notável de tudo é que ele distribuiu o livro do dissidente Ivan Dzyuba, *Internatsionalizm chy rusyfikatsiia?* [Internacionalismo ou russificação?] (1965), a todos os chefes regionais do partido na Ucrânia, junto com sua própria crítica a ele. Em 1970, publicou *Ukraïno nasha Radians'ka* [Nossa Ucrânia soviética], que mais tarde foi criticado por oficiais

---

pelo III Plenário do Bureau Central dos Sindicatos em março de 1930 observou que "a ucranização está enfrentando forte resistência dos elementos da grande potência russa", especialmente os estudantes e os professores universitários.

84 Azarevich, "Galitskoe ukrainstvo". Por exemplo, a organização cultural ucraniana Prosvita (Iluminismo) foi criada na Austro-Hungria em 1868 com o propósito expresso de encorajar os ucranianos a "sentir a sua dignidade cívica e nacional e perceber a necessidade da existência da nação como um individualismo nacional separado", e permaneceu ativa na União Soviética até 1939.

85 Grabovsky, "I vsyozh: okupatsiya chy kolonizatsiya?" [E agora: ocupação ou colonização?]. *Den*, 10 abr. 2018. Disponível em: <https://day.kyiv.ua/article/istoriya-i-ya/i-vse-zh-okupatsiya-chy-kolonizatsiya>. Acesso em: 22 dez. 2024.

86 Kralyuk, "Ukrainizatsiiya vid Petra Shelesta" [A ucranização de Pyotr Shelest]. *Radio Svoboda*, 8 jun. 2020. Disponível em: <https://www.radiosvoboda.org/a/30656654.html>. Acesso em: 27 dez. 2024.

87 Grabovsky, "Ukrainska mova v chasy SRSR" [A língua ucraniana da União Soviética]. *Radio Svoboda*, 6 jul. 2020. Disponível em: <https://www.radiosvoboda.org/a/30709133.html>. Acesso em: 30 dez. 2024.

comunistas por tentar "revisar o passado, elogiar a antiguidade e a autoridade dos *hetmans* e adaptar tudo isso para servir aos interesses do nacionalismo. Houve tentativas óbvias de reabilitar Mazepa e de apresentar Bohdan Khmelnitsky como um traidor, de reavaliar o papel de Petlyura e da Rada Central".[88] Kralyuk chama esse livro de "credo pessoal" de Shelest. Se assim for, foi também, efetivamente, o credo maloross da era soviética.

Os esforços para restaurar elementos do passado não terminaram com a remoção de Shelest em 1972. Seu sucessor, Vladimir Shcherbitsky, introduziu cotas de idioma ainda mais rígidas na mídia de massa e mudou quase toda a televisão local para o idioma ucraniano e afirmava que assumia "a mesma posição de Bohdan Khmelnitsky".[89]

Ambos, Grabovsky e Kralyuk concordam que o nacionalismo ucraniano não poderia ter sobrevivido ao período soviético sem o apoio tácito da liderança sênior do Partido Comunista Ucraniano. O próprio Shcherbitsky acabou ocupando o cargo político mais alto da Ucrânia soviética por mais tempo do que qualquer um, quase até a retirada da Ucrânia da União Soviética. Sob seu governo, uma geração passou o bastão para a seguinte, até que a geração que atingiu a maioridade no final da década de 1980 criou o Movimento Rukh Ucraniano pró-independência.

Dado o tremendo sofrimento causado pelo regime comunista na Ucrânia (a coletivização, a fome do Holodomor, as deportações em massa), essa proximidade persistente com a Rússia parece intrigante, mas muitos ucranianos de Malorossia apontam que ela teve seus benefícios para os ucranianos. Um foi o ressurgimento periódico da ucranização, que deu ao "socialismo" um sabor muito mais local. O historiador Oleg Nyomensky argumenta que, dentro dos escalões superiores do Partido Comunista Ucraniano, "o ucranismo se tornou a consciência fundamental da burocracia da RSS da Ucrânia, sua ideologia corporativa".[90]

Um segundo benefício do governo soviético para a Ucrânia foi a expansão dramática de seu território físico após 1939 com a anexação de partes da Polônia, Hungria e Romênia. A Ucrânia acrescentou 15% a seu território, e outros 5% em 1954, quando Khrushchev transferiu a Crimeia da Rússia para a Ucrânia.[91] Foi somente quando a Ucrânia estava sob o domínio soviético,

---

88 Iżmailov, "Kogda konchilos lekarstvo ot natsionalizma" [Quando a cura para o nacionalismo acabou]. *Ukraina.ru*, 28 set. 2019. Disponível em: <https://ukraina.ru/history/20190928/1025147739.html>. Acesso em: 27 dez. 2024.

89 Gubin, "Rokovaya oshibka tovarishcha Shcherbitskogo" [O erro fatal do camarada Shcherbitsky]. *Ukraina.ru*, 18 fev. 2020. Disponível em: <https://ukraina.ru/history/20200218/1026726106.html>. Acesso em: 19 dez. 2024; Izmailov, "Kogda konchilos lekarstvo ot natsionalizma".

90 Nyomensky, "Chtoby byt Rusi bez Rusi" [Ser a Rus sem a Rus]. *Perspektivy*, 22 maio 2012. Disponível em: <https://www.perspektivy.info/book/chtoby_byt_rusi_bez_rusi_ukrainstvo_kak_nacionalnyj_projekt_2012-05-22.html>. Acesso em: 19 dez. 2024.

91 Subtelny, *Ukraine*, p.482.

alguns ucranianos de Malorossia apontam, que o sonho nacionalista de ter a Galícia e a Grande Ucrânia juntas em um único território foi realizado.

Terceiro, os ucranianos se beneficiaram da industrialização soviética. Durante o reinado de dezessete anos de Shcherbitsky, a produção industrial da Ucrânia aumentou cinco vezes, sua produção agrícola dobrou e sua população aumentou de 43,1 milhões em 1961 para seu recorde histórico – 52 milhões.[92]

Na mídia local, essas conquistas soviéticas foram retratadas como conquistas ucranianas. Como observa o jornalista galego Oleh Khavich, "muitas pessoas da Ucrânia estavam à frente do Estado soviético e do partido soviético – Brezhnev, Podgorny, Khrushchev. Chernenko era considerado o homem de Brezhnev, trabalhando juntos em Dnepropetrovsk. [...] [D]e 1953 a 1985, o país foi governado por clãs ucranianos no Comitê Central e no Politburo do Partido Comunista da União Soviética (PCUS)".[93] De acordo com seu redator de discursos, Fyodor Burlatsky, Khrushchev era um grande admirador do ex-chefe da Rada Central, Vinnichenko, e disse que foi uma das histórias de Vinnichenko que o inspirou a fazer seu famoso discurso de 1956 denunciando o culto a Stálin.[94]

Finalmente, a visão de que russos e ucranianos compartilhavam uma história e cultura comuns foi reforçada pela narrativa soviética de que Stepan Bandera havia sido um colaborador nazista, apoiado apenas por um grupo muito pequeno de ucranianos ocidentais, agora em sua maioria emigrantes. Essa visão persiste entre muitos ucranianos mais velhos.[95]

Todos esses fatores combinam-se para formar um duradouro "consenso ucraniano soviético" que foi amplamente partilhado fora da Galícia histórica, como é evidente nos padrões de votação fortemente divididos na Margem Esquerda e na Margem Direita da Ucrânia após a independência.[96]

---

92 Izmailov, "Kogda konchilos lekarstvo ot natsionalizma".

93 Ibidem.

94 Antonyuk, "Den v istorii. 6 marta: umer ukrainsky natsional-kommunist, kotorogo obozhal Khrushchev" [Um dia na História. 6 de março: morre o comunista nacional ucraniano idolatrado por Khrushchev]. *Ukraina.ru*, 6 mar. 2020. Disponível em: <https://ukraina.ru/history/20200306/1026941421.html>. Acesso em: 21 dez. 2024.

95 "V Ukraine zarabotal ekspertnyi sovet" [Um conselho de especialistas é lançado na Ucrânia]. *Vesti*, 22 set. 2017. Disponível em: <https://vesti.ua/strana/257555-knihi-zapreshchajut-iz-za-knjazej-i-stalina>.

96 Haydukiewicz, "Historical and Geographic Regionalization versus Electoral Geography". *Procedia: Social and Behavioral Sciences*, v.19, p.98-111, 2011. Disponível em: <http://t.ly/bVbQ>. Acesso em: 23 dez. 2024; "The Geographical (and Historical?) Divisions Underlying Ukraine's Political Strife". *Observationalism*, 27 jan. 2014. Disponível em: <https://observationalism.com/2014/01/27/the-geographical-and-historical-divisions-underlying-ukraines-political-strife>. Acesso em: 2 jan. 2025; Mitchell, "Ukraine, Ethnic Division, Decentralization, and Secession". *Forbes*, 3 mar. 2014. Disponível em: <https://www.forbes.com/sites/danielmitchell/2014/03/03/ukraine-ethnic-division-decentralization-and-secession/?sh=4e2798a04035>. Acesso em: 19 dez. 2024.

Mapa 2.1 – Divisões eleitorais na Ucrânia (1994-2019)

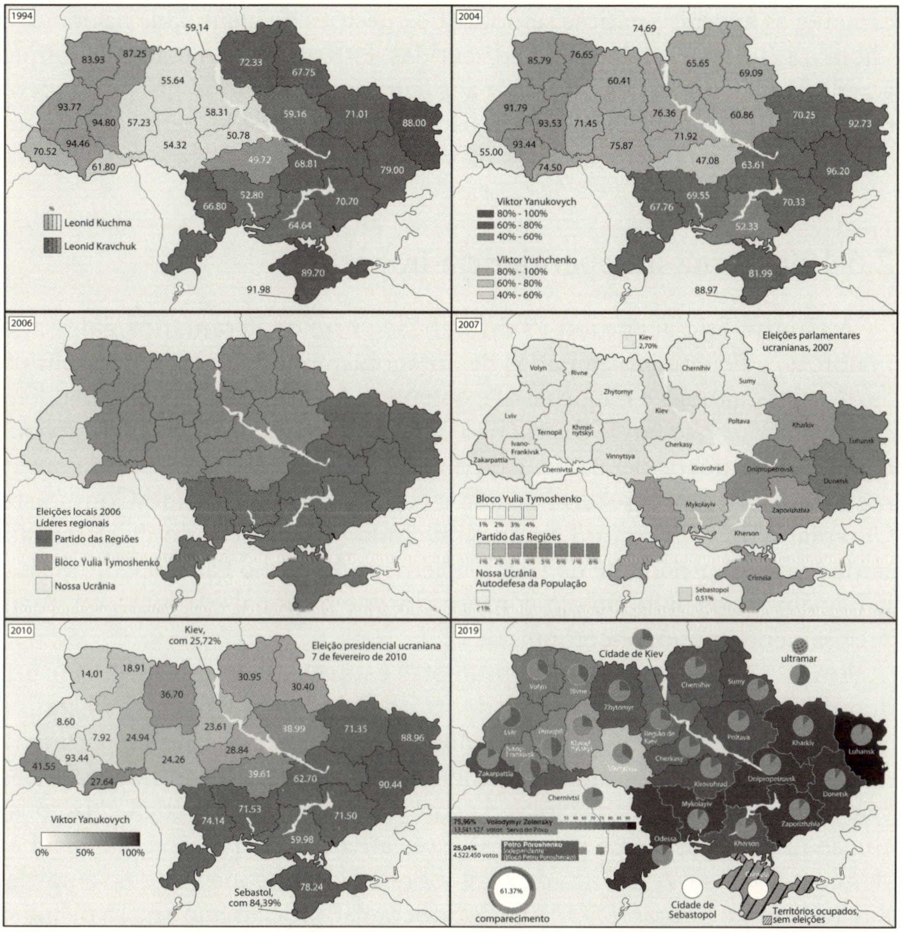

Fonte: 1994: No-itsme, "Ukraine Presidential Elections 1994, Second Round", 28 jan. 2014. Disponível em: <https://commons.wikimedia.org/wiki/File:Ukraine_presidential_elections_1994,_second_round.png>; 2004: Illuvatar~commonswiki, "Ukraine Elections Map, nov. 2004", 4 dez. 2004. Disponível em: <https://commons.wikimedia.org/wiki/File:Ukraine_ElectionsMap_Nov2004.png>; 2006: Datastat, "Ukr Local Elections 2006", 11 abr. 2010. Disponível em: <https://commons.wikimedia.org/wiki/File:Ukr_local_elections_2006.PNG>; 2007: DemocracyATwork, "Ukrainian Parliamentary Election 2007 (Highest Vote)", 11 fev. 2008. Disponível em: <https://commons.wikimedia.org/wiki/File:Ukrainian_parliamentary_election_2007_(HighestVote).PNG>; 2010: Ivangricenko, "Ukraine Elections Map 2010-2 Yanukovich", 10 fev. 2010. Disponível em: <https://commons.wikimedia.org/wiki/File:Ukraine_ElectionsMap_2010-2_Yanukovich.svg>; e 2019: 沁水湾, "Ukrainian Presidential Election, Round 2", 26 fev. 2022. Disponível em: <https://commons.wikimedia.org/wiki/File:2019_Ukrainian_presidential_election,_round_2.svg>. Acessos em: 14 jan. 2025.

Na Ucrânia independente, a coexistência dessas duas narrativas distintas sobre a Ucrânia, uma focalizando a separação total da Rússia, a outra na expansão de laços mutuamente benéficos com ela, aumentou dramaticamente as apostas políticas sempre que questões de identidade nacional, o idioma, a cultura e a religião são discutidas. Enfatizo essa dicotomia porque acredito que é importante lembrar aos leitores que a versão galega da identidade ucraniana nunca foi a única disponível. Na verdade, nem era a defendida pela maioria dos ucranianos na véspera da independência ucraniana.

2.6 1991: uma independência imperfeita

A Guerra Fria acentuou as diferenças entre os ucranianos galegos e maloross, adicionando camadas de antagonismo ideológico e geopolítico às divisões culturais e religiosas já existentes. Assim, quando a independência finalmente veio em 1991, ela não lidou honestamente com as complexidades da identidade ucraniana e da diversidade regional devido, em grande medida, ao fato de ter sido iniciada e conduzida pelo Partido Comunista Ucraniano (PCU). Como Leonid Kravchuk, então chefe do PCU, e mais tarde primeiro presidente da Ucrânia, lembra: "Nós, no Partido Comunista, já havíamos nos dividido em conservadores e nacional-patriotas, ou, mais precisamente, nacional-comunistas".[97]

Em 1990, esses nacional-comunistas estavam tentando negociar um acordo melhor para si mesmos dentro da renovada União dos Estados Soberanos proposta na época por Mikhail Gorbachev. A elite do partido (a *nomenklatura*) e os "Diretores Vermelhos" – os chefes de grandes fábricas que agregavam muitas das joias da coroa da indústria soviética e da construção naval – buscavam privatizar esses ativos para si e não compartilhá-los com Moscou. A retórica de Kiev sobre a independência era, no entanto, ainda bastante hesitante. O "Ato de Soberania" proclamado em 16 de julho de 1990 ficou bem aquém de declarar independência, concentrando-se em vez disso em reivindicar a parte da Ucrânia na riqueza econômica da União Soviética, ao mesmo tempo que a desassociou de obrigações para com qualquer outra república soviética.[98]

97 Wenk, "Uvazhenie k yazykam i nikakogo Nato" [Respeito pelas línguas e não à Otan]. *Strana.ua*, 16 jul. 2020. Disponível em: <https://strana.one/news/279033-deklaratsija-o-suverenitete-ukrainy-chto-nam-obeshchali-30-let-nazad.html>. Acesso em: 4 jan. 2025.

98 Ucrânia, "Deklaratsiya pro derzhavnyi suverenitet Ukrainy" [Declaração sobre a soberania estatal da Ucrânia]. *Bulletin of the Supreme Soviet of the Ukrainian SSR*, n.31, p.429, 1990. Disponível em: <https://zakon.rada.gov.ua/laws/show/55-12#Text>. Acesso em: 19 dez. 2024; Wenk, "Uvazhenie k yazykam i nikakogo Nato".

Enquanto as várias facções nacionais da *nomenklatura* soviética discutiam sobre como dividir os despojos da economia soviética, Mikhail Gorbachev tentou reforçar a União realizando um referendo nacional em março de 1991. Ele levantou a seguinte questão: "Você considera necessário preservar a União Soviética como uma federação renovada de repúblicas soberanas iguais, nas quais os direitos humanos e as liberdades de todas as nacionalidades serão totalmente garantidos?". Na Ucrânia, 71,5% responderam afirmativamente.[99]

Para compensar essa derrota esperada, Kravchuk acrescentou astutamente uma pergunta adicional: "Você concorda que a Ucrânia deve fazer parte de uma União de Estados Soberanos Soviéticos com base na Declaração de Soberania Estatal da Ucrânia?". Isso foi aprovado por 80,2% dos eleitores ucranianos. Ele então permitiu que uma pergunta sobre a independência total da Ucrânia fosse colocada na cédula, mas apenas nas três regiões da histórica Galícia, onde previsivelmente recebeu 88,4% de aprovação. O objetivo dessa manobra era enviar um sinal a Moscou de que era melhor fazer um acordo com os comunistas ucranianos leais, como o próprio Kravchuk, antes que os nacionalistas ucranianos ganhassem a vantagem.

Tudo isso mudou após a tentativa de golpe de agosto de 1991 em Moscou. Em resposta, o Soviete Supremo Ucraniano convocou uma sessão de emergência em 24 de agosto e declarou a Ucrânia independente. Isso serviu como um seguro, tanto contra a vingança do Partido Comunista da União Soviética (PCUS), caso ganhasse a vantagem e tentasse restabelecer a União Soviética, quanto contra quaisquer esforços para remover a velha guarda comunista em Kiev, caso Boris Yeltsin saísse vitorioso.

A independência forneceu às elites do Partido Comunista, Diretores Vermelhos e nacionalistas fervorosos na Ucrânia um compromisso com o qual todos poderiam viver: salvou as elites do Partido Comunista da retaliação política; preparou o cenário para a privatização de ativos industriais; e deu início ao processo de construção da nação ucraniana. Para compensar as reclamações sobre sua rapidez, um referendo seria realizado mais tarde naquele ano, organizado para coincidir com as primeiras eleições presidenciais do país.

Esse segundo referendo do ano mostrou o apoio esmagador à independência em relação à União Soviética, embora seus resultados indicassem as linhas divisórias geopolíticas que ainda demarcavam o país.[100]

99 "1991 Soviet Union Referendum". *Wikipedia*, 25 set. 2021. Disponível em: <https://en.wikipedia.org/w/index.php?title=1991_Soviet_Union_referendum&oldid=1046305576>. Acesso em: 16 dez. 2024.

100 "Vseukrainsky referendum (1991)" [Referendo ucraniano (1991)]. *Wikipedia*, 18 maio 2021. Disponível em: <https://ru.wikipedia.org/w/index.php?title=Vseukrainsky_referendum_(1991)>.

Tabela 2.1 – Porcentagem do eleitorado que aprovou o "Ato de Independência" de 1991

	%
Galícia histórica	
Ternopil	95,81
Ivano-Frankivsk	94,22
Lviv	92,82
Pan-Ucrânia	**76,03**
Donbass histórica	
Lugansk	67,63
Donetsk	64,38
Crimeia	**36,58**
Sebastopol	36,38

Fonte: "1991 Ukrainian Independence Referendum". *Wikipedia*, 27 out. 2021. Disponível em: <https://en.wikipedia.org/w/index.php?title=1991_Ukrainian_independence_referendum&oldid=1052206889>. Acesso em: 16 dez. 2024.

O renomado jornalista e editor ucraniano Igor Guzhva argumentou que o voto pela independência refletiu um compromisso entre as elites regionais ucranianas para evitar mais caos diante de uma União Soviética já em colapso.[101] Mas, embora cada constituinte pudesse concordar com a independência como ponto de partida, eles, logo a seguir, começaram a perseguir suas próprias agendas.

De longe, o ator político mais influente foi a antiga *nomenklatura*, que, apesar de dividir-se nos Partidos Comunista e Socialista, continuou a dominar a vida política. Sob os dois primeiros presidentes da Ucrânia, Kravchuk e Kuchma, esses dois partidos rotineiramente recebiam entre 15% e 20% dos assentos no Parlamento e eram indispensáveis para a formação de qualquer coalizão governamental. O Partido Comunista da Ucrânia recebeu a maioria dos assentos em 1994 e 1998 e foi o único partido representado em todas as sessões do Parlamento, até ser banido em 2015.[102]

---

101 Guzhva, "Ot kompromissa k voine" [Do compromisso à guerra]. *Strana.ua*, 19 nov. 2017. Disponível em: <https://strana.today/articles/istorii/105724-istorija-ukrainy-ot-1991-do-2017-hoda.html>. Acesso em: 22 dez. 2024.

102 "Kommunisticheskaya partiya Ukrainy" [Partido Comunista da Ucrânia]. *Wikipedia*, 23 out. 2021. Disponível em: <https://ru.wikipedia.org/w/index.php?title=Kommunisticheskaya_partiya_Ukrainy>. Acesso em: 21 dez. 2024; Ishchenko; Balhorn, "An Election for the Oligarchs". *Rosa Luxemburg Stiftung*, 14 mar. 2019. Disponível em: <https://www.rosalux.de/en/publication/id/40116/an-election-for-the-oligarchs-1/?fbclid=IwAR2ooCpoYyWbnjuxFvqPs0St-iQ1K1BwfafQhx6qqRHj_xiydG_6yZnmBxw>. Acesso em: 5 jan. 2025; "Hlava derzhavy pidpysav zakony pro dekomunizatsiyu" [O chefe de Estado assina leis sobre descomunização]. *Volyn news*, 16 maio 2015. Disponível em: <https://www.volynnews.com/news/policy/hlava-derzhavy-pidpysav-zakony-pro-dekomunizatsiiu/>. Acesso em: 22 dez. 2024.

O outro grupo proeminente, os Diretores Vermelhos, rapidamente estabeleceu feudos nas regiões industriais do leste da Ucrânia. Confiando em seus antigos laços com a indústria soviética, forjaram novos conglomerados industriais transnacionais que beneficiaram tanto as regiões do sudeste da Ucrânia quanto a si próprios pessoalmente. Em 1997, os Diretores Vermelhos estabeleceram o Partido das Regiões para fazer *lobby* por seus interesses políticos em Kiev, que incluíam laços comerciais mais fortes com a Rússia. Mas, enquanto se esforçavam para estreitar os laços econômicos com a Rússia, também insistiam na independência política ucraniana, uma vez que isso impediria aquisições hostis por concorrentes russos mais ricos. Seu patriotismo não se baseava em religião ou idioma, mas no lucro, diz o jornalista pró-Maidan Vitaly Portnikov, garantindo que eles sempre seriam mais pró-Donbass do que pró-Rússia.[103]

O componente final desse grupo pós-independência, os nacionalistas ucranianos, parecem ser o estranho no círculo. Entretanto, de acordo com Guzhva, em troca de acomodar os interesses comerciais do leste da Ucrânia, receberam liberdade para buscar a ucranização na educação, artes, cultura, humanidades e religião, com o total apoio do Estado.[104]

Essa divisão de responsabilidades permitiu que cada grupo expandisse sua influência nas áreas de seu maior interesse e estabelecesse controle de fato sobre as principais regiões geográficas. O objetivo era compartilhar o domínio sobre a Ucrânia de forma que impedisse que seus diferentes eleitores fossem incomodados. Por sua própria concepção, no entanto, isso também impediu a criação de uma estrutura cultural e civil comum capaz de unificar o país.

2.6.1 A reação do leste: o Partido das Regiões

O Partido das Regiões, que dominou a política ucraniana de 2006 a 2014, surgiu da fusão de vários partidos de centro-esquerda e de partidos agrários. Inicialmente, incluía diversas perspectivas ideológicas (basta dizer que Petro Poroshenko estava entre seus fundadores), mas, à medida que cresceu, adotou explicitamente a agenda política e cultural da Ucrânia Maloross, que incluía aumento dos gastos sociais, uma política externa neutra e, o mais importante, a limitação da ucranização forçada.

Não obteve muito sucesso eleitoral até depois da presidência de Viktor Yushchenko, que acelerou drasticamente o ritmo da ucranização. O partido

---

103 Portnikov, "Ukraina dlya lyudei" [Ucrânia para o povo]. *Vitaly Portnikov's Journal*, 15 ago. 2008. Disponível em: <https://vokintrop.livejournal.com/660016.html>. Acesso em: 2 jan. 2025.

104 Guzhva, "Ot kompromissa k voine".

agora tinha uma causa clara em torno da qual reunir seu eleitorado – dando às regiões o direito local de usar o idioma russo. Ao abraçar essa mensagem, o partido se recuperou rapidamente de sua derrota eleitoral em 2004 e, a partir de então, foi o partido mais popular em todas as regiões do país fora da Galícia e Volínia histórica.[105]

À primeira vista, o uso do idioma parece um tópico improvável para despertar paixões políticas, já que o uso generalizado do ucraniano é amplamente limitado à Galícia e Volínia histórica. O russo é muito mais comum nas cidades, enquanto uma mistura dos dois, conhecida como *surzhyk*, é comum no campo.[106] Como essas comunidades raramente se sobrepõem, em princípio elas deveriam ter poucos motivos para entrar em conflito.

O que torna a questão do idioma uma questão política tão polêmica, no entanto, é o debate nacional sobre se o bilinguismo *de facto* da Ucrânia surgiu "naturalmente", como consequência de sua estreita afinidade cultural com a Rússia, ou como resultado do "colonialismo". Aqueles que adotam a primeira visão se ressentem da implicação de que agora devem abrir mão de sua "cultura colonial". Para eles, essa questão é de liberdade de escolha.

Por outro lado, os defensores da visão colonial se consideram corrigindo uma injustiça histórica e garantindo a independência cultural, política, econômica e religiosa do país. Para eles, essa questão é um imperativo civilizacional, e os indivíduos devem se submeter a esse imperativo em benefício de toda a nação. A escolha da língua de alguém, portanto, frequentemente serve como um teste decisivo de fato para ter a identidade ucraniana "adequada".

Os mais fortes defensores da ucranização total tendem a estar localizados nas regiões históricas da Galícia. Aqui, a percepção da história da Ucrânia como "colonizada" foi tecida na cultura política desde o final do século XIX e frequentemente carrega consigo o imperativo ideológico de reverter sua supressão injusta. Em contraste, os mais fervorosos defensores da visão de que o uso do russo e do ucraniano deve ser uma escolha pessoal e não carrega implicações ideológicas tendem a estar localizados na Ucrânia Maloross.

---

105 "Party of Regions". *Wikipedia*, 20 jul. 2021. Disponível em: <https://en.wikipedia.org/w/index.php?title=Party_of_Regions&oldid=1034622068>. Acesso em: 27 dez. 2024; "Rezultaty Mstsevykh Vyboriv" [Resultados das eleições locais]. *Ukrainska pravda*, 8 nov. 2010. Disponível em: <https://www.pravda.com.ua/articles/2010/11/8/5552584/>. Acesso em: 29 dez. 2024.

106 Petro, "Ukraine's Ongoing Struggle with its Russian Identity". *World Politics Review*, 6 maio 2014. Disponível em: <https://www.worldpoliticsreview.com/ukraine-s-ongoing-struggle-with-its-russian-identity/>. Acesso em: 26 dez. 2024. Das onze maiores cidades da Ucrânia, todas, exceto a sétima maior, Lviv, são predominantemente de língua russa.

Tabela 2.2 – Quão importante é para a Ucrânia a questão do desenvolvimento do idioma ucraniano? (set. 2020)

	Oeste	Sul	Leste
Primordial importância	42,1%	5,8%	4,3%
Importância secundária	9,4%	46,3%	55,2%

Fonte: Chabarai, "Po rusyfikovanykh mistakh. Shcho ukraintsi dumayut pro movnyi zakon ta 'utysky rosiiskomovnykh'" [Em cidades russificadas. O que os ucranianos pensam sobre a Lei da Língua e "Opressão aos falantes de russo"]. *Tyzhden.ua*, 15 set. 2020. Disponível em: <https://tyzhden.ua/po-rusyfikovanykh-mistakh-shcho-ukraintsi-dumaiut-pro-movnyj-zakon-ta-utysky-rosijskomovnykh/>. Acesso em: 14 jan. 2025.

Reconhecendo o potencial de fragmentação do país ao longo dessa divisão cultural, o Ato de Soberania Ucraniana de 1990 propôs respeito mútuo pelo uso do idioma local. Ao mesmo tempo que previa o "renascimento cultural nacional do povo ucraniano, sua consciência e as tradições históricas, as peculiaridades nacional-etnográficas, [e o] funcionamento do idioma ucraniano em todas as esferas da vida pública", também garantiu a todas as nacionalidades que vivem na Ucrânia o direito a seu próprio desenvolvimento nacional-cultural.[107] Esse princípio foi posteriormente reafirmado na Constituição Ucraniana de 1996, com o artigo 10 garantindo, especificamente, "o livre desenvolvimento, o uso e a proteção do idioma russo".[108]

Dado o uso generalizado do russo e as visões mutuamente exclusivas sobre se isso é ou não compatível com a identidade ucraniana, não é surpreendente que a questão de como implementar essa "garantia" tenha surgido em todas as eleições. Durante suas campanhas eleitorais, todos os candidatos à presidência, incluindo Yushchenko, Poroshenko e Zelensky, prometeram promover a capacidade livre e igual de usar o russo.[109] A mais famosa dessas promessas foi a "Convocação aos concidadãos russos" de Leonid Kravchuk, que foi distribuído na véspera do referendo sobre a independência da Ucrânia. Nele, ele descreveu os 12 milhões de russos que vivem na Ucrânia como "proprietários de pleno direito" do país e prometeu que "sob nenhuma circunstância a ucranização violenta dos russos será

107 Ucrânia, "Deklaratsiya pro derzhavnyi suverenitet Ukrainy".

108 "Konstytutsiya Ukrainy" [Constituição da Ucrânia]. *Ofitsiinyi vebportal parlamentu Ukrainy*, [s.d.]. Disponível em: <https://zakon.rada.gov.ua/laws/main/254%D0%BA/96-%D0%B2%D1%80#Text>. Acesso em: 23 dez. 2024.

109 Wenk, "Ostanovit zakrytie russkikh shkol" [Parem de fechar as escolas russas]. *Strana.ua*, 18 jul. 2020. Disponível em: <https://strana.one/news/279217-kak-poroshenko-russkij-jazyk-zashchishchal.html>. Acesso em: 4 jan. 2025; Nahaylo, "Toward the Rule of Law: Ukraine". *RFE/RL Research Report*, v.1, n.27, p.50-6, 3 jul. 1992. Curiosamente, a Ucrânia também assinou e ratificou uma série de obrigações internacionais garantindo o uso de línguas minoritárias, incluindo o russo. Em 1991, até aprovou uma Declaração dos Direitos das Nacionalidades da Ucrânia que prometia conceder *status* oficial à língua materna de qualquer grupo étnico que vivesse compactamente em qualquer uma das regiões da Ucrânia.

tolerada. Qualquer tentativa de discriminação por motivos étnicos seria firmemente suprimida".[110]

Quando o Tribunal Constitucional Ucraniano, em 1999, interpretou o artigo 10 da forma mais restrita possível, entregou ao Partido das Regiões um mote que tem servido a este e seus partidos sucessores desde então.[111] Em 2012, um Parlamento dominado pelo Partido das Regiões aprovou a Lei Kivalov-Kolesnichenko, permitindo o uso de idiomas diferentes do ucraniano em questões locais, se seus parlamentos regionais permitissem. A metade das regiões da Ucrânia imediatamente votou para fazê-lo. A aprovação dessa lei, no entanto, galvanizou de forma semelhante os nacionalistas ucranianos, cujo primeiro ato foi revogar a Lei Kivalov-Kolesnichenko na Rada remanescente que removeu Yanukovych do poder em fevereiro de 2014.

Esses intermináveis debates linguísticos efetivamente estrangularam o desenvolvimento do regionalismo saudável na Ucrânia. Desde 2014, a questão da língua se tornou, no mínimo, mais tóxica, com várias figuras políticas e culturais importantes declarando abertamente que, para um ucraniano, usar o russo é equivalente à traição.[112] O resultado foi exatamente o oposto da tolerância à diversidade cultural defendida no Ato de Soberania de 1990 – e um lembrete persistente de como a tentativa de resolver uma injustiça por meio de outra injustiça perpetua o ciclo trágico.

2.6.2 Rukh: a alternativa galega moderada

Não era preciso ser dessa forma. Como mencionado anteriormente, uma divisão de esferas de influência entre regiões serviu como base para o compromisso social durante a maior parte de duas décadas, mesmo evitando lidar com a questão de que tipo de identidade a Ucrânia estava construindo para si mesma. Se, por um lado, os ucranianos maloross pareciam bastante confortáveis com uma Ucrânia que, em muitos aspectos, não diferia drasticamente da Ucrânia soviética, para muitos galegos tal resultado era totalmente inaceitável. Após a independência, as tensões aumentaram não apenas entre a Ucrânia galega e a Pequena Rússia, mas também dentro do próprio movimento nacionalista sobre como alcançar uma Ucrânia que fosse verdadeiramente ucraniana.

---

110 Kravchuk, "Obrashchenie L. M. Kravchuka 'K Russkim sootechestvennikam'" [L. M. Kravchuk, "um apelo aos compatriotas russos"]. *BogdanClub – Forum*, 30 ago. 2009. Disponível em: <https://perma.cc/CG8D-SBZ3>. Acesso em: 27 dez. 2024.

111 Em sua dissidência, o juiz Oleksandr Mironenko previu profeticamente que essa decisão eliminaria a esfera privada inteiramente e restauraria o totalitarismo, disfarçado de patriotismo. Como presidente, Yushchenko usaria mais tarde essa decisão de 1999 para impor restrições linguísticas que iam muito além das práticas anteriores.

112 Aleksandrovich, "Movne pytannya" [A questão da linguagem]. *Censor.net*, 19 ago. 2020. Disponível em: <https://censor.net/ru/resonance/3214449/pro_movne_pitannya_v_ukran>.

A morte inesperada em 1999 do líder do Movimento Popular da Ucrânia (Rukh), Viacheslav Chornovil (Chernovol em russo), provou ser um ponto de virada decisivo na evolução do nacionalismo ucraniano. Apesar de ser um conhecido dissidente da era soviética, Chornovil não queria cortar todos os laços com a Rússia. Como um dos fundadores do Rukh (o Movimento), ele via o federalismo como a melhor maneira de garantir os direitos individuais e culturais consagrados na Constituição ucraniana.

O Rukh surgiu do Movimento Popular em Apoio à Perestroika criado por Gorbachev para superar a oposição dentro do PCUS à reforma. Desde o início, no entanto, foi dilacerado por disputas entre aqueles que o viam como uma plataforma para o nacionalismo ucraniano e aqueles que o viam como um veículo para a renovação do socialismo. Como todos os movimentos políticos oficiais da época, teve de ser patrocinado pelo Partido Comunista Ucraniano. Em sua primeira conferência em setembro de 1989, apoiou obedientemente o novo Tratado da União proposto por Gorbachev, bem como a restauração dos direitos religiosos e a "democratização" da vida econômica e política.[113] Mas, à medida que a ideia radical de Yeltsin de declarar a independência russa em relação à União Soviética começou a ganhar força entre os comunistas russos, ocorreu o mesmo com a ideia da independência ucraniana no interior do Rukh.[114]

O próprio Chornovil queria ver a Ucrânia se tornar uma federação de regiões, o modelo para o qual ele havia criado, na Assembleia Galega, uma reunião dos três sovietes regionais no oeste da Ucrânia – Lviv, Ivano-Frankivsk e Ternopil. Embora ela tenha se reunido apenas duas vezes e estivesse principalmente envolvida com a coordenação de esforços de socorro para evitar escassez de alimentos na Galícia, as autoridades de Kiev imediatamente a atacaram como um fórum separatista.[115] Os paralelos óbvios com a ZUNR não ajudaram, nem as referências ocasionais na Assembleia à Assembleia Báltica das Frentes Populares da Estônia, Letônia e Lituânia. O que Chornovil realmente queria para a Ucrânia, no entanto, era uma "unidade de regiões históricas ao longo das linhas da federação de terras da RFA [República Federal da Alemanha]".[116]

113 Chalenko, "Zapadnaya Ukraina nakanune GKChP" [A Ucrânia Ocidental na véspera do Comitê de Emergência do Estado]. *Ukraina.ru*, 22 ago. 2016. Disponível em: <https://ukraina.ru/exclusive/20160822/1017307218.html>. Acesso em: 16 dez. 2024.

114 Stoyakin, "Yubilei Rukha" [O aniversário de Rukh]. *Ukraina.ru*, 8 set. 2019. Disponível em: <https://ukraina.ru/history/20190908/1024904935.html>. Acesso em: 13 mar. 2025.

115 Solyar, *Ukraina: Kulturna spadshchina, natsionalna svidomist, derzhavnist* [Ucrânia: patrimônio cultural, consciência nacional, Estado]; "Halyts'ka Asambleya 1991" [A assembleia galega 1991]. *Wikipedia*, [s.d.]. Disponível em: <https://uk.wikipedia.org/w/index.php?title=Halyts'ka_Asambleya_1991>. Acesso em: 22 dez. 2024.

116 Sabov, "Zhurnalist napomnil, chto raspad Ukrainy mog sostoyatsya 20 let nazad" [Jornalista relembra que a Ucrânia poderia ter entrado em colapso há 20 anos]. *Rossiiskaya gazeta*, 14 jan. 2015. Disponível em: <https://rg.ru/2015/01/14/ruina1.html>. Acesso em: 16 dez. 2024.

"Eu imagino", escreveu Chornovil, "a futura Ucrânia como um Estado federado, uma União de Terras que se desenvolveram historicamente e que contêm as diferenças naturais-climáticas, culturais-etnográficas, culturais-dialéticas, comerciais e econômicas, e outras que criam a face exclusivamente diferenciada de um Povo Unificado". Ele imaginou Donbass como parte daquela Ucrânia, mas viu a Crimeia como "um vizinho independente, ou uma república autônoma em aliança com a Ucrânia".[117]

Nesse ponto, o Rukh ainda era tolerante com a diversidade religiosa, linguística e étnica. E embora, em 1992, Chornovil tenha encenado uma elaborada "nova Pereyaslavl Rada", em que ele demonstrativamente rasgou o acordo que Khmelnitsky havia assinado em 1654, viu a solução para o dilema de segurança colocado pelo biculturalismo do país na criação de uma segunda câmara alta da Rada que daria uma voz permanente a cada região (desde sua independência, a Ucrânia tem uma legislatura unicameral).[118]

O Rukh atingiu o auge de sua popularidade política em 1998, quando ganhou o segundo maior número de assentos na Rada, depois do Partido Comunista da Ucrânia. Sua popularidade, no entanto, dependia fortemente do carisma de Chornovil, e, depois que ele morreu em um acidente de carro em março de 1999, a ala moderada do Rukh entrou em colapso. Sua morte marca, portanto, o fim da era em que a antiga elite do Partido Comunista de Malorossia, agora transformada em empresários e gerentes de fábrica, apoiava a independência em troca do controle pessoal sobre a porção da Ucrânia do patrimônio soviético.

Muitos na elite intelectual e cultural da Ucrânia estabeleceram uma causa comum com eles porque imaginavam a independência como uma oportunidade de construir uma forma mais próspera de socialismo em um país. Kravchuk confiou no apoio de ambos os grupos para argumentar contra qualquer devolução de autoridade de Kiev para as regiões. A ala do Rukh representada por Chornovil, no entanto, temia que o vazio deixado pela saída do centralismo moscovita fosse agora preenchido pelo centralismo de Kiev.[119]

A unidade nacional foi preservada, mas a ameaça de separatismo regional permaneceu porque as diferenças culturais muito reais entre a Ucrânia

---

117 Guzhva; Medvedeva; Minin, "Vtoroi srok Kuchmy, gibel Chernovola, krakh Lazarenko, novaya strategiya Zapada" [O segundo mandato de Kuchma, a morte de Chornovil, o colapso de Lazarenko, a nova estratégia do Ocidente. Ucrânia em 1999]. *Strana.ua*, 3 ago. 2021. Disponível em: <https://strana.one/news/345889-1999-hod-v-istorii-ukrainy-vtoroj-srok-kuchmy-lazarenko-v-tjurme.html>. Acesso em: 22 dez. 2024.

118 Zakharchenko, "Federalizatsiya Ukrainy vmesto kolonizatsii Zapadom" [Federalização da Ucrânia ao invés de sua colonização pelo Ocidente]. *Ukraina.ru*, 6 abr. 2015. Disponível em: <https://ukraina.ru/analytics/20150406/1012650922.html>. Acesso em: 5 jan. 2025.

119 "Chornovil Vyacheslav Maksymovych". *Wikipedia*, 4 out. 2021. Disponível em: <https://uk.wikipedia.org/w/index.php?title=Chornovil_V'yacheslav_Maksymovych>. Acesso em: 18 dez. 2024.

galega e a maloross nunca foram incorporadas ao novo sistema político, como Chornovil esperava que fossem. A morte de Chornovil marca, portanto, o fim do consenso sobre a construção de uma forma moderna de socialismo em um país. A era do nacionalismo socialista estava prestes a ser substituída pela era do socialismo nacionalista.

2.6.3 Por quê o Maidan de 2004 fracassou

A Revolução Laranja de 2004 é a história de como um governo popular com apoio entusiasmado do governo ocidental se tornou o governo mais impopular da história da Ucrânia. A resposta curta é que, em um esforço para unir todos os ucranianos, promoveu a identidade galega como a única identidade legítima para todos os ucranianos e acabou unindo o resto da Ucrânia contra si. É uma história instrutiva, porque reflete um dos padrões trágicos mais persistentes da história da Ucrânia.

A campanha presidencial de 2004 foi a primeira em que os dois principais candidatos eleitorais buscaram retratar um ao outro como inimigos irredimíveis da Ucrânia, em vez de meros oponentes políticos. Os ucranianos ocidentais foram todos retratados como neonazistas, enquanto os ucranianos orientais eram todos criminosos e comunistas. Em seus respectivos meios de comunicação, cada lado apelou a seu próprio eleitorado regional para não permitir que o outro lado destruísse a Ucrânia. Após tal demonização, conceder a eleição ao outro lado seria equivalente a permitir que o Mal triunfasse sobre o Bem. Portanto, em um padrão que veremos repetido em 2014, os conselhos locais nas regiões ocidentais e Kiev recusaram aceitar qualquer resultado eleitoral que desse a vitória a Yanukovych, enquanto seus apoiadores na Ucrânia maloross ameaçavam se separar se seu candidato não fosse empossado.[120]

Atuando como um intermediário da União Europeia, o presidente polonês, Alexander Kwasniewski, organizou um acordo para salvar a situação: novas eleições em troca de uma presidência mais fraca. Como dois terços dos deputados da Rada eram agora milionários em dólares, uma presidência mais fraca que lhes permitisse garantir seus ganhos convinha muito bem à maioria deles. O economista sueco Anders Aslund resumiu apropriadamente o acordo como uma "revolta dos milionários contra os bilionários".[121]

Foi também a primeira vez que governos ocidentais demonstraram interesse ativo e aberto em mudar o curso da política ucraniana. A base para isso foi lançada em 2003, quando a secretária de Estado dos Estados Unidos,

---

120 Guzhva, "Ot kompromissa k voine".

121 Matuszak, *The Oligarchic Democracy: The Influence of Business Groups on Ukrainian Politics*. Disponível em: <https://aei.pitt.edu/58394/1/prace_42_en_0.pdf>. Acesso em: 30 dez. 2024.

Condoleezza Rice, insatisfeita com as propostas tímidas de sua equipe de Planejamento de Políticas, trouxe Stephen Krasner, um acadêmico de Stanford que argumentou que a soberania dos Estados fracos deveria ser limitada devido à ameaça que eles representam para a ordem internacional.[122] Krasner e Carlos Pascual, um ex-diretor do Conselho de Segurança Nacional responsável pela Rússia, Ucrânia e Eurásia, bem como embaixador dos Estados Unidos em Kiev (2000-2003), elaboraram uma estratégia de intervenção antecipatória dos Estados Unidos nos assuntos internos desses Estados fracos.[123]

Uma lista de países passíveis de colapso devido a conflitos internos foi elaborada, e "planos de reconstrução" foram preparados para eles. Qualquer Estado disposto a "compartilhar soberania" com "um ator externo, como outro Estado [obviamente, ocidental] ou uma organização regional ou internacional" poderia esperar receber assistência financeira, política e militar ocidental.[124] Pascual explicou mais tarde que essa assistência poderia ser fornecida rapidamente por equipes de resposta rápida compostas por empresas privadas, ONGs e *think tanks*, reduzindo de três a seis meses o tempo típico de resposta do governo. O objetivo de tal intervenção seria "mudar o próprio tecido social de uma nação".[125]

A Ucrânia foi uma candidata óbvia à "soberania compartilhada" desde o início. Grupos financiados pela Agência dos Estados Unidos para o Desenvolvimento Internacional (Usaid, na sigla em inglês), como a Development Associates, Inc., mais tarde alegaram ter "desempenhado um papel decididamente importante em facilitar a virada da Ucrânia para a democracia em 2004".[126]

---

122 Krasner, "Sharing Sovereignty: New Institutions for Collapsed and Failing States". *International Security*, v.29, n.2, p.85-120, 2004. Disponível em: <https://doi.org/10.1162/0162288042879940>. Acesso em: 2 jan. 2025; Schouten, "Theory Talk #21: Stephen Krasner on Sovereignty, Failed States and International Regimes. *Theory Talks*, out. 2008. Disponível em: <https://www.files.ethz.ch/isn/155242/theory%20talk21_krasner.pdf>. Acesso em: 27 dez. 2024; Krasner, "Building Democracy after Conflict: The Case for Shared Sovereignty". *Journal of Democracy*, v.16, n.1, p.69-83, 2005. Disponível em: <https://doi.org/10.1353/jod.2005.0013>. Acesso em: 2 jan. 2025.

123 Krasner; Pascual, "Addressing State Failure". *Foreign Affairs*, v.84, n.4, p.156-7, 2005. Disponível em: <https://www.jstor.org/stable/20034427>. Acesso em: 2 jan. 2025; Pascual, "Next US Ambassador an Expert on 'Failed States'". *La Jornada*, 27 mar. 2009. Disponível em: <http://www.walterlippmann.com/docs2357.html>. Acesso em: 19 dez. 2024.

124 Krasner, "Building Democracy after Conflict", p.70.

125 Klein, "The Rise of Disaster Capitalism". *Naomi Klein*, 15 abr. 2005. Disponível em: <https://naomiklein.org/rise-disaster-capitalism/>. Acesso em: 9 nov. 2021.

126 Nahaylo, *The Ukrainian Resurgence*, p.502; Gangloff, *L'Import-export de la democratie: Serbie, Georgie, Ukraine*, p.47; Osborn, "Berezovsky 'Funded Revolution'". *The Independent*, 12 nov. 2005. Disponível em: <https://www.independent.co.uk/news/world/europe/berezovsky-funded-revolution-514948.html>. Acesso em: 19 dez. 2024. Berezovsky afirma que forneceu pessoalmente 21 milhões de dólares à oposição na Ucrânia durante essas disputadas eleições.

Trabalhando com o Instituto Nacional Democrático (NDI, na sigla em inglês), o Instituto Republicano Internacional (IRI), a Freedom House, a InterNews e a Associação Americana de Advogados/Instituto de Direito da Europa Central e Eurásia (ABA/Ceeli, nas siglas em inglês), o Projeto para Fortalecimento da Administração Eleitoral na Ucrânia (Seaup, na sigla em inglês) "treinou diretamente 7.405 indivíduos no nível da comissão eleitoral territorial [...] mais de 95 mil comissionados de sessões de votação [e] 1.350 juízes eleitorais", bem como três juízes da Suprema Corte da Ucrânia. Dado o papel da Corte na interpretação da Constituição para permitir um terceiro turno de eleições, a alegação de que essa "faceta do componente de treinamento [...] provou ser extremamente fortuita" parece quase modesta demais.[127]

Esperava-se que a reconstrução tecnocrática e a soberania compartilhada levassem a um rápido crescimento econômico e tirassem a Ucrânia da órbita da Rússia permanentemente. Infelizmente, o próprio Yushchenko minou esses planos quase imediatamente ao nomear sua rival política e empresarial Yulia Timoshenko como primeira-ministra. Timoshenko minou Yushchenko a todo momento. Mais tarde, ele deu o troco testemunhando contra ela por exceder seus poderes ao assinar um acordo de gás de dez anos com a Rússia. As relações ficaram tão tensas entre eles que Yushchenko foi forçado a nomear como primeiro-ministro seu arquirrival Viktor Yanukovych, cujo Partido das Regiões tinha acabado de vencer as eleições parlamentares de março de 2006. Esses dois improváveis parceiros assinaram um Universal de Unidade Nacional que, entre outras coisas, estipulava que a Ucrânia se absteria de buscar a filiação à Otan.

O que Yanukovych não foi informado, no entanto, foi que um acordo já havia sido alcançado para submeter a Ucrânia a um Plano de Ação da Otan na cúpula seguinte da organização em Bucareste em 2008. Assim, ao mesmo tempo que Yanukovych, como primeiro-ministro, tentava promover melhores relações com a Rússia, Yushchenko, como presidente, estava minando-as ao desafiar o Acordo da Frota do Mar Negro e bloquear o acordo com a Rússia sobre as transferências de suprimentos para a Transnístria. O país estava agora sendo arrastado em direções opostas, não apenas cultural e linguisticamente, mas também economica e geopoliticamente.[128]

Nesse ponto, em vez de honrar os termos do Universal da Unidade Nacional, Yushchenko cometeu seu segundo grande erro político – adotou a

127 Clark, *Elections, Revolution and Democracy in Ukraine: Reflections on a Country's Turn to Democracy, Free Elections and the Modern World*, p.11 e 17.

128 "2007: God semnadtsatyi. Rospusk parlamenta, novyi krizis i novyi kompromiss" [2007: Ano dezessete. Dissolução do parlamento, nova crise e novo compromisso]. *Ot kaidaniv do Maidaniv blog*. Disponível em: <https://oko.cn.ua/blackzone/polit-linki/ot-kajda-niv-do-majdaniv/>. Acesso em: 27 dez. 2021.

identidade regional da Galícia como o modelo nacional para todos os ucranianos. Com o colapso do Rukh, os nacionalistas ucranianos viram uma oportunidade de promover uma agenda política muito mais ambiciosa, que acabaria com as divisões culturais, linguísticas e religiosas do país de uma vez por todas. Implementar essa agenda, no entanto, exigiu o apoio de uma figura política estabelecida com legitimidade nacional e apoio ocidental.

O presidente Yushchenko serviu a esse propósito admiravelmente. Ele forneceu ao nacionalismo galego sua primeira plataforma nacional e promoveu agressivamente três de seus temas principais: "Exército, Idoma, Fé". Declarou os líderes da OUN-UPA como heróis nacionais, reverteu mais de uma década de tolerância na política linguística ("apenas ocupantes, escravos e tolos não falam o idioma nacional") e apoiou ativamente o desdobramento do Patriarcado de Kiev em seus esforços para se tornar a única Igreja Ortodoxa da Ucrânia.[129] Enquanto evitava qualquer associação pessoal com a extrema direita, por meio de suas ações ele trouxe as visões da extrema direita para a corrente política dominante.

Para estabelecer a interpretação galega da história ucraniana como o novo padrão nacional, Yushchenko criou duas novas agências estatais dedicadas a promover a visão de que a colaboração da OUN-UPA com a Alemanha nazista durante a Segunda Guerra Mundial foi uma luta pela independência ucraniana: o Instituto da Memória Nacional (IMN) e o Centro de Estudos do Movimento de Libertação filiado à OUN. O primeiro diretor do IMN, o acadêmico Ihor Yukhnovskyi, apoiou publicamente o neonazista Partido Social Nacionalista da Ucrânia e argumentou que todas as políticas governamentais deveriam ser "baseadas na concepção ucraniana".[130] O Instituto chegou a dizer que a OUN-UPA teria acolhido judeus e lutado contra Hitler. Ele até financiou a construção de monumentos aos combatentes da OUN-UPA em locais memoriais judeus.[131]

Yushchenko também providenciou que os Arquivos Oficiais dos Serviços de Segurança da Ucrânia (SBU) e o Centro de Estudos do Movimento de Libertação fossem chefiados pelo jovem historiador revisionista Volodymyr Vyatrovych. Sua tarefa, de acordo com o diretor do SBU, Valentyn

129 Olszański, "The Language Issue in Ukraine: An Attempt at a New Perspective", em *Problem Jezykowy na Ukraine.* (OSW Study, n.40.) Disponível em: <https://www.osw.waw.pl/en/publikacje/osw-studies/2012-05-16/language-issue-ukraine-attempt-a-new-perspective>. Acesso em: 2 jan. 2025.

130 Burakovskiy, "Holocaust Remembrance in Ukraine: Memorialization of the Jewish Tragedy at Babi Yar". *Nationalities Papers*, v.39, n.3, p.382, maio 2011. Disponível em: <https://www.cambridge.org/core/journals/nationalities-papers/article/abs/holocaust-remembrance-in-ukraine-memorialization-of-the-jewish-tragedy-at-babi-yar/6D673397232C36F627B301FC9016CF1C>. Acesso em: 16 dez. 2024; Rudling, "The OUN, the UPA and the Holocaust".

131 Rudling, "The OUN, the UPA and the Holocaust", p.26-38.

Nalyvaichenko, era "libertar a história ucraniana de mentiras e falsificações e trabalhar apenas com documentos verdadeiros".[132] Após sua derrota humilhante no primeiro turno da eleição presidencial de 2010, em que recebeu menos de 6% dos votos, em seu ato final como presidente, Yushchenko reabilitou o líder da OUN, Stepan Bandera, e o declarou um herói nacional. Embora um tribunal ucraniano tenha posteriormente revertido essa decisão, ela foi amplamente interpretada como um gesto de desprezo pelos sacrifícios de guerra dos ucranianos que serviram no Exército Vermelho e contribuíram para uma inimizade duradoura em relação à Revolução Laranja de 2004 entre os ucranianos maloross, que se estendeu para o Maidan de 2014.

2.6.4 Yanukovych e o Maidan de 2014

Um relatório da Usaid de 2007 declarou triunfantemente: "a Revolução Laranja é considerada irreversível. Onde quer que fôssemos e não importa com quem falássemos, todos concordavam que a Revolução Laranja havia mudado o cenário político permanentemente".[133] Três anos depois, o presidente Yushchenko obteve apenas 5,5% do voto popular, e a porcentagem de ucranianos que confiavam nos tribunais e no Parlamento era ainda menor.[134]

A propaganda de Yushchenko sobre as narrativas galegas não só falhou em transformar a Ucrânia, como gerou uma reação. Uma pesquisa do Instituto Internacional de Sociologia de Kiev (Kiis, na sigla em inglês) de 2012 descobriu que, quando perguntados sobre quem eles teriam apoiado na Segunda Guerra Mundial, 75% disseram o Exército Soviético, e apenas 8% disseram o Exército Insurgente Ucraniano (UPA).[135]

Todas as eleições pós-soviéticas demonstraram essa divisão tradicional galego-maloross, mas as eleições presidenciais de 2010 e as parlamentares de 2012 revelaram que a divisão era agora maior que nunca.[136] Enquanto a vitória de Yanukovych em 2010 foi vista como um retorno à normalidade na Ucrânia maloross, para a Ucrânia galega ela foi vista como uma traição

---

132 Hahn, *Ukraine over the Edge*, p.143.

133 Usaid, *Ukraine Local Government Assessment*, p.5. Disponível em: <https://democracyinternational.com/media/Ukraine%20Local%20Government%20Assessment.pdf>. Acesso em: 2 jan. 2025.

134 Kudelia, "Politics and Democracy in Ukraine", em Kuzio; Hamilton (orgs.), *Open Ukraine: Changing Course towards a European Future*, p.2.

135 Katchanovski, "The Politics of World War II in Contemporary Ukraine". *The Journal of Slavic Military Studies*, v.27, n.2, p.225, 3 abr. 2014. Disponível em: <https://doi.org/10.1080/13518046.2013.844493>. Acesso em: 22 dez. 2024. Curiosamente, metade dos apoiadores do Svoboda disseram que teriam apoiado o Exército Vermelho em vez da OUN.

136 Bekeshkin, "Parlamentskie vybory v Ukraine" [Eleições parlamentares na Ucrânia], em *Yezhegodnaya nauchno-prakticheskaya sotsiologicheskaya konferentsiya "Prodolzhaya Grushina"*, p.413-5. Disponível em: <http://wciom.ru/fileadmin/file/nauka/grusha_2013/7.pdf>. Acesso em: 28 nov. 2015.

que provou que as eleições sozinhas não podiam mais ser confiáveis para garantir a independência ucraniana. Como resultado, muitos nacionalistas ucranianos começaram a buscar formas alternativas de ação política, para garantir o tipo de mudança que eles achavam que o país precisava.

Após sua eleição, Yanukovych de fato começou a reverter algumas das políticas pró-galegas de Yushchenko. Demitiu Vyatrovych e Yukhnovskiy, os principais ideólogos da história galego-ucraniana, e restaurou a política tradicional de não impor uma versão unitária da identidade ucraniana. Por outro lado, assim como seus antecessores, Yanukovych falhou em manter sua promessa de campanha de designar o russo como segundo idioma oficial.

Em julho de 2012, no entanto, a questão foi tirada de suas mãos por seu próprio partido. O Partido das Regiões aprovou na Rada uma lei que autorizava que qualquer região com uma minoria étnica constituindo mais de 10% da população local permitisse que esta utilizasse sua língua para fins oficiais dentro daquela região. Em poucas semanas (e na cidade de Odessa, no dia seguinte), 13 das 27 regiões da Ucrânia designaram o russo como segundo idioma oficial.[137]

Para seus proponentes, a Lei Kivalov-Kolesnichenko, como era conhecida, apenas restaurou o Grande Compromisso entre as regiões. Para os nacionalistas ucranianos, no entanto, foi um ataque ao idioma ucraniano, à identidade ucraniana e à soberania ucraniana. Tendo provado os frutos do poder político sob Yushchenko, eles não estavam satisfeitos em ficar em segundo plano em relação aos antigos chefes do Partido Comunista e Diretores Vermelhos (agora chamados de oligarcas). Estavam agora muito mais bem organizados politicamente, dominavam vários parlamentos regionais no oeste da Ucrânia e até mesmo tinham conquistado 10% dos assentos na Rada.[138] Com cada eleitorado agora solidamente entrincheirado em sua respectiva região, o corpo político da Ucrânia estava sendo cada vez mais dilacerado, indo e vindo sobre questões de idioma, religião e orientação política.

O evento crítico acabou sendo, inesperadamente, as negociações da Ucrânia sobre a associação com a União Europeia (UE). Digo inesperadamente porque, como muitos de seus críticos agora reconhecem, Yanukovych parecia estar lidando com essas negociações difíceis com bastante habilidade. Vale lembrar que foi Yanukovych quem, em 2010, assinou a lei tornando a adesão à UE uma aspiração fundamental para a Ucrânia, e que, na cúpula da UE em 25 de fevereiro de 2013, reiterou a determinação da Ucrânia em assinar um Acordo de Associação.[139] Em casa, no entanto, ele

137 Sakwa, *Frontline Ukraine: Crisis in the Borderlands*, p.59.

138 Stern, "Svoboda: The Rise of Ukraine's Ultra-Nationalists". *BBC*, 26 dez. 2012. Disponível em: <https://www.bbc.com/news/magazine-20824693>. Acesso em: 19 dez. 2024.

139 Hahn, *Ukraine over the Edge*, p.169.

ouvia cada vez mais reclamações de industriais e oligarcas sobre a insistência da UE de que o Acordo de Associação também significava que a Ucrânia tinha que se retirar da União Aduaneira, um acordo comercial entre os estados da Comunidade dos Estados Independentes (CEI). Sem alguma forma de compensação, dois terços das exportações do país perderiam suas preferências comerciais atuais com a Rússia – um golpe devastador para a indústria ucraniana.[140]

A estratégia de Yanukovych era jogar a Rússia e a UE uma contra a outra. Ele atrasou a assinatura do Acordo de Associação da UE na cúpula de Vilnius em novembro e pediu um empréstimo de 27 bilhões de dólares. Quando a UE lhe ofereceu a insignificante quantia de 833 milhões de dólares, Yanukovych recorreu à Rússia para tentar obter um acordo que colocasse mais pressão sobre os negociadores da UE.[141] Um mês depois, a Ucrânia recebeu um empréstimo plurianual de 15 bilhões de dólares de Moscou, e a UE então respondeu com uma oferta comparável.[142] Yanukovych realmente havia alcançado o que muitos outros políticos ucranianos apenas sonhavam: fazer a Rússia e o Ocidente competirem entre si em favor da Ucrânia.

Mas para que essa estratégia de negociação tivesse resultado, ela precisava do apoio político doméstico que os oponentes de Yanukovych estavam determinados a não lhe dar. Em um sinal revelador de quão desgastado o discurso social havia se tornado, a recusa de Yanukovych em assinar com a UE e obter um acordo ainda mais vantajoso com Moscou foi interpretada como uma traição à única "escolha civilizacional" adequada da Ucrânia.[143]

Foi para afirmar essa escolha, a favor da Europa e contra a Rússia, que os primeiros manifestantes se reuniram na praça da Independência de Kiev (*Maidan nezalezhnosti*) no final de novembro de 2013. Essa primeira fase do Maidan, popularmente conhecida como Euromaidan, foi uma expressão do descontentamento popular com a recusa de Yanukovych em ratificar o Acordo de Associação da UE. De acordo com a narrativa oficial, quando a polícia interveio para dispersar os manifestantes, o povo ucraniano se

---

140 Idem, "Russia-Ukraine-EU". *Russia: Other Points of View*, 4 nov. 2013. Disponível em: <https://perma.cc/WQC6-VVA2?type=image>. Acesso em: 22 dez. 2024.

141 "Ukraine 'Still Wants to Sign EU Deal'". *Al Jazeera*, 29 nov. 2013. Disponível em: <https://www.aljazeera.com/news/2013/11/29/ukraine-still-wants-to-sign-eu-deal>. Acesso em: 2 jan. 2025.

142 Baker, "EU Offers Ukraine $15 Billion, but Help Hinges on IMF Deal". *Reuters*, 5 mar. 2014. Disponível em: <https://perma.cc/47R5-MCQG>. Acesso em: 26 dez. 2024.

143 Ivzhvenko, "Yevrointegratsiyu v Kieve travili gazom" [A eurointegração em Kiev foi gaseada]. *Nezavisimaya gazeta*, 26 nov. 2013. Disponível em: <https://www.ng.ru/cis/2013-11-26/1_ukraina.html>. Acesso em: 2 jan. 2025; Hahn, "Violence, Coercion and Escalation in the Ukraine Crisis, Parts 1-5: November 2013-January 2014". *Russian & Eurasian Poltics*, 8 abr. 2015. Disponível em: <https://gordonhahn.com/2015/04/08/violence-coercion-and-escalation-in-the-ukraine-crisis-parts-1-5-november-2013-january-2014/>. Acesso em: 22 dez. 2024.

levantou para defendê-los e, após sangrentas batalhas de rua em janeiro e fevereiro de 2014, forçou a fuga de Yanukovych e seus assessores.

Isso reflete uma visão estritamente galega dos eventos. Como vários pesquisadores apontaram na época, os participantes do Maidan de 2014 não eram predominantemente apenas da Ucrânia ocidental, mas viam sua participação como parte da longa luta histórica da Galícia para superar o colonialismo russo, que Yanukovych estava tentando impor novamente.[144]

Menos de duas semanas após o início do movimento, em 1º de dezembro de 2013, radicais armados de um grupo pouco conhecido autodenominado Setor Direita tentaram, sem sucesso, invadir o prédio da administração presidencial. Embora negassem na época, esse ataque foi coordenado com os líderes da oposição política.[145] Em 19 de janeiro de 2014, eles atacaram a polícia e a milícia interna na rua Hrushevsky. Nos dias seguintes, quase cem pessoas foram mortas por atiradores, alguns dos quais, como o Ministério Público Ucraniano determinaria mais tarde, estavam situados em prédios controlados pelos manifestantes do Maidan.[146]

No dia seguinte, no que o comandante do Maidan, Andriy Parubiy, mais tarde descreveu como um esforço coordenado para lançar o regime em tumulto, as administrações regionais em várias regiões ocidentais do país foram apreendidas por grupos de direita leais ao Maidan.[147] Os arsenais de várias delegacias de polícia foram saqueados e seus conteúdos

---

144 Andreyev, "Power and Money in Ukraine". *OpenDemocracy*, 12 fev. 2014. Disponível em: <https://www.opendemocracy.net/en/odr/power-and-money-in-ukraine/>. Acesso em: 27 dez. 2024; Beissinger, "Why We Should Be Sober about the Long-Term Prospects of Stable Democracy in Ukraine". *Washington Post*, 11 mar. 2014. Disponível em: <https://www.washingtonpost.com/news/monkey-cage/wp/2014/03/11/why-we-should-be-sober-about-the-long-term-prospects-of-stable-democracy-in-ukraine/>. Acesso em: 26 dez. 2024; "Ukraine's Maidan Curse". *Russia Insider*, 16 mar. 2015. Disponível em: <https://russia-insider.com/en/node/4516>. Algumas pesquisas sugeriram que os residentes reais de Kiev representavam apenas 12% dos manifestantes; 55% vinham de regiões ocidentais, predominantemente rurais, 24% do centro, e outros 12% do sul e leste da Ucrânia.

145 Guzhva, "Ot kompromissa k voine".

146 Katchanovski, "The 'Snipers' Massacre' on the Maidan in Ukraine". *Social Science Research Network*, 5 set. 2015. Disponível em: <https://papers.ssrn.com/sol3/papers.cfm?abstract_id=2658245>. Acesso em: 22 dez. 2024; Hahn, "Report: The Real Ukrainian 'Snipers' Massacre, 20 February 2014". *Russian & Eurasian Politics*, 9 mar. 2016. Disponível em: <https://gordonhahn.com/2016/03/09/the-real-snipers-massacre-ukraine-february-2014-updatedrevised-working-paper/>. Acesso em: 22 dez. 2024.

147 "Ostanavlival russkuyu vesnu v Odesse" [Ele parou a primavera russa em Odessa]. *Timer-Odessa*, 23 set. 2019. Disponível em: <https://perma.cc/GPJ6-3LYA>. Acesso em: 27 dez. 2024; "Parubiy govorit, chto na Maidane byl zapasnoi 'lvovskiy plan'" [Parubiy diz que havia um "plano de backup de Lviv" no Maidan]. *Ukrainskaya pravda*, 2 out. 2018. Disponível em: <https://www.pravda.com.ua/rus/news/2018/10/2/7193828/>. Acesso em: 27 dez. 2024; "Sozdanie vooruzhennykh gruppirovok" [Criação de grupos armados]. *Strana.ua*, 23 set. 2019. Disponível em: <https://strana.one/news/223761-parubij-odessa-2-maja-v-chem-obvinjaet-hbr-byvsheho-spikera-rady.html>. Acesso em: 30 dez. 2024.

distribuídos aos manifestantes no Maidan. Enquanto Yanukovych hesitava, o descontentamento aumentou no leste e no sul da Ucrânia, com assembleias regionais exigindo o fim da violência e, se necessário, a lei marcial.[148]

Apesar do derramamento de sangue, muitos observadores ocidentais, incluindo este autor, que estava em Kiev na época, ainda se apegavam à crença de que as elites regionais do país, de alguma forma, mais uma vez conseguiriam recuar da beira da guerra civil. O compromisso parecia ser o resultado mais provável porque, enquanto os oligarcas e os radicais estavam temporariamente unidos em querer a remoção de Yanukovych, os oligarcas não queriam nada mais do que um retorno aos negócios como de costume. Em retrospecto, subestimamos grosseiramente a influência da extrema direita, que não estava apenas buscando varrer o atual *establishment* político, mas todo o sistema político.

Em 20 de fevereiro de 2014, os ministros das Relações Exteriores da Alemanha, da França e da Polônia (mais tarde acompanhados por um ex-embaixador russo) voaram para Kiev para intermediar um acordo de paz. Naquela época, no entanto, quase cem pessoas haviam sido mortas em outra rodada de tiros de atiradores vindos, novamente, agora parece, da área controlada pelas forças de Maidan.[149] Dois dias depois, um

---

148 Klussmann; Schepp, "Moscow Moves to Destabilize Eastern Ukraine". *Spiegel International*, 18 mar. 2014. Disponível em: <https://www.spiegel.de/international/europe/how-moscow-is-moving-to-destablize-eastern-ukraine-a-959224.html>. Acesso em: 2 jan. 2025; Kalnysh, "V Kharkove reshili otdat vlast mestnym sovetam" [Em Kharkov, eles decidiram entregar o poder aos conselhos locais"]. *Kommersant*, 22 fev. 2014. Disponível em: <https://www.kommersant.ru/doc/2414773>. Acesso em: 3 jan. 2025; Kevorkyan, "Pervaya stolitsa protiv vtoroi" [A primeira capital contra a segunda]. *Ukraina.ru*, 30 mar. 2019. Disponível em: <https://ukraina.ru/20190330/1023139281.html>. Acesso em: 22 dez. 2024; "Dobkin i Shishatsky na syezde yugovostochnykh regionov uveryayut, chto oni – za tselostnost Ukrainy" [Dobkin e Shishatsky no Congresso das regiões do sudeste asseguram que eles são pela integridade da Ucrânia]. *Ukrainskaya pravda*, 22 fev. 2014. Disponível em: <https://www.pravda.com.ua/rus/news/2014/02/22/7015689/>. Acesso em: 20 dez. 2024; "'Samooborona' Maidana uderzhivaet 12 adminzdanii" ["Autodefesa" do Maidan detém 12 prédios administrativos]. *Ukrainskaya pravda*, 15 jul. 2014. Disponível em: <http://www.pravda.com.ua/rus/news/2014/07/15/7031971/>. Acesso em: 16 dez. 2024.

149 Katchanovski, "The Maidan Massacre in Ukraine: Revelations from Trials and Government Investigations". *NYU Jordan Center for the Advanced Study of Russia*, 8 dez. 2021. Disponível em: <https://jordanrussiacenter.org/news/the-maidan-massacre-in-ukraine-revelations-from-trials-and-investigation/#.Ywkuyd8pDb0>. Acesso em: 22 dez. 2024. Com o tempo, várias pessoas se manifestaram para reivindicar a responsabilidade por esses tiroteios, o que contradiz diretamente a narrativa oficial de que "The Heavenly Hundred" [Os Cem Celestiais] foram vítimas do regime de Yanukovych. A investigação ainda está formalmente em andamento, mas agora está em grande parte extinta porque, como disse a ex-procuradora geral da Ucrânia, Iryna Venediktova, a sociedade pode não estar pronta para ouvir a verdade. "Genprokuror predlozhila ukraintsam opredelitsy s delami Maidana" [Procurador-geral sugeriu que ucranianos decidissem sobre casos de Maidan]. *Korrespondent.net*, 30 maio 2020. Disponível em: <https://korrespondent.net/ukraine/4235072-henprokuror-predlozhyla-ukrayntsam-opredelytsia-s-delamy-maidana>. Acesso em: 22 dez. 2024.

Yanukovych desmoralizado renunciou a seus poderes presidenciais e concordou com eleições presidenciais antecipadas. Nesse ínterim, o chefe interino do partido de oposição Pátria, Arseniy Yatseniuk, concordou em servir como primeiro-ministro.

Esse acordo, no entanto, foi imediatamente rejeitado pelos radicais de Maidan. Eles invadiram a Rada e, sem quórum, e em violação aos procedimentos de *impeachment* estipulados na Constituição Ucraniana, votaram para remover Yanukovych do cargo e substituí-lo imediatamente por seu próprio candidato, Oleksandr Turchynov.

Como Guzhva observa, pela primeira vez na história moderna da Ucrânia, uma mudança de regime ocorreu através do ataque de uma parte do país aos direitos de outra parte, em vez de através de um compromisso das elites regionais.[150] Portanto, não é surpresa que a influência da agenda nacionalista galega logo tenha atingido níveis sem precedentes.

Da noite para o dia, o Partido das Regiões e todos os partidos de centro-esquerda foram declarados ilegais, privando os direitos de metade do eleitorado do país. O novo governo *ad hoc* foi propositalmente composto por ucranianos ocidentais que rejeitavam a ideia de um "governo de unidade nacional".[151] O Maidan de 2014 se tornou um momento decisivo para a política ucraniana, o momento em que a política nacional mudou da busca por consenso para a busca por domínio político e cultural galego explícito. Isso explica por que tantos ucranianos maloross na época o consideraram um golpe.[152]

Os ucranianos logo testemunhariam muitos atos de violência por milícias nacionalistas armadas, em desafio aberto ao Judiciário, à polícia, ao presidente e ao Parlamento.[153] O precedente para tal impunidade foi estabelecido pela anistia geral que o Parlamento remanescente aprovou para todos

---

150 Guzhva, "Ot kompromissa k voine".

151 Sakwa, *Frontline Ukraine*, p.97-8.

152 "Zhiteli yuga Ukrainy shchitayut Evromaidan perevorotom" [Moradores do sul da Ucrânia consideram o Euromaidan um golpe e acreditam que a guerra em Donbass é benéfica para Kiev]. *Timer-Odessa*, 14 fev. 2017. Disponível em: <https://web.archive.org/web/20190202040926/http://timer-odessa.net/news/jiteli_yuga_ukraini_schitayut_maydan_perevorotom_i_veryat_chto_voyna_na_donbasse_vigodna_kievu_849.html>. Acesso em: 6 jan. 2025; Zhmerinsky, "Vosem voprosov liberalam i dirizhistam" [Oito perguntas para liberais e "condutores", ou como mudar o país?]. *Ukrainska pravda*, 26 fev. 2016. Disponível em: <https://www.pravda.com.ua/rus/articles/2016/02/26/7100396/>. Acesso em: 16 dez. 2024; "Otnoshenie zhitelei Ukrainy i Rossii k sobytiam v Ukraine" [A atitude dos residentes da Ucrânia e da Rússia em relação aos eventos na Ucrânia]. *Levada.ru*, 3 mar. 2014. Disponível em: <https://www.levada.ru/2014/03/03/otnoshenie-zhitelej-ukrainy-i-rossii-k-sobytiyam-v-ukraine/>. Acesso em: 27 dez. 2024.

153 Hahn, "Violence, Coercion, and Escalation in Ukraine's Maidan Revolution Escalation Point 6 – The 'Snipers' of February". *Russian & Eurasian Politics*, 8 maio 2015. Disponível em: <https://gordonhahn.com/2015/05/08/violence-coercion-and-escalation-in-ukraines-maidan-revolution-escalation-point-6-the-snipers-of-february/>. Acesso em: 22 dez. 2024;

os atos de violência cometidos em nome do Maidan, incluindo saques, estupros e até assassinatos.[154]

Um ataque tão total às instituições estatais e legais seria um desafio para qualquer novo governo. Para reforçar sua autoridade incerta, o governo pós-Maidan em Kiev teve que confiar nos elementos nacionalistas radicais que o levaram ao poder e ficaria em dívida com eles, quisesse ou não.

Ishchenko, "Denial of the Obvious: Far Roght in Maidan Protests and their Danger Today". *Vox Ukraine*, 16 abr. 2018. Disponível em: <https://voxukraine.org/en/denial-of-the-obvious-far-right-in-maidan-protests-and-their-danger-today>. Acesso em: 5 jan. 2025; Marshall, "Nazi Roots of Ukraine's Conflict". *Consortium News*, 28 jan. 2016. Disponível em: <https://consortiumnews.com/2016/01/28/nazi-roots-of-ukraines-conflict/>. Acesso em: 22 dez. 2024.

154 Lukash, "Maidanu – amnistiyu, Donbassu – zakon?" [Anistia para Maidan, Lei para Donbass?]. *Ukraina.ru*, 3 abr. 2017. Disponível em: <https://ukraina.ru/news/20170403/1018485691.html>. Acesso em: 20 dez. 2024.

3
A ATRAÇÃO FATAL DA EXTREMA DIREITA

O espectro da política ucraniana possui cinquenta tons de marrom.

Nikolai Azarov, primeiro-ministro
da Ucrânia (2010-2014)[1]

Não temos informações sobre qualquer tipo de partido, organização ou grupo radical de extrema direita [...]. *Provavelmente há grupos não oficiais que compartilham tais visões, mas estamos lidando com casos individuais. Grupos e organizações ultrarradicais não são registrados nem identificados* [na Ucrânia].

Vasily Vovk, chefe do Departamento Central
de Investigação do Serviço de Segurança
da Ucrânia (2014-)[2]

1 Vinogradov; Khisamov, "Nikolai Azarov: Ukraina segodnya eto 50 ottenkov korichnevogo" [Nikolay Azarov: Ucrânia hoje é 50 tons de marrom]. *Ukraina.ru*, 12 dez. 2016. Disponível em: <https://ukraina.ru/exclusive/20161212/1017986126.html>. Acesso em: 6 jan. 2025.

2 "Kiev Says 'No Extreme Right Organizations in Ukraine'". *RT.com*, 21 abr. 2015. Disponível em: <http://rt.com/news/251545-ukraine-ultra-right-extremism/>. Acesso em: 20 dez. 2024.

> *O problema está conosco. O problema está na transformação estranha e incompreensível – que exige mais estudo – que ocorreu com pessoas aqui na Ucrânia, que recentemente ainda eram ucranianas, e tornaram-se galegas.*
>
> Vasily Volga, Rada MP (2006-2007)[3]

A impressionante transformação do presidente Petro Poroshenko enquanto presidente da Ucrânia, de um opositor do nacionalismo ucraniano em um de seus principais patrocinadores, salienta até que ponto a extrema direita deu o tom para a política nacional desde 2014. É por isso que seu ministro dos Transportes, Volodymyr Omelyan, previu com confiança que, até o final de sua presidência, Volodymyr Zelensky estaria igualmente transformado:

> Cada novo presidente da Ucrânia começa seu ritmo com a convicção de que ele é aquele que pode conduzir um diálogo construtivo com Moscou, e que recebeu o papel de pacificador, que fará negócios e desenvolverá boas relações... E todo presidente da Ucrânia acabou se tornando um seguidor de fato de Bandera e lutando contra a Federação Russa.[4]

Descobrir por que a política ucraniana está tão fascinada por uma agenda nacionalista de extrema direita que é, pelo menos de acordo com as urnas, muito minoritária em todo o país, é de importância central para entender a persistência da tragédia da Ucrânia.

3.1 A extrema direita parlamentar: Svoboda (Partido da Liberdade)

Com o apoio financeiro da comunidade de emigrantes ucranianos no Ocidente, muitas organizações nacionalistas de extrema direita ressurgiram no oeste da Ucrânia na véspera de sua independência. Seu legado de luta clandestina contra as autoridades soviéticas bem depois do fim da Segunda Guerra Mundial encorajou a visão de que alcançar a verdadeira independência para a Ucrânia agora também poderia exigir atividades militares contra

3 "Problema kroetsya v nas" [O problema está conosco]. *Rambler.ru*, 29 maio 2020. Disponível em: <https://news.rambler.ru/ukraine/44263056-problema-kroetsya-v-nas-deputat-rady-rasskazal-ob-ukrainskom-radikalnom-natsionalizme/>. Acesso em: 29 dez. 2024.

4 "Ukrainskiy ministr predskazyvaet banderovskiy put prezidentu Zelenskomu" [Ministro ucraniano prevê caminho de Bandera para o presidente Zelensky]. *Novorosinform.org*, 10 jun. 2019. Disponível em: <https://novorosinform.org/ukrainskij-ministr-predskazyvaet-banderovskij-put-prezidentu-zelenskomu-38947.html>. Acesso em: 2 jan. 2025.

os remanescentes do governo soviético. Portanto, a criação de novas organizações políticas muitas vezes andava lado a lado com a criação de estruturas paramilitares paralelas.

Típico nesse sentido é o Exército Insurgente Ucraniano-Autodefesa Nacional Ucraniana (UPA-Unso, nas siglas em inglês), que reivindicou uma ligação direta com a Organização dos Nacionalistas Ucranianos-Exército Insurgente Ucraniano (OUN-UPA, nas siglas em inglês) da era nazista por meio de seu líder Yuri Shukhevich, filho do líder do UPA Roman Shukhevich. Membros de sua ala militar, a Autodefesa Nacional Ucraniana (Unso), participaram de conflitos militares na Transnístria, Abkhazia e Chechênia, e ajudaram a organizar os infames "trens da amizade" enviados para intimidar a população da Crimeia em 1992.[5] O Rukh também tinha uma ala militar, conhecida como *Varta* (a Vigilante). Ela se separou formalmente de sua organização-mãe em 1993, embora alguns analistas vejam isso como um esforço para fornecer negação plausível contra a acusação potencial de atividade militar contra o Estado.[6]

Entre as dezenas de tais grupos, talvez o mais visível tenha sido o Partido Social-Nacional da Ucrânia (SNPU, na sigla em inglês), estabelecido em 13 de outubro de 1991 em Lviv. Como seu nome invertido sugere, ele promoveu uma forma ucraniana de nacional socialismo com base nos "Dez mandamentos do nacionalista ucraniano" elaborados em 1929 pelo ideólogo da OUN Stepan Lenkavsky.[7] Ele adotou o gancho teutônico* como seu símbolo partidário e tinha sua própria ala militar, os batalhões de Autodefesa Nacional, que foram modelados a partir da guarda do Partido Nazista Alemão. Seu ex-membro mais famoso, Andriy Parubiy, tornou-se comandante do Maidan em 2014 e, mais tarde, o presidente do Parlamento ucraniano.

Em 2004, no entanto, Parubiy perdeu a luta pela liderança dentro do partido para Oleh Tyahnybok, que renomeou o SNPU, de sonoridade desagradável, para Partido da Liberdade (*Svoboda*). Parubiy, por sua vez, saiu para juntar-se ao recém-criado partido Nossa Ucrânia de Yushchenko (*Nasha Ukraina*), ao mesmo tempo que ressaltava publicamente fidelidade às suas

5 LN – Positive, "1 marta 1992 g. 'Poezd druzhby' Unso v Sevastopole" [1º de março de 1992. "Trem da amizade" da Unso em Sevastopol]. *Liveinternet.ru*, 18 set. 2017. Disponível em: <https://www.liveinternet.ru/users/4768613/post421649462/>. Acesso em: 26 dez. 2024.

6 Maltsev, "'Pravyi Sektor' i ego metastazy" ["Setor Direita" e suas metástases]. *Ukraina.ru*, [s.d.]. Disponível em: <https://ukraina.ru/exclusive/20200119/1026369954.html>. Acesso em: 10 nov. 2021.

7 Antonyuk, "Bolshim potom i bolshoi krovyu" [Com muito suor e muito sangue]. *Ukraina.ru*, 29 set. 2020. Disponível em: <https://ukraina.ru/history/20200929/1029064245.html>. Acesso em: 21 dez. 2024; "Organizatsiya ukrainskikh natsionalistov" [Organização de nacionalistas ucranianos]. *Wikipedia*, 7 jan. 2022. Disponível em: <https://ru.wikipedia.org/w/index.php?title=Organizatsiia_ukrainskikh_natsionalistov>. Acesso em: 27 dez. 2024.

* [Símbolo associado ao nazismo e inspirado na armadilha para lobos (Teutonic Wolfsangel). (N. T.)]

crenças políticas anteriores.[8] Com a vitória de Yushchenko na eleição presidencial de 2004, portanto, a extrema direita tinha pelo menos algumas pessoas em altos cargos em quem se podia confiar para serem simpáticas à sua causa. Isso encorajou mais pessoas a tentar entrar no *mainstream* político.

O primeiro partido da Galícia a fazer uma oferta por legitimidade política nacional foi o Svoboda, cujo nome também tinha um significado codificado para os nacionalistas: "Nós vivemos em nosso próprio país dado por Deus" [*"My zhyvemo v SVOii BOhom DAniy kraini"*].[9] O líder do Svoboda, Oleh Tyahnibok, serviu no Conselho Regional de Lviv e foi eleito para a Rada em 1998, como membro do SNPU. Foi reeleito em 2002, dessa vez como membro do Nasha Ukraina de Viktor Yushchenko, mas foi expulso deste último em julho de 2004, após dizer que uma "máfia judaica de Moscou" estava governando a Ucrânia.[10]

Tyahnibok se tornou bem conhecido durante a Revolução da Dignidade de 2014. Como uma das três faces públicas da oposição de Maidan, junto com Vitaly Klichko e Arseny Yatsenyuk, ele se reunia frequentemente com os principais políticos ocidentais.[11] A Embaixada dos Estados Unidos em Kiev na época estava dizendo aos repórteres que a ideologia do Svoboda havia mudado. O próprio Tyahnybok, no entanto, insistiu que suas opiniões não haviam mudado e que ele repetiria suas palavras hoje.[12]

O programa político de Svoboda era, na verdade, uma versão atualizada do livro de Sziborsky de 1935, *Natiocracy* (*Naciocracia*), que clamava por um "totalitarismo espiritual ucraniano".[13] Para o Svoboda, a primeira tarefa da nova nação ucraniana deve ser "uma limpeza radical" que garanta sua unidade espiritual-sanguínea.

---

8 "Spiker Rady schitaet zhitelei Donbassa okkupantami" [O presidente da Rada considera os residentes de Donbass como ocupantes]. *Ukraina.ru*, 2 jun. 2016. Disponível em: <https://ukraina.ru/news/20160602/1016520748.html>. Acesso em: 30 dez. 2024; Maltsev, "'Pravyi Sektor' i ego metastazy".

9 Sabov, "Zhurnalist napomnil, chto raspad Ukrainy mog sostoyatsya 20 let nazad".

10 Lee, "The Scary Side of the Ukraine Troika". *CounterPunch.org*, 13 mar. 2014. Disponível em: <https://www.counterpunch.org/2014/03/13/the-scary-side-of-the-ukraine-troika/>. Acesso em: 27 dez. 2024; Hallinan, "The Dark Side of the Ukraine Revolt". *The Nation*, 6 mar. 2014. Disponível em: <https://www.thenation.com/article/archive/dark-side-ukraine-revolt/>. Acesso em: 19 dez. 2024.

11 Zawadzki; Hosenball; Grey, "In Ukraine, Nationalists Gain Influence – and Scrutiny". *Reuters*, 18 mar. 2014. Disponível em: <https://www.reuters.com/article/ukraine-crisis-far-right-idINDEEA2H07J20140318/>. Acesso em: 29 dez. 2024.

12 Lee, "The Scary Side of the Ukraine Troika"; Shevchenko, "Pravyi Sektor prizval vladeltsev ognestrelnogo oruzhiya vyiti na Maidan" [O Setor Direita convoca os proprietários de armas de fogo a comparecerem ao Maidan]. *Zerkalo Nedeli*, 18 fev. 2014. Disponível em: <https://zn.ua/UKRAINE/pravyy-sektor-prizval-vladelcev-ognestrelnogo-oruzhiya-na-maydan-138997_.html>. Acesso em: 27 dez. 2024.

13 Stsiborskyi, "Natsiokratiya".

De acordo com o Svoboda, deve haver uma cota mínima de ucranianos étnicos em todas as esferas da sociedade, até mesmo na propriedade de empresas. A porcentagem de ucranianos nos meios de comunicação social deve corresponder à porcentagem de ucranianos na população, e as "atividades antiucranianas" devem estar sujeitas a sanções legais, incluindo a perda do direito de voto.[14] Todos os partidos políticos, as associações e os grupos ideológicos divergentes devem ser banidos, e o poder político total deve ser investido na "nação ucraniana". Os poderes Executivo, Legislativo e Judiciário devem ser combinados em um único indivíduo – o chefe de Estado –, que será pessoalmente responsável pelo "sangue e propriedade" da nação.[15]

Na política externa, o Svoboda pede a restauração do arsenal nuclear da Ucrânia e o alinhamento da política externa da Ucrânia com um Eixo Mar Báltico-Mar Negro. O partido se opõe ao cosmopolitismo e ao multiculturalismo e defende uma política de "ucranocentrismo europeu" para criar um "espaço vital para a nação ucraniana".[16]

O Svoboda rejeitou os Acordos de Minsk e insistiu em um bloqueio completo das regiões rebeldes e da Crimeia. Também exigiu que, após a libertação, os moradores de Donbass e da Crimeia passassem por um exame de lealdade antes de recuperar a cidadania ucraniana. Somente depois que essas regiões estivessem completamente limpas da influência russa as eleições locais deveriam ser consideradas.[17]

3.2 A extrema direita extraparlamentar: o Setor Direita

Se o Svoboda representa o ramo do nacionalismo ucraniano de extrema direita que, como as autoridades dos Estados Unidos disseram em 2014, estava tentando "tornar-se um partido político europeu moderno e conven-

14 Tokarev, "Electoral History of the Post-Soviet Crimea: From the Ukrainian SSR to Russia". *Vestnik Mgimo-Universiteta*, n.5(44), p.32-41, out. 2015. Disponível em: <https://doaj.org/article/1bb88484b2e94d82937f56d642010edf>. Acesso em: 16 dez. 2024.

15 Hahn, *Ukraine over the Edge: Russia, the West and the "New Cold War"*, p.150.

16 Dreyfus, "Ukraine beyond Politics". *Le Monde Diplomatique*, 1º mar. 2014. Disponível em: <https://mondediplo.com/2014/03/02ukraine>. Acesso em: 20 dez. 2024; Sobchak, "Intervyu Sobchak s Tyagnibokom" [Entrevista de Sobchak com Tyahnybok]. *Telegraf*, 12 fev. 2014. Disponível em: <https://telegraf.com.ua/ukraina/politika/1109726-intervyu-sobchak-s-tyagnibokom-video.html>. Acesso em: 22 dez. 2024. De acordo com Tyahnybok, "o maior problema dos liberais é que eles se concentram nos direitos dos indivíduos. Para nós, os direitos da nação, da sociedade, têm precedência sobre os direitos individuais" (aos 44:00), por isso "os liberais são os nossos adversários ideológicos" (aos 46:20).

17 "Vernut siloi, pasporta – zabrat" [Retorno à força, retirada de passaportes]. *RIA Novosti Ukraina*, 17 set. 2017. Disponível em: <https://rian.com.ua/analytics/20170917/1027756703.html>.

cional", então o Setor Direita representa seu eleitorado extraparlamentar.[18] Há muita confusão sobre o relacionamento entre o Svoboda e o Setor Direita, já que suas ideologias são virtualmente indistinguíveis.[19] Parte dessa confusão deriva da ideia de que havia dois Maidans distintos em 2014, um liberal e um nacionalista. De acordo com essa narrativa, o Svoboda recebeu o papel de extrema direita moderada que queria permanecer politicamente relevante, enquanto o Setor Direita recebeu o papel de "minoria fanática", fadado à irrelevância política.[20]

Um importante estudioso de movimentos radicais na Ucrânia, Volodymyr Ishchenko, desafia essa visão. Sua análise de mais de 3 mil protestos do Maidan em todo o país mostra que tanto o Svoboda quanto o Setor Direita, longe de serem marginais ao sucesso do Maidan, foram seus principais atores, embora em momentos diferentes.[21] De novembro de 2013 a janeiro de 2014, antes do início da violência em larga escala, o Svoboda foi o agente social mais frequentemente mencionado na mídia ucraniana. Desempenhou um papel indispensável na mobilização do Euromaidan e na definição do que ele representava. Após os eventos sangrentos de 19 de janeiro de 2014, no entanto, foi o Setor Direita que dominou todos os outros grupos e partidos nos relatos da mídia ucraniana.[22]

Ishchenko também desafia a visão de que a falta de sucesso eleitoral do Svoboda é a prova de sua irrelevância. Como um partido com uma ideologia

---

18 Zawadzki; Hosenball; Grey, "In Ukraine, Nationalists Gain Influence – and Scrutiny".

19 Ivanishin, "Ukrainian National Revolution". *Ukrainian Crusade*, 28 jan. 2017. Disponível em: <https://ukrainiancrusade.blogspot.com/2017/01/ukrainian-national-revolution-some.html>. Acesso em: 27 dez. 2024; Yarosh, "Ukrainska revolyutsiya XXI stolittya" [Revolução ucraniana: século XXI]. *Banderivets.org.ua*, 16 maio 2022. Disponível em: <https://perma.cc/LEF6-W6RR>. Acesso em: 19 dez. 2024. De acordo com Yarosh, "Taras Shevchenko, Mykola Mikhnovskyy, Dmytro Dontsov, Evhen Konovalets, Mykola Stsiborsky, Andriy Melnyk, Stepan Bandera, Oleh Olzhych, Jaroslav Stetsko, Lev Rebet, Stephan Lenkavsky, Vasyl Ivanyshyn – estas pessoas mencionadas são o coração do nacionalismo, cujos postulados ideológicos básicos não podem ser depreciados em quaiquer circunstâncias".

20 "Ukraine's Right Sector Radical Group, Eyes Power after Ukraine Protest". *Epoch Times*, 14 mar. 2014. Disponível em: <https://perma.cc/9WT3-WLKH?type=image>. Acesso em: 2 jan. 2025.

21 Ishchenko, "Denial of the Obvious: Far Roght in Maidan Protests and their Danger Today"; e "Far Right Participation in the Ukrainian Maidan Protests: An Attempt of Systematic Estimation". *European Politics and Society*, v.17, n.4, p.457-8, 2016. Disponível em: <https://doi.org/10.1080/23745118.2016.1154646>. Acesso em: 5 jan. 2025. Dos mais de 3 mil "eventos de protesto" ocorridos entre outubro de 2009 e dezembro de 2016, Ishchenko descobriu que dois-terços ocorreram no oeste e no centro, com a preponderância de encontros violentos ocorrendo no oeste.

22 Ishchenko, "Denial of the Obvious"; e "The Limits of Change and Wishful Thinking: Lessons from Ukraine's Euromaidan Uprising". *The Broker*, 26 jul. 2017. Disponível em: <https://www.thebrokeronline.eu/article/the-limits-of-change-and-wishful-thinking-lessons-from-ukraine-s-euromaidan-uprising/>. Acesso em: 5 jan. 2025. Ishchenko acredita

profundamente ofensiva para a maioria dos ucranianos maloross, o Svoboda nunca realmente competiu pela liderança nacional, diz ele. Em vez disso, ele buscou estabelecer sua própria base inatacável de apoio nas principais regiões da histórica Galícia – Lviv, Ternopil e Ivano-Frankivsk. Da mesma forma, como parte do *establishment* político ucraniano ocidental, ele se tornaria automaticamente parte do diálogo político nacional.[23]

Finalmente, diz Ishchenko, confiar apenas na métrica de desempenho eleitoral nacional ignora a influência sem precedentes que a extrema direita, por meio de suas alas parlamentares e extraparlamentares, foi capaz de exercer na formação do discurso midiático, cultural e religioso do país. Trabalhando em conjunto, eles também conseguiram colocar seus próprios candidatos em posições-chave de segurança e aplicação da lei.[24] De fato, Ishchenko sugere que sua coordenação pode ser rastreada por vários anos antes.

Por exemplo, já em 2009, em seu livro *Ukrainska revolyutsiya XXI stolittya* [A Revolução Ucraniana: século XXI], o líder do Setor Direita, Dmitry Yarosh, descreveu as etapas necessárias para acelerar a revolução nacional: 1) o desenvolvimento de uma Ordem Nacional de revolucionários dedicados; 2) a criação de um movimento nacionalista unificado; 3) a maior conscientização sobre o momento da revolução nacional; e 4) a consolidação, expansão e desenvolvimento de uma Ucrânia verdadeiramente independente.[25] Ele também descreveu como o ciclo seguinte de eleições parlamentares de 2012 se encaixava nessa estratégia. Tendo estabelecido centros de doutrinação nacional-revolucionária por toda a Ucrânia, os partidos da direita se consolidariam durante a fase pré-eleitoral e, após a eleição, iniciariam a fase revolucionária galvanizando "manifestações de cidadãos na capital e em centros regionais".[26]

Embora essa etapa tenha sido adiada, a influência política e midiática que o Svoboda ganhou com seu espetacular sucesso eleitoral em 2012, quando ganhou 10% dos assentos na Rada, abriu oportunidades políticas mais à

que a percepção ocidental da proeminência dos liberais no movimento Maidan se deve à forma como foi ele foi coberto pela imprensa ocidental baseada em Kiev. O papel crucial dos protestos no oeste da Ucrânia foi tipicamente negligenciado, embora esses protestos não tenham sido menos massivos nem menos radicais do que os protestos na capital. Como Ishchenko aponta, foi no oeste da Ucrânia, não em Kiev, que Yanukovych perdeu o poder inicialmente.

23 Tkachuk, "Kak vystupili na vyborakh natsionalisty" [Como os nacionalistas se saíram nas eleições]. *Vesti*, 12 nov. 2020. Disponível em: <https://vesti.ua/strana/na-pravom-flange-pochemu-natsionalisty-imeyut-shansy-v-ukrainskoj-politike>.

24 Ishchenko, "Nationalist Radicalization Trends in Post-Euromaidan Ukraine". *Ponars Eurasia*, n.529, maio 2018. Disponível em: <https://www.academia.edu/36666257/Nationalist_Radicalization_Trends_in_Post_Euromaidan_Ukraine>. Acesso em: 5 jan. 2025.

25 Ivanishin, "Ukrainian National Revolution".

26 Ibidem.

direita, que foram posteriormente preenchidas pelo Setor Direita. O Setor Direita começou a atrair os jovens como a nova versão mais radical do Svoboda. Agora parece que essas diferenças foram amplamente organizadas, e que a escalada da violência no Maidan foi coordenada pelo Svoboda e pelo Setor Direita, agindo juntos "como uma frente unida".[27]

Isso explicaria por que, apesar de uma resolução do Parlamento Europeu de 13 de dezembro de 2012 condenando-o por compartilhar "visões racistas, antissemitas e xenófobas", o Svoboda foi fortemente cortejado como um parceiro de coalizão na Rada.[28] A promoção do Svoboda, e de Tyahnybok pessoalmente, por partidos de oposição mais moderados, como Batkivshchyna e Udar, era parte de sua estratégia para derrubar o regime de Yanukovych. Por um lado, deu aos partidos moderados um grau de credibilidade com o eleitorado mais radical; por outro lado, fortaleceu sua posição de negociação em relação a Yanukovych ao sugerir que eles poderiam conter a violência se o regime estivesse disposto a ceder o poder, ou liberá-la, se não o fizesse.

Para consolidar essa relação, liberais e nacionalistas apoiaram conjuntamente a ação de protesto nacional "Levante-se, Ucrânia!", no início de 2013.[29] Defendendo essa aliança contra os críticos, o jornalista liberal Yegor Sobolev (que mais tarde virou político) argumentou que o Svoboda, diferentemente de outros partidos parlamentares, entendia que "não se pode agir de forma civilizada com esse governo... é preciso agir como com um ladrão que invadiu sua casa". Se isso não pode ser interrompido por meios legais, escreveu Sobolev, então "o povo deve seguir o exemplo dos afegãos e tomar o Parlamento de assalto".[30]

As distinções traçadas na mídia ucraniana entre o Svoboda e outros grupos de extrema direita durante o Maidan de 2014 foram, em grande parte, portanto, táticas. Elas pretendiam: 1) alcançar objetivos militares

---

27 Shenfield, "Ukraine: Popular Uprising or Fascist Coup?". *Johnson's Russia List*, 5 abr. 2014. Disponível em: <https://russialist.org/stephen-d-shenfield-ukraine-popular-uprising-or-fascist-coup/>. Acesso em: 2 jan. 2025.

28 "European Parliament Resolution of 13 December 2012 on the Situation in Ukraine". Disponível em: <https://www.europarl.europa.eu/doceo/document/TA-7-2012-0507_EN.html>. Acesso em: 13 mar. 2025; Stern, "Svoboda: The Rise of Ukraine's Ultra-Nationalists". *BBC*, 26 dez. 2012. Disponível em: <https://www.bbc.com/news/magazine-20824693>. Acesso em: 19 dez. 2024. Dizem que o líder do Batkivschyna e mais tarde primeiro-ministro, Arseniy Yatsenyuk, era próximo de Tyahnybok, tendo até mesmo aparecido no Congresso do Svoboda para parabenizar o partido por seu sucesso parlamentar.

29 "Svoboda (partiya, Ukraina)" [Svoboda (Partido, Ucrânia)]. *Wikipedia*, 30 out. 2021. Disponível em: <https://en.wikipedia.org/wiki/Svoboda_(political_party)>. Acesso em: 2 jan. 2025.

30 Monina, "Fashistskiy spetsnaz v tylu oppozitsii" [Forças especiais fascistas por trás das linhas de oposição]. *From-UA*, 9 jan. 2013. Disponível em: <https://from-ua.com/articles/256768-fashistskii-specnazv-tilu-oppozicii.html>. Acesso em: 13 mar. 2025.

específicos, como defender as linhas de suprimento para o Maidan em Kiev e preparar uma posição de recuo na Galícia, caso falhasse; e 2) oferecer ao Ocidente uma narrativa que lhe permitiria apoiar partidos políticos "moderados", em vez de "radicais" militarizados.[31]

Essa tática de criar múltiplas versões da mesma organização, que poderiam então agir simultaneamente e de forma coordenada nas arenas política, econômica e militar, é bem estabelecida entre os nacionalistas ucranianos. A OUN, por exemplo, foi estabelecida como a ala política legal da Organização Militar Ucraniana (UVO, na sigla em russo) em 1929. Após a independência, a UPA criou uma ala militante, a Autodefesa Nacional Ucraniana (Unso), para que seus deputados da Rada pudessem continuar suas atividades, mesmo após o início de processos criminais contra a Unso.

Na década de 1990, os "Patriotas da Ucrânia" se separaram de sua matriz, a SNPU, com o objetivo de tornarem-se a ala militar do Svoboda e, mais tarde, do Batalhão Azov. Depois de 2015, o próprio Azov gerou várias novas organizações sociais, incluindo o National Corp, o National Detachments (*druzhiny*), o Youth Corps, o Sports Corps, a Veterans Brotherhood e a editora Orientir. No entanto, como disse seu líder Andriy Biletsky no final de 2014, "tudo o que Azov representa espiritualmente procede do legado de 'Patriotas da Ucrânia'".[32]

Portanto, o Svoboda e o Setor Direita formam os dois lados da mesma moeda nacionalista, cunhada na Galícia. Como um partido político tradicional, o Svoboda foi bem aceito pela coalizão liberal Euromaidan, ao mesmo tempo que se manteve fiel à sua ideologia e à agenda da revolução nacional, a qual foi coordenada com o mais violento Setor Direita. Essa relação simbiótica continuou no governo de transição pós-Maidan, em que o Svoboda recebeu vários cargos superiores de segurança como parte de sua cota governamental. Os chefes dessas agências então olharam para o outro lado enquanto o Setor Direita organizava suas próprias unidades de milícias regionais.[33]

---

31 "Parubiy govorit, chto na Maidane byl zapasnoi 'lvovskiy plan'" [Parubiy diz que havia um "plano de Lviv" de backup no Maidan]. *Ukrainskaya pravda*, 2 out. 2018. Disponível em: <https://www.pravda.com.ua/rus/news/2018/10/2/7193828/>. Acesso em: 27 dez. 2024; Umland, "Is Tiahnybok a Patriot? How the Spread of Banderite Slogans and Symbols Undermines Ukrainian Nation-Building". *Geopolitika*, Vilnius Centre for Geopolitical Studies, 6 jan. 2014. Disponível em: <https://www.academia.edu/5693544/Is_Tiahnybok_a_Patriot_How_the_Spread_of_Banderite_Slogans_and_Symbols_Undermines_Ukrainian_Nation_Building>. Acesso em: 16 dez. 2024.

32 Maltsev, "Povsyudu Azov" [Azov está em todo lugar]. *Ukraina.ru*, 16 jun. 2021. Disponível em: <https://ukraina.ru/exclusive/20210616/1031638423.html>. Acesso em: 5 jan. 2025.

33 Stulen, "'Pravyi sektor' ukhodit s oruzhiem v regiony" [O "Setor Direita" rumo às regiões com armas]. *Vesti*, 4 abr. 2014. Disponível em: <https://vesti.ua/strana/45844-pravyj-sektoruhodit-s-oruzhiem-v-regiony>.

O papel do Setor Direita durante e após o Maidan de 2014

Depois de meados de janeiro de 2014, de acordo com o jornalista russo pró-Maidan Evgenii Kiselyov, o Setor Direita era o rosto do Maidan; se não na mídia ocidental, certamente na Ucrânia.[34] Seu objetivo declarado era a remoção do governo de Yanukovych, o que prepararia o cenário para a revolução nacional que eles vinham planejando havia anos.[35] Se Yanukovych tivesse permanecido no poder, os líderes da extrema direita estavam preparados para conduzir uma "guerra de guerrilha prolongada" desde o oeste da Ucrânia, onde várias administrações regionais já estavam registradas como apoiadores da insurreição armada e, se necessário, a secessão.[36]

---

34 Kopti, "Evgenii Kiselev: ispokhablennoe kremlevskoi propagandoi ponyatie 'russkii mir' vse-taki sushchestvuet" [Evgenii Kiselev: o conceito de "mundo russo", contaminado pela propaganda do Kremlin, ainda existe]. *Postimees*, 25 abr. 2015. Disponível em: <https://rus.postimees.ee/3153101/evgeniy-kiselev-ispohablennoe-kremlevskoy-propagandoy-ponyatie-russkiy-mir-vse-taki-sushchestvuet>. Acesso em: 3 jan. 2025.

35 Blumenthal, "Is the U.S. Backing Neo-Nazis in Ukraine?". *Voice of Detroit*, fev. 2014. Disponível em: <https://voiceofdetroit.net/2014/03/02/is-the-u-s-backing-neo-nazis-in-ukraine/>. Acesso em: 26 dez. 2024; Shenfield, "Ukraine: Popular Uprising or Fascist Coup?". Durante os anos 1990, vários grupos de direita treinaram entre várias centenas a até 5 mil combatentes e, portanto, estavam bem preparados para um confronto violento com Yanukovych, se necessário. Cinco dias após a primeira manifestação em Maidan, quatro organizações nacionalistas (a UNA-Unso, o Tridente de Stepan Bandera, o Martelo Branco e a Assembleia Nacional Social) uniram forças para formar o Setor Direita. Em janeiro, eles somavam apenas 300 a 350 pessoas, mas, no início de fevereiro, um observador local estimou que 30% dos manifestantes em Kiev estavam marchando sob as bandeiras do Setor Direita.

36 Tokarev, "Institutsionalizatsiya Ukrainskogo Natsionalizma" [A institucionalização do nacionalismo ucraniano]. 2014. Disponível em: <https://yaznanie.ru/a/hIbs29ha>; Parry, "NYT Discovers Ukraine's Neo-Nazis at War". *Consortium News*, 10 ago. 2014. Disponível em: <https://consortiumnews.com/2014/08/10/nyt-discovers-ukraines-neo-nazis-at-war/>. Acesso em: 29 dez. 2024; "U SBU zayavyly pro kradizhku trokh kulemetiv, 268-my pistoletiv i 15-ty tysyach patroniv" [O SBU anunciou o roubo de três metralhadoras, 268 pistolas e 15 mil cartuchos]. *TSN.ua*, 19 fev. 2014. Disponível em: <https://tsn.ua/politika/u-sbu--zayavili-pro-kradizhku-troh-kulemetiv-268-mi-pistoletiv-i-15-ti-tisyach-patroniv-335355.html>. Acesso em: 16 dez. 2024; "U Rivnomu shturmuyut bazu 'Berkutu'" [Base de Berkut é invadida em Rivne]. *Ukrainska pravda*, 18 fev. 2014. Disponível em: <http://www.pravda.com.ua/news/2014/02/18/7014576/>. Acesso em: 16 dez. 2024; "Ofitsiino: Z militsii Lvova vyneseno maizhe 1200 odynyts vohnepalnoi zbroi" [Oficial: quase 1200 armas de fogo foram apreendidas da milícia de Lviv]. *Zikua.tv*, 14 fev. 2019. Disponível em: <http://zikua.tv/news/2014/02/19/ofitsiyno_z_militsii_lvova_vyneseno_mayzhe_1200_odynyts_vognepalnoi_zbroi_462336>; "Frankivtsi kydayut kokteili Molotova v prymishchennya oblasnoho SBU" [Moradores de Frankivsk jogam coquetéis molotov no Prédio Regional da SBU]. *Halytskyi Korespondent*, 19 fev. 2014. Disponível em: <https://gk-press.if.ua/x11229/>. Acesso em: 18 dez. 2024; Walker, "Ukrainian Far-Right Group Claims to Be Co-Ordinating Violence in Kiev". *The Guardian*, 23 jan. 2014. Disponível em: <https://www.theguardian.com/world/2014/jan/23/ukrainian-far-right-groups-violence-kiev-pravy-sektor>. Acesso em: 30 dez. 2024; Sheremet, "Dmitry Yarosh: Ya na voine komfortno sebya chuvstvuyu" [Dmitry Yarosh: "Sinto-me confortável na guerra"]. *Ukrainskaya pravda*, 22 set. 2015. Disponível em: <http://www.pravda.com.ua/rus/articles/2015/09/22/7082096/>.

A intensidade da determinação do Setor Direita em remover o Partido das Regiões do poder pode ser avaliada por sua disposição em organizar operações clandestinas para despertar a indignação que reforçaria o apoio público à revolução.[37] O mais icônico deles, o assassinato dos "Cem Celestiais"* em fevereiro de 2014, foi amplamente atribuído a Yanukovych, embora desde o início houvesse suspeitas de que havia sido organizado pela Extrema Direita.[38] Nos anos seguintes, oito diferentes promotores do

---

Acesso em: 12 jan. 2022; Abis, "Pravyi sektor: My ishly ne za yevrointehratsiyu, a za te, shchob zvershyty natsionalnu revolyutsiyu" [Setor Direita: "Não éramos a favor da integração europeia, mas sim a favor da realização de uma revolução nacional"]. *Varianty*, 13 dez. 2013. Disponível em: <https://varianty.lviv.ua/publikatsiyi/pravyi-sektor-my-yshly-ne-za-yevrointehratsiiu-a-za-te-shchob-zvershyty-natsionalnu-revoliutsiiu>. Acesso em: 2 jan. 2025; Kabachiy, "Ukrainian Nationalism: Are Russian Strategies at Work?". *Open Democracy*, 18 jan. 2011. Disponível em: <https://www.opendemocracy.net/en/odr/ukrainian-nationalism-are-russian-strategies-at-work/>. Acesso em: 29 dez. 2024. Muitos, como o chefe do Conselho Regional de Lviv, Vasil Pavlyuk, já tinham declarado publicamente que tinham prometido "defender tudo o que é ucraniano, ou seja, se necessário, através da insurreição armada".

37 "Bulatova nikto ne pokhishchal" [Ninguém sequestrou Bulatov]. *Korrespondent.net*, 20 nov. 2014. Disponível em: <https://korrespondent.net/ukraine/politics/3446285-bulatova-nykto-ne-pokhyschallyder-avtomaidana>. Acesso em: 19 dez. 2024; Melnikova, *Facebook*, 18 nov. 2015. Disponível em: <https://www.facebook.com/mlnkv/posts/1002533856477859?fref=nf>. Acesso em: 23 dez. 2024. Um famoso exemplo é o sequestro e tortura em janeiro de 2014 do líder da AutoMaidan, Dmitriy Bulatov. Seu vice, Sergei Poryakov, mais tarde admitiu que todo o incidente havia sido encenado, o que não impediu Bulatov de ser nomeado ministro do Esporte e Juventude da Ucrânia. Na mesma época, um jornalista de Kiev relatou que um dos líderes do Martelo Branco [grupo fundador do Setor Direita] havia lhe dito que os dois primeiros manifestantes da Maidan foram mortos em janeiro de 2014 por seu próprio lado, e que tais assassinatos disfarçados foram uma das razões pelas quais o Martelo Branco acabou deixando o Setor Direita.

* ["Os Cem Celestiais" (The Heavenly Hundred). Referência dada às vítimas do massacre entre os manifestantes e a polícia durantes os protestos de massa na "Revolução da Dignidade" de fevereiro de 2014. (N. T.)]

38 Bergman, "Breaking: Estonian Foreign Minister Urmas Paet and Catherine Ashton Discuss Ukraine over the Phone". *YouTube*, 2014. Disponível em: <https://www.youtube.com/watch?v=ZEgJ0oo3OA8>. Acesso em: 26 dez. 2024; Gatehouse, "The Untold Story of the Maidan Massacre". *Information Clearing House*, 13 fev. 2015. Disponível em: <https://perma.cc/5CAU-VXEY>. Acesso em: 21 dez. 2024; Gathmann; Schepp, "Maidan-Jahrestag in Kiew: Das unaufgeklärte Massaker" [Aniversário de Maidan em Kiev: o massacre não resolvido]. *Der Spiegel*, 18 fev. 2015. Disponível em: <https://www.spiegel.de/politik/ausland/maidan-jahrestag-in-kiew-das-unaufgeklaerte-massaker-a-1019044.html>. Acesso em: 26 dez. 2024; Stuchlik; Sviridenko; Jahn, "The Shootings in Kiev: Who Was Responsible for the Bloodbath on the Maidan?". *Monitor*, 10 abr. 2014. Disponível em: <https://www.wikispooks.com/w/images/5/52/Maidan_snipers.pdf>. Acesso em: 2 jan. 2025; Stecklow; Akymenko, "Reuters Special Report: Flaws Found in Ukraine's Probe of Maidan Massacre". *New Cold War*, 12 out. 2014. Disponível em: <https://newcoldwar.org/reuters-special-report-flaws-found-in-ukraines-probe-of-maidan-massacre/. Acesso em: 2 jan. 2025; Gorchinskaya, "He Killed for the Maidan". *Foreign Policy*, 26 fev. 2016. Disponível em: <https://foreignpolicy.com/2016/02/26/he-killed-for-the-maidan/>. Acesso em: 21 dez. 2024; Hahn, "Violence, Coercion, and Escalation in Ukraine's Maidan Revolution: Escalation Point 6 – The 'Snipers'

Estado ucraniano investigaram esse incidente, mas nenhum relatório oficial foi divulgado. Três anos após o incidente, a vice-presidente da Rada, Oksana Syroyid, deu a entender que o motivo era porque as atuais autoridades do governo estariam implicadas no massacre.[39]

Alguns analistas, no entanto, continuam a minimizar o papel do Setor Direita durante o Maidan, apontando para seu pequeno número. Ishchenko admite que, "numericamente, a extrema direita tinha uma presença menor, mas era dominante no nível político e ideológico".[40] Esse domínio se baseava em três fatores.

O primeiro era a base de poder regional da extrema direita na Galícia, estabelecida após as vitórias do Svoboda nas eleições regionais de 2009. Isso propiciou um território para promover sua agenda em toda a Ucrânia e, se necessário, para ameaçar as autoridades centrais com separatismo. Segundo, a extrema direita usou a mídia social de forma muito mais eficaz do que seus oponentes. O Setor Direita e o Svoboda confiaram em *sites* populares de redes sociais russas como o *Vkontakte* (ironicamente, agora proibido na Ucrânia) para condenar o pacifismo e instar a tomada de prédios governamentais.[41] Finalmente, diferentemente de seus aliados políticos mais moderados, a Extrema Direita ofereceu uma visão política clara para o futuro – uma Ucrânia para os ucranianos – e uma estratégia para alcançá-la – a tomada do poder.

---

of February". *Russian & Eurasian Politics*, 8 maio 2015. Disponível em: <https://gordonhahn.com/2015/05/08/violence-coercion-and-escalation-in-ukraines-maidan-revolution-escalation-point-6-the-snipers-of-february/>. Acesso em: 22 dez. 2024; Katchanovski, "The 'Snipers' Massacre' on the Maidan in Ukraine". *Social Science Research Network*, 5 set. 2015. Disponível em: <https://papers.ssrn.com/sol3/papers.cfm?abstract_id=2658245>. Acesso em: 22 dez. 2024; Micalessin, "La versione dei cecchini sulla strage di Kiev". *Il Giornale*, 15 nov. 2017. Disponível em: <https://www.ilgiornale.it/news/politica/versione-dei-cecchini-sulla-strage-kiev-ordini-1463409.html>. Acesso em: 22 dez. 2024; Hahn, "Working Paper Revised/Update Edition: Escalation Points 1-5 in the Ukrainian Revolutionary Crisis, November 2013-January 2014". *Russian & Eurasian Politics*, 26 fev. 2016. Disponível em: <https://gordonhahn.com/2016/02/26/working-paper-revisedupdated-edition-escalation-points-1-5-in-the-ukrainian-revolutionary-crisis-november-2013-january-2014/>. Acesso em: 22 dez. 2024. Em uma ligação vazada com a chefe de Relações Exteriores da União Europeia, Catherine Ashton, o ministro das Relações Exteriores da Estônia, Urmas Paet, compartilhou suas suspeitas de que membros da oposição de Maidan podem estar por trás dos tiroteios. Suspeitas semelhantes foram expressas pela corporação de mídia alemã ARD, pelo documentarista norte-americano John-Beck Hoffman, pela agência de notícias Reuters e pela revista *Foreign Policy*.

39 "Syroid dopuskaet prichastnost predstavitelei segodnyashnei vlasti k sobytiyam, proiskhodivshim na Evromaidane" [Syroid admite o envolvimento de representantes do atual governo nos eventos que ocorreram no Euromaidan]. *112ua.tv*, 18 fev. 2017. Disponível em: <https://112ua.tv/video/syroid-dopuskaet-prichastnost-predstaviteley-segodnyashney-vlasti-k-sobytiyam-proishodivshim-na-evromaydane-227708.html>.

40 Ishchenko, "Ukraine's Fractures". *New Left Review*, n.87, p.15, 2014.

41 Hahn, "Working Paper Revised/Update Edition: Escalation Points 1-5 in the Ukrainian Revolutionary Crisis".

De acordo com os líderes da Extrema Direita, a independência ucraniana foi incompleta porque nunca houve uma verdadeira revolução nacionalista. Realizar essa revolução foi a missão histórica da Ucrânia galega. Guiada por um senso de destino histórico, a Extrema Direita desviou a dinâmica do Maidan do protesto pacífico em janeiro de 2014, tomando prédios administrativos regionais e municipais em todo o oeste e o centro da Ucrânia. Essas invasões eram tipicamente acompanhadas por declarações de que, se Yanukovych se recusasse a abrir mão do poder imediatamente, essas regiões se separariam.[42]

Nem todos na coalizão pró-Maidan aplaudiram a crescente influência da extrema direita e suas táticas violentas. O atual prefeito de Kiev, Vitaly Klichko, na época um dos principais candidatos para liderar o novo governo, disse em 1º de fevereiro de 2014 que, "após a nossa vitória e a mudança de regime, formaremos novos órgãos de aplicação da lei, que lidarão firmemente com grupos radicais. Todos os membros das formações de bandidos militarizados que agora estão lutando no centro de Kiev serão responsabilizados criminalmente".[43] O que de fato aconteceu, no entanto, é indicativo de quem agora define a agenda. Em vez de prosseguir com processos criminais, a Rada anistiou todos os crimes violentos cometidos "em nome da Revolução da Dignidade".[44]

42 Revnova, "Protestnaya Ukraina" [Protesto Ucrânia]. *Segodnya Ukraina*, 24 jan. 2014. Disponível em: <https://www.segodnya.ua/spectopics/maidan2013/protestnaya-ukraina-regiony-strany-ohvatili-masshtabnye-putchi-491015.html>; "Militsiya zaderzhala 58 chelovek posle zakhvata Cherkasskoi oblastnoi administratsii" [A polícia detém 58 pessoas após a tomada da administração regional de Cherkasy]. *TVRain.ru*, 24 jan. 2014. Disponível em: <https://tvrain.ru/teleshow/novosti_sajta/militsija_zaderzhala_58_chelovek_posle_zahvata_cherkasskoj_oblastnoj_administratsii-361247/>. Acesso em: 26 dez. 2024; Zarinyan, "Vinnitsa. Zakhvat oblastnoi gosudarstvennoi administratsii" [Vinnitsa. Apreensão da Administração Regional do Estado]. *YouTube*, 26 jan. 2014. Disponível em: <https://www.youtube.com/watch?v=-qoRD-fyZNCg>; "V semi oblastyakh Ukrainy razgoraetsya narodnoe vosstanie" [A revolta popular está a explodir em sete regiões da Ucrânia]. *Sevatopol*, 24 jan. 2014. Disponível em: <https://sevastopol.su/news/v-semi-oblastyah-ukrainy-razgoraetsya-narodnoe-vosstanie>. Acesso em: 3 jan. 2025; "Vo Lvove zakhvatili OGA, SBU, prokuraturu, militsiyu, i nalogovuyu" [Em Lviv, a Administração Estatal Regional, o Serviço de Segurança da Ucrânia, o Ministério Público, a polícia e a Repartição de Finanças foram apreendidos]. *Ukraina News*, 19 fev. 2014. Disponível em: <https://fakty.ua/ru/177020-vo-lvove-zahvatili-oga-sbu-prokuraturu-miliciyu-i-nalogovuyu-foto>. Acesso em: 5 jan. 2025; Mezzofiore, "Ukraine Facing Civil War". *International Business Times*, 19 fev. 2014. Disponível em: <http://www.ibtimes.co.uk/ukraine-facing-civil-war-lviv-declares-independence-yanukovich-rule-1437092>. Acesso em: 22 dez. 2024.

43 "Klichko poobeshchal privlech k otvetstvennosti aktivistov 'Pravogo Sektora'" [Klitschko promete responsabilizar os ativistas do "Setor Direita"]. *From-UA*, 1º fev. 2014. Disponível em: <https://from-ua.org/news/298178-klichko-poobeschal-privlech-k-otvetstvennosti-aktivistov-pravogo-sektora.html>. Acesso em: 21 dez. 2024.

44 Kovalevich; Vinogradov, "Tri nerazgadannye tainy Evromaidana" [Três mistérios não resolvidos do Euromaidan]. *Ukraina.ru*, 4 jan. 2021. Disponível em: <https://ukraina.ru/exclusive/20210104/1030170033.html>. Acesso em: 19 dez. 2024; Portnov; Lukash, "Massovye

Uma vez que a transferência de poder para uma nova elite nacionalista foi realizada, de acordo com a doutrina do Setor Direita, a tarefa seguinte seria estender o escopo da revolução e protegê-la contra o revanchismo interno.[45] Essa tarefa, no entanto, foi logo superada pela necessidade de defender a integridade territorial da Ucrânia, e aqui, novamente, o Setor Direita desempenhou um papel decisivo.

Durante o Maidan de 2014, o Setor Direita acumulou um grande arsenal de armas e talvez até 10 mil combatentes.[46] A criação do que posteriormente ficou conhecido como os batalhões de voluntários foi, portanto, não apenas uma resposta à invasão russa, mas também refletiu a visão *a priori* de que a força poderia ser necessária para consolidar e defender a revolução.[47] Como o porta-voz de imprensa do Setor Direita destacou antes mesmo da remoção de Yanukovych do cargo, "nosso grupo é totalmente capaz de lutar uma guerra civil".[48]

Essas unidades armadas serviram a três propósitos distintos. Primeiro, defender o território ucraniano, uma tarefa que eles realizaram depois que as forças armadas ucranianas inicialmente se recusaram a lutar contra as populações locais na Crimeia e Donbass. Yarosh afirma ter liderado pessoalmente o primeiro ataque ucraniano contra os rebeldes no Donbass

---

falsifikatsii v spiske Nebesnoi Sotni" [Falsificações massivas na lista dos Cem Celestiais]. *Strana.ua*, 17 fev. 2020. Disponível em: <https://strana.news/articles/analysis/250173-massovye-falsifikatsii-v-spiske-nebesnoj-sotni-rassledovanie-eleny-lukash-i-andreja-portnova.html>. Acesso em: 17 dez. 2024; Portnov, "V programme 'Prestuplenie i Nakazanie'" [Em "Crime e castigo"]. *YouTube*, 2019. Disponível em: <https://www.youtube.com/watch?v=SECAs53Oov8>; "Zakon pro amnistiyu" [Lei de anistia]. *News24.ua*, 25 abr. 2018. Disponível em: <https://news24ua.com/zakon-pro-amnistiyu-napravlen-na-nerassledovanie-vseh-prestupleniy-na-maydane-advokat-nebesnoy-sotni>; "Turchinov podpisal 'amnistiyu' aktivistam Maidana" [Turchynov assina "anistia" para ativistas de Maidan]. *Glavred.info*, 26 fev. 2014. Disponível em: <https://glavred.info/politics/272287-turchinov-podpisal-amnistiyu-aktivistam-maydana.html>. Acesso em: 2 jan. 2025.

45 Maynaya, "Lider Pravoho sektoru Dmytro Yarosh" [Dmytro Yarosh, líder do Setor Direita]. *Glavred.info*, 10 fev. 2014. Disponível em: <https://glavred.info/politics/270621-lider-pravogosektoru-dmitro-yarosh-mi-prosto-prirecheni-peremogti.html>. Acesso em: 26 dez. 2024.

46 Shuster, "Leader of Far-Right Ukrainian Militant Group Talks Revolution with *Time*". *Time*, 4 fev. 2014. Disponível em: <https://time.com/4493/ukraine-dmitri-yarosh-kiev/>. Acesso em: 13 mar. 2025; Maltsev, "'Pravyi Sektor' i ego metastazy".

47 Hahn, "Coopting Neo-Fascism: Yarosh, Poroshenko, and the State's Monopoly on the Organs of Coercion". *Russian & Eurasian Politics*, 29 mar. 2015. Disponível em: <https://gordonhahn.com/2015/03/29/901/>. Acesso em: 22 dez. 2024. Além de ter o seu próprio Corpo de Voluntários Ucranianos (DUK, na sigla em ucraniano), os membros do Setor Direita também entraram em outros batalhões de voluntários dominados pela direita, como Dnepr 1, Azov e Aidar, bem como na Guarda Nacional e nas Forças Armadas da Ucrânia.

48 Saunders, "Have Ukraine's Protests Been Taken over by this Ultra-Right-Wing Group?". *The Globe & Mail*, Canadá, 7 fev. 2014. Disponível em: <https://perma.cc/EP4R-7CYY>. Acesso em: 20 dez. 2024.

em 20 de abril de 2014. Embora tenha sido derrotado, ele o considera um sucesso porque torpedeou o processo de paz de Genebra.[49]

Segundo, pacificar a população local nas áreas do Donbass recapturadas pela Ucrânia. Isso levou a tantas alegações de abusos de direitos humanos que o Ministério Público Militar da Ucrânia foi forçado a dissolver o batalhão "Tornado".[50] Ainda assim, Yarosh acredita que sua experiência será útil após a reintegração da Crimeia e Donbass, onde a resistência ativa ao governo ucraniano, em sua opinião, provavelmente continuará muito depois da reintegração.[51]

O propósito final é a supervisão ideológica do governo ucraniano, o que também pode ser rotulado como intimidação política. "Se for uma questão de trazer milhares de pessoas para a Verkhovna Rada e bloquear sua atividade caso um projeto de lei estratégico importante seja rejeitado, isso será perfeitamente realista", diz Yarosh, acrescentando que "o Setor Direita tem ampla experiência na organização de tais eventos".[52] Na verdade, antes de

---

49 Podgorny, "Vizitkapo-kievski" [Cartão de visita em Kiev]. *Lenta.ru*, 28 abr. 2016. Disponível em: <https://lenta.ru/articles/2016/04/28/vizitka/>. Acesso em: 27 dez. 2024; "VizitkaYarosha" [Cartão de visita de Yarosh]. *Timer Odessa*, 22 abr. 2016. Disponível em: <https://web.archive.org/web/20210515023327/https://timer-odessa.net/news/vizitka_yarosha_eks_glava_pravogo_sektora_rasskazal_kak_ego_boytsi_shturmovali_slavyansk_587.html>. Acesso em: 5 jan. 2025; Butusov, "DmytroYarosh: 'Pershyi nastupalnyi bii viinyvidbuvsya 20 kvitnya 2014'" [Dmytro Yarosh: A primeira batalha ofensiva da guerra ocorreu em 20 de abril de 2014, em Slavyansk]. *Gordon.ua*, 23 abr. 2016. Disponível em: <https://gordonua.com/news/war/yarosh-pervyy-nastupatelnoy-boy-voyny-proizoshel-20-aprelya-2014-goda-v-slavyanske-vizitka-yarosha-byla-na-samom-dele-129598.html>. Acesso em: 3 jan. 2025.

50 "Matios: Dobrovoltsy na Ukraine nakhodyatsya vne zakona" [Matios: voluntários na Ucrânia são ilegais]. *Ukraina.ru*, 30 out. 2017. Disponível em: <https://ukraina.ru/news/20171030/1019448563.html>. Acesso em: 26 dez. 2024; "Matios v pryamom efire rasskazal uzhasy o zverstvakh batalona 'Tornado'" [Matios fala, ao vivo, na TV sobre os horrores e atrocidades do batalhão "Tornado"]. *Vesti*, 19 jun. 2015. Disponível em: <https://vesti.ua/donbass/104244-matios-v-prjamom-jefire-rasskazal-uzhasy-o-zverstvah-batalona-tornado>; Koloskov, "Voennye prestupleniya karatelei v Donbasse" [Crimes de guerra das forças punitivas em Donbass]. *Ritm Eurasia*, 17 mar. 2020. Disponível em: <https://www.ritmeurasia.ru/news--2020-03-17--voennye-prestuplenija-karatelej-v-donbasse-skolko-verevochke-ni-vitsja-47996>. Acesso em: 5 jan. 2025; "Yarosh prigrozil 'otrubit' golovy separatistam Nikolayevskoi oblasti" [Yarosh ameaça "cortar" as cabeças dos separatistas da região de Nikolayev]. *Vesti*, 9 mar. 2017. Disponível em: <https://perma.cc/G2VB-U4BL>. Acesso em: 16 jan. 2025.

51 Ragutskaya, "Yarosh: plokho, kogda stayu lvov vozglavlyayut barany" [Yarosh: "É ruim quando a matilha de leões é liderada por ovelhas"]. *Obozrevatel*, 27 mar. 2015. Disponível em: <https://dobrovoltsi.org.ua/uncategorized/yarosh-ploho-kohda-stayu-lvov-vozhlavl yayut-baranyi-obozrevatel/>. Acesso em: 23 dez. 2024; "Ukraina pokazhet, gde ukrainskaya zemlya" [A Ucrânia determinará onde fica a terra ucraniana]. *Republic.com.ua*, 11 mar. 2018. Disponível em: <https://republic.com.ua/article/ukraina-pokazhet-gde-ukrainskaya-zemlya-yarosh-rasskazal-chto-budet-posle-osvobozhdeniya-donbassa-ikryima.html>.

52 "Yarosh: I Can Send Several Battalions to Kiev and Resolve the Government Issue". *Euromaidan News*, 18 out. 2014. Disponível em: <https://euromaidanpress.com/2014/10/18/yarosh-i-can-send-several-battalions-to-kyiv-and-resolve-the-government-issue/>. Acesso em: 6 jan. 2025.

Yarosh se tornar um alto conselheiro do ministro da Defesa em 2016, ele regularmente ameaçava marchar com suas tropas contra Kiev.[53] Eles também intimidavam sistematicamente autoridades locais, juízes, líderes religiosos, jornalistas, professores, artistas e figuras esportivas que suspeitavam serem desleais à nova ordem.[54]

Em suma, a Extrema Direita, primeiro por meio do Setor Direita e depois por intermédio das inúmeras organizações cívicas criadas a partir de seus batalhões de voluntários, se tornou a executora diária da lealdade à Revolução da Dignidade. Por meio de ações de vigilantes, fomenta exatamente insegurança suficiente no *establishment* político, cultural e religioso ucraniano para manter vivo o que chama de "o espírito eterno da anarquia elementar" (*dukh izvechnoi stikhii*), que deve "estar sempre pronto para mobilizar a nação para novas tarefas, em nome da verdade estabelecida por Deus e da justiça nacional".[55]

---

53 "Ukraine's Neo-Nazi Leader Becomes Top Military Adviser". *RT International*, 6 abr. 2015. Disponível em: <https://www.rt.com/news/247001-ukraine-army-adviser-yarosh/>. Acesso em: 2 jan. 2025; Nikitin, "'Pravyi sektor' grozit vooruzhennym pokhodom na Kiev" ["Setor Direita" ameaça marcha armada em Kiev]. *Tass*, 17 ago. 2014. Disponível em: <https://tass.ru/mezhdunarodnaya-panorama/1384348>. Acesso em: 3 jan. 2025; Martin, "'Pravyi Sektor' Zakarpatya" ["Setor Direita" de Transcarpácia]. *Zerkalo Nedeli*, 15 ago. 2014. Disponível em: <https://zn.ua/internal/pravyy-sektor-zakarpatya-razdvoenie-lichnosti-yavlyaetsya-li-zaschita-suvereniteta-rodiny-opravdaniem-dlya-ugolovnyh-prestupleniy-_.html>. Acesso em: 29 dez. 2024; Hahn, "Coopting Neo-Fascism".

54 "'Pravyi Sektor' otpustil mera Kurakhovo" ["Setor Direita" liberta prefeito de Kurakhovo]. *Racurs*, 10 jul. 2014. Disponível em: <https://racurs.ua/n30887-rossiya-nachala-eksport-krymskogo-zerna-na-kipr-i-v-saudovskuu-araviu.html>. Acesso em: 29 dez. 2024; "Ukraine Nationalists Attempt Storm on Kiev Supreme Court". *RT International*, 7 abr. 2014. Disponível em: <https://www.rt.com/news/right-sector-supreme-court-825/>. Acesso em: 2 jan. 2025; "Radikaly vorvalis v Kievskii gorsovet" [Radicais invadem o Conselho Municipal de Kiev]. *Ukraina.ru*, 1º jun. 2017. Disponível em: <https://ukraina.ru/news/20170601/1018736694.html>. Acesso em: 29 dez. 2024; "'Pravyi sektor' vorvalsya v gorsovet Nikopolya" [O "Setor Direita" invadiu o Conselho Municipal de Nikopol: tiroteio, kefir, tinta verde]. *Ukraina.ru*, 4 maio 2018. Disponível em: <https://ukraina.ru/news/20180504/1020299642.html>. Acesso em: 16 dez. 2024; "Prepodavatelya zashchishchayut ot 'Pravogo Sektora'" [Os professores estão sendo protegidos do "Setor Direita"]. *Odessa1*, 7 jul. 2016. Disponível em: <https://odessa1.com/news/onu-protiv-pravogo-sektora.html>; "V Odesse Pravyi sektor sorval pokaz filma povyashchennogo tragedii 2 maya" [Em Odessa, o Setor Direita interrompeu a exibição de um filme dedicado à tragédia de 2 de maio]. *Strana*, 23 out. 2016. Disponível em: <https://strana.today/news/37296-v-odesse-pravye-radikaly-sorvali-pokaz-filma-posveshennogo-separatistam.html>. Acesso em: 2 jan. 2025; Volkov, "Glavnoe iz doklada OON o narusheniyakh prav cheloveka na Ukraine v 2014-2020 godakh" [Principais pontos do Relatório da ONU sobre Violações dos Direitos Humanos na Ucrânia, 2014-2020]. *Ukraina.ru*, 2 dez. 2020. Disponível em: <https://ukraina.ru/exclusive/20201202/1029818181.html>. Acesso em: 27 dez. 2024.

55 Ivanchenko, "Nationalnaya revolyutsiya trebuet revolyutsiya terminov" [A Revolução Nacional requer uma revolução de termos]. *Banderivets*, 16 jan. 2014. Disponível em: <https://perma.cc/C6HRK38D>. Acesso em: 22 dez. 2024; Maltsev, "Povsyudu Azov".

O Setor Direita, e a Extrema Direita em geral, devem ser vistos como um aspecto suprainstitucional, e não institucional, da vida política ucraniana. Seu objetivo não é competir pela simpatia dos eleitores e chegar a um acordo político com outros partidos, mas, sim, estabelecer a ordem nacional ucraniana divinamente preordenada. Como Yarosh afirma, "Para nós, nacionalistas ucranianos, as Leis de Deus e os interesses de nossa própria nação são muito mais importantes do que quaisquer normas judiciais". Elas devem ser monitoradas vigilantemente por "cossacos modernos" que estão dispostos a derrubar o governo a qualquer momento, caso ele se desvie do caminho nacionalista adequado.[56]

Os céticos dirão que, embora essa possa ser a intenção da extrema direita, ela é fraca demais para realmente realizá-la. Em circunstâncias normais, isso pode ser verdade, mas as circunstâncias na Ucrânia desde 2014 têm sido tudo menos normais, e é do interesse da extrema direita mantê-las assim. Isso foi realizado minando qualquer instituição social, política ou legal que pudesse tentar restringir ou diluir seus esforços para estabelecer um modo de vida nitidamente ucraniano na Ucrânia.

Para garantir que ela tenha a capacidade de defender o interesse nacional contra esses traidores domésticos, a extrema direita insistiu em manter sua autonomia funcional com relação ao Estado, ao mesmo tempo que se infiltrava nas estruturas estatais de aplicação da lei. No primeiro ano após o Maidan, de acordo com Yarosh, 90% das atividades do Setor Direita foram coordenadas com o Ministério de Assuntos Internos (MVD, na sigla em russo) e o Serviço de Segurança da Ucrânia, cujo chefe, Valentyn Nalyvaichenko, escreveu o prefácio do livro de Yarosh, *Natsiya i Revoliutsiya* [Nação e revolução].[57]

Com o poder político depois de 2014 então firmemente nas mãos dos simpatizantes da Extrema Direita, o Setor Direita não era mais necessário no âmbito especificamente militar. Novas organizações cívicas e sociais foram criadas com base em seus batalhões voluntários, a fim de manter a mesma marca reconhecível. Como organizações cívicas, elas poderiam conduzir a supervisão civil de agências estatais e receber financiamento do

56 "Z Khrystom u sertsi" [Com Cristo em nossos corações]. *Banderivets*, [s.d.]. Disponível em: <https://perma.cc/ X79F-KR78>; Ivanishin, "Natsionalizm i prava polytychna syla" [Nacionalismo e direitos do poder político]. *Naukovo-ideolohichnyi tsentr imeni Dmytra Dontsova*, [s.d.]. Disponível em: <http://dontsov-nic.org.ua/?m=content>; "Yarosh: I Can Send Several Battalions to Kiev"; Ragutskaya, "Yarosh: plokho, kogda stayu lvov vozglavlyayut barany"; Bukhtiyarov, "Ne tak strashen Pravyi sektor" [O Setor Direita não é tão assustador. Ou é?]. *From-UA*, 18 mar. 2014. Disponível em: <https://from-ua.com/articles/303602-ne-tak-strashen-pravii-sektor-ili-tak.html>. Acesso em: 6 jan. 2025.

57 Sheremet, "Dmitry Yarosh: Ya na voine komfortno sebya chuvstvuyu"; Nalyvaichenko, "Rozdil 'peredmova'" [Prefácio], em Yarosh, *Natsiya i Revolyutsiya*.

governo para conduzir o treinamento militar-patriótico de jovens e das forças armadas.[58]

A extrema direita permaneceu, portanto, fiel à sua identidade central como uma Ordem Nacional social-religiosa, para a qual a insurreição armada, o engajamento cívico e o ativismo político são todos aspectos intercambiáveis da mesma luta. Como disse o novo líder do Setor Direita, Andriy Denisenko, "tornar-se um partido político é um instrumento para nós, assim como na autodefesa um rifle Kalashnikov é um instrumento para nós".[59]

Com a vitória do Maidan de 2014, a parte militar da luta para impor o nacionalismo galego ao resto da Ucrânia foi concluída. A parte política, legal e sociocultural, no entanto, estava apenas começando.

3.3 O Maidan no poder: incorporando a extrema direita

Os negociadores ocidentais que ajudaram a organizar a renúncia de Yanukovych em fevereiro de 2014 temiam que um Maidan indefeso logo seria dominado pelas forças do governo e, portanto, instaram a oposição a fazer um acordo o mais rápido possível.[60] Eles não tinham a mínima noção de que o campo de batalha estava nivelado pelo preparo organizacional e militar da extrema direita. Esta, enquanto isso, já olhava para o futuro, pois entendera perfeitamente que, com o Parlamento, a polícia, os tribunais e o Executivo em completa desordem, qualquer regime pós-Maidan em Kiev precisaria do apoio deles para sobreviver.

O beneficiário mais óbvio desse caos foi o Partido Svoboda. Apesar de ocupar apenas uma fração dos assentos no Parlamento, ele recebeu os altos cargos nos comitês parlamentares de segurança nacional e defesa, e de aplicação da lei, cinco governos regionais e cinco ministérios governamentais em segurança nacional e interna.[61] À medida que o conflito com a Rússia se

58 Serdyukov, "S14 i NABU: Natsistskii kontrol nad Ukrainoi" [C14 e Nabu: Controle nazista sobre a Ucrânia]. *Ukraina.ru*, 31 maio 2018. Disponível em: <https://ukraina.ru/exclusive/20180531/1020423731.html>. Acesso em: 22 dez. 2024; Gavin, "Ultranationalist Organizations Are Radicalizing Ukraine's Young People, and the Kiev Government Is Paying them for it". *RT International*, 2 dez. 2020. Disponível em: <https://www.rt.com/russia/508427-ultranationalist-organisations-kiev-government/>. Acesso em: 21 dez. 2024.

59 "'Pravyi sektor' stal politicheskoi partiei" [O "Setor Direita" tornou-se um partido político]. *Vesti*, 22 mar. 2014. Disponível em: <https://vesti.ua/strana/43784-pravyj-sektor-stal-politicheskoj-partiej>.

60 "'You'll All Be Dead': Polish Foreign Minister Radoslaw Sikorski's Warning to Ukraine Protest Leader". *On Demand News*, 21 fev. 2014. Disponível em: <https://www.youtube.com/watch?v=PoKyqoiq5b4>. Acesso em: 21 dez. 2024.

61 "Ofitsiinyi portal Verkhovnoi Rady Ukrainy" [Portal Oficial da Verkhovna Rada da Ucrânia]. Committee (2014-2019). *Rada.gov.ua*. Disponível em: <http://w1.c1.rada.gov.ua/pls/site2/p_komity?pidid=2633>. Acesso em: 27 dez. 2024; "Deputaty peretrusyly komitety

aprofundava, vários cargos de segurança local também foram preenchidos por membros da extrema direita. Vadim Troyan, um ex-membro dos "Patriotas da Ucrânia" e vice-comandante do Batalhão Azov, foi nomeado primeiro chefe de polícia da região de Kiev, depois promovido a vice-chefe da polícia nacional, uma posição que lhe permitia supervisionar nomeações em toda a Ucrânia.[62]

A extrema direita também ajudou a promover uma importante inovação ideológica no governo – a narrativa nacionalista de guerra perpétua com a Rússia. De acordo com essa narrativa, embora o conflito militar com a Rússia tenha começado tecnicamente com a tomada do Soviete Supremo na Crimeia, ele era na verdade parte de um plano russo havia muito estabelecido para desestabilizar e absorver toda a Ucrânia.[63] Segue-se disso que as secessões da Crimeia e Donbass, embora instigadas externamente, também são aspectos do "mundo russo" que, de acordo com os nacionalistas ucranianos, ainda infecta as almas dos ucranianos russófilos. Esses duplos perigos – agressão externa e rebelião interna – exigem vigilância permanente, o que torna a extrema direita indispensável para a sobrevivência da Ucrânia. Assim, o que começou como uma série de medidas repressivas provisórias

---

pid Lyashka" [Deputados se agitam sob Lyashko]. *Ukrainska pravda*, 11 dez. 2014. Disponível em: <https://www.pravda.com.ua/news/2014/12/11/7051672/>. Acesso em: 19 dez. 2024; Sakwa, *Frontline Ukraine: Crisis in the Borderlands*, p.91, 95, 223-4; Shekhovtsov, "Security Threats and the Ukrainian Far Right". *Open Democracy*, 24 jul. 2012. Disponível em: <https://www.opendemocracy.net/en/opensecurity/security-threats-and-ukrainian-far-right/>. Acesso em: 19 dez. 2024; "Eksglava SBU rasskazal, kto vinovat v potere Kryma Ukrainoi" [Ex-chefe do SBU comenta quem é o culpado pela perda da Crimeia pela Ucrânia]. *RIA Novosti Krym*, 30 mar. 2019. Disponível em: <https://crimea.ria.ru/20190330/1116330506.html>. Acesso em: 20 dez. 2024; Zolotukhina, "General Zamana: 'Nakanune godovshchiny anneksii Kryma vlastyam nuzhna novaya zhertva'" [General Zamana: "Na véspera do aniversário da anexação da Crimeia, as autoridades precisam de uma nova vítima"]. *Strana.ua*, 25 fev. 2019. Disponível em: <https://amp.strana.news/articles/interview/188059-vladimir--zamana-intervju-s-opalnym-heneralom-kotoryj-ruhal-turchinova.html>. Acesso em: 22 dez. 2024.

62 "Troyan pohodyvsya staty pershym zastupnykom Dekanoidze" [Troyan concorda em se tornar o primeiro deputado de Dekanoidze]. *Ukrainska pravda*, 2 mar. 2016. Disponível em: <https://www.pravda.com.ua/news/2016/03/2/7100934/>. Acesso em: 2 jan. 2025.

63 Fisher; Haynes, "Leaked Emails Expose Russian Dirty Tricks". *The Times*, 2 abr. 2018. Disponível em: <https://www.thetimes.com/article/leaked-emails-expose-russian-dirty-tricks-cmfkskj82>. Acesso em: 26 dez. 2024; "Kravchuk rasskazal, pochemu Ukraina byla obrechena poteryat Krym" [Kravchuk explica por que a Ucrânia estava condenada a perder a Crimeia]. *RIA Novosti*, 1º mar. 2017. Disponível em: <https://ria.ru/20170301/1489023466.html>. Acesso em: 23 dez. 2024; "GPU rasskazala, kak 'Kreml gotovil perevorot v Odesskoi oblasti'" [A GPU revela como "o Kremlin estava preparando um golpe na região de Odessa"]. *Timer-Odessa*, 23 ago. 2016. Disponível em: <https://perma.cc/YQU3-LK3-L>. Acesso em: 13 mar. 2025; Prokopchuk, "Kreml proty Ukrainskoi derzhavy" [O Kremlin contra o Estado ucraniano]. *Uryadovyi Kuriyer*, 22 dez. 2020. Disponível em: <https://ukurier.gov.ua/uk/articles/kreml-proti-ukrayinskoyi-derzhavi/>. Acesso em: 30 dez. 2024.

vitais para a segurança nacional, gradualmente se tornou a nova bandeira ideológica do regime.

Colocar a culpa pela agressão russa diretamente na população ucraniana maloross se tornou um tema proeminente da presidência de Petro Poroshenko. Depois de concorrer como candidato pela paz que acabaria com a rebelião no leste "em questão de horas", ele mais tarde culpou seu fracasso em fazê-lo pela deslealdade da população local. Contrastou a traição deles com a lealdade dos galegos, que ele destacou como "a fundação do Estado ucraniano".[64]

O uso persistente do termo "quinta coluna" por Poroshenko para descrever os líderes políticos e religiosos ucranianos maloross (*ver* Tabela 3.1) encorajou outros altos funcionários do governo a se referirem aos ucranianos russófilos como "cancerígenos", "retrógrados", falsos ucranianos, cuja "genética" era incompatível com o "código nacional" do restante da Ucrânia.[65]

---

64 Cícero, "Galitskaya istoriya Ukrainy" [História galega da Ucrânia]. *Live Journal*, 29 mar. 2016. Disponível em: <https://cycyron.livejournal.com/4278510.html>. Acesso em: 19 dez. 2024.

65 Kevorkyan, "Chrezmerno khitro sdelannye" [Feito de forma extremamente inteligente]. *Ukraina.ru*, 10 fev. 2021. Disponível em: <https://ukraina.ru/opinion/20210210/1030508727.html>. Acesso em: 22 dez. 2024; idem, "Smelost ostavatsya soboi" [A coragem de ser você mesmo]. *Ukraina.ru*, 16 jul. 2020. Disponível em: <https://ukraina.ru/opinion/20200716/1028270703.html>. Acesso em: 22 dez. 2024; Minin; Terekhova, "'Donbass – rakovaya opukhol'" [Donbass é um tumor cancerígeno]. *Strana.ua*, 8 jun. 2021. Disponível em: <https://strana.one/news/337360-donbass-kak-rakovaja-opukhol-est-li-eto-v-dnevnikakh-olesja-honchara.html>. Acesso em: 26 dez. 2024; Lutsenko, "Formula 'avtonomìya zamìst vtorgnennya' smertelno nebezpechna dlya Ukraini" [A fórmula "autonomia ao invés de invasão" é mortalmente perigosa para a Ucrânia]. *Ukrainska pravda*, 10 dez. 2021. Disponível em: <https://blogs.pravda.com.ua/authors/lucenko/61b332fdabc75/>. Acesso em: 6 jan. 2025; Luchnikov, "Gotovy k radikalnym deistviyam" [Pronto para ações radicais]. *Ukraina.ru*, 17 set. 2019. Disponível em: <https://ukraina.ru/20190917/1025010770.html>. Acesso em: 21 dez. 2024; "Tuka: V Kieve 75% lyudei s vatoi v golove" [Tuka: "Em Kiev, 75% das pessoas têm cabeça de vento..."]. *Ukraina.ru*, 7 out. 2015. Disponível em: <https://ukraina.ru/news/20151007/1014481939.html>. Acesso em: 2 jan. 2025; Dudar, "Zhebrivskiy naznachil mestnye vybory v chasti Donbassa na 29 noyabrya" [Zhebrivsky marca eleições locais em parte de Donbass para 29 de novembro]. *Zerkalo Nedeli*, 19 ago. 2015. Disponível em: <https://zn.ua/POLITICS/zhebrivskiy-naznachilmestnye-vybory-na-chasti-donbassa-na-29-noyabrya-186076_.html>. Acesso em: 6 jan. 2025; "Yushchenko pro Krim i Donbas" [Yushchenko sobre a Crimeia e Donbass]. *Pravda Ukrainy*, 26 dez. 2014. Disponível em: <https://www.pravda.com.ua/news/2014/12/26/7053324/>. Acesso em: 6 jan. 2025; "Ministr kultury Ukrainy oskorbil milliony sograzhdan" [O Ministro da Cultura da Ucrânia insulta milhões de cidadãos]. *1tv-ru*, 23 nov. 2016. Disponível em: <https://archive.ph/jvQtR>. Acesso em: 26 dez. 2024; Volkov, "'Kod natsii' protiv demokratii" ["Código da Nação" versus Democracia]. *Ukraina.ru*, 2 jan. 2022. Disponível em: <https://ukraina.ru/exclusive/20220102/1032845562.html>. Acesso em: 27 dez. 2024.

Tabela 3.1 – Presidente Petro Poroshenko sobre a quinta coluna ucraniana

Eu não sei como trabalhar com o Parlamento onde a maioria das pessoas representa uma quinta coluna que é controlada do exterior, facções inteiras. E esse perigo está apenas aumentando.[66]
Não é segredo que a quinta coluna consiste em dezenas de supostos deputados do povo. Só que eles obviamente não representam os interesses das pessoas que os elegeram. Como isso pode ser tolerado? Como uma guerra pode ser vencida dessa forma?[67]
O Kremlin visa a desestabilização política interna. A quinta coluna abertamente antiucraniana foi submetida, se não a uma derrota completa, a perdas significativas. Vocês são testemunhas disso. Na maioria das regiões, essa quinta coluna pró-Rússia perdeu sua base social e foi para o subsolo.[68]
Estou convencido de que temos sentido e força suficientes para manter a luta política no interior do país dentro da estrutura dos padrões europeus de relações entre governo e oposição. Isso é necessário para que o inimigo não possa nos minar por dentro; para que a quinta coluna não levante a cabeça.[69]
No *front* é muito fácil reconhecer o inimigo por sua faixa preta e laranja ou pela bandeira tricolor russa. É mais difícil determinar aqui, dentro da Ucrânia. O inimigo está camuflado, mascarado, age disfarçado, insidiosamente, através da quinta coluna... As palavras que saem de sua boca parecem patrióticas, e em sua testa não está escrito que às vezes ele não tem vergonha de aceitar dinheiro, mesmo de Moscou.[70]
Vemos como a quinta coluna está levantando a cabeça, tentando unir suas várias fileiras, aproveitando da democracia, tornando-se ativa na arena midiática.[71]
Não temos o direito de repetir e permitir a perda da unidade; de permitir que a quinta coluna de Moscou nos separe em cantos diferentes.[72]

Continua

66 "Poroshenko Blasts MPs as 'Fifth Column' after E. Ukraine 'Terrorist' Bill Fails". *RT.com*, 2 ago. 2014. Disponível em: <https://www.rt.com/news/177560-ukraine-poroshenko-terrorist-east/>. Acesso em: 27 dez. 2024.

67 "Poroshenko: v Rade zasedayut soobshchniki separatistov" [Poroshenko: os cúmplices dos separatistas estão sentados na Rada]. *Ukrainska pravda*, 25 ago. 2014. Disponível em: <https://www.pravda.com.ua/rus/news/2014/08/25/7035758/>. Acesso em: 29 dez. 2024.

68 Novikova, "Poroshenko: 'My ne mozhem pozvolit sebe razdora'" [Poroshenko: "Não podemos permitir a discórdia"]. *Objective.tv*, 14 dez. 2015. Disponível em: <http://archive.objectiv.tv/141215/122203.html>. Acesso em: 13 mar. 2025.

69 Rafalsky, "Razshifrovka rechi prezidenta na Den sobornosti" [Transcrição do discurso do presidente no Dia da Unidade]. *Strana.ua*, 23 jan. 2018. Disponível em: <https://strana.one/articles/analysis/119181-tsar-obedinitel-poroshenko-opredeljaetsja-s-messedzhami-dlja-budushchej-prezidentskoj-kampanii.html>. Acesso em: 19 dez. 2024.

70 Plakhotny, "Na lbu ne napisano" [Isto não está escrito na testa dele]. *Fakty.com.ua*, 26 mar. 2018. Disponível em: <https://fakty.ictv.ua/ru/ukraine/20180326-na-lobi-ne-napysano-poroshenko-zayavyv-pro-p-yatu-kolonu-v-ukrayini>. Acesso em: 5 jan. 2025.

71 "'Pyataya kolonna', armiya i tserkov" ["Quinta coluna", Exército e Igreja]. *BBC News*, 20 set. 2018. Disponível em: <https://www.bbc.com/ukrainian/features-russian-45587393>. Acesso em: 29 dez. 2024.

72 Roshchenko, "Poroshenko priravnyal poluchenie tomosa k pobede na fronte" [Poroshenko equipara o recebimento dos Tomos à vitória no *front*]. *Ukrainska pravda*, 15 jan. 2019.

Tabela 3.1 – *Continuação*

É uma questão de princípio não haver nenhum representante da quinta coluna do Kremlin sentado no Presidium* da nona sessão da Verkhovna Rada.[73]

Hoje, há duas ameaças. A primeira é a quinta coluna, na qual muito dinheiro está sendo gasto para a compra de mídia, a criação de portais, canais, grupos de redes sociais e o suborno de políticos. Estou falando sobre gerar caos dentro do país, para encorajar a opinião de que a Rússia não é realmente tão terrível.[74]

A quinta coluna do Kremlin iniciou uma operação especial em larga escala contra a Ucrânia. Ao nos arrastar para a campanha eleitoral norte-americana, eles estão tentando minar o apoio bipartidário da Ucrânia nos Estados Unidos.[75]

Hoje, em nome de nossa equipe, estou apresentando várias novas iniciativas destinadas a neutralizar a agressão russa, incluindo medidas duras contra a "quinta coluna" do Kremlin que opera na Ucrânia.[76]

Uma vez que o novo fervor nacionalista de Poroshenko veio com uma política externa e econômica projetada para afastar a Ucrânia da órbita da Rússia, ele foi amplamente aplaudido pelo Ocidente.

Seu impacto dentro da Ucrânia, no entanto, foi trágico.

Uma dessas consequências foi a perda de credibilidade em quase todas as instituições políticas e sociais, com a exceção da Igreja, dos militares e de ONGs selecionadas.[77] Parte disso se deve a fatores comuns a todas as regiões da Ucrânia, como pobreza, corrupção e autoridades eleitas que não cumprem suas promessas. Ainda assim, os níveis notavelmente mais altos de desconfiança na Ucrânia maloross em comparação com a Ucrânia ocidental

---

Disponível em: <https://www.pravda.com.ua/rus/news/2019/01/15/7203856/>. Acesso em: 29 dez. 2024.

* [Conselho superior com poder de Estado. (N. T.)]

73 "Poroshenko ne pustit nardepa OPZZh v prezidium, Rady" [Poroshenko não permitirá que o deputado do OPZZh entre no Presidium da Rada]. *Korrespondent.net*, 24 ago. 2019. Disponível em: <https://korrespondent.net/ukraine/4132727-poroshenko-ne-pustytnardepa-opzzh-v-prezydyum-rady>. Acesso em: 27 dez. 2024.

74 "Poroshenko: prorossiiskaya pyataya kolonna vnutri gosudarstva i eroziya mirovoi solidarnosti" [Poroshenko: quinta coluna pró-Rússia dentro do Estado e erosão da solidariedade global]. *Espreso.tv*, 15 fev. 2020. Disponível em: <https://ru.espreso.tv/news/2020/02/15/poroshenko_prorossyyskaya_pyataya_kolonna_vnutry_gosudarstva_y_erozyya_myrovoy_solydarnosty_eto_glavnye_ugrozy_dlya_ukrayny>. Acesso em: 29 dez. 2024.

75 Pavlova, "Spetsaoperatsiya Kremlya" [A operação especial do Kremlin]. *Vesti.ua*, 20 maio 2020. Disponível em: <https://vesti.ua/strana/plenki-poroshenko-i-bajdena-eks-prezident-opravdalsya-za-skandal>.

76 "Poroshenko prigrozil 'pyatoi kolonne Kremlya' novymi initsyativami" [Poroshenko ameaça a "quinta coluna do Kremlin" com novas iniciativas]. *Ukraina.ru*, 10 fev. 2021. Disponível em: <https://ukraina.ru/news/20210210/1030516060.html>. Acesso em: 29 dez. 2024.

77 Yermolayev, "V Ukraine – totalnoe nedoverie ko vsem politicheskim lideram" [Na Ucrânia há total desconfiança de todos os líderes políticos]. *Spaces.ru*, 24 out. 2020. Disponível em: <https://spaces.im/diary/read/comm/souzmira/2063667915/>. Acesso em: 17 dez. 2024.

podem ser atribuídos, em parte, ao papel mais proeminente da extrema direita na política nacional e dos militares.[78]

No início do conflito em Donbass, os militares ucranianos se recusaram a atirar na população local. Nesse momento crítico, o Setor Direita interveio para garantir que o conflito não terminasse em um acordo negociado que desse à região maior autonomia.[79] De acordo com o promotor militar chefe do Exército ucraniano, Anatoly Matios, esses batalhões voluntários também se engajavam regularmente em expedições punitivas contra a população local.[80] Embora alguns desses indivíduos tenham sido processados posteriormente e suas unidades dissolvidas, a maioria foi reintegrada ao Exército regular, ao Ministério de Assuntos Internos ou à polícia.

Uma segunda consequência é que agora se tornou perfeitamente aceitável limitar os direitos dos cidadãos ucranianos com base em sua residência e as suspeitas de simpatias políticas. Nas eleições municipais e regionais de 2020 e 2021, por exemplo, cidadãos ucranianos que viviam em Donbass foram impedidos de votar em suas próprias autoridades regionais. O governo argumentou que ir às urnas era inseguro, embora o próprio Zelensky tenha dito na época que a região nunca esteve tão segura.[81] Tais exemplos, juntamente com declarações de altas autoridades ucranianas de que a reintegração total de Donbass à Ucrânia exigirá reeducação em massa, restrições de direitos políticos, a detenção preventiva sem julgamento daqueles que possuem passaportes russos (que são a maioria dos residentes de Donbass e da Crimeia) e o envio de tropas ucranianas para lá por pelo

78 Pop-Eleches; Robertson, "Ukraine Isn't Unified Yet". *Washington Post*, 13 nov. 2015. Disponível em: <https://www.washingtonpost.com/news/monkey-cage/wp/2015/11/13/ukraine-isnt-unified-yet-these-4-charts-explain-how/>. Acesso em: 22 dez. 2024; Bekeshkina, "Ukraini – 29. De my zaraz ta kudy priamuiemo?" [Ucrânia – 29. Onde estamos agora e para onde estamos indo?]. *Fond "Demokratychni inisiatyvy" im*, 21 ago. 2020. Disponível em: <https://dif.org.ua/article/ukraini-29-de-mi-zaraz-ta-kudi-pryamuemo>. Acesso em: 2 jan. 2025; "Monitorynh hromadskoy dumky naselennia Ukrainy" [Monitoramento da opinião pública da população da Ucrânia]. *Tsentr "Sotsialnyi Monitorynh"*, 4 mar. 2021. Disponível em: <https://smc.org.ua/monitoryng-gromadskoyi-dumky-naselennya-ukrayiny-lyutyj-2021-roku-2141/>.

79 Mikhailenko, "Yarosh bez vizitki" [Yarosh sem um cartão de visita]. *Filolingvia*, 7 jun. 2014. Disponível em: <http://filolingvia.com/publ/jarosh_zhutko_sovetskij/441-1-0-6722>. Acesso em: 13 mar. 2025.

80 Manchuk, "Deti dostoinstva" [Vantagens para as crianças: trabalho, sexo, tiro]. *Ukraina.ru*, 2 jun. 2021. Disponível em: <https://ukraina.ru/opinion/20210602/1031544519.html>. Acesso em: 16 dez. 2024; Kevorkyan, "Obydennost natsizma" [A vida cotidiana do nazismo]. *Ukraina.ru*, 15 out. 2019. Disponível em: <https://ukraina.ru/opinion/20191015/1025325571.html>. Acesso em: 22 dez. 2024.

81 Denisenko, "Demokraiya v typike" [A democracia no fim da linha]. *Zerkalo Nedeli*, 8 fev. 2022. Disponível em: <https://zn.ua/internal/demokratija-v-tupike-zhizn-v-hromadakh-bez-vyborov.html>. Acesso em: 22 dez. 2024; "Zelensky on Donbas Truce Achievements: Combat Losses Down 90% on Year". *Unian*, 12 jun. 2020. Disponível em: <https://www.unian.info/war/donbas-truce-zelensky-says-combat-losses-down-90-on-year-11245502.html>. Acesso em: 6 jan. 2025.

menos 25 anos, foram amplamente divulgados nos territórios controlados pelos rebeldes.[82]

Mas culpar a ascensão da extrema direita exclusivamente pela deslealdade dos ucranianos maloross é muito simplista, pois ignora a atração que o nacionalismo agora exerce sobre muitos ucranianos, sejam eurofílicos liberais, nacionalistas galegos ou mesmo ucranianos maloross. Para entender essa atração fatal, é preciso voltar ao final da década de 1980, às origens da sociedade civil soviética ucraniana. Na época, um objetivo abrangente unia tanto os reformistas liberais quanto os nacionalistas – a independência ucraniana. O Rukh, liderado na época por comunistas nacionais, encorajou ativamente a indefinição de fronteiras ideológicas entre eles, esperando, assim, fazer que as demandas por democracia e soberania se reforçassem mutuamente.

Cada lado confiou nessa dependência tática durante tempos de crise política extrema, como os Maidans de 2004 e 2014. Isso permitiu que a sociedade civil se unisse brevemente, acumulasse apoio suficiente para confrontar os arranjos oligárquicos existentes e reorganizasse o tabuleiro político. No entanto, sua incompatibilidade ideológica fundamental impediu o

---

82 Sharii, "Reintegratsiya prodlitsya 25 let" [A reintegração durará 25 anos]. *YouTube*, 18 set. 2020. Disponível em: <https://www.youtube.com/watch?v=5TjYhytrB44>. Acesso em: 16 dez. 2024; Manchuk, "Rossiyu sozdali pod pulemetami" [A Rússia foi criada sob metralhadoras. Ataques do partido de guerra ucraniano]. *Ukraina.ru*, 6 jun. 2020. Disponível em: <https://ukraina.ru/20200606/1027917013.html>. Acesso em: 16 dez. 2024; "Zhebrivskiy prosit Poroshenko sozdat VGA vo vsekh raionakh donetskoi oblasti" [Zhebrivsky pede que Poroshenko crie administrações militares-estatais em todos os distritos da região de Donetsk]. *Ukrainskaya pravda*, 13 ago. 2015. Disponível em: <https://www.pravda.com.ua/rus/news/2015/08/13/7077754/>. Acesso em: 6 jan. 2025; Belous, "Zhebrivskiy priglasil 500 patriotov na rabotu v Donetskuyu OGA" [Zhebrivsky convida 500 patriotas para trabalhar na administração estatal regional de Donetsk]. *Zerkalo Nedeli*, 7 jul. 2015. Disponível em: <https://zn.ua/UKRAINE/zhebrivskiy-priglasil-500-patriotov-na-rabotu-v-doneckuyu-oga-181720_.html>. Acesso em: 6 jan. 2025; Shankovsky, "Zhebrivsky govorit, chto khochet bolshoi voiny s Rossiei za Donbass" [Zhebrivsky diz que quer uma grande guerra com a Rússia por causa de Donbass]. *Ukrainskaya pravda*, 8 abr. 2016. Disponível em: <https://www.pravda.com.ua/rus/news/2016/04/8/7104896/>. Acesso em: 27 dez. 2024; "Zolotarev rasskazal, chto na Ukraine na samom dele dumayut o zhitelyakh Kryma i Donbassa" [Zolotarev diz o que a Ucrânia realmente pensa sobre os moradores da Crimeia e Donbass]. *Ukraina.ru*, 9 dez. 2020. Disponível em: <https://ukraina.ru/news/20201209/1029890131.html>. Acesso em: 6 jan. 2020; Tovt, "Nichego ne znayu pro genetiku" [Eu não sei nada sobre genética]. *Strana.ua*, 23 nov. 2016. Disponível em: <https://strana.one/articles/special/41886--nichego-ne-znayu-pro-genetiku-ya-politeh-zakanchival.html>. Acesso em: 23 dez. 2024. O governador Zhebrivsky pediu a lei marcial em Donbass, após chegar à conclusão de que o número de servidores públicos leais ao Estado ucraniano em Donetsk havia diminuído para "um número insignificante". Após a libertação de Donbass Ucrânia, ele disse que a Ucrânia precisará "impor [...] uma agenda democrática normal a essas pessoas" posicionando uma guarnição de tropas ucranianas em cada uma das principais cidades de lá. Os campos de concentração sem julgamento estão propostos ao Gabinete no Projeto de Lei n.4.327, patrocinado pelo primeiro-ministro Shmygal.

surgimento de qualquer alternativa de longo prazo à oligarquia, que, assim, sempre recuperou o poder. Essa falta de fronteiras políticas e ideológicas claras acabou beneficiando a extrema direita muito mais do que a ala liberal da sociedade civil, uma vez que legitimou tanto sua agenda nacionalista quanto seu uso da violência para alcançá-la. A relutância dos liberais em condenar a violência quando ela era direcionada a seus oponentes, corroeu severamente a confiança nas instituições públicas e no Estado de direito.[83]

O sociólogo Volodymyr Ishchenko dá dois exemplos de como a extrema direita se beneficiou dessa codependência liberal. O primeiro é a presença do ex-primeiro-ministro ucraniano Oleksiy Honcharuk em um *show* de rock neonazista, logo após sua nomeação. Ishchenko escreve:

> nada na experiência vivida por Honcharuk o alertaria contra falar e endossar nacionalistas extremistas. Porque esta é uma norma na sociedade civil ucraniana e Honcharuk é um representante típico dessa sociedade civil [...] o que ele poderia saber sobre a extrema direita ucraniana nesses círculos? Que o fascismo ucraniano é um mito de propaganda russa? Que, talvez, a extrema direita ucraniana exista, mas é pequena, marginal, impopular, insignificante e qualquer outra opinião é traiçoeira e ajuda Putin?[84]

Seu outro exemplo é a cobertura favorável dada a grupos paramilitares como o C14 pela mídia de língua ucraniana, como a BBC-Ucrânia, a Radio Liberty e a Hromadske Radio. O nome C14 se refere às Catorze Palavras cunhadas pelo supremacista branco norte-americano David Lane – "Devemos garantir a existência de nosso povo e um futuro para as crianças brancas".[85] Nos últimos anos, os membros do C14 receberam subsídios do governo ucraniano para conduzir a "educação patriótica nacional".[86] Desde o início da invasão da Ucrânia pela Rússia em fevereiro de 2022, a mídia ocidental estendeu essa cobertura favorável ao Batalhão Azov e a outros grupos de extrema direita que lutam contra a Rússia.[87]

---

83 Ishchenko, "Nationalist Radicalization Trends in Post-Euromaidan Ukraine".

84 "How to Mainstream Neo-Nazis: A Lesson fron Ukraine's New Government". *Bellingcat*, 21 out. 2019. Disponível em: <https://www.bellingcat.com/news/uk-and-europe/2019/10/21/how-to-mainstream-neo-nazis-a-lesson-from-ukraines-new-government/>. Acesso em: 22 dez. 2024.

85 Gatehouse, "Neo-Nazi Threat in New Ukraine". *BBC Newsnight*, 28 fev. 2014. Disponível em: <https://www.youtube.com/watch?v=5SBo0akeDMY>. Acesso em: 26 dez. 2024; "David Lane", *Southern Poverty Law Center*, [s.d.]. Disponível em: <https://www.splcenter.org/fighting-hate/extremist-files/individual/david-lane>. Acesso em: 13 jan. 2022.

86 Miller, "Ukrainian Militia behind Brutal Romany Attacks Getting State Funds". *Radio Free Europe/Radio Liberty*, 14 jun. 2018. Disponível em: <https://www.rferl.org/a/ukrainian-militia-behind-brutal-romany-attacks-getting-state-funds/29290844.html>. Acesso em: 19 dez. 2024.

87 Vengattil; Culliford, "Facebook Allows War Posts Urging Violence against Russian Invaders". *Reuters*, 11 mar. 2022. Disponível em: <https://www.reuters.com/world/europe/exclusive-facebook-instagram-temporarily-allow-calls-violence-against-russians-2022-03-10/>. Acesso em: 26 dez. 2024.

Ao mesmo tempo, muitos liberais ucranianos afirmam que os grupos de extrema direita na Ucrânia se modernizaram e, portanto, agora são menos propensos a sucumbir ao fascismo do que durante o período entreguerras. Vamos examinar essa afirmação em profundidade.

De acordo com Vasyl Ivanishin, o fundador do Tridente de Stepan Bandera, o precursor do Setor Direita, o nacionalismo ucraniano moderno afirma "o caminho ucraniano" – a luta de séculos para incutir o ucranianismo em todas as esferas da vida. Em seu cerne está a nação, que não deve ser confundida com conceitos "cosmopolitas" como "nação política", que é a mera unificação mecânica dos cidadãos. Em vez disso, deve ser pensado como "uma unidade consciente e ativa de pessoas, unidas em torno da ideia de liberdade, com base em fatores étnico-sociais e espirituais-culturais... a defesa, o desenvolvimento e a reprodução da nação são baseados no imperativo da nação, [isto é] um mandato categórico".[88]

O Setor Direita existe para incutir nas várias instituições sociais da nação uma única visão de mundo ucraniana. Sua missão histórica final é "a conclusão da revolução nacional e a construção do Estado Independente e Conciliar Ucraniano (*Ukrainskoi Samostiynoi Sobornoi Derzhavy*)".[89] Nessa ambição, a Extrema Direita hoje, diz Ivanishin, não difere nem um pouco de seus predecessores.

A condição *sine qua non* do nacionalismo ucraniano moderno é a designação da Rússia como o Inimigo Eterno. O Estado ucraniano nunca estará seguro até que o Estado russo seja destruído. A guerra com a Rússia, portanto, deve ser bem-vinda porque "despertará o espírito militarista da nação", um ponto também levantado por vários funcionários do governo ucraniano.[90] Dado o grande número de ucranianos que veem a afinidade cultural russa

88 Ivanishin, "Natsionalizm i prava polytychna syla".

89 Ibidem.

90 Speikher, "Dmitry Yarosh: Ya veryu v parad pobedy Ukrainy v Moskve" [Dmitry Yarosh: "Eu acredito na Parada da Vitória da Ucrânia em Moscou"]. *Apostrophe*, 30 set. 2016. Disponível em: <https://www.fin.org.ua/news/1211929>. Acesso em: 2 jan. 2025; Manchuk, "Rossiyu sozdali pod pulemetami"; idem, "Dmitro Yarosh: 'Rano ili pozdno, no my obrecheny voevat s Moskovskoi Imperiei'" [Dmitro Yarosh: "Mais cedo ou mais tarde, estaremos condenados a lutar contra o Império de Moscou"]. *Censor.net*, 25 ago. 2008. Disponível em: <https://censor.net/ru/forum/2416274/dmitro-yarosh-rano-ili-pozdno-no-my-obrecheny-voevat-s-moskovskoyi-imperieyi>; Avakov, "V eti paru dnei mnogo govoril s nashimi v zone ATO" [Nesses últimos dias, falei muito com o nosso pessoal da ATO]. *Facebook*, 22 jun. 2014. Disponível em: <https://www.facebook.com/arsen.avakov.1/posts/657281451028 63>; Arestovich, "Inaya Ukraina. Budushcheye Ukrainy: kak i pochemu" [Outra Ucrânia. O futuro da Ucrânia: como e por quê]. *Cowo.guru*, 20 mar. 2020. (Em 18:30.) Disponível em: <https://www.youtube.com/watch?v=6zySM-idKdQ>. Acesso em: 16 dez. 2024. Arestovich, mais tarde porta-voz de imprensa do presidente Zelensky, afirma que, dados os seus muitos inimigos, a Ucrânia deveria pensar em si mesma como uma fortaleza militar ("Israel ao quadrado"), em vez de se iludir com esperanças de paz com a Rússia.

como compatível com sua própria identidade ucraniana, isso exigirá uma grande dose de sutileza pública, diz Yarosh, mas está inteiramente de acordo com a abordagem adotada por Stepan Bandera, que repetidamente aconselhou os ucranianos a considerarem todos os russos como invasores e alertou que "a agudeza da frente antirrussa ucraniana não deve ser atenuada".[91]

A julgar por tais declarações, o tipo de sociedade que os nacionalistas ucranianos modernos aspiram criar não parece diferir substancialmente do Estado fascista que seus fundadores buscavam, mas não conseguiram realizar devido à derrota na Segunda Guerra Mundial. Portanto, não é surpreendente que, à medida que os membros da extrema direita entraram no aparato estatal, a violência tenha se tornado um meio cada vez mais aceito de lidar com os oponentes, sejam eles membros da oposição política, da mídia da oposição ou da Igreja Ortodoxa Ucraniana de oposição (Patriarcado de Moscou).[92]

Outro aspecto da continuidade política e ideológica com o passado, que se estende da elite ucraniana galega de forma mais ampla, é o uso de retórica violenta e desumanizante contra todos os ucranianos maloross. O uso comum de termos depreciativos como "não ucraniano o suficiente" (*nedoukraintsy*) e "tolos" (*vatniki*) desde 2014 levou a um aumento geral da animosidade social.[93] Desde que essa animosidade não ameace diretamente a integridade territorial do Estado, muitos líderes da extrema direita a consideram uma parte vital do expurgo que a nação ucraniana deve passar para se tornar digna de seu destino.[94]

---

91 Mikhailenko, "Yarosh bez vizitki".

92 "'Pravyi sektor' pregradil put krestnomu khodu" ["Setor Direita" bloqueia caminho de procissão religiosa]. *Ukraina.ru*, 18 jul. 2016. Disponível em: <https://ukraina.ru/news/20160718/1017015489.html>. Acesso em: 16 dez. 2024; "'Pravyi sektor' ugrozhaet uchastnikam krestnogo khoda" [O "Setor Direita" ameaça os participantes da procissão]. *Timer-Odessa*, 19 jul. 2016; "Avakov o veruyushchikh s portretami tsarya" [Avakov sobre os fiéis com retratos do tsar: "Eles têm o direito"]. *Korrespondent*, 13 jul. 2016. Disponível em: <https://korrespondent.net/ukraine/3716553-avakov-o-veruuischykh-s-portretamy-tsaria-ymeuit-pravo>. Acesso em: 19 dez. 2024; "Avakov zhdet teraktov vo vremya krestnogo khoda v Kieve" [Avakov espera ataques terroristas durante procissão religiosa em Kiev]. *Ukraina.ru*, 13 jul. 2016. Disponível em: <https://ukraina.ru/news/20160713/1016973887.html>. Acesso em: 18 dez. 2024; "Ukrainian Far-Right MP Declares 'Hunt' for Moscow-Loyal Priests after Split". *RT International*, 17 dez. 2018. Disponível em: <https://www.rt.com/news/446630-ukraine-mp-hunt-priests/>. Acesso em: 2 jan. 2025; "V SBU sovetuyut 'ukrainofobam' umenshit svoyu ritoriku 'do nulya'" [SBU aconselha "ucrinófobos" a reduzir sua retórica "a zero"]. *RT na russkom*, 21 abr. 2015. Disponível em: <https://russian.rt.com/article/86874>. Acesso em: 2 jan. 2025.

93 "Kevorkyan". *Ukraina.ru*. Disponível em: <https://ukraina.ru/authors/kevorkyan/>. Acesso em: 22 dez. 2024; "Vasyl Rasevich". *Zaxid.net*. Disponível em: <https://zaxid.net/blogger/vasil_rasevich_u5243/>. O ex-jornalista de Kharkov, Konstantin Kevorkyan, agora no exílio, escreveu de forma incisiva sobre a ideologia atual, em sua coluna para *Ukraina.ru*. Por sua vez, o jornalista pró-Maidan, Vasyl Rasevich, repetiu algumas dessas preocupações em sua coluna regular para o *Zaxid.net*, de Lviv.

94 Sheremet, "Dmitry Yarosh: Ya na voine komfortno sebya chuvstvuyu".

Tabela 3.2 – Autoridades ucranianas sobre a natureza traiçoeira dos ucranianos maloross

Minha avó... me contou sobre como milhões de ucranianos foram mortos no leste da Ucrânia por esses mesmos ocupantes moscovitas do Kremlin. Milhões de nossos avós foram mortos nesses territórios, que foram então colonizados por migrantes de todos os cantos do outro Estado. E hoje você apela para a população local, para a opinião das pessoas que vivem lá? Andriy Parubiy, presidente da Rada Ucraniana (2016-2019)[95]
Seria politicamente inútil falar com essas pessoas que são, na verdade, comandantes de campo e não ucranianos no sentido pleno da palavra. Vadim Prystaiko, vice-ministro das Relações Exteriores da Ucrânia, mais tarde ministro das Relações Exteriores (2019-2020)[96]
Falando nas atitudes pró-Rússia, elas são muito altas. Em alguns assentamentos, 95%, em alguns, 80%, 30% no mínimo, e isso é na parte ucraniana da região [de Lugansk]... Em 2006, quando eu era chefe da administração de Lugansk, disse a Yushchenko que essa região era mentalmente distante da Ucrânia. Mas isso não foi registrado naquela época, e não é registrado agora. Gennady Moskal, chefe da Administração Militar-Civil de Lugansk (2014-2015)[97]
Não é só o GRU [inteligência militar russa – NP] lá, você sabe. Existem sujeitos totalmente conscientes que, desde os vinte anos, odeiam a Ucrânia e querem viver na União Soviética... Uma geração terá que mudar antes de você e posso dizer que a restauração da autoridade ucraniana nesses territórios também superou a discórdia em suas cabeças. Oleksiy Reznikov, na época vice-primeiro-ministro responsável pela Reintegração dos Territórios Temporariamente Ocupados, mais tarde ministro da Defesa[98]

Continua

95 "Parubiy zayavil, chto mnenie zhitelei vostoka Ukrainy mozhno ignorirovat" [Parubiy diz que a opinião dos habitantes do leste da Ucrânia pode ser ignorada]. *Izvestia*, 2 jun. 2016. Disponível em: <https://izvestia.kiev.ua/article/92790>. Acesso em: 27 dez. 2024.

96 "RF Insists on Kiev's Dialogue with Donetsk, Lugansk, Ukraine Says There Is no Point in it". *Panorama*, 26 mar. 2015. Disponível em: <https://www.panorama.am/en/news/2015/03/26/karasin/85894>. Acesso em: 29 dez. 2024.

97 Ringis, "Gennady Moskal: Prorossiiskie nastroyeniya v Luganskoi oblasti 80-95%" [Gennady Moskal: sentimentos pró-russos na região de Lugansk 80-95%]. *Ukrainska pravda*, 30 out. 2014. Disponível em: <https://www.pravda.com.ua/rus/articles/2014/10/30/7042701/>. Acesso em: 21 dez. 2024.

98 Vuets; Gruzdev, "Oleksiy Reznikov: Bezpecha reintehratsiya Donbasu zaime minimum 25 rokiv" [Oleksiy Reznikov: a reintegração segura de Donbass levará pelo menos 25 anos]. *Glavcom.ua*, 11 jul. 2020. Disponível em: <https://glavcom.ua/interviews/oleksiy-reznikov-bezpechna-reintegraciya-donbasu-zayme-minimum-25-rokiv-692369.html>. Acesso em: 27 dez. 2024.

Tabela 3.2 – *Continuação*

O presidente acredita que o tumor cancerígeno [do Donbass] deve ser bloqueado. Yuri Lutsenko, na época representante presidencial na Rada, mais tarde procurador-geral da Ucrânia[99]
Há apenas um problema político no país, e ele seria resolvido se a guerra fosse declarada. Em tempos de guerra, sua facção [o Bloco de Oposição – NP] seria, é claro, atingida e o problema político, portanto, eliminado. Nikita Poturayev, Rada MP (2019-presente) e chefe do Comitê de Política Humanitária e de Informação[100]
Não se pode negociar com a quinta coluna pró-Rússia, eles entendem apenas a linguagem da força. Arsen Avakov, ministro de Assuntos Internos (2014-2021)[101]
Essas pessoas, chame-as de agentes de influência se quiser, chame-as de espiões, batedores, "a quinta coluna", como quiser. Esses agentes do Estado inimigo estão presentes em todo o nosso país. Sua concentração em Donetsk ou Lugansk não é menor do que na Suprema Rada ou na Transcarpácia. Georgy Tuka, chefe da Administração Militar-Civil de Lugansk (2015-2016)[102]
Aqueles que eram a favor da Ucrânia foram embora. Aqueles que permaneceram aceitaram a ocupação... [São] traidores e separatistas, mesmo que tenham um passaporte ucraniano no bolso. Para mim e para milhões daqueles que se opuseram aos traidores que convidaram os invasores para o nosso país, eles serão escória para sempre. Andriy Reva, ministro da Política Social (2016-2019)[103]
Liderando o ataque ao idioma ucraniano está o Bloco de Oposição. Eles são ajudados por "servos do povo" individuais e uma alta concentração de tolos ideológicos. Estou convencido de que as pessoas que estão lutando contra o nosso idioma estão lutando contra a própria Ucrânia. Petro Poroshenko, presidente da Ucrânia (2014-2019)[104]

Continua

99 "Vsemu Donbassu gotovyat pravilo 'Moskalya'" [A regra "Moskal" está sendo preparada para todo o Donbass]. *Vesti.ua*, 2 jun. 2015. Disponível em: <https://vesti.ua/donbass/101944-vsemu-donbassu-gotovjat-pravilo-moskalja>. Acesso em: 6 jan. 2025.

100 Kevorkyan, "Patrioty po vyzovu" [Patriotas de plantão]. *Ukraina.ru*, 7 maio 2021. Disponível em: <https://ukraina.ru/opinion/20210507/1031320666.html>. Acesso em: 22 dez. 2024.

101 Kevorkyan, "Garant dostizhenii Maidana" [Fiador das "conquistas" do Maidan]. *Ukraina.ru*, 3 mar. 2021. Disponível em: <https://ukraina.ru/exclusive/20210303/1030730012.html>. Acesso em: 22 dez. 2024.

102 Filipov, "Tuka o vezdesushchikh agentakh Kremlya" [Tuka anuncia os agentes onipresentes do Kremlin no Estado ucraniano]. *Xoroshiy*, 28 nov. 2017. Disponível em: <https://xoroshiy.ru/69049-tuka-obyavil-ovezdesuschih-agentah-kremlya-vukrainskom-gosudarstve-nedrugi-vezde.html>. Acesso em: 2 jan. 2025.

103 "'Ostanutsya mrazyami i podonkami'" [Eles sempre serão escória e bastardos]. *Dnr24.su*, 22 out. 2019. Disponível em: <https://perma.cc/PC4U-KGC5>. Acesso em: 27 dez. 2024.

104 "Poroshenko v zashchitu yazykovogo zakona" [Poroshenko em defesa da Lei da Língua]. *Obozrevatel.com*, 7 jul. 2020. Disponível em: <https://news.obozrevatel.com/politics/poroshenko-v-zaschitu-yazyikovogo-zakona-revanshistyi-voyuyut-s-samoj-ukrainoj.htm>. Acesso em: 29 dez. 2024.

Tabela 3.2 – *Continuação*

Quanto menos [falantes de russo], melhor, porque a experiência mostra que onde há o idioma russo, por algum motivo o "mundo russo" também aparece. Maj. gen. Viktor Yahun, diretor adjunto do Serviço de Segurança da Ucrânia (2014-2015)[105]
[Nessas terras] não há quase nada de ucraniano, não há praticamente nada da nossa língua, nenhuma das nossas memórias; nossa Igreja e nossa cultura não estão lá... É um território estrangeiro, onde muito do que forma uma nação inteira e indivisível foi perdido... Esta é a minha terra, e farei tudo ao meu alcance para evitar que qualquer pedaço desta terra caia nas mãos de outra pessoa. Ao mesmo tempo, você sente que há pessoas, muitas pessoas, que veem isso de forma diferente. Viktor Yushchenko, presidente da Ucrânia (2005-2010)[106]
Depois que elas [Donbass e Crimeia] retornarem ao seio da Ucrânia, terão que passar por uma total "desseparatização" e "passaportização". Toda pessoa que quiser estar no Estado ucraniano, e ter direito a qualquer coisa, terá que provar sua lealdade à Ucrânia... Somente quando isso for realmente a Ucrânia, e não cidadãos que odeiam a Ucrânia, você pode realizar eleições lá... [Enquanto isso] bloqueiem a água, bloqueiem a eletricidade, nada de comércio, não forneçam nada a eles. Deixem que eles uivem para seu próprio governo, que os está destruindo. Não devemos alimentá-los! Não lhes deem nenhuma pensão! Oleh Tyahnybok, Rada MP (1998-2006 e 2012-2014)[107]
Até que haja uma guarnição de tropas ucranianas em Donetsk, Snezhny e Torez [...] o que de fato imporá [...] uma agenda normal e democrática para essas pessoas, nós as tiraremos do coma [...] por muito tempo. Pavel Zhebrivsky, chefe da Administração Militar-Civil de Donetsk (2015-2018)[108]

As atuais políticas nacionalistas do governo ucraniano não são, portanto, simplesmente uma reação espontânea à agressão russa na Crimeia e Donbass. Elas também fazem parte do conflito entre as duas Ucrânias – Galega e Maloross – que têm lutado por gerações sobre qual delas tem o direito de definir o que significa ser ucraniano. Os sentimentos sobre essa questão são tão intensos que, para muitos, o compromisso está simplesmente fora de questão. Como disse Semyon Semenchenko, o antigo comandante do batalhão voluntário Donbass, aqueles que em 2014 esperavam que a Revolução da Dignidade seria suficiente para transformar a Ucrânia, devem aceitar o

105 Kevorkyan, "Spasti cherez pobedu" [Salvos pela vitória]. *Ukraina.ru*, 2 jan. 2022. Disponível em: <https://ukraina.ru/exclusive/20220102/1033014994.html>. Acesso em: 22 dez. 2024.

106 "Yushchenko pro Krim i Donbas".

107 "Tyagnibok: lyudey na Donbasse nuzhno zastavit 'vyt'" [Tyagnibok: as pessoas em Donbass precisam ser obrigadas a "uivar"]. *Dnr24.su*, 15 out. 2019. Disponível em: <https://perma.cc/MGU2-LXFX>. Acesso em: 2 jan. 2025.

108 Shankovsky, "Zhebrivsky govorit, chto khochet bolshoi voiny s Rossiei za Donbass".

fato de que a "podridão maloross" dentro da sociedade ucraniana é tão profunda que somente uma "guerra civil adequada" irá consertá-la.[109]

Mesmo antes da invasão russa de 2022, portanto, poderíamos esperar que a extrema direita expandisse sua influência na política ucraniana à custa de seus elementos mais liberais, já que tinha uma série de vantagens nessa disputa:

1) Os nacionalistas constroem partidos ideológicos de longo prazo, enquanto os ativistas liberais tendem a formar alianças políticas temporárias.
2) Os partidos liberais e as ONGs são organizações de defesa, em vez de mobilizadores comunitários. Dependem fortemente do governo e de financiadores ocidentais para obter apoio, enquanto as organizações nacionalistas se mobilizam localmente e, assim, fortalecem sua base local de apoio.
3) Após estabelecer uma base local forte, os nacionalistas a integram em uma rede nacional de ativistas ideologicamente comprometidos. Esses ativistas podem então ser movidos pelo país, até mesmo para as regiões de Maloross, dando a impressão de números e influência maiores.
4) O nacionalismo de extrema direita se associa conscientemente a um segmento importante da tradição histórica ucraniana, a liberdade cossaca, que glorifica a luta pela nacionalidade e o confronto com a Rússia. O liberalismo, por outro lado, quase não tem tradição histórica na qual se apoiar na Ucrânia. Pior ainda, ele deriva da tradição intelectual liberal do Império Russo.[110]
5) Finalmente, a extrema direita não se vê de forma alguma subordinada ao governo, mas sim como um instrumento paralelo de controle popular. Enquanto o governo seguir o caminho do desenvolvimento galego, a extrema direita se concentrará no ativismo cívico e na educação cultural. Mas se o governo se desviar desse caminho, a Vontade da Nação será justificativa suficiente para a extrema direita removê-lo do poder.

Desde 2014, todos os governos ucranianos se curvaram ao nacionalismo de extrema direita, acreditando que sua ameaça implícita à ordem pública nunca será dirigida a eles.[111] De fato, muitos na ala liberal da política ucra-

109 "Ne grazhdane" [Não cidadãos]. *Antikor*, 26 maio 2017. Disponível em: <https://antikor.com.ua/articles/170745-ne_grahdane_semenchenko_razgromil_hitelej_donbassa>. Acesso em: 26 dez. 2024.

110 Ishchenko, "Nationalist Radicalization Trends in Post-Euromaidan Ukraine".

111 "Komandir DUK 'Pravyi Sektor' Stempitskii" [Comandante do "Setor Direita" DUK Stempitsky]. *Gordon.ua*, 30 jan. 2016. Disponível em: <https://gordonua.com/news/society/ko

niana estão convencidos de que estão usando a extrema direita para atingir objetivos de reforma liberal, assim como a extrema direita está convencida de que está usando os liberais para forjar uma Ucrânia mais nacionalista.

Enquanto isso, o choque subjacente de visões políticas permanece intacto e beneficia amplamente a extrema direita, cujos principais pontos fortes – a pureza ideológica, uma visão monística da identidade ucraniana e uma forte base regional de apoio na Galícia – oferecem uma solução simples para a desordem, caos e corrupção que continuam a assolar o país. Essa solução é sucintamente resumida no popular *slogan* nacionalista: "Bandera virá e trará a ordem!" [*Bandera priide – poryadok navede!*].

3.4 Em busca de um nacionalismo melhor

Morgenthau, Arendt e outros argumentaram que os mesmos aspectos do nacionalismo que podem reforçar a unidade nacional também são frequentemente usados para suprimir o pluralismo cultural, político e religioso, levando assim a uma renovação do conflito doméstico. Isso, em poucas palavras, é o que vem acontecendo na Ucrânia desde 2014. De acordo com o primeiro presidente da Ucrânia, Leonid Kravchuk, uma versão galega da identidade ucraniana foi promovida por meio de "ataques muito agressivos de uma região que frequentemente acredita que sua ideologia é a mais correta, a mais essencial para o povo ucraniano; [ela] encontra a oposição de todas as regiões da Ucrânia que têm uma ideologia diferente, ou talvez visões diferentes, para ser mais preciso, sobre a situação na Ucrânia".[112] Seu oponente político, o ex-deputado do povo Evgenii Murayev, também vê isso como um esforço para transformar toda a Ucrânia em uma Grande Galícia sem "lugar para qualquer tipo de multiculturalismo", e ele se preocupa que isso reacenda o ciclo de ressentimento e violência.[113]

---

mandir-duk-pravyy-sektor-stempickiy-v-svyazi-s-zaklyucheniem-horvata-io-zamkomandira-duk-ps-naznachen-mirnyy-117816.html>. Acesso em: 21 dez. 2024. Duas figuras políticas proeminentes, Georgiy Tuka, ex-vice-ministro dos Territórios Ocupados e Pessoas Deslocadas e governador da *Oblast* Luhansk, e Hennadiy Moskal, ex-governador das *oblasts* (regiões) da Transcarpácia e de Luhansk, envolveram-se em um debate revelador sobre a moralidade da violência na Ucrânia hoje. Tuka distanciou-se igualmente da violência perpetrada pelo Batalhão Tornado e juízes corruptos, mas acrescentou que os combatentes devem ser presumidos inocentes, enquanto os juízes devem ser presumidos culpados. Moskal, falando das tentativas de ativistas de direita de se isentar de responsabilidade por atacar os donos de um restaurante, sugeriu que o seu único erro foi terem apreendido a pessoa errada, não que tal ataque seja em si errado.

112 Sharii, "Intervyu s Prezidentom" [Entrevista com o presidente]. *YouTube*, 2019. (em 13:40.) Disponível em: <https://www.youtube.com/watch?v=uEF0HA2CLMI>. Acesso em: 16 dez. 2024.

113 Muraev, "'Ediny ot yugo-vostoka' dlya vsei Ukrainy" ["Unidos do Sudeste" para toda a Ucrânia]. *Korrespondent*, 18 maio 2018. Disponível em: <https://blogs.korrespondent.net/blog/politics/3972140/>. Acesso em: 21 dez. 2024.

Mas uma forma mais branda de nacionalismo não poderia ainda ser compatível com uma ordem política liberal? A colunista do *Washington Post* Anne Applebaum argumentou que, para alcançar a democracia, a Ucrânia precisa, na verdade, de mais nacionalismo, não menos. O nacionalismo hoje, ela diz, significa nada mais do que "patriotismo, espírito público, lealdade nacional, fidelidade nacional, qualquer palavra que você prefira: a sensação de que havia algo especial e único sobre a Ucrânia". Nos Estados Unidos, ela diz, isso é conhecido como excepcionalismo norte-americano.[114]

Applebaum argumenta que a democracia simplesmente não pode funcionar sem uma identidade nacional para inspirar o espírito público. Donbass, ela afirma, é "o que uma terra sem nacionalismo realmente parece: corrupta, anárquica, cheia de turbas de aluguel e mercenários". O obstáculo crucial à democracia na Ucrânia hoje é que, quando a Ucrânia conquistou sua independência, a maioria dos ucranianos já havia perdido sua verdadeira identidade nacional. É por isso que "o pequeno grupo de nacionalistas na Ucrânia, que talvez possamos agora concordar em chamar de patriotas, representa a única esperança do país de escapar da apatia, da corrupção voraz e, eventualmente, do desmembramento".[115]

Há vários problemas com a visão otimista de Applebaum sobre o nacionalismo, começando com sua afirmação de que o nacionalismo é pouco mais do que um surto de fervor patriótico. Na verdade, o que distingue o nacionalismo do patriotismo é que ele explora o instinto humano profundamente arraigado na ideia do próprio lar para exaltar a nação além de quaisquer restrições civis ou legais. É por isso que o nacionalismo nunca abraça a diversidade total da sociedade civil, mas apenas aqueles que declaram sua lealdade inabalável à nação.

Um segundo problema é sua atribuição da democracia moderna ao nacionalismo. Com base na visão bem estabelecida de que os movimentos nacionalistas do final do século XIX contribuíram para o surgimento do Estado-nação, Applebaum faz um malabarismo ao reivindicar o mesmo para a democracia moderna. A maioria dos historiadores tende a ter a visão oposta.[116] É verdade que, ao final do artigo, ela menciona que o fervor nacionalista deve acabar sendo traduzido em "leis, instituições, um sistema

---

114 Applebaum, "Nationalism Is Exactly what Ukraine Needs". *The New Republic*, 12 maio 2014. Disponível em: <https://newrepublic.com/article/117505/ukraines-only-hope-nationalism>. Acesso em: 18 dez. 2024.

115 Ibidem.

116 Viroli, *For Love of Country: An Essay on Patriotism and Nationalism*; Schaar, *Legitimacy in the Modern State*; Canovan, *Nationhood and Political Theory*; Smith, *The Ethnic Origins of Nations*; Smith, *Stories of Peoplehood: The Politics and Morals of Political Membership, Contemporary Political Theory*; Yack, "Popular Sovereignty and Nationalism". *Political Theory*, v.29, n.4, p.517-36, ago. 2001. Disponível em: <https://doi.org/10.1177/0090591701029004003>. Acesso em: 19 dez. 2024.

judiciário decente e academias de treinamento policial", mas parece tranquilamente despreocupada sobre como isso deve acontecer em um ambiente que rejeita explicitamente "o tipo de história que foi pensada pelos cidadãos de idioma russo [da Ucrânia]".

Isso destaca um terceiro problema: sua rejeição despreocupada da herança da Ucrânia maloross que, ela sugere, é meramente o resultado do genocídio cultural contra os verdadeiros ucranianos. Sua suposição de que há apenas uma expressão legítima da cultura ucraniana a leva a ignorar todo o ativismo cívico do leste e do sul da Ucrânia, tanto antes quanto depois de 2014, a maioria do qual surgiu como resultado direto dos esforços para impor uma face galega à Ucrânia, em vez de permitir que ela se desenvolvesse de forma plural. Como observa um dos principais historiadores da região, Hiroake Kuromiya, o pluralismo sempre foi a contribuição distintiva de Donbass para o movimento nacional ucraniano. "A concepção de Donbass sobre a Ucrânia representava uma ideia alternativa, uma concepção de Ucrânia que diferia da ideia de nacionalismo ucraniano integral. Donbass significava 'Ucrânia para todos' em oposição a 'Ucrânia apenas para ucranianos'."[117] Ao escolher suprimir essa voz, ele afirma, a Ucrânia perdeu um importante contrapeso às tendências autoritárias.

Olhando para trás, para a história turbulenta da Ucrânia, é muito tentador concordar com esta avaliação sombria oferecida por Albert Feldman, diretor do Instituto Golda Meir de Estudos Estratégicos em Israel:

> A casa ucraniana está pegando fogo, e uma parte, aquela com a chave da porta da frente, trancou-se a si mesma, não reconhece que começou o incêndio e se recusa teimosamente a entregar a chave. A outra parte entende que a fumaça está se espalhando muito rapidamente e todos podem se queimar, mas ainda espera que os detentores da chave fiquem mais sábios. Às vezes, parece-me que a Ucrânia caiu em um círculo eterno, condenada a repetir os mesmos erros – dois Maidans, guerra, eleições e reeleições não lhe ensinaram nada.[118]

---

117 Tymoshenko, "'Bez vtruchannya, bez viyny, bez anneksiy Krymu Rosieyu nichoho b ne bulo'" ["Sem intervenção, sem guerra, sem as anexações da Crimeia pela Rússia, nada teria acontecido" – Professor Hiroaki Kuromiya]. *Radio Liberty (Crimean Realities)*, 3 set. 2019. Disponível em: <https://ua.krymr.com/a/khiroaki-kuromia-donbas-ukrainskyi-natsionalizm/30144401.html>. Acesso em: 19 dez. 2024; Piliayev, "The Nature of the Armed Conflict in Donbas: A Postnonclassical Viewpoint". *Politcs Religion & Ideology*, v.14, n.3, p.77-105, 2021. Disponível em: <https://www.researchgate.net/publication/351244543_THE_NATURE_OF_THE_ARMED_CONFLICT_IN_THE_DONBAS_A_POSTNONCLASSICAL_VIEWPOINT_1>. Acesso em: 22 dez. 2024. Mikhaylo Minakov, citado em Piliayev, faz uma observação semelhante, dizendo que os movimentos separatistas no sudeste da Ucrânia estão particularmente "atentos à coexistência pacífica de diferentes grupos étnicos e religiosos" (p.280-1) e que a sua cultura política se baseia em um "Estado não étnico" (p.280).

118 Feldman, "Krizis ukrainskoi vlasti" [A crise da governança ucraniana]. *Korrespondent*, 20 set. 2017. Disponível em: <http://blogs.korrespondent.net/blog/events/3888291>.

Os gregos antigos, no entanto, teriam rejeitado tal determinismo sem esperança e teriam usado seu conhecimento da tragédia para explicar o porquê. Uma das principais lições que a tragédia busca transmitir é que nunca é tarde demais para restaurar a harmonia social, se alguém estiver disposto a substituir o confronto pelo diálogo. O verdadeiro diálogo pressupõe uma disposição para reconhecer uma parte de si mesmo na narrativa do Outro sobre você. Essa estrutura narrativa compartilhada é a "cola" que une as pessoas e as sociedades. Pode-se dizer que o propósito final do diálogo é encorajar os indivíduos a participar dessa narrativa compartilhada e expandi-la.[119]

Na Ucrânia moderna, a razão de Estado suplantou o bem-estar comum. O Estado é visto como essencial para a formação da nação, e não o contrário. A captura do Estado se tornou o objetivo final dos grupos sociais e políticos na sociedade e isso inevitavelmente leva à tentação de ver os inimigos do Estado como inimigos da própria nação. Este é um problema perene das ideologias nacionalistas, que, sendo uma forma de totalitarismo, se esforçam para tornar os interesses do Estado coextensivos aos interesses da sociedade.

O nacionalismo, portanto, nunca é tão benéfico a longo prazo quanto parece ser a curto prazo, pois ele é fundamentalmente destrutivo do diálogo necessário para a harmonia social. Serve aos propósitos da revolução, mas prejudica os propósitos da governança. Para restaurar a harmonia social, o nacionalismo deve por fim ser substituído por algo que seja mais propício ao entendimento mútuo. Esse algo poderia ser o patriotismo cívico.

119 Bohm et al., "Difficult Dialogues (2006-2013)". *Clark University*. Disponível em: <https://www2.clarku.edu/difficultdialogues/learn/index.cfm>. Acesso em: 19 dez. 2024.

4
Os hábitos mentais do nacionalismo

Nossa ideologia oficial agora é o nacionalismo integral ucraniano... Hoje, ele governa o território, moldando decisões que contradizem os interesses de quase metade da população do país.

Mikhail Pogrebinsky, analista político ucraniano[1]

Quero que os ucranianos olhem bem para os descendentes de Yezhov, Beria, os carrascos sangrentos do povo ucraniano. Essas pessoas [na Rada] *são descendentes daqueles que organizaram a Grande Fome, mataram milhões de ucranianos. Aqui estão eles! Aqui estão eles!*

Nikita Poturayev, Rada MP (2019-presente), chefe do Comitê de Política Humanitária e de Informação[2]

Por que o Instituto de Memória Nacional está impondo a narrativa das regiões de Lviv e Ivano-Frankivsk em todo o país? [...] [*S*]*e você tentar construir uma nação em um modelo do leste europeu ou húngaro, mais cedo ou mais tarde todos os territórios*

1 Kukova; Slutsky, "Gradus nenavisti ko vsemu russkomy ne tot!" [O grau de ódio por tudo que é russo é insuficiente!]. *360tv.ru*, 28 fev. 2019. Disponível em: <https://360tv.ru/news/tekst/gradus-nenavisti-ko-vsemu-russkomy-ne-tot!/>.

2 Kevorkyan, "Spasite nashi ushi" [Salve nossos ouvidos]. *Ukraina.ru*, 14 nov. 2019. Disponível em: <https://ukraina.ru/opinion/20191114/1025669123.html>. Acesso em: 22 dez. 2024.

> *irão embora. Eles não ficarão em um país onde uma narrativa é imposta por duas regiões.*
>
> Vadim Karasyov, analista político ucraniano[3]

Tanto o patriotismo quanto o nacionalismo são sentimentos poderosos para a mobilização política, mas enquanto o nacionalismo se mobiliza por meio de uma definição *excludente* de "quem pertence", o patriotismo se mobiliza por meio de uma definição *inclusiva* de "quem pertence". O patriotismo é inclusivo porque se baseia em critérios que podem ser escolhidos. O nacionalismo é excludente porque se baseia em critérios que são herdados. Para os tipos de nacionalismo que estão enraizados na etnia ou na raça, os princípios de exclusão são óbvios; torna-se um pouco mais obscuro quando a identidade cultural, o idioma ou a religião são usados para a exclusão. Em tais casos, a escolha pública de identidade do indivíduo é frequentemente tratada como um teste decisivo de pertencimento à nação.

O nacionalismo exige demonstrações públicas constantes de fidelidade à identidade por causa de seu medo de que a diversidade cultural possa minar a unidade nacional, levando à deslealdade e à traição. O patriotismo, embora possa não acolher a diversidade cultural, raramente tem medo dela, pois vê a lealdade dos cidadãos como enraizada em critérios cívicos, em vez de cultura, religião ou sangue.

Essa distinção é relevante para a Ucrânia porque, desde 2014, para unir a sociedade, o governo tem se apoiado no nacionalismo, em vez do patriotismo. Ambos podem produzir elementos de solidariedade social, mas afetam a maneira como as políticas governamentais são concebidas e executadas de forma muito diferente. Enquanto o patriotismo produz formas pluriculturais e inclusivas de solidariedade social, o nacionalismo produz formas étnica e culturalmente excludentes de solidariedade social. Essa diferença está no cerne da tragédia da Ucrânia.

Se olharmos para a experiência de outros países, vemos que há muitas maneiras de promover a harmonia social em sociedades divididas. Mas, quer estejamos falando do Canadá, da Bélgica, da África do Sul ou da Itália, o que todos esses países têm em comum é que seus diferentes constituintes étnicos aceitaram seu Outro como uma parte legítima da sociedade nacional. Esta é a primeira lição da tragédia grega clássica: sem compaixão pelo Outro, a verdadeira justiça não pode ser alcançada, porque alguma parcela da sociedade continuará ressentida e a sentir-se condenada ao ostracismo.

---

3 Karpenko, "Karasyov potreboval obuzdat vezde suyushchikh svoi nos galichan" [Karasyov exige que os galegos parem de meter o nariz em tudo]. *PolitNavigator.net*, 18 abr. 2020. Disponível em: <https://m.politnavigator.net/karasev-potreboval-obuzdat-vezde-suyushhikh-svojjnos-galichan.html/amp>.

Promover a compaixão é, portanto, essencial para a cura social. Cada lado deve reconhecer os medos que impulsionam seu comportamento – para os nacionalistas galegos, é o medo de perder sua identidade dentro de uma Ucrânia russófila; para os ucranianos maloross, é o medo de perder sua identidade dentro de uma Ucrânia galega. Ambos os medos podem ser mitigados mudando o discurso político do país de um discurso obcecado em estabelecer uma identidade nacionalista ucraniana excludente para um discurso concentrado em criar uma identidade cívica ucraniana inclusiva. Mas, como observou o cientista político ucraniano Andrei Yermolayev apropriadamente, isso exigiria que cada parte da sociedade ucraniana passasse por uma *catharsis*.[4]

A compaixão e o perdão, no entanto, só podem levar antigos inimigos até esse ponto. O passo seguinte crucial é restaurar a crença nas instituições sociais. Em *Eumênides*, Ésquilo sugere reconstituir o discurso político para tornar a reconciliação o princípio fundamental da nova ordem social. Se atualizássemos seu modelo, levando em conta o nacionalismo moderno, ele poderia ser algo assim:

Tabela 4.1 – O ciclo da tragédia e da cura

Ciclo trágico	**Resulta em...**	**Terapias de cura**	**Que levam a...**
Alterização/ Desumanização	Alienação social	Compaixão	Fóruns para reconciliação; a marginalização do discurso de ódio
Recusa para engajar diálogo	Medo e agressão	*Catharsis*	Reunificação em termos aceitáveis a todos
Desdém com relação a como as ações levam à catástrofe	Inabilidade de comunicação	Diálogo	Patriotismo cívico substituindo o nacionalismo

O nacionalismo tende a ser especialmente prejudicial à unidade social quando aplicado às políticas, porque privilegia um grupo em detrimento de todos os outros. Isso invariavelmente leva ao ressentimento contra o Estado, ao qual os regimes nacionalistas normalmente reagem redobrando seu compromisso ideológico. George Orwell refere-se a essa insistência na pureza ideológica, mesmo diante do dano visível que está causando à sociedade,

4 Chesnokova, "Esli Kiev ne proidet svoi katarsis, Donbass uidet k RF i Belorussii – Yermolaev" [Se Kiev não passar pela sua catarse, Donbass irá para a Rússia e para a Bielorrússia – Yermolaev]. *Ukraina.ru*, 18 dez. 2019. Disponível em: <https://ukraina.ru/news/20191218/1026067559.html>. Acesso em: 20 dez. 2024.

como parte dos "hábitos mentais" do nacionalismo.[5] É também a definição mais pura de tragédia: a incapacidade de reconhecer como as próprias ações estão levando à autodestruição.

Escolhas políticas orientadas ideologicamente certamente não são incomuns. Ao longo da história, o fracasso ideológico foi mascarado pelo fervor revolucionário. O valor da tragédia é que ela arranca essas máscaras e revela o dano causado ao ignorar a realidade. Ela faz isso, diz Raymond Williams, ao envolver o corpo político "de tal forma que a desordem subjacente se torna aparente e terrível de formas explicitamente trágicas. De toda a experiência dessa desordem, e por meio de suas ações específicas, a ordem é recriada".[6] Isso resume apropriadamente o que a Ucrânia vem passando desde 2014: a desordem está lentamente dando origem a uma nova ordem, na qual milhões de ucranianos russófilos não têm mais lugar.

Os contornos dessa nova ordem podem ser vistos mais claramente quando se olha como o nacionalismo influencia políticas governamentais específicas. Quando os mecanismos do governo democrático não conseguem controlar a imaginação nacionalista, a política econômica não tem a ver com criar riqueza, mas com inflar o ego nacional; a política cultural não tem a ver com equilibrar diversidade com unidade, mas com eliminar visões concorrentes; e a segurança nacional não tem a ver com promover o interesse nacional em um mundo interdependente, mas com retratar esse interesse como uma luta do Bem contra o Mal. Quando sobreposto a uma matriz política e cultural dividida como a da Ucrânia, o nacionalismo promove um ciclo vicioso que mina a unidade nacional.

No entanto, ainda há muitos na Ucrânia hoje que insistem na primazia do nacionalismo. Por exemplo, Olga Mikhailova, pesquisadora sênior do Instituto Ucraniano de Memória Nacional, argumenta que os problemas de Donbass e da Crimeia não decorrem das políticas nacionalistas do governo, mas da manipulação de conceitos como "direitos humanos" por aqueles que não estão dispostos a se juntar à nova Ucrânia. Essas pessoas, ela explica, são irracionais e, como a racionalidade é mais fundamental do que os direitos humanos, construir uma Ucrânia liberal *não* significa que todas as pessoas merecem direitos iguais. Os indivíduos devem primeiro provar que são dignos de direitos civis, demonstrando que são racionais em sua escolha de identidade nacional.[7]

---

5 Dag, "George Orwell: Notes on Nationalism". *Orwell.ru*, 29 dez. 2019. Disponível em: <https://orwell.ru/library/essays/nationalism/english/e_nat>. Acesso em: 27 nov. 2021.

6 Williams, *Modern Tragedy*, p.66.

7 Mykhailova, "Liberalizm: utopiya, yaka zdiisnyuyetsya cherez nas" [Liberalismo: uma utopia que se realiza através de nós]. *Ukrainska pravda*, 14 jul. 2015. Disponível em: <https://www.pravda.com.ua/columns/2015/07/14/7074453/>. Acesso em: 27 dez. 2024; Sleptsova, "Istorik Gritsak rasskazal, chto imenno mozhet obyedinit ukraintsev vostoka i zapada"

Os que defendem uma visão trágica da política alertam que esse caminho traz o desgosto sem fim, por causa das implicações perigosas de vincular o nacionalismo ao racionalismo. Como Reinhold Niebuhr explica, o racionalismo ignora as maneiras pelas quais o amor-próprio desmedido pode distorcer a própria razão, de modo que "a nação finge ser Deus".[8] Morgenthau ecoa esse alerta, descrevendo o nacionalismo moderno como "essencialmente uma religião política".[9]

Fortalecer os laços de lealdade dentro e para o Estado é sem dúvida vital para o sucesso de qualquer regime, mas a questão realmente é: como isso pode ser mais bem alcançado, por meio do nacionalismo ou do patriotismo? O nacionalismo é uma ideologia que serve aos propósitos políticos da nação ao fortalecer a lealdade nacional à custa de todas as outras lealdades.[10] A ascensão da nação e a expansão concomitante do Estado encorajaram a ascensão do nacional-socialismo e do fascismo no século XX. Os proeminentes refugiados desses regimes no pós-guerra, como Arendt e Morgenthau, tinham esperança de que a experiência da Europa servisse como um relato de advertência contra o potencial totalitário do nacionalismo moderno. Mas, com o passar do tempo, e à medida que as sociedades modernas se desviaram para a anomia, a solução do nacionalismo de recrutar vastos exércitos de indivíduos desesperados e isolados para o serviço da nação começou mais uma vez a soar atraente.[11]

Algumas características comuns do nacionalismo patrocinado pelo Estado são o irredentismo, a rejeição dos direitos individuais e das minorias e uma determinação obstinada de corrigir os erros do passado reescrevendo a cultura e a história. Essa necessidade de moldar o ambiente para conformá-lo à visão ideológica adequada da realidade invariavelmente leva à violência contra aqueles que resistem. É precisamente essa disposição de

[O historiador Grytsak explica o que exatamente pode unir os ucranianos do Leste e do Oeste]. *Natsionalnyi bank novostei*, 6 fev. 2020. Disponível em: <https://nbnews.com.ua/obshchestvo/2020/02/06/istorik-gricak-rasskazal-chto-imenno-mojet-obedinit-ykraincev-vostoka-i-zapada/>. Acesso em: 2 jan. 2025; Ben, "Liberal Nationalism Is the Cure Ukraine Needs to Treat its Post-Colonial Scars". *Euromaidan Press*, 16 maio 2021. Disponível em: <https://euromaidanpress.com/2021/05/16/liberal-nationalism-ukraine-riabchuk/>. Acesso em: 19 dez. 2024. Os historiadores Mykola Riabchuk e Yaroslav Hrytsak ofereceram versões mais sofisticadas do mesmo argumento.

8 Lang, "Reinhold Niebuhr on Tragedy, Irony, and Politics". *SSRN Scholarly Paper*, p.18, 18 ago. 2009. Disponível em: <https://papers.ssrn.com/abstract=1456940>. Acesso em: 19 dez. 2024.

9 Morgenthau, *The Tragedy of German-Jewish Liberalism*.

10 Judt, "The New Old Nationalism". *New York Review*, 26 maio 1994. Disponível em: <https://www.nybooks.com/articles/1994/05/26/the-new-old-nationalism/>. Acesso em: 2 jan. 2025.

11 Millard, "The Jealous God: A Problem in the Definition of Nationalism". *Ethnicities*, v.14, n.1, p.3-24, fev. 2014. Disponível em: <https://doi.org/10.1177/1468796813484724>. Acesso em: 22 dez. 2024; Llobera, *Recent Theories of Nationalism*.

"repudiar a civilidade", como Steven Grosby observa, a fim de alcançar a unidade nacional, que leva à violência.[12]

No melhor dos mundos possíveis, a subserviência do indivíduo à nação seria voluntária, mas, se não for, ela é necessária mesmo assim. Como Elie Kedourie afirma, "os membros de uma nação alcançam a liberdade e a plenitude cultivando a identidade peculiar de sua nação e afundando seus indivíduos no todo maior da nação".[13] Como o único objetivo que vale a pena perseguir, a nação exige lealdade inquestionável e não reconhece limites para essa lealdade.

Essa visão do nacionalismo dominou o pensamento das ciências sociais durante a segunda metade do século XX. Mais recentemente, gerou dois contra-argumentos. O primeiro, o cosmopolitismo, argumenta que há uma corrupção inerente ao nacionalismo que o torna irredimível. A ênfase colocada na soberania dos estados-nação é imoral e deve ser substituída pela visão de que a humanidade é um corpo único.[14] A cura para o nacionalismo é a cidadania global, que deve se tornar o novo foco da educação cívica e substituir a cidadania nacional.[15]

A outra resposta tem sido tentar salvar o nacionalismo de seus próprios excessos, atrelando-o a instituições liberais que o restringirão. Os defensores dessa visão, como Yael Tamir, Michael Ignatieff e Francis Fukuyama, argumentam que os Estados Unidos, a França e a Grã-Bretanha são todos exemplos desse bom tipo de "nacionalismo cívico", no qual a cidadania supera a lealdade étnica.[16]

Os críticos, no entanto, argumentam que o nacionalismo cívico não é de fato nacionalismo de forma alguma, porque ele privilegia os interesses do indivíduo sobre os da comunidade. Tamir e Ignatieff relutantemente admitem esse ponto, com o último concluindo de forma pessimista que "pode

---

12 Grosby, *Nationalism: A Very Short Introduction*, p.17.

13 Millard, "The Jealous God", p.3-24.

14 Bader, "Review Essays: *For Love of Country*, by Martha Nussbaum, Joshua Cohen; and Maurizio Viroli". *Political Theory*, v.27, n.3, p.379-97, 1999. Disponível em: <https://www.jstor.org/stable/192314>. Acesso em: 3 jan. 2025; Papastephanou, "Cosmopolitanism Discarded: Martha Nussbaum's Patriotic Education and the Inward-Outward Distinction". *Ethics and Education*, v.8, n.2, p.166-78, 2013. Disponível em: <https://doi.org/10.1080/17449642.2013.846057>. Acesso em: 26 dez. 2024; idem, "Patriotism and Pride beyond Richard Rorty and Martha Nussbaum". *International Journal of Philosophical Studies*, v.25, n.4, p.484-503, 2017. Disponível em: <https://doi.org/10.1080/09672559.2017.1342684>. Acesso em: 26 dez. 2024.

15 Nussbaum, "Patriotism and Cosmopolitanism". *Boston Review*, 1º out. 1994. Disponível em: <https://bostonreview.net/articles/martha-nussbaum-patriotism-and-cosmopolitanism/>. Acesso em: 26 dez. 2024.

16 Agnew, "Nationalism", em Duncan; Johnson; Schein, *A Companion to Cultural Geography*, p.221-37; Millard, "The Jealous God"; Fukuyama, "A Country of their Own: Liberalism Needs the Nation". *Foreign Affairs*, maio-jun. 2022. Disponível em: <https://www.foreignaffairs.com/articles/ukraine/2022-04-01/francis-fukuyama-liberalism-country>. Acesso em: 22 dez. 2024.

ser que a civilização liberal vá profundamente contra a inclinação humana e só seja alcançada e sustentada pela luta mais incessante contra a natureza humana".[17]

Mas tal pessimismo é baseado em uma premissa falsa – que o nacionalismo e o patriotismo são essencialmente a mesma coisa. Este é um erro comum tanto aos cosmopolitas, que argumentam que o potencial destrutivo do nacionalismo é frequentemente disfarçado de patriotismo, quanto aos nacionalistas liberais, que descrevem o amor de um patriota pelo lar e pela casa como natural, e o nacionalismo como a mesma coisa, em uma escala maior.

A razão para essa confusão é fácil de entender – a distinção de patriotismo do nacionalismo foi totalmente tragada pelo Estado-nação. Isso restringe severamente o componente cívico da democracia, tornando-a nada mais que uma extensão do Estado-nação. Vamos, portanto, em primeiro lugar, tomar um momento para relembrar o que tornou o patriotismo diferente do nacionalismo.

4.1 Patriotismo *versus* nacionalismo

Tanto o patriotismo quanto o nacionalismo envolvem o amor, a identificação e a preocupação especial por uma entidade específica. No caso do patriotismo, essa entidade é a *pátria* ou o país de alguém; no caso do nacionalismo, essa entidade é a *natio* ou o local de nascimento de alguém, o local de origem no sentido étnico/cultural.[18] Pode parecer natural pensar nos dois como a mesma coisa, mas isso é, na verdade, o resultado da manipulação criativa da história por elites nacionalistas. Quando um sistema político não é étnico, cultural ou religiosamente homogêneo, o patriotismo e o nacionalismo geralmente se separam.

A classicista Mary Dietz, que investigou profundamente as origens do termo *pátria*, remonta-o às cidades-estados da Grécia antiga. Este, não era um conceito territorial (como afirma Aristóteles, "a identidade de uma *pólis* não é constituída por seus muros"), mas, sim, significava que alguém participava ativamente da vida da *pólis*, o que era dever de todo cidadão. No Império Romano, ela diz, havia duas *patriae* – a cidade individual (*patria sua*) e a cidade de Roma ou pátria comum (*communis patria*).[19] O apego à pátria

17 Judt, "The New Old Nationalism".

18 Primoratz, "Patriotism and Morality: Mapping the Terrain". *Journal of Moral Philosophy*, v.5, n.2, p.204-26, 2008. Disponível em: <https://doi.org/10.1163/174552408X328984>. Acesso em: 21 dez. 2024.

19 Dietz, "Patriotism", em Ball; Farr; Hanson (orgs.), *Political Innovation and Conceptual Change*, p.178.

era, portanto, desde o início "profundamente municipal, até mesmo doméstico", diz John Schaar.[20]

Com a ascensão do cristianismo, a *pátria* de alguém poderia ser política ou espiritual, com o papa conectando as duas em sua capacidade como o Grande Construtor de Pontes (*Pontifex Maximus*). Às vezes, essas duas eram consideradas em harmonia, conforme descrito pelo imperador bizantino Justiniano em sua Sexta Novella; em outras ocasiões, eram vistos como estando em conflito, como descrito por Santo Agostinho, bispo de Hipona, em seu ensaio sobre *A cidade de Deus*.

O termo *pátria* não era amplamente usado em inglês até o século XVI, quando tornou-se necessário descrever um princípio político particular: a defesa da liberdade e dos direitos dos ingleses contra a tirania. Um patriota era alguém que "tomava posição ao lado do país (ou, mais exatamente, ao lado da Constituição) e contra os reis absolutistas".[21] No século XVIII, o termo "patriota" era usado para descrever alguém cuja autoridade derivava não do território, mas de um conjunto particular de princípios constitucionais e políticos: uma república livre, o amor à liberdade, a santidade da propriedade e, acima de tudo, um governo com limites. Em meados do século XIX, diz Dietz, o patriotismo na Inglaterra, portanto, envolvia a oposição ao Estado centralizado e à crescente ordem econômica do capitalismo.

Não antes da segunda metade do século XIX, o patriotismo tornou-se um apoio acrítico ao Estado-nação. À medida que a nação se converteu no objeto máximo da lealdade política, e o Estado, na corporificação da nação, o patriotismo foi reformulado como dever e serviço ao Estado. Isso tornou supérflua a necessidade de qualquer engajamento cívico direto entre os cidadãos que desviasse do Estado. A contradição inerente entre as formas patriótica e nacionalista de pensar sobre a política era, no entanto, ainda bem percebida. O *Oxford English Dictionary* traça o uso mais antigo conhecido do termo "nacionalismo" até 1844, quando foi descrito como uma "outra palavra para egoísmo".[22]

Hoje, para muitos acadêmicos, as necessidades da sociedade moderna deram origem ao Estado-nação. Isso pode ser lamentável, eles afirmam, mas é, no entanto, um fato consumado. Assim, Ross Poole, que se junta a Schaar e Dietz na crítica ao nacionalismo, conclui que "o patriota republicano será um nacionalista" porque a batalha para definir um papel político para a pátria além das fronteiras nacionais foi perdida.[23]

---

20 Schaar et al., "What Is Patriotism?". *The Nation*, 15 jul. 1991. Disponível em: <https://www.thenation.com/article/archive/what-patriotism/>. Acesso em: 22 dez. 2024.

21 Dietz, "Patriotism", p.183.

22 Ibidem, p.189*n*18.

23 Poole, "Patriotism and Nationalism", em Pavković; Primoratz (orgs.), *Patriotism: Philosophical and Political Perspectives*, cap.8.

Maurizio Viroli é um dos poucos que discorda. Como autor do único estudo completo da distinção entre a tradição republicana do patriotismo e a tradição estatista do nacionalismo, Viroli sugere que, mesmo agora, uma redescoberta do patriotismo poderia mudar a identidade cívica (cidadania) do Estado de volta para as comunidades locais, e restaurar o elo tradicional entre a localidade e a política que a tornava cívica. Restaurar o significado original do patriotismo, ele argumenta, poderia ser um poderoso antídoto para o nacionalismo.

De acordo com Viroli, o patriotismo exige uma mudança de uma identidade cultural baseada em territórios para uma identidade explicitamente cívica, razão pela qual a criação de uma república foi repudiada ou considerada uma questão de importância secundária pelos nacionalistas modernos iniciais. Enquanto o nacionalismo valoriza acima de tudo a unidade cultural, religiosa e étnica, o patriotismo valoriza acima de tudo a liberdade comum do povo, que está consagrada no ideal republicano de igualdade perante a lei.[24] A história da Europa do século XX ilustra a evolução desastrosa que o nacionalismo pode tomar quando é confundido com patriotismo. O antídoto de Viroli contra isso é um patriotismo separado do nacionalismo; um no qual a unidade política é baseada no compromisso republicano com o ideal do bem comum, em vez de na homogeneidade cultural, religiosa ou étnica.[25]

4.1.1 Os prós e os contras do patriotismo

Para os gregos, o patriotismo, ou o ativismo cívico, andava de mãos dadas com o cultivo da compaixão. O tema principal de *História da Guerra do Peloponeso*, de acordo com Lebow, é entender como a perda da compaixão levou à perda da harmonia social. Os gregos, cedendo a seu *frenesi* de guerra, tornaram-se inarticulados e incapazes de aplicar a linguagem ou o pensamento necessários para a deliberação comunitária. A revolta (*kinesis*) minou a convenção (*nomoi*) e encorajou atos selvagens (*tolma*). Tucídides escreveu *História da Guerra do Peloponeso* como "uma gramática para auxiliar na reconstrução da linguagem da política".[26] O patriotismo cívico poderia fazer o mesmo hoje para nossas sociedades frenéticas?

Como um caminho para restaurar a harmonia social e o discurso cívico, revigorar a distinção histórica entre o nacionalismo e o patriotismo tem várias vantagens. A primeira é que a orientação para o patriotismo cívico debilitaria diretamente a exclusividade do nacionalismo étnico, ao enfatizar

24 Kochin, "The Constitution of Nations". *The Good Society*, v.14, n.3, p.68-76, 2005. Disponível em: <https://doi.org/10.1353/gso.2006.0008>. Acesso em: 26 dez. 2024.

25 Viroli, *For Love of Country: An Essay on Patriotism and Nationalism*, p.183.

26 Lebow, *The Tragic Vision of Politics: Ethics, Interests and Orders*, p.299.

que a verdadeira cidadania significa a lealdade a instituições e práticas pluralistas.[27]

A outra vantagem é que o patriotismo é profundamente cético em relação ao Estado. Isso decorre de sua premissa de que os valores impostos pelo Estado só são moralmente válidos se forem universais.[28] Para os patriotas, há uma diferença crucial entre valores que derivam de princípios universais e valores que derivam de uma forma de pertencimento ou de um modo de vida.[29] Embora tanto o nacionalismo quanto o patriotismo tenham valores derivados da mesma fonte – "o povo, os lugares e os modos que nos nutrem" –, para o patriota, a devoção a esses valores por si só não é suficiente para justificar a lealdade ao Estado. Essa lealdade deve repousar sobre os limites estabelecidos em um pacto, ou Constituição, que dá primazia aos interesses compartilhados sobre identidades paroquiais.[30] "Meu país, certo ou errado"* é algo que nenhum patriota jamais poderia dizer, afirma G. K. Chesterton. Seria como dizer "Minha mãe, bêbada ou sóbria".[31] Para Szilárd Tóth János, a versão do patriota disso seria: "meu país pelos valores que ele segue".[32]

Uma terceira vantagem do patriotismo é que ele promove um dos laços sociais mais fortes e estáveis – a solidariedade cívica. O argumento para essa visão é o seguinte: se a liberdade é um bem inerente, então defender a liberdade na sociedade também é um empreendimento coletivo que torna os cidadãos dependentes uns dos outros. Transformar esse princípio abstrato em prática cotidiana requer um compromisso pessoal com a participação cívica, que o patriotismo pode produzir, mas o nacionalismo não.[33]

---

27 János, "Justifying Republican Patriotism". *Filozofija i Drustvo*, v.30, n.2, p.287-303, 2019. Disponível em: <https://doi.org/10.2298/FID1902287T>. Acesso em: 2 jan. 2025.

28 Primoratz, "Introduction". *Journal of Ethics*, v.13, n.4, p.293-9, 2009. Disponível em: <https://link.springer.com/article/10.1007/s10892-009-9063-1>. Acesso em: 22 dez. 2024.

29 Pavković; Primoratz (orgs.), *Patriotism*.

30 Reiner, "Rediscovering our Roots: John Schaar on Radical Politics Student Protest and the Amelioration of Alienation". [não publ.] Disponível em: <https://www.coursehero.com/file/51650625/Schaar-paper-draft-twodoc/>. Acesso em: 27 nov. 2021; Johnston, "This Patriotism Which Is Not One". *Polity*, v.34, n.3, p.285-312, 2002. Disponível em: <https://www.jstor.org/stable/3235393>. Acesso em: 2 jan. 2025.

* [Esta é uma referência do escritor inglês G. K. Chesterton (1873-1936), representante do Movimento Anti-Imperialista Patriótico (Little Englanders), no contexto da oposição à Guerra do Bôeres, quando ele comparou no mesmo nível moral as expressões "Meu país, certo ou errado" e "Minha mãe, bêbada ou sóbria". Cf. Vanineskaya, "'My Mother, Drunk or Sober': G. K. Chesterton and Patriotic Anti-Imperialism". *History of European Ideas*, v.34, n.4, p.535-47, 2008. Disponível em: <https://www.tandfonline.com/doi/full/10.1016/j.histeuroideas.2008.07.001>. Acesso em: 18 dez. 2024. (N. T.)]

31 Veith, "Chesterton on the Virtue of Patriotism". *Cranach*, 4 jul. 2018. Disponível em: <https://www.patheos.com/blogs/geneveith/2018/07/chesterton-on-the-virtue-of-patriotism/>. Acesso em: 21 dez. 2024.

32 János, "Justifying Republican Patriotism".

33 Pettit, *Republicanism: A Theory of Freedom and Government*.

Um forte compromisso pessoal com a participação cívica resulta de uma educação em valores cívicos. Tal educação naturalmente levará a um maior ativismo cívico, ao mesmo tempo que afasta os cidadãos do nacionalismo divisivo. Para Jürgen Habermas, este é um processo de reforço mútuo, que forma a vontade democrática da política juntamente com o reconhecimento do indivíduo de seu papel nela. Uma educação em valores cívicos, portanto, torna os cidadãos resistentes à sedução de ideologias nacionalistas e é essencial em qualquer política que busque um "patriotismo constitucional" que corporifique princípios democráticos.[34]

Enquanto Habermas enfatiza a racionalidade de promover uma identidade cívica comum, Simone Weil argumenta que não é menos importante para os patriotas cívicos promover uma visão compassiva de seus concidadãos. Como outros críticos da modernidade, Weil viu o problema da alienação como o resultado de indivíduos serem incapazes de encontrar "raízes" significativas nas nações modernas. As nações devem, portanto, trabalhar para restabelecer suas raízes (*enracinement*) e expandi-las em uma rede interconectada de laços cívicos, dentro da qual os indivíduos possam sentir um senso de pertencimento uns aos outros e à sua comunidade como um todo.[35]

Uma vantagem final que o patriotismo ostensivamente tem sobre o nacionalismo é que ele é inerentemente pacífico. Orwell insiste que o patriotismo, ao contrário do nacionalismo, "é por sua natureza defensivo, tanto militar quanto culturalmente".[36] Os patriotas republicanos ingleses do século XVIII eram de fato geralmente hostis ao colonialismo e apoiavam as reivindicações dos colonos americanos contra a Coroa.[37] Um século depois, os Little Englanders, como G. K. Chesterton, William Morris, Ernest Belfort Bax, C. F. G. Masterman e J. A. Hobson, colocaram o anti-imperialismo e a oposição à Guerra dos Bôeres no centro de seu argumento a favor do patriotismo. "O que realmente precisamos para a frustração e a derrubada de um jingoísmo surdo e estridente é um renascimento do amor pela terra nativa", escreveu Chesterton; especificamente, ele afirmou, um retorno ao patriotismo da cidade da Grécia antiga.[38]

À primeira vista, portanto, pode parecer que um renascimento do patriotismo, como uma alternativa ao nacionalismo, é simplesmente bem vindo,

34 Pavković; Primoratz (orgs.), *Patriotism*.

35 Weil, *The Need for Roots: Prelude to a Declaration of Duties towards Mankind*; Taylor, "Why Democracy Needs Patriotism", em Nussbaum et al., *For Love of Country: Debating the Limits of Patriotism*, p.120.

36 Dag, "George Orwell: Notes on Nationalism".

37 János, "Justifying Republican Patriotism", p.287-303; Priestley, *Political Writings*, p.140.

38 Vaninskaya, "'My Mother, Drunk or Sober'". Em *The Napoleon of Notting Hill*, o herói de Chesterton se pergunta por que a sua recém-criada nação de Notting Hill deveria "condescender em ser um mero Império? Você não pode se contentar com esse destino que foi o suficiente para Atenas, que foi o suficiente para Nazaré?".

mas os céticos levantaram uma série de preocupações. A primeira, e mais comum, é que não há diferença prática entre nacionalismo e patriotismo hoje. "A maior parte do que passa por patriotismo na linguagem comum", diz Michael Hechter, "são situações de nacionalismo de construção de Estado", portanto, os dois são intercambiáveis.[39] Outros estão dispostos a admitir que a diferença pode ser real o suficiente, mas que eles são usados para promover argumentos simplistas como "a diversidade cultural é boa, enquanto a unidade cultural é ruim".

Uma segunda objeção é que, embora os objetos de devoção para os patriotas, os nacionalistas e os cosmopolitas possam não ser os mesmos, não está claro por que qualquer um deles deveria ser inerentemente menos violento. O patriotismo é tão propenso a conflitos quanto o nacionalismo, diz Ignatieff, porque os países são lugares disputados.[40] À medida que o patriotismo cria laços de solidariedade, também forja divisões correspondentes entre os amigos e inimigos da república. Portanto, pode causar a ruína da dita república tanto quanto o nacionalismo.[41]

Os críticos do patriotismo também apontam que a nação não é meramente uma construção ideológica. Ela também é unida por parentesco e apegos emocionais, especialmente ao território considerado lar. As fronteiras, diz Veit Bader, não são derivadas de princípios de liberdade ou democracia, mas de vínculos primordiais. Ignorar esses vínculos resulta em um patriotismo emocionalmente vazio e pouco convincente.[42] O mesmo problema surge quando se tenta traduzir o vínculo emocional de alguém por uma cultura específica em um vínculo emocional pela humanidade divorciado da cultura.

Viroli contrapõe que, precisamente porque o amor à própria liberdade é tão profundo, ele "facilmente se estende além das fronteiras nacionais e se traduz em solidariedade".[43] Mas se o amor à liberdade pode se estender além das fronteiras nacionais e se apresentar como um ato de solidariedade, então também pode se tornar perigosamente messiânico, uma crítica que

39 Hechter, *Containing Nationalism*, p.17; Nathanson, "Nationalism and the Limits of Global Humanism", em McKim; McMahan (orgs.), *The Morality of Nationalism*; Craigie, "Unionism and Pan-Nationalism: Exploring the Dialectical Relationship between Minority and Majority Sub-State Nationalism", em Lecours; Moreno (orgs.), *Nationalism and Democracy: Dichotomies, Complementarities, Oppositions*, p.231.

40 Sardoč, "The Anatomy of Patriotism". *Anthropological Notebooks*, v.23, n.1, p.43-55, 2017. Disponível em: <https://www.researchgate.net/publication/317688502_The_anatomy_of_patriotism>. Acesso em: 26 dez. 2024.

41 Johnston, "This Patriotism Which Is Not One", p.285-312.

42 Bader, "Review Essays: *For Love of Country*"; Grosby, "Reviews the Book *For Love of Country: An Essay on Patriotism and Nationalism*, by Maurizio Viroli". *Ethnic & Racial Studies*, v.20, n.1, jan. 1997.

43 Johnston, "This Patriotism Which Is Not One", p.306.

é frequentemente dirigida à política externa norte-americana. A afirmação confiante de Schaar de que o patriotismo é mais pacífico do que o nacionalismo, pois "os patriotas não apoiam confortavelmente guerras de expansão ou guerras de 'princípio'", ignora tranquilamente a realidade de que eles *de fato* apoiam regularmente tais guerras.[44]

Finalmente, há o argumento de que, mesmo que uma distinção entre patriotismo e nacionalismo fosse válida e aplicável, ela não é mais prática.[45] O que esses críticos mais objetam é a ausência de instituições concretas para a formação de um sistema político patriótico, distinto do nacionalista. Os defensores do patriotismo, no entanto, argumentam que a educação deve preceder as instituições no estabelecimento de uma atitude cívica adequada. Uma educação patriótica adequada deve promover a compaixão e a solidariedade social, que serão então transmutadas em sentimentos e ações que sustentem a liberdade. Bader ridiculariza isso como o equivalente da ciência social à alquimia.[46] Além disso, sem uma alternativa em vigor, desafiar a devoção nacional corre o risco de minar o papel do Estado-nação nos assuntos globais. Habermas, Dietz e Nussbaum não têm problemas com isso, porque estão convencidos de que o Estado-nação já seguiu seu curso como um instrumento de progresso humano.[47] Outros, no entanto, veem escassas evidências disso e receiam desencadear o caos global.

Embora os críticos do renascimento do patriotismo levantem algumas preocupações válidas, também tendem a simplificar demais seus argumentos. Por exemplo, o argumento de que não há distinção discernível entre patriotismo e nacionalismo ignora a história distinta de ambos os termos. O argumento de que distinguir entre os dois hoje é inútil por causa da primazia do Estado-nação descarta a capacidade das campanhas de educação e informação de alterar a opinião pública. Finalmente, o argumento de que uma renovação do patriotismo sem nacionalismo não teria nenhum benefício prático se não fosse acompanhada por novas instituições, coloca o carro na frente dos bois. Certamente, as sociedades devem primeiro reconhecer que perderam a harmonia social e precisam restaurá-la, um processo que os gregos chamavam de *anagórise*, antes de pensar sobre os tipos de instituições que a sustentariam. Para os patriotas, isso não pode ocorrer sem primeiro mudar o lócus da política do nível nacional para o local.

Tendo examinado o impacto filosófico do nacionalismo ucraniano (e alternativas a ele), agora podemos rastrear seu impacto em áreas como a

44 Ibidem, p.310.

45 Bader, "Review Essays: *For Love of Country*".

46 Ibidem, p.388.

47 Pavković; Primoratz (orgs.), *Patriotism*. À semelhança de Dietz e de outros cosmopolitas, Habermas está convencido de que as principais tendências do mundo moderno são antitéticas ao Estado-nação.

política externa, a política cultural, a economia e até mesmo a política de saúde. Se o dano causado pelo nacionalismo parece amorfo e abstrato ao discutir narrativas históricas alternativas, ele emerge muito mais concretamente na arena política. É aqui que o nacionalismo tende a exacerbar reformas já difíceis e, portanto, enfraquece ainda mais a soberania ucraniana.

No restante deste capítulo, veremos como os hábitos mentais do nacionalismo se manifestaram na saúde, na economia e na política externa da Ucrânia desde 2014. Talvez o exemplo mais pungente sejam os esforços tortuosos da Ucrânia, no final de 2020 e no início de 2021, para obter de qualquer país uma vacina contra a Covid-19, exceto da Rússia.

4.2 A luta nacionalista para vacinar a Ucrânia

O esforço para a vacinação contra a Covid-19 pelo governo da Ucrânia agrupa todos os motivos ideológicos centrais do nacionalismo. Em primeiro lugar, o inimigo Outro – nesse caso, a Rússia – é rotulado como incompetente; sua vacina, portanto, está destinada a falhar. Em segundo lugar, o inimigo Outro é rotulado como ambíguo, e, dessa forma, sua aparente benevolência ao ofertar a vacina pode ser descartada com um truque. Em terceiro lugar, quaisquer afirmações contrárias são definidas como traições.

O tom foi dado pela Embaixada Norte-Americana em Kiev, que em 13 de outubro de 2020 convocou o ministro da Saúde da Ucrânia, Maxim Stepanov, para uma reunião urgente, depois que ele pareceu sugerir que a Ucrânia estaria disposta a comprar qualquer vacina aprovada pela Organização Mundial da Saúde (OMS), até mesmo a da Rússia.[48] Após a referida reunião, a embaixada declarou, em nome do ministro, que "a Ucrânia NÃO comprará a vacina russa contra a Covid, que não passou nos testes clínicos de segurança!".[49] Depois disso, tanto o ministro Stepanov quanto o chefe do Comitê da Rada para Saúde e Medicina, Mikhail Radutsky, insistiram que as conversações sobre a compra da vacina russa eram discutíveis, já que "a OMS não compraria a Sputnik V em nenhuma circunstância".[50]

48 "Minzdrav Ukrainy dopustil zakupku vaktsiny ot koronavirusa v Rossii" [Ministério da Saúde da Ucrânia permite compra de vacina contra o coronavírus da Rússia]. *RIA Novosti*, 13 out. 2020. Disponível em: <https://ria.ru/20201013/koronavirus-1579661882.html>. Acesso em: 26 dez. 2024.

49 U. S. Embassy Kyiv Ukraine, "CDA Kvien Hosted a Constructive and Collegial Dinner with Minister Stepanov". *Facebook*, 16 out. 2020. Disponível em: <https://www.facebook.com/usdos.ukraine/posts/10158431128031936>. Acesso em: 2 jan. 2025.

50 Ksenz; Terekhova, "Nikto ne zhdet VOZ" ["Ninguém está esperando pela Organização Mundial da Saúde"]. *Strana.ua*, 15 dez. 2020. Disponível em: <https://strana.one/news/306084-sputnik-v-vaktsina-proshla-li-tretju-fazu-ispytanij-kakimi-budut-issledovanija-s-astrazeneka.html>. Acesso em: 23 dez. 2024; "Ukraine Won't Buy Russian Coronavirus Vaccine". *UkrInform*, 15 out. 2020. Disponível em: <https://perma.cc/GSQ6-BGLL>. Acesso em: 2 jan. 2025.

Em dezembro de 2020, o político da oposição Viktor Medvedchuk, amigo do presidente russo Vladimir Putin, chegou a um acordo provisório com o governo russo para a produção da Sputnik V na Ucrânia, acordo que o governo rejeitou.[51] Como disse o ministro das Relações Exteriores da Ucrânia, Dmytro Kuleba, mesmo que fosse comprovada sua eficácia, a Sputnik V nunca seria usada na Ucrânia, pois "a Rússia não está interessada na saúde dos ucranianos, mas em impor sua propaganda e sua ideologia".[52]

No início de janeiro de 2021, portanto, como a maioria dos países europeus estava produzindo suas próprias vacinas ou organizando vários fornecedores, a Ucrânia chegou a um acordo com apenas um fornecedor, a empresa chinesa Sinovac Biotech, que afirmou somente poder fornecer doses de sua própria vacina para, aproximadamente, 2 a 5 milhões de pessoas. As autoridades ucranianas acrescentaram que também tinham promessas do consórcio Covax da Organização Mundial da Saúde para vários milhões de vacinas ainda não indicadas para serem entregues em uma data posterior.[53]

Um escândalo eclodiu mais tarde naquele mês, no entanto, quando o chefe da Câmara Médica Nacional da Ucrânia, Sergei Kravchenko, que também dirige o principal instituto de vacinas do país, declarou que não havia contratos reais. Como explicou, as duas agências de compras ucranianas concorrentes concordaram entre si sobre o que comprar, mas que a Sinovac Biotech não havia realmente concordado em fornecer nada.[54]

---

51 "RFPI gotov proizvodit vaktsinu 'Sputnik V' na Ukraine" [RDIF está pronto para produzir a vacina "Sputnik V" na Ucrânia]. *Kommersant*, 8 dez. 2020. Disponível em: <https://www.kommersant.ru/doc/4604712>. Acesso em: 29 dez. 2024.

52 "Lish by pomogla" [Se ao menos isso ajudasse]. *Timer-Odessa*, 24 dez. 2020. Disponível em: <https://web.archive.org/web/20220509011641/https://timer-odessa.net/news/lish_bi_pomogla_truhanov_ne_protiv_rossiyskoy_vaktsini_ot_koronavirusa_360.html>. Acesso em: 23 dez. 2024; "Ucrania pide ayuda a la UE para no tener que recurrir a la vacuna rusa". *La Vanguardia*, 13 jan. 2021. Disponível em: <https://www.lavanguardia.com/internacional/20210113/6181653/ucrania-pide-ayuda-ue-recurrir-vacuna-rusa.html>. Acesso em: 2 jan. 2025.

53 Tkachuk, "Ukraina ne uspela zakazat vaktsiny ot koronavirusa" [A Ucrânia não conseguiu encomendar uma vacina contra o coronavírus a tempo]. *Vesti*, *Vesti*, 4 jan. 2021. Disponível em: <https://vesti.ua/strana/zakupki-vaktsiny-provaleny-kogda-mozhno-budet-privitsya-ot-koronavirusa>; Ivankova, "Ukraina zakupit kitaiskuyu vaktsinu ot koronavirusa" [Ucrânia vai comprar vacina chinesa contra o coronavírus]. *Lenta.ru*, 30 dez. 2020. Disponível em: <https://lenta.ru/news/2020/12/30/korona_ukraine/>. Acesso em: 16 dez. 2024; Ksenz; Romanova, "Kitayskaya po tsene Amerikanskoy" [Chinês ao preço norte-americano]. *Strana.ua*, 30 dez. 2020. Disponível em: <https://strana.one/news/309533-ukraina-zakupit-kitajskuju-vaktsinu-coronavac-chto-o-nej-izvestno.html>. Acesso em: 23 dez. 2024.

54 "Kitaitsy dazhe ne znayut o dogovore naschyot ikh vaktsiny ot koronavirusa dlya Ukrainy" [Os chineses nada sabem sobre o contrato da sua vacina contra o coronavírus para a Ucrânia]. *Khrabro.od.ua*, 8 jan. 2021. Disponível em: <https://hrabro.od.ua/5770-kitajcy-dazhe-neznajut-o-dogovore-naschet-ih-vakciny-ot-koronavirusa-dlja-ukrainy-jepidemiolog.html>. Acesso em: 20 dez. 2024.

Quando isso se tornou conhecido, graças à reportagem investigativa da *112.ua*, uma das várias redes de oposição posteriormente retiradas do ar, o governo decidiu terceirizar sua compra de vacinas para a empresa britânica Crown Agents. Graças aos esforços desta última, 12 milhões de doses das vacinas CoviShield (AstraZeneca) e Novavax foram compradas do Serum Institute na Índia, com quem a Crown Agents tem um relacionamento de longa data. Isso levou a outro escândalo, no entanto, quando jornalistas notaram que, em 2008, o Serum Institute havia produzido uma vacina experimental contra rubéola e sarampo cujo uso na Ucrânia teve que ser suspenso após a morte de uma criança.[55]

Em um esforço para encontrar uma saída para esse desastre, em 20 de janeiro de 2021, a Rada decretou que qualquer vacina aprovada para uso nos Estados Unidos, Índia ou qualquer país da União Europeia seria automaticamente aceita na Ucrânia.[56] Isso se tornou problemático no dia seguinte, no entanto, quando a Hungria aprovou o uso da vacina russa Sputnik V.[57] Em 8 de fevereiro, portanto, o Gabinete de Ministros da Ucrânia proibiu especificamente o registro na Ucrânia de qualquer vacina russa anti-Covid, ou medidas profiláticas, aparentemente sem saber que 90% dos *kits* de teste PCR Covid da Ucrânia na época vinham da Rússia.[58]

---

55 Romanova, "Ne proshla ispytaniy" ["Não passou no teste"]. *Strana.ua*, 6 fev. 2021. Disponível em: <https://strana.one/news/316073-novavaks-podrobnoe-opisanie-vaktsiny-dlja-ukrainy.html>. Acesso em: 26 dez. 2024. A Unicef forneceu 9 milhões de vacinas gratuitas para a Ucrânia, mas os médicos ucranianos se recusaram a certificá-las, dizendo que não foram testadas. No entanto, o diretor médico chefe da Ucrânia, Nikolai Prodanchuk, permitiu que fossem administradas de qualquer maneira.

56 Kondakova, "Ukraina zaplatit zhiznyami lyudei za reshenie po vaktsine" [A Ucrânia falhou no teste de europeidade. Pagará com a vida das pessoas]. *Ukraina.ru*, 22 jan. 2021. Disponível em: <https://ukraina.ru/exclusive/20210122/1030322728.html>. Acesso em: 21 dez. 2024.

57 Thorpe, "Coronavirus: Hungary First in EU to Approve Russian Vaccine". *BBC News*, 21 jan. 2021. Disponível em: <https://www.bbc.com/news/world-europe-55747623>. Acesso em: 26 dez. 2024; "Slovachchyna pidtverdyla kupivlyu 2 milioniv doz rosiiskoi Covid-vaktsyny" [Eslováquia confirma compra de 2 milhões de doses da vacina russa contra a Covid]. *Euro Integration*, 1º mar. 2021. Disponível em: <https://www.eurointegration.com.ua/news/2021/03/1/7120396/>. Acesso em: 30 dez. 2024.

58 Kabinet Ministriv Ukrainy, "Deyaki pytannya derzhavnoi reiestratsii vaktsyn abo inshykh medychnykh imunobiolohichnykh preparativ dlya spetsyfichnoi profilaktyky hostroi respiratornoi khvoroby Covid-19, sprychynenoi koronavirusom Sars-CoV-2, pid zobovyazannya dlya ekstrenoho medychnoho zastosuvannya" [Gabinete de Ministros da Ucrânia, "Alguns problemas de registro estatal de vacinas ou outros medicamentos imunobiológicos médicos para a prevenção específica da doença respiratória aguda Covid-19 causada pelo coronavírus Sars-Cov-2, sob a obrigação de uso médico de emergência]. 8 jul. 2021. Disponível em: <https://perma.cc/7PZ3-V9UH>. Acesso em: 15 mar. 2025; Storozhenko, "Ukraine prishlos prinyat srochnuyu pomoshch Rossii" [Ucrânia é forçada a aceitar ajuda emergencial da Rússia]. *Vzglyad*, 16 fev. 2021. Disponível em: <https://vz-ru.turbopages.org/vz.ru/s/world/2021/2/16/1085348.html>. Acesso em: 27 dez. 2024.

No início de fevereiro de 2021, o jornal médico britânico *The Lancet* publicou os resultados positivos da terceira rodada de testes clínicos da Sputnik V. Publicamente, no entanto, o ministro Stepanov continuou a insistir que "ninguém" acreditava na eficácia da vacina, acrescentando que "a questão da Sputnik é política, seja qual for a direção que você tome".[59]

Então, inesperadamente, a Agência Nacional Anticorrupção e o Gabinete da Promotoria Especializada em Anticorrupção abriram investigações criminais no Ministério da Saúde pela primeira compra da vacina chinesa Sinovac.[60] O ministro Stepanov imediatamente os acusou de falta de patriotismo e de tentar forçar a Ucrânia a comprar a Sputnik V. Ele alertou de forma ameaçadora que isso levaria a um ataque furtivo da Rússia aos militares ucranianos, enfraquecidos por sua falta de vacinação.[61]

Não tendo conseguido obter qualquer vacina até sua própria data-limite de 15 de fevereiro, Stepanov voou para a Índia para tomar posse pessoalmente de 500 mil doses da CoviShield compradas às pressas pela até então desconhecida empresa intermediária, Grace of God, por 1,59 bilhão de hryvnias (56,7 milhões de dólares).[62]

Um mês depois, no entanto, a Índia suspendeu abruptamente todas as remessas de vacinas para a Ucrânia. De acordo com o chefe do Comitê de

59 Poskannaya, "Stepanov: skolko lyudei privili v Rossii?" [Stepanov: Quantas pessoas já foram vacinadas na Rússia?]. *Gordon.ua*, 9 fev. 2021. Disponível em: <https://gordonua.com/news/politics/stepanov-skolko-lyudey-privili-v-rossii-u-nih-samih-problemy-so-sputnikom-v-nikto-ne-verit-chto-eta-vakcina-effektivna-1539242.html>. Acesso em: 6 jan. 2025.

60 Romanova, "Pervyi zhe kontrakt na grani sryva" [O primeiro contrato está à beira de um colapso]. *Strana.ua*, 16 fev. 2021. Disponível em: <https://perma.cc/A2DS-P5D5>. Acesso em: 26 dez. 2024.

61 Kovalevich, "Borba s rossiiskoi vaktsinoi" [Combatendo a vacina russa]. *Ukraina.ru*, 17 fev. 2021. Disponível em: <https://ukraina.ru/exclusive/20210217/1030578456.html>. Acesso em: 19 dez. 2024.

62 "Minzdrav Ukrainy Zapretil Rasprostranyat Informatsiyu o Proizvoditelyakh i Postavshchikakh Vaktsin Ot Covid-19" [O Ministério da Saúde da Ucrânia proíbe a divulgação de informações sobre fabricantes e fornecedores de vacinas contra a Covid-19]. *Gordon.ua*, 3 mar. 2021. Disponível em: <https://gordonua.com/news/society/minzdrav-ukrainy-zapretil-rasprostranyat-informaciyu-o-proizvoditelyah-i-postavshchikah-vakcin-ot-covid-19-1542329.html>. Acesso em: 26 dez. 2024; Ukraine, "Pro dostup do publichnoi informatsii" [Sobre o acesso à informação pública]. *Ofitsiinyi vebportal parlamentu Ukrainy*, seç.II, art.6º, §5, 13 jan. 2011, n.2939-VI. Disponível em: <https://zakon.rada.gov.ua/go/2939-17>. Acesso em: 30 nov. 2021; Wenk, "Nedoverie, util, prosrochka, novyi shtamm" [Desconfiança, sucata, vencido, nova cepa]. *Strana.ua*, 1º mar. 2021. Disponível em: <https://strana.one/news/320337-vaktsinatsija-v-ukraine-kak-ona-idet-na-1-marta-2021-koronavirus-novosti.html>. Acesso em: 4 jan. 2025; "Minzdrav Ukrainy zapretil razglashat usloviya zakupki vaktsin" [O Ministério da Saúde da Ucrânia proíbe a divulgação das condições de aquisição das vacinas]. *Ukraina.ru*, 4 mar. 2021. Disponível em: <https://ukraina.ru/news/20210304/1030737437.html>. Acesso em: 26 dez. 2024. Nunca ficou esclarecido se esse valor foi pago apenas pela remessa inicial ou por todos os 12 milhões de doses mencionados na imprensa, já que, em 19 de fevereiro, o Ministério da Saúde proibiu a divulgação de qualquer informação sobre produtores, fornecedores ou preços de suas vacinas.

Saúde e Medicina da Rada, Mikhail Radutsky, isso foi feito, em parte, por causa de "declarações difamatórias sobre a Índia como fabricante de medicamentos" feitas por políticos ucranianos.[63] Nesse meio-tempo, a vacina Sinovac, comprada pela Ucrânia originalmente da China em janeiro, começou a chegar, mas apenas um décimo do número encomendado.[64] O ministro da Saúde Stepanov resolveu esse problema declarando que o tempo entre a primeira e a segunda dose da vacina seria estendido de três semanas para doze semanas a fim de, segundo ele, "aumentar sua eficácia".[65] Entretanto, isso não seria possível para a vacina indiana CoviShield, que expirou no final de junho de 2021.[66]

Dados todos esses escândalos, não é de se surpreender que a própria campanha de vacinação tenha sido recebida com um ceticismo generalizado. A porcentagem de indivíduos vacinados com apenas uma dose estava abaixo de 35% no final de fevereiro de 2022, em comparação com 73% na União Europeia, e mais de 50% na Rússia.[67]

Como a saga da vacina da Ucrânia se desenrolou tão rapidamente, é fácil rastrear como a aplicação do nacionalismo à política levou a Ucrânia a se tornar o último país da Europa a começar a vacinação em massa. Os argumentos contra o uso da vacina russa Sputnik V, que naquela época já estava sendo administrada na Hungria, Eslováquia e San Marino, mudaram com uma velocidade tão vertiginosa que sua natureza ideológica se tornou impossível de esconder. Quando o vice-primeiro-ministro Oleksiy Reznikov se referiu à taxa de mortalidade da Covid nas regiões rebeldes de Donbass como "genocídio médico", e duas semanas depois disse que administrar a vacina Sputnik V na região para combatê-la era um "crime de guerra", isso se encaixava perfeitamente no padrão.[68]

---

63 Grigorskaya, "'On odin raz skazal, a my raskhlebyvaem'" ["Ele disse isso uma vez e agora somos nós que temos que limpar a bagunça"]. *NV*, 26 mar. 2021. Disponível em: <https://nv.ua/ukraine/politics/vakcina-covishield-maksim-stepanov-obvinil-petra-poroshenko-v-sryve-postavok-50150371.html>. Acesso em: 27 dez. 2024.

64 Kuznetsova, "Ocherednoi korruptsionnyi skandal" [Outro escândalo de corrupção]. *NewsUa.RU*, 26 mar. 2021. Disponível em: <https://is.gd/zLkPoi>. Acesso em: 15 mar. 2025.

65 "V Kieve priznali, chto Ukraina ostalas bez indiiskoi vaktsiny ot Covid-19" [Kiev admite que Ucrânia ficou sem vacina indiana contra a Covid-19]. *Novorosinform*, 26 mar. 2021. Disponível em: <https://novorosinform.org/v-kieve-priznali-chto-ukraina-ostalas-bez-indijskoj-vakciny-ot-yayayayayayayaya-10716.html>. Acesso em: 2 jan. 2025.

66 Kotlyar, "'Zolotaya Gora' ot Minzdrava" ["Montanha Dourada" do Ministério da Saúde]. *Zerkalo Nedeli*, 1º mar. 2021. Disponível em: <https://zn.ua/Health/zolotaja-hora-ot-minzdrava-.html>. Acesso em: 16 dez. 2024.

67 "Share of People Who Received at Least One Dose of Covid-19 Vaccine". *Our World in Data*, 2 dez. 2020. Disponível em: <https://ourworldindata.org/grapher/share-people-vaccinated-covid>. Acesso em: 10 maio 2022.

68 "Reznikov o vaktsinatsii v Krymu i Ordlo" [Reznikov sobre vacinação na Crimeia e Ordlo (Áreas específicas das regiões de Donbass e Lugansk)]. *RBC Ukraina*, 25 fev. 2021. Disponível em: <https://news.rbc.ua/rus/politics/reznikov-vaktsinatsii-krymu-ordlo-eto-voennoe-1614265151.html>. Acesso em: 29 dez. 2024; Tovt, "Indiiskaya vaktsina CoviShield kotoroi

O compromisso ideológico do governo de se distanciar da Rússia a qualquer custo o impediu de avaliar realisticamente as chances da Ucrânia de obter uma vacina rapidamente de qualquer outra fonte em um ambiente internacional tão cruel. Os desentendimentos dentro da comunidade médica ucraniana fizeram que o governo emitisse mensagens confusas, minando ainda mais a confiança pública. Em maio de 2021, 70% das pessoas pesquisadas disseram que a campanha de vacinação do governo havia fracassado. Destas, 72% citaram a falta de profissionalismo no governo e os interesses políticos em relação à seleção de vacinas como os principais motivos.[69] O desastre da vacina na Ucrânia pode ser um exemplo particularmente gritante das viseiras ideológicas que o nacionalismo pode impor à política, mas não é atípico. O mesmo padrão se desenrolou na política externa, na política econômica e na política cultural. Apesar de seus repetidos fracassos, no entanto, o governo continuou a reafirmar seus compromissos ideológicos, em vez de ajustar suas políticas.

Os cientistas sociais que veem a formulação de políticas como um processo racional de tomada de decisão acharão isso perturbador. Isso questiona sua suposição de que os seres humanos agem para maximizar seu próprio interesse, que é motivado em grande parte, embora não exclusivamente, por benefícios tangíveis, em vez de noções preconcebidas. Mas se alguém aceita que tais noções também são um fator na formulação de políticas, então surge uma perspectiva mais esperançosa. Por exemplo, se um conjunto de suposições culturais (por exemplo, o nacionalismo) leva a políticas que perturbam a harmonia social, então substituí-lo por um conjunto alternativo de suposições culturais (por exemplo, o patriotismo cívico) deve levar a políticas que perturbam o ciclo trágico e promovem a harmonia social. É essa proposição que exploraremos agora.

4.3 As consequências do nacionalismo econômico

Começo com o pressuposto de que um mínimo de crescimento econômico é necessário para a estabilidade social. Mesmo um crescimento muito

---

privivayut ukraintsev, byla zergistrirovana bez sertifikatsii" [Vacina indiana contra o coronavírus recebe certificado do Reino Unido após ser enviada para a Ucrânia]. *Strana.ua*, 5 mar. 2021. Disponível em: <https://strana.news/news/321200-zakuplennaja-ukrainoj-indijskaja-vaktsina-proizvedena-na-nesertifitsirovannoj-ploshchadke.html>. Acesso em: 16 dez. 2024. Reznikov descreveu-a inicialmente como um crime de guerra, uma vez que não tinha sido certificada para uso na Ucrânia, aparentemente sem saber que o mesmo era verdade para a vacina indiana CoviShield, que foi registada para uso sem a necessária certificação do Serviço Médico do Estado.

69 "Dinamika sotsialno-politychnykh nastroiv ta otsinok naselennya Ukrainy" [Tendências nos sentimentos sociopolíticos e avaliações da população ucraniana]. *Center Social Monitoring*, maio 2021. Disponível em: <https://smc.org.ua/dynamika-sotsialno-politychnyh-nastroyiv-ta-otsinok-naselennya-ukrayiny-traven-2021-roku-2-2611>.

modesto, mas previsível, permite que os cidadãos anseiem por uma aposentadoria confortável, por um futuro melhor para seus filhos e, assim, cria um senso de confiança no governo e em suas instituições. As sociedades divididas que vivenciam um crescimento econômico estável conseguiram traduzir isso em unidade social, já que a prosperidade tende a reforçar o apoio ao governo do momento e colocar seus críticos na defensiva. Por outro lado, o declínio econômico prolongado leva a questões sobre a competência do governo e sua escolha de estratégia.

Uma exceção notável a essa regra é se o governo puder colocar a culpa do colapso da economia em um inimigo externo. Isso pode levar a um efeito de "manifestação em torno da bandeira", como mais uma vez vimos desde a invasão russa de 2022. No entanto, o problema de culpar um inimigo externo pelas dificuldades é que isso também implica que as causas dessas dificuldades são artificiais e temporárias. Se as dificuldades persistirem, e o governo ainda não for capaz de lidar com elas, isso coloca em questão não apenas a competência do governo, mas também sua alegação de que as dificuldades da sociedade estão enraizadas em externalidades.

Em 1991, a Ucrânia foi prevista como uma das principais beneficiárias da independência da União Soviética. Cerca de 40% do complexo militar-industrial soviético e 60% de sua indústria pesada estavam localizados em território ucraniano.[70] Graças aos subsídios das autoridades centrais, o nível *per capita* de consumo do consumidor da Ucrânia era 12% maior do que o da República Socialista Federativa Soviética Russa (RSFSR).[71] Ela também tinha uma agricultura bem desenvolvida, capaz de garantir comida suficiente para si mesma e para outras nações.

Esses foram alguns dos argumentos apresentados pelos apoiadores da independência ucraniana. Durante os referendos de 1991, ativistas da independência distribuíram folhetos comparando a riqueza nativa da Ucrânia com países como Alemanha, Itália e França, apontando que, em muitas categorias, a Ucrânia estava melhor do que esses países. Atribuíam a

70 Ishchenko, "'S treskom provalivsheesya gosudarstvo'" ["Um Estado que falhou como uma névoa"]. *Dosie*, 9 mar. 2015. Disponível em: <https://dosie.su/politika/21225-rostislav-ischenko-s-treskom-provalivsheesya-gosudarstvo.html>. Acesso em: 29 dez. 2024.

71 "Na moment obreteniya nezavisimosti dolya promyshlennosti v VVP Ukrainy byla 44%, segodnya – tolko 14%" [Na época da independência, a participação da indústria no PIB da Ucrânia era 44%, hoje é apenas 14%]. *Finansovoe obozrenie*, 12 out. 2016. Disponível em: <https://finoboz.net/finances/na-moment-obreteniya-nezavisimosti-dolya-promyshlennosti-v-vvp-ukrainy-byla-44-segodnya-tolko-14/>. Acesso em: 26 dez. 2024; Zapolski, "Kto kogo kormil v SSSR" [Quem alimentou quem na URSS e quem perdeu mais com o seu colapso]. *Komsomolskaya pravda*, 28 set. 2017. Disponível em: <https://www.kp.ru/daily/26571.7/3586720/>. Acesso em: 16 dez. 2024; Polunin, "Den utrachennoi nezavisi mosti" [Dia da independência perdida]. *Ukraina.ru*, 24 ago. 2015. Disponível em: <https://ukraina.ru/independence/20150824/1014059666.html>. Acesso em: 15 mar. 2025.

diferença à transferência da riqueza da Ucrânia para Moscou.[72] O primeiro presidente da Ucrânia, Leonid Kravchuk, previu que não levaria mais de dez anos para a Ucrânia se tornar o país mais rico da Europa, "uma segunda França".[73]

No entanto, rapidamente ficou claro que a economia da Ucrânia não estava se desenvolvendo como previsto. Cinco anos após a independência, o número de fábricas havia diminuído em 80%.[74] A produção industrial começou um declínio constante que resultou no encolhimento do produto interno bruto (PIB) da Ucrânia de US$ 81,5 bilhões em 1990 para apenas US$ 31,6 bilhões em 1999.[75] A população também caiu vertiginosamente, de uma alta de 52 milhões para apenas 43 milhões em 2021, embora, não oficialmente, os observadores considerem 33 a 35 milhões um número mais realista.[76] Privados de recursos financeiros e de pessoas, os serviços sociais também diminuíram: entre 1991 e 2016, o número de hospitais caiu 56%, de escolas, 23%, e o número de livros publicados, 71%.[77]

A questão é por quê? Um grupo de analistas argumenta que é porque a Ucrânia fracassou em adotar reformas econômicas e políticas verdadeiramente radicais. Esse fracasso, que frequentemente atribuem à influência russa, gerou corrupção. Romper os laços com a economia da Rússia reduziria essa corrupção e promoveria reformas econômicas muito necessárias. Essa visão, fortemente pressionada por governos ocidentais, foi apoiada pelo presidente Viktor Yushchenko e, mais tarde, pelos presidentes Poroshenko e Zelensky.

Mas, sob esses presidentes, a esperada decolagem econômica nunca ocorreu porque as políticas pró-ocidentais dos governos ucranianos não

72 Bondarenko, "Territorialnaya tselostnost i mezhdunarodnoe priznanie Ukrainy pod somneniem (I)" [A integridade territorial da Ucrânia e o seu reconhecimento internacional estão em xeque (I)]. *Dzen*, 25 ago. 2017. Disponível em: <https://dzen.ru/a/WZ-gPE_9EwoPTKQe>. Acesso em: 29 dez. 2024; Krigel, "Mavra z hranatamy" [Macaco com granadas]. *Ukrainskaya pravda*, 3 dez. 2020. Disponível em: <https://www.pravda.com.ua/rus/articles/2020/12/3/7275645/>. Acesso em: 26 dez. 2024. Para o vigésimo aniversário da independência da Ucrânia em 2010, o Partido Comunista da Ucrânia reimprimiu esses folhetos.

73 Kevorkyan, "Ne slyshny v mozgu dazhe shorokhi" [Nem mesmo um farfalhar pode ser ouvido no cérebro]. *Ukraina.ru*, 9 jun. 2020. Disponível em: <https://ukraina.ru/opinion/20200609/1027938143.html>. Acesso em: 26 dez. 2024.

74 Dudchak, "Posol SShA prodolzhaet razdavat tituly Ukraine" [O Embaixador dos EUA continua distribuindo títulos para a Ucrânia]. *Ukraina.ru*, 10 mar. 2016. Disponível em: <https://ukraina.ru/analytics/20160310/1015841918.html>. Acesso em: 16 dez. 2024.

75 Sakwa, *Frontline Ukraine: Crisis in the Borderlands*, p.51.

76 Koshkina; Butsko, "Ruslan Stefanchuk: 'Use vyrishuie Zelenskyi'" [Ruslan Stefanchuk: "Tudo é decidido por Zelensky"]. *LB.ua*, 22 maio 2019. Disponível em: <https://lb.ua/news/2019/05/22/427531_ruslan_stefanchuk_use_virishuie.html>. Acesso em: 30 dez. 2024.

77 Knyazev, "Ukraina protiv USSR" [Ucrânia vs. RSS da Ucrânia]. *Svobodnaya Pressa*, 8 out. 2017. Disponível em: <https://svpressa.ru/economy/article/183050/>. Acesso em: 2 jan. 2025.

resultaram em um nível correspondente de investimento ocidental. Em contraste, as políticas pró-Rússia geralmente o fizeram. Isso pode ser visto pelo fato de que o PIB real na Ucrânia cresceu sob Kuchma, entre 2000 e 2013, depois encolheu sob Yushchenko e depois aumentou novamente, embora não tão drasticamente, sob Yanukovych.[78] Os melhores anos para o crescimento econômico na Ucrânia foram de 2002 a 2004, quando sua economia cresceu espantosos 29,4%, com base em exportações massivas para a Rússia e a Comunidade dos Estados Independentes (CEI).[79] A implicação óbvia, para grande desgosto dos nacionalistas ucranianos, é que os ucranianos se beneficiam mais de laços econômicos mais estreitos com a Rússia.

Durante os primeiros 25 anos de independência, para o bem ou para o mal, a economia ucraniana foi mantida à tona em grande parte graças à sua estreita integração com a russa. Ambos os países sofreram com o colapso da União Soviética e a competição econômica ocidental, mas a preservação da indústria e da manufatura da era soviética da Ucrânia deu-lhe uma vantagem competitiva nos mercados da antiga União Soviética que ela não tinha em nenhum outro lugar. Embora a preservação dessa infraestrutura tenha atrasado a transição da Ucrânia para uma economia de mercado, ela também aliviou os custos sociais dessa transição para a população.

A Rússia foi de longe o maior parceiro comercial da Ucrânia, respondendo por mais de 30% de seu comércio exterior em 2012, mais do que toda a UE combinada.[80] Cinco milhões de ucranianos trabalharam sazonalmente na Rússia, enviando de volta US$ 7,5 bilhões, o que foi 20% a mais do que

---

78 Bogapov, "V 2000-2004 VVP Ukrainy vozrastal v srednem na 8,4% v god, a v 2014-2017 padal na 4,8%" [Em 2000-2004, o PIB da Ucrânia cresceu em média 8,4% ao ano, enquanto em 2014-2017 caiu 4,8%]. *Zerkalo Nedeli*, 13 ago. 2018. Disponível em: <https://zn.ua/ECONOMICS/v-2000-2004-vvp-ukrainy-vozrastal-v-srednem-na-8-4-v-god-a-v-2014-2017-padal-na-4-8-291506_.html>. Acesso em: 22 dez. 2024; "Investitsionnyi potentsial Ukrainy obnulilsya" [O potencial de investimento da Ucrânia foi reduzido a zero, diz especialista]. *Ukrainsky vybor*, 31 ago. 2018. Disponível em: <https://web.archive.org/web/20190914044141/http://vybor.ua/news/economy/investicionnyy_potencial_ukrainy_obnulilsya_ekspert.html>. Acesso em: 22 dez. 2024; Tikhy, "15 let s rynochnoi ekonomikoi" [15 anos com uma economia de mercado]. *Ukraina.ru*, 14 fev. 2021. Disponível em: <https://ukraina.ru/20210214/1030533644.html>. Acesso em: 21 dez. 2024; "Investory ne verya zayavleniyam Kieva o vosstanovlenii ekonomiki Ukrainy" [Os investidores não acreditam nas declarações de Kiev sobre a restauração da economia ucraniana]. *Finanz.ru*, 16 fev. 2021. Disponível em: <https://perma.cc/4G8F-GVUH>. Acesso em: 22 dez. 2024.

79 Medvedchuk, "Ekonomika Ukrainy v srednesrochnoi perspektive ne sposobna vyiti na pokazateli dokrizisnogo 2013 goda" [A economia da Ucrânia não será capaz de atingir os níveis pré-crise de 2013, no médio prazo]. *Ukrainsky vybor*, 7 jul. 2017. Disponível em: <https://web.archive.org/web/20200804055751/http://vybor.ua/article/economika/ekonomika-ukrainy-v-srednesrochnoy-perspektive-ne-sposobna-vyyti-na-pokazateli-dokrizisnogo-2013-goda.html>. Acesso em: 4 jan. 2025.

80 "Ukraina i Rossiya" [Ucrânia e Rússia]. *Tass*, [s.d.]. Disponível em: <https://tass.ru/ukraina/predystoriya>. Acesso em: 2 jan. 2025.

o investimento estrangeiro direto total em 2012.[81] Além disso, a Ucrânia obteve uma receita de vários bilhões de dólares por ano com o trânsito de gás russo para a Europa através de seu território.

O primeiro-ministro russo Dmitry Medvedev estima o valor acumulado das flexibilizações tarifárias, das preferências comerciais e dos subsídios de gás que a Ucrânia recebeu da Rússia entre 1991 e 2014 em aproximadamente US$ 250 bilhões.[82] Durante o mesmo período, instituições financeiras ocidentais prometeram à Ucrânia US$ 62 bilhões em empréstimos para implementar reformas, mas na verdade desembolsaram menos da metade desse valor. Esses empréstimos para a Ucrânia eram regularmente suspensos devido ao fracasso do país em realizar as reformas sugeridas pelo Ocidente.[83]

4.3.1 As relações econômicas com a Rússia e o DCFTA

Na véspera do Maidan de 2014, os principais argumentos a favor da assinatura da Área de Livre Comércio Abrangente e Profunda (DCFTA, na sigla em inglês), comumente conhecido como Acordo de Associação da UE, eram seus supostos benefícios de longo prazo.[84] Prosseguir com os negócios de sempre com a Rússia foi retratado como um pacto com o diabo, enquanto os benefícios da associação da UE eram frequentemente exagerados para o público ucraniano.[85]

---

81 Sakwa, *Frontline Ukraine*, p.51.

82 "D. Medvedev podschital, skolko mlrd doll. SShA Rossiya podarila Ukraine" [D. Medvedev calcula quantos bilhões de dólares norte-americanos a Rússia deu à Ucrânia]. *Neftegaz*, 10 dez. 2014. Disponível em: <https://neftegaz.ru/news/politics/235589-d-medvedev-podschital-skolko-mlrd-doll-ssha-rossiya-podarila-ukraine/>. Acesso em: 19 dez. 2024.

83 Kalachova; Abbasova, "Komu i skilky vynna derzhava Ukraina" [A quem e quanto o Estado da Ucrânia deve?]. *Ukrainska pravda*, 30 mar. 2016. Disponível em: <https://epravda.com.ua/publications/2016/03/30/587267/>. Acesso em: 22 dez. 2024.

84 Movchan; Giucci, *Quantitative Assessment of Ukraine's Regional Integration Options: DCFTA with European Union vs. Customs Union with Russia, Belarus and Kazakhstan*. Disponível em: <http://www.case-research.eu/sites/default/files/Movchan_0.pdf>. Acesso em: 4 jan. 2025; Poluneev, *Ukraine: Ten Shocks*. Disponível em: <https://sites.krieger.jhu.edu/iae/files/2017/04/Yuri_Poluneev_Ukraine_Ten_Shocks.pdf>. Acesso em: 6 jan. 2025; Vinokurov et al., "The Deadlock of the Struggle for Integration in Europe *(Analytical Report)*". *Questions of Economics*, n.8, p.4-25, 20 ago. 2014. Disponível em: <https://www.vopreco.ru/jour/article/view/676>. Acesso em: 20 dez. 2024; "Economic Impact of a Deep and Comprehensive FTA between the EU and the Ukraine". *Oxford Economics*, p.122-3, 2012. Disponível em: <https://www.oxfordeconomics.com/my-oxford/projects/128886>.

85 Sarna, "The Transformation of Agriculture in Ukraine: From Collective Farms to Agroholdings". *OSW Centre for Eastern Studies*, 7 fev. 2014. Disponível em: <https://www.osw.waw.pl/en/publikacje/osw-commentary/2014-02-07/transformation-agriculture-ukraine-collective-farms-to>. Acesso em: 19 dez. 2024. Cabe observar, por exemplo, o contraste entre a

Quase todas as análises ocidentais a favor da associação da Ucrânia à UE presumiram que a Rússia estava blefando quando disse que iria novamente impor tarifas sobre os produtos ucranianos se ela assinasse o acordo comercial exclusivo com a UE. As perdas potenciais para a economia ucraniana da DCFTA foram, portanto, muitas vezes, exageradamente subestimadas. O próprio governo ucraniano estimou que o país perderia US$ 160 bilhões se deixasse a associação de livre comércio com a União Aduaneira – e autoridades da UE exigiam isso – e assinasse o acordo de associação da UE.[86] A UE, no entanto, estabeleceu as perdas econômicas estimadas da Ucrânia cinquenta vezes menores e, portanto, ofereceu um pacote de compensação de apenas US$ 3 bilhões.[87]

O que a UE buscava nessas negociações era a máxima condicionalidade política para a Ucrânia com o mínimo de responsabilidade econômica para si mesma. Embora em teoria ambos os lados pudessem se beneficiar da remoção de tarifas e barreiras comerciais, dada sua enorme disparidade econômica – 1,5 para 1 no comércio, 11 para 1 em investimento e 40 para 1 em poder econômico geral –, a exigência de que a Ucrânia adotasse os padrões institucionais e regulatórios da UE significava que essa disparidade aumentaria inicialmente.[88] Assim, em 2015, o único ano em que a Ucrânia se beneficiou de uma suspensão temporária de cotas de exportação, as exportações ucranianas para a UE caíram 23% devido à incapacidade dos produtores ucranianos de atender aos requisitos de certificação da UE e à baixa demanda por produtos ucranianos.[89]

Yanukovych, portanto, foi à cúpula de Vilnius em novembro de 2013 para constranger a UE a propor um acordo melhor. Não querendo se envolver em uma guerra de ofertas com a Rússia, os delegados da UE recusaram quaisquer negociações adicionais. Naquele ponto, de acordo com um

---

descrição da DCFTA feita pelo ministro da Agricultura da Ucrânia, Mykola Prysyazhnyuk, como proporcionando um aumento imediato nas exportações agrícolas para os mercados da UE, e a avaliação do Centre for Eastern Studies (OSW, na sigla em russo) de que, "na realidade, o acordo com a UE não teria criado melhores oportunidades de exportação para os produtos agrícolas da Ucrânia" no curto prazo.

86 Sakwa, *Frontline Ukraine*, p.87.

87 Parry, "NYT Is Lost in its Ukraine Propaganda". *Consortium News*, 24 jan. 2015. Disponível em: <https://consortiumnews.com/2015/01/24/nyt-is-lost-in-its-ukraine-propaganda/>. Acesso em: 29 dez. 2024; Chapman, "Robert Kagan's 'The Jungle Grows Back'". *The New Kremlin Stooge*, 11 ago. 2019. Disponível em: <https://thenewkremlinstooge.wordpress.com/2019/08/11/book-review-robert-kagans-the-jungle-grows-back/>. Acesso em: 26 dez. 2024.

88 Guillory, "Ukraine's EU Association Is a Bad Deal". *SRB podcast*, 3 dez. 2013. Disponível em: <https://srbpodcast.org/2013/12/03/ukraines-eu-association-bad-deal/>.

89 Romanishin, "Chto pomozhet bolshe prodavat v Evropu" [O que ajudará a vender mais na Europa]. *Ekonomicheskaya pravda*, 11 mar. 2016. Disponível em: <https://epravda.com.ua/rus/publications/2016/03/11/584736/>. Acesso em: 6 jan. 2025.

membro da delegação ucraniana, Eduard Stavitsky, a Ucrânia propôs assinar o acordo político e deixar os detalhes do acordo econômico para serem trabalhados mais tarde, em um formato trilateral com a Rússia. Novamente, as autoridades da UE recusaram.[90]

A UE estava tentando forçar a Ucrânia a uma escolha desvantajosa: desistir de seus mercados existentes em troca do desafio quase impossível de entrar em mercados novos e protegidos. Além disso, exigiu que a Ucrânia apostasse sua sorte econômica com a UE contra a Rússia, insistindo que ela deixasse sua associação de livre comércio com a CEI, uma imposição que era profundamente desagregadora no âmbito doméstico e repleta de incerteza econômica.[91] Os apoiadores do Acordo de Associação da UE argumentaram que essas questões eram todas imateriais, em comparação com o valor simbólico de fazer uma escolha civilizacional em favor da Europa. Isso, é claro, tornou o relacionamento entre a Ucrânia e a UE um relacionamento pelo qual a UE poderia continuar a extrair benefícios unilaterais indefinidamente.

Se a estratégia de Yanukovych de jogar com a UE e a Rússia tivesse funcionado, certamente teria sido melhor para a economia ucraniana no curto prazo, uma vez que preservaria o acesso do país aos mercados russos, ao mesmo tempo que proporcionaria à Ucrânia uma posição mais forte em futuras negociações com a UE.[92] Infelizmente, as expectativas populares exageradas da sociedade ucraniana em relação ao Acordo de Associação com a UE transformaram a estratégia equilibrada do governo em um pesadelo de relações públicas.

Para evitar o mesmo destino, o novo governo nacionalista pós-Maidan decidiu diminuir os laços econômicos com sua principal parceira econômica, a Rússia, apesar de não ter garantido nenhuma fonte alternativa de investimento. Previsivelmente, isso levou ao colapso econômico. Antes de 2014, mais de 60% das exportações da Ucrânia iam para os antigos países

---

90 Khisamov, "Eduard Stavytsky: tri stsenariya dlya Ukrainy" [Eduard Stavytsky: três cenários para a Ucrânia]. *Ukraina.ru*, 21 out. 2016. Disponível em: <https://ukraina.ru/exclusive/20161021/1017697180.html>. Acesso em: 22 dez. 2024.

91 "Azarov zayavil ob obnishchanii ukraintsev" [Azarov anuncia o empobrecimento dos ucranianos]. *Ukraina.ru*, 14 mar. 2021. Disponível em: <https://ukraina.ru/news/20210314/1030821985.html>. Acesso em: 18 dez. 2024; "IMF Downgrades Ukraine Growth Outlook". *True Economics*, 4 ago. 2015. Disponível em: <https://trueeconomics.blogspot.com/2015/08/4815-imf-downgrades-ukraine-growth.html>. Acesso em: 22 dez. 2024; Lyamets; Kalachova, "Uryad provalyv restrukturyzatsiyu zovnishnyoho borhu Ukrainy" [O Governo não conseguiu reestruturar a dívida externa da Ucrânia]. *Ekonomichna pravda*, 27 ago. 2015. Disponível em: <https://epravda.com.ua/publications/2015/08/27/557144/>. Acesso em: 30 dez. 2024.

92 Bach, "Is Russia's Conflict with Ukraine Really about Trade?". *Reuters*, 6 mar. 2015. Disponível em: <https://www.reuters.com/article/idIN353056739620150306>. Acesso em: 18 dez. 2024.

da União Soviética. Em 2017, apesar de um ligeiro aumento nas exportações para a UE, as exportações ucranianas em geral caíram 45,5%.[93] O parlamentar da oposição Vadim Novinsky estima que, entre 2014 e 2019, a Ucrânia perdeu US$ 75 a 80 bilhões em comércio com a Rússia, devido às tarifas e sanções mútuas.[94]

Com as receitas do Estado caindo drasticamente, 10% dos funcionários públicos tiveram que ser demitidos, as pensões diminuíram, a pensão alimentícia foi abolida e o salário mínimo congelado.[95] A porcentagem da população vivendo abaixo da linha da pobreza aumentou de 15% em 2014 para 25% em 2018.[96] O PIB da Ucrânia, já 30% abaixo de seu nível pré-independência em 2013, caiu outros 30% sob o presidente Poroshenko.[97] Como o país mais pobre da Europa, o Banco Mundial, em 2020, previu que levaria quarenta anos de crescimento extraordinário para a Ucrânia alcançar o nível atual de PIB *per capita* da Rússia; o dobro disso para alcançar o da Alemanha.[98]

---

93 Medvedchuk, "ZST s ES: dva goda poter i provalov" [ALC com a UE: dois anos de perdas e fracassos]. *Ukrainsky vybor*, 4 jan. 2018. Disponível em: <https://web.archive.org/web/20200808082809/http://vybor.ua/article/vneshnjaja_politika/zst-s-es-dva-goda-poter-i-provalov.html>. Acesso em: 4 jan. 2025.

94 Samofalova, "Ukraina smozhet vosstanovit svoyu ekonomiku tolko za schet Rossii" [A Ucrânia só poderá restaurar as suas poupanças à custa da Rússia]. *Vzglyad*, 19 maio 2019. Disponível em: <https://vz.ru/economy/2019/5/19/978334.html>. Acesso em: 27 dez. 2024.

95 "Minimum Wage: Ukraine". *Wage Indicator*, jan.-jul. 2016. Disponível em: <https://wageindicator.org/salary/minimum-wage/ukraine/archive-before-2019/minimum-wages-in-ukraine-with-effect-from-01-01-2016-to-30-07-2016>. Acesso em: 26 dez. 2024.

96 "Bednykh v Ukraine seichas bolshe, chem pyat let nazad – Vsemirnyi Bank" ["Há mais pessoas pobres na Ucrânia agora do que há cinco anos" – Banco Mundial]. *Korrespondent net*, 17 jul. 2018. Disponível em: <https://korrespondent.net/business/economics/3991039-bednykh-v-ukrayne-bolshe-chem-piat-let-nazad-vb>. Acesso em: 18 dez. 2024; Samofalova, "Ukraina smozhet vosstanovit svoyu ekonomiku tolko za schet Rossii"; Tikhy, "Pyat faktov, kotorye nuzhno znat ob Ukraine" [Cinco fatos que você precisa saber sobre a Ucrânia]. *Ukraina.ru*, 20 mar. 2021. Disponível em: <https://ukraina.ru/exclusive/20210320/1030883980.html>. Acesso em: 27 dez. 2024.

97 "25 shagov navstrechu samolikvidatsii" [25 passos para a autodestruição]. *Flot XXI Vek*, 3 abr. 2016. Disponível em: <http://blackseafleet-21.com/news/4-03-2016_25-shagov-navstrechu-samolikvidat-sii>; Tikhy, "Pyatiletka Poroshenko" [O plano de 5 anos de Poroshenko]. *Zarya Novorossii*, 31 mar. 2019. Disponível em: <https://ukraina.ru/20190331/1023139328.html>. Acesso em: 21 dez. 2024; Leev, "Tainstvennaya statistika" [Estatísticas misteriosas]. *Ukraina.ru*, 19 mar. 2019. Disponível em: <https://ukraina.ru/20190319/1023014298.html>. Acesso em: 20 dez. 2024. Esse quadro torna-se ainda mais terrível quando se considera que as estatísticas do FDI ucraniano normalmente incluem o investimento russo na Crimeia, pois, segundo a lei ucraniana, ela ainda faz parte da Ucrânia.

98 "Ekonomika Ukrainy nazdozhene Polshchu cherez 50 rokiv" [A economia da Ucrânia alcançará a da Polônia em 50 anos]. *Volynski novyny*, 17 fev. 2019. Disponível em: <https://www.volynnews.com/news/all/ekonomika-ukrayiny-nazdozhene-polshchu-cherez-50-rokiv-ministr-finansiv/>. Acesso em: 20 dez. 2024.

Poroshenko cita a perda de Donbass e da Crimeia como as principais razões para essa queda. Foi a chefe do Banco Nacional da Ucrânia, Valeriya Gontareva, quem primeiro sugeriu que a perda de Donbass e da Crimeia havia reduzido o PIB da Ucrânia em 20%, um número amplamente citado depois disso.[99] Mas mesmo a perda desse território não pode explicar completamente a profundidade ou a duração do colapso econômico geral da Ucrânia, particularmente porque o governo ucraniano ainda estava recebendo bens e receitas fiscais dessas regiões até o final de 2017. Foi somente em outubro de 2017 que o governo ucraniano, sob pressão da extrema direita, cortou totalmente seus laços econômicos com as regiões rebeldes.[100]

Antes disso, houve uma tentativa da extrema direita, em 22 de novembro de 2015, de acabar com o fornecimento de eletricidade da Ucrânia para a Crimeia explodindo os postes de eletricidade que atendiam a região (assim como Kherson e Nikolayev). Embora o bloqueio tenha reduzido o comércio entre a Crimeia e o resto da Ucrânia pela metade e aumentado drasticamente o custo da eletricidade em todo o sul da Ucrânia, Poroshenko, que inicialmente se opôs a ele, mais tarde o adotou como sua própria ideia.[101]

Nos meses seguintes, o Setor Direita assumiu o controle das passagens de fronteira com a Crimeia e cortou o fornecimento de água para a Crimeia e Lugansk, cedendo o controle da fronteira às autoridades ucranianas somente após receber garantias do governo de que todo o comércio entre a

---

99 "Gontareva nazvala ekonomicheskie poteri Ukrainy ot voiny na Donbasse" [Gontareva comenta sobre as perdas econômicas da Ucrânia com a guerra em Donbass]. *Hvylya.net*, 29 nov. 2015. Disponível em: <https://hvylya.net/uk/news/84043-gontareva-nazvala-ekonomicheskie-poteri-ukrainyi-ot-voynyi-na-donbasse>. Acesso em: 22 dez. 2024; "Poroshenko Nazval Ekonomicheskie Poteri Iz-Za Konflikta v Donbasse" [Poroshenko cita as perdas econômicas devido ao conflito em Donbass]. *Ritm Eurasia*, 23 mar. 2018. Disponível em: <https://www.ritmeurasia.org/news-2018-03-23-poroshenko-nazval-ekonomicheskie-poteri-iz-za-konflikta-v-donbasse-35569>; Pechenkin, "Maidan 2014". *Vesti*, 18 fev. 2020. Disponível em: <https://vesti.ua/strana/vo-skolko-ukraine-oboshelsya-majdan>. O presidente Poroshenko deu um dado similar de 18,6% em 2018.

100 Ukraine, "Proekt zakonu pro stvorennyaneobkhidnykh umov dlya mirnogo vregulyuvannya situatsii v okremykh raionakh Donetskoi ta Luganskoi oblastei" [Projeto de lei sobre a criação das condições necessárias para a resolução pacífica da situação em determinadas áreas das regiões de Donetsk e Lugansk]. *Zakon Rada*, 6 out. 2017. Disponível em: <https://zakon.rada.gov.ua/laws/show/2167-19#Text>. Acesso em: 29 dez. 2024.

101 "Ukraina polnostyu prekrashchaet torgovye otnosheniya s Krymom" [Ucrânia encerra completamente as relações comerciais com a Crimeia]. *Ukraina.ru*, 6 dez. 2015. Disponível em: <https://ukraina.ru/news/20151206/1015013780.html>. Acesso em: 2 jan. 2025; "Izza podryva LEP ostanovilis zavody Khersona i Nikolayeva" [Fábricas em Kherson e Nikolayev param devido à explosão de linha de energia]. *Ukraina.ru*, 5 dez. 2015. Disponível em: <https://ukraina.ru/news/20151205/1014992931.html>. Acesso em: 22 dez. 2024; "Poroshenko initsiiruet ofitsialnuyu transportnuyu i torgovuyu blokadu Kryma" [Poroshenko inicia bloqueio oficial de transporte e comércio da Crimeia]. *Ukraina.ru*, 23 nov. 2015. Disponível em: <https://ukraina.ru/news/20151123/1014900453.html>. Acesso em: 27 dez. 2024.

Ucrânia e a Crimeia terminaria dentro de um mês.[102] Quando isso não ocorreu, os ativistas ucranianos bloquearam todo o tráfego ferroviário e rodoviário para Donbass. Novamente, apesar da condenação quase unânime das autoridades ucranianas, o governo não teve poder para levantar o bloqueio e, no verão de 2017, simplesmente o adotou como sua própria iniciativa.[103]

Em resposta, as autoridades rebeldes em Donbass apreenderam as fábricas ucranianas que operavam lá. Como resultado, a Ucrânia perdeu cerca de US$ 10 bilhões em ativos econômicos, sem mencionar US$ 2 bilhões em receitas fiscais que essas fábricas ainda estavam pagando à Ucrânia.[104] Desde então, em vez de comprar carvão ucraniano de Donbass, a Ucrânia foi forçada a comprar a maior parte de seu suprimento de carvão da Rússia, com custo adicional estimado US$ 3 bilhões por ano.[105]

De acordo com o vice-ministro responsável pelos Territórios Ocupados, Georgy Tuka, foi somente após esse exercício de nacionalismo econômico que Donbass, controlado pelos rebeldes, decidiu mudar totalmente para o rublo russo.[106] Pavel Zhebrivsky, o governador nomeado por Kiev da região de Donetsk, observou com raiva na época que se os moradores locais ainda

---

102 "Ukraina otklyuchila LNR ot vodosnabzheniya" [Ucrânia cortou efetivamente o fornecimento de água para a RPL]. *Rambler*, 4 jan. 2016. Disponível em: <https://news.rambler.ru/cis/32401666-ukraina-fakticheski-perekryla-podachu-vody-v-lnr/>. Acesso em: 2 jan. 2025; "Uchastniki blokady Kryma snyali vse blokposty" [Participantes do bloqueio da Crimeia removem todos os pontos de controle]. *Korrespondent*, 16 jan. 2016. Disponível em: <https://korrespondent.net/ukraine/3616084-uchastnyky-blokady-kryma-snialy-vse-blokposty>. Acesso em: 2 jan. 2025; "Ukraine stellt Handel mit der Krim ein" [Ucrânia interrompe comércio com a Crimeia]. *Zeit*, 16 dez. 2015. Disponível em: <https://www.zeit.de/politik/ausland/2015-12/ukraine-russland-krim-tataren-handel>. Acesso em: 2 jan. 2025.

103 "Ukraina polnostyu prekratila postavki elektrichestva v Donbass" [Ucrânia corta completamente o fornecimento de eletricidade para Donbass]. *RIA Novosti*, 26 jul. 2017. Disponível em: <https://ria.ru/20170726/1499191508.html>. Acesso em: 2 jan. 2025; Studennikova, "Igry Patriotov" [Jogos patrióticos]. *Strana.ua*, 15 mar. 2017. Disponível em: <https://strana.one/articles/analysis/60635-igry-patriotov.html>. Acesso em: 21 dez. 2024.

104 "Natsbank obrushil prognoz ekonomicheskogo rosta Ukrainy iz-za blokady Donbassa" [Banco Nacional quebra a previsão de crescimento econômico da Ucrânia devido ao bloqueio de Donbass]. *Ukraina.ru*, 21 mar. 2017. Disponível em: <https://ukraina.ru/news/20170321/1018437002.html>. Acesso em: 26 dez. 2024.

105 Salivon, "Vtoroi god podryad Ukraina importiruet rekordnye obyemy uglya" [Ucrânia importa volumes recorde de carvão pelo segundo ano consecutivo]. *Strana.ua*, 20 jan. 2020. Disponível em: <https://strana.one/opinions/245415-vtoroj-hod-podrjad-ukraina-importiruet-rekordnye-obemy-uhlja.html>. Acesso em: 30 dez. 2024; Brian Milakovsky, "Cut Off: What Does the Economic Blockade of the Separatist Territories Mean for Ukraine?". *Wilson Center*, 9 jan. 2018. Disponível em: <https://www.wilsoncenter.org/blog-post/cut-what-does-the-economic-blockade-the-separatist-territories-mean-for-ukraine>. Acesso em: 19 dez. 2024; Rybalko, "My snimem blokadu Donbassa" [Nós levantaremos o bloqueio de Donbass]. *Tehnopolis*, 16 ago. 2018. Disponível em: <https://tehnopolis.com.ua/index.php?option=com_content>.

106 "V pravitelstve vystupili protiv ekonomicheskoi blokady Donbassa" [Governo opõe-se ao bloqueio econômico de Donbass]. *Vybor.ua*, 30 set. 2016. Disponível em: <https://perma.cc/PKE8PSNE>. Acesso em: 2 jan. 2025.

não tivessem se alistado com os rebeldes por razões políticas, certamente o fariam agora por razões econômicas.[107]

Essa política de cortar laços com as próprias regiões que o governo está ostensivamente tentando atrair e, além disso, ignorando os custos para a economia ucraniana, faz parte de um padrão mais amplo de pensamento econômico nacionalista que chamo de "economia suicida". Simplificando, a economia suicida se refere à imposição de um imperativo ideológico à custa da racionalidade econômica. Isso não é exclusivo dos nacionalistas ucranianos. Em seu livro *best-seller, A doutrina do choque*, a autora Naomi Klein fornece vários exemplos de como o capitalismo, quando perseguido como um imperativo ideológico, pode resultar em "capitalismo de desastre". No outro extremo do espectro político, o economista britânico Peter Wiles fez uma observação semelhante sobre o impacto da ideologia comunista na União Soviética.[108]

Há, é claro, muitas maneiras diferentes de pensar sobre a racionalidade econômica.[109] Os nacionalistas ucranianos podem muito bem argumentar que romper uma relação de dependência com a Rússia e substituí-la por uma relação de dependência com a UE é uma escolha economicamente racional porque geralmente é mais vantajoso obter acesso a um mercado maior e mais rico. Também podem enfatizar os benefícios geopolíticos não tangíveis do alinhamento com a UE, presumivelmente culminando na adesão à Organização do Tratado do Atlântico Norte (Otan). Mas as sociedades como um todo tendem a ser mais avessas ao risco do que os indivíduos. Portanto, um bom critério para avaliar a racionalidade econômica de uma política é considerar até que ponto seus objetivos de longo prazo são colocados em risco por suas políticas de curto prazo.

---

107 "Zhebrivsky: Na Donbasse – chetyre tysyachi voennykh RF" [Zhebrivsky: "Há quatro mil tropas russas em Donbass"]. *Korrespondent*, 5 maio 2017. Disponível em: <https://korrespondent.net/ukraine/3847855-zhebryvskyi-na-donbasse-chetyre-tysiachy-voennykh-rf>. Acesso em: 6 jan. 2025.

108 Klein, "The Rise of Disaster Capitalism". *Journalism*, 15 abr. 2005. Disponível em: <https://naomiklein.org/rise-disaster-capitalism/>. Acesso em: 9 nov. 2021; Wiles, *The Political Economy of Communism*, p.356. Como afirmou Wiles, os dirigentes soviéticos realizavam regularmente experiências com a população soviética, tais como a coletivização da agricultura, que são difíceis e detestáveis tanto para os governantes como para os governados. "Ninguém é obrigado a realizá-las; ninguém em sã consciência iria querer realizá-las. No entanto, foram realizadas... A razão é, naturalmente, que os dirigentes comunistas não estão no seu perfeito juízo; estão no juízo de Marx."

109 Hargreaves-Heap; Clark, "Economic Man", em Durlauf; Blume (orgs.), *The New Palgrave Dictionary of Economics*, p.1-2. Na teoria econômica neoclássica, o "homem econômico racional [...] escolhe a ação que melhor satisfaz as suas preferências (ou pelo menos a não pior) do que qualquer outra". O principal pressuposto aqui é que a razão levará o indivíduo à seleção dos meios mais eficientes para atingir um determinado fim. Se assumirmos que o *summum bonum* para o sistema político é preservar a independência do país, e se assumirmos ainda que isto só pode ser feito se o país for economicamente próspero, então qualquer política que prejudique essa prosperidade pareceria irracional *prima facie*.

A título de ilustração, deixe-me usar o exemplo de uma política nacional de saúde. Seu objetivo de longo prazo seria presumivelmente melhorar a saúde geral da nação. Entre os mecanismos que podem ser usados para isso estão: aumentar o acesso a instalações de saúde, expandir a cobertura de saúde, reduzir os custos de assistência médica. Se o governo optasse por se concentrar na meta de aumentar o número de pessoas cobertas, então uma política que resultasse em menor cobertura deveria ser considerada um fracasso. Redefinir os critérios para o sucesso *post facto*, ou alegar que a política foi um sucesso porque realizou algum outro bem, seria claramente uma tentativa de enganar o público e evitar a responsabilização. É claro que ainda se pode alegar que, embora a política atual tenha fracassado, outras abordagens estão fadadas a ser mais bem-sucedidas, mas, a menos que o fracasso inicial e as razões para isso sejam reconhecidos, será difícil para a sociedade ter muita confiança no julgamento do governo.

A capacidade de reconhecer a realidade e agir de acordo com ela, portanto, vai ao cerne da crença no governo e em sua capacidade de reconhecer e se adaptar a circunstâncias que ameaçam a estabilidade social. É por isso que os governos se esforçam muito para não minar sua credibilidade.

Os países que têm um grande reservatório de capital social a que recorrer podem com mais facilidade fazer que suas populações esperem pacientemente os benefícios de suas políticas surgirem. Eles construíram essa confiança cumprindo promessas passadas. Em contraste, em países onde a confiança é baixa, as alegações de sucesso do governo diante da adversidade diária criam uma dissonância cognitiva que frequentemente leva a teorias da conspiração. Estas, por sua vez, resultam em desconfiança das instituições sociais, danos econômicos e tensões sociais aumentadas. Com o tempo, se não forem enfrentados, a desconfiança pode ameaçar a sobrevivência da nação.

A decisão do governo de cortar todos os laços comerciais com o maior parceiro comercial e investidor da Ucrânia, sem pensar seriamente no que substituiria esses investimentos, é um exemplo clássico de uma política pretendida para vantagem ideológica de curto prazo que coloca em risco o objetivo de longo prazo de uma Ucrânia segura e próspera. Outros exemplos de tal comportamento governamental, como a reestruturação da dívida externa do país, o fechamento de bancos russos, a migração irrestrita de mão de obra, a desindustrialização e as políticas energéticas autodestrutivas, são descritos nas seções a seguir.

4.3.2 A reestruturação da dívida – o imposto sobre o crescimento

Para evitar tomar empréstimos da Rússia, o governo ucraniano teve que negociar um novo acordo de dívida com os investidores privados. O Fundo Monetário Internacional (FMI) fez disso uma pré-condição para iniciar as negociações para uma nova parcela de empréstimo. Em 2015, investidores corporativos ocidentais concordaram em amortizar 20% da dívida e renegociar o pagamento do restante.

O acordo fechado permitiu que a Ucrânia renunciasse aos pagamentos da dívida se seu PIB caísse abaixo de US$ 125 bilhões (como ocorreu pela última vez em 2017). Se sua economia crescer menos de 3% ano a ano, os pagamentos seriam limitados a 1% do PIB entre 2021 e 2025. Depois disso, no entanto, se a Ucrânia atingir uma taxa de crescimento econômico anual de 3% a 4%, os credores estrangeiros receberão 15% do crescimento total do PIB. Acima de 4% de crescimento, os credores receberiam incríveis 40% de cada porcentagem do crescimento nacional!

Os economistas Serhii Lyamets e Halyna Kalachova calcularam a seguinte taxa de reembolso comparativa para 2019, quando o PIB da Ucrânia foi de S114,9 bilhões:

Tabela 4.2 – Cronograma de amortização da dívida projetada da Ucrânia (2019)

Taxa de crescimento	Montante de pagamento	Sanção de crescimento
	(Milhões de dólares)	(% do crescimento pago a investidores estrangeiros)
3%	0	0
4%	182,7	3,97
5%	666,9	11,65
6%	1.157	16,79

De acordo com o Ministério das Finanças da Ucrânia, a meta declarada do governo de aumentar o PIB total em 40%, entre 2019 e 2024, resultaria no pagamento pela Ucrânia do dobro do que devia antes da reestruturação – um imposto de longo prazo sobre o crescimento que o país continuaria a pagar até 2041.[110]

Um problema mais imediato, no entanto, é a possibilidade muito real de que, após uma queda de 4,4%, como ocorreu em 2020, a economia possa crescer acentuadamente no ano seguinte (o Gabinete de Ministros previu 4,6% para 2021). Nesse cenário, embora a economia mal tenha recuperado o terreno perdido, os pagamentos da Ucrânia a seus credores saltariam repentinamente de US$ 41 milhões para mais de US$ 600 milhões.[111] Também deve ser notado que esse acordo com investidores privados ocidentais,

110 Lyamets; Kalachova, "Uryad provalyv restrukturyzatsiyu zovnishnoho borhu Ukrainy"; Tikhy, "Tainye operatsii i rost dolgov" [Operações secretas e dívidas crescentes]. *Ukraina.ru*, 24 mar. 2021. Disponível em: <https://ukraina.ru/exclusive/20210324/1030920138.html>. Acesso em: 30 dez. 2024.

111 Tikhy, "Tainye operatsii i rost dolgov".

feito para evitar empréstimos da Rússia, não leva em conta a dívida governamental que a Ucrânia já acumulara.[112]

4.3.3 O fechamento de bancos russos na Ucrânia

Em 2017, em uma época em que metade de todo o investimento estrangeiro direto (IED) chegou à Ucrânia por meio de afiliadas ucranianas de bancos russos, o governo ucraniano decidiu que era hora de impor sanções aos bancos russos e expulsar o capital russo da Ucrânia.[113] Tanto o chefe do Banco Nacional da Ucrânia quanto o ministro das Finanças da Ucrânia se opuseram, chamando isso de um sinal de "anarquia total", mas suas objeções foram rejeitadas.[114] Como resultado, não apenas as empresas ucranianas ficaram privadas de capital desesperadamente necessário, como também se tornou mais difícil para milhões de trabalhadores migrantes ucranianos transferir fundos da Rússia, que era na época a maior fonte de remessas estrangeiras e de investimento estrangeiro direto da Ucrânia.[115]

4.3.4 O êxodo de trabalhadores e a perda populacional

Em seu pico em 1993, a população da Ucrânia era de 52,2 milhões. Em 2021, era menos de 44 milhões, mesmo se incluirmos os territórios ocupados da Crimeia e Donbass. A especulação de que o número real poderia ser muito menor foi alimentada por Ruslan Stefanchuk, o presidente do

---

112 Tikhy, "Pyat faktov, kotorye nuzhno znat ob Ukraine". Isto não inclui o reembolso de 3 bilhões de dólares que a Ucrânia recebeu da Rússia em 2013, os quais com juros ascende agora a mais de 4,5 bilhões de dólares. A Ucrânia recusou reconhecer essa dívida e a questão está agora perante um tribunal arbitral de Londres.

113 "Natsbank Ukrainy pytaetsya dobratsya do rossiiskikh deneg" [O Banco Nacional da Ucrânia está tentando obter acesso ao dinheiro russo]. *Vesti*, 15 mar. 2017. Disponível em: <https://www.vesti.ru/article/1567996>. Acesso em: 26 dez. 2024; "Ukraina poteryala bolee 25% otechestvennykh bankov" [Ucrânia perde mais de 25% dos bancos nacionais]. *Novosti bankov Rossii*, 26 set. 2015. Disponível em: <https://piv-bank.ru/novostibankov/11033-ukraina-poteryala-bolee-25-otechestvennyh-bankov-novosti-bankov.html>. Acesso em: 2 jan. 2025.

114 "Ukraina otkazalas vypolnyat trebovanie MVF" [Ucrânia recusa-se a cumprir a demanda do FMI]. *Ukraina.ru*, 7 abr. 2017. Disponível em: <https://ukraina.ru/news/20170407/1018504689.html>. Acesso em: 2 jan. 2025; "Natsbank Ukrainy prinyal storonu rossiiskikh bankov" [Banco Nacional da Ucrânia ficou do lado dos bancos russos]. *Ukraina.ru*, 20 mar. 2016. Disponível em: <https://ukraina.ru/news/20160320/1015931958.html>. Acesso em: 26 dez. 2024.

115 "V Ukrainu bolshe vsego deneg pereveli iz Rossii v 2017" [A maior quantidade de dinheiro foi transferida da Rússia para a Ucrânia em 2017]. *Capital.ua*, 23 fev. 2018. Disponível em: <https://www.capital.ua/ru/news/108678-v-ukrainu-bolshe-vsego-deneg-pereveli-iz-rossii-v-2017>. Acesso em: 3 jan. 2025; Samayeva, "V Rossii rabotaet 40% vsekh trudovykh migrantov iz Ukrainy" [40% de todos os trabalhadores migrantes da Ucrânia trabalham na Rússia]. *Ukrainskaya pravda*, 9 out. 2016. Disponível em: <https://www.pravda.com.ua/rus/news/2016/10/9/7123068/>. Acesso em: 6 jan. 2025.

parlamento ucraniano, que sugeriu em 2019 que o dado real poderia ser 30 milhões.[116]

Novamente, essa crise demográfica não é exclusiva da Ucrânia. Ela afetou quase todas as antigas repúblicas soviéticas, com as bálticas entre as mais atingidas. Na Ucrânia, no entanto, é ainda mais exacerbada pelo êxodo anual de 7 milhões a 9 milhões de ucranianos para trabalho sazonal. Em 2019, um em cada dois ucranianos passou pelo menos uma parte do ano trabalhando no exterior, e um em cada quatro procurou emprego permanente no exterior.[117]

Figura 4.1 – Transferências privadas para a Ucrânia comparadas ao investimento estrangeiro direto (IED) em bilhões de dólares (2012-2017)

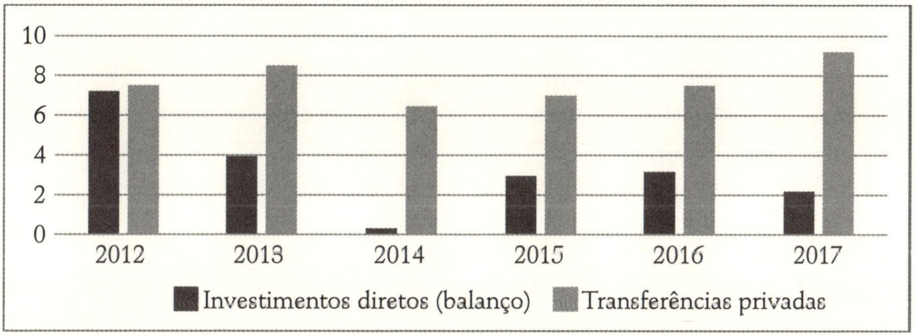

Fonte: Baseado em dados de Moiseenko, "'Zarobitchane' kak spasatelnyi krug, ili Zachem NBU povysil uchetnuyu stavku" ["Trabalhadores convidados" como uma tábua de salvação, ou por que o NBU aumentou a taxa de desconto]. *Ekonomicheskaya pravda*, 13 jul. 2018. Disponível em: <https://www.epravda.com.ua/rus/publications/2018/07/13/638675/>. Acesso em: 20 jan. 2025.

Esse êxodo crescente de trabalhadores, que ganhou velocidade dramática depois que a UE suspendeu as restrições de visto para ucranianos em 2015, é uma tendência muito preocupante, de acordo com a especialista

116 Koshkina; Butsko, "Ruslan Stefanchuk: 'Use vyrishuie Zelenskyi'".

117 "Minsotspolityky: ponad 3 mln ukraintsiv pratsiuye za kordonom na postiiniy osnovy" [Ministério da Política Social: mais de 3 milhões de ucranianos trabalham no exterior em caráter permanente]. *Radio Svoboda*, 1º ago. 2019. Disponível em: <https://www.radiosvoboda.org/a/news-trudovi-mihranty-z-ukrainy/30087119.html>. Acesso em: 26 dez. 2024; Sukov, "Nevidimye dengi" [Dinheiro invisível]. *MinProm*, 27 set. 2019. Disponível em: <https://minprom.ua/opinion/256237.html>. Acesso em: 16 dez. 2024; Bogdan, "Dolgovoe Istoshchenie" [Esgotamento da dívida]. *Zerkalo Nedeli*, 15 nov. 2019. Disponível em: <https://zn.ua/finances/dolgovoe-istoschenie-336243_.html>. Acesso em: 2 jan. 2025; "Za god ukraintsev stalo menshe eshche na chetvert milliona chelovek" [Número de ucranianos diminuiu em mais um quarto de milhão de pessoas em um ano]. *Ukrainsky vybor*, 18 fev. 2020. Disponível em: <https://web.archive.org/web/20200814105638/http://vybor.ua/news/society/za_god_ukraincev_stalo_menshe_eshche_na_chetvert_milliona_chelovek_gosstat.html>. Acesso em: 6 jan. 2025.

em trabalho Tatyana Pashkina, porque os trabalhadores migrantes ucranianos estão cada vez mais estabelecendo residência no exterior e mudando suas famílias inteiras para fora da Ucrânia. Entre 2015 e 2019, os ucranianos foram os maiores beneficiários de autorizações de residência de longo prazo da UE.[118] Enquanto o número de nascimentos na Ucrânia está caindo, o número de nascimentos de residentes ucranianos na Polônia aumentou em 60% em 2019.[119]

Enquanto os ucranianos ocidentais estão cada vez mais fugindo para o oeste, em outras partes da Ucrânia um grande número de pessoas está optando pela cidadania russa, depois que a Rússia simplificou seus procedimentos para obtê-la. Embora o maior número de novos cidadãos russos tenha vindo dos territórios ocupados da Ucrânia, houve um aumento nas solicitações de passaportes russos em todo o país.[120]

Tabela 4.3 – Número de ucranianos que receberam cidadania russa (2017-2020)

2017	85.119
2018	83.081
2019	299.422
2020	216.000 (primeiro trimestre)

118 Pliyeva, "Kak naiti rabotu v 2021 godu" [Como encontrar trabalho em 2021]. *Vesti*, 11 jan. 2021. Disponível em: <https://vesti.ua/poleznoe/rabota/komu-povysyat-zarplaty-i-pochemu-zarobitchane-ne-vozv-rashhayutsya-prognoz>; "Ukraintsy – na 3-mu mistsi za kilkistyu posvidok na prozhyvannya v ES" [Ucranianos estão em 3º lugar no número de autorizações de residência na UE]. *Eurointegration*, 21 jan. 2021. Disponível em: <https://www.eurointegration.com.ua/news/2021/01/21/7118811/>. Acesso em: 2 jan. 2025.

119 Avdeenko, "Mechty Shmygalya: kogda ukraina dogonitpolshu po zarplatam" [Os sonhos de Shmygal: quando a Ucrânia alcançará a Polônia em salários]. *Ukrrudprom*, 7 fev. 2021. Disponível em: <https://ukrrudprom.com/digest/Mechti_SHmigalya_kogda_Ukraina_dogonit_Polshu_po_zarplatam.html>. Acesso em: 4 jan. 2025.

120 "V 2019 godu rossiysky pasport poluchili pochti 300 tysyach ukraintsev" [Em 2019, quase 300 mil ucranianos receberam passaportes russos]. *Strana.ua*, 24 jan. 2020. Disponível em: <https://strana.today/news/246167-v-2019-hodu-rossijskie-pasporta-poluchili-okolo-300-tys-ukraintsev-.html>. Acesso em: 2 jan. 2025; Storozhenko, "Rossiya zabiraet russkikh s Ukrainy" [A Rússia está tirando russos da Ucrânia]. *Vzglyad*, 21 jan. 2020. Disponível em: <https://vz.ru/world/2020/1/21/1019232.html>. Acesso em: 27 dez. 2024; "Rossiya stalav 2,5 raza chashche predostavlyat grazhdanstvo" [Rússia começa a conceder cidadania 2,5 vezes a mais que antes]. *Kommersant*, 19 maio 2020. Disponível em: <https://www.kommersant.ru/doc/4348761>. Acesso em: 29 dez. 2024; Zelensky, "Ukraina rabotaet nad reformoi dvoinogo grazhdanstva" [Ucrânia trabalha na introdução da dupla cidadania]. *Ukraina.ru*, 21 jan. 2020. Disponível em: <https://ukraina.ru/20200121/1026395720.html>. Acesso em: 4 jan. 2025; Magdyk, "Skolko rossiyan poluchili grazhdanstvo Ukrainy" [Quantos russos receberam cidadania ucraniana?]. *Vesti*, 25 mar. 2021. Disponível em: <https://vesti.ua/strana/stalo-izvestno-skolko-rossiyan-poluchili-grazhdanstvo-ukrainy>. Em comparação, apenas 181 russos optaram por se tornar cidadãos ucranianos em 2019 e 56 em 2020.

Mas o resultado mais deplorável dessa política de migração aberta, caso se concretize, é a previsão publicada na revista médica britânica *Lancet* de que, embora tanto a Ucrânia como a Rússia sofram declínios demográficos significativos devido à emigração, ao excesso de mortes e às baixas taxas de natalidade, até o final do século, o resultado líquido será que a proporção de russos para ucranianos em todo o mundo terá dobrado.[121]

4.3.5 A desindustrialização estratégica

De 2005 a 2009, a produção industrial e a agrícola representaram cerca de 13% das exportações da Ucrânia. Depois disso, a produção industrial começou a declinar, o que ganhou velocidade em 2016, depois que o presidente Poroshenko revelou seus planos de abandonar algumas das maiores indústrias de manufatura orientadas para a exportação da Ucrânia e mudar o apoio do governo para a tecnologia da informação e a agricultura.[122] Em 2020, os produtos agrícolas representavam mais de 50% das exportações do país, e a produção industrial, apenas 7%.[123]

O que torna essa escolha desconcertante do ponto de vista econômico é que as cotas tarifárias (*tariff rate quotas* – TRQs) da UE são projetadas especificamente para restringir o acesso de produtos agrícolas de fora da UE ao mercado europeu. Assinar tal acordo antes de preparar os produtores agrícolas para a transição, portanto, garantiu que os produtores agrícolas ucranianos não conseguissem cumprir nem mesmo essas baixas cotas, que foi precisamente o que aconteceu. Como disse o ex-vice-chefe de gabinete do presidente Poroshenko, Yuri Kosyuk: "Acredito que a Europa agiu desonestamente conosco... nunca houve nenhuma abertura de mercados".[124]

De forma mais ampla, o problema em seguir o conselho do ex-embaixador dos Estados Unidos, Geoffrey Pyatt, de que a Ucrânia deveria se esfor-

---

121 Mrachnik, "K 2100 godu naselenie Ukrainy sokratitsya na 68% i sostavit 17 mln chelovek" [Até 2100, a população da Ucrânia diminuirá em 68%, indo para 17 milhões de pessoas]. *Babel*, 15 jul. 2020. Disponível em: <https://babel.ua/ru/news/47364-lancet-naselenie-ukrainy-k-koncu-veka-sokratitsya-na-68-i-sostavit-17-millionov>. Acesso em: 22 dez. 2024.

122 "Za god kolichestvo storonnikov evrointegratsii sredi ukraintsev umenshilos" [Ao longo do ano, cai o número de apoiadores da integração europeia entre os ucranianos]. *Unian*, 11 mar. 2016. Disponível em: <https://www.unian.net/society/1287630-za-god-kolichestvo-storonnikov-evrointegratsii-sredi-ukraintsev-umenshilos-issledovanie.html>. Acesso em: 6 jan. 2025.

123 Tikhy, "MVF podschital" [O FMI calcula...]. *Ukraina.ru*, 22 out. 2020. Disponível em: <https://ukraina.ru/exclusive/20201022/1029362166.html>. Acesso em: 21 dez. 2021.

124 Medvedchuk, "ZST s ES: krakh nadezhd i prozrenie" [ALC com a UE: o colapso das esperanças e uma epifania]. *Ukrainsky vybor*, 12 abr. 2016. Disponível em: <https://web.archive.org/web/20160720224334/http://vybor.ua/article/vneshnjaja_politika/zst-s-es-krah-nadejd-i-prozrenie.html>. Acesso em: 4 jan. 2025.

çar para se tornar uma "superpotência agrícola", é que não há nenhuma.[125] À medida que os países se tornam mais ricos, o peso da produção agrícola na economia tende a cair para cerca de 1%-3%.[126] Em contraste, o peso da agricultura na economia ucraniana em 2020 era de 16% e está aumentando.[127]

Uma vez mais, a lógica aplicada aqui parece ser ideológica, em vez de econômica. Do ponto de vista dos nacionalistas ucranianos, a atração de desfinanciar a indústria ucraniana é que isso reduz significativamente o investimento russo na Ucrânia.[128] O governo, portanto, desmantelou sistematicamente a base industrial da Ucrânia, que está desproporcionalmente concentrada na Ucrânia maloross, em parte para impedir que essas regiões recuperassem a riqueza e a influência política que já tiveram.

4.3.6 A economia do suicídio e a política energética

Apesar dos melhores esforços do governo para cortar todos os laços entre as economias ucraniana e russa, a Rússia continua entre os principais parceiros comerciais da Ucrânia; sempre que o governo fecha uma área de cooperação econômica lucrativa, outra logo surge.

O setor de energia é um bom exemplo disso. Para cumprir a agenda nacionalista de separação de Moscou, o governo impôs tarifas sobre uma ampla variedade de importações de energia da Rússia. Mas, apesar de o governo os divulgar como exemplos de independência energética, na realidade a Ucrânia continua tão dependente da Rússia em termos de energia quanto sempre foi.

Por exemplo, depois de se recusar a comprar carvão de Donbass, a Ucrânia teve que se esforçar para encontrar outras fontes de carvão para suprir a necessidade do país de calor e eletricidade. A Ucrânia tentou encerrar suas compras de eletricidade da Rússia em novembro de 2015, mas teve que voltar atrás em setembro de 2019, quando o fornecimento nacional caiu para

---

125 "U. S. Envoy Urges Ukraine to Become Agricultural 'Superpower'". *Radio Free Europe/Radio Liberty*, 25 fev. 2016. Disponível em: <https://www.rferl.org/a/us-envoy-urges-ukraine-become-agricultural-superpower-cargill-/27572568.html>. Acesso em: 2 jan. 2025.

126 OECD, "Value Added by Activity". *OECD*, 2022. Disponível em: <https://doi.org/10.1787/a8b2bd2b-en>. Acesso em: 19 dez. 2021; Statistic Times, "Countries by GDP Sector Composition 2017". *Statistics Times*, 2017. Disponível em: <https://statisticstimes.com/economy/countries-by-gdp-sector-composition.php>. Acesso em: 19 dez. 2021.

127 Tikhy, "MVF podschital".

128 Yurasumy (Yuri Podolyaka), "Tse ostatochne proshchavai" [Esta é a despedida final]. *Livejournal*, 12 mar. 2019. Disponível em: <https://yurasumy.livejournal.com/2344611.html>. Acesso em: 6 jan. 2025; *Poroshenko – Ostatochne proshchavai feat. Twenty One Pilots* [Poroshenko – A despedida final – *feat.* Twenty One Pilots]. *YouTube*, 2017. Disponível em: <www.youtube.com/watch?v=4zSRHp2gxXU>. Acesso em: 29 dez. 2024. Popularizado por Poroshenko como "o último adeus à Rússia".

um nível não visto desde 1972.[129] Desde então, o Parlamento ucraniano regularmente aprovou legislação para encerrar todas as compras da Rússia e, em seguida, regularmente reverteu a decisão. Em 2020, a Ucrânia ainda recebeu da Rússia 62% de carvão para produzir sua eletricidade.[130]

A energia nuclear, que fornece cerca de metade da demanda de eletricidade da Ucrânia, também está inextricavelmente ligada à Rússia. Embora os Estados Unidos tenham pressionado a Ucrânia a assinar um acordo com a Westinghouse, de propriedade japonesa, para fornecer combustível nuclear alternativo, muitos cientistas consideram essa transição arriscada, apontando que os reatores que agora usam essa mistura de combustível russo e ocidental foram desligados quase todos os meses devido a preocupações com a segurança.[131] De todo modo, o atual programa do governo para adaptar as usinas nucleares aos padrões da Westinghouse levará pelo menos uma década para ser concretizado, período em que a Ucrânia não terá alternativa a não ser usar o combustível nuclear russo.[132] O pedido de recuperação judicial da Westinghouse em 2017 levantou questões adicionais sobre a viabilidade a longo prazo de seu fornecimento de combustível.[133]

Da mesma forma, na área do gás natural, embora o presidente Poroshenko tenha declarado orgulhosamente a independência total da Ucrânia do gás natural russo em 2016, o fato é que todo o gás natural agora importado da Eslováquia, Hungria e Polônia é, na verdade, gás natural da Rússia. Ele é simplesmente enviado alguns metros para dentro desses países

---

129 Putina (Genby), "Ukraina dostigla urovnya proizvodstva elektroenergii 1972 goda" [Ucrânia atinge o nível de produção de eletricidade de 1972]. *Livejournal*, 31 jan. 2021. Disponível em: <https://genby.livejournal.com/898371.html>. Acesso em: 21 dez. 2024; "ZE-Cherknuto" [ZE-Riscado]. *AgitParohod*, n.28, 2019. (em 03:17.) Disponível em: <https://www.youtube.com/watch?v=AlaL6kQbwMI>. Acesso em: 6 jan. 2025. Valentin Zemlyanski diz que em 1990 a Ucrânia produziu 296 bilhões de KWh de eletricidade e, em 2018, apenas 159. O consumo, entretanto, caiu de 227 para 122.

130 "Ukraine Cut its Coal Import Bill Last Year by 40% Year-on-Year to $1.7 Billion". *UBN*, 22 jan. 2021. Disponível em: <https://ubn.news/ukraine-cut-its-coal-import-bill-last-year-by-40-yoy-to-1-7-billion/>. Acesso em: 2 jan. 2025; Tikhy, "Kak Rossiya spasla Ukrainu ot kontsa sveta" [Como a Rússia salvou a Ucrânia do fim do mundo]. *Ukraina.ru*, 10 fev. 2021. Disponível em: <https://ukraina.ru/exclusive/20210210/1030508682.html>. Acesso em: 21 dez. 2024. Em russo, a palavra *svet* pode tanto significar "o mundo" como "a luz".

131 Tikhy, "Kak Rossiya spasla Ukrainu ot kontsa sveta".

132 Michkovskaya, "Ukraina razorvala programmu ekonomicheskogo sotrudnichestva s RF" [Ucrânia destrói seu programa de cooperação econômica com a Federação Russa]. *KP in Ukraine*, 21 mar. 2018. Disponível em: <https://kp.ua/economics/603920-ukrayna-razorvala-prohrammu-ekonomycheskoho-sotrudnychestva-s-rf-chto-dalshe>. Acesso em: 26 dez. 2024.

133 Wood, "Ukrainian Corruption Casts a Nuclear Pall over All of Europe". *Washington Times*, 30 mar. 2017. Disponível em: <https://www.washingtontimes.com/news/2017/mar/30/ukrainian-corruption-casts-nuclear-pall-over-all-e/>. Acesso em: 23 dez. 2024.

e depois enviado de volta para a Ucrânia.[134] Pelo privilégio de enganar o público sobre sua procedência real, a Ucrânia paga um prêmio de 30% sobre o preço normal, o que convém perfeitamente a esses países e à Rússia.[135]

Paradoxalmente, enquanto a Ucrânia insiste em ser independente das compras de gás natural russo, ela insiste em reter o gás natural russo para trânsito, já que os pagamentos de trânsito russos fornecem cerca de 8% da receita fiscal anual da Ucrânia.[136] O Ocidente apoia isso porque, ao mesmo tempo que se esforça para tornar a UE e a Ucrânia menos dependentes do gás russo, querem que a Rússia pague pela manutenção da rede de gasodutos ucranianos. Antes da invasão russa de 2022, todos os lados, exceto a Rússia, estavam na posição paradoxal de apoiar o uso contínuo de um recurso do qual dizem que prefeririam se livrar.

Da mesma forma, após um hiato de quatro anos, em 2020 a Rússia se tornou novamente o maior fornecedor de petróleo, gasolina e óleo diesel da Ucrânia.[137] Mesmo na área altamente sensível e simbólica da produção militar, em 2020 a Ucrânia vendeu cerca de 20% de suas armas para a Rússia, mais do que qualquer outro país, com exceção da China.[138] A Rússia e a Ucrânia permanecem, portanto, economicamente interligadas. O economista-chefe da VTB Capital estimou que, até 2020, mudanças econômicas modestas na Rússia ainda eram responsáveis por até 30% da volatilidade na taxa de câmbio, na taxa de inflação e nas taxas de juros na Ucrânia.[139]

---

134 Koshanskaya, "My kogo khotim obmanut?" [A quem estamos enganando?]. *24 Kanal*, 24 dez. 2019. Disponível em: <https://economy.24tv.ua/ru/my_kogo_hotim_obmanut_gerus_zajavil_chto_ukraina_pokupaet_rossijskij_gaz_n125354>. Acesso em: 22 dez. 2024.

135 "Poroshenko progovorilsya" [Poroshenko deixa escapar...]. *Ukraina.ru*, 30 jan. 2016. Disponível em: <https://ukraina.ru/news/20160130/1015465217.html>. Acesso em: 29 dez. 2024; Koshik, "Blef o nezavisimosti Ukrainy ot Rossiiskogo gaza" [Blefe sobre a independência da Ucrânia do gás russo]. *Analitik*, 23 maio 2016. Disponível em: <http://www.analitik.org.ua/current-comment/economy/5739bd80913fd/>.

136 "Ukraine and Russia Signed 5 Year Long Package Deal on Gas Transit through Ukraine". *South Front*, 31 dez. 2019. Disponível em: <https://t.ly/3VsH>. Acesso em: 2 jan. 2025.

137 "Rossiiskaya Tatneft vozobnovila postavki topliva ukrainskoi dochke vpervye s 2014-go goda" [A Tatneft da Rússia retoma o fornecimento de combustível para sua subsidiária ucraniana pela primeira vez desde 2014]. *Ekonomicheskaya Pravda*, 10 jun. 2020. Disponível em: <https://epravda.com.ua/rus/news/2020/06/10/661589/>. Acesso em: 29 dez. 2024; Muslenko; Moiseyenko, "Kak rossiisky biznes 'vgryzalsya' v Ukrainu" [Como as empresas russas "morderam" a Ucrânia e o que mudou]. *Ekonomicheskaya Pravda*, 20 ago. 2019. Disponível em: <https://epravda.com.ua/rus/publications/2019/08/20/650787/>. Acesso em: 30 dez. 2024.

138 Kushch, "Torgovlya oruzhiem mezhdu Ukrainoi i Rossiyei ne prekrashchalas i v samye goryachie fazy voiny" [Comércio de armas entre Ucrânia e Rússia não parou nem mesmo durante as fases mais quentes da guerra]. *Strana.ua*, 13 abr. 2021. Disponível em: <https://strana.one/opinions/327881-torhovlja-oruzhiem-mezhdu-ukrainoj-i-rossiej-ne-prekrashchalas-i-v-samye-horjachie-fazy-vojny.html>. Acesso em: 16 dez. 2024.

139 Aris, "How Interconnected Are the Economies of Russia, Ukraine, Belarus and Kazakhstan? Inflation and Rates Outlook for 2020". *IntelliNews*, 12 jan. 2020. Disponível em: <https://www.intellinews.com/how-interconnected-are-the-economies-of-russia-ukraine-belarus-and-kazakhstan-inflation-and-rates-outlook-for-2020-174374/>. Acesso em: 19 dez. 2024.

O imperativo ideológico de se separar da Rússia persiste, no entanto, apesar do fato de que normalmente resulta em danos diretos à economia ucraniana. O bloqueio de Donbass imposto por ativistas de extrema direita foi ainda mais longe do que isso e, na verdade, ajudou a economia rebelde.

Fábricas em Donbass que antes pagavam impostos a Kiev agora os pagam ao governo rebelde. Esse influxo de dinheiro novo expandiu a produção de carvão e resultou na abertura de onze novos veios em 2017. De acordo com os relatos da imprensa, o carvão de Donbass que ia para a Ucrânia antes do bloqueio, agora vai para meia dúzia de outros países. O fato de que as exportações de carvão de alta qualidade do porto russo próximo de Rostov aumentaram em 50% após o bloqueio, enquanto os portos ucranianos de Mariupol e Berdyansk perderam cerca de um terço de sua carga de carvão, parece confirmar esse redirecionamento.[140] Embora a mineração de carvão na Ucrânia continue a ser fortemente subsidiada pelo governo, ela realmente se tornou lucrativa novamente em Donbass, de modo que, no final de 2017, algumas mineradoras de carvão começaram a pagar taxas ao governo rebelde – dificilmente o resultado que o governo ucraniano esperava.[141]

De acordo com Alexander Koltunovich, ex-presidente do Subcomitê de Política Econômica do Estado da Rada, a cada ano a Ucrânia abre mão de cerca de metade de seu potencial de crescimento econômico como resultado direto de tais políticas nacionalistas.[142] Por maior que seja esse valor, no entanto, o custo para as gerações futuras pode ser ainda maior, já que os principais projetos globais de infraestrutura evitaram a Ucrânia, por causa do conflito. Por exemplo, em 2016, foi decidido que o corredor de transporte Via Carpathia da UE contornaria a Ucrânia em vez de atravessá-la.[143]

Em outro golpe nas esperanças da Ucrânia de se tornar um centro de investimento e transporte, em 2019 a associação internacional de transporte ferroviário e de carga Ferrmed concordou com as rotas que seriam desenvolvidas para seu Grande Eixo entre a China e a UE. Exceto por um ramal para Kiev, ele também evita a Ucrânia completamente.[144] Na década desde que o primeiro trem de contêineres viajou da China para a Europa, o fluxo anual de tráfego ferroviário comercial pela Rússia aumentou de dezessete

---

140 Rybalko, "My snimem blokadu Donbassa"; Milakovsky, "Cut Off".

141 Medvedev, "Blokada Donbassa" [Bloqueio de Donbass]. *Ritm Eurasia*, 26 dez. 2017. Disponível em: <https://dzen.ru/a/WkK-5_2WsdR3IM53>. Acesso em: 30 dez. 2024.

142 Samofalova, "Ukraina smozhet vosstanovit svoyu ekonomiku tolko za schet Rossii".

143 Gardus, "Evropa stroit novuyu avtomagistral v obezd Ukrainy" [Europa está construindo uma nova rodovia para contornar a Ucrânia]. *Apostrophe*, 11 mar. 2016. Disponível em: <https://ukrrudprom.com/digest/Evropa_stroit_novuyu_avtomagistral_v_obezd_Ukraini_chem_eto_groz.html>. Acesso em: 26 dez. 2024.

144 Kava, "Vdol granitsy Ukrainy" [Ao longo da fronteira da Ucrânia, não em seu território...]. *Strana.ua*, 14 jan. 2019. Disponível em: <https://strana.one/opinions/181052-vdol-hranitsy-ukrainy-a-ne-cherez-ee-territoriju.html>. Acesso em: 16 dez. 2024.

trens para mais de 10 mil. Em contraste, a Ucrânia começou o serviço ferroviário exclusivo entre a China e a Ucrânia apenas em 2021, para evitar ter que pagar pelo uso das ferrovias russas.

A política de separar a Ucrânia do sistema de transporte russo foi ideia de Volodymyr Omelyan, um dos membros mais russofóbicos do governo do presidente Poroshenko.[145] Como ministro da Infraestrutura, ele prometeu separar totalmente a Ucrânia da rede de transporte da Rússia. Em setembro de 2015, proibiu todas as transportadoras russas de voar, transitar e fazer embarques de carga pela Ucrânia, e encerrou todos os serviços aéreos ucranianos para a Rússia.[146] Isso levou a uma queda de 64% nas viagens ferroviárias de passageiros entre a Rússia e a Ucrânia de 2014 a 2019.[147] A perda dessas rotas russas ameaçou a estabilidade financeira da Companhia Aérea Nacional da Ucrânia (MAU, na sigla em ucraniano), uma vez que sempre foram as mais lucrativas.[148] A natureza economicamente autodestrutiva dessas restrições foi bem compreendida pelo candidato presidencial Zelensky, que disse: "é muito estranho que nossos trens vão [para a Rússia], mas

---

145 Bezpalko, "Ukraina sovershila oshibku" [Ucrânia comete um erro]. *Obozrevatel*, 8 ago. 2017. Disponível em: <https://news.obozrevatel.com/politics/omelyan-bolshoe-intervyu-2-chast.htm>; Pryma, "In the Decade since the First Container Train Traveled from China to Europe, the Annual Flow Has Increased from 17 Trains in 2011, to 10,000 Last Year". *UBN*, 2 abr. 2021. Disponível em: <https://ubn.news/in-the-decade-since-the-first-container-train-traveled-from-china-to-europe-the-annual-flow-has-increased-from-17-trains-in-2011-to-10000-last-year/?amp=1>. Acesso em: 22 dez. 2024; "Russian Trans-Continental Rail Freight Doubles in 2021". *Russia Briefing News*, 30 mar. 2021. Disponível em: <https://www.russia-briefing.com/news/russian-trans-continental-rail-freight-doubles-in-2021.html/>. Omelyan encerrou todos os laços de transporte com a Crimeia e ocupou Donbass, dizendo que "não há justificativa para viajar para a Rússia. Exceto para visitar a família, se houver alguma lá. Se estamos indo para a Europa, então devemos ir para a Europa". Em contraste, as remessas de trens de carga via Rússia aumentaram em 700% entre 2016 e 2021, graças à Iniciativa do Cinturão e Rota da China. Enquanto os navios levam cerca de 30 a 33 dias para viajar do Leste Asiático para o norte da Europa, as entregas por ferrovia levam apenas 19 dias.

146 Luchnikov, "Plody propagandy" [Frutos da propaganda]. *Ukraina.ru*, 25 out. 2019. Disponível em: <https://ukraina.ru/exclusive/20191025/1025419477.html>. Acesso em: 22 dez. 2024.

147 "Za 5 let chislo passazhirov na zheleznykh dorogakh mezhdu RF i Ukrainoi sokratilos pochti na 65%" [Em 5 anos, o número de passageiros nas ferrovias entre a Rússia e a Ucrânia diminuiu em quase 65%]. *Tass*, 9 abr. 2019. Disponível em: <https://tass.ru/ekonomika/6311094>. Acesso em: 6 jan. 2025; "Tremya samymi pribylnymi poezdami 'Ukrzaliznytsi' okazalis napravleniya v Moskvu" [Os três trens mais lucrativos da "Ukrzaliznytsia" eram os que iam para Moscou]. *Strana.ua*, 21 fev. 2020. Disponível em: <https://strana.one/news/251087-poezd-kiev-moskva-stal-samym-pribylnym-v-2019-hodu-ukrzaliznytsi.html>. Acesso em: 2 jan. 2025; "Odessa-Moskva i Nikolayev-Moskva stali samymi napolnennymi poezdami v 2018 godu" [Odessa-Moscou e Nikolayev-Moscou foram os trens mais lotados em 2018]. *Timer-Odessa*, 15 fev. 2019. Disponível em: <https://perma.cc/VSV8-WYYS>. Acesso em: 27 dez. 2024.

148 Ulyanitsky; Pokatis, "Novyi prezident MAU Evgenii Dykhne" [Novo presidente da MAU, Evgeniy Dykhne]. *Delo.ua*, 27 set. 2019. Disponível em: <https://delo.ua/business/novyj-prezident-mau-evgenij-dyhne-aviabiznes-358520/>. Acesso em: 19 dez. 2024.

nossos aviões não... Isso, é claro, é desvantajoso para nós".[149] Como presidente, no entanto, ele não fez nada para reverter essa política.

O nacionalismo aspira a uma separação total entre as economias nacionais, mas quase toda a manufatura internacional em larga escala hoje requer alguma forma de cooperação transnacional. Dado o tamanho relativo de seus mercados, isso normalmente levará os investidores a favorecer a Rússia em vez da Ucrânia, embora prefiram vê-las trabalhando juntas e fabricando produtos que possam ser usados de forma intercambiável tanto na Ucrânia quanto na Rússia. Um bom exemplo desse tipo de sinergia é o carro Arkana da Renault, que seria montado na Ucrânia e com componentes produzidos na Rússia.[150]

Em seu esforço para romper os laços coloniais com a Rússia, que o governo acusava de terem impedido a Ucrânia de prosperar, ele adotou políticas econômicas nacionalistas que de fato reduziram o padrão de vida, minaram a confiança da população e fomentaram ressentimentos entre os ucranianos maloross. Vemos o mesmo padrão em ação na política cultural do governo.

4.4 Esaú e Jacó na Ucrânia: cultura e religião como as fontes de desunião social

A identidade cultural está enraizada em questões como a escolha do idioma, da religião e a perspectiva histórica. Embora essas se tornem objetos de escolha mais tarde na vida de uma pessoa, geralmente nascemos com uma identidade cultural específica, que, com frequência, é adotada sem questionamentos. Quando a identidade cultural se sobrepõe ao território de uma nação soberana, as tensões sobre a identidade cultural de alguém tendem a ser mínimas, uma vez que as perspectivas do Estado e da sociedade sobre quem é "nativo" e quem é "estrangeiro" tendem a coincidir.

Mas essa visão idílica da nação como uma família em grande escala é, em grande parte, um mito. Nas nações que surgiram da Primeira Guerra Mundial, a política cultural e a política eram em geral significativamente desalinhadas. A resposta dos nacionalistas ucranianos a esse desalinhamento foi dupla. A primeira foi estabelecer um Estado-nação. Isso foi finalmente alcançado em 1991. A segunda foi criar uma cultura uniforme dentro das fronteiras desse Estado-nação. Essa tarefa ainda não foi cumprida e continua sendo uma prioridade máxima para os nacionalistas ucranianos.

149 Luchnikov, "Plody propagandy".

150 "Na Ukraine nachnut sobirat avtomobili iz rossiiskikh komplektuyushchikh" [Ucrânia vai começar a montar carros com componentes russos]. *Ukraina.ru*, 17 set. 2020. Disponível em: <https://ukraina.ru/news/20200917/1028936586.html>. Acesso em: 26 dez. 2024.

Para os nacionalistas, a urgência dessa tarefa é ditada pela ameaça à segurança nacional representada pela identidade cultural dos ucranianos maloross. Desde a Revolução Laranja de 2004, a suposição subjacente da política cultural do governo tem sido que uma Ucrânia multicultural, por sua própria natureza, mina a unidade nacional e ameaça a segurança nacional. Como disse o ex-presidente Yushchenko, "nunca haverá paz a menos que tenhamos harmonia na memória, no idioma e na cultura".[151]

A política cultural do governo ucraniano é baseada na suposição de que a unidade cultural pode ser alcançada apenas por meio da erradicação da cultura, do idioma e da identidade russas na Ucrânia.[152] Essa suposição está no cerne das políticas oficiais sobre o idioma, a religião e a educação histórica, e é uma indicação reveladora de sua importância que o Partido Svoboda tenha recebido essas pastas ministeriais imediatamente após o Maidan de 2014.[153]

Para os nacionalistas ucranianos, o idioma russo e todos os seus subprodutos culturais, não importa de que época venham, são parte de uma relação colonial doentia. De acordo com essa narrativa, Moscou usurpou o nome *Rus* e, assim, roubou o direito de nascença da Ucrânia. O berço do eslavismo deveria ser chamado apropriadamente de *Ukraina-Rus*, para distingui-lo da Rússia moderna, que deriva do posto avançado provincial de Moscóvia. Portanto, é Moscóvia, não Ucrânia, que deve ser considerada "na fronteira" [*u krainy*]. Esta é, em essência, uma releitura ucraniana do eterno conflito fraternal entre Caim e Abel, entre Esaú e Jacó, entre Rômulo e Remo.[154] Só que agora é entre Kiev, "a mãe das cidades de Rus", e a usurpadora Moscou.

Enquanto a Ucrânia luta para readquirir sua própria história, identidade, religião e idioma, assim como naqueles contos antigos, ela deve fazê-lo à custa da história, identidade, religião e idioma russos. É por isso que os nacionalistas ucranianos são tão insistentes em renomear tudo o que é russo como

---

151 "Yushchenko: U nas neskolko yazykov i tserkvei – eto nenormalno" [Yushchenko: "Temos várias línguas e igrejas. Isso não é normal"]. *NewsOne*, 20 jan. 2017. Disponível em: <https://hvylya.net/news/digest/yushhenko-u-nas-neskolko-yazyikov-i-tserkvey-eto-nenormalno.html>. Acesso em: 6 jan. 2025.

152 Abrashina, "V Ukraine mnogo 'vnutrennikh vragov'" [Ucrânia tem muitos "inimigos internos"]. *Vesti*, 19 fev. 2021. Disponível em: <https://ru.espreso.tv/news/2021/02/19/v_ukrayne_mnogo_quotvnutrennykh_vragovquot_kotorye_zhyvut_zdes_no_pry_etom_ne_sluzhat_ynteresam_ee_grazhdan_kravchuk>. Acesso em: 22 dez. 2024; "Na Ukraine predlozhili gotovit molodyozh k 'voine s Rossiei'" [Ucrânia propõe preparar a juventude para "Guerra com a Rússia"]. *Regnum*, 7 nov. 2019. Disponível em: <https://regnum.ru/news/2771018.html>. Acesso em: 26 dez. 2024.

153 Ishchenko, "Ukraine and the Right a Year after Maiden [*sic*]". *The Real News Network*, 26 nov. 2014. Disponível em: <https://therealnews.com/vishchenko1126ukraine>. Acesso em: 6 jan. 2025.

154 *The Book of Genesis* [O livro do Gênesis], 25:22-23: "E os filhos lutavam juntos no seu interior; então ela disse: Se assim é, por que eu sou assim? E foi perguntar ao Senhor. E o Senhor lhe disse: Duas nações há no teu ventre, e dois povos se dividirão das tuas entranhas, e um povo será mais forte do que o outro povo, e o mais velho servirá ao mais jovem".

ucraniano – do *borsch* [sopa ucraniana] a todas as figuras históricas desejáveis, antigas e modernas. Esse padrão de limpeza cultural, que começou na Galícia sob o patrocínio do Império Austro-Húngaro como um meio de restringir as simpatias rutenas pró-Rússia, foi mais tarde adotado de forma generalizada por nacionalistas ucranianos, que o estenderam a todo o país.[155]

Para os ucranianos maloross, no entanto, a cultura russa não é uma imposição estrangeira, mas sim parte de sua identidade histórica. Sua versão distinta da identidade ucraniana, que não é nem totalmente grande-russa, nem totalmente galega, existia tanto no Império Russo quanto na União Soviética. É uma das muitas culturas regionais que se desenvolveram entre os eslavos orientais ao longo dos séculos. Talvez seu avatar cultural mais notável seja o escritor do século XIX Nikolai Gógol, cujo traje nacional russo era, como Edyta Bojanowska observa, "costurado com tecido ucraniano".[156]

4.4.1 O que é cultura russa para a Ucrânia?

Por qualquer medida convencional, a Ucrânia é um país bilíngue e bicultural, no qual alguns ucranianos se identificam como ucranianos, alguns como russos e alguns como ambos. Desde a independência, as pesquisas mostram um declínio constante no número de cidadãos ucranianos que se identificam como russos, de uma alta de 22,1% em 1989 para apenas 4,1% em 2020.[157] Outras pesquisas, no entanto, sugerem que até 17% dos ucranianos ainda podem se identificar etnicamente como russos.[158] Parte dessa

155 Stepushova, "Lider Rusinov: Ukrainsky yazyk segodnya – krest inoyazychnykh" [Líder dos Rusyns: "A língua ucraniana hoje é uma mistura de falantes estrangeiros"]. *Pravda,* 23 jul. 2019. Disponível em: <https://www.pravda.ru/world/1422193-tjasko/>. Acesso em: 23 dez. 2024; "Ekspert: Rusiny v Zelenskogo ne veryat" [Especialista: "Rusyns não acreditam em Zelensky"]. *Pravda,* 19 jun. 2019. Disponível em: <https://www.pravda.ru/world/1421202-tjaskio/>. Acesso em: 29 dez. 2024; Azarevich, "Russkie bez Rossii" [Russos sem Rússia]; Teslenko, "Kak Avstriya iz rusinov Galitsii sozdala ukraintsev" [Como a Áustria criou os ucranianos a partir dos rutenos galegos]. *Alternatio,* 14 abr. 2018. Disponível em: <https://alternatio.org/articles/articles/item/58249-kak-avstriya-iz-rusinov-galitsii-sozdala-ukraintsev>. Acesso em: 3 jan. 2025. Sobre a complicada relação entre os rutenos e a Ucrânia.

156 Shevtsova, "Taras Bulba". *InoSMI,* 4 abr. 2021. Disponível em: <https://inosmi.ru/20210404/249477995.html>. Acesso em: 2 jan. 2025.

157 Vityazeva, "Vina russkikh Ukrainy" [Vinhos dos russos da Ucrânia]. *Koht,* 27 set. 2017. Disponível em: <https://cont.ws/@Vityzeva/725933/full>. Acesso em: 6 jan. 2025; Turenko, "Bolshinstvo ukraintsev ne vidyat izmenenii v svyazi s prinyatiem zakona o gosyazyke" [A maioria dos ucranianos não vê nenhuma mudança relacionada com a adoção da Lei sobre a Língua Estatal]. *Vesti,* 29 jul. 2020. Disponível em: <https://vesti.ua/strana/bez-izmenenij-ukraintsy-vynesli-verdikt-zakonu-o-gosyazyke>.

158 "Skol'ko Rossiyan zhivet v Ukraine, ukazala infografika Soveta o natsional'nom sostave strany" [Quantos russos estão na Ucrânia? O infográfico da Rada sobre a composição étnica do país]. *Racurs.UA,* 28 jul. 2020. Disponível em: <https://racurs.ua/n141710-skolko-rossiyan-v-ukraine-nazvala-infografika-rady-o-nacionalnomsostave-strany.html>. Acesso em: 26 dez. 2024.

discrepância pode ser devida à inclusão ou exclusão de estatísticas pré-2014 para a Crimeia e o Donbass Oriental, mas outra complicação é adicionada pelo fato de que, enquanto 77% dos ucranianos étnicos se descrevem como pertencentes a apenas uma nacionalidade, apenas 39% dos russos étnicos na Ucrânia se sentem assim; em outras palavras, a maioria dos últimos se vê como bicultural.[159]

A medida convencional de autoidentificação, o uso do idioma, não é mais útil para fornecer uma noção clara do que distingue os russos dos ucranianos na Ucrânia. Embora uma maioria esmagadora indique que o ucraniano é sua língua nativa (até 83% em 1996), apenas metade diz que o usa regularmente, e principalmente em ambientes oficiais, onde são obrigados a fazê-lo por lei.[160] O outro problema é que o termo "língua nativa" é visto como ambíguo pelos entrevistados. Um terço dos ucranianos considera que sua língua "nativa" é a mais bem dominada, outro terço considera que é a língua de sua nação, enquanto um quarto define como "nativa" a língua falada por seus pais. Apenas 9% consideram "nativa" a língua que falam com mais frequência.[161]

Mas, embora as pesquisas sobre o idioma possam produzir resultados muito divergentes, há algumas constantes. Quando perguntados sobre qual língua as pessoas se sentiam mais confortáveis falando, há muito tempo existe uma divisão de 50/50, mas, quando os pesquisadores pedem às pessoas para selecionar um formulário para preencher em russo ou ucraniano, mais de 80% selecionam russo.[162] Isso corresponde a outras pesquisas que indicam que 22% dos cidadãos ucranianos descrevem seu domínio do ucraniano como "baixo".[163] Talvez a medida mais convincente de preferência pessoal pelo idioma na Ucrânia hoje seja o uso pessoal da internet, onde 84% das mensagens de texto são em russo.[164]

---

159 Derkul, "Sotsiologiya podtverzhdaet etnotsid Russkikh na Ukraine" [Sociologia confirma o etnocídio dos russos na Ucrânia]. *Discred.ru*, 23 abr. 2017. Disponível em: <https://www.discred.ru/2017/04/23/sotsiologiya-podtverzhdaet-etnotsid-russkih-na-ukraine/>. Acesso em: 27 dez. 2024.

160 Kuzio, *Ukraine: State and Nation Building*, p.171; Van Zon; Batako; Kreslavska, *Social and Economic Change in Eastern Ukraine: The Example of Zaporizhzhya*, p.54.

161 Olszański, "The Language Issue in Ukraine: An Attempt at a New Perspective", em *Problem Jezykowy na Ukraine*, p.14-5, 19 e 40. Disponível em: <https://www.osw.waw.pl/en/publikacje/osw-studies/2012-05-16/language-issue-ukraine-attempt-a-new-perspective>. Acesso em: 2 jan. 2025.

162 Gradirovski; Esipova, "Russian Language Enjoying a Boost in Post-Soviet States". *Gallup.com*, 1º ago. 2008. Disponível em: <https://news.gallup.com/poll/109228/Russian-LanguageEnjoying-Boost-PostSoviet-States.aspx>. Acesso em: 29 dez. 2024.

163 Olszański, "The Language Issue in Ukraine", p.21-2.

164 Mogilnitsky, "Kogda yazyk imeet znachenie" [Quando a linguagem importa]. *Fokus*, 16 jan. 2021. Disponível em: <https://focus.ua/opinions/471872-kogda-yazyk-imeet-znachenie-chego-hotya-otgosudarstva-te-ukraincy-kotorye-govoryat-po-russki>. Acesso em: 26 dez. 2024.

Não é de surpreender que as pesquisas no Google e no YouTube na Ucrânia também sejam esmagadoramente em russo, e para conteúdo cultural em russo.[165] Mais preocupante, da perspectiva do governo ucraniano, é que, desde o bloqueio de todas as principais televisões e *sites* de mídia social russos em 2015, um terço dos ucranianos escolheu obter suas notícias pelo YouTube (obviamente, antes da proibição global de fontes de notícias russas imposta após fevereiro de 2022). Na forma *on-line*, a popularidade da programação em russo na Ucrânia excede em muito a do ucraniano em todas as categorias de notícias (canais de notícias *on-line*, comentários sociais, *vlogs*, *blogs* de jornalistas). Para encontrar um público comercialmente viável *on-line*, o executivo de marketing Mykola Rohinets admite que os autores ucranianos devem produzir seu conteúdo em russo.[166]

Então, quão generalizado é o uso do russo na Ucrânia? De acordo com uma pesquisa da Romir de 2017 conduzida por seu parceiro ucraniano Kiis, 95% dos ucranianos usam o russo diariamente. Dois terços falam em casa, 61% usam para se comunicar com amigos e conhecidos, 39% assistem à televisão e filmes em russo e 34% usam no trabalho.[167]

Embora algumas autoridades ucranianas prevejam com otimismo que "em 10 a 15 anos teremos uma geração que não conhece nem o idioma russo, nem a Federação Russa", a Tabela 4.4 sugere que o russo não será afastado tão cedo.[168]

Pesquisas feitas pela Academia Ucraniana de Ciências apontam para uma conclusão semelhante. Ela observa que, embora o número de escolas de idioma totalmente ucraniano na Ucrânia tenha sido superior a 90% por mais de duas décadas, fora da sala de aula, crianças, professores e pais falam predominantemente russo em todas as regiões, exceto na histórica Galícia.[169]

165 Wenk, "Zrada pod elochku" [Traição sob a árvore de Natal]. *Strana.ua*, 2 jan. 2021. Disponível em: <https://strana.one/news/309931-chto-ukraintsy-iskali-v-google-i-smotreli-v-youtube-na-novyj-hod.html>. Acesso em: 4 jan. 2025; Mogilnitsky, "Kogda yazyk imeet znachenie".

166 Moskalenko, "'Zerkalo Nedeli' voshlo v desyatku kachestvennykh Ukrainskikh media po versii IMI" ["Zerkalo Nedeli" entra no Top Ten da mídia ucraniana de qualidade de acordo com o IMI]. *Zerkalo Nedeli*, 21 jan. 2021. Disponível em: <https://zn.ua/UKRAINE/zerkalo-nedeli-voshlo-v-spisok-media-s-kachestvennoj-informatsiej.html>. Acesso em: 6 jan. 2025.

167 Nedyuk, "Lish 5% ukraintsev ne ispolzuyut russky yazyk" [Apenas 5% dos ucranianos não usam a língua russa]. *Izvestiya*, 27 fev. 2017. Disponível em: <https://iz.ru/news/666745>. Acesso em: 26 dez. 2024.

168 "Na Ukraine predlozhili gotovit molodyozh k 'voine s Rossiei'"; Khroshchak, "Yazykovoi ombudsmen, Taras Kremen o pritesnenii russkogo yazyka na Ukraine" [O Provedor de Justiça da língua Taras Kremin sobre a restrição da língua russa na Ucrânia]. *Ukrainska pravda*, 16 jul. 2020. Disponível em: <https://life.pravda.com.ua/society/2020/07/16/241660/>. Acesso em: 26 dez. 2024.

169 Leev, "Ukrainizatsiya na marshe. Na Ukraine zapreshchayut govorit' po-russki" [Ucranização em marcha. Falar russo é proibido na Ucrânia]. *Ukraina.ru*, 20 out. 2020. Disponível em: <https://ukraina.ru/20201020/1029316848.html>. Acesso em: 20 jan. 2025.

Tabela 4.4 – Qual idioma os ucranianos entre 14-29 anos falam em casa (2018)?

	Ucraniano	**Russo**	**Ambos**
Oeste	93%	1%	3%
Norte	73%	5%	21%
Centro	53%	19%	26%
Kiev	30%	50%	19%
Sul	6%	63%	30%
Leste	2%	84%	13%
Total para a Ucrânia (*sem os territórios ocupados*)			
	49%	33%	18%
Total para a Ucrânia (*com os territórios ocupados*)			
	45%	37%	18%

Fonte: "Language Service", *Radio Liberty Ukrainian*, 29 jan. 2018. Disponível em: <https://www.radiosvoboda.org/a/what-ukrainians-speak-at-home/28994291.html>. Acesso em: 20 jan. 2025. Omitindo a Crimeia e áreas do Donbass fora do controle governamental. As minhas estimativas para a população da Ucrânia com essas áreas são extraídas do *UkrStat* (1º nov. 2015. Disponível em: <https://tinyurl.com/2bohk48a>. Acesso em: 20 jan. 2025;) e assumem que a distribuição etária é igual em todas as regiões e que as preferências linguísticas da Crimeia são as mesmas que as do Leste da Ucrânia.

Embora o presidente Yushchenko tenha tomado uma série de novas medidas para desencorajar o uso do russo, incluindo uma cota de 30% em filmes em língua estrangeira e vendas de videocassetes, e um decreto em setembro de 2009 que proibia professores de falar qualquer idioma diferente do ucraniano no trabalho, o uso de cotas de idiomas como um instrumento de política social realmente decolou depois de 2014.

Uma nova cota de idioma para emissoras de rádio entrou em vigor em 8 de novembro de 2016. Ela impôs uma transição de três anos para a transmissão de pelo menos 75% de músicas em ucraniano, bem como o conteúdo semanal de televisão no horário nobre. As cotas para canais regionais foram definidas em 50%, mas devem avançar para a ucranização total.[170]

Desde 2021, a capacidade de usar o idioma russo em público foi ainda mais restringida por leis que proíbem iniciar uma conversa em um ambiente comercial ou público em qualquer idioma que não seja ucraniano (os serviços religiosos sendo a única exceção).[171] As partes podem mudar para outro

170 Tovt, "Godovshchina kvot na radio" [Aniversário das cotas de rádio]. *Strana.ua*, 28 nov. 2017. Disponível em: <https://strana.one/articles/analysis/107008-sem-hlavnykh-posledstvij-kvot-na-radio-spustja-hod.html>. Acesso em: 16 dez. 2024.

171 Ukraine, "Pro zabezpechennya funktsionuvannya ukrainskoy movy yak derzhavnoy stattya 30. Derzhavna mova u sferi obsluhovuvannya spozhyvachiv" [Sobre a garantia da aplicação

idioma depois, se ambos os lados consentirem. O cumprimento dessa disposição orwelliana é supervisionada pelo *ombudsman* de Idiomas da Ucrânia, Taras Kremin, cujo escritório pode aplicar multas contra reincidentes. Kremin disse que seu gabinete considera qualquer ameaça ao idioma ucraniano como uma ameaça à segurança nacional, e pediu publicamente àqueles que discordam dessa lei que deixem o país, uma vez que representam uma ameaça ao "código da nação".[172]

Pesquisas feitas antes de 2022, no entanto, sugerem que os ucranianos continuam profundamente divididos sobre tais restrições. No oeste, onde o ucraniano domina e, portanto, nenhuma mudança comportamental é exigida, desfrutam de amplo apoio. Na Ucrânia maloross, no entanto, elas são vistas como uma violação dos direitos humanos e foram recebidas com resistência passiva.[173]

Por que o governo insiste em políticas que são profundamente impopulares em metade do país? Embora destrutivas da unidade nacional, tais políticas se tornam compreensíveis no contexto do nacionalismo. Em nenhum lugar isso é mais aparente do que na luta pela identidade religiosa da Ucrânia, que atingiu um novo nível de intensidade em 2019, quando o presidente ucraniano Petro Poroshenko decidiu criar uma Igreja ucraniana leal aos ideais de um Estado ucraniano nacionalista.

4.4.2 Uma Igreja oficial para a nação ucraniana

Ao longo das eras Imperial e Soviética, a Igreja Ortodoxa Russa era comumente considerada a única Igreja Ortodoxa canônica na Ucrânia. Em outubro de 1990, sentindo o colapso iminente da União Soviética, a Igreja Ortodoxa Russa concedeu à sua diocese na Ucrânia "independência e autonomia em sua administração".[174] Essa Igreja, conhecida informalmente como Igreja Ortodoxa Ucraniana (Patriarcado de Moscou), ou UOC (MP, nas siglas em inglês), foi reconhecida por todas as igrejas ortodoxas autocéfalas estabelecidas como a única Igreja Ortodoxa canônica na Ucrânia.

---

da língua ucraniana como língua oficial, de acordo com o artigo 30. A língua oficial no campo do serviço ao cliente]. *Ligazakon*, Law n.2704-VIII, 25 abr. 2019 (modificado). Disponível em: <https://ips.ligazakon.net/document/T192704>. Acesso em: 29 dez. 2024.

172 Volkov, "'Kod natsii' protiv demokratii" ["Código da nação" *versus* democracia]. *Ukraina.ru*, 2 jan. 2022. Disponível em: <https://ukraina.ru/exclusive/20220102/1032845562.html>. Acesso em: 27 dez. 2024.

173 "Monitorynh hromadskoi dumky naselennya Ukrainy" [Monitoramento da opinião pública da população da Ucrânia: setembro de 2021]. *Social Monitoring Center*, 23 set. 2021. Disponível em: <https://interfax.com.ua/news/video/769539.html>. Acesso em: 20 jan. 2025.

174 Dominick, "What Rights Does the Ukrainian Orthodox Church Really Have?". *Orthodox Christianity*, 29 nov. 2018. Disponível em: <https://orthochristian.com/117556.html>. Acesso em: 22 dez. 2024.

Na época, no entanto, não estava de forma alguma claro que a dissolução da União Soviética resultaria na criação de uma Ucrânia independente, e muitos líderes espirituais protegeram suas apostas. Em 1992, o metropolitano de Kiev, Filaret (Denisenko), tendo derrotada sua candidatura para se tornar patriarca de Moscou, proclamou-se patriarca de Kiev e criou sua própria Igreja Ortodoxa Ucraniana, conhecida como UOC (PK), ou patriarcado de Kiev. Ao longo do quarto de século seguinte, o patriarcado de Kiev criou mais de 4 mil paróquias, muitas tomadas da UOC (MP). Ainda assim, até o final de 2018, pelo menos dois terços das 18 mil paróquias cristãs ortodoxas na Ucrânia juraram fidelidade à UOC (MP).[175]

O fato de a maioria dos fiéis do país seguir uma Igreja cujo chefe nominal reside em Moscou há muito tempo incomoda os nacionalistas ucranianos. Na onda do nacionalismo inspirado pela Revolução Maidan de 2014, o Instituto Nacional de Pesquisa Estratégica (Niss, na sigla em inglês), um *think tank* intimamente afiliado à administração presidencial, elaborou uma estratégia para estabelecer uma nova Igreja Ortodoxa na Ucrânia que seria leal ao regime pós-Maidan.[176]

Em 2015, Sergei Zdioruk e Vladimir Tokman, dois analistas seniores do Niss, escreveram um relatório sobre a ameaça que a UOC (MP) representava para o Estado da Ucrânia. Eles a descreveram como um "canal para a ocupação clerical da Ucrânia" e sugeriram que ela estava auxiliando os rebeldes no leste da Ucrânia e colaborando com a ocupação na Crimeia. Essas atividades subversivas, afirmavam, poderiam ser efetivamente combatidas pela criação de uma nova Igreja Ortodoxa Ucraniana a partir da fusão do patriarcado de Kiev e da muito menor Igreja Ortodoxa Autocéfala Ucraniana (Uaoc, na sigla em inglês). Os autores previram que a criação de uma nova Igreja Ortodoxa na Ucrânia levaria a uma "reação em cadeia" de demandas por autocefalia da Igreja Ortodoxa Russa em toda a antiga União Soviética, o que tornaria a nova Igreja ucraniana a maior e mais influente Igreja no mundo ortodoxo, com todos os benefícios políticos correspondentes.

Para realizar isso, Zdioruk e Tokman propuseram um programa governamental de nove pontos, que incluía: rescindir os direitos de propriedade da UOC (MP) em santuários nacionais importantes; impedir a participação de hierarcas da UOC (MP) em todas as celebrações públicas; fornecer apoio governamental apenas às organizações ortodoxas que promovessem "a educação sociopatriótica de seu rebanho"; proibir visitas à Ucrânia de "odiosos ativistas e funcionários da Igreja Ortodoxa Russa"; e introduzir um

175 Maltsev, "Mertvye dushi" [Almas mortas]. *Ukraina.ru*, 26 out. 2018. Disponível em: <https://ukraina.ru/exclusive/20181026/1021565946.html>. Acesso em: 5 jan. 2025.

176 "Natsionalnyi instytut stratehichnykh doslidzhen" [Instituto Nacional de Pesquisa Estratégica]. Disponível em: <https://www.niss.gov.ua/>. Acesso em: 26 dez. 2024.

"sistema de concordatas" que obrigaria as organizações religiosas a trabalhar "para o bem de todo o povo ucraniano".[177]

Quando esse plano foi concebido, a autocefalia ucraniana parecia altamente improvável. Nenhum hierarca ortodoxo, nem mesmo o antigo rival do patriarca de Moscou, o patriarca de Constantinopla, reconheceu a legitimidade do patriarcado de Kiev ou da Uaoc. No início de 2018, no entanto, o vice-chefe de gabinete do presidente Poroshenko, Rostislav Pavlenko, chegou a um acordo provisório com o patriarca de Constantinopla, Bartolomeu I. Em troca do reconhecimento de Bartolomeu de uma nova Igreja Ortodoxa da Ucrânia, esta última seria colocada sob a jurisdição de Constantinopla.

Este foi considerado um cenário ganha-ganha para todos os envolvidos. A UOC (KP) absorveria a Uaoc menor e então seria reconhecida, tanto política quanto teologicamente, como a única Igreja Ortodoxa legítima da Ucrânia. Constantinopla, como resultado, ganharia controle efetivo sobre um rebanho muito maior, que incluía as comunidades ricas de expatriados nos Estados Unidos e Canadá. Finalmente, o presidente Poroshenko poderia alegar ter unificado a ortodoxia ucraniana e esperar um impulso poderoso entrando nas próximas eleições presidenciais.

A criação da nova Igreja levou cerca de seis meses. Em 15 de dezembro de 2018, o presidente Poroshenko assumiu o centro do palco no Conselho da Igreja Unificadora, na antiga catedral de Santa Sofia em Kiev, e proclamou a obtenção final da independência ucraniana da Rússia. "Nem um único patriota", disse Poroshenko, "pode duvidar da importância de uma Igreja Ortodoxa Ucraniana independente para um Estado ucraniano independente. Tal Igreja é a garantia espiritual de nossa soberania."[178] Esse evento, televisionado nacionalmente, serviu como pano de fundo para o lançamento da campanha de reeleição do presidente, que apresentou o *slogan* "Exército, idioma, fé. O exército defende nossa terra. O idioma defende nosso coração. A Igreja defende nossa alma".[179]

No geral, no entanto, a criação dessa nova Igreja, conhecida como Igreja Ortodoxa na Ucrânia (OCU, na sigla em inglês), provou ser uma séria

177 Zdioruk; Tokman, "Vydavlivaya Moskvu po kaple" [Espremendo Moscou, gota a gota]. *Zerkalo Nedeli*, 23 out. 2015. Disponível em: <https://zn.ua/internal/vydavlivaya-moskvu-po-kaple-_.html>. Acesso em: 30 dez. 2024.

178 "Vystup prezydenta za rezultatamy Vseukrainskoho Pravoslavnoho Obiednavchoho Soboru" [Discurso do presidente após os resultados do Conselho de Unificação Ortodoxo Ucraniano]. *Ofitsiine internet-predstavnytstvo Prezydent Ukrainy*, 15 dez. 2018. Disponível em: <https://www.president.gov.ua/news/vistup-prezidenta-za-rezultatami-vseukrayinskogo-pravoslavno-52050>.

179 "Poroshenko ozvuchyv 'formulu suchasnoi ukrainskoy identychnosti'" [Poroshenko anuncia a fórmula da identidade ucraniana moderna]. *Obozrevatel*, 20 set. 2018. Disponível em: <https://news.obozrevatel.com/ukr/politics/poroshenko-ozvuchiv-formulu-suchasnoi-ukrainskoi-identichnosti.htm>. Acesso em: 27 dez. 2024.

decepção para os nacionalistas ucranianos. Não conseguiu que Poroshenko fosse reeleito. O principal instigador de sua criação, o patriarca Filaret de Kiev, mais tarde retirou o apoio e denunciou a união. Finalmente, a previsão de que a OCU serviria como um ponto de encontro para todos os cristãos ortodoxos na Ucrânia não se concretizou. No primeiro ano, apenas 3% das paróquias mudaram da UOC (MP) para a nova OCU.[180]

Não é segredo que, aos olhos do governo ucraniano, o pecado político capital da Igreja Ortodoxa Ucraniana canônica (patriarcado de Moscou) é sua recusa em apoiar a guerra no leste da Ucrânia. O metropolitano Onufriy, chefe da UOC (MP), tem se referido regularmente ao conflito em Donbass como "fratricida" e uma "guerra civil".[181] Sob o presidente Zelensky, as autoridades de segurança nacional ucranianas continuam a rotular a UOC (MP) como inimiga do Estado e a instar o presidente a fechá-la, assim como fez com os partidos de oposição e os canais de televisão.[182]

Para resumir o impacto do nacionalismo, se a tragédia da política econômica da Ucrânia decorre de sua autodestruição, então a tragédia da política cultural da Ucrânia deriva do desgoverno – o descaso com o direito de usar o idioma nativo, com a liberdade de expressão e com a liberdade de culto, todas elas explicitamente garantidas na Constituição ucraniana. A subordinação governamental das instituições políticas e legais do país a objetivos nacionalistas efetivamente destruiu a confiança nas instituições públicas,

---

180 Poroshenko, "Pislya otrymannya Tomosu pro avtokefaliyu vzhe 320 parafii pryiednalysya do nashoi tserkvy" [Após adoção dos tomos sobre autocefalia, 320 paróquias já se uniram à nossa Igreja]. *Twitter*, 18 fev. 2019. Disponível em: <https://twitter.com/poroshenko/status/1097477651244175362>. Acesso em: 27 dez. 2024; "Episkop Baryshevsky Viktor rasskazal o realnoi statistike perekhodov obshchin iz Ukrainskoi Pravoslavnoi Tserkvi v PTsU" [O bispo Viktor de Baryshevsky falou sobre as estatísticas reais de comunidades que estão migrando da Igreja Ortodoxa Ucraniana para a OCU]. *Patriarchia.ru*, 21 fev. 2019. Disponível em: <http://www.patriarchia.ru/db/print/5375891.html>. Acesso em: 20 fev. 2024; Malitska, "Skilky parafii UPTS (MP) pereishlo do PTSU" [Quantas paróquias da UOC (MP) foram transferidas para a OCU (MAP)?]. *Fakty ICTV*, 6 jan. 2020. Disponível em: <https://fakty.com.ua/ua/ukraine/20200106-skilky-parafij-rpts-perejshlo-do-ptsu-karta/>. Acesso em: 3 jan. 2025.

181 "Mitropolit Onufriy: Neobkhodimo prekratit voinu i perestat ubivat drug druga" [Metropolitan Onufriy: "É necessário parar a guerra e parar de matar uns aos outros"]. *Ukraina.ru*, 14 jul. 2015. Disponível em: <https://ukraina.ru/interview/20150714/1013658370.html>. Acesso em: 26 dez. 2024.

182 "UPC (MP) perehovuvala rosiiskih diversantìv i vbivts – Parubiy" [UOC (MP) escondeu sabotadores e assassinos russos – Parubiy]. *Risu.ua*, 7 out. 2018. Disponível em: <https://risu.ua/upc-mp-perehovuvala-rosiyskih-diversantiv-i-vbivc-parubiy_n93540>. Acesso em: 2 jan. 2025; "Razvedka ubezhdena, chto RPTs na 99% kontroliruetsya spetssluzhbami RF" [A inteligência está convencida de que a Igreja Ortodoxa Russa é 99% controlada pelos serviços especiais russos]. *Ukrainskaya pravda*, 24 jan. 2019. Disponível em: <https://www.pravda.com.ua/rus/news/2019/01/24/7204779/>. Acesso em: 29 dez. 2024; Poroshenko, "Derzhat shturval" [Segure o leme...]. *NV.ua*, 1º jan. 2019. Disponível em: <https://nv.ua/opinion/derzhatshturval-2515855.html>. Acesso em: 27 dez. 2024.

não apenas na Ucrânia maloross, mas em todo o país.[183] Com menos confiança pública, vem a maior instabilidade doméstica e a maior dependência de atores estrangeiros. É esse aspecto geopolítico da tragédia da Ucrânia, que fez do país um peão no conflito maior entre a Rússia e o Ocidente, que abordaremos a seguir.

183 Ray; Esipova, "Approval Ratings in Ukraine, Russia Highlight Differences". *Gallup.com*, 31 jul. 2009. Disponível em: <https://news.gallup.com/poll/121976/Approval-Ratings-Ukraine-Russia-Highlight-Differences.aspx>. Acesso em: 22 dez. 2024; Aris, "Fear and Mistrust on the Ukrainian Campaign Trail". *IntelliNews*, 25 mar. 2019. Disponível em: <https://www.intellinews.com/fear-and-mistrust-on-the-ukrainian-campaign-trail-158415/>. Acesso em: 19 dez. 2024.

5
As tragédias da Crimeia e Donbass

Putin assombra o leste do Donbass... esse território é o elo fraco de nossa unidade nacional. Porque, quando Putin caminha por Donbass, ele ouve o idioma russo, vai à igreja russa, lê jornais russos, vai ao teatro russo, assiste à televisão russa.

Viktor Yushchenko,
presidente da Ucrânia (2005-2010)[1]

A Crimeia nunca esteve no mapa mental da Ucrânia... obviamente não se encaixava no conceito de um Estado ucraniano monoétnico... [ela] constantemente nos forçava a sentir a multietnicidade e o multiculturalismo da Ucrânia, o que levou à dissonância cognitiva nas mentes dos nacionalistas.

Pavlo Zubyuk, jornalista ucraniano[2]

Por trás de tudo isso está a ideia de transformar a Ucrânia na Grande Galícia. É aí que está o perigo. Primeiro, é simplesmente impossível fazer isso. Segundo, tais tentativas gerarão

1 "Yushchenko udivil zayavleniem o prisutstvii RF na Donbasse" [Yushchenko surpreende com declaração sobre presença russa em Donbass]. *Sud.ua*, 3 set. 2018. Disponível em: <https://sud.ua/ru/news/ukraine/124607-yuschenko-udivil-zayavleniem-o-prisutstvii-rf-v-donbasse>. Acesso em: 6 jan. 2025.

2 Zubyuk, "Nash nenash Krym" [Crimeia: nossa e não nossa]. *Zaxid.net*, 16 mar. 2020. Disponível em: <https://zaxid.net/nash_nenash_krim_n1499339>.

> *infinitas contradições internas no país... É impossível vestir Donbass com o* hachy hutsul, *como são chamadas as calças lá.*
>
> Pyotr Tolochko, membro titular,
> Academia Nacional de Ciências da Ucrânia[3]

Desde sua independência, a Ucrânia tem lutado para combinar as vantagens econômicas da integração econômica com a Rússia e a Comunidade dos Estados Independentes (CEI) com as vantagens de segurança da integração com a União Europeia (UE) e a Organização do Tratado do Atlântico Norte (Otan). Para obter isso, todo presidente ucraniano tentou alcançar o melhor acordo possível para seu país, jogando esses postulantes uns contra os outros. Enquanto isso, os limites da integração, em qualquer direção, estavam fixados na Constituição Ucraniana, que proibia o país de juntar-se a qualquer aliança militar e o comprometia com a neutralidade. Na prática, isso significava "Não" à filiação à Otan e à Organização do Tratado de Segurança Coletiva (OTSC), mas "Sim" à filiação à União Europeia e à União Aduaneira da Eurásia.

Os eventos de 2014 destruíram essa política dupla, dividindo o país ainda mais além de suas clivagens históricas e culturais. Após o que muitos ucranianos maloross consideraram um golpe nacionalista inspirado pelo Ocidente, duas das regiões mais russófilas – Crimeia e Donbass Oriental – se separaram da Ucrânia, aumentando os temores de que outras partes do país pudessem juntar-se a elas em pouco tempo. Esse medo, por sua vez, levou ao abandono da neutralidade em favor da filiação à Otan, que agora é obrigatória como uma meta para todos os futuros governos ucranianos, graças a uma emenda constitucional adotada em fevereiro de 2019.

Essa capacidade de alterar a Constituição em uma questão tão divisiva sem antes submeter a questão a um voto popular ressalta o domínio recém-descoberto da narrativa galega na política ucraniana. No leste e no sul da Ucrânia, 60% ou mais da população tradicionalmente apoiava laços mais estreitos com a Rússia, enquanto na Ucrânia central e ocidental 60% ou mais tradicionalmente apoiavam laços mais estreitos com a Otan. Notavelmente, em maio de 2022, o *Wall Street Journal* relatou que apenas 59% dos ucranianos disseram que votariam a favor da adesão à Otan se um referendo fosse realizado hoje, um número surpreendentemente baixo, considerando que o país estava sob ataque da Rússia e sendo armado pela Otan.[4] Parte

3 Petrova, "V strane tovarishcha mauzera" [No país do camarada Mauser]. *Rossiiskaya gazeta*, 14 mar. 2014. Disponível em: <https://rg.ru/2014/03/14/tolochko.html>.

4 Twining, "What Ukrainians Think about the War with Russia". *Wall Street Journal*, 6 maio 2022. Disponível em: <https://www.wsj.com/articles/what-ukrainians-think-about-the-war-

dessa hesitação pode ser devida ao fato de que a adesão da Ucrânia à Otan significaria um confronto perpétuo com a Rússia, que há muito tem insistido que vê a Ucrânia na Otan como uma ameaça existencial.[5]

A indiferença do governo ucraniano com as preocupações de segurança russas não é acidental. Ela é inspirada pela visão de Dmytro Dontsov de que a mobilização nacional permanente para a guerra com a Rússia seria uma excelente maneira para a Ucrânia desenvolver a vontade nacional necessária para sobreviver em um ambiente internacional hostil.[6] Na linguagem política atual, isso: 1) reuniria o país em torno de um inimigo comum; 2) justificaria a censura governamental de *sites* estrangeiros e de oposição; e 3) permite a supressão dos direitos políticos e culturais dos ucranianos maloross. Como escreveu o ex-ministro do Interior Arsen Avakov no início do conflito, em junho de 2014, a guerra com a Rússia não deveria ser temida, porque teria um efeito salutar e de "limpeza" sobre a nação.[7] Muitas autoridades ucranianas de alto escalão expressaram sentimentos semelhantes.[8]

Mas problemas imprevistos podem surgir ao usar o conflito para inspirar a unidade nacional. Uma delas é que, uma vez que a animosidade se torna institucionalizada, ela assume vida própria, levando a escaladas não intencionais. Na Ucrânia, isso aconteceu pelo menos duas vezes na memória recente. Primeiro, durante o incidente do Estreito de Kerch em agosto de 2019, e novamente durante o incidente de Wagner envolvendo a Bielorrússia em agosto de 2020. Durante o primeiro, o presidente Poroshenko iniciou

---

russia-putin-invasion-zelensky-victory-results-approval-rating-11651868038>. Acesso em: 19 dez. 2024.

5 Mearsheimer, "Why the Ukraine Crisis Is the West's Fault". *Foreign Affairs*, 18 ago. 2014. Disponível em: <https://www.foreignaffairs.com/articles/russia-fsu/2014-08-18/why-ukraine-crisis-west-s-fault>. Acesso em: 22 dez. 2024. Mearsheimer atribui a decisão da Rússia de anexar a Crimeia à sua necessidade de impedir a revogação do Tratado da Frota do Mar Negro, o que levaria à expulsão das forças navais russas de Sebastopol e, depois, a torná-la uma base da Otan.

6 Polishchuk, *Gorkaya Pravda: Prestupnost OUN-UPA (ispoved Ukraintsa)*, p.112-4. Disponível em: <https://militera.lib.ru/research/0/pdf/polischuk_vv01.pdf>. Acesso em: 6 jan. 2025.

7 Avakov, "V eti paru dnei mnogo govoril s nashimi v zone ATO" [Nesses últimos dias, falei muito com o nosso pessoal da ATO].

8 Kondratova, "'Donbassu – Konets, on razrushen'" ["Donbass está acabado, está destruído". Entrevista com Gorbulin – em um minuto]. *Liga.net*, 7 fev. 2019. Disponível em: <https://www.liga.net/politics/articles/donbassu---konets-on-razrushen-intervyu-s-gorbulinym-za-minutu>. Acesso em: 20 dez. 2024; Shankovsky, "Zhebrivsky govorit, chto khochet Bolshoi voiny s Rossiei za Donbass" [Zhebrivsky diz que quer uma grande guerra com a Rússia por causa de Donbass]. *Ukrainska pravda*, 8 abr. 2016. Disponível em: <https://www.pravda.com.ua/rus/news/2016/04/8/7104896/>. Acesso em: 27 dez. 2024; "Yushchenko naschital 24 voiny s Rossiei" [Yushchenko conta 24 guerras com a Rússia]. *Ukraina.ru*, 5 abr. 2017. Disponível em: <https://ukraina.ru/news/20170405/1018493199.html>. Acesso em: 6 jan. 2025; Luchnikov, "Logika parazita" [Lógica parasitária]. *Ukraina.ru*, 4 ago. 2021. Disponível em: <https://ukraina.ru/exclusive/20210804/1031994062.html>. Acesso em: 22 dez. 2024.

um conflito marítimo com a Rússia para impor a lei marcial em toda a Ucrânia maloross. Na época, muitos acreditavam que ele usaria isso como desculpa para suspender completamente as eleições presidenciais de 2019, mas foi frustrado em seus esforços pela oposição coordenada de três ex-presidentes da Ucrânia.[9] No último incidente, apenas o vazamento oportuno de uma fonte de alto escalão dentro da administração do presidente Zelensky (muitos suspeitam que foi seu o chefe de gabinete, Andriy Yermak) impediu que as forças especiais ucranianas sequestrassem um avião da Bielorrússia com várias dezenas de mercenários russos a bordo.[10]

Um segundo problema é que, embora a guerra una alguns, ela encoraja a resistência de outros. Desde o início do Maidan de 2014, uma grande parcela da população no leste e no sul da Ucrânia culpou as autoridades ucranianas pelo conflito com a Rússia, assim como as autoridades russas.[11] De acordo com alguns relatos da mídia ocidental, esse conflito de lealdades persiste mesmo após a incursão militar da Rússia em fevereiro de 2022.[12]

---

9 Petro, "Ukraine's Pinochet Scenario". *The Nation*, 28 nov. 2018. Disponível em: <https://www.thenation.com/article/archive/ukraines-pinochet-scenario/>. Acesso em: 26 dez. 2024.

10 "Na Ukraine raskryli detali 'Vagnergeita'" [Ucrânia revela detalhes do "Wagnergate"]. *Ukraina.ru*, 23 dez. 2021. Disponível em: <https://ukraina.ru/news/20211223/1032953690.html>. Acesso em: 26 dez. 2024; Yakovenko; Tkachuk, "Operatsiya Vagner" [Operação Wagner]. *Vesti*, 17 nov. 2021. Disponível em: <https://vesti.ua/strana/ne-proshlo-i-goda-chto-rasskazali-bellingcat-v-nashumevshejstate-o-vagnere>; Tickle, "33 Russian 'Mercenaries' Targeted by Ukrainian Sting Operation". *RT International*, 18 nov. 2021. Disponível em: <https://www.rt.com/russia/540605-russians-detained-belarus-ukrainian-operation/>. Acesso em: 22 dez. 2024; Chance; Ullah, "Ukraine spies tried to ensnare alleged Russian war criminals with a fake website, promises of riches and an international sting". *CNN*, 8 set. 2021. Disponível em: <https://edition.cnn.com/2021/09/07/europe/ukraine-belarus-russia-mercenaries-sting/index.html>. Acesso em: 26 dez. 2024; Minin, "Opravdat Zelenskogo, Ermaka i TsRU" [Justificando Zelensky, Yermak e a CIA]. *Strana.ua*, 16 nov. 2021. Disponível em: <https://strana.news/news/362389-kto-provalil-operatsiju-po-vahnerovtsam-analiz-otcheta-tsk-bezuhloj.html>. Acesso em: 26 dez. 2024; idem, "Udar Burby" [Greve de Burba]. *Strana.ua*, 20 nov. 2021. Disponível em: <https://strana.one/news/363099-burba-na-shustere-obvinil-ofis-prezidenta-v-provale-operatsii-po-vahnerovtsam.html>. Acesso em: 26 dez. 2024.

11 "Zhiteli yuga Ukrainy shchitayut Evromaidan perevorotom" [Moradores do sul da Ucrânia consideram o Euromaidan um golpe e acreditam que a guerra em Donbass é benéfica para Kiev]. *Timer-Odessa*, 14 fev. 2017. Disponível em: <https://web.archive.org/web/20190202040926/http://timer-odessa.net/news/jiteli_yuga_ukraini_schitayut_maydanperevorotom_i_veryat_chto_voyna_na_donbasse_vigodna_kievu_849.html>. Acesso em: 6 jan. 2025; "Khto vynen u voiny" [Quem é o culpado pela guerra?]. *IMI.org*, jan.-mar. 2017. Disponível em: <http://imi.org.ua/news/58070-kojen-pyatiy-meshkanets-pivdnya-ta-shodu-pidtrimue-avto-nomiyu-okupovanogo-donbasu-opituvannya.html>.

12 Burnett, "'They've Found Traitors': Why Ukrainians Find it Hard to Hold Key Towns". *CNN*, 12 maio 2022. Disponível em: <https://us.cnn.com/videos/tv/2022/05/11/ukraine-pushback-on-russia-nickpaton-walsh-ebof.cnn/video/playlists/top-news-videos/>. Acesso em: 20 dez. 2024; "As War Nears 6-Month Mark, Ukraine Struggles against New-Old Foes: Collaborators and Corruption". *Russia Matters*, 22 jul. 2022. Disponível em: <https://www.russiamatters.org/blog/war-nears-6-month-mark-ukraine-struggles-against-new-old-foes-collaborators-and-corruption>. Acesso em: 19 dez. 2024; Bulos, "In Eastern Ukraine, some

Um terceiro problema é que isso leva os líderes ucranianos a terem expectativas irrealistas do Ocidente.[13] Apesar de regularmente decepcionados, a liderança atual se apega a essas expectativas irrealistas porque o nacionalismo não lhes oferece outra alternativa. A política externa e de defesa ucraniana está presa em sua própria retórica, assim como sua política econômica está presa na compra de gás russo a preços muito mais altos na fronteira com a Eslováquia, para evitar chamá-lo de "gás russo". As figuras políticas de todo o espectro político ucraniano, incluindo algumas na administração presidencial, têm lamentado essa perda de independência.[14]

O problema final com a mobilização perpétua para a guerra perpétua é que ela exige que o regime atual se mantenha no poder por uma geração ou mais. Altos funcionários ucranianos disseram que levará pelo menos 25 anos para transformar os ucranianos maloross em novos ucranianos nacionalistas.[15] Como eleições verdadeiramente democráticas provavelmente levarão a oposição ao poder em algum momento, essas autoridades admitem abertamente que os direitos políticos dos ucranianos maloross terão que ser significativamente restringidos durante esse período. Em suma, o mesmo imperativo ideológico divisivo que caracteriza as políticas econômicas, culturais e religiosas também está em ação na política de segurança nacional da Ucrânia.

A intervenção flagrante da Rússia em 2014, e novamente em 2022, deu a esses argumentos nacionalistas nova legitimidade e urgência. Ainda assim, é importante ressaltar que eles existem há décadas e, portanto, não são o resultado da anexação da Crimeia pela Rússia e da intervenção em Donbass.

Stand against their Defenders". *Los Angeles Times*, 21 jun. 2022. Disponível em: <https://www.latimes.com/world-nation/story/2022-06-21/in-eastern-ukraine-some-back-the-russians>. Acesso em: 26 dez. 2024.

13 Vasilenko, "V MID ne ponimayut, pochemu Ukrainu ne priglasili na zakrytyi sammit Nato – Kuleba" [O Ministério das Relações Exteriores não entende por que a Ucrânia não foi convidada a encerrar a cúpula da OTAN-Kuleba]. *New Voice*, 26 maio 2021. Disponível em: <https://nv.ua/world/geopolitics/ukrainav-nato-v-mid-vozmushcheny-chto-alyans-ne-priglasil-ukrainu-na-zakrytyy-sammit50162253.html>. Acesso em: 21 dez. 2024; Sitnikova, "'Ukraina ne mozhet vechno byt v zale ozhidaniya'" [A Ucrânia não pode ficar na sala de espera para sempre]. *Hromadske.ua*, 16 abr. 2021. Disponível em: <https://hromadske.ua/ru/posts/ukraina-ne-mozhet-vechno-byt-v-zale-ozhidaniya-zelenskij-prizval-prinyat-ukrainu-v-nato-i-es>. Acesso em: 22 dez. 2024.

14 Lavrenin, "Timoshenko rasskazala o bessmyslennom vneshnem yprvlenii Ukrainoi" [Tymoshenko fala sobre a gestão externa insensata da Ucrânia]. *Lenta.ru*, 16 mar. 2021. Disponível em: <https://yandex.ru/turbo/lenta.ru/s/news/2021/03/16/vneshpol/>. Acesso em: 29 dez. 2024; "Tatarov otreagiroval na aktsiyu pod OP isnovazayavil pro 'vneshnee upravlenie'" [Tatarov responde ao protesto perto do gabinete do presidente e fala novamente sobre "gestão externa"]. *Ukrainska pravda*, 5 dez. 2020. Disponível em: <https://www.pravda.com.ua/rus/news/2020/12/5/7275975/>. Acesso em: 2 jan. 2025.

15 Yakovenko, "Tam zhivut prestupniki" [Criminosos vivem aqui]. *Vesti.ua*, 9 set. 2020. Disponível em: <https://vesti.ua/politika/tam-zhivut-prestupniki-pochemu-vlasti-slivayut-vozvrashhenie-donbassa>.

Parafraseando Voltaire, se a agressão russa não tivesse existido, seria necessário inventá-la, porque permite que todos os problemas da Ucrânia sejam explicados como o produto da agressão russa.

Nada disso pretende racionalizar a intervenção militar russa na Ucrânia desde 2014, mas apenas apontar que tal intervenção por si só não teria sido suficiente para sustentar as rebeliões na Crimeia e em Donbass se já não houvesse diferenças muito reais com o resto da Ucrânia, diferenças exacerbadas pelas políticas nacionalistas adotadas após 2014. E como a Rússia e a Ucrânia compartilham uma história tão longa e interligada, quando as diferenças internas se tornam agudas, isso leva forçosamente a tensões entre elas.

5.1 A busca da Crimeia por autonomia

É importante entender como o Maidan de 2014 foi percebido na Ucrânia maloross, pois isso explica por que sua rebelião contra ele encontrou tão pouca resistência local. No Ocidente, a separação dessas regiões da Ucrânia é atribuída exclusivamente à intervenção russa. Mas, embora seja certamente verdade que sem a intervenção russa elas provavelmente não teriam tido sucesso, a intervenção russa contou com considerável apoio local e certamente teria fracassado sem ele. Isso é verdade tanto na Crimeia quanto em Donbass, embora as circunstâncias históricas de cada uma sejam distintas.

A Crimeia, também conhecida como Tauridia, está entre os assentamentos mais antigos registrados ao longo da costa do Mar Negro. Registros arqueológicos revelam que havia colônias gregas lá já no século IX a.C. Durante a Idade Média, ela caiu sob o controle de mercadores genoveses e, depois, dos otomanos, até ser conquistada pela Rússia em 1783. A Crimeia é a única região da Ucrânia cuja população se identifica como originalmente russa em termos étnicos. Esse ponto, e o *status* da população nativa tártara da Crimeia, foram questões de discórdia durante as eras soviética e pós-soviética.

Antes de 1945, a Crimeia era uma república autônoma dentro da República Socialista Federativa Soviética Russa (RSFSR). Em 1954, no entanto, ela foi transferida da República Socialista Soviética Russa (RSSR) para a RSS da Ucrânia como um "presente" ao povo ucraniano em homenagem ao tricentenário da Rada Pereyaslavl que uniu a Ucrânia à Rússia. Essa decisão de alterar as fronteiras internas foi aparentemente um ponto de desacordo no interior da liderança soviética, o que pode ser o motivo pelo qual não foi submetida a um referendo, conforme exigido pela Constituição da RSFSR.[16]

---

16 Tsykunov, "Historical and Legal Bases of Crimea's Inclusion in the Russian Federation". *Izvestiya Irkutskoi Gosudarstvennoi Ekonomicheskoi Akademii*, v.25, n.3, p.550-5, 2015; Sasse, *The Crimea Question: Identity, Transition, and Conflict.*

A questão de realizar um referendo para restaurar a autonomia da Crimeia, no entanto, nunca desapareceu completamente e ressurgiu no final da década de 1980, graças a três eventos simultâneos. Primeiro, Moscou revelou planos para construir uma usina nuclear na Crimeia, e um movimento ecológico local pós-Chernobyl se mobilizou para impedi-lo. Segundo, em 1989, o Soviete Supremo da União Soviética reabilitou oficialmente os tártaros da Crimeia e, ao mesmo tempo, pediu que a autonomia da Crimeia fosse restaurada. Por fim, em outubro de 1989, o Soviete Supremo da RSS da Ucrânia aprovou uma lei relativa ao idioma que tornou o ucraniano o único idioma oficial do Estado na Ucrânia, em uma época em que a Crimeia possuía 97% de falantes de russo.[17]

Em janeiro de 1991, enquanto a União Soviética estava visivelmente se desintegrando, o governo regional da Crimeia decidiu realizar seu próprio referendo sobre a restauração da autonomia da Crimeia que havia sido revogada em 1946. Ele buscou fazer que a Crimeia fosse reconhecida como um participante independente do Tratado da União então proposto por Mikhail Gorbachev. Quase 84% dos eleitores registrados participaram desse referendo, e 93% votaram pela autonomia da Crimeia da RSS da Ucrânia, abrindo a porta para potencialmente separar a Crimeia tanto da União Soviética quanto da RSS da Ucrânia.[18]

Em 12 de fevereiro de 1991, o Soviete Supremo da RSS da Ucrânia reconheceu esses resultados e, em junho, alterou a Constituição Soviética da Ucrânia em conformidade. Em 4 de setembro de 1991, o Soviete Supremo, agora República Autônoma da Crimeia (ACR, na sigla em inglês), proclamou a soberania da região, mas acrescentou que pretendia criar um Estado separado e democrático no *interior* da Ucrânia. É nesse contexto que 54% dos crimeus votaram em dezembro de 1991 a favor da independência da Ucrânia, com uma participação eleitoral de 65%, a mais baixa de qualquer região da Ucrânia.

No início de 1992, no entanto, o arrependimento começou a se instalar. Um quarto de milhão de moradores, mais de 10% da população, assinaram uma petição pedindo um referendo sobre a separação da Ucrânia. Por lei, isso era o suficiente para exigir um referendo, mas o novo presidente

---

17 Ibragimova, "'Kiev otstupil'" ["Kiev recua": o que os crimeus votaram em 1991]. *Ria.ru*, 20 jan. 2021. Disponível em: <https://riaru.turbopages.org/ria.ru/s/20210120/krym-1593733426.html>. Acesso em: 21 dez. 2024; Kiev Center for Political Research and Conflictology; Center for Effective Politics, "Portret elektoratov Yushchenko i Yanukovycha" [Retrato dos eleitores de Yushchenko e Yanukovych]. *Analitik*, 18 jan. 2005. Disponível em: <https://perma.cc/JN5X-58CP?type=image>. Acesso em: 29 dez. 2024.

18 "V Krymu nazvali pervyi shag na puti k vossoedineniyu s Rossiei" [Crimeia indica o primeiro passo para a reunificação com a Rússia]. *Ritm Eurasia*, 19 jan. 2021. Disponível em: <https://www.ritmeurasia.org/news--2021-01-19--v-krymu-nazvali-pervyj-shag-na-puti-k-vossoedineniju-s-rossiej52847>. Acesso em: 2 jan. 2025.

da Ucrânia, Leonid Kravchuk, cauteloso com o potencial de derramamento de sangue, recusou-se a realizá-lo.[19] No entanto, em 5 de maio de 1992, o Soviete Supremo da ACR adotou um Ato Proclamando a Soberania Estatal da República da Crimeia, declarando efetivamente a independência total da Ucrânia, sujeito à aprovação por um referendo a ser realizado em agosto de 1992. O Parlamento ucraniano respondeu declarando a independência da Crimeia ilegal e autorizando o presidente Kravchuk a usar todos os meios necessários para impedi-la. Após duas semanas de impasse e ameaças, em 20 de maio de 1992, o Parlamento da Crimeia revogou sua declaração de independência e suspendeu o referendo de independência, em troca de uma devolução negociada do poder de Kiev para Simferopol, dentro da ampla estrutura da Constituição da Crimeia recentemente adotada.

Essa Constituição afirmou uma ampla autonomia regional, incluindo o controle exclusivo da terra, dos recursos e do "potencial econômico" da Crimeia. A Crimeia deveria ter seu próprio presidente e primeiro-ministro, bem como autoridade para realizar seus próprios referendos locais. O idioma oficial da região seria o russo, embora o ucraniano e o tártaro também fossem reconhecidos como idiomas oficiais. Desde o início, no entanto, ambos os lados tinham interpretações diametralmente opostas do que significava a autonomia da Crimeia – Simferopol queria autonomia máxima em assuntos locais, enquanto Kiev almejava um Estado unitário no qual o idioma e a cultura ucranianos seriam a norma.

Quando Kiev concedeu autonomia à Crimeia, dependendo de sua Constituição finalmente ser alinhada com a da Ucrânia, e uma moratória dos referendos sobre secessão, a crise foi evitada, mas apenas por algum tempo, uma vez que não lidava com a questão central – o desejo de uma grande parte da população da Crimeia de fazer parte da Rússia em vez da Ucrânia. Esse desejo, que era bem conhecido pelos diplomatas britânicos e norte-americanos na época, ressurgiu em 1994, quando Yuri Meshkov ganhou a presidência da Crimeia com uma plataforma de reunificação com a Rússia.[20]

Após a vitória retumbante de Meshkov (73% no segundo turno), o Parlamento da Crimeia restaurou a Constituição de 1992 que havia sido revogada sob pressão de Kiev, e decidiu realizar um referendo não vinculativo sobre o *status* da Crimeia que, Meshkov admitiu mais tarde, teria sido o

---

19 Hitchens, "This Won't Be Popular... but our Navy's Black Sea Antics Were Stupid". *Mail Online*, 26 jun. 2021. Disponível em: <https://www.dailymail.co.uk/debate/article-9728423/PETER-HITCHENS-wont-popular-Navys-Black-Sea-antics-stupid.html>. Acesso em: 27 dez. 2024.

20 Maltsev, "Sovsem nevezhlivye 'chelovechki'" ["Pessoas pequenas" totalmente indelicadas]. *Ukraina.ru*, 11 abr. 2020. Disponível em: <https://ukraina.ru/exclusive/20200411/1027359226.html>. Acesso em: 5 jan. 2025; Gorshkov, "UK and US always Knew Crimea Wanted to Rejoin Russia". *Sputnik News*, 28 dez. 2018. Disponível em: <https://sputniknews.com/20181228/uk-us-crimea-russia-1071042343.html>. Acesso em: 27 dez. 2024.

primeiro passo para se juntar à Rússia.[21] Os resultados do referendo de 27 de março de 1994, declarado ilegal por Kiev, foram os seguintes: 82,2% apoiaram a dupla cidadania com a Rússia; 78,4% apoiavam o aumento da autonomia para a Crimeia e 77,9% eram a favor de dar força de lei aos decretos presidenciais da Crimeia.[22]

O novo presidente da Crimeia e seu partido majoritário, O Bloco da Rússia, estavam agora se encaminhando para um confronto direto com Kiev. Em 1º de julho de 1994, o Parlamento da Crimeia votou para assumir os poderes totais em toda a Crimeia, exceto aqueles que ele voluntariamente escolheu delegar a Kiev; e, em 23 de agosto de 1994, o Conselho Municipal de Sebastopol declarou-se cidade russa, sujeita apenas à lei russa.

Na calada da noite de 16 a 17 de março de 1995, o presidente ucraniano Leonid Kuchma, após consultar Boris Yeltsin e receber seu apoio, enviou forças especiais ucranianas para tomar prédios do governo e prender o governo da Crimeia. Meshkov foi imediatamente deportado para a Rússia, e naquele mesmo dia a Rada revogou a Constituição da Crimeia, aboliu a presidência, e o termo "República da Crimeia".[23] Mais uma vez, uma crise total foi evitada.

Apesar de ter estabelecido o controle sobre o novo Parlamento da Crimeia, levou mais três anos para aprovar uma Constituição da Crimeia que se conformasse com a Constituição Ucraniana. Novamente, os principais pontos de discórdia foram o *status* do idioma russo e a questão dos referendos locais.[24] Durante esses três anos tumultuados, os parlamentares da Crimeia tentaram forçar os limites o máximo que puderam, bombardeando as autoridades de Kiev com pedidos de referendos sobre todos os tipos de assuntos, desde questões mesquinhas como ter seu próprio fuso horário (para que o horário local pudesse ser definido para Moscou, em vez de Kiev), até a questão perene de conceder ao idioma russo o *status* oficial localmente.

Em 4 de fevereiro de 1998, o Parlamento da Crimeia votou novamente para ter um referendo sobre se a região deveria retornar à jurisdição russa, para restaurar a Constituição da Crimeia de 1992 e adotar o russo como idioma oficial da região.[25] Tais exceções, no entanto, não poderiam ser toleradas em

---

21 Maltsev, "Sovsem nevezhlivye 'chelovechki'".

22 Malomuzh, "Razrushiteli mifov" [Caçadores de mitos]. *Apostrophe*, 12 dez. 2019. Disponível em: <https://apostrophe.ua/article/politics/2019-12-12/razrushiteli-mifov-kak-ukraine-pobedit-rossiyskuyupropagandu/29790>.

23 Mirkin, "Politicheskie 'svaty'" ["Casamenteiros" políticos]. *Ukraina.ru*, 31 mar. 2021. Disponível em: <https://ukraina.ru/history/20210331/1031004260.html>. Acesso em: 29 dez. 2024.

24 Ibragimova, "Kiev otstupil". Como Malgin relembra, Kravchuk inicialmente se opôs a isso porque desestabilizaria a União Soviética. Portanto, ele alterou a pergunta original de "Você é a favor de recriar a República Soviética Socialista Autônoma da Crimeia (ASSR)?" para "... como um ente da União Soviética e uma parte do Tratado da União".

25 Ver dado para 4 de fevereiro de 1998 de: "The Deutsche Presse-Agentur", em Minority at Risk Project, "Chronology for Crimean Russians in Ukraine". *Refworld*, 2004. Disponível em:

um Estado unitário buscando homogeneidade cultural e, assim, cedendo à intensa pressão de Kiev, em 21 de outubro de 1998, o Parlamento da Crimeia finalmente reuniu votos suficientes para ratificar uma nova Constituição que declarou o ucraniano o único idioma oficial da Crimeia, especificou que a Crimeia era uma parte inalienável da Ucrânia e delimitou seus poderes regionais como derivados da Constituição Ucraniana, das leis ucranianas e da nova Constituição da Crimeia.[26]

Isso, no entanto, não pôs fim ao descontentamento da região. Os deputados locais continuaram a pressionar as duas questões polêmicas da Constituição da Crimeia de 1992 e a do idioma russo, com o objetivo não declarado de se juntar à Rússia. Essa, pelo menos, é a opinião do último primeiro-ministro ucraniano nomeado da Crimeia, Anatoly Mogiloyv, que abertamente chama a Crimeia de "uma região russa".[27] Mogilyov diz que alertou publicamente que, se Kiev se recusasse a conceder mais autonomia à região, ela se anexaria à Rússia, algo que ele acredita que os líderes pró-Maidan em 2014 secretamente acolheram, porque sentiram que isso diminuiria a influência russa na Ucrânia.[28]

A maioria das pesquisas realizadas desde 1991 destaca a relevância dessa questão para a Crimeia. Anatoly Karlin compilou convenientemente uma lista de trinta pesquisas realizadas entre 1994 e 2016. Vinte e cinco mostram o sentimento russófilo em mais de 70%, e cinco em 25% a 55%.[29] Pesquisas conduzidas pelo Programa das Nações Unidas para o Desenvolvimento (Pnud) na Crimeia entre 2009 e 2011 também mostram uma maioria de crimeus a favor da reunificação com a Rússia.[30] Uma das principais

---

<https://webarchive.archive.unhcr.org/20230521204858/https://www.refworld.org/docid/469f38ec2.html>. Acesso em: 21 dez. 2021.

26 Ibidem.

27 Kovalenko, "Anatoly Mogilyov o potere Kryma" [Anatoly Mogilyov sobre a perda da Crimeia]. *Ukrainskaya pravda*, 27 fev. 2018. Disponível em: <http://www.pravda.com.ua/rus/articles/2018/02/27/7172941/>. Acesso em: 27 dez. 2024.

28 Malgavko, "Ukrainskogo generala vyzvali na dopros iz-za slov o Kryme" [General ucraniano é convocado para interrogatório sobre comentários acerca da Crimeia]. *RIA Krym*, 1º ago. 2019. Disponível em: <https://crimea.ria.ru/world/20190801/1117087776.html>. Acesso em: 29 dez. 2024.

29 Karlin, "Trump Is Factually Right on Crimea". *The Unz Review*, 31 jul. 2016. Disponível em: <https://www.unz.com/akarlin/trump-right-on-crimea/>. Acesso em: 16 dez. 2024. Karlin define o sentimento russófilo como "a opção mais russófila em cada caso, descontadas as respostas 'não sei' e 'sem resposta'. A versão 'ajustada' dos resultados do referendo consideram aqueles que se abstiveram de votar como tendo votado contra".

30 Cawood, "Five Reasons Why It's Time to #Recognize Crimea". *Russian International Affairs Council*, 11 mar. 2020. Disponível em: <https://russiancouncil.ru/en/analytics-and-comments/columns/political-life-of-usa/five-reasons-why-it-s-time-to-recognizesrimea/>. Acesso em: 22 dez. 2024; UNDP Ukraine, "Kvartalnyi monitoringovyi otchet" [Relatório trimestral de monitoramento]. *UNDP Crimea*, ago. 2009. Disponível em: <https://web.archive.org/web/20140502000238/http:/www.undp.crimea.ua/img/content/file/monitoring_ru_2009_10-12.pdf>. Acesso em: 23 dez. 2024.

sociólogas da Crimeia, Natalia Kiselyova, diz que a porcentagem de crimeus que "ansiavam pela Rússia" entre 1991 e 2014 foi sempre maior que 50%, e a porcentagem que favorecia o regionalismo da Crimeia nunca foi menor que 55% a 60%.[31]

Isso destaca um ponto importante ao considerar os eventos que levaram à sua secessão, a saber, a importância da identidade regional da Crimeia, que muitas vezes superou as diferenças políticas entre russos, ucranianos e até mesmo os tártaros da Crimeia.[32] A Figura 5.1, do final de 2013, revela a extensão impressionante em que os crimeus deram primazia à sua própria identidade regional.

Figura 5.1 – As regiões receberam a pergunta: "Qual é sua pátria?" (jan. 2013)

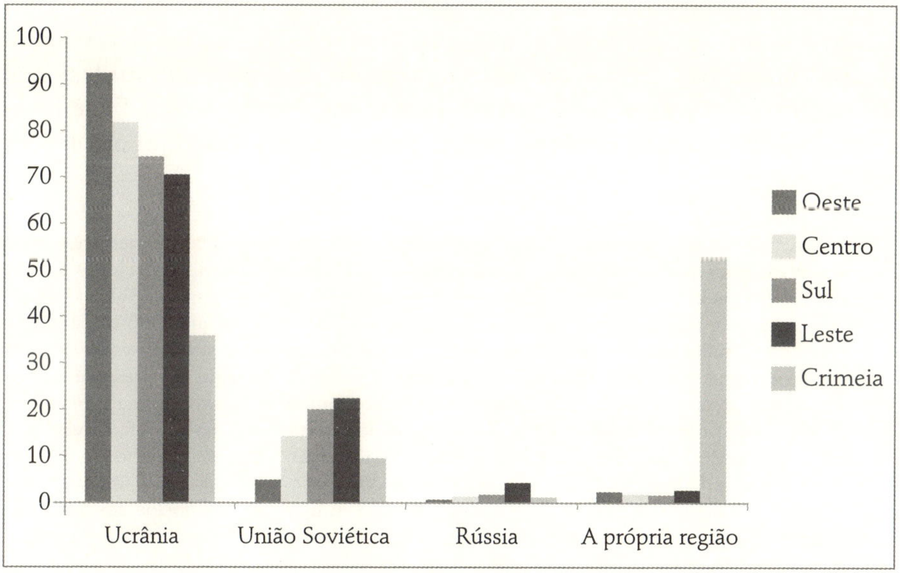

Fonte: Pop-Eleches; Robertson, "Do Crimeans Actually Want to Join Russia?". *Washington Post*, 6 mar. 2014. Disponível em: <https://www.washingtonpost.com/news/monkey-cage/wp/2014/03/06/do-crimeans-actually-want-to-join-russia/>. Acesso em: 21 jan. 2025.

---

31 "Krymskyi sotsioloh u pryamomu efiri rozpovila ukraintsyam, chyi Krym" [Sociólogo crimeu diz aos ucranianos, ao vivo na TV, a quem pertence a Crimeia]. *Golos Pravdy*, 26 out. 2020. Disponível em: <https://golospravdy.eu/krimskij-sociolog-u-pryamomu-efiri-rozpovila-ukraincyam-chij-krim/>. Acesso em: 23 dez. 2024.

32 Kolstø; Blakkisrud (orgs.), *Russia before and after Crimea: Nationalism and Identity 2010-17*, p.287; Kapitsyn, "'Mladorossiiskaya' identichnost" [Identidade "Jovem Russa"]. *Cyberleninka*, 22 ago. 2016. Disponível em: <https://cyberleninka.ru/article/n/mladorossiyskaya-identichnost-krym-2014-2016-gody>. Acesso em: 5 jan. 2025.

Para que o *status quo* mudasse de autonomia regional dentro da Ucrânia para a separação da Ucrânia, portanto, teve que haver um aumento significativo na percepção de ameaça a essa identidade local. No início de 2014, uma série de fatores coincidiram para causar tal mudança. Primeiro, a proeminência da extrema direita durante o Maidan. A inclusão de membros importantes do Partido Svoboda no governo interino depois apenas encorajou a fusão das imagens do Maidan e da extrema direita.[33]

Em segundo lugar, a violência do próprio Maidan, que evocou as memórias dos abusivos "Trens da Amizade" que os ativistas da extrema direita enviaram para a Crimeia em 1991. As expectativas de violência semelhante em 2014 levaram à organização de forças locais de autodefesa, particularmente depois que os ativistas proeminentes da extrema direita como Ihor Mosiychuk e Dmytro Korchinsky se referiram publicamente a eles.[34]

Finalmente, quando as autoridades em Simferopol ofereceram abrigo na Crimeia às tropas ucranianas de assuntos internos e às suas famílias vilipendiadas durante o Maidan, muitos aceitaram a oferta e mudaram sua lealdade de acordo.[35] O sucesso dessa estratégia se tornou evidente em 27 de fevereiro de 2014, quando homens armados mascarados tomaram os prédios

---

33 NYKA, "Vlasti Ukrainy priznali plan utopleniya Kryma v krovi" [Autoridades ucranianas admitem plano para inundar a Crimeia de sangue]. *Nyka*, 16 fev. 2018. Disponível em: <https://nyka.livejournal.com/19015444.html>. Acesso em: 5 jan. 2025; "Eks-glava SBU rasskazal, kto vi- novat v potere Kryma Ukrainoi" [Ex-chefe do SBU comenta quem é o culpado pela perda da Crimeia pela Ucrânia]; Zolotukhina, "General Zamana: 'Nakanune godovshchiny anneksii Kryma vlastyam nuzhna novaya zhertva'" [General Zamana: "Na véspera do aniversário da anexação da Crimeia, as autoridades precisam de uma nova vítima"]. *Strana.ua*, 25 fev. 2019. Disponível em: <https://amp.strana.news/articles/interview/188059-vladimir-zamana-intervju-s-opalnym-heneralom-kotoryj-ruhal-turchinova.html>. Acesso em: 22 dez. 2024. Em seu depoimento durante o julgamento de Viktor Yanukovych por traição, o ex--chefe do estado-maior das forças armadas, general Yuri Ilyin, diz que apelou aos líderes do Maidan por apoio e foi informado de que pretendiam lidar com a Crimeia nos termos mais severos possíveis. De acordo com Ilyin, Tyahnybok assegurou-lhe que: "Eles serão banhados em sangue e todos entenderão. Nós os quebraremos como um cabo de vassoura. Nesta questão, temos sólido apoio". Na época, o Partido Svoboda de Tyahnybok era o responsável pelas nomeações militares no governo pós-Maidan.

34 Mirkin, "Politicheskie 'svaty'"; Maltsev, "Eks-pravosek rasskazal, kak gotovil 'poezd druzhby' v Krym i Sevastopol v marte 2014-go" [Ex-membro do Setor Direita conta como preparou o "trem da amizade" para a Crimeia e Sebastopol em março de 2014]. *ForPost*, 30 maio 2020. Disponível em: <https://sevastopol.su/news/eks-pravosek-rasskazal-kak-gotovil-poezd-druzhby-v-krym-i-sevastopol-v-marte-2014-go>. Acesso em: 29 dez. 2024, NYKA, "Vlasti Ukrainy priznali plan utopleniya Kryma v krovi". Mosiichuk lembra que havia uma firme intenção de enviar voluntários para a Crimeia. Korchinsky, então chefe dos batalhões de voluntários do Exército Insurgente Ucraniano-Autodefesa Nacional Ucraniana (UNA-Unso, nas siglas em inglês), jurou que a Crimeia "ou seria ucraniana ou seria despovoada".

35 "Parlament Kryma prizval yug i vostok Ukrainy vystupit edino protiv perevorota v strane" [O parlamento da Crimeia apelou ao Sul e ao Leste da Ucrânia para se unirem contra o golpe no país]. *Wikinews*, 24 jan. 2014. Disponível em: <https://bit.ly/4hsOl8d>. Acesso em: 26 dez. 2024.

do governo na Crimeia. Amplamente relatado na época como sendo o trabalho das forças especiais russas, o ex-chefe dos Serviços de Segurança Ucranianos, Evgenii Marchuk, que havia comandado a tomada do Parlamento da Crimeia em 1995, insiste que isso foi realmente feito por forças locais da Crimeia.[36] O único correspondente que realmente conseguiu entrar no prédio durante a operação diz que eles se identificaram como "Autodefesa da População de Idioma Russo da Crimeia", um grupo de veteranos locais conhecido por incluir ex-militares, ex-serviços de segurança e ex-policiais.[37] Suas ações não foram tanto um abraço à Rússia (embora possa ter sido para alguns), e nem tanto uma rejeição à Ucrânia (embora possa ter sido uma rejeição ao Maidan, para alguns), mas, antes de tudo, uma afirmação de lealdade à Crimeia, à luz de eventos que fizeram Kiev parecer muito mais ameaçadora.

5.1.1 Sete dias em fevereiro

De acordo com a versão oficial ucraniana dos eventos, as autoridades russas planejaram a anexação da Crimeia por anos. Para isso, a Rússia plantou espiões em todo o exército ucraniano, nos serviços de segurança e no governo. Este último trabalhou para sistematicamente desmantelar o Exército ucraniano e implementou o estágio final do plano da Rússia em 20 de fevereiro de 2014, um dia antes de o presidente Yanukovych concordar em ceder o poder à oposição. Esse dia é agora designado pela lei ucraniana como o início oficial da incursão militar russa.[38]

---

36 "Krymsky parlament zakhvatil sevastopolsky spetsnaz" [Parlamento da Crimeia é tomado pelas forças especiais de Sebastopol]. *Newsru.com*, 7 dez. 2017. Disponível em: <https://www.newsru.com/world/27feb2014/thecrimea.html>. Acesso em: 23 dez. 2024; Ukraine, "Pryinyato postanovu 'pro utvorennya ta likvidatsiyu raioniv'" [Resolução sobre a "formação e liquidação de distritos"]. *Verkhovna Rada Ukrainy*, 17 jul. 2020. Disponível em: <https://www.rada.gov.ua/news/Novyny/196122.html>. Acesso em: 29 dez. 2024; "Chislennost i sostav naseleniya avtonomnoi Respubliki Krym po itogam vseukrainskoi perepisi naseleniya 2001 goda" [O número e a composição da população da República Autônoma da Crimeia, de acordo com os resultados do censo populacional de toda a Ucrânia, de 2001]. *Gosudarstvennyi komitet statistiki Ukrainy*, [s.d.]. Disponível em: <https://2001.ukrcensus.gov.ua/eng/results/general/nationality/Crimea/>. Acesso em: 19 dez. 2024.

37 "Zdaniya pravitelstva i parlamenta Kryma zakhvatili vooruzhennye lyudi v maskakh" [Os prédios do governo e do parlamento da Crimeia foram tomados por homens armados e mascarados]. *Newsru.com*, 7 dez. 2017. Disponível em: <https://www.newsru.com/world/27feb2014/crimea.html>. Acesso em: 6 jan. 2025.

38 Ukraine, "Pro vnesennya zmin do deyakykh zakoniv Ukrainy shchodo vyznachennya daty pochatku tymchasovoi okupatsii" [Emendas a certas leis da Ucrânia sobre a determinação da data de início da ocupação temporária]. *Ofitsiinyi vebportal parlamentu Ukrainy*, 15 set. 2015. Disponível em: <https://zakon.rada.gov.ua/go/685-19>. Acesso em: 29 dez. 2024; Dekhtyarenko, "Viktor Yushchenko: u Zakharchenko net ni odnogo tanka" [Viktor Yushchenko:

A versão oficial da Crimeia dos eventos, por outro lado, enfatiza sua lealdade inicial à Ucrânia e coloca a culpa por sua secessão diretamente na relutância de outras regiões em restaurar a lei e a ordem. Eles apontam para os apelos do parlamento da Crimeia a Kiev ao longo de dezembro e janeiro para impor a lei marcial, no intuito de pôr fim à tomada de prédios governamentais por milícias de direita, à remoção forçada de governadores e à recusa de pagar impostos a Kiev no oeste da Ucrânia.[39]

Em um derradeiro esforço para preservar a unidade nacional, em 12 de fevereiro, o Parlamento da Crimeia convidou os chefes de todos os parlamentos regionais da Ucrânia para se reunirem no Palácio Livadia, em Yalta, e tentarem encontrar um caminho comum a seguir. Konstantin Bakharev, um membro sênior do Parlamento da Crimeia, observa que nenhum Parlamento do oeste da Ucrânia respondeu a esse convite. Depois disso, ele diz, "entendemos que a Crimeia deve seguir seu próprio caminho".[40]

Em 20 de fevereiro, o presidente e vários membros do Parlamento da Crimeia visitaram as autoridades governamentais em Moscou. De acordo com os relatos de participantes, não houve menção à realização de um referendo naquele momento, porque o presidente Yanukovych era esperado no Congresso de Deputados Locais do Sudeste da Ucrânia, em Kharkov, dois dias depois, e os delegados da Crimeia pretendiam apoiar seus esforços para formar um governo interino. No dia em que Yanukovych partiu para Kharkov, no entanto, um segmento do Maidan invadiu o Parlamento e o removeu do cargo. Yanukovych nunca chegou ao Congresso, que em vez disso adotou uma resolução encorajando as assembleias locais a assumirem a plena autoridade política, até que "a ordem constitucional, a lei e os direitos dos cidadãos" fossem restaurados em Kiev.[41]

"Zakharchenko não tem um único tanque"]. *Apostrophe*, 28 set. 2015. Disponível em: <https://apostrophe.ua/article/politics/2015-09-28/viktor-yuschenko-u-zaharchenko-net-ni-odnogo-tanka-o-chem-myi-s-nim-dogovarivaemsya/2307. Na reunião do Conselho de Segurança e Defesa Nacional de 28 de fevereiro de 2014, o ministro da Defesa Igor Tenyukh culpou o ex-presidente Yushchenko por destruir o Exército ucraniano. Yushchenko rejeita essa acusação, dizendo: "Penso que a Crimeia não foi tomada pelas armas. Na época do conflito, tínhamos um Exército de 190 mil pessoas. Era um dos maiores exércitos da Europa. E, em termos de número de tanques, veículos blindados de transporte de pessoal, veículos de combate de infantaria e outros equipamentos, ele tinha mais do que as forças armadas dos principais países ocidentais. A questão não foi o arsenal, obviamente".

39 "Parlament Kryma prizval yug i vostok Ukrainy vystupit edino protiv perevorota v strane".

40 Snegirev, "Ekspert: My ne znaem, chto budet s Ukrainoi, no znaem, chto budet s Krymom" [Especialista: "Não sabemos o que acontecerá à Ucrânia, mas sabemos o que acontecerá à Crimeia"]. *Rossiiskaya gazeta*, 18 mar. 2014. Disponível em: <https://rg.ru/2014/03/18/baharev-site.html>. Acesso em: 6 jan. 2025.

41 "Syezd deputatov v Kharkove" [Congresso dos Deputados em Kharkov]. *Newsru.com*, 22 fev. 2014. Disponível em: <https://www.newsru.com/world/22feb2014/ukreast.html>. Acesso em: 2 jan. 2025.

Em 23 de fevereiro, no entanto, houve um protesto público massivo em Sebastopol contra o golpe em Kiev. Seus organizadores exigiam o direito de eleger seu próprio prefeito e o conselho municipal, ter uma milícia local e reter seus impostos, não os enviando para Kiev.[42] No mesmo dia, Putin diz que ele e um grupo de quatro conselheiros começaram a trabalhar para "devolver a Crimeia à Rússia".[43]

Em 25 de fevereiro, várias centenas de manifestantes bloquearam o Parlamento da Crimeia e exigiram um referendo sobre sua independência. No dia seguinte, ativistas da comunidade tártara da Crimeia também invadiram o Parlamento. O Presidium do Parlamento da Crimeia emitiu uma declaração lamentando esses "incidentes de pressão, intimidação e coerção", dizendo que eles só aumentariam o confronto dentro da sociedade.[44]

Em 27 de fevereiro, homens armados tomaram vários prédios governamentais na Crimeia e hastearam a bandeira russa. O Parlamento da Crimeia, reunido em sessão de emergência, demitiu o governo da Crimeia e substituiu seu primeiro-ministro nomeado por Kiev por Sergei Aksyonov, que apoiou Yanukovych como o presidente legítimo da Ucrânia.[45] Como um de seus primeiros atos, ele definiu o 25 de maio como a data de um referendo sobre a restauração da Constituição da Crimeia de 1992, com a Crimeia como parte da Ucrânia.[46] De acordo com a porta-voz parlamentar da Crimeia, Olga Sulnikova, o Parlamento teve a concordância do presidente

---

42 Dolgov, "Russian Citizen Elected Sevastopol Mayor Amid Pro-Moscow Protests in Crimea". *The Moscow Times*, 25 fev. 2014. Disponível em: <https://themoscowtimes.com/news/article/russian-citizen-elected-sevastopol-mayor-amid-pro-moscow-protests-in-crimea/495113.html>. Acesso em: 26 dez. 2024; Kuzio (org.), *Contemporary Ukraine: Dynamics of Post-Soviet Transformation*; Perevozkina, "Aleksei Chalyi raskryl tainy prisoedineniya Kryma k Rossii" [Aleksei Chalyi revela segredos da anexação da Crimeia à Rússia]. *ForPost*, 16 mar. 2019. Disponível em: <https://sevastopol.su/news/aleksey-chalyy-raskryl-tayny-prisoedineniya-kryma-k-rossii>. Acesso em: 26 dez. 2024. Sebastopol não tem prefeito. Em vez disso, o presidente da Administração Estatal da Cidade de Sebastopol, que é nomeado pelo presidente da Ucrânia, cumpre essa função. O plano era remover as autoridades existentes na cidade e, então, apelar para o apoio russo.

43 Druzhinin, "Putin obyasnil, v svyazi s chem prinyal reshenie vozvratit Krym v sostav Rossii" [Putin explica por que decidiu reanexar a Crimeia à Rússia]. *Tass*, 9 mar. 2015. Disponível em: <https://tass.ru/politika/1816491>. Acesso em: 16 dez. 2024.

44 "Rossiiskie deputaty sobirayutsya zashchitit Krym ot 'politicheskogo Chernobylya'" [Os parlamentares russos planejam proteger a Crimeia do "Chernobyl político"]. *Newsru.com*, 25 fev. 2014. Disponível em: <https://www.newsru.com/world/25feb2014/crimea.html>. Acesso em: 29 dez. 2024.

45 "Verkhovnyi sovet Kryma otpravil v otstavku pravitelstvo" [O Conselho Supremo da Crimeia dispensou o Governo]. *Newsru.com*, 27 fev. 2014. Disponível em: <https://www.newsru.com/world/27feb2014/krimsovmin.html>. Acesso em: 3 jan. 2025.

46 "Krym poyasnil izmenenie voprosov referenduma 'zlymi slovami' Kieva" [Crimeia explica mudança nas questões do referendo com "palavras maldosas" de Kiev]. *Newsru.com*, 8 mar. 2014. Disponível em: <https://www.newsru.com/world/08mar2014/referendum.html>. Acesso em: 23 dez. 2024.

Yanukovych para esse referendo e, portanto, estava agindo de acordo com a lei ucraniana.[47]

5.1.2 O governo interino não responde

Em 28 de fevereiro, o Conselho de Segurança e Defesa Nacional da Ucrânia se reuniu em sessão de emergência para decidir o que fazer quanto à intervenção militar da Rússia e à possível anexação da Crimeia. A transcrição dessa reunião foi tornada pública como parte do julgamento de Yanukovych por traição.[48]

O chefe do Serviço de Segurança Ucraniano, Valentyn Nalyvaichenko, informou aos participantes que as forças armadas ucranianas na Crimeia rejeitaram a autoridade do Maidan e se recusaram a executar suas ordens. O ministro do Interior, Arsen Avakov, declarou que a maioria dos crimeus mantém "uma posição pró-Rússia e anti-Ucrânia".

Essa avaliação pessimista foi confirmada quando, em 2 de março, o chefe da Marinha Ucraniana, o chefe do Serviço de Segurança da Crimeia, o chefe de Assuntos Internos na Crimeia e o chefe interino da Guarda de Fronteira Ucraniana mudaram sua lealdade de Kiev para a República da Crimeia e seu povo.[49] Nas duas semanas seguintes, 189 unidades militares ucranianas estacionadas na Crimeia hastearam a bandeira russa.[50] Igor Tenyukh, ministro da Defesa da Ucrânia na época, estima que 80% do Exército ucraniano

---

47 "Novym premyerom Kryma izbran lider 'Russkogo Edinstva' Aksyonov – nachal'nik upravleniya sekretariata parlamenta ARK" [Aksenov, líder da "unidade russa" e chefe do secretariado do Parlamento do Arco, foi eleito como o novo primeiro-ministro da Crimeia]. *Business Information Network*, 27 fev. 2014. Disponível em: <https://bin.ua/top/152391-novym-premerom-kryma-izbran-lider-russko-go.html>. Acesso em: 27 dez. 2024; Druzhinin, "Kandidatura Aksyonova na post glavy Kryma byla soglasovana s Yanukovichem v Fevrale 2014 Goda" [A candidatura de Aksyonov para o cargo de chefe da Crimeia foi acordada com Yanukovych em fevereiro de 2014]. *Tass*, 10 mar. 2016. Disponível em: <https://tass.ru/politika/2728698>. Acesso em: 16 dez. 2024.

48 Ukraine, "Stenohrama zasidannya Rady natsionalnoi bezpeky i oborony pid holovuvannyam v.o. Prezydenta Ukrainy, Holovy Verkhovnoi Rady Ukrainy O.V. Turchynova" [Transcrição da reunião do Conselho de Segurança e Defesa Nacional, sob o comando do presidente em exercício da Ucrânia, presidente da Rada Suprema da Ucrânia, O. V. Turchynova]. 28 fev. 2014. Disponível em: <https://www.rnbo.gov.ua/files/2016/stenogr.pdf>. Acesso em: 2 jan. 2025.

49 "Glava VMS Ukrainy kontr-admiral Berezovsky prines prisyagu na vernost narodu Kryma" [O chefe da marinha ucraniana, o contra-almirante Berezovsky, faz um juramento de fidelidade ao povo da Crimeia]. *Newsru.com*, 2 mar. 2014. Disponível em: <https://www.newsru.com/world/02mar2014/vmc.html>. Acesso em: 22 dez. 2024.

50 "Minoborony: flagi Rossii v Krymu podnyali 189 podrazdelenii vooruzhennykh sil Ukrainy" [Ministério da Defesa: 189 unidades das Forças Armadas da Ucrânia hastearam bandeiras russas na Crimeia]. *Newsru.com*, 23 mar. 2014. Disponível em: <https://txt.newsru.com/russia/23mar2014/flagi.html>. Acesso em: 26 dez. 2024.

"imediatamente passou para o outro lado".[51] Posteriormente, seu sucessor, Viktor Muzhenko, reduziu esse número para 70%.[52]

Entendendo que a situação militar era desesperadora, o presidente interino da Ucrânia e chefe da Rada, Oleksandr Turchynov, sugeriu uma abordagem que desde então se tornou a posição oficial do governo: "Precisamos dissipar esse mito de que os crimeus levantaram uma rebelião contra a Ucrânia. Esses não são crimeus. É apenas uma operação militar [russa] contra um país soberano... É muito importante relatar e propagar essa visão objetiva dos eventos para a Ucrânia e para todo o mundo".[53]

5.1.3 A maré vira a favor da secessão

Em 1º de março de 2014, como o novo primeiro-ministro da Crimeia, Aksyonov apela ao presidente russo Vladimir Putin "para fornecer assistência para garantir a paz", e a câmara alta do Parlamento russo rapidamente aprovou o uso de forças militares russas na Ucrânia.[54] A Rússia também enviou uma carta do presidente Yanukovych, datada de 1º de março, ao Conselho de Segurança da ONU, pedindo que as forças armadas russas entrassem em seu país para restaurar "a lei e a ordem, a estabilidade e para proteger a população da Ucrânia".[55]

---

51 Talova, "Viktor Tenyukh: 'Vmesto togo, chtoby strelyat po zakhvatchikam, 10 tysyach krymskikh voennykh srazu pereshli na storonu vrag'" [Viktor Tenyukh: "Em vez de atirar nos invasores, 10 mil soldados da Crimeia imediatamente passaram para o lado do inimigo"]. *Antifashist*, 8 fev. 2018. Disponível em: <https://antifashist.com/item/viktor-tenyuh-vmesto-togo-chtoby-strelyat-po-zahvatchikam-10-tysyach-krymskih-voennyh-srazu-pereshli-na-storonu-vraga.html>. Acesso em: 27 dez. 2024; Richardson, "Former Ukrainian Defence Minister Igor Tenyukh: Ukrainian Troops Refused to Shoot Russians in Crimea in 2014". *Stalker Zone*, 3 mar. 2019. Disponível em: <https://www.stalkerzone.org/former-ukrainian-defence-minister-igor-tenyukh-ukrainian-troops-refused-to-shoot-russians-in-crimea-in-2014/>.

52 Roshchenko, "Muzhenko: vo vremya zakhvata Kryma byl boi na materike" [Muzhenko: "Durante a captura da Crimeia houve uma batalha no continente"]. *Ukrainskaya pravda*, 10 mar. 2017. Disponível em: <http://www.pravda.com.ua/rus/news/2017/03/10/7137690/>. Acesso em: 16 dez. 2024; "Turchinov zayavil, chto tolko 29,6% soldat i ofitserov VSU i 0,8% sotrudnikov MVD ne predali Ukrainu vo vremya okkupatsii Kryma" [Turchynov declara que apenas 29,6% dos soldados e oficiais das Forças Armadas da Ucrânia e 0,8% dos funcionários do Ministério de Assuntos Internos não traíram a Ucrânia durante a ocupação da Crimeia]. *Gordon.ua*, 27 fev. 2017. Disponível em: <https://gordonua.com/news/crimea/turchinov-zayavil-chto-tolko-296-soldat-i-oficerov-vsu-i-08-sotrudnikov-mvd-nepredali-ukrainu-vo-vremya-okkupacii-kryma-175897.html>. Acesso em: 2 jan. 2025.

53 Ukraine, "Stenohrama zasidannya Rady natsionalnoi bezpeky".

54 "Ukraine Crisis: Crimea Leader Appeals to Putin for Help". *BBC News*, 1º mar. 2014. Disponível em: <https://www.bbc.com/news/world-europe-26397323>. Acesso em: 2 jan. 2025.

55 United Nations Digital Library System, "Pismo postoyannogo predstavitelya Rossiiskoi Federatsii Organizatsii Obedinennykh Natsii ot 3 Marta 2014 goda na imya generalnogo sekretarya" [Carta datada de 3 de março de 2014 do representante permanente da Federação Russa nas Nações Unidas, em nome do secretário geral], 3 mar. 2014. Disponível em: <https://digitallibrary.un.org/record/766526?ln=fr&v=pdf>. Acesso em: 27 dez. 2024;

A Rússia já tinha uma presença militar significativa na península, embora até hoje as autoridades russas insistam que nunca excederam a quantidade permitida pelo Acordo da Frota do Mar Negro com a Ucrânia, ou seja, 25 mil soldados.[56] A Ucrânia, no entanto, calcula o número de soldados russos na Crimeia na época em mais de 30 mil.[57] Aksyonov, enquanto isso, calcula o número de forças de autodefesa da Crimeia leais ao novo governo em aproximadamente 11 mil.[58]

Aksyonov então anuncia que a data do referendo para restaurar a Constituição da Crimeia de 1992 será antecipada, de 25 de maio para 30 de março. Nesse ponto, ele ainda não inclui uma opção para deixar a Ucrânia.[59] Entre 1º e 6 de março, no entanto, depois que fica claro que as forças ucranianas na Crimeia não vão lutar e estão de fato mudando de lado, o clima popular na Crimeia oscila decisivamente em favor da secessão.

Em 6 de março, o Parlamento da Crimeia vota unanimemente a favor de a Crimeia juntar-se à Rússia e submeter essa decisão a um referendo.

Russian Federation, "Prilozhenie k Pismu Postoyannogo Predstavitelya Rossiiskoi Pri Organizatsii Obyedinennykh Natsii Ot 3 Marta Goda Na Imya Generalnogo Sekretarya" [Apêndice à carta datada de 3 de março de 2014 do representante permanente da Federação Russa nas Nações Unidas, endereçada ao secretário geral]. Nova York: UN, 3 mar. 2014. Disponível em: <https://digitallibrary.un.org/record/766526?ln=en>. Acesso em: 3 jan. 2025.

56 "Spetspredstavitel prezidenta Rossii" [Representante especial do presidente da Rússia]. *Ukraina.ru*, 8 ago. 2018. Disponível em: <https://ukraina.ru/news/20180808/1020774436.html>. Acesso em: 30 dez. 2024; "Russia's 25,000-Troop Allowance & other Facts You May not Know about Crimea". *RT International*, 4 mar. 2014. Disponível em: <https://www.rt.com/news/russian-troops-crimea-ukraine-816/>. Acesso em: 29 dez. 2024; "V Krymu propadaet svyaz, nebo zakryto dlya grazhdanskikh sudov, Moskvu obvinili v anneksii" [Crimeia perde as comunicações, os céus estão fechados para aeronaves civis, Moscou é acusada de anexação]. *Newsru.com*, 28 fev. 2014. Disponível em: <https://www.newsru.com/world/28feb2014/telekom.html>. Acesso em: 2 jan. 2025; "Putin: nashi voennye 'vstali za spinoi' samooborony Kryma" [Putin: "Nossos militares 'apoiaram' a autodefesa da Crimeia"]. *BBC News Russkaya sluzhba*, 17 abr. 2014. Disponível em: <https://www.bbc.com/russian/russia/2014/04/140417_putin_phone_line>. Acesso em: 29 dez. 2024; Parry, "Crimeans Keep Saying No to Ukraine". *Consortium News*, 22 mar. 2015. Disponível em: <https://consortiumnews.com/2015/03/22/crimeans-keep-saying-no-to-ukraine/>. Acesso em: 29 dez. 2024.

57 "Ukraine Says Russian Troops in Crimea Have Doubled to 30,000". *Independent*, 7 mar. 2014. Disponível em: <https://www.independent.ie/world-news/ukraine-says-russian-troops-in-crimea-have-doubled-to-30000/30071613.html>. Acesso em: 2 jan. 2025; "Moscow Asks for Restoration of Yanukovych-Signed Agreement as Kerry Heads for Kiev". *Fox News*, 4 mar. 2015. Disponível em: <https://www.foxnews.com/world/moscow-asks-for-restoration-of-yanukovych-signed-agreement-as-kerry-heads-for-kiev>. Acesso em: 26 dez. 2024.

58 "V protivostoyanii s Kievom Krym perekhodit ot samooborony k oborone" [No impasse com Kiev, a Crimeia está passando da autodefesa para a defesa]. *Newsru.com*, 4 mar. 2014. Disponível em: <https://www.newsru.com/world/04mar2014/crimea_ministery_defense.html>. Acesso em: 2 jan. 2025.

59 "Referendum o statuse Kryma proydet 30 marta" [O referendo sobre o status da Crimeia será realizado em 30 de março]. *Newsru.com*, 1º mar. 2014. Disponível em: <https://txt.newsru.com/world/01mar2014/referendum.html>. Acesso em: 29 dez. 2024.

O referendo inicial é cancelado e um novo referendo, dessa vez sobre a Crimeia juntar-se à Rússia, é marcado para 16 de março de 2014. Com uma participação eleitoral de 83%, 97% votam para se juntar à Rússia. Embora esse referendo não tenha atendido aos padrões ocidentais, não há dúvidas, observa Gwendolyn Sasse, de que ele refletiu a vontade da maioria da população da Crimeia na época.[60]

Ao refletir sobre o motivo pelo qual tantos crimeus escolheram deixar a Ucrânia em março de 2014, os analistas apontam para vários fatores. Alguns enfatizam o papel do Exército russo, enquanto outros apontam para a negligência histórica de Kiev em relação à região. Considerando a longa história de tentativas da Crimeia de obter maior autonomia de Kiev, penso que a Crimeia saiu porque uma Ucrânia fraturada não conseguia mais impedi-la de sair.[61]

No início de março, a autoridade de Kiev na Crimeia havia deixado de existir. O problema, como aponta Sergei Pashinsky – na época chefe da administração presidencial ucraniana –, era que as forças ucranianas eram compostas principalmente por moradores locais. Na mente desses soldados, diz, eles estavam corrigindo uma injustiça histórica ao se juntarem novamente à Rússia.[62] O papel da Frota Russa do Mar Negro era importante, embora não pelas razões geralmente atribuídas. Ela nunca teve que entrar em conflito direto com as forças ucranianas, mas sua mera presença tranquilizou os crimeus de que a Rússia os protegeria, se necessário.[63]

Mais tarde, Putin acrescentaria um motivo geopolítico explícito para a intervenção da Rússia:

> Uma vez nos foi prometido... que após a reunificação da Alemanha a Otan não se expandiria para o leste... E então começou... nossa decisão sobre a Crimeia estava

---

60 Sasse, "Terra Incognita: The Public Mood in Crimea". *Zois Berlin*, 16 nov. 2017. Disponível em: <https://www.zois-berlin.de/en/publications/terra-incognita-the-public-mood-in-crimea>. Acesso em: 22 dez. 2024.

61 Vruchnyi, "Politolog nazval glavnye prichiny poteri Ukrainoi Kryma" [Cientista político nomeia as principais razões para a perda da Crimeia pela Ucrânia]. *Riafan*, 2 out. 2020. Disponívelem:<https://riafan.ru/1317269-politolog-nazval-glavnye-prichiny-poteri-ukrainoi-kryma>.

62 "Zamana: V 2016-2017 godakh v minoborony Ukrainy unichtozhili dokumenty, kotorye kasayutsya primeneniya Rossiiskoi armii v Krymu vo vremya anneksii" [Zamana: Em 2016-2017, o Ministério da Defesa da Ucrânia destruiu documentos relacionados ao uso do exército russo na Crimeia durante a anexação]. *Gordon.ua*, 9 nov. 2020. Disponível em: <https://gordonua.com/news/politics/zamana-v-2016-2017-godah-v-minoborony-ukrainy-unichtozhili-dokumenty-kotorye-kasajutsja-primenenija-rossijskoj-armii-v-krymu-vo-vremja-anneksii-1526576.html>. Acesso em: 6 jan. 2025.

63 "Premier Kryma priznal: vazhnye obekty okhranyayut rossiiskie voennye" [Primeiro-ministro da Crimeia admite: instalações importantes são guardadas por militares russos]. *Newsru.com*, 1º mar. 2014. Disponível em: <https://www.newsru.com/world/01mar2014/ruswarriors.html>. Acesso em: 29 dez. 2024.

parcialmente relacionada a isso também... se não fizermos nada, então, um dia, guiados por esses mesmos princípios exatos, a Ucrânia será arrastada para a Otan, e então nos dirão: isso não é assunto seu... para nós isso tem significado geopolítico – a Rússia será praticamente expulsa da região do Mar Negro.[64]

5.1.4 Avaliando a legitimidade da anexação da Crimeia

Em uma análise final, o julgamento da legitimidade da anexação está enraizada na avaliação de quem detinha autoridade legítima na Crimeia e em Kiev na época. De acordo com Kiev, o governo pós-Maidan em exercício, que havia deposto o presidente Yanukovych, era legítimo. Além disso, embora o direito a um referendo existisse sob a Constituição ucraniana, nenhum mecanismo legal para implementar esse direito havia sido desenvolvido. Tal referendo poderia, teoricamente, ser iniciado por "um grupo de cidadãos", mas não por um órgão governamental como o Parlamento da Crimeia. Finalmente, a questão da secessão não poderia ser submetida a um voto popular.[65]

A visão da Crimeia, por outro lado, é que a Constituição da Crimeia, aprovada pela Rada em 21 de outubro de 1998, deu à Crimeia o direito soberano de conduzir referendos locais.[66] Além disso, o Parlamento da Crimeia via o novo governo em Kiev como ilegítimo. Portanto, assumiu autoridade plenipotenciária para a região, de acordo com a resolução do Congresso de Deputados Locais de Kharkov, "até que a ordem constitucional fosse restaurada em Kiev". Quando ficou claro que isso não aconteceria, tudo o que restava era legalizar a independência da Crimeia por meio do mecanismo

---

64 "Pryamaya liniya s Vladimirom Putinym" [Linha direta com Vladimir Putin]. *Kremlin.ru*, 17 abr. 2014. Disponível em: <http://kremlin.ru/events/president/news/20796>. Acesso em: 29 dez. 2024.

65 "Zhiteli Kryma khotyat reshat sudbu poluostrova na referendume" [Moradores da Crimeia querem decidir o destino da península em referendo não previsto por lei]. *Newsru.com*, 27 fev. 2014. Disponível em: <https://www.newsru.com/world/27feb2014/referendum.html>. Acesso em: 6 jan. 2025.

66 "Konstitutsiya Avtonomnoi Respubliki Krym" [Constituição da República Autônoma da Crimeia]. *Ofitsiinyi vebportal parlamentu Ukraini*, 26 maio 2010. Disponível em: <https://zakon.rada.gov.ua/go/rb239k002-98>. Acesso em: 23 dez. 2024. A indicação e a condução de referendos locais são da competência da República Autônoma da Crimeia (RAC) [Seç.2, cap.5, art.18, pt.1º, §7º]. Os referendos locais substituem a autoridade do Conselho Supremo da RAC [Seç.3, cap.6, art.26, pt.1º], e a decisão de realizar um referendo republicano é da competência do Conselho Supremo da RAC [Seç.3, cap.6, art.26, pt.3º, §3º]. A condução e a autoridade de um referendo local podem, portanto, ser interpretadas como um direito soberano da RAC. Finalmente, a Seç.5, art.48, pt.2º, especifica que a Rada Suprema da RAC pode propor mudanças no *status* e na autoridade da RAC com base em um "referendo republicano (local) consultivo". A palavra "consultivo", supostamente significando em consulta com a Rada Suprema da Ucrânia, aparece apenas esta vez entre sete outras aparições da palavra "referendo".

de um referendo local. De acordo com Vladimir Konstantinov, o chefe do Parlamento da Crimeia, esse direito existia na Constituição da Crimeia de 1998 e poderia ser invocado "se o Estado ucraniano deixasse de existir legalmente".[67]

Ao mesmo tempo, o governo da Crimeia também invocou o direito à autodeterminação sob o artigo 1º da Carta das Nações Unidas. Embora tradicionalmente o direito internacional tenha dado precedência à soberania do Estado sobre a dos requerentes separatistas, em sua decisão de 22 de julho de 2010 sobre o Kosovo, a Corte Internacional de Justiça (CIJ) estabeleceu um novo padrão, declarando que o direito internacional não continha nenhuma "proibição de declarações de independência". Os separatistas da Crimeia argumentaram que, sob esse padrão, eles tinham o mesmo direito de declarar sua independência da Ucrânia que os kosovares tinham quando declararam sua independência da Sérvia.[68]

A legalidade da anexação é, obviamente, apenas uma pequena parte do argumento sobre sua legitimidade, que é dominada pela rivalidade entre grandes potências. Isso é amplamente demonstrado pela facilidade com que os lados mudaram em suas avaliações do novo padrão do CIJ sobre as autodeclarações de independência quando o objeto se tornou a Crimeia, em vez de Kosovo. A Rússia mudou de oposição para apoio ao novo padrão, enquanto muitas nações ocidentais mudaram de apoio para oposição. Se mais evidências fossem necessárias de que os estados-nação adotam uma abordagem puramente utilitária ao direito internacional, não é preciso procurar mais do que a explicação do secretário de Estado dos Estados Unidos, Mike Pompeo, sobre a decisão dos Estados Unidos em 2019 de reconhecer a anexação das Colinas de Golã por Israel. De acordo com Pompeo, "estávamos simplesmente reconhecendo a realidade no terreno e a história que existia naquele espaço em particular", o que, ele então acrescentou enfaticamente, o torna completamente diferente da anexação da Crimeia pela Rússia.[69]

De forma semelhante, enquanto os estudiosos do direito têm, em geral, argumentado que a declaração de independência da Crimeia da Ucrânia foi ilegal, vários estadistas seniores têm argumentado a favor do

---

67 Konstantinov, *To Go One's own Way*, p.36.

68 "Yury Fedotov: We Risk Danger by Granting Kosovo Independence". *The Independent*, 19 dez. 2007. Disponível em: <https://www.independent.co.uk/voices/commentators/yury-fedotov-we-risk-danger-by-granting-kosovo-independence-765912.html>. Acesso em: 6 jan. 2025. Como observou Fedotov de forma cautelosa em 2007, "Uma vez que o princípio da autodeterminação foi estabelecido como superior ao princípio da integridade territorial, será difícil argumentar por que qualquer território dentro de qualquer Estado-nação não deveria poder declarar independência".

69 "Pompeo on Crimea and Golan Heights – Recognizing the Reality on the Ground and the History that Existed in that Particular Space". *U.S. Department of State*, 16 nov. 2019. Disponível em: <https://www.state.gov/in-tribute-to-human-freedom/>.

reconhecimento da jurisdição *de facto* da Rússia sobre a Crimeia.[70] Eles em geral baseiam seus argumentos nos laços históricos da Rússia com

---

70 Estudiosos do direito que têm argumentado que a anexação podia ser considerada legal, incluem: Uberti, "Crimea and Kosovo – The Delusions of Western Military Interventionism". *Open Democracy*, 24 mar. 2014. Disponível em: <https://www.opendemocracy.net/en/odr/crimea-and-kosovo-delusions-of-western-military-interventionism-nato-putin-annexation-legal/>. Acesso em: 21 dez. 2024; Hilpold, "Die Ukraine-Krise aus völkerrechtlicher Sicht". *Swiss Review of International and European Law*, v.25, n.2, p.171-81, 2015. Disponível em: <http://www.szier.ch/index.php?id=99>. Acesso em: 27 dez. 2024; Engelstad, "Utsettes også vi for propaganda?" [Estamos sendo expostos à propaganda?], em Krim – der påstand møter påstand. *Aftenposten*, 17 nov. 2017. Disponível em: <https://www.aftenposten.no/meninger/debatt/i/79Wa8/krim-der-paastand-moeter-paastand-kirsten-engelstad>. Acesso em: 18 dez. 2024; Kabyshev; Zametina, "Prinyatie v Rossiiskuyu Federatsiyu Respubliki Krym i goroda Sevastopolya – vosstanovlenie istoricheskoi spravedlivosti: konstitutsionnopravovoi analiz" [Admissão da República da Crimeia e da cidade de Sebastopol à Federação Russa – Restauração da justiça histórica: análise constitucional e legal]. *Vestnik Sgyua*, v.2, n.97, 2014. Disponível em: <https://cyberleninka.ru/article/n/prinyatie-v-rossiyskuyu-federatsiyu-respubliki-krym-i-goroda-sevastopolya-vosstanovlenie-istoricheskoy-spravedlivosti>. Acesso em: 5 jan. 2025; Merkel, "Die Krim und das Völkerrecht: Kühle Ironie der Geschichte" [Crimeia e direito internacional: a ironia legal da História]. *Frankfurter Allgemeine*, 8 abr. 2014. Disponível em: <https://www.faz.net/aktuell/feuilleton/debatten/die-krim-und-das-voelkerrecht-kuehle-ironie-der-geschichte-12884464.html>. Acesso em: 29 dez. 2024; Schreyer, "'Annexion der Krim': Prof. Merkel Widerspricht Georg Restle" ["A anexação da Crimeia": prof. Merkel contradiz Georg Restle]. *Paul Schreyer*, 29 maio 2018. Disponível em: <https://paulschreyer.wordpress.com/2018/05/29/annexion-der-krim-prof-merkel-widerspricht-georg-restle/>. Acesso em: 27 dez. 2024; Merkel; Reemstma, "Von Nachbarn, Töchtern Und Pistolen" [De vizinhos, filhas e armas]. *Eurozine*, 3 set. 2014. Disponível em: <https://www.eurozine.com/von-nachbarn-tochtern-und-pistolen/>. Acesso em: 29 dez. 2024; Rankin, "How the Badinter Commission on Yugoslavia Laid the Roots for Crimea's Secession from Ukraine". *LSE*, 20 fev. 2015. Disponível em: <https://blogs.lse.ac.uk/europpblog/2015/02/20/how-the-badinter-commission-on-yugoslavia-laid-the-roots-for-crimeas-secession-from-ukraine/>. Acesso em: 22 dez. 2024; Posner, "What to Do about Crimea? Nothing". *Slate*, 27 mar. 2014. Disponível em: <https://slate.com/news-and-politics/2014/03/sanctionsagainst-russia-why-everything-we-are-doing-about-crimea-is-completely-wrong.html>. Acesso em: 20 dez. 2024; Romanovsky, "Itogi vossoedineniya Kryma s Rossiei: pravovye voprosy" [Resultados da reunificação da Crimeia com a Rússia: questões jurídicas]. *Nauka. Obshchestvo. Gosudarstvo*, t.4, n.3(15), p.8, 2016. Disponível em: <https://esj.pnzgu.ru/files/esj.pnzgu.ru/romanovsky_gb_16_3_04.pdf>. Acesso em: 21 dez. 2024; "Putin, Krim und Psychologie" [Putin, Crimea e psicologia]. *Globus Deutschland*, 13 mar. 2019. Disponível em: <https://www.globusdeutschland.de/2019/03/13/putin-krim-und-psychologie-funf-jahre-mit-russia/>. Acesso em: 29 dez. 2024; Tsykunov, "Historical and Legal Bases of Crimea's Inclusion in the Russian Federation", p.550-5; Murawski, "Die ungelöste Krim-Frage als Hemmschuh" [A questão não resolvida da Crimeia como um obstáculo]. *Heise online*, 7 nov. 2019. Disponível em: <https://www.heise.de/tp/features/Die-ungeloeste-Krim-Frage-als-Hemmschuh-4578550.html>; Rouland, "À qui la Crimée appartient-elle?" [A quem pertence a Crimeia?]. *The Conversation*, 23 jul. 2020. Disponível em: <http://theconversation.com/a-qui-la-crimee-appartient-elle-le-regard-dun-juriste-142927>. Acesso em: 27 dez. 2024; Marxsen, "Crimea's Declaration of Independence". *European Journal of International Law: Talk!*, 18 mar. 2014. Disponível em: <https://www.ejiltalk.org/crimeas-

a península, ou no fato de que o referendo, apesar de todas suas falhas, demonstrou claramente o desejo do povo da Crimeia. A lista de dignitários políticos que disseram a mesma coisa *depois* de deixar o cargo é ainda mais impressionante, e inclui dois chanceleres alemães, dois presidentes da França, dois presidentes dos Estados Unidos, os presidentes da República Tcheca, da Geórgia, do Quirguistão, da Moldávia e da Polônia, bem como os primeiros-ministros de vários países da Otan e do Japão.[71]

---

declaration-of-independence/>. Acesso em: 19 dez. 2024; Ivanov; Chikharev, "Diplomat s ruchkoi" [Diplomata com uma caneta]. *Ukraina.ru*, 25 set. 2021. Disponível em: <https://ukraina.ru/exclusive/20210925/1032316524.html>. Acesso em: 22 dez. 2024; Magitot, "The Crimean Referendum: A Democratic Secession or an Imperial Annexation?". *Academia*, 2017. Disponível em: <https://www.academia.edu/35807218/The_Crimean_referendum_A_democratic_secession_or_an_imperial_annexation>. Acesso em: 21 dez. 2024; Geistlinger, "Der Beitritt der Republik Krim zur Russländischen Föderation aus der Warte des Selbstbestimmungsrechts der Völker" [A República da Crimeia se junta à Federação Russa do ponto de vista do direito dos povos à autodeterminação]. *Archiv des Völkerrechts*, v.52, n.2, p.175-204, 2014; Ørebech, "International Law and the Crimea". *Radikal Portal*, 8 jun. 2017.

71 "Frasi Salviani sulla Crimea, Ucraina convoca l'ambasciatore italiano". *Corriere della Sera*, 22 jul. 2018. Disponível em: <https://www.corriere.it/politica/18_luglio_22/frasi-salvini-crimea-ucraina-convoca-ambasciatore-italiano-9222baf6-8dae-11e8-8382-fa27f64b6a47 shtml>. Acesso em: 29 dez. 2024; "Gerhard Schröder: Kein Russischer Präsident Wird Die Krim Wieder Aus Russland Ausgliedern" [Gerhard Schröder: "Nenhum presidente russo irá separar a Crimeia da Rússia novamente"]. *Ostexperte*, 21 set. 2017. Disponível em: <https://ostexperte.de/schroeder-bundeswehr-im-baltikum/>. Acesso em: 22 dez. 2024; "Helmut Schmidt verteidigt in Krim-Krise Putins Ukraine-Kurs" [Helmut Schmidt defende a política de Putin para Ucrânia na crise da Crimeia]. *Der Spiegel*, 26 mar. 2014. Disponível em: <https://www.spiegel.de/politik/ausland/helmut-schmidt-verteidigt-in-krim-krise-putins-ukraine-kurs-a-960834.html>. Acesso em: 22 dez. 2024; "Eks-premyer Yaponii – referendumv Krymu otrazil volyu naroda" [Ex-primeiro-ministro japonês Yukio Hatoyama: "Referendo na Crimeia refletiu a vontade do povo"]. *RT na russkom*, 12 mar. 2015. Disponível em: <https://russian.rt.com/article/79030>. Acesso em: 20 dez. 2024; "Lider prezydentskoi honki Moldovy zayaviv, schho Krym nalezhit Rosii" [Líder da corrida presidencial da Moldávia diz que a Crimeia pertence à Rússia]. *Evropeiskaya pravda*, 25 out. 2016. Disponível em: <https://www.eurointegration.com.ua/news/2016/10/25/7056403/>. Acesso em: 23 dez. 2024; "Crimea Cannot Be Returned to Ukraine, Czech President Says". *Reuters*, 9 set. 2016. Disponível em: <https://www.reuters.com/article/us-ukraine-crisis-crimea-czech-idUSKCN11F184>. Acesso em: 19 dez. 2024; Sous, "'Cherchil by skazal, chto Krym russki'" [Churchill diria que a Crimeia é russa]. *Radio Svoboda*, 7 mar. 2016. Disponível em: <https://www.svoboda.org/a/27585655.html>. Acesso em: 17 dez. 2024; Nardelli, "How Nicolas Sarkozy Went from Fierce Putin Critic to Ardent Admirer". *BuzzFeed*, 19 nov. 2016. Disponível em: <https://www.buzzfeed.com/albertonardelli/tu-vuo-fa-l-americain>. Acesso em: 16 dez. 2024; Lasserre, "Beseda s Valeri Giscard D'Estaign" [Conversa com Valerie Giscard D'Estaign]. *Inosmi.ru*, 4 mar. 2015. Disponível em: <https://inosmi.ru/world/20150304/226636185.html>. Acesso em: 22 dez. 2024; Nardelli; Ioffe, "Trump Told G7 Leaders that Crimea Is Russian because Everyone Speaks Russian in Crimea". *BuzzFeed News*, 14 jun. 2018. Disponível em: <https://www.buzzfeednews.com/article/albertonardelli/trump-russia-crimea>. Acesso em: 16 dez. 2024; "Jimmy Carter o vstreche s Vladimirom Putinym" [Jimmy Carter sobre o encontro com Vladimir Putin]. *e-News*, 30 abr. 2015. Disponível em: <https://e-news.su/mnenie-i-analitika/56941-dzhimmi-karter-o-vstreche-s-vladimirom-putinym.html>. Acesso em:

Dada essa grande lacuna entre as avaliações legais e políticas, pode-se pensar que o que as pessoas na Crimeia hoje pensam sobre seu *status* seria de particular interesse. A maioria dos políticos ocidentais, no entanto, assumiu a posição de que o voto da Crimeia pela independência em relação à Ucrânia em dezembro de 1991 supera qualquer acontecimento na região desde então, e especialmente desde 2014.[72] Esta também é a posição oficial do governo ucraniano.[73]

---

22 dez. 2024; Helmer, "Radoslaw Sikorski Sees the Light in Eastern Ukraine". *Dances with Bears*, 6 jul. 2016. Disponível em: <https://johnhelmer.net/radoslav-sikorski-sees-the-light-in-eastern-ukraine-why-he-dumped-kiev-for-washington/>. Acesso em: 22 dez. 2024; "Sikorsky: vozvraschenie Donbassa i Kryma nevygodno Ukraine" [Sikorsky: "Retorno de Donbass e da Crimeia não é benéfico para a Ucrânia"]. *Inosmi.ru*, 20 maio 2016. Disponível em: <https://inosmi.ru/politic/20160520/236607098.html>. Acesso em: 30 dez. 2024; Kovalsky, "Burdzhanadze: Krym – chast Rossii, u Ukrainy net shansov" [Burjanadze: "Crimeia faz parte da Rússia, a Ucrânia não tem chances"]. *24SMI*, 10 jul. 2015. Disponível em: <https://24smi.org/news/27999-burdzhanadze-krym-chast-rossii-u-ukra-newsya-pol.html>. Acesso em: 16 dez. 2024; Sidorenko, "Kvasnievsky: eta voina, esli sluchitsya, budet strashnoi, v tom chisle po kolichestvu zhertv" [Kwasniewski: "Essa guerra, se acontecer, será terrível, inclusive em número de vítimas"]. *NewsLand*, 10 abr. 2015. Disponível em: <https://newsland.com/community/129/content/kvasnevskii-eta-voina-esli-sluchitsia-budet-strashnoi-v-tomchisle-po-kolichestvu-zhertv/3404009>. Acesso em: 30 dez. 2024.

72 Federal Government, "Rede von Bundeskanzlerin Merkel Beim 3. Deutsch-Ukrainischen Wirtschaftsforum am 29 November 2018 in Berlin" [Discurso da chanceler Merkel no 3º Fórum Econômico Alemão-Ucraniano, em 29 de novembro de 2018, em Berlim].. *Presseund Informations amt der Bundesregierung*, 29 nov. 2018. Disponível em: <https://www.bundesregierung.de/breg-de/aktuelles/rede-von-bundeskanzlerin-merkel-beim-3-deutsch-ukrainischen-wirtschaftsforum-am-29-november-2018-in-berlin-1555732>. Acesso em: 29 dez. 2024. Segundo Merkel, "a Ucrânia decidiu, por referendo, após o colapso da União Soviética, tornar-se independente. A Crimeia participou nesse referendo e também fez a mesma escolha, pertencer à Ucrânia". Seria mais correto dizer que, depois de a Crimeia ter votado pela separação da União Soviética no seu referendo, em janeiro de 1991, ela concordou em fazer parte da Ucrânia como uma região autônoma com amplo autogoverno local. As suas tentativas de concretizar essa autonomia, no entanto, foram repetidamente minadas por Kiev e, em 1995, foram desfeitas pela força. Desde então, os representantes eleitos da região têm estado em confronto mais ou menos aberto com Kiev sobre as questões de identidade cultural que poderiam ter sido resolvidas através da restauração da autonomia. Quando Kiev adotou uma postura ainda mais nacionalista em 2014, a Crimeia optou pelo divórcio.

73 "Pid chas psevdoreferendumu v Krymu naspravdi lyshe 15% hromadyan xotily pryyednannya do Rosiyi" [Durante o pseudorreferendo na Crimeia, apenas 15% dos cidadãos realmente queriam se juntar à Rússia]. *TSN.ua*, 5 maio 2014. Disponível em: <https://tsn.ua/politika/pid-chas-psevdoreferendumu-v-krimu-naspravdi-lishe-15-gromadyan-hotili-priyednatisya-do-rosiyi-348108.html>. Acesso em: 27 dez. 2024; Tokarev, "Electoral History of the Post-Soviet Crimea: From the Ukrainian SSR to Russia". *Vestnik Mgimo-Universiteta*, n.5(44), p.32-41, out. 2015. Disponível em: <https://doaj.org/article/1bb88484b2e94d82937f56d642010edf>. Acesso em: 16 dez. 2024; "Dynamyka otnosheniya naseleniya Ukrainy k Rossii i naseleniya Rossii k Ukraine" [Dinâmica da atitude da Ucrânia em relação à Rússia e da atitude da população russa em relação à Ucrânia]. *Kiev International Institute of Sociology*, 27 jun. 2013. Disponível em: <https://www.kiis.com.ua/?lang=eng&cat=reports&id=177>. Acesso em: 20 dez. 2024; Kuleba, "The Peril of Polling in Crimea". *Foreign Affairs*, 21 abr. 2020. Disponível em: <https://www.foreignaffairs.com/articles/ukraine/2020-04-21/peril-polling-crimea>. Acesso em: 20 dez. 2024; O'Loughlin; Toal; Bakke, "To Russia with Love".

Apesar disso, pesquisas recentes, incluindo aquelas patrocinadas por organizações ocidentais, mostram consistentemente um alto nível de apoio à reunificação com a Rússia. Assim, uma pesquisa Pew de abril de 2014 mostrou que 91% dos entrevistados da Crimeia acreditavam que o referendo de 2014 foi livre e justo. Enquanto apenas 30% dos ucranianos em geral achavam que Kiev deveria aceitar os resultados do referendo da Crimeia, 88% dos crimeus achavam isso.[74] Uma pesquisa de junho de 2014, dessa vez da Gallup, descobriu que quase 83% da população da Crimeia (94% dos russos étnicos e 68% dos ucranianos étnicos) achavam que o referendo de 2014 refletia as opiniões do povo.[75] Uma pesquisa da primavera de 2017 conduzida pelo Centro de Estudos Internacionais e do Leste Europeu (ZOiS), sediado na Alemanha, descobriu que, se fossem convidados a votar novamente hoje, 79% dariam o mesmo voto.[76]

Especialmente dignas de nota são as pesquisas de Gerard Toal e John O'Loughlin (às vezes acompanhados por Gwendolyn Sasse e Kristin Bakke) realizadas entre o final de 2014 e 2019. Elas mostram que a decisão de juntar-se à Rússia continua popular entre todos os grupos étnicos na Crimeia.[77] Entre as razões que eles apontam estão que a maioria dos crimeus não vivencia o governo russo como opressivo, estranho ou indesejável, e que muitos crimeus ainda têm uma opinião muito negativa do Maidan de 2014.[78] Além disso, o investimento massivo do governo russo na infraes-

---

Foreign Affairs, 3 abr. 2020. Disponível em: <https://www.foreignaffairs.com/articles/ukraine/2020-04-03/russia-love>. Acesso em: 22 dez. 2024. A imprensa ucraniana também informou que apareceu brevemente uma declaração no *site* do Conselho Presidencial Russo para o Desenvolvimento da Sociedade Civil e dos Direitos Humanos de que apenas 30% dos crimeus participaram no referendo, e que apenas metade desses votou pela reunificação. Uma pesquisa telefônica realizada dois dias antes do referendo, pela GFK Ucrânia, no entanto, revelou que 70,6% pretendiam votar a favor da reunificação e apenas 10,8% contra.

74 "2015 Russia-Ukraine Conflict: Do People in Crimea Regret their Decision To Be a Part of Russia?". *Quora*, [s.d.]. Disponível em: <https://www.quora.com/2015-Russia-Ukraine-Conflict-Do-people-in-Crimea-regret-their-decision-to-be-a-part-of-Russia>. Acesso em: 25 mar. 2016; Bell; Simmons; Oates, "Despite Concerns about Governance, Ukrainians Want to Remain One Country". *Pew Research Center's Global Attitudes Project*, 8 maio 2014. Disponível em: <https://www.pewresearch.org/global/2014/05/08/despite-concerns-about-governance-ukrainians-want-to-remain-one-country/>. Acesso em: 22 dez. 2024.

75 Rapoza, "One Year after Russia Annexed Crimea, Locals Prefer Moscow to Kiev". *Forbes*, 20 mar. 2015. Disponível em: <https://www.forbes.com/sites/kenrapoza/2015/03/20/one-year-after-russia-annexed-crimea-locals-prefer-moscow-to-kiev/>. Acesso em: 21 dez. 2024.

76 "Putin, Krim und Psychologie".

77 Toal; O'Loughlin; Bakke, "Six Years and $20 Billion in Russian Investment Later, Crimeans Are Happy with Russian Annexation". *Washington Post*, 18 mar. 2020. Disponível em: <https://www.washingtonpost.com/politics/2020/03/18/six-years-20-billion-russian-investment-later-crimeans-are-happy-with-russian-annexation/>. Acesso em: 22 dez. 2024; Sasse, "Terra Incognita".

78 Toal; O'Loughlin, "The Crimean Conundrum". *Open Democracy*, 3 mar. 2015. Disponível em: <https://www.opendemocracy.net/en/odr/crimean-conundrum/>. Acesso em: 22 dez. 2024.

trutura da Crimeia fez que ela se tornasse uma das regiões de crescimento mais rápido da Rússia, o que aumentou o otimismo entre todos os grupos étnicos.[79]

O mais impressionante foi a reviravolta na atitude dos tártaros da Crimeia. Toal e seus colegas encontraram que a proporção de tártaros que indicaram que achavam que fazer parte da Rússia os tornaria melhores aumentou de 50% em 2014 para 81% em 2019.[80] Esses números são apoiados por uma pesquisa de 2017 da Agência Federal de Assuntos Étnicos da Rússia, que mostrou que três quartos dos tártaros da Crimeia estão satisfeitos com sua vida desde que a Crimeia se tornou parte da Rússia.[81]

Assim como acontece com a população em geral, as razões parecem derivar de uma mistura de pragmatismo e novos investimentos em áreas de particular preocupação para eles. *The Guardian* observou que, "em habitação e apoio aos tártaros da Crimeia, a Rússia, no ano incompleto de 2014, gastou tanto quanto a Ucrânia nos sete anos anteriores".[82] O decreto do presidente Putin de 21 de abril de 2014 reabilitou os povos deportados da Crimeia e forneceu financiamento federal adicional para suas tradições nacionais e culturais. Como resultado, a educação no idioma tártaro se expandiu e 150 novas mesquitas foram construídas.[83] O tártaro agora é idioma oficial na Crimeia, ao lado do russo e do ucraniano, algo que os tártaros nunca alcançaram sob o governo ucraniano.[84]

Os críticos argumentam que a Rússia está apenas "tentando resolver a questão tártara da Crimeia no papel".[85] Na realidade, dizem, houve uma redução de dez vezes no número de tártaros em posições de autoridade na Crimeia, porque a *Mejlis* (Assembleia) tártara da Crimeia agora está proibida, e os tártaros devem concorrer a cargos como membros de diferentes partidos.[86] Ao mesmo tempo, provavelmente não ajudou a popularidade

79 O'Loughlin; Toal; Bakke, "To Russia with Love". Tanto em 2014 quanto em 2019, quando perguntados se confiavam em Putin, 85% dos crimeus disseram que sim.

80 Ibidem.

81 "Survey Claims Most Crimean Tatars Satisfied with Living in Russia". *Tass*, 1º mar. 2017. Disponível em: <https://tass.com/society/933346>. Acesso em: 2 jan. 2025.

82 Walker, "Crimean Tatars Divided between Russian and Ukrainian Promises". *The Guardian*, 17 mar. 2015. Disponível em: <https://www.theguardian.com/world/2015/mar/17/crimean-tatars-divided-between-russian-and-ukrainian-promises>. Acesso em: 30 dez. 2024.

83 Yerchenko, "Krymsko-tatarskaya kultura v rossiiskom krymu" [Cultura tártara da Crimeia na Crimeia russa]. *Rhythm of Eurasia*, 3 jul. 2018. Disponível em: <https://dzen.ru/a/WzqjlBn7_wCp78wX>. Acesso em: 18 dez. 2024.

84 Baldwin, "How Crimeans See Ukraine Crisis". *Consortium News*, 11 fev. 2016. Disponível em: <https://consortiumnews.com/2016/02/11/how-crimeans-see-ukraine-crisis/>. Acesso em: 26 dez. 2024; Walker, "Crimean Tatars Divided between Russian and Ukrainian Promises".

85 Baldwin, "How Crimeans See Ukraine Crisis".

86 Samar, "Ekzamen Na Krym Perenositsya" [Exame da Crimeia é adiado]. *Zerkalonedeli*, 14 jun. 2019. Disponível em: <https://zn.ua/internal/ekzamen-na-krym-perenositsya-320868_.

geral da *Mejlis* na Crimeia o fato de que seus líderes exilados na Ucrânia tenham dito que não reconhecem os direitos de qualquer outra nacionalidade na Crimeia e apoiam sua deportação em massa, depois que a Crimeia for libertada da Rússia.[87]

A história da Crimeia depois de 1991 oferece mais uma clara ilustração de como o nacionalismo leva as nações à autoilusão e à tragédia. Sabendo muito bem das aspirações de longa data da região por autonomia, os políticos nacionalistas de Kiev tentaram ignorá-las ou suprimi-las. Esse choque persistente de valores e aspirações foi nitidamente capturado por Mustafa Nayem, que mais tarde se tornou famoso por desencadear a Revolução Maidan de 2013-2014. Após uma visita a Sebastopol em 2009, ele escreveu esta avaliação notavelmente sincera:

> Esta é uma cidade *ucraniana* na qual os ucranianos são chamados de ocupantes. [...]
>
> Esta é uma cidade *ucraniana* na qual a bandeira ucraniana é chamada de "pano sujo" e o tricolor russo é pendurado orgulhosamente nas janelas.

---

html>. Acesso em: 3 jan. 2025; "Gafarov rasskazal, kak izmenilos otnoshenie krymskih tatar k sobytiyam 2014-go" [Gafarov conta como a atitude dos tártaros da Crimeia em relação aos eventos de 2014 mudou]. *RIA Krym*, 28 fev. 2019. Disponível em: <https://crimea.ria.ru/vesna2019/20190228/1116156729.html>. Acesso em: 21 dez. 2024; Tsukanova, "Medzhlisovskaya krymsko-tatarskaya avtonomiya" [*Mejlis* da autonomia tártara da Crimeia]. *NK*, 16 jul. 2021. Disponível em: <https://nk.org.ua/politika/medjlisovskaya-kryimsko-tatarskaya-avtonomiya-ugroza-i-kryimu-i-ukraine-i-evrope-00315417>; "Chubarov Calls on Ukraine Authorities to Change Crimea's Status in Constitution". *Unian*, 20 jan. 2017. Disponível em: <https://www.unian.info/politics/1734946-chubarov-calls-on-ukraine-authorities-to-change-cri-meas-status-in-constitution.html>. Acesso em: 16 dez. 2024; "Medzhlis vydvinul Poroshenko ultimatum po Krymu" [Mejlis emite ultimato a Poroshenko sobre a Crimeia]. *K-Politika*, 16 mar. 2018. Disponível em: <https://k-politika.ru/medzhlis-vydvinul-poroshenko-ultimatum-po-krymu/?utm_source=politobzor.net>. Acesso em: 26 dez. 2024.

87 Shashkova, "Samuyu bolshuyu oshibku Ukraina sovershila za mnogo let do anneksii Kryma – Ilmi Umerov" ["Ucrânia cometeu seu maior erro muitos anos antes da anexação da Crimeia" – Ilmi Umerov]. *Apostrophe*, 7 nov. 2017. Disponível em: <https://apostrophe.ua/article/politics/2017-11-07/samuyu-bolshuyu-oshibku-ukraina-sovershila-za-mnogo-let-do-anneksii-kryima--ilmi-umerov/15379>; Bezpechnaya, "Ne lyublyu slovo 'deportatsiya'" [Não gosto da palavra "deportação"...]. *Aspi News*, 28 mar. 2021. Disponível em: <https://aspi.com.ua/ru/news/politika/ya-ne-lyublyu-slovo-deportaciya-reznikov-rasskazal-chto-ozhidaet-rossiyan#gsc.tab=0>. Acesso em: 6 jan. 2025. O vice-chefe da *Mejlis*, Ilmi Umerov, diz: "Não há população ucraniana na Crimeia. Há ucranianos individuais. Mas os 600 mil ucranianos que estão estatisticamente lá não existem. Eles são todos russos ou pró-russos. Em 1944, todos foram deportados, e a atual situação demográfica na Crimeia foi criada artificialmente. Se isso pode ser mudado, então deve ser feito. Nesse momento, a Ucrânia deve lutar não pela população, mas pelo território. Deve devolver o seu território. Para a maioria da qual você está falando, para eles realmente não importa onde vivem". O vice-primeiro-ministro da Ucrânia Oleksiy Reznikov concorda que todos os que vieram para a Crimeia ilegalmente terão que ser deportados após ela ser libertada.

> Nesta cidade *ucraniana* é quase impossível encontrar o brasão do Estado ucraniano, mesmo nas placas de muitas agências governamentais.
>
> Nesta cidade *ucraniana*, os marinheiros da frota ucraniana não conseguem entender por que recebem 2 a 2,5 vezes menos do que seus colegas russos.
>
> Nesta cidade *ucraniana*, as pessoas adoram a frota russa porque, se ela for embora, vinte mil pessoas ficarão sem trabalho.
>
> Esta é uma cidade *ucraniana* cujo hino glorifica o "orgulho dos marinheiros russos" e não diz uma palavra sobre a Ucrânia.
>
> Nesta cidade *ucraniana*, os representantes oficiais de Kiev são chamados exclusivamente de "os piores estúpidos". E tenho dificuldade em acreditar que nesta cidade *ucraniana* se possa encontrar até mesmo uma centena de pessoas que, ao aparecimento de tanques russos, pegariam um rifle para defender orgulhosamente seu direito de serem chamados de ucranianos... e se muitos [na Ucrânia] não votarão porque "são todos iguais", nesta cidade *ucraniana* eles não votarão porque não entendem por que deveriam votar no presidente de um país estrangeiro.[88]

Na época, Nayem propôs que, em vez de tentar erradicar a identidade russa, o governo deveria encorajar os moradores locais a aceitar a identidade ucraniana em troca de um melhor padrão de vida. Infelizmente, seu conselho foi ignorado. Em vez disso, muitas figuras políticas e culturais ucranianas importantes, como os escritores Vasyl Shklyar, Yuri Andrukhovych e o ex-presidente Viktor Yushchenko, continuaram referindo-se à Crimeia (frequentemente junto com Donbass) como estranha à Ucrânia; seu multiculturalismo, uma ameaça à Ucrânia nacionalista que eles estavam tentando criar.[89] Depois de 2013, alguns continuaram a sugerir deixar esses territórios estrangeiros seguirem seu próprio caminho, mas o perigo de fazer isso agora, de acordo com o representante permanente do presidente Poroshenko

---

88 Nayem, "Sevastopol – Ne Ukraina" [Sebastopol não é Ucrânia]. *Ukrainska pravda*, 19 out. 2009. Disponível em: <https://blogs.pravda.com.ua/authors/nayem/4adc22c19f1b6/>. Acesso em: 26 dez. 2024.

89 Ryabov, "Kievsky zhurnal zapretil intelligentsii Lvova obsuzhdat vozmozhnost otdelenita Kryma i Donbassa" [Revista de Kiev proíbe discussão de intelectuais de Lviv sobre a possível separação da Crimeia e Donbass]. *Novyi den*, 9 fev. 2013. Disponível em: <https://newdaynews.ru/kiev/423752.html>. Acesso em: 18 dez. 2024; "Vasyl Shklyar: Donbass ne vartiy zhyttiv naikrashchykh ukraintsiv" [Vasyl Shklyar: "Donbass não vale a vida dos melhores ucranianos"]. *Volynski noviny*, 29 maio 2017. Disponível em: <https://www.volynnews.com/news/culture/vasyl-shkliar-donbas-ne-vartyy-zhyttiv-naykrashchykh-ukrayintsiv/>. Acesso em: 3 jan. 2025; Ryabov, "Ukrainsky pisatel predlagaet dat vozmozhnost otdelitsya Krymu in Donbassu" [Escritor ucraniano propõe dar à Crimeia e a Donbass a oportunidade de se separarem]. *Novyi den*, 22 jul. 2010. Disponível em: <https://newdaynews.ru/kiev/293271.html>. Acesso em: 26 dez. 2024; Lashchenko, "Vid referendum my nikudy ne denimosya – Andrukhovych pro Donbas" [Não fugiremos do referendo – Andrukhovych sobre Donbass]. *Radio Svoboda*, 21 abr. 2016. Disponível em: <https://www.radiosvoboda.org/a/27689191.html>. Acesso em: 4 jan. 2025; Zubyuk, "Nash nenash Krym".

na Crimeia, Boris Babin, é que, "se não libertarmos a Crimeia e o Leste [militarmente], então toda a Ucrânia se tornará o Leste e a Crimeia".[90]

Para ser claro, o ponto crucial desse aspecto da tragédia da Ucrânia não é que a Ucrânia insista em restaurar seu antigo território, mas, sim, que ela ainda precisa reconhecer em primeiro lugar o quanto a suas próprias políticas passadas contribuíram para a alienação da Crimeia. Se Kiev tivesse aceitado o patriotismo local, em vez de tentar impor uma forma de nacionalismo galego, muitas tragédias subsequentes poderiam ter sido evitadas.

5.2 A diferença de Donbass

Enquanto outras regiões da Ucrânia foram colonizadas devido a disputas territoriais e conquistas, o crescimento de Donbass está ligado à descoberta em 1720 da maior bacia de carvão e depósitos de minério de ferro da Europa, que a transformaram no coração industrial do Império Russo. Com a ajuda de investidores britânicos e franceses, Donbass se tornaria "uma Nova América", para citar o poeta Alexander Blok, uma região de promessa industrial.[91] Sua capital, Donetsk, foi originalmente chamada de Yuzovka (Hughes-ovka) em homenagem a seu fundador, o industrial galês John Hughes. Antes de 2014, as duas regiões de Donetsk e Lugansk, que agora compõem Donbass, contribuíam com quase 16% do PIB da Ucrânia e com até um quarto de sua produção industrial.[92]

Donbass se assemelhava à América também de outras maneiras. Graças à demanda insaciável da região por novos trabalhadores, ela se tornou um verdadeiro caldeirão cultural e étnico. Segundo algumas estimativas, mais de 2 milhões de recém-chegados se estabeleceram na região após a abertura de sua primeira usina de fundição de minério de ferro em 1871.[93] Um fluxo tão rápido de pessoas facilitou o desenvolvimento de uma identidade cosmopolita que se encaixava bem na mentalidade soviética que valo-

---

90 Skorokhod, "Koly my zabiratimemo Krym, tam budut ruiny" [Quando retomarmos a Crimeia, haverá ruínas]. *Censor.net*, 30 jun. 2019. Disponível em: <https://censor.net/ru/resonance/3134577/koli_mi_zabiratimemo_krim_tam_budut_runi_rosyani_zaberut_use_ta_voni_navt_yayitsya_pokradut_u_kureyi>. Para Babin, "A Crimeia pode apenas ser liberada pela força militar".

91 Protsenko, "Poslednyaya 'vnutrennyaya Amerika' Evropy" [A última "América interior" da Europa]. *Ukraina.ru*, 29 maio 2020. Disponível em: <https://ukraina.ru/history/20200529/1027833564.html>. Acesso em: 27 dez. 2024.

92 Poluneev, "Desyat shokiv Ukrainy" [Dez choques da Ucrânia. Parte 1]. *Ekonomichna pravda*, 12 dez. 2014. Disponível em: <https://epravda.com.ua/publications/2014/12/12/512627/>. Acesso em: 6 jan. 2025.

93 Izmailov, "Puti Gospodni" [Os caminhos do Senhor]. *Ukraina.ru*, 10 mar. 2019. Disponível em: <https://ukraina.ru/exclusive/20190310/1022920400.html>. Acesso em: 29 dez. 2024.

rizava as pessoas por suas habilidades como trabalhadores, e não por causa de seu local de origem, etnia ou idioma.[94] É esse cosmopolitismo local que os nacionalistas ucranianos apontam com desdém quando dizem que Donbass "não é território ucraniano por conteúdo" e deve ser submetido a uma "colonização positiva e pacífica".[95]

Outra característica histórica dessa região é sua rebeldia, vista em revoltas camponesas periódicas que foram alimentadas, em parte, pelos meio milhão de Velhos Crentes* que se estabeleceram lá durante a segunda metade do século XVII. Durante a Revolução Bolchevique, os descendentes dessas comunidades fortemente independentes formaram a espinha dorsal do Exército Negro do anarquista Nestor Makhno, que surgiu em defesa da breve República Soviética de Donetsk-Krivoi Rog, ou DKR.[96]

A DKR representava uma curiosa mistura de industrialismo e anarquismo. A ideia de autonomia regional para o leste da Ucrânia, juntamente com partes das regiões de Rostov, Taganrog e Novocherkassk, era havia muito tempo um sonho do Conselho de Industriais de Mineração do Sul da Rússia, que a via como uma forma de racionalizar a cadeia de suprimentos e aumentar os lucros.[97] Os anarquistas de Makhno imaginaram a região como

---

94 Makovtsev, "Donbass – predposylki i predystoriya narodnykh respublik" [Donbass: pré-requisitos e pré-história das Repúblicas Populares]. *Regnum*, 22 mar. 2017. Disponível em: <https://regnum.-ru/news/2252676.html>.

95 Chervak, "Stanet li Donbas Ukrainskim?" [Donbass se tornará ucraniano?]. *Ukrainska pravda*, 10 jul. 2014. Disponível em: <https://www.pravda.com.ua/rus/columns/2014/07/10/7031364/>. Acesso em: 18 dez. 2024; "Professor Don NU Elena Styazhkina: 'Donbass ne vernetsya v Ukrainy potomu chto Donbass ne sushchestvuyet'" [Professora da Universidade Nacional de Dontsk, Elena Styazhkina: "Donbass não retornará à Ucrânia, porque Donbass não existe"]. *Fakty.ua*, 6 nov. 2014. Disponível em: <https://fakty.ua/190599-elena-styazhkina-donbass-ne-vernetsya-v-ukrainu-potomu-chto-donbassa-ne-sucshestvuet>. Acesso em: 16 dez. 2024; "'Nikakogo Donbassa ne sushchestvuet': Danilov prizval bol'she ne nazyvat' region takim slovom" ["Não há Donbass": Danilov pede para pararem de chamar a região por esta palavra]. *Delo.ua*, 24 mar. 2021. Disponível em: <https://delo.ua/econonomyandpoliticsinukraine/nikakogo-donbassa-ne-suschestvuet-danilov-prizv-379895/>. Acesso em: 26 dez. 2024. O mantra de Styazhkina de que Donbass não existe foi mais tarde adotado pelo chefe do Conselho de Segurança Nacional e Defesa da Ucrânia, Oleksiy Danilov.

* [O termo "Velhos Crentes" (ou "Velhos Ritualistas") refere-se aos grupos que surgiram após as reformas da Igreja russa, no período 1654-1666, que incluíram a conformação de práticas religiosas, o afastamento de tradições e a invasão do controle central sobre a autonomia local. Os Velhos Crentes sofreram perseguições que duraram até o decreto de tolerância religiosa em 1905. Cf. Robson, "Liturgy and Community among Old Believers, 1905-1917". *Slavic Review*, v.52, n.4, p.713-24, 1993. Disponível em: <https://www.jstor.org/stable/2499649>. Acesso em: 22 jan. 2025. (N. T.)]

96 Mukhamatulin, "'Anarkhiya trebuyet vysokogo urovnya kul'tury'" [A anarquia requer um alto nível de cultura]. *Gazeta.ru*, 9 jun. 2014. Disponível em: <https://www.gazeta.ru/science/2014/06/09_a_6064065.shtml>. Acesso em: 27 dez. 2024.

97 Chalenko, "Kornilov izdal pervuyu istoriyu Donetsko-Krivorozhskoi Respubliki" [Kornylov publicou a primeira história da República de Donetsk-Kryvorz"]. *Ukrainska pravda*, 3 out.

uma confederação pouco articulada de comunidades locais, conectadas por interesses econômicos, mas completamente independentes em questões locais, como religião, idioma e normas culturais.[98]

Em resposta à criação da República Popular Ucraniana em Kiev, em 12 de fevereiro de 1918, o Congresso dos Sovietes Regionais em Kharkov fundou a DKR e declarou sua intenção de se tornar uma parte autônoma da Rússia Soviética. Seus líderes condenaram os esforços de Moscou e Kiev para aumentar sua autoridade à custa da autonomia local, mas acabaram ficando do lado de Moscou por três razões. Primeira, por causa da popularidade do socialismo. Segunda, porque o caminho nacionalista ucraniano escolhido pelo *hetman* Skoropadsky era inconsistente com a identidade cosmopolita da região. Terceira, porque o Exército Vermelho era a única força que ainda lutava contra os alemães. Sobre este último ponto, o historiador local Vladimir Kornilov vê uma certa continuidade entre 1918 e 2014.[99]

No final das contas, a DKR nunca recebeu autonomia, nem na União Soviética nem na República Socialista Soviética (RSS) da Ucrânia, embora a ideia tenha sido aparentemente apoiada por um dos pais fundadores da RSS da Ucrânia, Nikolai Skrypnik.[100] Em vez disso, foi totalmente absorvida pela RSS da Ucrânia para servir como um "contrapeso proletário" ao centro e ao oeste mais rurais. Forçar uma região tão díspar nas fronteiras recém-estabelecidas da Ucrânia, no entanto, colocou uma bomba-relógio dentro do país, que explodiria com força renovada após a independência.

5.2.1 1991-2014: a ascensão do regionalismo de Donbass

Apesar de sua atitude geralmente leal ao regime soviético, na véspera do colapso da União Soviética, a região de Donbass foi engolida por uma onda de greves de mineradores. Em lugar de diferenças ideológicas com o regime soviético, o declínio dos padrões de vida levou muitos a depositarem sua fé em afirmações de que os ucranianos estariam muito melhor se parassem de enviar sua riqueza para Moscou. Assim, embora o Partido Comunista Ucraniano, e sua ramificação *Interdvizhenie*, se opusessem à independência,

---

2011. Disponível em: <https://blogs.pravda.com.ua/authors/chalenko/4e89cc4aef953/>. Acesso em: 16 dez. 2024.

98 Mirkin, "Pochemu Nestor Makhno ne mog byt soyuznikom ukrainskikh natsionalistov" [Por que Nestor Makhno não poderia ser um aliado dos nacionalistas ucranianos]. *Ukraina.ru*, 29 mar. 2019. Disponível em: <https://ukraina.ru/history/20190329/1023128197.html>. Acesso em: 29 dez. 2024.

99 Ibidem; Chalenko, "Kornilov izdal pervuyu istoriyu Donetsko-Krivorozhskoi Respubliki". Em 1º de janeiro de 1919, o uso do idioma ucraniano no Exército, na frota e em todas as instituições públicas foi tornado obrigatório. Em um eco do que estava por vir, a Rada também adotou uma lei "sobre a autocefalia da Igreja ucraniana".

100 Chalenko, "Kornilov izdal pervuyu istoriyu Donetsko-Krivorozhskoi Respubliki".

64% do eleitorado total em Donetsk e 68% em Lugansk votaram a favor em dezembro de 1991.[101]

A decepção, no entanto, veio logo depois. É costume pensar na Crimeia como a primeira região de Malorossia a desafiar a autoridade de Kiev, mas Donbass não ficou muito atrás. O descontentamento com a decisão de Kiev de impor um sistema de Estado unitário, em vez de federal, e de rejeitar a herança cultural russa de Donbass, levou à criação de organizações que pediam a reunificação da Ucrânia com a Rússia. Esses grupos, organizados em torno de clubes cossacos, ortodoxos e histórico-militares, se fundiram em abril de 1992 para formar o Congresso Cívico da Ucrânia. Em setembro de 1992, o Congresso Cívico se uniu ao Comitê de Greve de Donetsk, que representava quase todos os mineradores de carvão da região, para exigir um sistema de Estado federal para a Ucrânia.[102]

Sabendo que não tinham número para se opor à agenda nacionalista em todo o país, se concentraram em obter maior autonomia local para a região, usando sem pudor sua importância industrial para aumentar sua influência em nível nacional. A noção comum de que Donbass, diferentemente da Galícia, carecia de ativismo político tende a ignorar essa história das organizações de base, porque seu objetivo não era separar a Ucrânia da Rússia, mas sim integrar os dois países, o que contradiz a mitologia nacionalista ucraniana.

Em setembro de 1993, com o endosso do Comitê de Greve de Donetsk, o Soviete Regional de Donetsk decidiu criar um Autogoverno Econômico Regional (REK) com os sovietes regionais de Lugansk, Donetsk e Zaporzhye. A formação da Assembleia Galega no oeste da Ucrânia dois anos antes provavelmente serviu como precedente, se não inspiração direta.

Em dezembro de 1993, o Soviete Regional de Donetsk suspendeu os pagamentos ao governo central em Kiev, até que este concordasse em pagar seus atrasados à região. Incapaz de chegar a um acordo sobre essa questão, em março de 1994, Donetsk começou a formar seu próprio orçamento, independente de Kiev. Naquele mês, tanto Donetsk quanto Lugansk decidiram realizar referendos locais não vinculativos sobre o federalismo e o *status* do idioma russo. Em Lugansk, 68% dos eleitores registrados participaram, e em Donetsk, 72%. Os resultados são apresentados na Tabela 5.1.[103]

---

101 "1991 Ukrainian Independence Referendum". *Wikipedia*, 27 out. 2021. Disponível em: <https://en.wikipedia.org/w/index.php?title=1991_Ukrainian_independence_referendum&oldid=1052206889>. Acesso em: 16 dez. 2024.

102 Makovtsev, "Donbass – predposylki i predystoriya narodnykh respublik".

103 Flynn, "Political Mobilization in Eastern Ukraine: The Referendum of 1994 in the Donetsk Oblast". *The European Legacy*, v.1, n.1, p.342-9, 1996. Disponível em: <https://doi.org/10.1080/10848779608579417>. Acesso em: 26 dez. 2024.

Tabela 5.1 – Referendo de Donetsk e pesquisa de opinião de Lugansk de 27 de março de 1994

	Referendo região de Donetsk (% a favor)	**Pesquisa da região de Lugansk (% a favor)**
Você concorda que a Constituição da Ucrânia deveria estabelecer uma estrutura federativa?	79,6	Não perguntado
Você concorda que a Constituição da Ucrânia deveria estabelecer o russo como outro idioma oficial juntamente com o idioma oficial ucraniano?	87,2	90,4
Você concorda que nos territórios das regiões de Donetsk/Lugansk o russo deveria ser um idioma de correspondência oficial e documentação, assim como a educação e a ciência, em bases iguais ao idioma ucraniano?	89,0	90,9
Você é a favor de assinar a Carta da Comunidade dos Estados Independentes (CIS) e da total participação da Ucrânia na união econômica e assembleia interparlamentar?	88,7	90,7

Fonte: Resultados da pesquisa e do referendo de *Luhanska Pravda*, 2 abr. 1994, p.1; *Zhin*, 1º abr. 1994, p.1. Tradução das questões adaptada do "Constitution Watch", *East European Constitutional Review*, v.3, n.2, p.1, 1994.

O presidente Kravchuk declarou ambos os referendos ilegais, uma decisão que desencadeou o primeiro comício em massa em Donbass em apoio a Leonid Kuchma, que, como deputado da Rada, se absteve de votar pela independência da Ucrânia e fez campanha pela máxima reaproximação com a Rússia.[104]

Um mês após ser eleito presidente, no entanto, Kuchma emitiu um decreto tornando todos os chefes de administrações regionais, municipais e distritais sujeitos à sua autoridade, colocando Kiev em rota de colisão com a autonomia local.[105] A história política subsequente de Donbass, como a da Crimeia, é, portanto, essencialmente, uma luta para afirmar a autoridade política regional sobre a autoridade política central, a fim de salvaguardar as

104 Makovtsev, "Donbass – predposylki i predystoriya narodnykh respublik".

105 Flynn, "Political Mobilization in Eastern Ukraine". Flynn destaca que, anteriormente, tanto Kravchuk como Kuchma tinham apoiado um sistema federal com uma legislatura bicameral em que as diferenças regionais poderiam ser moderadas, permitindo uma representação estável dos interesses regionais em uma câmara alta do Parlamento.

preferências culturais e religiosas da população local e os interesses políticos e econômicos das elites da região.

5.2.1.1 O Congresso de Severodonetsk

As duas demandas mais persistentes de Donbass, assim como na Crimeia, foram: 1) o *status* oficial para o idioma russo; e 2) a máxima autonomia regional. Sempre oculta no segundo plano, no entanto, estava a ameaça implícita de que, se Kiev recusasse essas demandas, Donbass buscaria a reintegração com a Rússia. Na verdade, no entanto, as elites locais tinham muito pouco interesse em se juntar à Rússia, onde sua influência seria diluída dentro de uma arena política e econômica muito maior. Insistiram publicamente nessas duas demandas, principalmente para ganhar votos na época das eleições.

Essa dança política durou até a Revolução Laranja de 2004, que muitos em Donbass interpretaram como Viktor Yushchenko roubando a eleição de seu candidato, Viktor Yanukovych. Em 26 de novembro de 2004, o Conselho Regional de Lugansk respondeu pedindo a criação de uma "República Autônoma do Sudeste Ucraniano" e convocou representantes de todos os conselhos regionais da Malorossia para se juntarem a ela. Dois dias depois, quase 4 mil autoridades locais e regionais de dezessete regiões se reuniram na cidade de Severodonetsk e elegeram Evgenii Kushnaryov, o presidente da administração regional de Kharkov, como seu líder.[106] Kushnaryov declarou: "Queremos viver em um país onde cada indivíduo seja protegido. Seus direitos, sua cultura, seu idioma, sua história, suas tradições e seus costumes devem ser protegidos. Entendemos que o Leste é muito diferente da Galícia. Não pretendemos impor nosso modo de vida à Galícia e nunca permitiremos que a Galícia nos ensine a viver!".[107] Após votar para tornar Kharkov a capital da nova república autônoma, os delegados apelaram ao presidente russo Vladimir Putin por apoio.[108]

Os conselhos regionais de Donetsk, Lugansk e Kharkov votaram então para assumir o controle de suas milícias locais e interromper todos os pagamentos ao orçamento ucraniano. Cidades de tendas surgiram em Donetsk, Lugansk e Mariupol, e comícios de oposição eram realizados diariamente.

---

106 Nekrot, "Tsvetnye perevoroty na Ukraine" [Revoluções coloridas na Ucrânia]. *RitmEurasia*, 22 nov. 2019. Disponível em: <https://www.ritmeurasia.ru/news--2019-11-22--cvetnye-perevoroty-na-ukraine-kto-i-kak-obrek-stranu-na-rasterzanie-46107>. Acesso em: 16 dez. 2024; Makovtsev, "Donbass – predposylki i predystoriya narodnykh respublik".

107 Nekrot, "Tsvetnye perevoroty na Ukraine".

108 "Kto i kogda vystupal s ideei federalizatsii" [Com quem e quando surgiu a ideia de federalização]. *Kommersant*, 16 jul. 2012. Disponível em: <https://www.kommersant.ru/doc/1981569>. Acesso em: 23 dez. 2024.

Em 5 de dezembro de 2004, o Congresso declarou que realizaria um referendo sobre a criação de uma República Ucraniana do Sudeste em uma semana, se Yanukovych não fosse empossado como presidente. Yushchenko, por sua vez, prometeu promover laços mais estreitos com a Rússia e permitir o uso livre do idioma russo, mas foi o apelo pessoal de Yanukovych aos moradores de tendas em Donetsk para que parassem antes que as coisas fossem longe demais o que acalmou a situação.[109] A Ucrânia nunca esteve tão perto da partição. De acordo com o atual chefe do Conselho de Segurança e Defesa Nacional da Ucrânia, Oleksiy Danilov, o Congresso em Severodonetsk "foi o precursor de todos esses processos separatistas" com os quais a Ucrânia está lidando agora.[110] Como observa o analista Andrei Yermolaev, "Severodonetsk deu origem a uma nova rivalidade paradigmática – o nacionalismo cultural que se transformou em nacionalismo étnico *versus* uma nação policultural e o patriotismo".[111] Quando, como presidente, Yushchenko voltou atrás em sua palavra, com o apoio tácito de seu primeiro-ministro, Viktor Yanukovych, os ativistas políticos em Donbass começaram a adotar uma postura muito mais radical, primeiro a favor da independência, depois a favor da reunificação com a Rússia.

Muitos dos líderes políticos da "Primavera Russa" de 2014 começaram suas carreiras políticas nessa época. Uma organização cívica chamada República de Donetsk, cuja bandeira tricolor preta-azul-vermelha é agora a bandeira oficial da República Popular de Donetsk (RPD), foi registrada no final de 2005, e seu primeiro vice-chefe, Andrei Purgin, mais tarde tornou-se presidente do Conselho Popular da RPD.[112] Em Lugansk, um dos membros do grupo juvenil Guarda Jovem, Alexander Zakharchenko, mais tarde se tornaria o primeiro-ministro da RPD. Dezenas de organizações cívicas com ideias semelhantes cultivaram seus próprios candidatos dentro das estruturas políticas estabelecidas do Partido Comunista da Ucrânia, do Partido Socialista Progressista da Ucrânia e do Partido das Regiões. Um deles foi Pavel Gubarev, "Governador Popular de Donetsk" no início de 2014, que entrou pela

109 Makovtsev, "Donbass – predposylki i predystoriya narodnykh respublik"; idem, "Kuchma zaklykaie skhid Ukrainy ne rozvalyuvaty krainu" [Kuchma apela à Ucrânia Oriental para não destruir o país]. *Korrespondent*, 29 nov. 2004. Disponível em: <https://ua.korrespondent.net/amp/250755-kuchma-zaklikae-shid-ukrayini-ne-rozvalyuvati-krayinu>. Acesso em: 16 dez. 2024.

110 Galadzhyi, "Chto novyi sekretar SNBO govoril o Donbasse, ES i Putine" [O que o secretário do NSDC disse sobre Donbass, a UE e Putin]. *KP in Ukraine*, 4 out. 2019. Disponível em: <https://kp.ua/politics/648564-chto-novyi-sekretar-snbo-hovoryl-o-donbasse-es-y-putyne?_x_tr_sl=ru&_x_tr_tl=ru&_x_tr_hl=en-US>. Acesso em: 25 dez. 2021.

111 Tyurdo, "Ukraina Nesoborna" [Ucrânia desunida]. *Zaxid.net*, 24 mar. 2008. Disponível em: <https://zaxid.net/ukrayina_nesoborna_vikliki_syevyerodonetska_n1051027>.

112 Makovtsev, "Donbass – predposylki i predystoriya narodnykh respublik".

primeira vez na política como deputado do conselho local de Kuibyshev na região de Donetsk.[113]

A existência de uma ideologia pronta (Novorossia como parte do "Mundo Russo") e de uma história romântica ligada a Nestor Makhno e à DKR geraram uma identidade local e uma cultura política distintas não apenas do resto da Ucrânia, mas até mesmo, em certa medida, do resto da Malorossia.[114] Elas foram manifestadas em eleições e em resultados de pesquisas que revelaram uma oposição à adesão muito mais determinada à UE e à Otan, e uma rejeição mais visceral à ucranianização e a colaboradores nazistas sendo retratados como heróis ucranianos, do que em outras partes da Ucrânia.[115] Tudo o que foi necessário para reacender as chamas do federalismo foi uma crise política oportuna, que convenientemente se apresentou na primavera de 2014.

5.2.2 Como a rebelião de Donbass começou

À luz dessa história, não é de se surpreender que os governos regionais em Donbass tenham apoiado fortemente Yanukovych, que as manifestações contra o Maidan ali tenham reunido dezenas de milhares de apoiadores e que os grupos cívicos supramencionados tenham começado a criar suas próprias forças de autodefesa, imitando, em Kiev, aquelas criadas no Maidan.[116]

113 Sinitsin, "Kak nachalas voina na Donbasse" [Como a guerra em Donbass começou]. *Vest,* 14 mar. 2021. Disponível em: <https://vesti.ua/donbass/mart-kotoryj-nas-izmenil-7-let-nazad-donbass-prevratili-v-porohovuyu-bochku>.

114 Giuliano, "The Origins of Separatism: Popular Grievances in Donetsk and Lugansk". *Ponars Eurasia,* 28 out. 2015. Disponível em: <https://www.ponarseurasia.org/the-origins-of-separatism-popular-grievances-in-donetsk-and-luhansk/>. Acesso em: 20 dez. 2024. A região de assentamento ao longo do Mar Negro tornou-se conhecida como Novorossiya, ou Nova Rússia, no início do século XIX. Ela surgiu como ideologia política no início da década de 1990, como um movimento intelectual marginal em torno do professor Alexei Surylov da Universidade Nacional de Odessa, que defendia o estabelecimento de Novorossiya como um Estado separado, com base na ideia de que os residentes do sul da Ucrânia eram uma etnia separada dos ucranianos.

115 Milakovsky, "Understanding the 'Under Control' Donbas". *Wilson Center,* 22 abr. 2016. Disponível em: <https://www.wilsoncenter.org/publication/kennan-cable-no16-understanding-the-under-control-donbas>. Acesso em: 19 dez. 2024.

116 Liakhov, "Straight Talk about Russian Aggression in Ukraine". *Johnson's Russia List,* 9 jul. 2015. Disponível em: <https://russialist.org/re-utexpertsdiscgrp-straight-talk-about-russian-aggression-in-ukraine/>. Acesso em: 16 dez. 2024; "Donetsk patruliruyut otryady kazakov i veteranov-afgantsev" [Donetsk é patrulhada por cossacos e veteranos afegãos]. *Korrespondent,* 26 jan. 2014. Disponível em: <https://korrespondent.net/ukraine/politics/3297360-donetsk-patrulyruuit-otriady-kazakov-y-veteranov-afhantsev>. Acesso em: 19 dez. 2024; "Simonenko bolshe ne podderzhivaet Yanukovicha" [Symonenko não apoia mais Yanukovych]. *Delo.ua,* 26 jan. 2014. Disponível em: <https://delo.ua/econonomyandpoliticsinukraine/simonenkobolshe-ne-podderzhivaet-janukovicha-225502/>. Acesso em: 30 dez. 2024.

Em 28 de fevereiro de 2014, Gubarev, falando ao Conselho Municipal de Donetsk, exigiu que as novas autoridades políticas em Kiev fossem declaradas ilegítimas.[117] No dia seguinte, ele foi aclamado "governador do povo" de Donetsk em um comício público. Ao mesmo tempo, manifestações em meia dúzia de outras cidades de Donbass designaram seus próprios "prefeitos do povo" e organizaram grupos de milícias locais. Eles rapidamente chegaram a um "entendimento" com as forças de segurança ucranianas locais de que estas não interfeririam.[118] Somente em março de 2014, de acordo com o chefe do Ministério de Assuntos Internos da região de Donetsk, houve duzentas manifestações públicas, envolvendo mais de 130 mil participantes.[119]

Em 2 de março, o presidente da Câmara e presidente em exercício Turchynov tentou remover o governador de Donetsk, Andrei Shishatsky. No dia seguinte, a administração regional de Donetsk não apenas votou para confirmar Shishatsky como governador, mas pediu um referendo local sobre o aumento do autogoverno local e a expansão da "parceria estratégica com a Federação Russa".[120] Mais tarde naquela semana, Alexander Kharitonov foi aclamado "governador do povo" da região vizinha de Lugansk, onde seus seguidores tomaram o prédio da administração regional.[121]

Quando Gubarev foi preso em 6 de março, parecia que Kiev havia ganhado vantagem. Na verdade, no entanto, o cenário começou a se assemelhar cada vez mais aos eventos na Crimeia. As autoridades do governo local estavam se voltando contra Kiev em número crescente, enquanto as

117 Portnov, "How 'Eastern Ukraine' Was Lost". *Open Democracy*, 14 jan. 2016. Disponível em: <https://www.opendemocracy.net/en/odr/how-eastern-ukraine-was-lost/>. Acesso em: 17 dez. 2024. Sobre a sabotagem do Maidan pelas autoridades locais em Donbass, ver Portnov. Os oligarcas locais, ele diz, tomaram uma "posição neutra", a polícia e a milícia adotaram uma atitude de "passividade", enquanto a vasta maioria dos habitantes escolheu se tornar "militantemente ensimesmada" ["voinstvuyushchim obyvatel'stvom"].

118 "Boiza Slavyansk" [Batalha por Slavyansk]. *Wikipedia*, 18 dez. 2021. Disponível em: <https://ru.wikipedia.org/w/index.php?title=Boiza_Slaviansk>. Acesso em: 19 dez. 2024; Sinitsin, "Kak nachalas voina na Donbasse"; "Narodnyi mer Slavyanska" [Prefeito do povo de Slavyansk]. *Regnum*, 20 out. 2014. Disponível em: <https://regnum.ru/news/1858546.html>. Acesso em: 27 dez. 2024. O ex-prefeito do povo de Slaviansk, Vyacheslav Ponomaryov, diz que uma milícia popular de 1.200 pessoas foi organizada na cidade após a remoção de Yanukovych do cargo. "Não queríamos viver sob os fascistas e oligarcas, que, tendo usurpado o poder, tomaram decisões importantes para o Estado, não levando em conta os interesses do povo, violando todas as normas da Constituição e do direito internacional."

119 Sinitsin, "Kak nachalas voina na Donbasse".

120 Kravtsov, "Ob obshchestvenno-politicheskoi situatsii v Donetskoi oblasti" [Situação sociopolítica na região de Donetsk]. *Donetsky oblastnoi sovet*, 3 mar. 2014. Disponível em: <http://donbassrada.gov.ua/?lang=ua&sec=02.01&iface=Public&cmd=showproject&args=id:892>. Acesso em: 27 dez. 2024.

121 Wenk, "Konditsionera ne bylo" [Não havia ar condicionado...]. *Strana.ua*, 2 jun. 2020. Disponível em: <https://strana.one/news/270777-aviaudar-po-luhanskoj-oha-2-ijunja-2014-chto-my-znaem-o-trahedii-shest-let-spustja.html>. Acesso em: 4 jan. 2025.

forças armadas ucranianas se recusavam a ir contra a população local.[122] Inspirados pelo que havia acontecido na Crimeia, muitos moradores estavam confiantes de que o mesmo tipo de separação pacífica da Ucrânia ocorreria em Donbass.

5.2.2.1 A Operação Antiterrorista

Em 6 e 7 de abril, os rebeldes tomaram simultaneamente os prédios governamentais em Donetsk, Lugansk e Kharkov. Sua intenção, de acordo com o prefeito popular de Slavyansk, era demonstrar às autoridades em Kiev exatamente o quão pouco apoio eles tinham na região e, assim como na Crimeia, serem forçadas a sair.[123] Em vez disso, no entanto, em 14 de abril, o presidente em exercício Turchynov anunciou o início de uma Operação Antiterrorista (ATO, na sigla em inglês). Turchynov explicou que "sangue foi derramado na guerra que a Federação Russa está conduzindo contra a Ucrânia [...]. Esta não é uma guerra entre ucranianos. É um confronto artificial, com o objetivo de enfraquecer e destruir a própria Ucrânia".[124]

Na verdade, o sangue ao qual Turchynov se referia foi derramado pelas forças do Setor Direita em uma operação conduzida no dia anterior a mando de Turchynov.[125] Entrevistado alguns anos depois, Dmitry Yarosh, do Setor Direita, conta como liderou o ataque. Embora não tenha conseguido capturar seu alvo e perdido vários colegas no conflito, considera a missão um sucesso porque foi o primeiro contra-ataque ucraniano. Mais importante, ele diz, torpedeou as negociações de paz de Genebra e forçou a Ucrânia a buscar a libertação militar de Donbass, em vez de um acordo negociado com os rebeldes.[126]

---

122 Sinitsin, "Kak nachalas voina na Donbasse".

123 "Narodnyi mer Slavyanska".

124 Stoyakin, "ATO: pyataya godovshchina" [ATO: 5º aniversário]. *Ukraina.ru*, 13 abr. 2019. Disponível em: <https://ukraina.ru/exclusive/20190413/1023300658.html>. Acesso em: 3 jan. 2025.

125 Ibidem. Yarosh diz ter recebido uma ordem direta de Turchynov, e que ele atacou com 150 voluntários do Setor Direita. Esse momento coincide com a postagem de Avakov no Facebook, de 13 de abril.

126 Sokolova, "Lyubovnitsa arestovannogo Pashinskogo rasskazala, kto razvyazal voinu v Donbasse" [Amante do preso Pashinsky descreve quem desencadeou a guerra em Donbass]. *NewsUA.ru*, 9 out. 2019. Disponível em: <https://gorlovka.today/blogs/20078-lyubovnitsa-arestovannogo-pashinskogo-rasskazala-kto-razvyazal-vojnu-v-donbasse>; "Nalyvaichenko priznalsya, chto eto on razvyazal voinu v Donbasse vopreki prikazu Turchinova" [Nalyvaichenko admite que começou a guerra em Donbass apesar das ordens de Turchynov]. *Ukraina.ru*, 19 maio 2018. Disponível em: <https://ukraina.ru/news/20180519/1020364371.html>. Acesso em: 26 dez. 2024; Stoyakin, "ATO: pyataya godovshchina"; Butusov, "Dmytro Yarosh: 'Pershyi nastupalnyi bii viiny vidbuvsya 20 kvitnya 2014'" [Dmytro Yarosh: "A primeira ofensiva da guerra ocorreu em 20 de abril de 2014, em Slavyansk"]. *Gordon.ua*, 23 abr. 2016. Disponível em: <https://gordonua.com/news/war/yarosh-pervyy-nastupatelnoy-boy-voyny-proizoshel-20-aprelya-2014-goda-v-slavyanske-vizitka-yarosha-byla-na-samom-dele-129598.html>. Acesso em: 3 jan. 2025.

No restante de abril, as forças ucranianas e rebeldes se envolveram em conflitos hesitantes. Nesse ponto, as forças ucranianas consistiam principalmente de voluntários da extrema direita financiados por oligarcas, já que o governo ucraniano em exercício ainda não tinha certeza da confiabilidade do exército regular.[127] No final de abril, a maioria dos centros administrativos na região de Lugansk havia caído em mãos dos rebeldes, e, em 27 de abril, a República Popular de Lugansk foi declarada.[128]

Em 7 de maio, no entanto, Putin inesperadamente pediu aos rebeldes que adiassem seus referendos de independência planejados, acrescentando que ele reconheceria os resultados da eleição presidencial da Ucrânia no final daquele mês. Apesar do apelo de Putin, as duas regiões rebeldes prosseguiram com seus referendos de soberania em 11 de maio, que produziram os resultados mostrados na Tabela 5.2.

Tabela 5.2 – Referendos de Donetsk e Lugansk, de 11 de maio de 2014

Questão aplicada na região de Donetsky	*% a favor*	*% participação*
Você apoia o Ato de Autogoverno Estatal da República Popular de Donetsky?	89,7	74,87
Questão aplicada na região de Lugansk	*% a favor*	*% participação*
Você apoia a Declaração de Independência da República Popular de Lugansk?	96,2	81

Fonte: Revyakina, "Donbass v ocheredi za svobodoi. Kak èto bylo 11 i 12 maya 2014 goda" [Donbass está na fila para a liberdade. Como foram os dias 11 e 12 de maio de 2014]. *Ukraina.ru*, 11 maio 2021. Disponível em: <https://ukraina.ru/exclusive/20210511/1031284571.html>. Acesso em: 22 jan. 2025; "2014 Donbas Status Referendums". *Wikipedia*, [s.d.]. Disponível em: <https://en.wikipedia.org/w/index.php?title=2014_Donbas_status_referendums&oldid=1054909786>. Acesso em: 22 jan. 2025.

"A guerra com a Federação Russa estava em andamento desde fevereiro de 2014", diz Yarosh, "e para vencê-la alguém tinha que finalmente começar a atirar nos terroristas. Você não pode vencer uma guerra pela persuasão." Cabe notar que Yarosh não é a única pessoa tentando levar o crédito por iniciar as hostilidades em Donbass. Há também Sergei Pashinsky, então chefe do Estado-Maior de Turchynov, que, de acordo com o relato de sua confidente Tatyana Chernovol, deu a primeira ordem militar para usar a força. Chornovol cita Pashinsky, dizendo: "Não havia sangue derramado suficiente durante o Maidan para obter um avanço na consciência... as únicas pessoas prontas para atirar eram um punhado de pessoas do Maidan, cujos irmãos haviam morrido, e é precisamente por isso que o papel dos batalhões voluntários na resistência ucraniana de 2014 foi decisivo". Pashinsky convocou a unidade de forças especiais Vega que estava estacionada em Ivano-Frankovsk e, portanto, estava suficientemente radicalizada pelo nacionalismo ucraniano (*dostatochno "obanderilis"*). Há também Valentyn Nalyvaichenko, na época chefe dos Serviços de Segurança Ucranianos (SBU, na sigla em ucraniano). Em uma entrevista na televisão, cinco anos depois, lembra-se de como Turchynov ordenou que ele abandonasse a sede do SBU em Lugansk. Ele recusou essa ordem e, em vez disso, enviou as suas forças para atacar Slavyansk. "Repito: a ordem de retirada não me impediu", diz Nalyvaychenko, "nós atacamos!".

127 "Kiev osoznal vliyanie 'Pravogo sektora' na politiku" [Kiev está percebendo a influência do "Setor Direita" na política]. *DAN News*, 2 fev. 2016. Disponível em: <https://perma.cc/7X8N-65N7>. Acesso em: 20 dez. 2024.

128 Wenk, "Konditsionera ne bylo".

Esses números são contestados pelo Ministério do Interior ucraniano, que afirma que a taxa de participação foi de apenas 24% e 32%, respectivamente.[129] Moscou, enquanto isso, disse que, embora respeitasse a vontade do povo nessas regiões, não reconheceria esses resultados.[130]

A eleição de Petro Poroshenko pareceu, portanto, oferecer esperança para uma resolução pacífica do conflito, e conversas foram iniciadas entre os negociadores ucranianos Viktor Medvedchuk e Nestor Shufrich e os líderes rebeldes do Donbass. Como Shufrich lembra, os representantes do Donbass expressaram apenas três demandas da região: poder usar o idioma russo em documentos oficiais, ser consultada sobre a nomeação do promotor público local e ser consultada sobre a nomeação do governador regional.[131] Na segunda metade de junho, diz Shufrich, uma fórmula para cessar as hostilidades e reintegrar-se à Ucrânia havia sido encontrada. A decisão do Parlamento russo em 24 de junho de tirar a autoridade do presidente Putin para usar tropas russas no exterior aumentou o sentimento de otimismo. Os detalhes finais seriam acertados em Donetsk em 1º de julho, mas, em 30 de junho, o presidente Poroshenko, aparentemente convencido por seu ministro da Defesa, Valery Heletey, de que as decisões de Putin haviam mudado o equilíbrio no terreno a favor de Kiev, lançou uma guerra-relâmpago para recapturar toda Donbass.[132]

---

129 "Turchinov oproverg opisannye separatistami chudesa yavki na 'referendum'" [Turchynov nega os milagres dos separatistas de comparecimento ao "referendo"]. *Ukrainskya pravda*, 12 maio 2014. Disponível em: <http://www.pravda.com.ua/rus/news/2014/05/12/7025064/>. Acesso em: 2 jan. 2025.

130 "Moscow Respects Will Expressed by Population of Donetsk and Lugansk Regions of Ukraine". *Tass*, 12 maio 2014. Disponível em: <https://tass.com/world/731214>. Acesso em: 26 dez. 2024.

131 "Viktor Medvedchuk v programme 'Maga' na 112 Ukraina" [Viktor Medvedchuk no programa "Maga" na 112 Ucrânia]. *YouTube* (em 01:27:20.) Disponível em: <https://youtu.be/nw6id84IE>; Gubenko, "Nestor Shufrich o nachale konflikta na Donbasse" [Nestor Shufrich sobre o início do conflito em Donbass]. *NewsOne*, 5 set. 2018. Disponível em: <https://yandex.ru/video/preview/15284237044114561193>. Acesso em: 4 jan. 2025. Medvedchuk também diz que tudo o que os líderes rebeldes queriam era a mesma autonomia para Donbass que a Constituição Ucraniana previa para a Crimeia. Nestor Shufrich, falando no programa de televisão *NewsOne* "Ukrainsky Format", diz que, nas negociações iniciadas a pedido de Poroshenko, de 27 de junho de 2014, ele, Kuchma, Zurabov, Tagliavini e Medvedchuk, os representantes do Donbass pediram apenas três coisas: 1) o direito de usar o russo em seus documentos oficiais; 2) o direito de discutir com Kiev a nomeação do promotor público; e 3) o direito de discutir com Kiev a nomeação de seu governador.

132 "Shufrich: 'Donbass ne treboval nichego takogo, chego ne khotel by Lvov ili Ivano-Frankovsk'" [Shufrich: "Donbass não exigiu nada que Lviv ou Ivano-Frankivsk não quisessem"]. *DNR24 Novosti*, 8 jan. 2018. Disponível em: <https://web.archive.org/web/20201128194918/http://dnr24.su/dnr/21111-shufrich-donbass-ne-treboval-nichego-takogo-chego-ne-hotel-by-lvov-ili-ivano-frankovsk.html>. Acesso em: 30 dez. 2024; "Shufrich o 'progibe' Poroshenko pered Heleteyem" [Shufrich sobre a reverência de Poroshenko a Heletey]. *Agenstvo Novostei Kharkova*, 26 dez. 2017. Disponível em: <https://perma.cc/TLH9-VCL2>. Acesso em: 13 mar. 2025.

Após inicialmente ganhar terreno, a ofensiva militar ucraniana entrou em colapso no final de agosto, quando suas forças foram cercadas em Ilovaisk.[133] Esse desastre forçou Poroshenko a assinar o Primeiro Acordo de cessar-fogo de Minsk em 5 de setembro de 2014. Uma segunda derrota em Debaltsevo, em janeiro de 2015, forçou Poroshenko a concordar com o Segundo Protocolo de Minsk, em 12 de fevereiro. Isso criou o Processo de Minsk, no qual a França, a Alemanha e a Rússia tentaram usar sua influência diplomática para forçar Kiev a aceitar o autogoverno local e os direitos de idioma local para Donbass, em troca da restauração da soberania ucraniana sobre a região.

Analisaremos as razões para o fracasso do Processo de Minsk no próximo capítulo. No entanto, antes vamos rever as várias explicações concorrentes sobre por que a rebelião de Donbass estourou em 2014, com o objetivo de responder a uma das principais questões desse conflito: ele deve ser visto como um conflito interestadual ou um conflito civil?

5.2.3 Por quê Donbass se revoltou?

A narrativa ocidental dominante se alinha com a proposta por Turchynov na reunião do Conselho de Segurança e Defesa Nacional em Kiev em 28 de fevereiro de 2014, que ele reiterou em 14 de abril de 2014 ao lançar o ATO: não há revolta, há apenas agressão russa. Essa visão é ecoada por Samantha Power, então representante permanente dos Estados Unidos nas Nações Unidas, que disse que não há nada "com bases aparentemente populares nisso".[134] Conclui-se disso que uma única ordem do presidente da Rússia seria suficiente para acabar com a insurgência.

Mas, como vimos, o sentimento popular em Donbass há muito se identifica com a Rússia e rejeita tentativas de governos em Kiev de romper esses laços e suprimir sua identidade e cultura locais. Claramente, portanto, as raízes do conflito atual são muito mais profundas.[135] Então, embora não

---

133 Knyazev; Taran; Onishchuk, "'Zhitelei yugo-vostoka poschitali lyudmi vtorogo sorta'" [Moradores do sudeste eram considerados pessoas de segunda classe]. *RT in Russian*, 14 abr. 2019. Disponível em: <https://russian.rt.com/ussr/article/621255-ukraina-donbass-voina>. Acesso em: 2 jan. 2025.

134 Kudelia, "New Policy Memo: Domestic Sources of the Donbas Insurgency". *Ponars Eurasia*, 29 set. 2014. Disponível em: <https://www.ponarseurasia.org/new-policy-memo-domestic-sources-of-the-donbas-insurgency/>. Acesso em: 30 dez. 2024.

135 Nekrot, "Tsvetnye perevoroty na Ukraine". Um segundo Congresso Ucraniano de autoridades eleitas foi realizado em Severodonetsk em 2008. Ele se reuniu para se opor à adesão da Ucrânia à Otan e à violação contínua dos direitos dos ucranianos de idioma russo. Seu impacto, no entanto, foi muito mais abafado do que o primeiro por três razões. Primeira, muitos dos principais oligarcas estavam agora em Kiev promovendo os seus interesses por meio do Partido das Regiões. Segunda, grupos locais estavam agora seguindo uma agenda de base e desdenhavam a política nacional. Terceira, Kuchma já havia tomado o controle do governo da Crimeia e restringido sua autonomia.

seja surpreendente que as hostilidades tenham surgido lá novamente em 2014, a questão que ainda precisa ser respondida é por que foi tão mais longe dessa vez.

O historiador pró-Maidan Andrii Portnov sugere que a resposta está na postura neutra tomada pelas elites financeira e política locais; a passividade da aplicação da lei local; a perda de controle sobre a fronteira com a Rússia; e a indecisão do novo governo em Kiev.[136] Concorda que os principais atores nesse drama foram principalmente moradores locais, mas creio que ele subestima a extensão em que eles se tornaram mais dispostos a lutar pela independência de Kiev por causa de dois fatores adicionais: a violência demonstrada durante a Revolução Maidan de 2014 e a separação da Crimeia sem derramamento de sangue.

Uma pesquisa em oito regiões russófonas, conduzida enquanto a rebelião ainda estava se desenrolando (8 a 16 de abril de 2014), concluiu que:

- dois terços dos moradores de Donbass viam o Setor Direita como "uma formação militar proeminente que é politicamente influente e representa uma ameaça aos cidadãos e à unidade nacional";
- dos entrevistados em Donetsk e Lugansk, 60% e 52%, respectivamente, discordavam da visão de que a Rússia está organizando os rebeldes e guiando suas ações;
- enquanto 70% não apoiavam a secessão, apenas 25% queriam se juntar à UE, enquanto 47% preferiam a União Aduaneira liderada pela Rússia.[137]

Uma pesquisa de acompanhamento, realizada de 12 a 21 de setembro de 2014, confirmou o vasto abismo entre as atitudes populares em Donbass e na Ucrânia ocidental. Assim, em resposta à pergunta se a Rússia era responsável pelo derramamento de sangue e mortes de pessoas no leste da Ucrânia, apenas 19,1% dos moradores de Donbass disseram "sim" (definitivamente ou provavelmente), enquanto 62,8% disseram "não". Na Ucrânia ocidental, por outro lado, 81,6% disseram "sim", enquanto apenas 15,8% disseram "não".[138]

---

136 Portnov, "How 'Eastern Ukraine' Was Lost".

137 Mostovaya; Rakhmanin; Vedernikova, "Pesnya o Rodine" [Canção sobre a pátria. Palavras folclóricas]. *Zerkalo Nedeli*, 26 dez. 2014. Disponível em: <https://zn.ua/internal/pesnya-o-rodine-slova-narodnye-_.html>. Acesso em: 6 jan. 2025.

138 Bekeshkina, "Stavlennya naselennya do podii na Donbasi" [Atitude pública em relação aos eventos em Donbass]. *Democratic Initiatives Fund*, 7 out. 2014. Disponível em: <https://dif.org.ua/article/stavlennya-naselennya-do-podiy-na-donbasi-tsina-miru-zagalnonatsionalne-opituvannya>. Acesso em: 2 jan. 2025.

Perguntas idênticas em ambas as pesquisas revelam que, após seis meses de luta, ainda menos pessoas em Donbass acreditavam que essa era uma guerra entre a Rússia e a Ucrânia do que no início das hostilidades (19,4% em comparação com 28,2%); mais pessoas consideravam que a Rússia tinha fundamento em defender os interesses dos cidadãos russófonos no leste da Ucrânia (50,9% em comparação com 47% concordaram; 8,1% em comparação com 33,4% discordaram). Enquanto isso, a porcentagem favorável à separação da Ucrânia saltou dramaticamente, de 27,5% para 42,1%.[139]

Portanto, parece mais apropriado descrever as elites locais como hostis em vez de "neutras" ao que estava acontecendo em Kiev na época. Para a aplicação da lei na região, essa hostilidade se manifestou em atos deliberados de sabotagem. A incapacidade de Kiev de fazer que essas forças seguissem ordens a forçou a confiar nas milícias da extrema direita.[140]

---

139 "Mneniya i vzglyady zhitelei yugo-vostoka Ukrainy" [Opiniões e visões de residentes do sudeste da Ucrânia]. *Kiis*, 20 abr. 2014. Disponível em: <https://www.kiis.com.ua/?lang=eng&cat=reports&id=302&page=7>. Acesso em: 26 dez. 2024; Bekeshkina, "Stavlennya naselennya do podii na Donbasi".

140 "Avakov: Kievskikh militsionerov mogli ubit boitsy UPA" [Avakov: "Policial de Kiev pode ter sido morto por combatentes da UPA"]. *Ukraina.ru*, 4 maio 2015. Disponível em: <https://ukraina.ru/news/20150504/1012959425.html>. Acesso em: 18 dez. 2024; "Matios v pryamom efire rasskazal uzhasy o zverstvakh batalyona 'Tornado'" [Atrocidades e sadismo dos batalhões nacionalistas ucranianos: o caso do "Tornado"]. *Ria.ua*, 20 abr. 2022. Disponível em: <https://ria.ru/20220420/tornado-1784201831.html>. Acesso em: 16 dez. 2024; "Naiti 'rukopozhatnykh' liderov slozhno" [É difícil encontrar líderes que saibam "apertar as mãos"]. *Inosmi*, 19 jun. 2015. Disponível em: <https://inosmi.ru/overview/20150619/228682333.html>. Acesso em: 26 dez. 2024; Koloskov, "Voennye prestupleniya karatelei v Donbasse" [Crimes de guerra das forças punitivas em Donbass]; Shtogrin, "Khto natsyst?" [Quem é um nazista?]. *Radio Svoboda*, 28 maio 2017. Disponível em: <https://www.radiosvoboda.org/a/28512571.html>. Acesso em: 22 dez. 2024; "Minoborony naznachilo rassledovanie v otnoshenii 'Aidara'" [O Ministério da Defesa ordenou uma investigação interna sobre "Aidar"]. *BBC*, 31 mar. 2015. Disponível em: <https://www.bbc.com/ukrainian/rolling_news_russian/2015/03/150331_ru_n_aydar_inquiry>. Acesso em: 26 dez. 2024; Chalenko, "Mikhail 'Berkut' Shatokhin" [Mikhail "Berkut" Shatokhin: Khodakovsky foi o primeiro a aparecer em Donetsk com uma arma]. *Ukraina.ru*, 17 jul. 2015. Disponível em: <https://ukraina.ru/20150717/1010605597.html>. Acesso em: 16 dez. 2024; "Advokat Efremova Pokazal Video" [Advogado de Efremov mostra um vídeo em que militantes agradecem ao chefe da polícia regional...]. *Gordon.ua*, 8 abr. 2018. Disponível em: <https://gordonua.com/news/war/advokat-efremova-pokazal-video-na-kotorom-za-vzyatie-zdaniya-sbu-v-luganske-boeviki-blagodaryat-nachalnika-oblastnoy-milicii-guslavskogo-240531.html>. Acesso em: 16 dez. 2024; Kudelia, "Reply to Andreas Umland: The Donbas Insurgency Began at Home". *Ponars Eurasia*, 8 out. 2014. Disponível em: <https://www.ponarseurasia.org/reply-to-andreas-umland-the-donbas-insurgency-began-at-home/>. Acesso em:16 dez. 2024; Sokolova, "Lyubovnitsa arestovannogo Pashinskogo rasskazala, kto razvyazal voinu v Donbasse". O chefe do Diretório Principal do Ministério do Interior (MVD, na sigla em russo) da Ucrânia para a região de Lugansk, tenente-general da polícia Volodymyr Guslavsky, aparentemente recusou-se a agir para impedir a tomada do Diretório de Lugansk do Serviço de Segurança da Ucrânia (SBU, na sigla em ucraniano), em 6 de abril de 2014. Depois de manter o prédio por seis horas, os ocupantes se renderam quando ficou claro que nenhum apoio chegaria.

Sergiy Kudelia, que estudou estreitamente a revolta de Donbass, também considera que o movimento separatista surgiu em resposta à mudança violenta de regime em Kiev e teve o apoio de cerca de um terço da população.[141] De acordo com Kudelia, pesquisas no início de abril mostraram que a população de Donbass temia a disseminação da violência em sua região e via o desarmamento da extrema direita como essencial para a restauração da lei e da ordem. Quando o governo em Kiev fracassou em fazê-lo, e então realmente mobilizou esses grupos contra Donbass, Kudelia afirma que isso "reforçou as queixas locais preexistentes, somadas ao senso de ilegitimidade do governo de Kiev, e assim fortaleceu a rebelião".[142]

Os críticos dessa visão, no entanto, argumentam que é o governo russo o principal responsável por criar uma divisão entre Donbass e o resto da Ucrânia, ao destacar a retórica desumanizante usada pelos nacionalistas ucranianos em relação a eles.[143] Embora seja certamente verdade que a mídia russa ampliou essa retórica, há muitos exemplos ao longo dos anos para confirmar que ela não foi inventada pela Rússia em 2014. Um exemplo que se destaca é a promessa do presidente Poroshenko, apenas seis meses após sua eleição, de que as crianças em Donbass se encolheriam em seus porões, enquanto os "nossos filhos irão para a escola, para os jardins de infância".[144] Muitos registraram o fato de que o presidente não via mais as crianças de Donbass como os "nossos filhos".

Outro crítico, Andreas Umland, reconhece que as queixas de Donbass contra Kiev são profundas, mas ressalta que elas nunca haviam levado a uma rebelião aberta. O elemento distintivo que contribuiu para isso, ele conclui, foi a intervenção militar russa.[145] Ele também vincula as revoltas de Donbass e da Crimeia, dizendo que esta última foi o primeiro passo em uma sequência de eventos orquestrados por Moscou.[146]

---

141 Kudelia, "New Policy Memo".

142 Kudelia apud Robinson, "Origins of the War in Donbass". *Irrusianality*, 14 set. 2016. Disponível em: <https://irrussianality.wordpress.com/2016/09/14/origins-of-the-war-in-donbass/>. Acesso em: 27 dez. 2024.

143 Kudelia, "New Policy Memo".

144 "Poroshenko: Donbas Children Will Sit in Cellars, 'ours' Will Go to School". *Sputnik International*, 14 nov. 2014. Disponível em: <https://sputniknews.com/20141114/1014748940.html>. Acesso em: 29 dez. 2024.

145 Kudelia, "Reply to Andreas Umland"; e "New Policy Memo". Umland vê o fracasso do movimento de secessão fora da Crimeia e Donbass como evidência de que a intervenção russa foi decisiva. Kudelia, no entanto, sugere que o movimento secessionista não conseguiu criar raízes em cidades onde mais de 80% da população eram falantes nativos de ucraniano, mas teve sucesso em cidades de Donbass onde menos de 20% eram falantes nativos de ucraniano. Ele vê isso como um apoio à tese de que crenças e orientações políticas preexistentes foram cruciais para determinar se os moradores pegariam ou não em armas. Tais crenças preexistentes, ele observa, eram particularmente fortes com relação a grupos e partidos nacionalistas de direita.

146 Robinson, "Origins of the War in Donbass". Essa afirmação é baseada na cidadania russa de Strelkov e Borodai, e nas revelações sobre as "fitas de Glazyev". A dupla cidadania, no

No interior da própria Ucrânia, tornou-se impossível discutir e contrastar essas perspectivas distintas sobre as origens desse conflito. Isso contribui ainda mais para a tragédia da Ucrânia, uma vez que cada visão contém algumas verdades essenciais, sem as quais o conflito não pode ser resolvido. Por um lado, após a secessão da Crimeia, a nova liderança em Kiev ficou ainda mais temerosa de que a demanda de Donbass por maior autonomia levasse à desintegração do país. Por outro lado, os líderes de Donbass temiam que uma Kiev capturada por nacionalistas ucranianos buscasse destruir sua cultura e identidade distintas.[147]

Assim, duas respostas distintas à revolta do Maidan surgiram na Malorossia no início de 2014. Uma, nas regiões onde a oposição ao Maidan ganhou força, graças ao apoio de autoridades locais, de pessoal de segurança e de oligarcas – Crimeia, Donbass e, em menor grau, Kharkov. A segunda, nas regiões onde a oposição ao Maidan foi confrontada por autoridades locais, por pessoal de segurança e por oligarcas – Odessa, Dnipropetrovsk e, em menor grau, Nikolayev, Kherson e Zaporozhye. Embora a rebelião anti-Maidan tivesse potencial para ter sucesso em qualquer uma dessas regiões, ela teve sucesso apenas na Crimeia porque podia contar com as tropas russas que já estavam estacionadas lá. No resto da Ucrânia maloross, a rebelião fracassou.

Naquelas regiões onde a rebelião fracassou, as forças pró-Maidan confiaram fortemente na extrema direita, que conseguiu intimidar os rebeldes locais por tempo suficiente para que os militares ucranianos e as instituições estatais se reunissem. A extrema direita conseguiu colocar cerca de 1.500 combatentes bem armados em campo em um momento em que os militares ucranianos estavam essencialmente paralisados.[148]

---

entanto, não é tão incomum na Ucrânia. Muitos altos funcionários do governo mantiveram a cidadania russa por anos após o Maidan. Robinson argumenta que Strelkov não era um agente do Estado russo, mas que ele e outros russos que vieram para a Ucrânia agiram por iniciativa própria. Quanto às fitas de Glazyev, Kudelia aponta que Glazyev é gravado falando com ativistas em Odessa, Kharkov e Zaporozhye, mas não em Donbass. Além disso, suas conversas sugerem que os ativistas não estavam em contato com nenhum representante russo na Ucrânia.

147 Kudelia, "New Policy Memo". Extraordinários 69,5% dos residentes de Donetsk se autoidentificavam antes com a sua própria região do que com a Ucrânia.

148 Maltsev, "Mif i pravda o grazhdanskoi voine na Donbasse" [Mito e verdade sobre a Guerra Civil em Donbass]. *Ukraina.ru*, 16 abr. 2020. Disponível em: <https://ukraina.ru/exclusive/20200416/1027404109.html>. Acesso em: 5 jan. 2025; Romanov, "Vspomnim, kak 5 let nazad razzhigali voinu na Donbasse" [Vamos lembrar como, há 5 anos, eles começaram uma guerra em Donbass]. *Strana.ua*, 18 out. 2019. Disponível em: <https://strana.one/opinions/228427-vspomnim-kak-5-let-nazad-razzhihali-vojnu-na-donbasse.html>. Acesso em: 16 dez. 2024; Cat, "Fashisty rasstrelivayut mirnykh zhitelei" [Os fascistas estão atirando em civis pacíficos]. *YouTube*, 9 maio 2014. Disponível em: <https://perma.cc/WV2K-N2A4>. Acesso em: 22 dez. 2024.

Na Crimeia e também em parte de Donbass, por outro lado, a extrema direita foi esvaziada por grupos anti-Maidan, que conseguiram intimidar os grupos pró-Maidan por tempo suficiente para que as forças russas se unissem em seu auxílio.

O número preciso de militares russos envolvidos nos combates em Donbass antes de 2022 é muito contestado. A Rússia ainda nega qualquer envolvimento militar oficial na região, mas admite que os russos foram para Donbass como cidadãos comuns para apoiar os rebeldes.[149]

As fontes do governo ocidental raramente fornecem números específicos, mas sugerem que os comandantes russos estão no comando das forças de defesa rebeldes. No entanto, as equipes de observação da Organização para Segurança e Cooperação na Europa (OSCE) que inspecionam a região têm regularmente relatado não encontrar forças russas oficiais lá. As fontes oficiais ucranianas colocam o número de forças russas na região em 3 mil

---

149 Ferguson; Jenzen-Jones, *Raising Red Flags: An Examination of Arms and Munitions in the Ongoing Conflict in Ukraine, 2014*; "How the Media Spins Story of Russian Soldiers in Ukraine". *Russia Insider*, 15 maio 2015. Disponível em: <https://russia-insider.com/en/node/6919>; Cremonesi, "Ucraina, Tra i Russi al Fronte". *Corriere della Sera*, 18 fev. 2015. Disponível em: <https://perma.cc/AK4V-7LZX?type=image>. Acesso em: 22 dez. 2024; Gordon, "Armed with Google and YouTube". *New York Times*, 27 maio 2015. Disponível em: <https://www.nytimes.com/2015/05/28/world/europe/videos-and-google-help-researchers-gauge-russias-presence-in-ukraine.html>. Acesso em: 26 dez. 2024; "Forbes' 'Russian Casualties in Ukraine' Report that Set MSM on Fire Was a Fake". *Russia Insider*, 31 ago. 2015; "1,500 Foreigners Making up 10-15 Percent of Forces Fighting for DPR: Donetsk Official". *Global Security*, 11 set. 2014. Disponível em: <https://www.globalsecurity.org/wmd//library/news/ukraine/2014/ukraine-140911-rianovosti05.htm>. Acesso em: 16 dez. 2024; "OSCE: No Russian Violations on Ukrainian Border". *RT International*, 7 ago. 2014. Disponível em: <https://www.rt.com/news/178668-osce-russia-ukraine-border/>. Acesso em: 27 dez. 2024; Kelly, "Vladimir Putin Not Responsible for Ukrainian Civil War, Expert Says". *Truthdig*, 21 mar. 2015. Disponível em: <https://www.truthdig.com/articles/vladimir-putin-not-res ponsible-for-ukrainian-civil-war-expert-says/>. Acesso em: 16 dez. 2024; Eidlin, "Berlin Alarmed by Aggressive Nato Stance on Ukraine". *Riac*, 11 jan. 2016. Disponível em: <https://russiancouncil.ru/en/blogs/fred-eidlin-en/_2248/>. Acesso em: 19 dez. 2024; Assemblée Nationale, "Audition du général Christophe Gomart, directeur du renseignement militaire, sur le projet de loi relatif au renseignement" [Audiência do general Christophe Gomart, diretor de inteligência militar, sobre o Projeto de Lei de Inteligência]. 2015. Disponível em: <https://perma.cc/GY99-MMKE>. Acesso em: 27 dez. 2024; Weisflog, "OSCE Reports on Russian Soldiers". *Neue Zürcher Zeitung*, 4 ago. 2015. Disponível em: <https://www.nzz.ch/international/osze-trifft-auf-russische-soldaten-1.18590107?reduced=true>. Acesso em: 19 dez. 2024; Dobriansky, "Lackluster Journalism on Russo-Ukrainian War from PBS and Pulitzer Center". *Euromaidan*, 10 jul. 2016. Disponível em: <https://euromaidanpress.com/2016/07/10/lackluster-journalism-on-russo-ukrainian-war-from-pbs-newshour-and-pulitzer-center/>. Acesso em: 17 dez. 2024; "Around 90% of Donetsk Self-Defense Troops from Donbas-Commander". *Sputnik International*, 4 jun. 2014. Disponível em: <https://sputnikglobe.com/20140604/Around-90-of-Donetsk-Self-Defense-Troops-From-Donbas---Commander-190338268.html>. Acesso em: 19 dez. 2024; "OSCE Spokesman Says Wrong to Call Ukraine's Independence Supporters 'Separatists'". *Sputnik International*, 6 ago. 2014. Disponível em: <https://sputniknews.com/20140806/OSCE-Spokesman-Says-Wrong-to-Call-Ukraines-Independence-191777262.html>. Acesso em: 27 dez. 2024.

a 3.500, entre um contingente rebelde total de 30 mil a 35 mil. Isso sugere que as tropas da Rússia constituíam cerca de 10% das forças rebeldes, antes de 2022.[150]

O número real de tropas russas, no entanto, é muito menos importante do que a percepção psicológica do apoio russo para explicar os diferentes resultados das rebeliões anti-Maidan de 2014. Assim como o sentimento de apoio psicológico e logístico total da Rússia foi vital para o sucesso da rebelião na Crimeia, o apoio indiferente da Rússia ao Donbass explica por que ele se transformou em um conflito congelado. A complexidade dessa crise é, portanto, mais bem capturada pelo termo "guerra civil internacionalizada".[151] Embora o governo ucraniano se oponha a qualquer uso do termo "guerra civil", nesse contexto ele reflete com mais precisão o papel que os atores internos e externos desempenharam em atiçar essa crise.

5.3 Não há como escapar da tragédia?

Ambas as rebeliões decorrem, em grande medida, das tentativas persistentes do governo ucraniano após 2014 de estreitar a definição da identidade ucraniana. Isso resultou na marginalização de importantes distritos dentro

150 "Gensek OBSE: Nelzya tochno skazat, est li na Donbasse rossiiskie voennye" [Secretário-Geral da OSCE: "É impossível dizer com certeza se há tropas russas em Donbass"]. *Korrespondent*, 12 fev. 2015. Disponível em: <https://korrespondent.net/ukraine/3478712-hensek-obse-nelzia-tochno-skazat-est-ly-na-donbasse-rossyiskye-voennye>. Acesso em: 21 dez. 2024; "ARD: Rossiiskikh regulyarnykh voisk v Donbasse net" [ARD: "Não há tropas regulares russas em Donbass"]. *Ukraina.ru*, 10 fev. 2015. Disponível em: <https://ukraina.ru/news/20150210/1012062883.html>. Acesso em: 19 dez. 2024; Jackson, "Ukraine War Pulls in Foreign Fighters". *BBC News*, 1º set. 2014. Disponível em: <https://www.bbc.com/news/world-europe-28951324>. Acesso em: 27 dez. 2024; Peterson, "Foreign Fighters Vow to Support Ukraine against Russian Invasion". *Coffee or Die Magazine*, 24 dez. 2021. Disponível em: <https://coffeeordie.com/foreign-fighters-ukraine-russian-invasion/>. Acesso em: 27 dez. 2024; Weijenberg; Van Zuijdewijn, "The Forgotten Front: Dutch Fighters in Ukraine". *International Center for Counter-Terrorism*, 16 jul. 2021. Disponível em: <https://icct.nl/publication/forgotten-front-dutch-fighters-ukraine>. Acesso em: 22 dez. 2024; "Foreign Fighters in Ukraine". *Balkan Insight*, [s.d.]. Disponível em: <https://balkaninsight.com/foreign-fighters-in-ukraine/>. Acesso em: 15 jan. 2022; Mackinnon, "Counting the Dead in Europe's Forgotten War". *Foreign Policy*, 25 out. 2018. Disponível em: <https://foreignpolicy.com/2018/10/25/counting-the-dead-in-europes-forgotten-war-ukraine-conflict-donbass-osce/>. Acesso em: 16 dez. 2024. Enquanto Hug era vice-chefe da missão de observação da OSCE na Ucrânia, um pequeno escândalo surgiu por causa do seu comentário de que "não vimos provas diretas (do envolvimento da Rússia)... Vimos comboios saindo e entrando na Ucrânia em estradas de terra no meio da noite em áreas onde não há passagem oficial". Os editores da *Foreign Policy* removeram mais tarde essa observação porque, como disseram, "não transmitia a sua visão pretendida" (esclarecimento de 25 de outubro de 2018).

151 Robinson, "Origins of the War in Donbass"; Wade, "The Ukraine Crisis Is not what it Seems". *Le Monde Diplomatique*, 31 mar. 2015. Disponível em: <https://mondediplo.com/outsidein/the-ukraine-crisis-is-not-what-it-seems>. Acesso em: 27 dez. 2024.

da Ucrânia, alguns dos quais se rebelaram contra o Estado ucraniano. Para reconquistar sua lealdade, Kiev terá que reconhecer o papel que suas próprias políticas, mais notavelmente a ucranização forçada, desempenharam na alienação dessa população.

O que torna isso uma verdadeira tragédia, em vez de apenas uma série de escolhas políticas ruins, é a insistência de Kiev de que não há nenhuma cultura maloross na Ucrânia. Essa posição está agora codificada na lei de 2021 sobre os povos nativos da Ucrânia, que afirma que os russos não são nativos da Ucrânia e, portanto, não têm direito a nenhuma proteção estatal de sua herança espiritual, religiosa ou cultural.[152] Isso levanta a questão de se os ucranianos maloross devem ser considerados "russos" em virtude de sua identidade cultural e, portanto, negados esses direitos, ou "ucranianos" em virtude de sua cidadania e, portanto, concedidos esses direitos. De uma perspectiva cívica, os direitos devem presumivelmente se aplicar a todos os indivíduos, mas os tribunais ucranianos frequentemente decidiram que a primazia deve ser dada não aos direitos individuais, mas à promoção da nacionalidade ucraniana.[153]

No entanto, o medo visceral de separatismo de Kiev levou à imposição de sanções draconianas à própria população que deveria estar tentando conquistar. A contradição inerente entre insistir que esses territórios são ucranianos, enquanto denuncia as pessoas que vivem lá como estrangeiras, impediu a adoção de qualquer estratégia coerente que pudesse realmente atrair as pessoas na Crimeia e em Donbass. Como mais de um ex-governador regional apontou, a menos que o país adote uma abordagem mais inclusiva, a libertação dessas regiões simplesmente resultará em um novo ciclo de violência no futuro.[154]

---

152 President of Ukraine, "Prezident podpisal zakon 'O korennykh narodakh Ukrainy'" [Presidente assina a Lei "Sobre os povos indígenas da Ucrânia"]. *President.gov.ua*, 21 jul. 2021. Disponível em: <https://www.president.gov.ua/ru/news/prezident-pidpisav-zakon-pro-korinni-narodi-ukrayini-69677>. Acesso em: 29 dez. 2024.

153 Tribunal Constitucional da Ucrânia, Decisão n.10-rp/99 de 14 de dezembro de 1999, "Po delu po konstitutsionnomu predstavleniyu 51 narodnogo deputata Ukrainy ob ofitsialnom tolkovanii polozhenii stati 10 Konstitutsii Ukrainy otnositelno primeneniya gosudarstvennogo yazyka organami gosudarstvennoi vlasti, organami mestnogo samoupravleniya i ispolzovaniya ego v uchebnom protsesse v uchebnykh zavedeniyakh Ukrainy (delo o primenenii ukrainskogo yazyka)" [No caso da submissão constitucional de 51 deputados do povo da Ucrânia sobre a interpretação oficial da disposição do artigo 10 da Constituição da Ucrânia sobre o uso do idioma oficial pelas autoridades estatais, governos locais e seu uso no processo educacional em instituições educacionais da Ucrânia (caso sobre o uso do idioma ucraniano)]. Disponível em: <https://ips.ligazakon.net/document/KS99010>. Acesso em: 23 jan. 2025. A maioria do tribunal interpretou a garantia do artigo 10 de "livre desenvolvimento, uso e proteção do russo" da forma mais restrita possível. Em sua dissidência cautelosa, o juiz A. Mironenko previu que isso seria utilizado para eliminar totalmente o uso do russo na esfera privada, e para restaurar o totalitarismo, desta vez disfarçado de patriotismo.

154 Ringis, "Gennady Moskal, Prorossiiskie nastroeniya v Luganskoi oblasti 80-95%" [Gennady Moskal: sentimentos pró-Rússia na região de Lugansk 80-95%]. *Ukrainska pravda*, 30 out. 2014. Disponível em: <https://www.pravda.com.ua/rus/articles/2014/10/30/7042701/>.

Uma mudança do nacionalismo étnico para o patriotismo cívico exigiria escapar em primeiro lugar do ciclo de medo mútuo que levou os lados a se separarem: o medo que a violência do Maidan evoca na Crimeia e em Donbass, bem como o medo que a separação de Donbass e da Crimeia evoca entre os nacionalistas ucranianos. Enquanto o medo continuar sendo sua motivação predominante, essas duas interpretações da identidade nacional ucraniana sempre serão mutuamente excludentes. Se um lado conseguir se impor à força sobre o outro, isso não significará que o conflito está resolvido. Significará apenas que seu ressurgimento foi adiado para uma data posterior.

Não pode haver solução para a tragédia da Ucrânia sem transformar ambas as narrativas: a narrativa galega na qual a Rússia é o Inimigo Eterno, e a narrativa maloross na qual a Rússia é o Parceiro Eterno. Se os ucranianos quiserem ter alguma chance de estabelecer uma harmonia social duradoura, portanto, devem encontrar uma terceira narrativa que possa reconciliar essas duas.

Acesso em: 21 dez. 2024; Feser, "Izvilistyi put kharkovskogo gradonachalnika Kernesa" [O caminho tortuoso do prefeito Kernes, de Kharkov]. *Inosmi*, 17 abr. 2019. Disponível em: <https://inosmi.ru/politic/20190417/244953837.html>. Acesso em: 29 dez. 2024; Varshalomidze, "Kharkiv's Pro-Russian Protesters still Mistrustful of Kiev". *Aljazeera*, 29 mar. 2019. Disponível em: <https://www.aljazeera.com/news/2019/3/29/kharkivs-pro-russian-protesters-still-mistrustful-of-kiev>. Acesso em: 2 jan. 2025; Veselov, "Kolumbiiskie uroki dlya Ukrainy" [Lições colombianas para a Ucrânia: por que os rebeldes não podem ser derrotados]. *RIA Novosti*, 5 mar. 2017. Disponível em: <https://ria.ru/20170305/1489269030.html>. Acesso em: 17 dez. 2024; "'Navit Kherson bilsh proukrainsky'" [Até Kherson é mais pró-ucraniano...]. *Inshe.tv*, 22 fev. 2017. Disponível em: <https://inshe.tv/politics/2017-02-22/206294/>. Disponível em: 26 dez. 2024; "Odessky gorsovet progolosoval protiv zakonoproektov Vyatrovicha" [O Conselho Municipal de Odessa vota contra as propostas de Vyatrovich]. *Vesti*, 24 mar. 2017. Disponível em: <https://vesti.ua/odessa/231237-odesskij-horsovet-proholosoval-protiv-zakonoproektov-vjatrovicha>; Razenkova, "Sotsiolog Golovakha" [O sociólogo Golovakha]. *Vesti*, 17 ago. 2017. Disponível em: <https://vesti.ua/strana/252417-sotsioloh-evhenij-holovakha>; Maltsev, "'Eto ne pro nas'" ["Isto não é sobre nós..."]. *Ukraina.ru*, 16 nov. 2017. Disponível em: <https://ukraina.ru/exclusive/20171116/1019529997.html>. Acesso em: 26 dez. 2024; idem, "Vtoroi Donbass" [Segundo Donbass...]. *Ukraina.ru*, 11 jun. 2018. Disponível em: <https://ukraina.ru/exclusive/20180611/1020471775.html>. Acesso em: 5 jan. 2025; "Tuka: v Kieve 75% lyudei s vatoi v golove" [Tuka: "Em Kiev, 75% das pessoas têm cabeça de vento"]; "Postpred Poroshenko: V Khersonskoi oblasti ischezayut priznaki ukrainskoi gosudarstvennosti" [Representante permanente de Poroshenko: "Sinais do Estado Ucraniano estão desaparecendo no Oblast de Kherson"]. *Ukraina.ru*, 29 maio 2018. Disponível em: <https://ukraina.ru/news/20180529/1020407567.html>. Acesso em: 29 dez. 2024; Kuznetsov, "Chuzhaya rodina Poroshenko" [A pátria alienígena de Poroshenko]. *Ukraina.ru*, 4 fev. 2019. Disponível em: <https://ukraina.ru/exclusive/20190204/1022556770.html>. Acesso em: 4 jan. 2025; "Trukhanov prosit institut natspamyati razreshit vernut v Odessu prospekt Marshala Zhukova" [Trukhanov pede ao Instituto de Memória Nacional que permita o retorno da Avenida Marechal Zhukov em Odessa]. *Timer-Odessa*, 10 jun. 2020. Disponível em: <https://web.archive.org/web/20220509020136/https:/timer-odessa.net/news/truhanov_prosit_institut_natspamyati_razreshit_vernut_v_odessu_prospekt_marshala_jukova_669.html>. Acesso em: 2 jan. 2025; Marina, "Mer Poltavy sdelal strannoe zayavlenie po ukrainskomu yazyku" [Prefeito de Poltava faz declaração estranha sobre a língua ucraniana]. *Blog Korrespondent Net*, 28 abr. 2016. Disponível em: <https://blogs.korrespondent.net/blog/events/3676354/>. Acesso em: 26 dez. 2024.

6
Uma paz imperfeita

Há também uma visão alternativa para o que está acontecendo – a visão de que esta grande guerra na Ucrânia realmente não mudou... a estrutura de nossos hábitos e preconceitos costumeiros. Dessa perspectiva, 24 de fevereiro de 2022 não parece tanto um portal mágico para um novo mundo, mas mais como uma porta quebrada pela qual arrastar toda a bagagem do passado recente: todas as velhas fixações, insultos e recriminações que definiram a agenda pública da Ucrânia antes... levou apenas um momento para que as linhas de frente se firmassem, para que esse ódio interno tradicional ressurgisse.

Mikhail Dubinyanski, historiador e jornalista ucraniano[1]

Há muitos que acreditam que a paz virá quando cada soldado – de um lado e do outro – estender a mão a seu antigo inimigo em nome do futuro. Quando todos os lados começarem a pensar, não em vingança, mas no que os une.

Vadim Novinsky, Rada MP (2013-2022)[2]

---

1 Dubinyanski, "Den, yakyi [ne] zminyv use" [O dia que [não] mudou tudo]. *Ukrainska pravda*, 24 mar. 2022. Disponível em: <https://www.pravda.com.ua/articles/2022/03/24/7334183/>. Acesso em: 26 dez. 2024.

2 Sukha, "Partiya yakoho myru?" [Que tipo de festa da paz?]. *Vybory*, 9 nov. 2018. Disponível em: <https://vybory.pravda.com.ua/articles/2018/11/9/7149780/>. Acesso em: 26 dez. 2024.

> *Em meio aos destroços de nossa cultura, no fundo do inferno, um único raio de sol, ou mesmo apenas uma premonição dele, pode iluminar a escuridão, e a tragédia deixará de ser desesperadora.*
>
> Georgy P. Fedotov, filósofo religioso russo[3]

É tentador culpar os oito anos de guerra com a Rússia pelo declínio desastroso da Ucrânia, mas, como o conselheiro de Zelensky, Mikhail Podolyak, admitiu há pouco tempo, ele é muito mais a consequência de "um Estado imaturo que por décadas fracassou em cumprir as expectativas de seus cidadãos".[4] Eu diria que parte dessa imaturidade se reflete em políticas estatais recorrentes que buscam garantir a vitória da identidade galego-ucraniana sobre a identidade ucraniana maloross.

Desde 2014, essa tem sido uma consideração central na formulação de políticas nacionais, não apenas em questões militares e de segurança, mas também em políticas culturais, educacionais, religiosas, linguísticas e econômicas. A abordagem alternativa, de ver a diversidade cultural como uma força e usá-la para forjar laços que pudessem unir populações diversas ao Estado ucraniano – uma abordagem por vezes chamada de "nacionalismo liberal", mas mais precisamente chamada de "patriotismo" – foi brevemente contemplada no início dos anos 1990, mas desde então caiu em descrédito devido à intervenção militar da Rússia, a qual os nacionalistas ucranianos aproveitaram avidamente para promover sua própria agenda.

Neste capítulo conclusivo, examinarei o que será necessário para restaurar a paz na Ucrânia. No passado, tais esforços se enquadraram em duas grandes categorias: os esforços externos, como os Acordos de Minsk; e os esforços internos, como a Plataforma Nacional para a Reconciliação e Unidade. Ambas as abordagens falharam porque não incluíam qualquer mecanismo para promover a cura social entre os próprios ucranianos. É por isso que uma maior conscientização da tragédia grega clássica, que via a cura social como uma de suas principais funções terapêuticas, pode ser tão valiosa para a Ucrânia. Ao desfazer todos os falsos pretextos e expor as consequências devastadoras de evitar as questões no cerne do conflito, a tragédia pode ajudar a sociedade ucraniana a ir além da raiva autoconsumidora e começar o longo e árduo processo de cura. Esta é uma terapia que ainda

---

3 Fedotov, "Khristianskaya tragediya" [Tragédia cristã], em *Collected Works*, v.9. Disponível em: <https://azbyka.ru/otechnik/Georgij_Fedotov/hristianskaja-tragedija/>. Acesso em: 22 dez. 2024.

4 "Ofis Zelenskogo Obyasnil, pochemu ukraintsy massovo uezzhayut" [Gabinete de Zelensky explica por que os ucranianos estão partindo em massa]. *Smotrim*, 30 dez. 2021. Disponível em: <https://smotrim.ru/article/2659043>. Acesso em: 27 dez. 2024.

está sendo usada ativamente hoje, não em palcos de teatro, mas nos trabalhos públicos das Comissões da Verdade e Reconciliação.

Concluirei com um posfácio sobre a invasão russa de fevereiro de 2022 e por que não importa, na minha opinião, como a invasão termine, pois ela não encerrará o ciclo trágico do país, a menos que as elites ucranianas também reconheçam como suas próprias ações contribuíram para a perpetuação desse ciclo.

6.1 De Genebra a Minsk: por que a paz fracassou

As tentativas de negociar um acordo pacífico entre Kiev e Donbass começaram bem antes da rebelião aberta desta última. Em 17 de abril de 2014, as reuniões entre Ucrânia, Rússia, Estados Unidos e União Europeia levaram à assinatura, em Genebra, de uma Declaração de Princípios para resolver a crise naquele país. Ela consistiu em apenas três pontos:

1. Todos os lados devem abster-se de qualquer violência, intimidação ou ações provocativas. Os participantes condenam e rejeitam veementemente todas as expressões de extremismo, de racismo e de intolerância religiosa, incluindo o antissemitismo.
2. Todos os grupos armados ilegais devem ser desarmados; todos os edifícios ilegalmente apreendidos devem ser devolvidos a seus legítimos donos; todas as ruas, praças e outros locais públicos ilegalmente ocupados em cidades e vilas ucranianas devem ser desocupados.
3. A anistia será concedida a manifestantes e àqueles que deixarem prédios e outros locais públicos e entregarem armas, com a exceção daqueles considerados culpados de crimes capitais.[5]

Uma Missão Especial de Monitoramento da Organização para Segurança e Cooperação na Europa (OSCE) foi criada para supervisionar a adoção de medidas de desescalada, e o governo ucraniano prometeu iniciar um processo de revisão constitucional "inclusivo, transparente e responsável", que incluiria "o estabelecimento imediato de um amplo diálogo nacional, com alcance a todas as regiões e distritos políticos da Ucrânia".[6]

---

5 "Full Text of Geneva Agreement on Ukraine". *Interfax-Ukraine*, 18 abr. 2014. Disponível em: <https://en.interfax.com.ua/news/general/201277.html>. Acesso em: 21 dez. 2024; Wenk, "'Shkurnyaki' Poroshenko i familii strel- kov Maïdana" ["Shkurnyaki" de Poroshenko e os nomes dos atiradores do Maidan]. *Strana.ua*, 18 dez. 2019. Disponível em: <https://strana.today/news/240033-elena-lukash-na-sude-po-berkutu-raskryla-familii-ubijts-na-majdane.html>. Acesso em: 4 jan. 2025.

6 "Full Text of Geneva Agreement on Ukraine".

O Acordo de Genebra não tinha cronogramas nem mecanismos para sua implementação. Sua importância residia em estabelecer certos princípios a serem utilizados na resolução da crise. Nessa conjuntura, a maioria dos observadores internacionais ainda via o conflito em Donbass como um conflito civil dentro da Ucrânia. O fim das hostilidades militares seria, portanto, seguido pela negociação de uma nova estrutura política que concederia mais autonomia local a qualquer região da Ucrânia que a quisesse. O ministro das Relações Exteriores da Rússia, Sergei Lavrov, resumiu a visão de muitos de que cabia a Kiev "mostrar a iniciativa, estender uma mão amiga às regiões, ouvir suas preocupações e sentar-se com elas à mesa de negociações. Só então a Ucrânia será um Estado forte, uma notória ponte entre o Leste e o Oeste".[7]

Muitos esperavam que a eleição de um novo presidente em maio de 2014, Petro Poroshenko, trouxesse uma paz célere, já que ele havia servido sob os dois presidentes Yushchenko e Yanukovych, e tinha extensos laços comerciais com a Rússia. Mas, depois de apenas um mês no cargo, Poroshenko abandonou o Acordo de Genebra e intensificou a Operação Antiterrorista (ATO) contra Donbass, prometendo a vitória em poucas horas.[8]

O Exército ucraniano, de fato, retomou uma quantidade significativa de território rebelde, mas então ficou paralisado. Quando tentou avançar novamente, encontrou uma série de derrotas desastrosas. Após a primeira derrota, em Ilovaisk em agosto de 2014, o presidente Poroshenko foi forçado a aceitar os Primeiros Acordos de Minsk. Após a segunda, em Debaltsevo, em fevereiro de 2015, foi forçado a assinar os Segundos Acordos de Minsk.

Ambos os acordos continuam a assumir que o conflito no leste da Ucrânia é principalmente um assunto interno. A diferença essencial entre eles está no grau de detalhe. Os Segundos Acordos de Minsk (Minsk-2) forneceram uma estrutura abrangente e prazos específicos para a reintegração de Donbass à Ucrânia seguindo a lógica dos Acordos de Genebra: os três primeiros pontos lidaram com a separação de forças; os dez pontos restantes foram medidas de construção de confiança projetadas para levar à reintegração da região à Ucrânia. Seus pontos mais significativos são:

- Ponto 5, que definia o perdão e a anistia para aqueles envolvidos no conflito. O Parlamento ucraniano aprovou uma lei de anistia, mas a aplicou apenas a soldados ucranianos e combatentes voluntários.

7 "Lavrov: Russia, US, EU, Ukraine Agree on De-Escalation Roadmap". *RT International*, 17 abr. 2014. Disponível em: <https://www.rt.com/news/geneva-document-ukraine-deescalation-224/>. Acesso em: 23 dez. 2024.

8 Shevchenko, "Poroshenko Pledges to Step Up Anti-Terrorism Operation, Bring Success within 'Hours', not Months". *Kyiv Post*, 26 maio 2014. Disponível em: <https://www.kyivpost.com/post/10257>. Acesso em: 19 dez. 2024.

- Pontos 7 e 8, que pediam a restauração dos laços econômicos e financeiros com Kiev. Posteriormente, a Ucrânia fechou todos os serviços bancários e sociais na região, suspendeu os pagamentos de pensões locais, restringiu o serviço ferroviário e de telefonia celular e instituiu um bloqueio de água e eletricidade.
- E o Ponto 9, que estipulava que o controle da fronteira seria transferido para Kiev *após* as eleições locais e um acordo político abrangente. Um acordo político abrangente estava definido como a adoção de emendas constitucionais sobre descentralização que incluíam uma força policial local e o direito de usar o idioma local (o russo).[9]

Os acordos Minsk-2 comprometeram tanto o governo em Kiev quanto os rebeldes em Donbass a dirigir negociações buscando institucionalizar o pluralismo cultural na Ucrânia. Quando os prazos estabelecidos em Minsk-2 expiraram, a Ucrânia estendeu o acordo. Para obter o apoio suficiente no Parlamento para fazê-lo, no entanto, a Rada adotou simultaneamente uma lei sobre a restauração da soberania do Estado (Lei n.7.163), estabelecendo uma estratégia substancialmente em desacordo com os Acordos de Minsk. Sob essa lei, as ações militares ucranianas no leste da Ucrânia não eram mais meramente uma operação antiterrorista, agora eram uma "operação militar com o objetivo de neutralizar a agressão russa".[10] A lei marcial foi imposta em toda a região, e o comandante militar regional foi encarregado de supervisionar as atividades governamentais, comerciais e militares.

A Lei n.7.163 nunca menciona os Acordos de Minsk. Isso não é um descuido. A nova lei consagrou a nova demanda de Kiev de que o controle da fronteira fosse transferido para a Ucrânia antes das eleições locais, em vez de depois delas, conforme estipulado no Ponto 9 do Minsk-2. Isso tornou a implementação do Minsk-2 impossível sob a lei ucraniana. Além disso, como o governo estava comprometido com a ucranização total, as disposições em Minsk-2 que exigiam mudanças constitucionais para garantir a autonomia cultural local também nunca poderiam ser efetivadas.[11]

---

9 OSCE, "Package of Measures for the Implementation of the Minsk Agreements". *OSCE.org*, 12 fev. 2015. Disponível em: <https://www.osce.org/cio/140156>. Acesso em: 27 dez. 2024.

10 Ukraine, "Pro osoblyvosti derzhavnoy polityky iz zabezpechennya derzhavnoho suverenitetu Ukrainy na tymchasovo okupovanykh terytoriyakh u Donetskii ta Luganskii oblastyakh" [Sobre as especificidades da política estatal para garantir a soberania estatal da Ucrânia nos territórios temporariamente ocupados nas regiões de Donetsk e Lugansk]. *Golos Ukrainy*, 23 fev. 2018. Disponível em: <http://www.golos.com.ua/article/300158>. Acesso em: 29 dez. 2024.

11 "Poroshenko poobeshchal, chto na ukrainskom yazyke zagovorit vsya Ukraina" [Poroshenko promete que toda a Ucrânia falará ucraniano]. *Tass*, 10 nov. 2017. Disponível em: <https://tass.ru/mezhdunarodnaya-panorama/4718541>. Acesso em: 27 dez. 2024.

Nada disso, no entanto, impediu a França e a Alemanha de fornecer vários "roteiros" para a implementação dos Segundos Acordos de Minsk. Em ordem cronológica, eles são: o Plano Morel, a Iniciativa Sajdik, a Fórmula Steinmeier e a Abordagem de Clusters.

Plano Morel. Nomeado em homenagem ao diplomata francês Pierre Morel, o Plano Morel pedia que a Ucrânia estabelecesse uma data rígida para aprovar uma lei sobre as eleições locais nas áreas controladas pelos rebeldes de Donbass. Essas eleições deveriam ser realizadas em oitenta dias. Os líderes rebeldes receberiam anistia e poderiam concorrer a cargos locais. Em troca, eles cancelariam seus próprios planos eleitorais e concordariam em realizar as eleições sob a lei ucraniana.[12] A Alemanha, a Rússia e a França concordaram com o Plano Morel; a Ucrânia não.

Iniciativa Sajdik. Nomeada em homenagem ao diplomata austríaco Martin Sajdik, a Iniciativa Sajdik criou um representante especial das Nações Unidas responsável pelos componentes militares e policiais dos Acordos de Minsk, bem como um representante especial da União Europeia para o desenvolvimento econômico. O representante especial da Organização das Nações Unidas (ONU) seria o responsável pela integração de toda a região de Donetsk e Lugansk e contaria com o apoio de cerca de 20 mil soldados da paz. De acordo com Sajdik, sua ideia central era garantir que a população de Donbass realmente recebesse os direitos prescritos em Minsk-2.[13] A Alemanha, a Rússia e a França concordaram com a Iniciativa Sajdik; a Ucrânia não.

Fórmula Steinmeier. Nomeado em homenagem ao ex-ministro das Relações Exteriores alemão e mais tarde presidente Frank-Walter Steinmeier, esse plano propôs um novo procedimento para a realização de eleições em Donbass. Em vez de aprovar as leis de *status* especial e anistia antes das eleições, elas entrariam em vigor provisoriamente no dia das eleições e se tornariam permanentes após a OSCE ratificar os resultados do pleito.[14] A ideia central era que, com as autoridades em Donbass agora legitimadas por meio de eleições, Kiev poderia começar a negociar com elas diretamente.

12 Bershidsky, "Ukraine Is Being Told to Live with Putin". *Bloomberg*, 5 out. 2015. Disponível em: <https://www.bloomberg.com/view/articles/2015-10-05/ukraine-has-no-choice-but-to-live-with-putin>. Acesso em: 23 dez. 2024; Robinson, "Holding Kiev to Account". *Irrussianality*, 6 out. 2015. Disponível em: <https://irrussianality.wordpress.com/2015/10/06/holding-kiev-to-account/>. Acesso em: 27 dez. 2024.

13 Wehrschütz, "Exklusiv-Interview: Sondergesandter Sajdik" [Entrevista exclusiva: enviado especial Sajdik]. *Kleine Zeitung*, 24 jan. 2019. Disponível em: <https://www.kleinezeitung.at/politik/aussenpolitik/5567894/>. Acesso em: 19 dez. 2024.

14 Pilipenko, "Putin vspomnil ob osobom statuse Donbassa i amnistii dlya boevikov" [Putin lembra o estatuto especial de Donbass e a anistia para os militantes]. *Liga*, 20 ago. 2019. Disponível em: <https://news.liga.net/politics/news/putin-vspomnil-ob-osobom-statuse-donbassa-i-amnistii-dlya-boevikov>. Acesso em: 21 dez. 2024; "Germany Detailed 'Steinmeier Formula' for Ordlo Elections". *LB.ua*, 15 dez. 2016. Disponível em: <https://en.lb.ua/news/2016/12/15/2617_germany_detailed_steinmeier.html>. Acesso em: 22 dez. 2024.

Novamente, a Alemanha, a Rússia e a França concordaram com a Fórmula Steinmeier; a Ucrânia não.[15]

Abordagem de Clusters. Este último esforço para revitalizar o processo de Minsk foi proposto em conjunto pelos chefes dos grupos de trabalho francês e alemão no Grupo de Contato Trilateral (TCG, na sigla em inglês). A ideia central era que cada lado concordasse com uma sequência para estabelecer amplos *clusters* e, em seguida, passasse essa sequência para o TCG, que elaboraria um roteiro com prazos rígidos para sua implementação. Havia duas categorias de *clusters*: "Segurança/Humanitário" e "Político/Econômico". Os negociadores franceses e os alemães forneceram a estrutura do que deveria ser discutido em cada *cluster*. Estes seriam então revisados por negociadores ucranianos e russos (já que a Ucrânia recusou quaisquer negociações diretas com representantes do Donbass), até que chegassem a um acordo. A Abordagem de Clusters chegou aos rascunhos iniciais no começo de 2021. O rascunho da Ucrânia não menciona nenhum *status* especial para as regiões, ou qualquer "legislação para Donbass como funcionando em uma base permanente" – o eufemismo que Kiev usa para se referir a mudanças constitucionais. Em vez disso, listou a legislação que a Rada poderia estar disposta a considerar. Isso incluía leis sobre autogoverno local nos territórios rebeldes, "as peculiaridades das eleições locais", a anistia, a criação de uma Zona Econômica Especial nas regiões rebeldes e certas emendas à Constituição ucraniana para aumentar a descentralização. Na última reunião do grupo em março de 2021, a Rússia deixou claro que os representantes de Donbass estavam aguardando mais detalhes sobre como tal legislação levaria em consideração as especificidades da região do Donbass.[16]

6.1.2 Por que o Minsk-2 fracassou

Desde o início, a estratégia da Ucrânia era impedir a implementação do Minsk-2. Em uma entrevista à Rádio Svoboda, o ministro aposentado das

15 "Kuchma ne podpisal 'formulu Shtainmaiera'" [Kuchma não assinou a "Fórmula Steinmeier"]. *Ukraina.ru*, 18 set. 2019. Disponível em: <https://ukraina.ru/news/20190918/1025039489.html>. Acesso em: 23 dez. 2024; Stoyakin, "'Formula Zelenskogo' ot 'diplomata s Maidana' Bogdana Yaromenko" ["Fórmula Zelensky" do "diplomata Maidan" Bohdan Yaremenko]. *Ukraina.ru*, 24 set. 2019. Disponível em: <https://ukraina.ru/20190924/1025089754.html>. Acesso em: 3 jan. 2025. Segundo Yaryomenko, presidente do Comitê de Relações Exteriores da Rada, a oposição da Ucrânia à Fórmula Steinmeier se resume a três pontos: primeiro, a Ucrânia se recusa a fazer qualquer alteração em sua Constituição; segundo, qualquer iniciativa política só pode ser empreendida após garantias de segurança; terceiro, as eleições locais devem ocorrer em todo o país e sob um conjunto de regras.

16 "Klasterov khvatit na vsekh" [Existem clusters suficientes para todos]. *Novosti Donbassa*, 24 mar. 2021. Disponível em: <https://novosti.dn.ua/ru/article/7770-klasterov-hvatit-na-vseh-v-moskve-obnarodovali-soderzhanie-novyh-predlozhenij-ukrainy-rossii>. Acesso em: 21 dez. 2024.

Relações Exteriores da Ucrânia, Pavlo Klimkin, reconheceu que o único objetivo da Ucrânia ao assinar o Minsk-2 era reconstruir o Exército ucraniano e fortalecer a coalizão internacional contra a Rússia. "Lidos literalmente", ele diz, "os Acordos de Minsk são impossíveis de implementar. Isso foi entendido desde o primeiro dia."[17] Os negociadores ucranianos passados e presentes afirmaram o mesmo ponto, assim como o chefe de gabinete do presidente Zelensky, Andrei Yermak, em fevereiro de 2021.[18] Como afirmou o secretário do Conselho de Segurança e Defesa Nacional (NSDC, na sigla em inglês), Oleksiy Danilov, a Ucrânia não pode negociar com Donbass porque "não existe Donbass... é uma definição imposta a nós pela Federação Russa".[19]

Acreditava-se que essa estratégia de não negociação, apoiada pelos Estados Unidos e seus aliados europeus, acabaria forçando a Rússia a deixar Donbass.[20] Isolados de seu principal apoiador, os rebeldes não teriam escolha a não ser capitular nos termos de Kiev. Se essa estratégia tivesse funcionado em Donbass, então ela poderia presumivelmente ter sido usada para reconquistar a Crimeia também. Mas, em vez de se render diante das

17 Lashchenko, "Klimkin: Shkoduyu, shcho Ukraina ne rozirvala dypvidnosyny z Rosiieyu" [Klimkin: "Lamento que a Ucrânia não tenha rompido relações diplomáticas com a Rússia"]. *Radio Svoboda,* 3 out. 2020. Disponível em: <https://www.radiosvoboda.org/a/klimkin-shkoduyu-shcho-ukrayina-ne-rozirvala-dypvidnosyny-z-rosiyeyu/30871035.html>. Acesso em: 27 dez. 2024.

18 "Minsk razonravilsya ukrainskim peregovorshchikam po Donbassu" [Minsk caiu em desgraça com os negociadores ucranianos sobre Donbass]. *Timer-Odessa,* 6 abr. 2021. Disponível em: <https://perma.cc/2PK2-DX5A>. Acesso em: 26 dez. 2024; Grytsenko, "Minsk Ceasefire only Anaesthesia, not Treatment of the Illness". *European Leadership Network,* 14 jan. 2015. Disponível em: <https://www.europeanleadershipnetwork.org/commentary/minsk-ceasefire-only-anaesthesia-not-treatment-of-the-illness/>. Acesso em: 16 dez. 2024; "Ne demarsh, a isterika" [Não uma *demarche,* mas uma histeria]. *Regnum.ru,* 16 mar. 2021. Disponível em: <https://regnum-ru.turbopages.org/regnum.ru/s/news/3216711.html>; "'Ponimayut otvet s pyatogo raza i khamyat'" [Eles entendem a resposta na quinta tentativa e são rudes]. *DonPress,* 3 mar. 2021. Disponível em: <https://donpress.com/news/03-03-2021-ponimayut-otvet-s-pyatogo-raza-i-hamyat-v-tkg-pozhalovalis-na-povedenie>. Acesso em: 27 dez. 2024; "Ermak: Minskie soglasheniya vypolnit nevozmozhno, nuzhno vnosit korrektivy" [Yermak: "Os acordos de Minsk não podem ser implementados, é preciso fazer ajustes"]. *Ukrainska pravda,* 13 fev. 2021. Disponível em: <https://www.pravda.com.ua/rus/news/2021/02/13/7283333/>. Acesso em: 20 fev. 2024.

19 "Sekretar sovnatsbeza Ukrainy isklyuchil sushchestvovanie Donbassa" [Secretário do Conselho de Segurança Nacional da Ucrânia descartou a existência de Donbass]. *Regnum.ru,* 24 mar. 2021. Disponível em: <https://regnum-ru.turbopages.org/regnum.ru/s/news/3224141.html>. Acesso em: 29 dez. 2024.

20 Volker, "What Does a Successful Biden-Putin Summit Look Like?". *Center for European Policy Analysis,* 2 jun. 2021. Disponível em: <https://cepa.org/what-does-a-successful-biden-putin-summit-look-like-not-what-you-think/>. Acesso em: 23 jan. 2025. Volker, o representante especial dos Estados Unidos para a Ucrânia até setembro de 2019, descreve a política ideal dos Estados Unidos em relação à Rússia como "de ausência total de acordos. O sucesso é o confronto".

sanções ocidentais, a Rússia aumentou sua ajuda à região e aumentou as apostas ao oferecer passaportes russos aos moradores de Donbass. Em maio de 2021, mais de um terço dos residentes de Donbass haviam adquirido passaportes russos.[21]

Outro problema com a estratégia de Kiev é que o bloqueio econômico imposto a Donbass alienou ainda mais a população local. Esse descontentamento foi até mesmo notado por pesquisadores ocidentais, que descobriram que, enquanto em 2019 a maioria ainda queria se juntar à Ucrânia, em 2021, apenas 12% ainda queriam fazer parte da Ucrânia, e mais da metade agora queria se juntar à Rússia.[22]

Mas enquanto, tecnicamente, o fracasso de Minsk-2 pode ser atribuído à falta de vontade da Ucrânia em negociar com os rebeldes, numa visão mais geral ele decorre da adoção do nacionalismo ucraniano por Kiev, que simplesmente apagou o povo de Donbass da identidade pós-Maidan da Ucrânia. A popular escritora Elena Styazhkina, que é originalmente de Donbass, ilustra isso pedindo a seu público de Kiev que imagine a Ucrânia como uma divindade: "Um deus estrangeiro pode ser aceito como seu? Não um deus compassivo, não... Primeiro o cadafalso, depois as escolas. É dessa forma que um novo deus vem aqui [para Donbass]".[23]

Isso deixou a Ucrânia com apenas duas opções: a conquista militar de Donbass ou um conflito congelado. Cada opção tinha seus apoiadores na Ucrânia. A opção de conquista militar foi popularmente chamada de "cenário croata" após a guerra-relâmpago de oito dias de agosto de 1995, na qual

21 Shevchenko, "V MID RF vystupili s zayavleniem o vydache Rossiiskikh pasportov v Ordlo" [O Ministério das Relações Exteriores da Rússia emitiu uma declaração sobre a emissão de passaportes russos em Ordlo]. *UA News*, 26 jun. 2021. Disponível em: <https://news.online.ua/v-mid-rf-vystupili-s-zayavleniem-o-vydache-rossiyskih-pasportov-v-ordlo_n834166/>. Acesso em: 16 dez. 2024.

22 O'Loughlin et al., "A New Survey of the Ukraine-Russia Conflict Finds Deeply Divided Views in the Contested Donbas Region". *Washington Post*, 12 fev. 2021. Disponível em: <https://www.washingtonpost.com/politics/2021/02/12/new-survey-ukraine-russia-conflict-finds-deeply-divided-views-contested-donbas-region/>. Acesso em: 22 dez. 2024; "Residents in Breakaway Ukrainian Donbass Regions Have More Trust in Government than those Living under Kiev's Rule". *RT International*, 19 fev. 2021. Disponível em: <https://www.rt.com/russia/515965-donbass-more-trust-government-kiev/>. Acesso em: 29 dez. 2024. Uma mudança significativa é que 26% dos entrevistados em áreas controladas por rebeldes disseram que confiavam em suas autoridades, em comparação com menos de 10% dos que viviam nas áreas controladas por Kiev. Menos de 20% dos residentes da República Popular de Donetsk/República Popular de Lugansk (DNR/LNR, nas siglas em russo) se descreveram como "ativamente desconfiados" de seu governo, em comparação com 45% do outro lado da fronteira em território controlado pela Ucrânia.

23 "Vystup roku na TEDxKyiv: Olena Styazhkina pro Donbas, bogiv, shibentsyu i vyiny" [TED x Kiev Talk do ano: Olena Styazkina sobre Donbass, Deuses, a forca e guerra]. *Ukrainska pravda*, 3 nov. 2014. Disponível em: <https://life.pravda.com.ua/society/2014/11/3/183223/>. Acesso em: 6 jan. 2025.

o Exército croata invadiu a região separatista de *Serbska kraijina*.[24] Ela foi endossada por altos funcionários ucranianos como Volodymyr Hroysman (então primeiro-ministro), o ex-chefe e vice-chefe do NSDC, os governadores de Donetsk e Lugansk e o ex-ministro da Defesa ucraniano.[25] No entanto, ela não foi endossada pelo comandante-chefe das Forças Armadas Ucranianas, Ruslan Khomchak, que, no entanto, disse que o Exército seguiria quaisquer ordens que recebesse.[26]

A segunda opção de um conflito paralisado foi endossada pelo ex-ministro das Relações Exteriores ucraniano, Pavlo Klimkin, e seu sucessor, Dmytro Kuleba. Como disse este último:

> Mesmo depois de devolvermos esses territórios *de jure* e *de facto*, a Rússia será a mesma, ela não irá a lugar nenhum. Consequentemente, devemos nos preparar para

---

24 "Po primeru Khorvatii" [Seguindo o exemplo da Croácia]. *Sudebno-yuridicheskaya gazeta*, 20 ago. 2018. Disponível em: <https://sud.ua/ru/news/ukraine/123708-po-primeru-khorvatii-diplomat-rasskazal-chto-nuzhno-sdelat-na-donbasse>. Acesso em: 27 dez. 2024.

25 "Voina neizbezhna" [A guerra é inevitável]. *Novorossiya*, 12 dez. 2021. Disponível em: <https://tinyurl.com/y6lbhn88>. Acesso em: 5 jan. 2025; Vlasov, "Est tolko odin put vernut Donbass" [Só há uma maneira de devolver Donbass]. *NBNews*, 2 out. 2020. Disponível em: <https://nbnews.com.ua/politika/2020/10/02/est-tolko-odin-put-vernut-donbass-moskal-predlozhil-radikalnyi-plan/>. Acesso em: 29 dez. 2024; "V SNBO nazvali usloviya dlya silovogo osvobozhdeniya Donbassa" [O Conselho de Segurança Nacional nomeou as condições para a libertação de Donbass pela força]. *RBK-Ukraina*, 20 jan. 2020. Disponível em: <https://www.rbc.ua/rus/news/snbo-nazvali-usloviya-silovogo-osvobozhdeniya-1579517895.html>. Acesso em: 3 jan. 2025; "Turchinov soobshchil o gotovnosti Kieva k blitskrigu protiv DNR i LNR" [Turchynov anuncia a prontidão de Kiev para uma *blitzkrieg* contra a DPR e a LPR]. *Ukraina.ru*, 16 dez. 2016. Disponível em: <https://ukraina.ru/news/20161216/1018022399.html>. Acesso em: 2 jan. 2025; "Ukrainskie vlasti ozvuchili tri stsenariya vosstanovleniya kontrolya nad Donbassom" [Autoridades ucranianas anunciaram três cenários para restauração do controle sobre Donbass]. *Ukraina.ru*, 1º maio 2018. Disponível em: <https://ukraina.ru/news/20180501/1020290080.html>. Acesso em: 2 jan. 2025; Koloskov, "Kak Ukraina Sobiraetsya 'osvobozhdat' Donbass" [Como a Ucrânia vai "libertar" Donbass]. *Ritm Eurasia*, 30 jan. 2017. Disponível em: <https://www.ritmeurasia.ru/news--2017-01-30--kak-ukraina-sobiraetsja-osvobozhdat-donbass-28100>. Acesso em: 21 dez. 2024; "Zhebrivsky zayavil, chto Donbass mozhno osvobodit za chetyre dnya" [Zhebrivsky diz que Donbass pode ser libertado em quatro dias]. *MIG News*, 23 jun. 2017. Disponível em: <https://m.mignews.com.ua/politics/18374779.html>; "Groysman: reintegratsiya Donbassa dolzhna prokhodit po khorvatskomu stsenariyu" [Groysman: "A reintegração do Donbass deve seguir o cenário croata"]. *RIA Novosti*, 15 jun. 2017. Disponível em: <https://ria.ru/20170615/1496614916.html>. Acesso em: 22 dez. 2024.

26 "VSU gotovy k nastupliniyu na Donbasse, no budut posledstviya" [As forças armadas ucranianas estão prontas para uma ofensiva em Donbass, mas haverá consequências]. *Strana.ua*, 30 mar. 2021. Disponível em: <https://strana.one/news/325420-khomchak-zajavil-chto-vsu-hotovy-k-nastupleniju-na-donbasse.html>. Acesso em: 6 jan. 2025; "'Gotovim voiska': Khomchak zayavil o podgotvke VSU k boyam v gorodskoy mestnosti" ["Preparando as tropas": Khomchak anuncia a preparação das forças armadas ucranianas para batalhas em áreas urbanas]. *DonPress*, 22 fev. 2021. Disponível em: <https://donpress.com/news/22-02-2021-gotovim-voyska-homchak-zayavil-o-podgotovke-vsu-k-boyam-v-gorodskoy-mestnosti>. Acesso em: 22 dez. 2024.

> uma guerra perpétua, física, militar; ou devemos nos preparar para um confronto político, econômico e cultural perpétuo. Eu certamente escolho o último. Ou seja, o conflito global entre a Rússia e a Ucrânia não irá a lugar algum.[27]

Apesar de seus riscos inerentes, o confronto perpétuo com a Rússia foi, em última análise, considerado benéfico para a Ucrânia porque garantiria assistência ocidental de longo prazo, culminando na adesão à UE e à Otan para a Ucrânia.

6.1.3 Por que todas as vias estrangeiras levaram a um conflito paralisado

O fracasso final de Minsk-2, no entanto, não pode ser atribuído somente à Ucrânia; o Ocidente também contribuiu significativamente. Ao tratar a Ucrânia, antes de tudo, como um meio de conter a Rússia, o Ocidente escolheu ignorar as divisões óbvias dentro da sociedade ucraniana, o que tornou impossível qualquer solução verdadeira para a crise. Em termos gerais, as abordagens ocidentais sobre como resolver o conflito na Ucrânia se enquadram em uma de duas categorias: linha dura ou pragmática.

Para os linha dura, a questão em jogo é muito maior do que a Ucrânia; é que a Rússia quebrou as regras de segurança europeia e agora está construindo "uma realidade alternativa". De acordo com os embaixadores Steven Pifer, Strobe Talbott, Alexander Vershbow e o ex-secretário-geral da Otan, Anders Fogh Rasmussen, Moscou quer semear o caos e a instabilidade na Ucrânia porque teme que uma Ucrânia pró-Ocidente bem-sucedida seja popular entre os cidadãos russos.[28] Se o Ocidente não reagir duramente às ações russas agora, enfrentará desafios ainda maiores no futuro.

A abordagem da linha dura, por seu próprio reconhecimento, despreza a diplomacia. Simplesmente não há nada a negociar; a Rússia deve se render, retirar-se totalmente da Ucrânia e desistir da ideia de que tem algum interesse naquele país. Não fazê-lo deve trazer uma pressão cada vez maior.[29] Essa política pode parecer arriscar o confronto, mas os linha-dura veem

27 Kevorkyan, "Nastupayut v boevom besporyadke" [Avançando na desordem de combate]. *Ukraina.ru*, 9 out. 2020. Disponível em: <https://ukraina.ru/opinion/20201009/1029194827.html>. Acesso em: 22 dez. 2024; Moskalenko, "MID Ukrainy obyavil Rossiyu 'vechnym vragom'" [Ministério das Relações Exteriores da Ucrânia declara a Rússia um "inimigo eterno"]. *Polit Navigator*, 9 set. 2020. Disponível em: <https://www.politnavigator.news/mid-ukrainy-obyavil-rossiyu-vechnym-vragom.html>. Acesso em: 3 jan. 2025.

28 Gaddy et al., "Around the Halls: Has the Ruble Gone to Rubble?". *Brookings*, 17 dez. 2014. Disponível em: <https://www.brookings.edu/blog/up-front/2014/12/17/around-the-halls-has-the-ruble-gone-to-rubble/>. Acesso em: 19 dez. 2024.

29 Mercouris, "UN Deadlock on Ukraine Peacekeepers". *The Duran*, 21 set. 2017. Disponível em: <https://theduran.com/un-deadlock-ukraine-peacekeepers/>. Acesso em: 16 dez. 2024;

pouco perigo nisso, já que acreditam que a Rússia é um país em declínio. Uma vez que precisa desesperadamente de capital, tecnologia e contatos ocidentais, não terá escolha a não ser capitular.[30]

Por outro lado, os pragmáticos, como os embaixadores Jack F. Matlock Jr. e Tony Brenton, os professores Graham Allison e Henry Kissinger e o ex-senador Bill Bradley, acreditam que a abordagem linha dura está destinada ao fracasso. Mesmo antes dos Acordos de Minsk, portanto, eles encorajaram negociações diretas com a Rússia como um meio de alcançar um acordo abrangente pós-Guerra Fria. Alguns, como o professor John J. Mearsheimer e os falecidos especialistas em Rússia, George F. Kennan e Stephen F. Cohen, até culparam o Ocidente por fracassarem em buscar tal acordo após a Guerra Fria.[31]

Para esse grupo, a fórmula "óbvia" para a paz é uma maior autonomia regional dentro de uma Ucrânia que não pertence nem à Europa, nem à Rússia.[32] Os críticos argumentam que suas propostas estão tão em harmonia com as de Moscou que às vezes são feitas em conjunto. Um exemplo é a Agenda Boisto de agosto de 2014, que foi concebida por Thomas Graham, ex-diretor sênior para a Rússia na equipe do Conselho de Segurança Nacional, e Alexander Dynkin, ex-assessor do primeiro-ministro da Rússia. Ela identificou as principais questões como: 1) um cessar-fogo duradouro; 2) as questões humanitárias e legais; 3) preservar os laços econômicos da Ucrânia com a Rússia e revitalizar sua infraestrutura energética; 4) a proteção da língua russa e o acesso à mídia e televisão russas; e 5) um *status* neutro e sem bloco para a Ucrânia. A questão da Crimeia foi deixada de lado para o futuro.[33]

A Agenda Boisto foi um retrocesso tão claro a uma visão bipolar do mundo da Guerra Fria que ela nem se preocupou em incluir os ucranianos

---

Vershbow, "How to Bring Peace to the Donbas (Yes, it's Possible)". *Atlantic Council*, 5 jan. 2018. Disponível em: <https://www.atlanticcouncil.org/blogs/ukrainealert/how-to-bring-peace-to-the-donbas-yes-it-s-possible/>. Acesso em: 16 dez. 2024; Soros, "A Winning Strategy for Ukraine". *Jewish Business News*, 19 jun. 2015. Disponível em: <https://jewishbusinessnews.com/2015/06/19/george-soros-a-winning-strategy-for-ukraine/>. Acesso em: 21 dez. 2024.

30 Nye Jr., "A Western Strategy for a Declining Russia". *Project Syndicate*, 3 set. 2014. Disponível em: <https://www.project-syndicate.org/commentary/joseph-s--nye-wants-to-deter-russia-without-isolating-it>. Acesso em: 22 dez. 2024.

31 Friedman, "Now a Word from X". *New York Times*, 2 maio 1998. Disponível em: <https://www.nytimes.com/1998/05/02/opinion/foreign-affairs-now-a-word-from-x.html>. Acesso em: 2 jan. 2025.

32 Gelb, "How to Solve the Ukraine". *Daily Beast*, 9 mar. 2014. Disponível em: <https://www.thedailybeast.com/articles/2014/03/09/leslie-h-gelb-cut-the-baloney-on-ukraine>. Acesso em: 23 dez. 2024.

33 Friedman, "A 24-Step Plan to Resolve the Ukraine Crisis". *The Atlantic*, 26 ago. 2014. Disponível em: <https://www.theatlantic.com/international/archive/2014/08/a-24-step-plan-to-resolve-the-ukraine-crisis/379121/>. Acesso em: 2 jan. 2025.

em suas deliberações.[34] Portanto, rapidamente se tornou refém de interesses domésticos e debates de política externa muito distantes da própria Ucrânia.[35] Mesmo antes da invasão da Ucrânia pela Rússia em 2022, graças à proeminência da mídia dada ao suposto conluio do presidente Donald Trump com a Rússia, os linha-dura conseguiram desviar o discurso público da questão de como alcançar a paz na Ucrânia, para como punir a Rússia. Se os linha-dura fracassaram porque não ofereceram nada em troca do bom comportamento russo, os pragmáticos fracassaram porque foram vistos como recompensadores da Rússia por quebrar as regras.

Enquanto isso, o bem-estar real dos próprios ucranianos era essencialmente irrelevante tanto para os linha-dura quanto para os pragmáticos, pois buscavam promover suas próprias visões de segurança norte-americana. Isso explica a persistência obstinada de algumas contradições um tanto bizarras na política externa dos Estados Unidos em relação à Ucrânia. Uma é que, embora as sanções nunca tenham conseguido mudar a política russa, argumenta-se que ainda mais sanções conseguirão fazê-lo. Outra é a representação das reformas lideradas pelo Ocidente na Ucrânia como singularmente bem-sucedidas, quando todas as pesquisas mostram que os próprios ucranianos acreditam exatamente no oposto.[36]

Os teóricos dos jogos descreveriam a situação atual de conflito perpétuo entre a Rússia e o Ocidente, reforçada pela instabilidade permanente com a Ucrânia, como o Ótimo de Pareto,* porque atrai a mais ampla variedade de participantes do conflito: os linha-dura ocidentais, os russos e os ucranianos obtêm benefícios significativos desse conflito, enquanto os pragmáticos são marginalizados. Sob essas condições, paralisar o conflito, em vez de resolvê-lo, torna-se a opção mais atraente.

---

34 Legvold, "Facing Reality in Ukraine". *The National Interest*, 16 set. 2014. Disponível em: <https://nationalinterest.org/feature/facing-reality-ukraine-11289>. Acesso em: 29 dez. 2024.

35 "Frattini: s Ukrainoi sdelali to zhe, chto i s Gruziei" [Frattini: "Eles fizeram com a Ucrânia o mesmo que fizeram com a Geórgia"]. *Vesti*, 7 mar. 2015. Disponível em: <https://www.vesti.ru/article/1753965>. Acesso em: 21 dez. 2024. O ex-ministro das Relações Exteriores italiano Franco Frattini é uma exceção notável. Enquanto estava no cargo, ele criticou o Acordo de Parceria Oriental da UE como antirrusso e argumentou a favor do federalismo ucraniano e da autonomia regional para o Leste.

36 "Zahalnoukrainske sotsiolohichne opituvannya naselennya Ukrainy" [Inquérito sociológico de toda a Ucrânia sobre a população da Ucrânia]. *Social Monitoring Center*, 21 dez. 2021. Disponível em: <https://smc.org.ua/zagalnoukrayinske-sotsiologichne-opytuvannya-naselennya-ukrayiny-3551/>; "Dyna myka sotsialno-politichnykh nastroiv ta otsinok naselennya Ukrainy traven 2021 roku" [Tendências em sentimentos sociopolíticos e avaliações da população da Ucrânia em maio de 2021]. *Social Monitoring Center*, 15 jun. 2021. Disponível em: <https://smc.org.ua/dynamika-sotsial-no-polytychnyh-nastroyivta-otsinok-naselennya-ukrayiny-traven-2021-roku-2-2611/>.

* [Conceito elaborado por Vilfredo Pareto (1848-1923) segundo o qual uma situação não pode mais ser melhorada sem a piora da situação de outro. (N. T.)]

Existem, no entanto, alguns problemas com o conflito paralisado prolongado. Uma delas é que, de acordo com os teóricos dos jogos, as consequências mais prováveis de mover esse conflito paralisado em particular é que o Ocidente gradualmente remova suas sanções sem nenhuma mudança no comportamento russo, enquanto a Rússia continua a bloquear a entrada da Ucrânia na Otan.[37] Também seria bastante desastroso para as perspectivas da Ucrânia de desenvolver uma sociedade harmônica, uma vez que empurraria as questões subjacentes que levaram ao conflito atual ainda mais para debaixo do solo, onde elas terão tempo para apodrecer. Uma terceira possibilidade, que muito poucos analistas levaram a sério antes de 24 de fevereiro de 2022, é que a própria Rússia ficaria insatisfeita com o *status quo* e decidiria mudá-lo.

6.2 Propostas de paz domésticas

Todos os planos de paz estrangeiros para a Ucrânia compartilham uma falha comum – uma abordagem insensível às diferenças culturais, religiosas e históricas do país. Elas são ignoradas de todo ou descartadas como sendo tão triviais que podem ser facilmente administradas por uma combinação hábil de coerção diplomática e incentivos econômicos.

A questão dos direitos linguísticos é típica a esse respeito. A maioria das pessoas no Ocidente tem dificuldade em entender por que a escolha do idioma de alguém deve ser uma questão tão divisiva, quando há tantos países multilíngues na Europa. No entanto, a resposta para isso é perfeitamente óbvia para qualquer nacionalista ucraniano: permitir que ucranianos usem o russo é, por si só, uma ameaça à identidade ucraniana e, portanto, uma ameaça à segurança nacional.

"O sonho", como certa vez explicou a primeira *ombudsman* de idiomas do governo, Tatyana Monakhova, "sempre foi cultivar, construir ou edificar um poderoso monólito ucraniano homogêneo – uma sociedade de pessoas com ideias semelhantes, que falam o idioma oficial, sem discordâncias sobre as principais questões do Estado. Os monólitos são criados usando chicotes e doces".[38] Seu sucessor, Taras Kremin, até comparou sua tarefa à de Moisés.[39]

---

37 Bershidsky, "Gaming the Ukraine Crisis". *Bloomberg*, 12 maio 2015. Disponível em: <https://www.bloomberg.com/view/articles/2015-05-12/gaming-the-ukraine-crisis>. Acesso em: 23 dez. 2024.

38 Monakhova, "Posle Evromaidana" [Depois da Euromaidan]. *Novosti Donbassa*, 11 jan. 2019. Disponível em: <https://novosti.dn.ua/article/7216-posle-evromaydana-nastupyla-ly-pora-bez-seksyzma-ehydzhyzma-y-gomofobyy>. Acesso em: 2 jan. 2025.

39 Strus, "Kremin rasskazal o puti k gospodstvu ukrainskogo yazyka" [Kremin fala sobre o caminho para o domínio da língua ucraniana como língua do Estado]. *Politeka.net*, 14 jul.

Para os nacionalistas ucranianos, a solução "óbvia" proposta por estrangeiros bem-intencionados – curar o país expandindo a participação política – é precisamente o que levou o país ao impasse atual.[40]

Uma saída poderia ser concentrar mais atenção nos componentes domésticos do conflito e na necessidade de uma transformação das atitudes dos ucranianos de ambos os lados. O cientista político Jesse Driscoll e a analista ucraniana do The Crisis Group, Katharine Quinn-Judge, sugeriram que os esforços de paz ocidentais dão muito pouca atenção à necessidade de uma mudança fundamental na atitude do governo de Kiev em relação ao povo de Donbass.[41]

Ao contrário das propostas de paz ocidentais, a necessidade de uma mudança profunda nas atitudes sociais para uma *catharsis* social que permitiria que os ucranianos galegos e maloross se envolvessem em um diálogo frutífero entre si tem sido um motivo proeminente dos ativistas ucranianos pela paz, cujas propostas examinaremos agora.

6.2.1 Os planos Medvedchuk e Novinsky

Viktor Medvedchuk era chefe de gabinete do presidente ucraniano Leonid Kuchma. Em 2015, foi convidado pelo presidente Petro Poroshenko para servir como intermediário na libertação de soldados ucranianos detidos pelos rebeldes. Ele conseguiu negociar a libertação de mais de quatrocentos soldados ucranianos, incluindo, mais notavelmente, Nadezhda Savchenko,

---

2021. Disponível em: <https://politeka.net/uk/society/336257-kremin-rasskazal-o-puti-k-gospodstvu-ukrainskogo-yazyka-kak-gosudarstvennogo-eto-put-v-pustyne-eto-put-moi seya>. Acesso em: 21 dez. 2024.

40 "Yushchenko pro Krym i Donbas" [Yushchenko sobre a Crimeia e Donbass]. *Pravda Ukrainy*, 26 dez. 2014. Disponível em: <https://www.pravda.com.ua/news/2014/12/26/7053324/>. Acesso em: 6 jan. 2025; Lashchenko, "Vid referendum my nikudy ne denimosya – Andrukhovych pro Donbas" [Não fugiremos do referendo – Andrukhovych sobre Donbass]. *Radio Svoboda*, 21 abr. 2016. Disponível em: <https://www.radiosvoboda.org/a/27689191.html>. Acesso em: 4 jan. 2025; "Byvshiy prezident Ukrainy Viktor Yushchenko nazval zhitelei strany 'kvazinatsiei'" [Ex-presidente ucraniano Viktor Yushchenko chamou os residentes do país de "quase nação"]; Kevorkyan, "Smelost ostavatsia soboi" [A coragem de ser você mesmo]; Luchnikov, "Gotovy k radikalnym deistviyam" [Pronto para a ação radical]. *Ukraina.ru*, 17 set. 2019. Disponível em: <https://ukraina.ru/20190917/1025010770.html>. Acesso em: 21 dez. 2024; "Tuka: V Kieve 75% lyudei s vatoi v golove" [Tuka: "Em Kiev, 75% das pessoas têm cabeça de vento"]; Kevorkyan, "Chrezmerno khitro sdelannye" [Feito de forma extremamente inteligente].

41 Quinn-Judge, "To Reunite Ukraine, Kyiv Must Overcome its own Prejudices". *Crisis Group*, 20 mar. 2018. Disponível em: <https://www.crisisgroup.org/europe-central-asia/eastern-europe/ukraine/reunite-ukraine-kyiv-must-overcome-its-own-prejudices>. Acesso em: 21 dez. 2024; Driscoll, "Ukraine's Civil War: Would Accepting this Terminology Help Resolve the Conflict?". *Ponars Eurasia*, fev. 2019. Disponível em: <https://www.ponarseurasia.org/wp-content/uploads/attachments/Pepm572_Driscoll_Feb2019_2-1.pdf>. Acesso em: 24 dez. 2024.

mas foi demitido pelo presidente Zelensky.[42] O sucesso diplomático de Medvedchuk foi sem dúvida facilitado por suas conexões pessoais com o presidente russo Vladimir Putin, que é padrinho de sua segunda filha, Darya.

Seu plano de paz se concentra na implementação do aspecto político de Minsk por meio de negociações diretas com os rebeldes. Essas negociações, ele diz, devem ser baseadas em três princípios. Primeiro, a necessidade de "devolver pessoas, não territórios". Os moradores de Donbass devem se sentir seguros e bem-vindos na Ucrânia.[43] Segundo, o formato deve ser Kiev-Donetsk-Lugansk-Moscou porque "este é um conflito interno da Ucrânia... [mas] a Federação Russa tem grande influência sobre os atuais representantes de Donetsk e de Lugansk".[44] Terceiro, deve haver total compatibilidade com os Acordos de Minsk-2. Guiado por esses três princípios, Medvedchuk propôs uma série de iniciativas legislativas para apoiar economicamente Donbass e a Crimeia, e ajudá-las a estabelecer um tipo de autonomia com a qual tanto as regiões quanto o Estado ucraniano possam conviver.

Medvedchuk chama sua estratégia de "restituir Donbass à Ucrânia, e Ucrânia a Donbass". Ele insiste que isso não significa transformar a Ucrânia em uma federação (embora Medvedchuk seja publicamente favorável ao federalismo), porque a Constituição ucraniana já prevê o *status* autônomo da Crimeia. Ele sente que o *status* especial regional, no entanto, também deve incluir aspectos como o governo regional expandido, um Parlamento local e zonas econômicas livres.[45]

Após ser demitido pelo presidente Zelensky, Medvedchuk foi eleito para o Parlamento ucraniano. Seu partido, o Bloco de Oposição pela Vida, adotou oficialmente seu plano de paz em janeiro de 2019. Embora seu plano tenha recebido atenção considerável na Ucrânia e na Europa por um tempo,

42 Medvedchuk, "Vernut Donbass v Ukrainu i Ukrainu na Donbass" [Devolver Donbass à Ucrânia e a Ucrânia a Donbass]. *Ukrainsky Vybor*, 12 jan. 2017. Disponível em: <https://perma.cc/ZUJ6-5T3N>. Acesso em: 4 jan. 2025.

43 Ortega, "Plan Medvedchuka" [O plano de Medvedchuk]. *Ukrainsky vybor*, 11 abr. 2019. Disponível em: <https://perma.cc/X8YW-YH54>.

44 Medvedchuk, "Presentation of Peace Plan of Settlement of Donbas Conflict in European Council". *112 Ukraine*, 18 jul. 2019. Disponível em: <https://112.international/politics/presentation-of-peace-plan-of-settlement-of-donbas-conflict-in-european-council-full-text-41848.html>.

45 "Plan-kontseptsiya uregulirovaniya krizisa na yugo-vostoke Ukrainy" [Plano conceitual para gerenciamento de crise no sudeste da Ucrânia]. *Podrobnosti.ua*, 30 jan. 2019. Disponível em: <https://podrobnosti.ua/2280981-plan-kontseptsija-uregulirovanija-krizisa-na-jugo-vostoke-ukrainy.html>. Acesso em: 27 dez. 2024; Ortega, "Plan Medvedchuka"; idem, "U 'Oppozitsionnoi platformy' – Za zhizn est chetkaya programma, kak ustanovit mir i spasti ekonomiku" [A "plataforma da oposição" – "pela vida" tem um programa claro sobre como estabelecer a paz e salvar a economia]. *Ukrainsky vybor*, 12 nov. 2018. Disponível em: <https://perma.cc/WP8M-TRYX>.

ele desapareceu da vista do público em fevereiro de 2021, quando os bens de Medvedchuk foram apreendidos por ordem do presidente Zelensky e ele foi colocado em prisão domiciliar.[46] Seu partido teve as atividades políticas suspensas pelo presidente Zelensky em 20 de março de 2022 e oficialmente dissolvido pelo governo em 12 de maio de 2022.[47]

Vadim Novinsky é outro membro importante do Bloco de Oposição, bem como um dos empresários mais ricos da Ucrânia. No final de 2018, ele lançou uma "Fórmula Ucraniana para a Paz" em torno dos princípios Humanidade – Diálogo – e Conciliação [*sobornost*].

Os ucranianos, ele diz, precisam aprender a se ver como cocidadãos, em vez de inimigos. Para conseguir isso, a mídia ucraniana deve conduzir uma "campanha de informação pela paz". Também é vital que a Igreja Ortodoxa Ucraniana (MP) se envolva no processo de paz, já que atualmente é a única instituição pública oficialmente representada em todas as regiões da Ucrânia, incluindo Donbass e Crimeia.

Para promover o diálogo, os membros da Rada devem se reunir regularmente com representantes das assembleias regionais de Donbass ocupada. Juntos, eles devem elaborar iniciativas legislativas comuns para restaurar a liberdade de movimento através da linha de demarcação, revitalizar a economia e restaurar a confiança mútua. Para facilitar esse diálogo, ele sugere que os membros da Assembleia Parlamentar do Conselho da Europa sejam convidados a servir como mediadores.

Finalmente, o espírito de reconciliação deve ser promovido por meio de um "Fórum para Donbass" em funcionamento permanente. Sua tarefa seria promover "o coenvolvimento dos cidadãos em um processo unificador". Embora os diplomatas e os políticos sejam necessários para criar esse fórum, com o tempo, acredita-se que ele deve ser liderado por empresários, que devem se tornar os novos pacificadores.[48]

Novinsky concorda com Medvedchuk que a Ucrânia está passando por uma guerra civil, mas também acredita que a Rússia deve fazer parte desse

---

46 "Ukrainian President Zelenskiy Sanctions Pro-Russia Rival Medvedchuk's TV Stations". *Intellinews*, 3 fev. 2021. Disponível em: <https://www.intellinews.com/ukrainian-president-zelenskiy-sanctions-pro-russia-rival-medvedchuk-s-tv-stations-201955/>. Acesso em: 2 jan. 2025.

47 "Zelensky Bans Main Ukrainian Opposition Party". *RT.com*, 20 mar. 2022. Disponível em: <https://www.rt.com/russia/552321-ukraine-zelensky-opposition-parties/>. Acesso em: 6 jan. 2025; Kravets; Romanenko, "OPZZh u Verkhovniy Radi perestala isnuvaty" [O OPZH na Verkhovna Rada deixa de existir]. *Ukrainska pravda*, 12 maio 2022. Disponível em: <https://www.pravda.com.ua/news/2022/05/12/7345720/>. Acesso em: 29 dez. 2024.

48 "Ot 'formuly Shtainmaiera' k ukrainskoi formule mira" [Da "Fórmula Steinmeier" à fórmula de paz ucraniana]. *Fakty.ua*, 24 out. 2019. Disponível em: <https://politics.fakty.ua/322157-ot-formuly-shtajnmajera-k-ukrainskoj-formule-mira>. Acesso em: 27 dez. 2024.

diálogo porque "é nossa vizinha e não vai a lugar algum". Ao contrário de Medvedchuk, no entanto, Novinsky acredita que o processo de Minsk fracassou e deve ser substituído.[49] Tanto o plano de Novinsky quanto o de Medvedchuk assumem que o conflito na Ucrânia é um conflito doméstico sobre autonomia local, mas que a UE pode servir como um intermediário valioso porque lidou com conflitos semelhantes entre seus próprios membros. Essa abordagem se tornou politicamente insustentável após a invasão russa de fevereiro de 2022.

Outra iniciativa de paz baseada no princípio da reconciliação, mas não filiada a nenhum partido político, é a "Iniciativa de 16 de julho – Por um futuro comum". Ela foi lançada em 2020 por vários analistas políticos e ex-políticos ucranianos. Clama pela formação de valores e interesses comuns; pela modernização econômica, preservando um Estado de bem-estar social; pelo fortalecimento da condição de Estado por meio da honestidade e da justiça; pela promoção da paz por meio da reintegração; e por uma nova política externa centrada na Ucrânia.[50] Apesar de vários signatários proeminentes, ela recebeu muito pouca atenção da mídia na Ucrânia, na Rússia ou no Ocidente.

Uma iniciativa final que vale a pena mencionar é a "Povo pela Paz", lançada em setembro de 2020 em um fórum público no mosteiro de Svyatogorsk, na Ucrânia.[51] Ela é relevante porque foi patrocinada pela Igreja Ortodoxa Ucraniana (MP), que, apesar das restrições do governo, mantém uma capacidade incomparável de levar centenas de milhares de pessoas às ruas durante suas marchas religiosas anuais.[52] Esses números impressio-

---

49 Sukha, "Partiya yakoho myru".

50 "Radi obshchego budushchego" [Em prol de um futuro comum]. *Interfax-Ukraine*, 16 jul. 2020. Disponível em: <https://interfax.com.ua/news/press-release/675075.html>. Acesso em: 29 dez. 2024.

51 Izmailov, "Pravoslavnaya tserkov perekhvatyvaet initsiativu u politikov ustanovleniya prochnogo mira v Donbasse" [A Igreja Ortodoxa está tomando a iniciativa dos políticos para estabelecer uma paz duradoura em Donbass]. *Ukraina.ru*, 21 set. 2020. Disponível em: <https://ukraina.ru/exclusive/20200921/1028982900.html>. Acesso em: 27 dez. 2024.

52 Solovyova, "Krestnyi khod posetili okolo 350 tys. veruyushchikh" [A procissão da igreja foi assistida por cerca de 350 mil fiéis]. *Ukrainski novini*, 27 jul. 2021. Disponível em: <https://ukranews.com/news/791234-bolee-350-tys-veruyushhih-prinyali-uchastie-v-krestnom-hode>; Stoyakin, "Krestnyi khod pobeditelei" [A procissão dos vencedores]. *Ukraina.ru*, 29 jul. 2019. Disponível em: <https://ukraina.ru/exclusive/20190729/1024439106.html>. Acesso em: 3 jan. 2025; "Na Krestnyi khod vyshli 250 ty syach veruyushchikh" [250 mil fiéis participaram da procissão]. *Korrespondent*, 27 jul. 2018. Disponível em: <https://korrespondent.net/ukraine/3994634-na-krestnyi-khod-vyshly-250-tysiachveruuischykh-upts>. Acesso em: 26 dez. 2024; Mishishin, "Pravoslavie yavlyaetsya neotemlemoy i, pokhozhe, chto glavnoi chastyu Ukrainy" [A ortodoxia é uma parte integrante e, ao que parece, a parte principal da Ucrânia]. *Soyuz pravoslavnykh zhurnalistov*, 28 jul. 2018. Disponível em: <https://spzh.eu/ru/socseti/55086-pravoslavije-javlyajetsya-neotemlemoj-i-pohozhe-chto-glavnoj-chastyju-ukrainy>. Acesso em: 26 dez. 2024.

nantes, no entanto, não se traduzem em influência política, já que a Igreja Ortodoxa Ucraniana (patriarcado de Moscou), ou UOC (MP, nas siglas em inglês), tende a ser mais politicamente apática do que a Igreja Ortodoxa da Ucrânia (OCU, na sigla em inglês). Isso resultou no paradoxo de que, embora reúna números muito menores para funções religiosas, a OCU apresenta uma voz muito mais politicamente articulada e está em uma posição muito melhor para influenciar a liderança política do país.[53]

6.2.2 A Plataforma Nacional de Reconciliação e Unidade de Sivokho

De longe, a iniciativa de paz doméstica mais conhecida foi gerada com a aprovação do próprio presidente Zelensky. O fato de ele ter sido forçado a se distanciar disso nos diz muito sobre as forças que se opõem a uma paz duradoura na Ucrânia. Em outubro de 2019, Sergei Sivokho, o produtor criativo do *Kvartal 95*, do programa de comédia que marcou a carreira de Zelensky, foi nomeado consultor do NSDC. Sua competência, como ele descreve, era dar conselhos sobre política humanitária.[54] Sivokho sentiu que era hora de abordar a questão da paz de uma perspectiva radicalmente diferente, pondo

53 Mytropolyt Epifaniy, "Derzhavnyi prapor stav lakmusovym papirtsem na ukrainskist" [A bandeira nacional tornou-se um teste decisivo para a identidade ucraniana]. *Ukrinform*, 23 ago. 2020. Disponível em: <https://www.ukrinform.ua/rubric-society/3086380-derzavnij-prapor-stav-lakmusovim-papircem-na-ukrainskist.html>. Acesso em: 26 dez. 2024; Farion, "Derzhavna mova znovu poperek horla ukrainofobam" [A língua estatal está mais uma vez na garganta dos ucranianófobos]. *Vysokyi zamok*, 23 dez. 2020. Disponível em: <https://wz.lviv.ua/ukraine/426637-derzhavna-mova-znovu-poperek-horla-ukrainofobam>. Acesso em: 22 dez. 2024; "'Treba shukaty spilnu ideolohiyu'" [Precisamos procurar por uma ideologia comum]. *Volynski novyny*, 14 dez. 2020. Disponível em: <https://www.volynnews.com/news/all/treba-shukaty-spilnu-ideolohiiu-vladyka-mykhayil-pro-filareta-tomos-ta-moskovskyy-patriarkhat/>. Acesso em: 2 jan. 2025; "Zvernennya Svyashchennoho Synodu Pravoslavnoï Tserkvy Ukrainy z pryvodu eskalatsyi rosiiskoï ahresii proty Ukrainy" [Discurso do santo sínodo da Igreja Ortodoxa da Ucrânia sobre a escalada da agressão russa contra a Ucrânia]. *PTsU*, 19 abr. 2021. Disponível em: <https://www.pomisna.info/uk/vsi-novyny/zvernennya-svyashhennogo-synodu-pravoslavnoyi-tserkvy-ukrayiny-z-pryvodu-eskalatsiyi-rosijskoyi-agresiyi-proty-ukrayiny-ukr-ros/>. Acesso em: 6 jan. 2025; "'Pochemu ya ne snaiper, pochemu ne strelyayu'" ["Por que não sou um atirador, por que não atiro?", hierarca da OCU declara Zelensky um traidor devido ao cessar-fogo em Donbass]. *Strana.ua*, 27 jul. 2020. Disponível em: <https://strana.one/news/281005-ierarkh-ptsu-afanasij-shkurupij-prokommentiroval-shah-zelenskoho-k-peremiriju-na-donbasse.html>. Acesso em: 16 dez. 2024; Leustean; Samokhvalov, "The Ukrainian National Church, Religious Diplomacy, and the Conflict in Donbas". *Journal of Orthodox Christian Studies*, v.2, n.2, p.199-224, 2019. Disponível em: <https://doi.org/10.1353/joc.2019.0023>. Acesso em: 26 dez. 2024.

54 "Serhyi Syvokho Reveals his Responsibilities at Post of Advisor of National Security Secretary". *112 Ukraine*, 22 out. 2019. Disponível em: <https://censor.net/en/news/3155154/serhiy_sivokho_reveals_his_responsibilities_at_post_of_advisor_of_national_security_secretary>.

fim ao que ele chamou de "a guerra dentro de nossas próprias cabeças".[55] Suas palavras imediatamente despertaram a raiva dos nacionalistas ucranianos, que ficaram ainda mais indignados com sua afirmação de que "chegou a hora de corrigir erros, perdoar e pedir perdão... de falar com as pessoas que vivem em territórios não controlados".[56]

De acordo com Sivokho,

> mais terrível do que o coronavírus é o vírus do ódio. É importante mudar não apenas a atitude do Estado para com seus cidadãos, mas a atitude das pessoas umas com as outras... Precisamos de novos princípios e tradições unificadoras. O que minha equipe está fazendo é tentar inclinar as pessoas ao entendimento mútuo... porque a paz que todos buscamos começa nos corações e mentes de cada ucraniano.[57]

A princípio, o otimismo de Sivokho pareceu ser endossado pelo presidente Zelensky. Durante a Conferência de Segurança de Munique de 2020, e mais tarde naquele ano, no Fórum sobre Unidade em Mariupol, Zelensky pediu "um diálogo nacional massivo" no qual as pessoas pudessem discutir o futuro da Ucrânia cara a cara.[58] Para esse fim, a criação de uma Plataforma Nacional para Reconciliação e Unidade foi anunciada em Mariupol e formalmente apresentada ao público em 12 de março de 2020. No entanto, essa apresentação durou apenas vinte minutos, porque uma gangue de cerca de setenta jovens do Corpo Nacional (Azov) invadiu o salão gritando "traidor" e jogou Sivokho no chão.[59] Duas semanas depois, ele foi demitido de sua

---

55 Poskannaya, "Sivokho: zhitelyam Donetskoi oblasti nikogda ne predlagali novykh politikov" [Sivokho: "Moradores da região de Donetsk nunca receberam propostas de novos políticos"]. *Gordon.ua*, 12 jul. 2019. Disponível em: <https://gordonua.com/publications/sivoho-zhitelyam-doneckoy-oblasti-nikogda-ne-predlagali-novyh-politikov-vsegda-byli-kandidaty-kem-to-postavlennye-kem-to-kuplennye-i-lyudi-znali-kem-1105079.html>. Acesso em: 20 dez. 2024.

56 "Sivokho prizval Ukrainu poprosit proshcheniya u Donbassa" [Sivokho pediu para a Ucrânia pedir perdão a Donbass]. *Novorossiya*, 20 nov. 2019. Disponível em: <https://novorosinform.org/sivoho-prizval-ukrainu-poprosit-prosheniya-u-donbassa-31504.html>. Acesso em: 30 dez. 2024.

57 Vishnevsky, "Sergei Sivokho: 'Stranu nuzhno spasat!'" [Sergey Sivokho: "O país precisa ser salvo!"]. *KP v Ukraine*, 24 fev. 2020. Disponível em: <https://kp.ua/politics/660562-serhei-syvokho-stranu-nuzhno-spasat>. Acesso em: 19 dez. 2024.

58 Lebed, "Plokhoi mir ili khoroshaya voina" [Uma má paz ou uma boa guerra]. *112ua.tv*, 21 fev. 2020. Disponível em: <https://112ua.tv/statji/plohoy-mir-ili-horoshaya-voyna-chto-neset-platforma-primireniya-ot-sivohi-526515.html>.

59 Medvedeva, "Sergei Sivokho: 'Otnoshenie komandy prezidenta k Donbassu menyaetsya'" [Sergey Sivokho: "A atitude da equipe do presidente em relação a Donbass está mudando"]. *Strana.ua*, 5 jul. 2020. Disponível em: <https://strana.one/articles/interview/276900-sivokho-v-intervju-olese-medvedevoj-rasskazal-pochemu-buksuet-mirnyj-protsess-na-donbasse.html>. Acesso em: 27 dez. 2024; "Takaya vot 'platforma' natsionalnogo primireniya" [Esta é a "plataforma" da reconciliação nacional – com empurrões e insultos]. *Gordon.ua*, 12 mar. 2020. Disponível em: <https://gordonua.com/news/politics/takaya-vot-platforma-nacionalnogo-primireniya-s-tolkotney-i-oskorbleniyami-socseti-obsuzhdayut-konflikt-sivoho-s-nacionalistami-1490832.html>. Acesso em: 2 jan. 2025.

posição de consultor no Conselho de Segurança e Defesa Nacional (NSDC, na sigla em inglês).

Pode parecer estranho que falar de reconciliação e diálogo possa despertar tanta raiva, até que se perceba que o que Sivokho está realmente pedindo é uma mudança fundamental no pensamento político ucraniano. Está sugerindo que os ucranianos deveriam reconhecer que eles também têm parte da responsabilidade pelo conflito em Donbass e, especificamente, por desumanizar seus moradores. Essas políticas, ele diz, não começaram em 2014, quando a luta iniciou, mas pelo menos uma década antes.[60] Nos últimos oito anos, a hostilidade oficial do governo em relação ao povo de Donbass só piorou as coisas. Como prova, ele cita pesquisas internas feitas pelo governo ucraniano, que mostram que apenas 10% dos moradores de Donbass hoje querem retornar à Ucrânia.[61]

Desde que foi demitido, Sivokho tornou-se ainda mais crítico em relação à política do governo, mas nunca em relação a seu amigo Zelensky. Pediu mudanças nas atuais leis de idioma que restringem severamente o uso público do russo.[62] Ele disse que a recusa do governo em implementar os Acordos de Minsk forçou a Ucrânia a "um canto escuro e isolado" e elogiou os líderes rebeldes por oferecerem serviços médicos e educacionais gratuitos às pessoas que cruzavam a linha de demarcação, vindas da Ucrânia.[63] Ele, inclusive, revelou que os rebeldes fizeram uma proposta formal a Kiev para devolver todas as empresas nacionalizadas a seus proprietários ucranianos

60 Savichev, "Mir na Donbasse i platforma edinstva" [Paz em Donbass e a plataforma da unidade]. *Vesti*, 16 nov. 2020. Disponível em: <https://vesti.ua/politika/sergej-sivoho-ukraina-sejchas-vedet-peregovory-slovno-v-shage-ot-pobedy>. Acesso em: 18 dez. 2024; Revyakina, "Sergei Sivokho o tom, chto meshaet Ukraine vernut Donbass" [Sergey Sivokho sobre o que está impedindo a Ucrânia de retornar a Donbass]. *Ukraina.ru*, 24 fev. 2021. Disponível em: <https://ukraina.ru/20210224/1030644960.html>. Acesso em: 17 dez. 2024.

61 "Sivokho s boem prezentoval platformu primireniya" [Sivokho "com uma luta" apresentou a plataforma de reconciliação]. *Korrespondent*, 12 mar. 2020. Disponível em: <https://korrespondent.net/ukraine/4203426-syvokho-s-boem-prezentoval-platformu-prymyrenyia>. Acesso em: 30 dez. 2024; Revyakina, "Sergei Sivokho o tom, chto meshaet Ukraine vernut Donbas".

62 Batsman, "Sivokho: V kakom statuse ya voploshchayu mirnye initsiativy prezidenta?" [Sivokho: "Em que capacidade devo implementar as iniciativas de paz do presidente?"]. *Gordon.ua*, 15 maio 2020. Disponível em: <https://gordonua.com/publications/sivoho-v-kakom-statuse-ya-voploshchayu-mirnye-iniciativy-prezidenta-v-statuse-sergeya-sivoho-1498867.html>. Acesso em: 16 abr. 2024.

63 "Sivokho tknul Ukrainu nosom v politiku LDNR" [Sivokho meteu o nariz da Ucrânia na política da República Popular de Donetsk]. *Donetskaya Narodnaya Respublika*, 24 fev. 2021. Disponível em: <https://dnr24.su/dnr/31859-sivoho-tknul-ukrainu-nosom-v-politiku-ldnr.html>; Kozub, "Intervyu s Sergeem Sivokho – o Donbasse i yazyke" [Entrevista com Sergey Sivokho sobre Donbass e a língua]. *Vesti*, 20 set. 2021. Disponível em: <https://vesti.ua/strana/sergej-sivoho-u-nas-svoj-vokabulyar-za-nego-nam-nachalo-priletat>; Golovko, "Sivokho o peregovorakh Kieva s Donbassom i novykh predstavitelyakh ot Ordlo" [Sivokho sobre as negociações de Kiev com Donbass e os novos representantes de Ordlo]. *Dialog.ua*, 9 jun. 2020. Disponível em: <https://www.dialog.ua/ukraine/209099_1591700197>.

e tornar o "*status* especial" de Donbass válido apenas até 2050, mas que o governo ucraniano se recusou a discutir essas ideias.[64]

Apesar de muitos retrocessos e ameaças, ao longo do tempo a Plataforma Nacional conseguiu ganhar novos aliados – mais de setenta organizações cívicas coordenaram suas atividades sob a égide do Fórum Nacional.[65] Sivokho conseguiu criar "centros de paz": espaços seguros para o diálogo inspirados nos de Chipre, na antiga Iugoslávia e na Irlanda do Norte.[66] Ele também encorajou a interação nas mídias sociais entre os médicos, os estudantes e tentou organizar eventos esportivos e *shows* de talentos na linha de demarcação.[67] Desde a invasão russa de 2022, Sivokho e a Plataforma Nacional desapareceram do discurso público.

6.2.3 O Plano Reznikov: reocupação, não reconciliação

Em julho de 2021, 33 parlamentares associados ao Fórum Nacional de Sivokho criaram um novo grupo de deputados em apoio ao que chamaram de "uma estratégia mais humana de reunificação".[68] Eles tentaram bloquear, sem sucesso, a adoção da lei apoiada pelo governo "Sobre os princípios da política de Estado durante o período de transição", de autoria de Oleksiy

64 Savichev, "Mir na Donbasse i platforma edinstva"; idem, "Yermolaev pro zustrich Zelenskoho z Baidenom ta povernennya Donbasu" [Yermolaev sobre o encontro de Zelensky com Biden e o retorno de Donbass]. *YouTube*. Disponível em: <https://www.youtube.com/watch?v=hLprMiaS-bo>. Yermolaev diz que essas propostas foram feitas em outubro de 2020.

65 Medvedeva, "Sergei Sivokho: Prezident ne dolzhen boyatsya vypolnyat svoi obeshchaniya po miru na Donbasse" [Sergey Sivokho: "O presidente não deve ter medo de cumprir as suas promessas de paz em Donbass"]. *Strana.ua*, 5 jul. 2020. <https://strana.one/articles/interview/276900-sivokho-v-intervju-olese-medvedevoj-rasskazal-pochemu-buksuet-mirnyj-protsess-na-donbasse.html>. Acesso em: 27 dez. 2024.

66 Medvedeva, "Sergei Sivokho: 'Otnoshenie komandy prezidenta k Donbassu menyaetsya'"; Batsman, "Sivokho: V kakom statuse ya voploshchayu mirnye initsiativy prezidenta?".

67 "Sivokho s boem prezentoval platformu primireniya"; Pechenkin, "Sivokho rasskazal, kto stoit za atakoi natsionalistov" [Sivokho revela quem estava por trás do ataque dos radicais contra ele]. *Glavred net*, 12 mar. 2020. Disponível em: <https://glavred.net/ukraine/10156616-sivoho-rasskazal-kto-za-stoit-za-atakoy-radikalov-na-nego.html>. Acesso em: 23 dez. 2024; Kozub, "Sergei Sivokho – o platforme primireniya i otnosheniyakh s OP" [Sergey Sivokho sobre a plataforma de reconciliação e as relações com o gabinete do presidente]. *Vesti*, 19 mar. 2020. Disponível em: <https://vesti.ua/strana/sergej-sivoho-unas-s-ermakom-odin-vokabulyar>; Terekhov-Krugly, "Sivokho: O primirenii na Donbasse i o budushchem KVN v Ukraine" [Sivokho: sobre a reconciliação em Donbass e o futuro da KVN na Ucrânia]. *Ukraina.ru*, 27 maio 2020. Disponível em: <https://ukraina.ru/interview/20200527/1027816725.html>. Acesso em: 16 dez. 2024.

68 "Izbityi natsistami Sivokho vzyalsya za staroe" [Sivokho, derrotado pelos nazistas, retorna aos seus velhos hábitos]. *Ukraina.ru*, 16 jul. 2021. Disponível em: <https://ukraina.ru/news/20210716/1031858276.html>. Acesso em: 22 dez. 2024.

Reznikov, então vice-primeiro-ministro e ministro da Reintegração dos Territórios Ocupados, e agora ministro da Defesa da Ucrânia.[69]

O Plano Reznikov trata a reintegração de Donbass e da Ucrânia como uma ameaça à segurança e, portanto, dá prioridade à preservação da estabilidade doméstica durante o período de reintegração.[70] De acordo com esse plano, durante a fase pós-conflito, o idioma ucraniano deve ser imposto imediatamente como o único em todos os discursos oficiais e públicos. Todos os servidores públicos devem passar por uma lustração, e qualquer um que tenha prejudicado a segurança nacional da Ucrânia, seja por ação ou inação, nunca mais poderá ocupar cargo público (art.10, pt.1). Não deve haver anistia geral ou *status* especial para essas regiões, e o *status* autônomo da Crimeia na Constituição Ucraniana deve ser revogado.[71]

Quanto à economia local, o uso do rublo russo será proibido (art.25), resultando na nacionalização *de facto* de todos os ativos econômicos na Crimeia e em Donbass. O enorme acúmulo de pensões e pagamentos sociais devidos aos residentes do Donbass deve ser "reestruturado" (art.21) e pago em um período de tempo não especificado. A designação previamente estipulada desses territórios como "regiões de desenvolvimento prioritário" deve ser incorporada ao programa geral de desenvolvimento estratégico do governo para a região até 2030.[72]

O Plano Reznikov dedica atenção considerável à política da memória. A libertação de cada cidade deve ser celebrada localmente, e um novo feriado nacional estabelecido para comemorar as vítimas da agressão russa. Além disso, um Museu Nacional de Superação da Agressão da Rússia contra a Ucrânia deve ser construído em Kiev, com filiais em Donetsk, Lugansk, Simferopol e Sebastopol (art.22).

Finalmente, o governo pretende criar um Centro Nacional para o Desenvolvimento da Paz, cuja tarefa será reunir informações sobre as violações de direitos humanos cometidas pelas forças de ocupação. O acesso a informações sobre outras violações de direitos humanos será restrito (art.14, pt.3), embora o ex-promotor militar chefe da Ucrânia, Anatoliy Matios, já tenha documentado muitas dessas violações por batalhões de voluntários

69 Ukraine, "Pro zasady derzhanvoi polityky perekhidnoho period" [Sobre os princípios da política estatal no período de transição]. Ministry for Question of Reintegration of Temporarily Occupied Territories of Ukraine. *Ligazakon*, jun. 2021. Disponível em: <https://ips.ligazakon.net/document/JI05837A?an=148>. Acesso em: 29 dez. 2024.

70 Chekis, "Reintegratsiya Donbassa" [Reintegração de Donbass]. *Zerkalo Nedeli*, 1º jul. 2021. Disponível em: <https://zn.ua/POLITICS/reintehratsija-donbassa-kak-i-kohda-nachinat-podhotovku-k-bezopasnym-vyboram.html>. Acesso em: 27 dez. 2024.

71 Safonov, "Tam vsyo protivorechit Minskim soglasheniyam" [Tudo o que há contradiz os acordos de Minsk]. *Ukraina.ru*, 23 ago. 2021. Disponível em: <https://ukraina.ru/exclusive/20210823/1032104356.html>. Acesso em: 29 dez. 2024. A versão de janeiro permitia a transição ao idioma ucraniano em um período de mais de dois anos, mas esse período benevolente foi removido na versão final.

72 Ibidem.

ucranianos.[73] Uma política memorial tão cuidadosamente elaborada sugere que o objetivo principal do governo não é, como ele declara, "uma paz duradoura", mas sim reformular a memória local da rebelião como parte da eterna luta da Ucrânia contra a Rússia.

Sivokho reclamou intensamente que o Plano Reznikov, que foi aprovado pelo Gabinete de Ministros em 4 de agosto de 2021, trata os ucranianos em Donbass e na Crimeia como povos conquistados.[74] Embora prometa que a transição envolverá "a construção de uma paz estável, incluindo, entre outras coisas, um diálogo nacional e outros processos de diálogo", tudo nele, diz Sivokho, sugere o contrário.[75]

Em vez de fazer que as animosidades diminuam, o Plano Reznikov, caso seja implementado, provavelmente garantirá que elas sejam transferidas para a próxima geração. Os próprios rebeldes podem ter ido embora há muito tempo, mas, tal como o fantasma de Banquo,* eles assombrarão o futuro da Ucrânia, um lembrete impertinente dos ucranianos que o nacionalismo tentou apagar.

6.2.4 As falhas comuns do processo de paz

Os analistas ocidentais comumente assumem que as reformas domésticas e a restauração dos territórios perdidos são objetivos convergentes. Para

---

73 "Pytki v SBU" [Tortura na SBU]. *Korrespondent*, 30 ago. 2016. Disponível em: <https://korrespondent.net/ukraine/3738354-pytky-v-sbu-novyi-vytok-skandala>. Acesso em: 29 dez. 2024; "Neveroyatnye protokoly pytok v 'Tornado'" [Os incríveis protocolos de tortura "Tornado"]. *Polit Forums*, 22 jun. 2015. Disponível em: <https://www.politforums.net/ukraine/1434940735.html>. Acesso em: 26 dez. 2024; Koloskov, "Voennye prestupleniya karatelei v Donbasse" [Crimes de guerra das forças punitivas em Donbass]; "Ukraine: Authorities Must Commit to a Thorough Investigation after 13 People Released from Secret Detention". *Amnesty International*, 29 ago. 2016. Disponível em: <https://perma.cc/7HHY-X2HM>. Acesso em: 2 jan. 2025; Kevorkyan, "Vyrozhdenie i begstvo kak povod natsionalnoy gordosti ukraintsa" [Degeneração e fuga como motivo de orgulho nacional ucraniano]. *Ukraina.ru*, 1º nov. 2018. Disponível em: <https://ukraina.ru/opinion/20181101/1021613547.html>. Acesso em: 22 dez. 2024. Segundo Matios, um em cada dois soldados ucranianos sofre de traumas mentais em consequência do conflito e necessita de tratamento psiquiátrico profissional.

74 "Sivokho predlozhil alternativny plan reintegratsii Donbassa" [Sivokho propôs um plano alternativo para a reintegração de Donbass]. *Versii*, 31 ago. 2021. Disponível em: <https://versii.com/news/sivoho-predlozhil-alternativnyj-plan-reintegracii-donbassa/>. Acesso em: 30 dez. 2024.

75 Safonov, "Tam vsyo protivorechit Minskim soglasheniyam". Em esboços anteriores, o diálogo nacional era definido como "um mecanismo de negociação pública, projetado para expandir o leque de participantes envolvidos na superação das consequências da agressão armada da Federação Russa contra a Ucrânia, constituindo tanto eventos oficiais quanto funções informais envolvendo representantes de grupos cívicos". Na versão final, isso foi removido.

* [Banquo é um personagem da obra Macbeth, de Shakespeare, que traz como significado a consciência e a culpa. (N. T.)]

muitos em Kiev, no entanto, eles são mutuamente excludentes: quanto mais reformista o governo, menos quer ser enredado pelo lastro cultural e político ostensivamente carregado por Donbass e Crimeia.[76] Esta é uma das razões pelas quais o governo ucraniano demonstrou tão pouco interesse em implementar os Acordos de Minsk-2, e por que suas últimas propostas – privar os moradores de Donbass de seus direitos políticos e civis por pelo menos 25 anos, e deportar centenas de milhares de crimeus que obtiveram a cidadania russa – foram precisamente na direção oposta.[77]

Por outro lado, a falha comum dos esforços nativos de paz é que eles não conseguem compreender o quanto o nacionalismo contribuiu para o atual impasse dentro da sociedade ucraniana. Mesmo aqueles que, como Sivokho e Medvedchuk, apelam para "restituir Donbass para a Ucrânia, e a Ucrânia para Donbass", raramente desafiam o nacionalismo ucraniano diretamente. Isto porque, para muitos ucranianos, ele tornou-se sinônimo de patriotismo, uma confusão que impediu o desenvolvimento de uma sociedade civil saudável e pluralista.

6.3 Como as sociedades fissuradas podem ser curadas

Para resumir o que foi discutido até agora, o fracasso da Ucrânia em obter sua independência após as duas guerras mundiais levou o nacionalismo a se tornar o motivo político impulsionador das elites políticas exiladas da Ucrânia. Os nacionalistas ucranianos conseguiram sobreviver à sua aliança de guerra com a Alemanha nazista posicionando-se como aliados do Ocidente na nova Guerra Fria contra a União Soviética. Após o colapso

---

76 Lutsenko, "Formula 'avtonomiya zamist vtorgnennya' smertelno nebezpechna dlya Ukrainy" [A fórmula "autonomia em vez de invasão" é mortalmente perigosa para a Ucrânia]. *Ukrainska pravda*, 10 dez. 2021. Disponível em: <https://blogs.pravda.com.ua/authors/lucenko/61b332fdabc75/>. Acesso em: 6 jan. 2025; Luchnikov, "Gotovy k radikalnym deistviyam" [Pronto para uma ação radical]. *Ukraina.ru*, 17 set. 2019. Disponível em: <https://ukraina.ru/20190917/1025010770.html>. Acesso em: 21 dez. 2024; Dudar, "Zhebrivsky naz nachil mestny vybory v chasti Donbassa 29 noyabrya" [Zhebrivskyi define eleições locais em parte de Donbass para 29 de novembro]. *Zerkalo Nedeli*, 19 ago. 2015. Disponível em: <https://zn.ua/POLITICS/zhebrivskiy-naznachil-mestnye-vybory-na-chasti-donbassa-na-29-noya brya-186076_.html>. Acesso em: 22 dez. 2024.

77 Vuets; Gruzdev, "Oleksiy Reznikov: Bezpechna reintehratsiya Donbasu zaime minimum 25 rokiv" [Oleksiy Reznikov: a reintegração segura de Donbass levará pelo menos 25 anos]; Kondratova; Davidenko, "Aleksei Reznikov: Mir menyaetsya" [Alexey Reznikov: "O mundo está mudando"]. *Liga.net*, 2 set. 2021. Disponível em: <https://www.liga.net/politics/interview/aleksey-reznikov-mir-menyaetsya-a-s-nim-i-perspektivy-rossii-kak-strany-benzokolonki>. Acesso em: 3 jan. 2025; Yakovenko, "Reintegratsiya Donbassa" [A reintegração de Donbass]. *Vesti*, 9 set. 2020. Disponível em: <https://vesti.ua/politika/tam-zhivut-prestupniki-pochemu-vlasti-slivayut-vozvrashhenie-donbassa>.

da União Soviética, eles se restabeleceram como atores regionais na Ucrânia ocidental e, a partir dessa base galega, buscaram comandar a direção da política ucraniana.

Apesar de serem uma minoria política na Ucrânia, os nacionalistas ucranianos inspirados na Galícia foram encorajados pelo Ocidente, porque sempre se pode confiar neles para se opor a laços mais estreitos com a Rússia. Isso, no entanto, aprofundou a divisão junto às clivagens linguísticas, religiosas e culturais do país.

A Revolta do Maidan de 2014 ofereceu uma oportunidade única de dar um golpe esmagador na identidade ucraniana maloross ao estabelecer um regime nacionalista galego em Kiev. Embora esse regime inicialmente tivesse que contar com o apoio militar da extrema direita, muitos liberais pró-Maidan viram isso como um preço que valia a pena pagar para alcançar a independência final e completa da Rússia. Esse casamento de conveniência também atendia aos interesses dos nacionalistas ucranianos, que viram sua influência política significativamente ampliada, enquanto se preparavam para jogar o longo jogo pelo domínio social e político na Ucrânia.

Para restaurar a harmonia social, tanto os ucranianos maloross quanto os galegos terão que admitir o medo um do outro e se sentir livres para contar seu próprio lado da história ucraniana.

Simplesmente não há como resolver a crise sem confrontar esse trauma. Os ucranianos precisam reconhecer os medos uns dos outros, bem como a dor mútua que causaram um ao outro. A reconciliação exigirá que façam três coisas: 1) rejeitar o ódio e abraçar todos os ucranianos como verdadeiros ucranianos, independentemente de sua cultura, religião, idioma ou etnia; 2) reconstituir o discurso social, para permitir o diálogo entre a Galícia e a Ucrânia maloross; e 3) substituir o nacionalismo por um patriotismo cívico que acentue os valores que unem os ucranianos, em vez de dividi-los. Vejamos algumas maneiras pelas quais isso pode ser alcançado.

6.3.1 Rejeitando a raiva; abraçando a *catharsis*

O lendário diretor de cinema ucraniano Alexander Dovzhenko tinha um olhar aguçado para cenários. Seu diário contém uma ideia para o filme *Ucrânia em chamas*, no qual ele estava trabalhando em 1943. Imagina um guarda de campo de concentração e um preso, ambos ucranianos, iniciando uma conversa através do arame farpado que os separa, uma conversa que se torna "ainda mais terrível", ele escreve, "por causa de seu ódio fervoroso".[78] Na cena final, eles se agarram através do arame farpado, o guarda tentando

78 Dovzhenko, "Dnevnikovye zapisi Aleksandra Dovzhenko obyasnyayut segodnya grazhdanskuyu voynu Na Ukraine" [As entradas do diário de Alexander Dovzhenko explicam a atual

estrangular o prisioneiro, o prisioneiro se recusando a soltá-lo por medo de ser baleado.

Dovzhenko se pergunta sobre o que eles podem ter conversado:

> sobre as autoridades, sobre o socialismo, sobre as fazendas coletivas, sobre Hitler, sobre a história. Sobre Bohdan [Khmelnitsky], sobre Mazepa, sobre tudo – uma imagem simbólica eterna, um duelo centenário de dois ucranianos endurecidos por sua longa, dura e espinhosa estrada. Sobre a Sibéria. Talvez o guarda fosse um galego, um líder de sua aldeia local, ou talvez fosse um simples camponês. A conversa deles é mostrada de perto, depois, de longe: a cabeça e o arame farpado, a cabeça e o arame farpado e sangue. Olhos e dentes brilhando na escuridão, o arame de espinhos cercando suas têmporas cravando-se em suas testas, sangue pingando de dor, ódio e paixão... Foi assim que os encontraram na manhã seguinte, mortos nos braços um do outro, no abraço retorcido do arame farpado.

Para a escritora Myroslava Berdnyk, esse fragmento do diário de Dovzhenko resume o ódio que alguns ucranianos transmitem de uma geração para outra.[79] A única maneira de escapar disso, diz o comentarista político Andrei Yermolaev, é passar por uma *catharsis* que expurgue o medo e permita que as pessoas vejam a humanidade de seus antagonistas. Sem tal *catharsis* não pode haver diálogo sobre o futuro, uma vez que não há futuro que qualquer um dos lados possa ver no qual ambos os lados coexistam.[80]

Em seu livro, *Enraged: Why Violent Times Need Ancient Greek Myths* [Enraivecido: por que tempos violentos precisam de mitos gregos antigos], Emily Katz Anhalt mostra como a tragédia grega clássica ajudou a conter e a redirecionar a raiva individual para a empatia.[81] Raiva, como a classicista Mary Beard nos lembra, é a primeira palavra na história da literatura ocidental.[82] É também a força motriz em muitas tragédias gregas: da fúria de Ájax por

---

guerra civil na Ucrânia]. *Livejournal*, 16 set. 2020. Disponível em: <https://perma.cc/XU34-DCY9>. Acesso em: 20 dez. 2024. A distribuição do filme na União Soviética foi proibida por não mencionar o papel de liderança do Partido Comunista na resistência e pelo retrato simpático da colaboração com o inimigo.

79 Dovzhenko, "Dnevnikovye zapisi Aleksandra Dovzhenko obyasnyayut segodnya grazhdanskuyu voinu na Ukraine".

80 Chesnokova, "Esli Kiev ne proidet svoi katarsis, Donbass uidet k RF i Belorussii – Yermolaev" ["Se Kiev não passar pela sua catarse, Donbass irá para a Rússia e para a Bielorrússia" – Yermolaev]. *Ukraina.ru*, 18 dez. 2019. Disponível em: <https://ukraina.ru/news/20191218/1026067559.html>. Acesso em: 20 dez. 2024; "Ukraina: starye granitsy, novaya strana" [Ucrânia: velhas fronteiras, novo país]. *Topinform*, 17 jun. 2017. (em 02:16:32.) Disponível em: <https://www.youtube.com/watch?v=lohHxTMnJo0>.

81 Anhalt, *Enraged: Why Violent Times Need Ancient Greek Myths*, p.99.

82 Beard, "What the Greek Myths Teach Us about Anger in Troubled Times". *New York Times*, 7 set. 2017. Disponível em: <https://www.nytimes.com/2017/09/07/books/review/emily-katz-anhalt-enraged.html>. Acesso em: 26 dez. 2024.

não ter recebido a armadura de Aquiles à violência da "justiça" de Hécuba, cegando Polimestor e assassinando seus filhos. No entanto, na narrativa desses contos por Sófocles e Eurípides, também nos é mostrado o ponto de vista do inimigo, a fim de cultivar a empatia e a autorreflexão do público.

Essas são qualidades essenciais para a resolução de conflitos porque elas encorajam a agência humana – a ideia de que os seres humanos, não os deuses, são, em última análise, responsáveis pelas decisões que tomam. Assim, mesmo quando dois grandes guerreiros como Diomedes e Glauco se encontram no campo de batalha, Homero, em *A Ilíada*, nos lembra que seus destinos ainda não estão selados. Eles acabam se recusando a lutar um contra o outro porque seus avós já haviam trocado presentes de convidados. Homero está dizendo a seu público que, mesmo no meio da batalha, os indivíduos podem se envolver em diálogo e escolher evitar a violência.

A raiva muitas vezes se disfarça de justiça, mas é realmente seu oposto. Em vez de consolo e paz, ela traz apenas mais raiva e desforra. A raiva insaciável de Aquiles foi finalmente gasta quando ele aprendeu a sentir compaixão pelo pai de Heitor. Foi aprendendo a controlar sua raiva e a substituir a vingança pela empatia, diz Anhalt, que os gregos antigos passaram "do tribalismo para a sociedade civil".[83]

A abordagem de Anhalt complementa a minha crítica anterior aos realistas trágicos – Morgenthau, Niebuhr e Arendt – que desistiram muito rapidamente do potencial terapêutico da tragédia, porque consideraram a condição humana imutável. Mas, embora a escolha de um indivíduo sobre quais ações tomar permaneça sua, muitas vezes depende das histórias que nos contamos sobre quem somos. É aqui que a mensagem moral da tragédia começa a ter um significado social mais amplo, forçando-nos a "reconhecer nossas próprias necessidades nas necessidades dos outros".[84]

No entanto, tendo nos lembrado da centralidade da tragédia para a vida grega e das maneiras sutis pelas quais ela levantou importantes questões políticas e morais, Anhalt também sugere que a tragédia grega clássica iniciou "um movimento em direção à autonomia individual e aos direitos humanos universais".[85] Ao atribuir demais à tragédia grega clássica, ela acaba ignorando o papel mais limitado para o qual ela é mais adequada – a resolução de conflitos. Antes que um conflito possa ser resolvido, o ciclo trágico alimentado pela vingança deve terminar. Construir empatia pelos inimigos, por meio da tragédia, serve a esse propósito, que obviamente promove a estabilidade social. Se isso também leva aos direitos humanos universais é muito menos óbvio.

---

83 Anhalt, *Enraged*, p.3 e 112.

84 Ibidem, p.112.

85 Ibidem, p.6.

Assim, embora a tragédia não seja uma cura para toda a violência, continua valendo a pena afirmar sua mensagem de empatia, diálogo e compaixão. O que os analistas sociais devem tirar da tragédia grega clássica é, sobretudo, a importância de mensagens sociais benéficas e de espalhar a mensagem de compaixão efetivamente para todos os grupos da sociedade. As instituições por si só não são suficientes para resolver conflitos. Sem uma verdadeira mudança de mentalidade, a transformação social não pode criar raízes. Em outras palavras, não pode haver resolução de conflitos sem *catharsis*.

6.3.2 Construindo valores compartilhados por meio do diálogo

A tragédia grega clássica ensina que a busca pela vitória total em um conflito invariavelmente gera um conflito renovado. Para quebrar esse ciclo, os participantes devem reconhecer que cada um vê apenas uma parte da verdade e, então, permitir-se apreciar as outras partes dela, as vistas por seus oponentes. Sem isso, qualquer vitória se transformará em cinzas.

Nada ilustra isso melhor do que a intensidade com que os lados opostos na Ucrânia se apegam às suas visões mutuamente excludentes do que constitui a justiça. Se a história ucraniana é, de fato, um ciclo repetitivo de queixas mútuas, então talvez a saída esteja em reconhecer que é esse mesmo esforço para "reparar" a Ucrânia que está perpetuando o ciclo trágico.

O diálogo é a chave para restaurar a comunidade porque, ao contrário da conversa, da discussão ou do debate, o diálogo está fundamentalmente preocupado em sustentar o relacionamento dos participantes. Ele é, nas palavras de William Isaacs, uma conversa com um centro, não lados.[86] Seu objetivo não é um consenso momentâneo, mas uma autotransformação completa que cria um novo relacionamento entre os antagonistas. A tragédia grega clássica é, portanto, essencialmente, uma série de diálogos nos quais expomos nossas próprias falhas trágicas para nós mesmos.

Hoje, muitas pessoas, até mesmo os diplomatas, parecem pensar que o diálogo significa nada mais do que comunicar os desejos de alguém à outra parte. Mas um diretor de prisão faz isso com seus presos. Um dos significados mais antigos da palavra *logos* é "reunir", o que alguns estudiosos interpretam como "relacionamento". Nesse sentido, as palavras de abertura do Evangelho de São João revelam essa percepção: "No princípio era o Relacionamento...".[87]

86 Isaacs, *Dialogue and the Art of Thinking Together: A Pioneering Approach to Communicating in Business and in Life*, citado em Clark University, "What Is Dialogue?". *Difficult Dialogues (2006-2013)*. Disponível em: <https://www2.clarku.edu/difficultdialogues/learn/index.cfm>. Acesso em: 6 jan. 2025.

87 Ibidem.

Talvez seja por esta mesma razão que o arquidiácono John Chryssavgis descreve o diálogo como sagrado:

> Se formos verdadeiros conosco e honestos com aqueles com quem estamos em diálogo; se não estivermos simplesmente em diálogo para impor nossa vontade e nosso caminho; se nos aproximarmos do outro em diálogo na verdade e no amor, então nós nos deixamos suscetíveis à transformação. O diálogo nos torna mais vulneráveis, mais receptivos à graça divina e ao crescimento real.[88]

Em maio de 2014, a Rada Suprema pareceu entender a necessidade de tal autotransformação, quando adotou um Memorando sobre o Entendimento Mútuo e a Paz.[89] Ela apelou aos ucranianos para "estenderem a mão uns aos outros, rejeitarem as ações radicais, o ódio e a restaurarem, juntos, os esforços comuns em defesa, desenvolvimento e estabelecimento de uma Ucrânia democrática, soberana e unida, na qual as pessoas de todas as nacionalidades, crenças políticas e religiosas possam viver em amizade". Para conseguir isso, o memorando apelou para "um diálogo nacional dentro da estrutura da mesa-redonda da unidade nacional". Infelizmente, essa ideia nunca foi concretizada. Em vez disso, o presidente Poroshenko apostou no nacionalismo, que parecia oferecer um remédio mais rápido, embora mais violento. Se um diálogo nacional tivesse sido tentado, talvez a história da Ucrânia fosse diferente.

Sivokho sugeriu outra maneira de começar tal diálogo, reconstruindo contatos profissionais entre ucranianos em diferentes partes do país. Ele aponta o exemplo do time de futebol moldavo Sheriff. Embora seu estádio seja em Tiraspol, a capital da região rebelde da Transdnístria, ele compete na liga do campeonato moldavo e na União das Associações Europeias de Futebol (Uefa, na sigla em inglês), com a aprovação das autoridades moldavas. Essa disposição das autoridades moldavas de encorajar laços comerciais, esportivos e culturais com sua própria região rebelde encorajou os moldavos de ambos os lados a se tratarem de forma mais humana e a vislumbrar a possibilidade de reintegração.[90]

---

88 Gallagher, "Catholic Archbishop, Orthodox Leader See Significance in Havana Meeting". *Catholic Philly*, 23 fev. 2016. Disponível em: <https://catholicphilly.com/2016/02/news/nationalnews/catholic-archbishop-orthodox-leader-see-significance-in-havana-meeting/>. Acesso em: 29 dez. 2024.

89 Ukraine, "Pro memorandum porozuminnya i myru" [Sobre o memorando de entendimento e paz]. *Ofitsiinyi vebportal parlamentu Ukraïny*, 20 maio 2014. Disponível em: <https://zakon.rada.gov.ua/go/1280-18>. Acesso em: 29 dez. 2024.

90 Zakharov, "Ekspert nazval dva stsenariya prekrashcheniya voiny v Donbasse" [Especialista nomeia dois cenários para acabar com a guerra em Donbass]. *Zerkalo Nedeli*, 4 jan. 2020. Disponível em: <https://zn.ua/POLITICS/ekspert-nazval-dva-scenariya-prekrascheniya-voyny-v-donbasse235849_.html>; Rudometov, "Oleg Nyomensky: Ukraine udobno kormit

Assim, em vez de proibir contatos entre autoridades do governo local através da linha de contato, diz Sivokho, o governo ucraniano deveria incentivá-los a conversar entre si. "Imagine", ele diz, "eles agora se alegrariam e lamentariam juntos. Se ao menos pudessem retornar para lá, eles restaurariam suas aldeias por conta própria, de ambos os lados. Que exemplo fantástico seria esse!"[91]

6.3.3 Indo além do nacionalismo

A compaixão e a *catharsis* são fundamentais para a reconstituição do discurso entre grupos sociais alienados. Como os autores da "Iniciativa de 16 de julho" afirmam:

> Precisamos de um diálogo nacional inclusivo para determinar um futuro ucraniano que seja confortável para todos. Precisamos de uma política estatal integral de consenso nacional... Há um lugar na história ucraniana para a UNR, bem como para a RSS ucraniana. Devemos abraçar toda a diversidade de nossa história, juntamente com toda a diversidade de nossa era... Precisamos de um diálogo nacional inclusivo, de reconciliação nacional e de solidariedade com base nesses princípios. Precisamos de uma vitória que não seja uma derrota do outro.[92]

Uma sociedade que abraça suas comunidades culturalmente diversas é inerentemente mais estável do que uma que busca erradicá-las. Reconstituir a gramática básica de uma comunidade nacional significa, portanto, substituir o discurso divisivo do nacionalismo étnico pela linguagem unificadora do patriotismo cívico. Somente ao ver todos os ucranianos como uma parte legítima da nação é que os laços vinculativos de lealdade à comunidade nacional podem ser forjados.

Rossiyu nadezhdami na to, chto Minskie soglasheniya budut vypolneny" [Oleg Nemensky: "É conveniente para a Ucrânia alimentar a Rússia com esperanças de que os acordos de Minsk serão implementados"]. *Ukraina.ru*, 23 jun. 2020. Disponível em: <https://ukraina.ru/20200623/1028061194.html>. Acesso em: 19 dez. 2024; Weir, "Moldova Shows Russia and the West Can Work Together. Can They Do Again?". *Christian Science Monitor*, 17 jul. 2017. Disponível em: <https://www.csmonitor.com/World/Europe/2019/0717/Moldova-shows-Russia-and-the-West-can-work-together.-Can-they-do-it-again>. Acesso em: 21 dez. 2024; Volkov, "Prezident Moldavii vystupil protiv zapreta retranslyatsii lyubykh SMI" [Presidente da Moldávia se opõe à proibição de retransmissão de qualquer mídia]. *Rossiĭskaya gazeta*, 17 jan. 2017. Disponível em: <https://rg.ru/2017/01/17/prezident-moldavii-vystupil-protiv-zapreta-retransliacii-liubyh-smi.html>. Acesso em: 22 dez. 2024; Mospanov, "Na Dnestre – 25 let mira" [25 anos de paz no Dniester]. *Ritm Eurasia*, 2 ago. 2017. Disponível em: <https://www.ritmeurasia.org/news--2017-08-02--na-dnestre-25-let-mira.-hotja-zhelajuschih-raz-morozit-konflikt-ne-perevoditsja-31633>.

91 Kozub, "Intervyu s Sergeem Sivokho – o Donbasse i yazyke".

92 "Radi obshchego budushchego".

Isso levanta a questão do que fazer sobre o nacionalismo ucraniano, especialmente o tipo que conscientemente busca forjar a unidade nacional por meio da supressão da diversidade cultural e religiosa. Os realistas políticos como Morgenthau, Arendt e Niebuhr viam o nacionalismo como uma falha trágica das sociedades modernas e previram as consequências trágicas de ceder ao nacionalismo. Suas críticas, no entanto, equivaliam a pouco mais do que comentários sociais, devido à ausência hoje de qualquer instrumento viável para administrar a terapia social. Em Atenas, isso era feito por meio da Dionísia, os festivais anuais nos quais os cidadãos participavam de um ritual de reflexão social coletiva, sancionado por autoridades civis e religiosas. A participação obrigatória dos cidadãos nessas apresentações dramáticas e nos debates públicos subsequentes sobre elas deu coesão e flexibilidade à república ateniense.

Quando a sociedade está sob estresse social, econômico e político, o nacionalismo compreensivelmente é apoiado por um amplo público. Ele fornece uma solução rápida, mas assim como os viciados que buscam uma "viagem rápida", seus seguidores geralmente deixam de considerar seus efeitos a longo prazo. O nacionalismo é uma cura falsa, porque o dano que ele causa ao dividir a sociedade em leais e traidores é muito maior do que o breve impulso que ele dá à unidade nacional. O que é necessário, em vez disso, são mecanismos sociais que possam refrear a raiva social que alimenta o nacionalismo, que possam ensinar compaixão e perdão, e que possam promover a harmonia social. Felizmente, tais mecanismos já são de uso comum em muitos países afetados por traumas sociais – estou me referindo às Comissões de Verdade e Reconciliação.

6.4 Verdade e reconciliação: um modelo para a Ucrânia?

Há um amplo consenso de que a Ucrânia precisa de um novo modelo de desenvolvimento social, capaz de unir a sociedade. Muitos também diriam que a fraqueza das instituições políticas da Ucrânia tem sido um grande obstáculo para alcançar a unidade, uma vez que elas se mostraram incapazes de conter os oligarcas vorazes ou o nacionalismo virulento. Como resultado, quase por padrão, as elites ucranianas acabam perseguindo os mesmos velhos esquemas de enriquecimento rápido, falhando em incorporar a diversidade cultural da Ucrânia em seu sistema de governo e semeando a discórdia futura.

A cura social exigirá que os indivíduos reafirmem seus valores compartilhados, e a tragédia grega vai ao cerne dessa tarefa. Ao contrário das sociedades modernas, os gregos não presumiam que a política chegaria magicamente ao equilíbrio adequado entre as necessidades individuais e sociais por meio de um sistema de freios e contrapesos. Em vez disso, acreditavam que a obtenção e a preservação da harmonia social exigiam instruções constantes em arrependimento, *catharsis* e compaixão. Os rituais públicos dos festivais dionisíacos serviam exatamente a esse propósito.

Hoje, as Comissões de Verdade e Reconciliação (CVR) lidam com questões de reconciliação social e trauma social profundo de maneiras que lembram muito a Dionísia. Entre as quatro dúzias de comissões que foram criadas desde a primeira em Uganda, em 1974, as abordagens adotadas pelas CVRs na África do Sul, Guatemala e Espanha me parecem especialmente relevantes para a Ucrânia. A África do Sul, por causa do papel da Igreja em transformar uma situação repleta de potencial para uma retribuição violenta em uma de perdão. A Guatemala, por sua capacidade de iniciar uma discussão histórica nacional, apesar da relutância do governo em fazê-la. E a Espanha porque, apesar de trinta anos de silêncio sobre as atrocidades do regime do ditador Francisco Franco, a sociedade civil espanhola finalmente conseguiu dar à luz instituições democráticas.

6.4.1 Comissão de Verdade e Reconciliação da África do Sul

Com o fim do *apartheid* em 1991, e a transição do poder político do Partido Nacional para o Congresso Nacional Africano, o novo governo criou uma Comissão de Verdade e Reconciliação que funcionou por sete anos. A Lei de Promoção da Unidade Nacional e Reconciliação de 1995 foi elaborada para oferecer aos perpetradores a anistia individual em troca da divulgação completa e voluntária de seus crimes. O processo de Verdade e Reconciliação da África do Sul foi uma narrativa pública, uma maneira de forjar uma memória compartilhada entre vítimas, perpetradores e espectadores, que antes apenas se ignoravam.[93]

A CVR escolheu se concentrar não na punição, ou mesmo no julgamento moral, mas no perdão mútuo e na reconciliação. Isso se deveu à influência preponderante do clero, e em particular do arcebispo Desmond Tutu. As audiências lembravam os serviços religiosos, com o arcebispo Tutu formalmente vestido com suas vestes clericais roxas. No primeiro dia das audiências televisionadas, o arcebispo apelou às diferentes comunidades de fé para apoiar o trabalho da comissão com "fervorosas orações e intercessão".[94]

A CVR sul-africana considerou que, em um mundo pecaminoso, ninguém tem as mãos totalmente limpas. Como resultado, ambos os lados – os

93 Niebuhr, *The Meaning of Revelation*. Niebuhr escreve: "Onde falta memória comum, onde as pessoas não compartilham o mesmo passado, não pode haver comunidade real, e onde a comunidade está para ser formada, a memória comum deve ser criada".

94 Graybill, "South Africa's Truth and Reconciliation Commission: Ethical and Theological Perspectives". *Ethics & International Affairs*, v.12, p.48, 1998. Disponível em: <https://doi.org/10.1111/j.1747-7093.1998.tb00037.x>. Acesso em: 26 dez. 2024.

opressores e os oprimidos – compartilhavam a responsabilidade, e cada um deveria reconhecer suas falhas. Nenhuma distinção moral foi feita entre a violência usada para manter um sistema injusto e a violência usada para se opor a ele. Dessa forma, a CVR buscou superar duas objeções. Primeiro, que ao focar em perpetradores selecionados, a maioria, que tacitamente apoiava o *apartheid*, não seria forçada a confrontar sua cumplicidade. Segundo, que, se os perpetradores não se apresentassem, uma parte essencial da narrativa permaneceria não contada. Com todos assumindo a culpa, esperava-se que a retidão e a vingança fossem contidas, e o perdão encorajado.

O processo real, é claro, foi muito além de apenas contar histórias. O relatório final da Comissão da África do Sul listou oito recomendações principais para o povo sul-africano:

1. Aceitar nossa própria necessidade de cura.
2. Aproximar-se dos outros sul-africanos em um espírito de tolerância e compreensão.
3. Trabalhar ativamente para construir pontes entre as divisões de idioma, fé e história.
4. Esforçar-se constantemente, no processo de transformação, para ser sensível às necessidades dos grupos que foram particularmente desfavorecidos no passado, especificamente as mulheres e as crianças.
5. Incentivar uma cultura de debate para que, juntos, possamos resolver as questões urgentes de nosso tempo.
6. Iniciar programas de ação em nossas próprias esferas de interesse e influência, seja educação, religião, negócios, trabalho, artes ou política, para que o processo de reconciliação possa ser implementado de baixo para cima.
7. Abordar a realidade da discriminação racial em andamento e trabalhar em direção a uma sociedade não racial.
8. Convocar os líderes do governo local, provincial e nacional para colocar o objetivo da reconciliação e da unidade no topo de suas respectivas agendas.[95]

Ao que tudo indica, a maior conquista da CVR foi estabelecer um registro público da dor compartilhada da nação. Para os xhosa, em particular, o processo da CVR promoveu a reconciliação. Em contraste, os sul-africanos holandeses e anglófonos, embora concordassem que ela havia revelado a verdade dolorosa, sentiam que ela havia sido menos bem-sucedida em

95 *Truth and Reconciliation Commission of South Africa Report*, p.304. Disponível em: <https://sabctrc.saha.org.za/originals/finalreport/volume5/volume5.pdf>. Acesso em: 2 jan. 2025.

promover a reconciliação e a estabilidade política.[96] O fato de a CVR considerar a justiça menos importante do que a misericórdia cristã também se tornou uma das acusações contra ela; especificamente, que ela não havia feito o suficiente para mudar as atitudes da população branca, já que os principais atores do regime do *apartheid* nunca foram forçados a reconhecer sua culpa.

Apesar dessas falhas, no entanto, é difícil discordar da avaliação final do arcebispo Tutu de que o processo ofereceu "a possibilidade de sobrevivência permantente para todos nós", em contraste com o que ele chamou de "justiça com cinzas".[97]

6.4.2 Comissão de Esclarecimento Histórico da Guatemala

A Comissão de Esclarecimento Histórico da Guatemala (CEH) está no outro extremo dos processos da CVR. Uma característica incomum da CEH é que ela foi desenvolvida como parte do acordo de paz de junho de 1994 entre o governo e os rebeldes guatemaltecos. Ao contrário da muito maior CVR sul-africana, a CEH consistia em apenas três pessoas: uma nomeada pelo governo, uma pelos rebeldes e uma terceira pelas Nações Unidas, que presidiu a comissão. Este era o jurista alemão e especialista em direitos humanos, Christian Tomuschat.

Em fevereiro de 1999, o CEH apresentou um relatório de doze volumes que narrava as origens, as características e as consequências da guerra civil de 36 anos na Guatemala, e dava recomendações específicas sobre como promover a paz e a harmonia nacional na Guatemala. Elas incluíam:

- Tomar medidas para preservar a memória das vítimas.
- Os responsáveis pelos crimes devem assumir a responsabilidade.
- Restaurar bens materiais e compensação econômica.
- Conduzir investigações sobre todos os desaparecimentos forçados conhecidos.
- Criar uma política de exumação imediata de todos os restos mortais das vítimas.
- Promover o respeito mútuo e a observância dos direitos humanos.
- Fortalecer o processo democrático (reforma judicial e militar).[98]

96 Vora; Vora, "The Effectiveness of South Africa's Truth and Reconciliation Commission: Perceptions of Xhosa, Afrikaner, and English South Africans". *Journal of Black Studies*, v.34, n.3, p.308, 2004. Disponível em: <https://www.jstor.org/stable/3180939>. Acesso em: 22 dez. 2024.

97 Graybill, "South Africa's Truth and Reconciliation Commission".

98 CEH, *Guatemala Memory of Silence*. Report of the Commission for Historical Clarification: Conclusions and Recommendations. Disponível em: <https://www.ca1.uscourts.gov/sites/ca1/files/citations/Guatemala%20Memory%20of%20Silence%20Report%20of%20

Entre os muitos formatos diferentes da CVR, o da Guatemala é frequentemente considerado um dos mais fracos, já que a CEH não tinha o poder de intimar testemunhas ou registros, não podia chamar perpetradores e não realizava audiências públicas. Ela também foi precedida por uma anistia geral que oferecia imunidade para todos, exceto os crimes de direitos humanos mais hediondos. Por outro lado, como a comissão não podia "individualizar responsabilidades", ela pôde se concentrar em delinear a responsabilidade institucional e detalhar o *modus operandi* dessas instituições.

Uma de suas descobertas mais importantes foi que a violência do governo contra a população maia durante a década de 1980 constituiu genocídio. Como resultado, em 2013, o ex-ditador guatemalteco Efrain Rios Montt foi julgado por crimes contra a humanidade e sentenciado a oitenta anos de prisão. Sua sentença, no entanto, foi posteriormente anulada pelo Tribunal Constitucional da Guatemala, e ele morreu antes que seu novo julgamento pudesse ser concluído.[99]

Apesar da oposição dos militares, o relatório foi amplamente divulgado dentro da Guatemala. Em 2002, houve até mesmo uma radionovela feita sobre isso e transmitida nas regiões do país mais severamente afetadas pela guerra. Um componente de direitos humanos foi adicionado mais tarde ao currículo nacional, que incluía "uma história pública da violência e a abertura de espaço para uma discussão mais aprofundada sobre o passado".[100] Em 2003, vinte anos após a maioria das violações de direitos humanos terem ocorrido, o governo guatemalteco criou um Programa Nacional de Reparações.

O exemplo guatemalteco revela que, apesar do fraco apoio institucional, com o passar do tempo e um sistema educacional focado na promoção de uma visão histórica comum e diálogo – dois elementos centrais do processo da CVR –, as feridas da sociedade podem começar a cicatrizar. Os críticos do processo guatemalteco argumentam que, ao encorajar um *modus vivendi* no qual as partes em conflito coexistiam, mas nunca se reconciliavam verdadeiramente, o processo abandonava a justiça completamente e encorajava a apatia política.[101] Tais argumentos ignoram o fato de que, às vezes, os objetivos de paz e justiça podem estar em conflito direto e podem precisar

---

the%20Commission%20for%20Historical%20Clarification%20Conclusions%20and%20 Recommendations.pdf>. Acesso em: 29 dez. 2024.

99 "Truth Commission: Guatemala". *United States Institute of Peace*, 1º fev. 1997. Disponível em: <https://www.usip.org/publications/1997/02/truth-commission-guatemala>. Acesso em: 6 jan. 2025.

100 Oglesby, "History Education and Reconciliation in Guatemala". *Carnegie Council*, 1º set. 2004. Disponível em: <https://www.carnegiecouncil.org/media/series/68/history-education-and-reconciliation-in-guatemala>. Acesso em: 20 dez. 2024.

101 Andrieu, "Reconciliation". *Oxford Bibliographies Online*, Oxford University Press, 26 fev. 2013. Disponível em: <https://doi.org/10.1093/obo/9780199743292-0148>. Acesso em: 23 dez. 2024.

ser perseguidos sequencialmente, em vez de simultaneamente. Essa foi a experiência da Espanha.

6.4.3 Espanha: uma conspiração de silêncio no interesse público

Assim como na Ucrânia, a guerra civil na Espanha foi um conflito internacionalizado. O movimento fascista de Franco, no entanto, sobreviveu e continuou a governar a Espanha até 1975. Após a morte de Franco, o medo de que a sangrenta guerra civil pudesse recomeçar levou a um pacto entre partidos políticos para, literalmente, esquecer o passado – *Pacto de Olvido*. A intenção desse pacto era oferecer proteção "a todos de todos", pelo menos durante o período de transição.[102]

Para evitar que o passado fosse usado como arma política por qualquer um dos lados, os espanhóis foram solicitados a aceitar a equivalência moral de ambos os lados na guerra civil. A Lei de Anistia de 1977 da Espanha libertou prisioneiros políticos, permitiu o retorno de exilados e forneceu uma anistia abrangente para quaisquer crimes cometidos durante a guerra ou durante toda a Era Franco. Ao limpar o quadro histórico, o governo conseguiu estabelecer a transição para a democracia como a prioridade clara da primeira geração pós-Franco de políticos espanhóis.

Junto com os novos monumentos e comemorações conjuntas para vítimas de ambos os lados do conflito, o governo também adotou o *slogan* "*todos fuímos culpables*" [nós todos fomos culpados]. O novo currículo nacional de educação exigiu que os professores discutissem os efeitos negativos da guerra civil e da ditadura. A história espanhola foi firmemente colocada no contexto da história europeia e, pela primeira vez, as regiões autônomas da Galícia, Catalunha e as terras bascas tiveram a oportunidade de determinar 35% a 40% do currículo educacional para si mesmas.

De 2002 a 2005, os governos regionais das Astúrias, da Catalunha, da Extremadura, do País Basco, de Navarra e de Andaluzia decidiram financiar a exumação e o enterro das vítimas da guerra civil com seus próprios orçamentos. Em 2007, à medida que foram descobertas cada vez mais provas das violações dos direitos humanos de Franco, o Parlamento espanhol aprovou uma Lei da Memória Histórica para estabelecer reparações individuais.[103]

102 Encarnación, "Reconciliation after Democratization: Coping with the Past in Spain". *Political Science Quarterly*, v.123, n.3, p.438, 2008. Disponível em: <http://www.jstor.org/stable/20203049>. Acesso em: 27 dez. 2024.

103 Paredes, "Transitional Justice in Democratization Processes: The Case of Spain from an International Point of View". *International Journal of Rule of Law, Transitional Justice and Human Rights*, v.1, p.126, dez. 2010. Disponível em: <https://bit.ly/3CuTBsQ>. Acesso em: 16 dez. 2024.

Sob o governo conservador de Mariano Rajoy (2011-2018), algumas dessas reformas foram reduzidas para enfatizar a identidade nacional espanhola, mas o progresso em direção a uma identidade espanhola mais pluricultural foi retomado posteriormente. No final de 2018, o Ministério da Justiça espanhol anunciou que o governo estabeleceria uma Comissão da Verdade para investigar os direitos humanos dos períodos da guerra civil e de Franco, e, em 2020, o governo adotou a Lei da Memória Democrática, que revogou ainda mais as condenações criminais de membros da oposição política a Franco, expandiu o financiamento para a exumação e o enterro de vítimas e removeu sistematicamente todos os símbolos da Era Franco. A última estátua de Franco na Espanha foi removida em fevereiro de 2021.[104]

A escolha da elite espanhola de "esquecer o passado em prol do presente" foi criticada na Espanha e fora dela.[105] As Nações Unidas repetidamente apelaram ao governo espanhol para revogar a Lei de Anistia de 1997 e processar os membros do regime anterior por crimes de guerra.[106] Mas também há aqueles que sugerem que a transição relativamente tranquila do país da ditadura para a democracia deve muito a essa estratégia de esquecimento, que é a mesma estratégia que Ésquilo recomendou em sua trilogia *Oresteia* há mais de 2.400 anos.[107] Eles a descrevem não como esquecer a justiça, mas sim como adiar a justiça até que a sociedade como um todo tenha se curado o suficiente para revisitar suas velhas feridas.[108]

6.4.4 A justiça transicional pode funcionar na Ucrânia?

As Comissões de Verdade e Reconciliação são uma parte vital da justiça transicional que é descrita como a "justiça adaptada a sociedades

104 "Last Statue of General Franco Removed in Spain". *Madrid Metropolitan*, 24 fev. 2021. Disponível em: <https://www.madridmetropolitan.com/last-statue-of-dictator-franco-removed-in-spain/>. Acesso em: 23 dez. 2024.

105 Davis, "Is Spain Recovering its Memory? Breaking the 'Pacto del Olvido'". *Human Rights Quarterly*, v.27, n.3, p.858, ago. 2005. Disponível em: <http://www.jstor.org/stable/20069813>. Acesso em: 26 dez. 2024; "Proposal for Spain to Reckon with its Past during Franco Era, Welcomed by UN Rights Experts". *United Nations News*, 25 jul. 2018. Disponível em: <https://news.un.org/en/story/2018/07/1015522>. Acesso em: 29 dez. 2024.

106 "UN Expert Urges Spain to Probe Alleged Atrocities during 1930's Civil War". *United Nations News*, 5 fev. 2014. Disponível em: <https://news.un.org/en/story/2014/02/461222>. Acesso em: 2 jan. 2025.

107 Friedrich Nietzsche parece ecoar esse sentimento quando escreve: "A vida em qualquer sentido verdadeiro é absolutamente impossível sem esquecimento. Ou, apresentando melhor minha conclusão, há um grau de insônia, de ruminação, de 'sentido histórico', que fere e finalmente destrói o ser vivo, seja um homem, um povo ou um sistema de cultura". (Nietzsche, *The Use and Abuse of History*, p.7.)

108 Boyd; Crocker; Cole, "Democratic Development and Reckoning with the Past: The Case of Spain in Comparative Context". *Carnegie Council for Ethics in International Affairs*, 25 jun. 2003. Disponível em: <https://www.carnegiecouncil.org/media/series/68/democratic-development-and-reckoning-with-the-past-the-case-of-spain-in-comparative-context-2>. Acesso em: 18 dez. 2024.

que se transformam após um período de abuso generalizado de direitos humanos".[109] A tentativa de promover simultaneamente "o reconhecimento das vítimas e a promoção de possibilidades de paz, reconciliação e democracia", no entanto, pode levar a fortes desacordos entre aqueles que priorizariam a necessidade de justiça e aqueles que dariam prioridade ao perdão.

De acordo com David Crocker, dos três tipos de reconciliação que a justiça transicional encoraja, o mais tênue é a cessação do conflito e a coexistência não letal.[110] Um pouco melhor é a reciprocidade democrática – a capacidade de debater as questões mais difíceis para ter políticas que a maioria dos cidadãos possa aceitar – enquanto a forma mais densa de reconciliação, aquela que, na minha opinião, corresponde mais de perto ao que os gregos buscavam realizar por meio da tragédia, é restaurar a sociedade ao ideal original de harmonia social. O arcebispo Tutu viu isso como semelhante ao conceito africano de *ubuntu*, que combina a compaixão com uma consideração da humanidade dos outros.[111]

Notavelmente ausente dessas definições de justiça transicional está a nação, porque a verdadeira justiça é um ato de perdão individual, não algo que os governos podem ditar. A importância dessa distinção se torna visível quando observamos os esforços do governo ucraniano para legislar a justiça transicional, que a descreve como permitindo a suspensão dos direitos civis em partes do Donbass e da Crimeia após elas se juntarem novamente à Ucrânia.[112]

O quão longe isso está da justiça transicional pode ser visto na amplamente discutida "Lei do Perdão", proposta em 2018 pelo ex-deputado e advogado Andrei Senchenko, e endossada pelo primeiro presidente da Ucrânia, Leonid Kravchuk. Senchenko busca abordar o problema de que, sob a lei ucraniana, todo habitante da Crimeia e de Donbass é automaticamente

---

109 ICTJ, "What Is Transitional Justice?". *ICTJ*, 2008. Disponível em: <https://legal.un.org/avl/pdf/ls/Van-Zyl_RecReading1_.pdf>. Acesso em: 6 jan. 2025.

110 Boyd; Crocker; Cole, "Democratic Development and Reckoning with the Past". Apesar de suas avaliações geralmente positivas da Espanha moderna, Crocker e Boyd discordam fortemente sobre um símbolo em particular – a estátua de García Lorca na Plaza de Victoria. Crocker argumenta que ela é "ainda um emblema do passado contestado: todo dia a esquerda coloca um lenço vermelho no pescoço da estátua, e alguém da direita vem depois para tirá-lo". Boyd, por outro lado, argumenta que "Lorca foi totalmente incorporado ao cânone espanhol por um longo tempo, pelo menos desde a morte de Franco, se não antes".

111 Louw, "Ubuntu: An African Assessment of the Religious Other". *Paideia*, [s.d.]. Disponível em: <https://www.bu.edu/wcp/Papers/Afri/AfriLouw.htm>. Acesso em: 19 dez. 2024.

112 Kozub, "Kiev gotovit spetssudy i bolshuyu amnistiyu dlya Donbassa" [Kiev está preparando tribunais especiais e uma grande anistia para Donbass]. *Vesti*, 21 nov. 2017. Disponível em: <https://vesti.ua/politika/266180-kiev-hotovit-donbassu-bolshuju-amnistiju>. Tanto a ex-*ombudsman* da Ucrânia, Valeriya Lutkovskaya, quanto o seu assistente, Mikhail Chaplyga, também se referem às autoridades de Donetsk sendo investigadas por comissões de reconciliação como "justiça de transição".

considerado um colaborador. A solução que ele propõe é exigir que todos os habitantes de Donbass e da Crimeia peçam perdão à Ucrânia.[113]

Senchenko enfatiza que isso não é anistia, mas sim um apelo por clemência por crimes contra o Estado. Para os delitos menores, eles podem apresentar uma petição de perdão aos tribunais e cumprir uma sentença alternativa, em vez de pena de prisão.[114] Ele estima que, depois que toda a clemência possível for demonstrada, meio milhão de pessoas – 400 mil em Donbass e 100 mil na Crimeia – precisarão solicitar perdão. Isso não inclui aqueles que obtiveram cidadania russa – já um número muito maior –, que presumivelmente terão que ser deportados.[115] Na versão final da lei, os moradores locais terão seis meses após o fim da ocupação para solicitar perdão. Aqueles que não o fizerem e, portanto, deixarem de reconhecer seus crimes, devem esperar ser processados em toda a extensão da lei.[116]

O objetivo dessa legislação, de acordo com Senchenko, é obter a justiça para o Estado. Outro objetivo é proteger a Ucrânia "limpando-a" do "vírus do separatismo". É por isso que o indivíduo deve pedir perdão, antes de tudo, ao Estado. Um terceiro benefício dessa lei, diz Senchenko, é que ela impediria a implementação dos Acordos de Minsk.[117]

---

113 Kapsamun; Plakhta; Shutkevich, "'My popali v nerv'" ["Atingimos um ponto sensível"]. *Den*, 12 mar. 2018. Disponível em: <https://m.day.kyiv.ua/ru/article/podrobnosti/my-popali-v-nerv>. Acesso em: 22 dez. 2024; "Proekt zakona Ukrainy ob otvetstvennosti" [Projeto de lei da Ucrânia "sobre responsabilidade"]. *Sila prava*, 9 set. 2020. Disponível em: <https://sila-prava.org/uk/bez-rubriki-uk/proekt-zakonu-ukrayini-pro-proshhennya-2/>. Acesso em: 29 dez. 2024. A fórmula proposta para pedir perdão ao Estado é: "Eu, um cidadão da Ucrânia (nome completo), durante o período de agressão armada da Federação Russa contra o nosso país, cometi no interesse do Estado agressor, em detrimento dos interesses da Ucrânia, uma infração criminal, cujas circunstâncias são estabelecidas por mim na declaração sobre a infração criminal cometida, fornecida por mim junto com este pedido de perdão. Eu admito minha culpa, arrependo-me sinceramente e peço perdão ao povo ucraniano e ao Estado pelo(s) crime(s) que cometi. Eu peço que me apliquem o procedimento de perdão e a punição alternativa principal prevista pela Lei da Ucrânia 'Sobre a Responsabilidade'".

114 "Proekt zakona Ukrainy ob otvetstvennosti". As alternativas propostas incluem: a negação de emprego no governo, proibições de concorrer a cargos públicos, ensinar ou votar por cinco a dez anos.

115 Bezpechnaya, "Ne lyublyu slovo 'deportatsiya'" [Não gosto da palavra "deportação"...]; Ponomarenko, "Ukraina mozhet vygnat vsekh rossiyan iz Kryma posle deokkupatsii poluostrova, – Reznikov" ["Ucrânia pode expulsar todos os russos da Crimeia após a desocupação da Península" – Reznikov]. *Ukranews*, 9 jul. 2021. Disponível em: <https://archive.ph/Mjrnb>. Acesso em: 19 dez. 2024.

116 "Proekt zakona Ukrainy ob otvetstvennosti", artigos 7 e 22. Na versão final dessa lei, seu propósito é designado com mais precisão, renomeando-a como "Lei da Responsabilidade".

117 Senchenko, "Arestovicha ne sprosili!" [Arestovich não foi questionado!]. *Facebook*, 8 jun. 2021. Disponível em: <https://www.facebook.com/andriy.senchenko/posts/26111176925 22693>. Acesso em: 17 dez. 2024; "Prostit Donbass" [Perdoe Donbass]. *Avdeevka City*, 9 abr. 2018. Disponível em: <https://avdeevka.city/news/view/prostit-donbass-e-ksperty-razmyshlyayut-o-novom-zakonoproekte>. Acesso em: 29 dez. 2024.

Dos três pilares da justiça transicional – a justiça legal, a justiça restaurativa e a justiça social –, Senchenko adota apenas o primeiro.[118] Não há esforço em sua legislação para alcançar a reconciliação, já que a única vítima real é o Estado ucraniano. Todos que ficaram em casa e continuaram a viver sob a ocupação são presumidos como tendo colaborado com o agressor de uma forma ou de outra e, portanto, merecem alguma forma de punição. Este é precisamente o tipo de retribuição que a justiça transicional procura evitar.[119]

A legislação de Senchenko foi submetida à Rada em sua forma final em 2020, mas naquele momento ela já havia sido substituída pela Lei de Reintegração, que mantinha a mesma lógica de tratar os ucranianos nos territórios ocupados como colaboradores. Isso novamente destaca o papel crucial que o nacionalismo ucraniano desempenha no impedimento da reconciliação. Para os nacionalistas, a harmonia social só pode acontecer se aqueles que pecaram contra o Estado ucraniano pedirem o seu perdão.

Os rebeldes, enquanto isso, insistem que o Estado ucraniano os abandonou. Esses dois pontos de vista são tão distantes que apenas uma profunda mudança de opinião, apoiada por ações concretas, pode aproximá-los. É aqui que a tragédia pode desempenhar um papel importante na cura social. Na sociedade grega, a tragédia era usada para purgar o ódio mútuo (*catharsis*), para que o confronto pudesse dar lugar a um diálogo baseado na compaixão e no perdão. Somente esse diálogo pode restaurar a verdadeira justiça e a harmonia social.

Como seria essa *catharsis* na Ucrânia? O processo de Verdade e Reconciliação sugere que ele deveria incluir duas iniciativas amplas: mensagens públicas destinadas a curar a fissura cultural na sociedade e medidas de construção de confiança destinadas a restaurar a confiança no governo.

Para lidar com a baixa confiança nas instituições ucranianas e no Estado de direito, o governo pode considerar convidar os moradores dos territórios

---

118 Andrieu, “Transitional Justice: A New Discipline in Human Rights”. *SciencesPo*, 18 jan. 2010. Disponível em: <https://www.sciencespo.fr/mass-violence-war-massacre-resistance/en/document/transitional-justice-new-discipline-human-rights-0.html>. Acesso em: 23 dez. 2024. United Nations, “OHCHR: Transitional Justice”. *United Nations Office of Human Rights*, 9 nov. 2021. Disponível em: <https://www.ohchr.org/en/issues/ruleoflaw/pages/transitionaljustice.aspx>. Acesso em: 27 dez. 2024; “Proekt Zakona Ukrainy ob Otvetstvennosti”. O documento de referência da ONU sobre justiça transicional aponta especificamente que a justiça transicional deve sempre ser conduzida em conformidade com os padrões e obrigações legais internacionais, não na forma de legislação especial que separa uma determinada população e restringe seus direitos. A versão final da legislação de Senchenko rejeita explicitamente isso, afirmando que “não há um único país no mundo que, tendo passado por um conflito armado, a legislação existente tenha sido suficiente para o acordo pós-guerra. Em todos os casos, leis especiais foram escritas em ‘uma folha em branco’”.

119 ICTJ, “What Is Transitional Justice?”.

ocupados para ajudar a formar as instituições políticas sob as quais eles devem viver. Trabalhando dentro da estrutura da Constituição ucraniana, os moradores podem ser encorajados a assumir a liderança no estabelecimento de seus próprios governos locais, para evitar a impressão de que estão sendo impostos a eles contra sua vontade. Ao mesmo tempo, para fortalecer a lealdade local às instituições nacionais, essas regiões também devem ter voz no Parlamento nacional. As atuais propostas do governo para limitar seus direitos políticos e civis até que sejam devidamente reeducados só podem minar a confiança local nas instituições e leis ucranianas.

Segundo, para combater a demonização generalizada dos ucranianos malaross, o governo deve promover um discurso na mídia que trate todos os cidadãos ucranianos como membros legítimos da sociedade, independentemente de seu idioma, credo ou cultura. Autoridades ucranianas que repetem a retórica divisiva do nacionalismo de extrema direita estão, consciente ou inconscientemente, minando os esforços para alcançar a reintegração e impedindo que laços comuns de identidade ucraniana sejam formados.[120]

Terceiro, para restaurar a harmonia a uma entidade política fraturada, o governo deve considerar encorajar uma cultura de discurso cívico. As instituições sociais e políticas mais bem concebidas não podem funcionar sem uma cultura de tolerância. Essa lição teve que ser aprendida por todos os países que já emergiram da guerra civil, e ela é especificamente mencionada nos relatórios finais das Comissões de Verdade e Reconciliação da África do Sul e da Guatemala. O discurso social baseado no patriotismo cívico pode encorajar o pluralismo cultural a se tornar um ativo para a Ucrânia, em vez de algo a ser temido.

Amenizar os medos de segurança de países pluriculturais não é uma tarefa fácil, mas não podem ser ignorados na esperança de que a prosperidade os faça desaparecer, como os liberais costumam fazer, nem podem ser suprimidos pela força, como sugerem os nacionalistas. O problema se torna mais agudo pelo fato de que as comunidades minoritárias frequentemente assumem posições agressivas, por medo de que fazer concessões culturais ao Estado as deixe indefesas. Em resposta, os estados frequentemente agem proativamente para remover a ameaça suprimindo a autonomia cultural antes que ela possa levar a demandas por autonomia política. A Ucrânia é

120 "Natsist Drozdov nazval Donbass 'naikhudshim regionom' zaselennym 'parnokopytnymi'" [O nazista Drozdov chamou Donbass de "a pior região" habitada por "ungulados eclodidos"]. *Novoros Inform*, 28 out. 2021. Disponível em: <https://novorosinform.org/nacist-drozdov-nazval-donbass-naihudshim-regionom-zaselennym-parnokopytnymi-32551.html>. Acesso em: 26 dez. 2024; Dubynyanskyi, "Ukraina velyka i mala" [Ucrânia grande e pequena]. *Ukrainska pravda*, 10 abr. 2021. Disponível em: <https://www.pravda.com.ua/articles/2021/04/10/7289691/>. Acesso em: 26 dez. 2024.

pouco incomum nesse aspecto. Vimos o mesmo padrão na Geórgia, Espanha, Reino Unido, China e outros lugares. O que isso também revela, no entanto, é que tal supressão invariavelmente dá origem às mesmas ameaças à segurança que o Estado está tentando evitar.

Uma maneira de evitar uma escalada tão destrutiva é abraçar o conceito de segurança cultural. Também conhecida como Escola de Estudos de Segurança de Copenhague, a segurança cultural revela que a segurança nacional é realmente aprimorada se as necessidades das minorias são antecipadas e acomodadas pelo Estado, em vez de suprimidas por ele. Como Barry Buzan e Ole Wæver observam, os estados-nação com populações diversas se saem melhor se "deixarem espaço para um conceito de política separado do Estado e para circunstâncias em que a política de identidade [trata] de manter a diferença em vez de encontrar uma imagem coletiva".[121] Isso contrasta fortemente com os esforços, como os do ex-presidente ucraniano Viktor Yushchenko, de enfatizar a "completa estrangeirice" da Ucrânia maloross.[122]

Minsk-2 resultou em um impasse porque Donbass se recusou a desistir de tudo pelo que lutou, e Kiev se recusou a aceitar Donbass sob quaisquer termos, exceto a rendição incondicional. Resolver esse impasse exigirá medidas de construção de confiança que reconciliem a *raison d'état* com a liberdade individual. Aqui, também, a tragédia grega clássica oferece algumas lições valiosas.

Em *Antígona*, Sófocles retrata Creonte, o governante de Tebas, como alguém que está totalmente convencido de que está buscando o melhor interesse da *pólis* ao negar um enterro público a um inimigo do Estado. Sua lógica é incontestável, mas sua devoção absoluta à *raison d'état* o cega para a possibilidade de diálogo ou compromisso. Ele não entende que a verdadeira justiça requer o triunfo do todo, em vez do triunfo de sua própria visão particular de justiça. Isso, em última análise, leva à sua queda, assim como à de Antígona, pois ela é tão obcecada com a justiça para si mesma que está disposta a cometer um crime "sagrado" para alcançá-la. O que Sófocles está insinuando aqui é que os conflitos sobre valores não podem ser resolvidos pela força.

A solução real está em reconhecer que ambos os lados em um conflito podem compartilhar aspirações nobres e devem estar dispostos a abrir mão de sua própria vitória parcial em prol desses ideais.

Portanto, é igualmente importante, quando se construir a confiança no governo nacional em Malorossia, não debilitá-la simultaneamente na Galícia. A experiência sugere que isso é possível, se o discurso público mudar

121 Buzan; Wæver, "Slippery? Contradictory? Sociologically Untenable? The Copenhagen School Replies". *Review of International Studies*, v.23, n.2, p.248, abr. 1997.

122 "Yushchenko pro Krym i Donbas".

daquilo que cada lado tem a perder para como ambos os lados podem se beneficiar.

Por exemplo, a indústria ucraniana, que está localizada principalmente no leste, sofreu mais por ser cortada dos laços econômicos com a Rússia, enquanto a Ucrânia ocidental sofreu mais por ser a principal exportadora de mão de obra do país. Nenhum dos lados se beneficia de políticas que são o produto da ideologia nacionalista, em lugar da racionalidade econômica.

Portanto, faria mais sentido posicionar a Ucrânia como uma ponte comercial entre a Eurásia e a Europa, em vez de um muro entre elas. Restabelecer os laços comerciais mutuamente benéficos com a Rússia não só revitalizaria a produção industrial do país, mas também promoveria a cura dentro da Ucrânia, encorajando a migração interna, em vez da externa.

6.5 Posfácio: as lições da tragédia

Este capítulo foi finalizado antes da invasão russa da Ucrânia em fevereiro de 2022. É por isso que ele se concentra principalmente no fracasso do Acordo de Minsk, que decorreu, na minha opinião, da relutância de Kiev em aceitar uma Ucrânia pluricultural. Essa relutância explica por que todos os esforços de paz, sejam internos ou externos, vinculados ou não ao processo de Minsk, estavam fadados ao fracasso. Para escapar desse dilema, argumentei que tanto os ucranianos galegos quanto os maloross precisariam reconhecer e discutir os medos mais intensos uns dos outros. Somente no final de tal diálogo seria possível uma paz duradoura na Ucrânia. Vi o processo de Verdade e Reconciliação como uma forma de facilitar tal diálogo.

Os eventos recentes confirmaram algumas partes da minha análise, enquanto me forçaram a reavaliar outras. Eles confirmaram a minha visão da política como um ciclo trágico impulsionado pelo medo mútuo e pela perda de comunicação. O que não consegui perceber foi o quão pouco as partes externas se importam em resolver o conflito dentro da Ucrânia, especialmente se resolvê-lo atrapalhar a obtenção de algum objetivo geopolítico maior.

Para os Estados Unidos, esse objetivo maior é manter a proeminência em uma ordem mundial que se adapta tão perfeitamente às suas necessidades. Para a Rússia, esse objetivo maior é quebrar a ordem mundial atual, que a deixa permanentemente marginalizada. Ambos os lados demonstraram muito pouco interesse em ver a crise resolvida pelos próprios ucranianos, pois isso apenas diminuiria sua própria influência política dentro do país.[123]

---

123 Snider, "Is the US Hindering Much-Needed Diplomatic Efforts?". *Responsible Statecraft*, 9 abr. 2022. Disponível em: <https://responsiblestatecraft.org/2022/04/09/is-the-us-hindering-much-needed-diplomatic-efforts/>. Acesso em: 2 jan. 2025.

Também subestimei a profundidade da raiva da elite russa com o Ocidente por conter a Rússia enquanto simultaneamente expandia a Otan. Para ser justo, porém, quase ninguém previu que a frustração da Rússia levaria a uma explosão de violência contra a Ucrânia que poderia levar o mundo inteiro à beira da guerra.

No entanto, apesar de o fato de que a invasão da Rússia dirigiu os interesses relacionados ao conflito geopolítico para a Ucrânia, continuo convencido de que é o conflito doméstico no interior do país que detém a chave para pôr fim ao atual ciclo de tragédia. Para entender o porquê, precisamos ver o conflito atual não como um, mas como três conflitos inter-relacionados.

O primeiro conflito é resultado dos esforços de longa data dos Estados Unidos para separar a Ucrânia da esfera de influência da Rússia. As raízes desse cabo de guerra geopolítico remontam à tese de Zbigniew Brzezinski de que a independência da Ucrânia pode ser usada como um pivô geopolítico para transformar a Rússia.[124] Desde que foi articulada pela primeira vez em 1997, tornou-se uma pedra angular da política externa dos Estados Unidos. Como disse o presidente de longa data do National Endowment for Democracy (NED), Carl Gershman, em 2014, "a Ucrânia é o maior prêmio". Se ela pudesse ser afastada da Rússia, então "Putin poderia encontrar-se no lado perdedor não apenas no exterior próximo,* mas no interior da própria Rússia".[125]

O segundo conflito decorre do choque de visões sobre a natureza e a extensão da soberania ucraniana. Na Rússia, a hostilidade à soberania ucraniana é alimentada pelo medo de que a extrema direita, que cresceu significativamente em influência social desde 2014, transforme a Ucrânia de um vizinho amigável em um "anti-Rússia".[126]

Na Ucrânia, por outro lado, a hostilidade em relação à Rússia é alimentada pelo medo de que o fracasso em traçar uma distinção nítida o suficiente entre as duas nações impeça o surgimento de uma identidade nacional ucraniana. Como disse o ex-presidente ucraniano Viktor Yushchenko, "se russos e ucranianos são um só povo, então o povo ucraniano não existe".[127]

---

124 Brzezinski, *The Grand Chessboard: American Primacy and its Geostrategic Imperatives*, p.47.

* [Expressão utilizada para referir-se ao território ocupado pelas catorze antigas repúblicas da União Soviética. (N. T.)]

125 Gershman, "Former Soviet States Stand Up to Russia. Will the U.S.?". *Washington Post*, 26 set. 2013. Disponível em: <https://www.washingtonpost.com/opinions/former-soviet-states-stand-up-to-russia-will-the-us/2013/09/26/b5ad2be4-246a-11e3-b75d-5b7f66349852_story.html>. Acesso em: 19 dez. 2024.

126 Barabanov, "Vladimir Putin napisal statyu pro proekt 'anti-Rossiya'" [Vladimir Putin escreve artigo sobre o projeto "anti-Rússia"]. *BBC News*, 13 jul. 2021. Disponível em: <https://www.bbc.com/russian/news-57795642>. Acesso em: 22 dez. 2024.

127 "Yak bachat 30 rokiv nezalezhnosti prezidenty" [Como os presidentes veem 30 anos de independência]. *Ukrainska pravda*, 26 ago. 2021. Disponível em: <https://www.pravda.com.ua/articles/2021/08/26/7304998/>. Acesso em: 6 jan. 2025.

Mas, em minha concepção, o conflito mais importante ainda é o conflito no interior da Ucrânia, entre seu leste russófilo (Malorossia) e seu oeste russófobo (Galícia). Esse conflito já dura pelo menos 150 anos e explodiu em sérias hostilidades militares dentro da Ucrânia quatro vezes: durante a Primeira e a Segunda Guerras Mundiais, após o Maidan de 2014 e agora em 2022. Deve-se notar que em cada caso a violência foi exacerbada pela intervenção de potências estrangeiras que buscavam inclinar a balança dentro da Ucrânia para sua própria vantagem. Resolver esse conflito interno, portanto, ajudaria muito a limitar a capacidade de intervenção de atores estrangeiros. Isso, no entanto, exigiria um novo nível de diálogo, de compaixão e de reconciliação mútua entre os próprios ucranianos.

Qualquer esperança de que tal reconciliação ocorresse nesta geração pareceria ter sido frustrada pela invasão da Rússia em 2022, que reacendeu a guerra civil em Donbass e renovou, dessa forma, o ciclo de tragédia. Na busca egoísta de seus próprios interesses nacionais, a Rússia está tentando impor neutralidade e federalismo *de facto* à Ucrânia. Ela espera, assim, reverter seus reveses em todos os três conflitos simultaneamente: no conflito estratégico com a América do Norte, forçando os Estados Unidos a reconhecer as "linhas vermelhas" da Rússia; no conflito bilateral com a Ucrânia, encerrando os planos militares da Otan para o país; e no conflito doméstico, restaurando o equilíbrio de interesses entre o leste e o oeste da Ucrânia ao que eram antes de 2014.

O uso da força bruta pela Rússia para conseguir o que quer gerou uma resistência tão significativa na Ucrânia maloross que muitos analistas estão prevendo que os conflitos domésticos de longa duração da Ucrânia agora serão uma coisa do passado, que o crisol da guerra com a Rússia está forjando uma nação ucraniana unida. Este não é um argumento novo; na verdade, tem sido a esperança de muitos funcionários do governo ucraniano, desde que o ministro do Interior da Ucrânia, Arsen Avakov, afirmou, em junho de 2014, que a guerra com a Rússia teria um efeito salutar de "limpeza" na nação.[128]

No entanto, o fato de que a hostilidade em relação à Rússia está atualmente em alta, não pode ser automaticamente tomado como uma indicação de que continuará assim para sempre. Vale a pena relembrar as sábias palavras do presidente John F. Kennedy em 1963, apenas alguns meses após a Crise dos Mísseis Cubanos, de que "a história nos ensina que as inimizades entre as nações, assim como entre os indivíduos, não duram para sempre. Por mais fixos que nossos gostos e os desgostos possam parecer, a maré do

128 Avakov, "V eti paru dnei mnogo govoril s nashimi v zone ATO" [Nesses últimos dias, falei muito com o nosso pessoal da ATO].

tempo e dos eventos frequentemente trará mudanças surpreendentes nas relações entre as nações e os vizinhos".[129] De fato, basta pensar em quão dramaticamente as atitudes mudaram entre a Inglaterra e a Irlanda, o México e os Estados Unidos, ou a França e a Alemanha.[130] Talvez, como resultado dessa guerra, haja agora uma mudança permanente na mentalidade dos ucranianos maloross, mas se os últimos oito anos de guerra são alguma indicação, então uma reorientação dos valores fundamentais dos ucranianos russófilos distante da Rússia parece improvável.

Vale a pena notar, por exemplo, que enquanto as atitudes positivas em relação a Putin e ao governo russo caíram drasticamente desde 2014, a simpatia pessoal pelos russos médios caiu muito menos.[131] E mesmo que o idioma russo tenha sido efetivamente forçado a sair da esfera pública, ele continua sendo o idioma de escolha nas escolas, nas publicações, no entretenimento e no uso da internet em todas as regiões do país, exceto na histórica Galícia.[132] Como o jornalista pró-Maidan Vitaly Portnikov comentou desconsoladamente no início deste ano: "Enquanto os ucranianos e os russos chorarem pelos mesmos programas de televisão, o presidente da Ucrânia é

129 Kennedy, "Commencement Address at American University". Washington, DC, 10 jun. 1963. *JFK Library*. Disponível em: <https://www.jfklibrary.org/archives/other-resources/john-f-kennedy-speeches/american-university-19630610>. Acesso em: 22 dez. 2024.

130 Butterfield, *Writings on Christianity and History*, p.54-5. Para citar *sir* Herbert sobre os caprichos da história: "Nos dias da minha infância, ainda eram os ingleses contra os franceses, sendo estes últimos o inimigo tradicional. Lembro-me até agora do livro escolar que dizia que os ingleses deviam toda a sua liberdade ao seu parentesco com os alemães, pois a liberdade remontava aos teutões em suas florestas primitivas. A Reforma, a emancipação da religião, veio de Martinho Lutero, e a Alemanha, em qualquer caso, havia muito tempo desfrutava de governo federal, direitos estaduais e até mesmo cidades livres, independentes e autônomas, como Hamburgo. A antítese de tudo isso poderia ser encontrada nos países latinos. Ainda me lembro de como tudo estava escrito: a Itália representava o papado, a Espanha teve a Inquisição, enquanto a França, duas vezes, se você preferir, escolheu viver sob ditaduras napoleônicas, um mal que, na minha juventude, ainda não tinha paralelo em outros países".

131 "Press-relizy i otchety otnoshenie naseleniya Ukrainy k Rossii i naseleniya Rossii k Ukraine" [Atitude da população da Ucrânia em relação à Rússia e da população da Rússia em relação à Ucrânia]. *Kiev International Institute of Sociology*, 2 mar. 2021. Disponível em: <https://www.kiis.com.ua/?lang=rus&cat=reports&id=1015&page=2#>. Acesso em: 29 dez. 2024. Após atingir um mínimo histórico de 30% em maio de 2015, as atitudes positivas em relação à Rússia antes de 2022 oscilaram entre 40% e 60%. A Ucrânia Ocidental é a única região onde a maioria apoia uma separação completa da Rússia, embora, mesmo lá, 40% digam que são a favor de relações amigáveis e fronteiras abertas com a Rússia.

132 Wenk, "Zrada pod elochku" [Traição sob a árvore de Natal]; Barsukova, "'Ukraina' zamist 'Ukrayna'" ["Ucrânia" ao invés de "Ucrânya"]. *Ukrainska pravda*, 4 jan. 2022. Disponível em: <https://life.pravda.com.ua/society/2022/01/4/247047/>. Acesso em: 4 jan. 2025. Os autores deste último relatório afirmam o fato de as pesquisas por "Ucrânia" em ucraniano terem aumentado de 7% para 13% desde 2013, o que mostra o quão longe a ucranização ainda tem de ir.

definitivamente Vladimir Putin, não Volodymyr Zelensky. Pelo menos para um grande número de ucranianos".[133]

Outro dilema em que muitos analistas ocidentais preferem não se aprofundar muito é o que fazer com as pessoas em Donbass e na Crimeia, muitas das quais não querem mais fazer parte da Ucrânia. Isso é corroborado por inúmeras pesquisas ocidentais, bem como por pesquisas internas feitas pelo governo ucraniano.[134]

O cenário de pesadelo que a Ucrânia enfrenta hoje é que a linha de frente dessa nova Guerra Fria, a nova "Cortina de Ferro" entre a Rússia e o Ocidente, será estabelecida em todo o seu território, prolongando o conflito dentro do país indefinidamente. Como esse pesadelo pode ser evitado, sobretudo agora que os lados estão envolvidos em um conflito militar completo? Removendo a Ucrânia como uma fonte de contenção entre atores externos, restaurando assim a agência e a soberania ao povo ucraniano.

O requisito mais importante para restaurar a agência é estabelecer a harmonia social entre a Ucrânia galega e a maloross. Isso exigirá iniciativas de base e políticas governamentais que promovam a cultura maloross como uma parte legítima da diversidade nativa da Ucrânia. A troca, que foi realmente bastante eficaz na preservação da unidade nacional antes de 2004, é bem conhecida por qualquer pessoa familiarizada com o federalismo: a autonomia cultural por lealdade política.

Quanto à restauração da soberania, embora existam muitas maneiras de resolver o conflito entre a Rússia e o Ocidente, a maioria é à custa da soberania ucraniana. A melhor maneira de fortalecer a independência real da Ucrânia seria desenvolver maior imunidade a toda influência estrangeira, tanto russa quanto ocidental. Novamente, isso exigiria que os ucranianos maloross e galegos forjassem uma visão comum do futuro, engajando-se em um processo de reconciliação nacional.

Forjar tal visão comum do futuro, no entanto, significa repudiar o nacionalismo integral. Só então poderia emergir um patriotismo que defina a Ucrânia como essencialmente uma comunidade cívica. Em uma Ucrânia

---

133 "V Kieve zayavili, chto bolshinstvo Ukraintsev schitaet Putina prezidentom" [Kiev diz que a maioria dos ucranianos considera Putin presidente]. *Regnum*, 1º jan. 2022. Disponível em: <https://regnum-ru.turbopages.org/regnum.ru/s/news/3467722.html>. Acesso em: 2 jan. 2025.

134 Batsman, "Sivokho: V kakom statuse ya voploshchayu mirnye initsiativy prezidenta?"; Gladkov, "V Kieve poboyalis publikovat rezultaty zapadnogo sotsoprosa v Krymu" [Kiev tinha medo de publicar os resultados de uma pesquisa social ocidental na Crimeia]. *PolitNavigator*, 7 set. 2021. Disponível em: <https://www.politnavigator.net/v-kieve-poboyalis-publikovat-rezultaty-zapadnogo-socoprosa-v-krymu.html>. Acesso em: 16 dez. 2024. Pesquisas não publicadas realizadas em junho de 2021, e posteriormente vazadas para a imprensa, indicam que mais de três quartos dos crimeus sentem que sua vida sob o domínio russo melhorou, enquanto 79% acreditam que a Rússia está tomando as decisões certas para a península.

cívica, os nacionalistas galegos teriam que abrir mão de sua visão dos anos 1930 de que a segurança nacional exige homogeneidade cultural total, enquanto os ucranianos russófilos teriam que priorizar sua lealdade ao Estado ucraniano, que os aceitaria como são. Ambas as tarefas dependem da empatia para acalmar os medos do outro lado e permitir que o verdadeiro diálogo entre eles tenha início.

Tal diálogo, buscando forjar um conceito cívico não excludente de identidade ucraniana, poderia começar sob os auspícios de uma Comissão Ucraniana de Verdade e Reconciliação. Ao dar voz às queixas de todos aqueles que lutaram, independentemente de em qual lado estivessem, poderia se tornar o equivalente moderno dos festivais dionisíacos da Grécia antiga. Isto ofereceria um testemunho emocional fascinante, por meio de espetáculos públicos altamente coreografados e dramatizados, levando o público à *catharsis* – uma purgação da alma que restaura uma perspectiva saudável ao remover o rancor. Isso pode parecer uma tarefa difícil para a Ucrânia, mas não devemos esquecer que tais comissões já têm um histórico de cura social em mais de 47 países outrora engolfados pelo rancor e pelo conflito.[135]

Um elemento importante de praticamente todas as CVR é a propagação de valores liberais e direitos humanos. A experiência sugere que a melhor maneira de popularizar tais valores não é fazer que as elites estrangeiras imponham os modelos ocidentais de pensamento e governança, mas sim tornar as pessoas mais conscientes de suas próprias tradições liberais, de por que elas se desenvolveram e como podem ser usadas para responder aos desafios atuais.

Apesar de uma tradição liberal do século XIX que inclui nomes ilustres como Mykhailo Drahomanov, Maksim Kovalevsky, Bohdan Kistiakovsky, Mykhailo Tuhan-Baranovsky, Mykola Vasylenko e Volodymyr Vernadsky, o liberalismo ucraniano hoje foi totalmente eclipsado pelo nacionalismo ucraniano, que não vê nele o que é distintivamente ucraniano.[136] Isso está apenas parcialmente correto.

A tradição intelectual liberal que surgiu no final do Império Russo foi de fato uma herança compartilhada por russos e ucranianos, mas é precisamente por isso que ela seria inestimável para estabelecer um consenso cívico

135 Carranza, "Plunder and Pain: Should Transitional Justice Engage with Corruption and Economic Crimes?". *International Journal of Transitional Justice*, v.2, n.3, p.315, dez. 2008. Disponível em: <https://doi.org/10.1093/ijtj/ijn023>. Acesso em: 29 dez. 2024.

136 Popovych, "Is Liberalism Un-Ukrainian?". *Den*, 31 out. 2000. Disponível em: <https://day.kyiv.ua/en/article/close/liberalism-un-ukrainian>; Korostelina, "Mapping National Identity Narratives in Ukraine". *Nationalities Papers*, v.41, n.2, p.312, 2013. Disponível em: <https://doi.org/10.1080/00905992.2012.747498>. Acesso em: 22 dez. 2024. Korostelina observa que "o panorama intelectual da Ucrânia é deficiente em ideologias cívicas liberais que definam a sociedade como uma comunidade de cidadãos iguais, independentemente da sua etnia, idioma ou religião".

patriótico e para forjar novos laços com a Rússia e a Europa com base em valores compartilhados.

Claro, nem todos os aspectos do processo de Verdade e Reconciliação são apropriados para todas as situações. O que funcionou para a Espanha ou para a Guatemala pode não funcionar para a Ucrânia. No entanto, todos os modelos bem-sucedidos parecem ter uma coisa em comum – eles começam com um acordo de paz provisório, muitas vezes imperfeito, que não satisfaz ninguém. Essa calmaria nas hostilidades cria uma oportunidade para que cabeças mais frias surjam, e que, com o tempo, forjem soluções de longo prazo.[137] Isso ocorre porque o perdão e a compaixão exigem um espaço social calmo, onde o ódio pode dar lugar ao diálogo, e a cura da sociedade tem início. Como afirmou o arcebispo Desmond Tutu, quando é implementado sistematicamente, o perdão pode se tornar "completamente político. Isto *é realpolitik*".[138]

As perspectivas de cura social na Ucrânia hoje são reconhecidamente muito escassas. Dadas as paixões despertadas pela invasão da Rússia e a influência social e política que os nacionalistas ucranianos já exercem, que

---

137 United Nations Department of Public Information. *Untaes*, jan.1996-jan.1998. Disponível em: <https://peacekeeping.un.org/en/mission/past/untaes.htm>. Acesso em: 9 jan. 2022; United Nations Mission in Sudan. *Unmis*, 9 jul. 2011. Disponível em: <https://unmis.unmissions.org/>. Acesso em: 9 jan. 2022; Wolff; Rodt, "Self-Determination after Kosovo". *Europe-Asia Studies*, v.65, n.5, p.799-822, 2013. Disponível em: <https://doi.org/10.1080/09668136.2013.792450>. Acesso em: 2 jan. 2025; Northern Ireland Assembly, "The Belfast Agreement/Good Friday Agreement 1998". *Northern Ireland Assembly*, 10 abr. 1998. Disponível em: <https://education.niassembly.gov.uk/post-16/snapshots-devolution/belfast-agreementgood-friday-agreement-1998>. Acesso em: 9 jan. 2022; "Key Points of the Bougainville Peace Agreement | Conciliation Resources". *Accord*, v.12, set. 2002. Disponível em: <https://rc-services-assets.s3.eu-west-1.amazonaws.com/s3fs-public/Accord12PNG_KeypointsoftheBougainvillePeaceAgreement.pdf>. Acesso em: 21 dez. 2024; "Ballot for the Saarland Referendum (13 jan. 1935)". *GHDI Image*. Disponível em: <https://germanhistorydocs.ghi-dc.org/sub_image.cfm?image_id=1983>. Acesso em: 9 jan. 2022; Dye, "Independence Referendums: Ballot for Saarland Referendum 1955". *Independence Referendums*, 3 nov. 2010. Disponível em: <http://independencereferendum.blogspot.com/2010/11/ballot-for-saarland-referendum-1955.html>. Acesso em: 19 dez. 2024; Wolff; Malyarenko, "How Can Ukraine, Crimea and Russia Secure a Stable Future?". *The Conversation*, 4 mar. 2014. Disponível em: <https://theconversation.com/how-can-ukraine-crimea-and-russia-secure-a-stable-future-23947>. Acesso em: 2 jan. 2025. Algumas dessas abordagens têm um histórico misto. Na Croácia, na segunda metade da década de 1990, um acordo provisório administrado pela ONU facilitou a reintegração de partes do país de maioria sérvia, enquanto no Sudão e no Kosovo novos estados foram criados. O Acordo da Irlanda do Norte e o Acordo Papua-Nova Guiné – Bougainville têm a opção de futuras mudanças constitucionais incorporadas. O Sarre, um território historicamente disputado entre a França e a Alemanha, antes e depois da Segunda Guerra Mundial votou para retornar à Alemanha, em vez de se tornar parte da França ou permanecer um território administrado internacionalmente.

138 Goodman, "One of the Most Meaningful Experiences of My Life Was Covering Archbishop Desmond Tutu as He Led South Africa's Truth & Reconciliation Commission in 1996-97". *Facebook*, 26 dez. 2021. Disponível em: <https://web.facebook.com/story.php?story_fbid=10224258681869185&id=1067218835&_rdc=1&_rdr#>. Acesso em: 19 dez. 2024.

incentivo eles teriam para compartilhar o poder? Não muito, a menos que acreditassem que a própria sobrevivência da nação estivesse em jogo.

Durante a Primeira Guerra Mundial, Semyon Petlyura, o presidente da breve República Popular da Ucrânia, cedeu toda a Ucrânia ocidental à Polônia em troca do apoio polonês contra o Exército Vermelho. Isso desencadeou a comunicação da Galícia do *Akt Zluki*, a primeira declaração de independência da Ucrânia, e resultou na desintegração *de facto* da Ucrânia. No entanto, hoje Petlyura é homenageado como um herói nacional na Ucrânia.[139]

No final da Segunda Guerra Mundial, para moldar melhor sua aliança com a Alemanha nazista como uma luta pela independência da Ucrânia, os líderes da Organização dos Nacionalistas Ucranianos reescreveram sua carta, removendo suas partes mais ofensivas racialmente e antidemocráticas. Da mesma forma, em 1991, quando parecia que algumas regiões do país poderiam não votar pela independência, o líder do Rukh, Vyacheslav Chornovil, abraçou o federalismo de estilo alemão como a melhor opção para a Ucrânia. E em 2015, quando confrontado com o colapso militar, o presidente Poroshenko concordou com a autonomia para partes de Donbass nos Acordos de Minsk. Poderíamos estar olhando para uma situação semelhante hoje? Só o tempo dirá.

Alguém poderia argumentar que tudo o que esses exemplos provam é que os nacionalistas não são confiáveis, que sua disposição para compromissos é puramente tática. Mas também é concebível que, quando confrontados com a realidade de que suas políticas levaram à partição *de facto* da Ucrânia, alguns nacionalistas possam mudar sua suposição de que o monismo cultural, religioso e linguístico é o único caminho para a unidade nacional. Pode então ser possível persuadir alguns deles – aqueles não fanaticamente comprometidos com uma forma totalitária de nacionalismo – de que, ao aceitar a lealdade política em troca de diversidade cultural, eles estariam realmente alcançando seu *summum bonum* – a restauração da agência política e da soberania para a Ucrânia.

* * *

As profundas divisões da Ucrânia estão enraizadas em queixas mútuas que clamam por justiça, mas as partes não conseguem concordar sobre o que justiça significa. Para os ucranianos galegos, a justiça exige que todos os ucranianos sejam unidos por um idioma, uma cultura, uma religião e uma visão histórica comuns, senão a Ucrânia estará condenada. Para os

139 "Za chto nash zemlyak ubil Simona Petlyuru?" [Por que nossos compatriotas mataram Symon Petlyura?]. *Timer-Odessa*, 3 fev. 2016. Disponível em: <https://web.archive.org/web/20210126020617/https://timer-odessa.net/statji/za_chto_nash_zemlyak_ubil_simona_petlyuru_ili_zachem_ukraine_antisemitskaya_reputatsiya_860.html>. Acesso em: 4 nov. 2021.

ucranianos maloross, a justiça exige que o pluralismo cultural, religioso e histórico da Ucrânia seja reconhecido, senão a Ucrânia estará condenada. É esse mesmo anseio por uma justiça perfeita, uma que trará um acerto de contas final com o passado, que vem destruindo a Ucrânia por décadas. Até que essas definições incompatíveis de justiça sejam reconciliadas, a sociedade ucraniana não pode se curar.

A situação pode parecer desesperadora, mas uma visão de mundo trágica nos permite ver lampejos de esperança no contexto mais amplo da história. Ciclos trágicos vêm e vão. A tragédia sempre fará parte da experiência humana, mas, como ela está ligada às escolhas que os indivíduos fazem, as ações individuais podem encurtá-la ou prolongá-la. A chave para quebrar o ciclo é afastar o discurso social da busca por vingança (frequentemente rotulada erroneamente de "justiça") para o objetivo de construir uma sociedade junto com os antigos inimigos. Para que isso aconteça na Ucrânia, o governo precisaria adotar três postulados:

Primeiro, que *ser um ucraniano russófilo não significa ser antiucraniano.* A tragédia grega nos diz que, para alcançar a harmonia social, é preciso estar disposto a tratar o inimigo com a mesma honra que se busca para si mesmo. Essa verdade não se baseia na moralidade abstrata, mas no cálculo prático de que o tratamento justo e igualitário é o mais vinculativo de todos os laços sociais.

Segundo, que *punir a Rússia (ou de outra forma, o Ocidente) não significa curar a Ucrânia.* É um axioma da política internacional que nenhum país jamais prosperou fazendo inimigo um vizinho mais poderoso. Além disso, países que são obcecados por sua identidade e segurança nacionais muitas vezes acabam perdendo ambas.

Terceiro, que *a harmonia social na Ucrânia só pode ser estabelecida pelos próprios ucranianos.* Atores externos têm sua própria agenda, que raramente, ou nunca, coincidirá com os interesses da Ucrânia. Para estabelecer uma harmonia social duradoura, os ucranianos terão que superar seu medo de sua diversidade e estar dispostos a invocar toda a sua história e cultura, tanto galega quanto maloross.

Mas talvez a lição mais importante que a visão trágica da política tem a transmitir é que a busca pela vitória total sobre os inimigos só pode gerar conflitos renovados. Aqui reside uma diferença crucial entre uma revolução incompleta, uma que está sempre em busca da justiça perfeita e, portanto, está condenada a se repetir para sempre, e uma revolução que completou seu ciclo. Com o tempo, esta última pode levar a sociedade a um ponto de cura e descanso, porque vê o sofrimento daqueles que se opuseram à revolução como uma tragédia comum, em vez de uma justificativa para mais revolução e mais sofrimento. O ciclo trágico da Ucrânia, portanto, terminará quando os ucranianos perceberem que uma revolução concluída é uma revolução de compaixão e dignidade que vê todos os ucranianos, independentemente de religião, idioma ou herança cultural, como indispensáveis à nação ucraniana.

Referências bibliográficas

1,500 FOREIGNERS Making Up 10-15 Percent of Forces Fighting for DPR: Donetsk Official. *Global Security*, 11 set. 2014. Disponível em: <https://www.globalsecurity.org/wmd//library/news/ukraine/2014/ukraine-140911-rianovosti05.htm>. Acesso em: 16 dez. 2024.

12 TSYTAT vid Volodymyra Vynnychenka [12 Quotes from Volodymyr Vynnychenko]. *Istorychna Pravda*, 27 jul. 2020. Disponível em: <https://www.istpravda.com.ua/articles/2020/07/27/157869/>. Acesso em: 16 dez. 2024.

1991 SOVIET Union Referendum. *Wikipedia*, 25 set. 2021. Disponível em: <https://en.wikipedia.org/w/index.php?title=1991_Soviet Union referendum&oldid=1046305576>. Acesso em: 16 dez. 2024.

1991 UKRAINIAN Independence Referendum. *Wikipedia*, 27 out. 2021. Disponível em: <https://en.wikipedia.org/w/index.php?title=1991_Ukrainian_independence_referendum&oldid=1052206889>. Acesso em: 16 dez. 2024.

2007: GOD SEMNADTSATYI. Rospusk parlamenta, novyi krizis i novyi kompromiss [2007: Year Seventeen. Dissolution of Parliament, New Crisis and New Compromise]. *Ot kaidaniv do Maidaniv blog*. Disponível em: <https://oko.cn.ua/blackzone/polit-linki/ot-kajda-niv-do-majdaniv/>. Acesso em: 27 dez. 2021.

2014 DONBAS STATUS Referendums. *Wikipedia*, [s.d.]. Disponível em: <https://en.wikipedia.org/w/index.php?title=2014_Donbas_status_referendums&oldid=1054909786>. Acesso em: 22 jan. 2025.

2015 RUSSIA-UKRAINE CONFLICT: Do People in Crimea Regret their Decision To Be a Part of Russia? *Quora*, [s.d.]. Disponível em: <https://www.quora.com/2015-Russia-Ukraine-Conflict-Do-people-in-Crimea-regret-their-decision-to-be-a-part-of-Russia>. Acesso em: 25 mar. 2016.

25 SHAGOV navstrechu samolikvidatsii [25 Steps Toward Self-Destruction]. *Flot XXI Vek*, 3 abr. 2016. Disponível em: <http://blackseafleet-21.com/news/4-03-2016_25-shagov-navstrechu-samolikvidat-sii>.

300 LETIE Poltavskoi bitvy: geroi i predateli [300th Anniversary of the Battle of Poltava: Heroes and Traitors]. *Research & Branding Group*, 12 fev. 2018. Disponível em: <https://pt.slideshare.net/slideshow/300-87851172/87851172>. Acesso em: 16 dez. 2024.

ABIS, Tereza. Pravyi sektor: My ishly ne za yevrointehratsiyu, a za te, shchob zvershyty natsionalnu revolyutsiyu [Right Sector: We Were not for European Integration, but for Carrying Out a National Revolution]. *Varianty*, 13 dez. 2013. Disponível em: <https://varianty.lviv.ua/publikatsiyi/pravyi-sektor-my-yshly-ne-za-yevrointehratsiiu-a-za-te-shchob-zvershyty-natsionalnu-revoliutsiiu>. Acesso em: 2 jan. 2025.

ABRASHINA, Katerina. V Ukraine mnogo "vnutrennikh vragov" [Ukraine Has Many "Internal Enemies"]. *Vesti*, 19 fev. 2021. Disponível em: <https://ru.espreso.tv/news/2021/02/19/v_ukrayne_mnogo_quotvnutrennykh_vragovquot_kotorye_zhyvut_zdes_no_pry_etom_ne_sluzhat_ynteresam_ee_grazhdan_kravchuk>. Acesso em: 22 dez. 2024.

ADVOKAT EFREMOVA Pokazal Video [Efremov's Lawyer Showed a Vídeo in Wich Militants Thanked the Head of the Regional Police]. *Gordon.ua*, 8 abr. 2018. Disponível em: <https://gordonua.com/news/war/advokat-efremova-pokazal-video-na-kotorom-za-vzyatie-zdaniya-sbu-v-luganske-boeviki-blagodaryat-nachalnika-oblastnoy-milicii-guslavskogo-240531.html>. Acesso em: 16 dez. 2024.

AGNEW, John. Nationalism. In: DUNCAN, James S.; JOHNSON, Nuala C.; SCHEIN, Richard H. *A Companion to Cultural Geography.* Nova York: John Wiley & Sons, 2004.

ALEKSANDROVICH, Oleksandr. Movne pytannya [The Language Question]. *Censor.net*, 19 ago. 2020. Disponível em: <https://censor.net/ru/resonance/3214449/pro_movne_pitannya_v_ukran>.

ALFORD, C. Fred. Greek Tragedy and Civilization: The Cultivation of Pity. *Political Research Quarterly*, v.46, n.2, p.259-80, jun. 1993.

ANDREYEV, Oleksander. Power and Money in Ukraine. *Open Democracy*, 12 fev. 2014. Disponível em: <https://www.opendemocracy.net/en/odr/power-and-money-in-ukraine/>. Acesso em: 27 dez. 2024.

ANDRIEU, Kora. Reconciliation. *Oxford Bibliographies Online*, Oxford University Press, 26 fev. 2013. Disponível em: <https://doi.org/10.1093/obo/9780199743292-0148>. Acesso em: 23 dez. 2024.

______. Transitional Justice: A New Discipline in Human Rights. *SciencesPo*, 18 jan. 2010. Disponível em: <https://www.sciencespo.fr/mass-violence-war-massacre-resistance/en/document/transitional-justice-new-discipline-human-rights-0.html>. Acesso em: 23 dez. 2024.

ANDRIEWSKY, Olga. Towards a Decentred History: The Study of the Holodomor and Ukrainian Historiography. *East/West: Journal of Ukrainian Studies*, v.2, n.1, p.17-52, 2015. Disponível em: <https://ewjus.com/index.php/ewjus/article/view/Andriewsky/24>. Acesso em: 14 jan. 2025.

ANHALT, Emily Katz. *Enraged*: Why Violent Times Need Ancient Greek Myths. New Haven, CT: Yale University Press, 2017.

ANOSHIN, Andrei. Skarshevksy: 27 let Ukrainy – put is pustyni v boloto [Skarshevsky: 27 Years of Ukraine – A Path from the Desert to the Swamp]. *Ukraina.ru*, 24 ago. 2018. Disponível em: <https://ukraina.ru/20180824/1020917780.html>. Acesso em: 13 dez. 2024.

ANTONYUK, Evgeniy. Den v istorii. 27 oktyabrya: v Argentine umer nastoyashchiy ukrainskiy fashist [Day in History. October 27: A Real Ukrainian Fascist Dies in Argentina]. *Ukraina.ru*, 27 out. 2020. Disponível em: <https://ukraina.ru/history/20201027/1029395160.html>. Acesso em: 21 dez. 2024.

ANTONYUK, Evgeniy. Bolshim potom i bolshoi krovyu [With Much Sweat and Much Blood]. *Ukraina.ru*, 29 set. 2020. Disponível em: <https://ukraina.ru/history/20200929/1029064245.html>. Acesso em: 21 dez. 2024.

______. Den v istorii. 11 avgusta: rodilsya deyatel, kotorogo nazyvayut pervym ukrainskim ministrom inostrannykh del [Day in History. August 11: The Figure Who Is Called the First Ukrainian Minister of Foreign Affairs Is Born]. *Ukraina.ru*, 11 ago. 2020. Disponível em: <https://ukraina.ru/history/20200811/1028479197.html>. Acesso em: 21 dez. 2024.

______. Den v istorii. 4 avgusta: emigranty iz Rossii sozdali soyuz za otdelenie Ukrainy [Day in History. August 4: Russian Emigrants Form Union for Secession of Ukraine]. *Ukraina.ru*, 4 ago. 2020. Disponível em: <https://ukraina.ru/history/20200804/1028429702.html>. Acesso em: 21 dez. 2024.

______. Petlyura u vlasti [Petliura in Power]. *Ukraina.ru*, 25 maio 2020. Disponível em: <https://ukraina.ru/history/20200525/1027795002.html>. Acesso em: 21 dez. 2024.

______. Den v istorii. 6 marta: umer ukrainsky natsional-kommunist, kotorogo obozhal Khrushchev [Day in History. March 6: Ukrainian National Communist Idolized by Khrushchev Dies]. *Ukraina.ru*, 6 mar. 2020. Disponível em: <https://ukraina.ru/history/20200306/1026941421.html>. Acesso em: 21 dez. 2024.

______. Den v istorii. 11 fevralya: V Kharkove poyavilas pervaya ukrainskaya politicheskaya partiya [Day in History. February 11: The First Ukrainian Political Party Appeared in Kharkov]. *Ukraina.ru*, 11 fev. 2019. Disponível em: <https://ukraina.ru/history/20190211/1022631526.html>. Acesso em: 21 dez. 2024.

APPLEBAUM, Anne. Nationalism Is Exactly what Ukraine Needs. *The New Republic*, 12 maio 2014. Disponível em: <https://newrepublic.com/article/117505/ukraines-only-hope-nationalism>. Acesso em: 18 dez. 2024.

______ et al. *From "Memory Wars" to a Common Future*: Overcoming Polarisation in Ukraine. Londres: London School of Economics and Political Science (LSE), jul. 2020. Disponível em: <https://www.lse.ac.uk/iga/assets/documents/Arena-LSE-From-Memory-Wars-to-a-Common-Future-Overcoming-Polarisation-in-Ukraine.pdf>. Acesso em: 18 dez. 2024.

ARD: ROSSIISKIKH regulyarnykh voisk v Donbasse net [ARD: There Are no Russian Regular Troops in Donbass]. *Ukraina.ru*, 10 fev. 2015. Disponível em: <https://ukraina.ru/news/20150210/1012062883.html>. Acesso em: 19 dez. 2024.

ARENDT, Hannah. Some Questions of Moral Philosophy. In: ARENDT, Hannah; MORGENTHAU, Hans. *Responsibility, Evil and Political Ethics*. New York: Schocken Books, 2003.

______. Thinking. In: ARENDT, Hannah; MORGENTHAU, Hans. *Responsibility, Evil and Political Ethics*. New York: Harcourt Brace & Co., 1978.

ARESTOVICH, Alexei. Inaya Ukraina. Budushcheye Ukrainy: kak i pochemu [Another Ukraine. The Future of Ukraine: How and Why]. *Cowo.guru*, 20 mar. 2020. Disponível em: <https://www.youtube.com/watch?v=6zySM-idKdQ>. Acesso em: 16 dez. 2024.

ARIS, Ben. How Interconnected Are the Economies of Russia, Ukraine, Belarus and Kazakhstan? Inflation and Rates Outlook for 2020. *IntelliNews*, 12 jan. 2020. Disponível em: <https://www.intellinews.com/how-interconnected-are-the-economies-of-russia-ukraine-belarus-and-kazakhstan-inflation-and-rates-outlook-for-2020-174374/>. Acesso em: 19 dez. 2024.

______. Fear and Mistrust on the Ukrainian Campaign Trail. *IntelliNews*, 25 mar. 2019. Disponível em: <https://www.intellinews.com/fear-and-mistrust-on-the-ukrainian-campaign-trail-158415/>. Acesso em: 19 dez. 2024.

ARMSTRONG, John A. *Ukrainian Nationalism*. 3.ed. Englewood, CO: Ukrainian Academic Press, 1990.

AROUND 90% of Donetsk Self-Defense Troops from Donbass-Commander. *Sputnik International*, 4 jun. 2014. Disponível em: <https://sputnikglobe.com/20140604/Around-90-of-Donetsk-Self-Defense-Troops-From-Donbas---Commander-190338268.html>. Acesso em: 19 dez. 2024.

AS WAR NEARS 6-Month Mark, Ukraine Struggles against New-Old Foes: Collaborators and Corruption. *Russia Matters*, 22 jul. 2022. Disponível em: <https://www.russiamatters.org/blog/war-nears-6-month-mark-ukraine-struggles-against-new-old-foes-collaborators-and-corruption>. Acesso em: 19 dez. 2024.

ASSEMBLÉE NATIONALE. Audition du général Christophe Gomart, directeur du renseignement militaire, sur le projet de loi relatif au renseignement [Hearing of General Christophe Gomart, Director of Military Intelligence, on the Draft Law on Intelligence]. 2015. Disponível em: <https://perma.cc/GY99-MMKE>. Acesso em: 27 dez. 2024.

ATO ZAVERSHILAS [The ATO Is Over. Poroshenko Announced the Beginning of the Joint Forces Operation]. *TSN.ua*, 30 abr. 2018. Disponível em: <https://tsn.ua/ru/ato/ato-zavershilas-poroshenko-obyavil-nachalo-operacii-obedinennyh-sil-1147884.html>. Acesso em: 13 dez. 2024.

AVAKOV O VERUYUSHCHIKH s portretami tsarya [Avakov on Believers with Portraits of the Tsar: They Have the Right]. *Korrespondent*, 13 jul. 2016. Disponível em: <https://korrespondent.net/ukraine/3716553-avakov-o-veruuischykh-s-portretamy-tsaria-ymeuit-pravo>. Acesso em: 19 dez. 2024.

AVAKOV ZHDET teraktov vo vremya krestnogo khoda v Kieve [Avakov Expects Terrorist Attacks during Religious Procession in Kiev]. *Ukraina.ru*, 13 jul. 2016. Disponível em: <https://ukraina.ru/news/20160713/1016973887.html>. Acesso em: 18 dez. 2024.

AVAKOV, Arsen. V eti paru dnei mnogo govoril s nashimi v zone ATO [In these Past Few Days I Spoke with a Lot of our People in the ATO]. *Facebook*, 22 jun. 2014. Disponível em: <https://www.facebook.com/arsen.avakov.1/posts/65728145102863>.

AVAKOV: KIEVSKIKH militsionerov mogli ubit boitsy UPA [Avakov: Kiev Policeman Could Have Been Killed by UPA Fighters]. *Ukraina.ru*, 4 maio 2015. Disponível em: <https://ukraina.ru/news/20150504/1012959425.html>. Acesso em: 18 dez. 2024.

AVDEENKO, Viktor. Mechty Shmygalya: kogda ukraina dogonitpolshu po zarplatam [Shmygal's Dreams: When Ukraine Will Catch Up with Poland in Salaries]. *Ukrrudprom*, 7 fev. 2021. Disponível em: <https://ukrrudprom.com/digest/Mechti_

SHmigalya_kogda_Ukraina_dogonit_Polshu_po_zarplatam.html>. Acesso em: 4 jan. 2025.

AZAREVICH, Vasilii. Galitskoe ukrainstvo [Galician Ukrainians]. *Ukraina.ru*, 20 fev. 2019. Disponível em: <https://ukraina.ru/history/20190220/1022757181.html>. Acesso em: 3 jan. 2025.

______. Russkie bez Rossii [Russians without Russia]. *Ukraina.ru*, 30 out. 2018. Disponível em: <https://ukraina.ru/history/20181030/1021599648.html>. Acesso em: 3 jan. 2025.

AZAROV ZAYAVIL ob obnishchanii ukraintsev [Azarov Announced the Impoverishment of Ukrainians]. *Ukraina.ru*, 14 mar. 2021. Disponível em: <https://ukraina.ru/news/20210314/1030821985.html>. Acesso em: 18 dez. 2024.

BABIAK, Mat. Poroshenko: "UPA Are Heroes". *Euromaidan Press*, 26 set. 2014. Disponível em: <https://euromaidanpress.com/2014/09/26/poroshenko-to-consider-giving-upa-veterans-legal-status/>. Acesso em: 26 dez. 2024.

BACH, Christian Friis. Is Russia's Conflict with Ukraine Really about Trade? *Reuters*, 6 mar. 2015. Disponível em: <https://www.reuters.com/article/idIN353056739620150306>. Acesso em: 18 dez. 2024.

BADER, Veit. Review Essays: *For Love of Country*, by Martha Nussbaum, Joshua Cohen; and Maurizio Viroli. *Political Theory*, v.27, n.3, p.379-97, 1999. Disponível em: <https://www.jstor.org/stable/192314>. Acesso em: 3 jan. 2025.

BAKER, Luke. EU Offers Ukraine $15 Billion, but Help Hinges on IMF Deal. *Reuters*, 5 mar. 2014. Disponível em: <https://perma.cc/47R5-MCQG>. Acesso em: 26 dez. 2024.

BALDWIN, Natylie. How Crimeans See Ukraine Crisis. *Consortium News*, 11 fev. 2016. Disponível em: <https://consortiumnews.com/2016/02/11/how-crimeans-see--ukraine-crisis/>. Acesso em: 26 dez. 2024.

BALLOT FOR THE SAARLAND Referendum (13 jan. 1935). *GHDI Image*. Disponível em: <https://germanhistorydocs.ghi-dc.org/sub_image.cfm?image_id=1983>. Acesso em: 9 jan. 2022.

BARABANOV, Ilya. Vladimir Putin napisal statyu pro proekt "anti-Rossiya" [Vladimir Putin Wrote an Article about the "Anti-Russia" Project]. *BBC News*, 13 jul. 2021. Disponível em: <https://www.bbc.com/russian/news-57795642>. Acesso em: 22 dez. 2024.

BARKER, Derek W. M.; MCIVOR, David W. Tragedy and Politics. *Wiley Online Library*, 18 jul. 2014. Disponível em: <https://doi.org/10.1002/9781118474396.wbept1009>. Acesso em: 18 dez. 2024.

BARRY, Gearóid; DAL LAGO, Enrico; HEALY, Róisin (orgs.). *Small Nations and Colonial Peripheries in World War I*. Leiden; Boston: Brill, 2016.

BARSUKOVA, Olena. "Ukraina" zamist "Ukrayna" ["Ukraine" Instead of "Ukrayne"]. *Ukrainska pravda*, 4 jan. 2022. Disponível em: <https://life.pravda.com.ua/society/2022/01/4/247047/>. Acesso em: 4 jan. 2025.

BATSMAN, Alesya. Sivokho: V kakom statuse ya voploshchayu mirnye initsiativy prezidenta? [Sivokho: In what Capacity Do I Implement the President's Peace Initiatives?]. *Gordon.ua*, 15 maio 2020. Disponível em: <https://gordonua.com/publications/

sivoho-v-kakom-statuse-ya-voploshchayu-mirnye-iniciativy-prezidenta-v-statuse-sergeya-sivoho-1498867.html>. Acesso em: 16 abr. 2024.

BEARD, Mary. What the Greek Myths Teach Us about Anger in Troubled Times. *New York Times*, 7 set. 2017. Disponível em: <https://www.nytimes.com/2017/09/07/books/review/emily-katz-anhalt-enraged.html>. Acesso em: 26 dez. 2024.

BEDNYKH V UKRAINE seichas bolshe, chem pyat let nazad – Vsemirnyi Bank [There Are More Poor People in Ukraine Now than Five Years Ago – World Bank]. *Korrespondent net*, 17 jul. 2018. Disponível em: <https://korrespondent.net/business/economics/3991039-bednykh-v-ukrayne-bolshe-chem-piat-let-nazad-vb>. Acesso em: 18 dez. 2024.

BEEBE, George. Groupthink Resurgent. *National Interest*, 22 dez. 2019. Disponível em: <https://nationalinterest.org/feature/groupthink-resurgent-106951>. Acesso em: 21 dez. 2024.

BEISSINGER, Mark R. Why We Should Be Sober about the Long-Term Prospects of Stable Democracy in Ukraine. *Washington Post*, 11 mar. 2014. Disponível em: <https://www.washingtonpost.com/news/monkey-cage/wp/2014/03/11/why-we-should-be-sober-about-the-long-term-prospects-of-stable-democracy-in-ukraine/>. Acesso em: 26 dez. 2024.

BEKESHKIN, I. E. Parlamentskie vybory v Ukraine [Parliamentary Elections in Ukraine]. In: *Yezhegodnaya nauchno-prakticheskaya sotsiologicheskaya konferentsiya "Prodolzhaya Grushina"*. Moscou: VTsIOM, 2012. Disponível em: <http://wciom.ru/fileadmin/file/nauka/grusha_2013/7.pdf>. Acesso em: 28 nov. 2015.

BEKESHKINA, Iryna. Ukraini – 29. De my zaraz ta kudy priamuiemo? [Ukraine – 29. Where Are We Now and Where Are We Heading?]. *Fond "Demokratychni inisiatyvy" im*, 21 ago. 2020. Disponível em: <https://dif.org.ua/article/ukraini-29-de-mi-zaraz-ta-kudi-pryamuemo>. Acesso em: 2 jan. 2025.

______. Stavlennya naselennya do podii na Donbasi [Public Attitude to Events in Donbas]. *Democratic Initiatives Fund*, 7 out. 2014. Disponível em: <https://dif.org.ua/article/stavlennya-naselennya-do-podiy-na-donbasi-tsina-miru-zagalnonatsionalne-opituvannya>. Acesso em: 2 jan. 2025.

BELL, James; SIMMONS, Katie; OATES, Russ. Despite Concerns about Governance, Ukrainians Want to Remain One Country. *Pew Research Center's Global Attitudes Project*, 8 maio 2014. Disponível em: <https://www.pewresearch.org/global/2014/05/08/despite-concerns-about-governance-ukrainians-want-to-remain-one-country/>. Acesso em: 22 dez. 2024.

BELOUS, Alexander. Poroshenko rasskazal o "Pyatoi Kolonne" i atamanshchine [Poroshenko Spoke about the "Fifth Column" and Atamans]. *Zerkalo Nedeli*, 22 jan. 2018. Disponível em: <https://zn.ua/POLITICS/poroshenko-rasskazal-o-pyatoy-kolonne-i-atamanschine-272799_.html>. Acesso em: 16 dez. 2024.

______. Zhebrivskiy priglasil 500 patriotov na rabotu v Donetskuyu OGA [Zhebrivsky Invited 500 Patriots to Work in the Donetsk Regional State Administration]. *Zerkalo Nedeli*, 7 jul. 2015. Disponível em: <https://zn.ua/UKRAINE/zhebrivskiy-priglasil-500-patriotov-na-rabotu-v-doneckuyu-oga-181720_.html>. Acesso em: 6 jan. 2025.

BEN, Bohdan. Liberal Nationalism Is the Cure Ukraine Needs to Treat its Post-Colonial Scars. *Euromaidan Press*, 16 maio 2021. Disponível em: <https://euromaidanpress.com/2021/05/16/liberal-nationalism-ukraine-riabchuk/>. Acesso em: 19 dez. 2024.

BERGMAN, Michael. Breaking: Estonian Foreign Minister Urmas Paet and Catherine Ashton Discuss Ukraine over the Phone. *YouTube*, 2014. Disponível em: <https://www.youtube.com/watch?v=ZEgJ0oo3OA8>. Acesso em: 26 dez. 2024.

BERSHIDSKY, Leonid. Ukraine Is Being Told to Live with Putin. *Bloomberg*, 5 out. 2015. Disponível em: <https://www.bloomberg.com/view/articles/2015-10-05/ukraine-has-no-choice-but-to-live-with-putin>. Acesso em: 23 dez. 2024.

______. Gaming the Ukraine Crisis. *Bloomberg*, 12 maio 2015. Disponível em: <https://www.bloomberg.com/view/articles/2015-05-12/gaming-the-ukraine-crisis>. Acesso em: 23 dez. 2024.

BEZPALKO, Ulyana. Ukraina sovershila oshibku [Ukraine Made a Mistake]. *Obozrevatel*, 8 ago. 2017. Disponível em: <https://news.obozrevatel.com/politics/omelyan-bolshoe-intervyu-2-chast.htm>.

BEZPECHNAYA, Yulia. Ne lyublyu slovo "deportatsiya" [I Don't Like the Word "Deportation"]. *Aspi News*, 28 mar. 2021. Disponível em: <https://aspi.com.ua/ru/news/politika/ya-ne-lyublyu-slovo-deportaciya-reznikov-rasskazal-chto-ozhidaet-rossiyan#gsc.tab=0>. Acesso em: 6 jan. 2025.

BLUMENTHAL, Max. Is the U.S. Backing Neo-Nazis in Ukraine? *Voice of Detroit*, 24 fev. 2014. Disponível em: <https://voiceofdetroit.net/2014/03/02/is-the-u-s-backing-neo-nazis-in-ukraine/>. Acesso em: 26 dez. 2024.

BOGAPOV, German. V 2000-2004 VVP Ukrainy vozrastal v srednem na 8,4% v god, a v 2014-2017 padal na 4,8% [In 2000-2004, Ukraine's GDP Grew by an Average of 8,4% per Year, while in 2014-2017 it Fell by 4,8%]. *Zerkalo Nedeli*, 13 ago. 2018. Disponível em: <https://zn.ua/ECONOMICS/v-2000-2004-vvp-ukrainy-vozrastal-v-srednem-na-8-4-v-god-a-v-2014-2017-padal-na-4-8-291506_.html>. Acesso em: 22 dez. 2024.

BOGDAN, Tatyana. Dolgovoe Istoshchenie [Debt Burnout]. *Zerkalo Nedeli*, 15 nov. 2019. Disponível em: <https://zn.ua/finances/dolgovoe-istoschenie-336243_.html>. Acesso em: 2 jan. 2025.

BOHM, David et al. Difficult Dialogues (2006-2013). *Clark University*. Disponível em: <https://www2.clarku.edu/difficultdialogues/learn/index.cfm>. Acesso em: 19 dez. 2024.

BOIZA SLAVYANSK [Battle for Slavyansk]. *Wikipedia*, 18 dez. 2021. Disponível em: <https://ru.wikipedia.org/w/index.php?title=Boiza_Slaviansk>. Acesso em: 19 dez. 2024.

BONDARENKO, Sergey. Territorialnaya tselostnost i mezhdunarodnoe priznanie Ukrainy pod somneniem (II) [Ukraine's Territorial Integrity and International Recognition of Ukraine Are in Doubt (II)]. *e-News*, 26 ago. 2017. Disponível em: <https://e-news.su/in-ukraine/187113-territorialnaya-celostnost-i-mezhdunarodnoe-priznanie-ukrainy-pod-somneniem-ii.html>. Acesso em: 29 dez. 2024.

______. Territorialnaya tselostnost i mezhdunarodnoe priznanie Ukrainy pod somneniem (I) [Ukraine's Territorial Integrity and International Recognition of Ukraine Are in Doubt (I)]. *Dzen*, 25 ago. 2017. Disponível em: <https://dzen.ru/a/WZ-gPE_9EwoPTKQe>. Acesso em: 29 dez. 2024.

BOYD, Carolyn; CROCKER, David A.; COLE, Elizabeth A. Democratic Development and Reckoning with the Past: The Case of Spain in Comparative Context. *Carnegie Council for Ethics in International Affairs*, 25 jun. 2003. Disponível em: <https://www.carnegiecouncil.org/media/series/68/democratic-development-and-reckoning-with-the-past-the-case-of-spain-in-comparative-context-2>. Acesso em: 18 dez. 2024.

BRANDS, Hal; EDEL, Charles N. *The Lessons of Tragedy*: Statecraft and World Order. New Haven, CT: Yale University Press, 2019.

BRATUS, Natalya. Deputaty ot Partii Vengrov ustroili demarsh na pervom zasedanii Zakarpatskogo Oblsoveta [Deputies from the Hungarian Party Staged a Demarche at the First Meeting of the Zakarpattia Regional Council]. *Zerkalo Nedeli*, 7 dez. 2020. Disponível em: <https://zn.ua/UKRAINE/deputaty-ot-partii-venhrov-ustroili--demarsh-na-pervom-zasedanii-zakarpatskoho-oblsoveta.html>. Acesso em: 26 dez. 2024.

BRZEZINSKI, Zbigniew. *The Grand Chessboard*: American Primacy and its Geostrategic Imperatives. 2.ed. Nova York: Basic Books, 2016.

BUKHTIYAROV, Ivan. Ne tak strashen Pravyi sektor [The Right Sector Is not So Scary. Or Is it?]. *From-UA*, 18 mar. 2014. Disponível em: <https://from-ua.com/articles/303602-ne-tak-strashen-pravii-sektor-ili-tak.html>. Acesso em: 6 jan. 2025.

BULATOVA NIKTO ne pokhishchal [Nobody Kidnapped Bulatov: Automaidan Leader]. *Korrespondent.net*, 20 nov. 2014. Disponível em: <https://korrespondent.net/ukraine/politics/3446285-bulatova-nykto-ne-pokhyschallyder-avtomaidana>. Acesso em: 19 dez. 2024.

BULOS, Nabih. In Eastern Ukraine, some Stand Against their Defenders. *Los Angeles Times*, 21 jun. 2022. Disponível em: <https://www.latimes.com/world-nation/story/2022-06-21/in-eastern-ukraine-some-back-the-russians>. Acesso em: 26 dez. 2024.

BURAKOVSKIY, Aleksandr. Holocaust Remembrance in Ukraine: Memorialization of the Jewish Tragedy at Babi Yar. *Nationalities Papers*, v.39, n.3, p.371-89, maio 2011. Disponível em: <https://www.cambridge.org/core/journals/nationalities-papers/article/abs/holocaust-remembrance-in-ukraine-memorialization-of-the-jewish-tragedy-at-babi-yar/6D673397232C36F627B301FC9016CF1C>. Acesso em: 16 dez. 2024.

BURNETT, Erin. "They've Found Traitors": Why Ukrainians Find it Hard to Hold Key Town. *CNN*, 12 maio 2022. Disponível em: <https://us.cnn.com/videos/tv/2022/05/11/ukraine-pushback-on-russia-nickpaton-walsh-ebof.cnn/video/playlists/top-news-videos/>. Acesso em: 20 dez. 2024.

BURNS JR., Charles Kellar. *The Balkan Policy of Count Gyula Andrássy*. Texas, 1980. Tese (Doutorado em Filosofia) – Rice University. Disponível em: <https://repository.rice.edu/items/c63b1ca2-4018-4f86-9d41-bc3d73f3fc65>. Acesso em: 6 jan. 2025.

BUTTERFIELD, Herbert. *Writings on Christianity and History.* Nova York: Oxford University Press, 1979.

BUTUSOV, Yuri. Dmytro Yarosh: "Pershyi nastupalnyi bii viiny vidbuvsya 20 kvitnya 2014" [Dmytro Yarosh: "The First Offensive Battle of the War Took Place on April 20, 2014 in Slavyansk"]. *Gordon.ua*, 23 abr. 2016. Disponível em: <https://gordonua.

com/news/war/yarosh-pervyy-nastupatelnoy-boy-voyny-proizoshel-20-aprelya-2014-goda-v-slavyanske-vizitka-yarosha-byla-na-samom-dele-129598.html>. Acesso em: 3 jan. 2025.

BUTUSOV, Yuri. Dmytro Yarosh: "Pershyi nastupalnyi bii viinyvidbuvsya20Kvitnya 2014-ho" [Dmytro Yarosh: "The First Offensive of the War Took Place on April 20, 2014"]. *Censor.net*, 22 abr. 2016. Disponível em: <https://censor.net/ru/resonance/385673/dmitro_yarosh_pershiyi_nastupalniyi_byi_vyini_vdbuvsya_20_kvtnya_2014go_dobrovolts_atakuvali_blokpost>.

BUZAN, Barry; WÆVER, Ole. Slippery? Contradictory? Sociologically Untenable? The Copenhagen School Replies. *Review of International Studies*, v.23, n.2, p.241-50, abr. 1997.

BUZINA, Oles. Ukraina – ne Galichina [Ukraine Is Not Galicia]. *Buzina.org*, 10 jan. 2012. Disponível em: <https://buzina.org/publications/2129-ukraina-ne-galichina-7.html>. Acesso em: 27 dez. 2024.

BYVSHIY PREZIDENT Ukrainy Viktor Yushchenko nazval zhitelei strany "kvazinatsiei" [Former Ukrainian President Viktor Yushchenko Called the Country's Residents a "Quasination"]. *Argumenty i fakty*, 28 ago. 2021. Disponível em: <https://argumenti-ru.turbopages.org/argumenti.ru/s/world/2021/08/736023>. Acesso em: 19 dez. 2024.

CANOVAN, Margaret. *Nationhood and Political Theory.* Cheltenham, UK; Brookfield, Vermont: Edward Elgar, 1996.

CARNES, Ben. Kissinger's Flawed and Offensive Analysis of Ukraine. *Washington Times*, 10 mar. 2014. Disponível em: <https://www.washingtontimes.com/news/2014/mar/10/carnes-kissingers-flawed-and-offensive-analysis-uk/>. Acesso em: 21 dez. 2024.

CARRANZA, Ruben. Plunder and Pain: Should Transitional Justice Engage with Corruption and Economic Crimes? *International Journal of Transitional Justice*, v.2, n.3, p.310-30, dez. 2008. Disponível em: <https://doi.org/10.1093/ijtj/ijn023>. Acesso em: 29 dez. 2024.

CAT, Heavenly. Fashisty rasstrelivayut mirnykh zhitelei [The Fascists Are Shooting Peaceful Civilians]. *YouTube*, 9 maio 2014. Disponível em: <https://perma.cc/WV2K-N2A4>. Acesso em: 22 dez. 2024.

CAWOOD, Hunter. Five Reasons Why It's Time to #Recognize Crimea. *Russian International Affairs Council*, 11 mar. 2020. Disponível em: <https://russiancouncil.ru/en/analytics-and-comments/columns/political-life-of-usa/five-reasons-why-it-s-time-to-recognizesrimea/>. Acesso em: 22 dez. 2024.

CHABARAI, Anna. Po rusyfikovanykh mistakh. Shcho ukraintsi dumayut pro movnyi zakon ta "utysky rosiiskomovnykh" [In Russified Cities. What Ukrainians Think about the Language Law and "Opression of Russian-Speakers"]. *Tyzhden.ua*, 15 set. 202. Disponível em: <https://tyzhden.ua/po-rusyfikovanykh-mistakh-shcho-ukraintsi-dumaiut-pro-movnyj-zakon-ta-utysky-rosijskomovnykh/>. Acesso em: 14 jan. 2025.

CHALENKO, Alexander. 100 let pervoi nezavisimosti [100 Years of the First Independence: From the IV Universal to the "Act of Zluka"]. *Ukraina.ru*, 22 jan. 2018. Disponível em: <https://ukraina.ru/exclusive/20180122/1019802575.html>. Acesso em: 16 dez. 2024.

CHALENKO, Alexander. Zapadnaya Ukraina nakanune GKChP [Western Ukraine on the Eve of the State Emergency Committee: How the Communists Gained Independence]. *Ukraina.ru*, 22 ago. 2016. Disponível em: <https://ukraina.ru/exclusive/20160822/1017307218.html>. Acesso em: 16 dez. 2024.

______. Mikhail "Berkut" Shatokhin [Mikhail "Berkut" Shatokhin: Khodakovsky Was the First to Appear in Donetsk with a Weapon]. *Ukraina.ru*, 17 jul. 2015. Disponível em: <https://ukraina.ru/20150717/1013685597.html>. Acesso em: 16 dez. 2024.

______. Kornilov izdal pervuyu istoriyu Donetsko-Krivorozhskoi Respubliki [Kornylov Published the First History of the Donetsk-Kryvorz Republic]. *Ukrainska pravda*, 3 out. 2011. Disponível em: <https://blogs.pravda.com.ua/authors/chalenko/4e89cc4aef953/>. Acesso em: 16 dez. 2024.

CHANCE, Matthew; ULLAH, Zahra. Ukraine Spies Tried to Ensnare Alleged Russian War Criminals with a Fake Website, Promises of Riches and an International Sting. *CNN*, 8 set. 2021. Disponível em: <https://edition.cnn.com/2021/09/07/europe/ukraine-belarus-russia-mercenaries-sting/index.html>. Acesso em: 26 dez. 2024.

CHAPMAN, Mark. Robert Kagan's "The Jungle Grows Back". *The New Kremlin Stooge*, 11 ago. 2019. Disponível em: <https://thenewkremlinstooge.wordpress.com/2019/08/11/book-review-robert-kagans-the-jungle-grows-back/>. Acesso em: 26 dez. 2024.

CHEKIS, Olga. Reintegratsiya Donbassa [Reintegration of Donbass]. *Zerkalo Nedeli*, 1º jul. 2021. Disponível em: <https://zn.ua/POLITICS/reintehratsija-donbassa-kak-i-kohda-nachinat-podhotovku-k-bezopasnym-vyboram.html>. Acesso em: 27 dez. 2024.

CHEMAKIN, Anton. "Psikhoz otorvannosti ot vsego mira" ["The Psychosis of Isolation from the Whole World". Hole Future Leaders of the OUN Demanded a Truce with the Bolsheviks]. *Ukraina.ru*, 11 abr. 2019. Disponível em: <https://ukraina.ru/20190411/1023248067.html>. Acesso em: 18 dez. 2024.

______. "Russky natsionalist" ili "ukrainsky avtonomist"? ["Russian Nationalist" or "Ukrainian Autonomist"?]. *Ukraina.ru*, 25 fev. 2019. Disponível em: <https://ukraina.ru/history/20190225/1022806360.html>. Acesso em: 18 dez. 2024.

______. "My dolzhny reshitelno skazat: my – russkie, i Kiev – nash" ["We Must Say Decisively: We Are Russians, and Kiev Is ours"]. *Ukraina.ru*, 14 fev. 2019. Disponível em: <https://ukraina.ru/20190214/1022667672.html>. Acesso em: 18 dez. 2024.

CHERNYSHOV, V. Ukrainizatsiya kak ona byla [Ukrainianization as it Was]. *Maloros.ru*, [s.d.]. Disponível em: <https://malorus.ru/ukrstor/czernyszew-ukrainisazija.html>. Acesso em: 3 jan. 2025.

CHERVAK, Bogdan. Formalnyi' i "realnyi" natsionalizm Franko [Franko's "Formal" and "Real" Nationalism, or Lessons from a Controversy]. *Den*, n.151, 28 ago. 2009. Disponível em: <https://day.kyiv.ua/ru/article/kultura/formalnyy-i-realnyy-nacionalizm-franko-ili-uroki-odnoy-polemiki>. Acesso em: 18 dez. 2024.

CHERVAK, Boris. Stanet li Donbas Ukrainskim? [Will Donbass Become Ukrainian?]. *Ukrainska pravda*, 10 jul. 2014. Disponível em: <https://www.pravda.com.ua/rus/columns/2014/07/10/7031364/>. Acesso em: 18 dez. 2024.

CHESNOKOVA, Ekaterina. Esli Kiev ne proidet svoi katarsis, Donbass uidet k RF i Belorussii – Yermolaev [If Kiev Does not Undergo its Catharsis, Donbass Will Go to

Russian and Belarus – Yermolaev]. *Ukraina.ru*, 18 dez. 2019. Disponível em: <https://ukraina.ru/news/20191218/1026067559.html>. Acesso em: 20 dez. 2024.

CHESTERTON, Gilbert Keith. *The Napoleon of Notting Hill*. Londres: John Lane, 1904. [Ed. bras.: *O Napoleão de Notting Hill*. São Paulo: Ecclesiae, 2016.]

CHISLENNOST I SOSTAV naseleniya avtonomnoi Respubliki Krym po itogam vseukrainskoi perepisi naseleniya 2001 goda [The Number and Composition of the Population of the Autonomous Republic of Crimea According to the Results of the All-Ukrainian Population Census of 2001]. *Gosudarstvennyi komitet statistiki Ukrainy*, [s.d.]. Disponível em: <https://2001.ukrcensus.gov.ua/eng/results/general/nationality/Crimea/>. Acesso em: 19 dez. 2024.

CHORNOVIL Vyacheslav Maksymovych. *Wikipedia*, 4 out. 2021. Disponível em: <https://uk.wikipedia.org/w/index.php?title=Chornovil_V'yacheslav_Maksymovych>. Acesso em: 18 dez. 2024.

CHUBAROV Calls on Ukraine Authorities to Change Crimea's Status in Constitution. *Unian*, 20 jan. 2017. Disponível em: <https://www.unian.info/politics/1734946-chubarov-calls-on-ukraine-authorities-to-change-cri-meas-status-in-constitution.html>. Acesso em: 16 dez. 2024.

CÍCERO [Cycyron]. Galitskaya istoriya Ukrainy [Galician History of Ukraine]. *Live Journal*, 29 mar. 2016. Disponível em: <https://cycyron.livejournal.com/4278510.html>. Acesso em: 19 dez. 2024.

CLARK UNIVERSITY. What Is Dialogue? *Difficult Dialogues (2006-2013)*. Disponível em: <https://www2.clarku.edu/difficultdialogues/learn/index.cfm>. Acesso em: 6 jan. 2025.

CLARK, Jeffrey. *Elections, Revolution and Democracy in Ukraine*: Reflections on a Country's Turn to Democracy, Free Elections and the Modern World. Washington, DC: Development Associates, 2005.

COMMISSION FOR HISTORICAL CLARIFICATION/COMISSÃO DE ESCLARECIMENTO HISTÓRICO DA GUATEMALA (CEH). *Guatemala Memory of Silence*. Report of the Commission for Historical Clarification: Conclusions and Recommendations. Guatemala: CEH, 2015. Disponível em: <https://www.ca1.uscourts.gov/sites/ca1/files/citations/Guatemala%20Memory%20of%20Silence%20Report%20of%20the%20Commission%20for%20Historical%20Clarification%20Conclusions%20and%20Recommendations.pdf>. Acesso em: 29 dez. 2024.

CRAIGIE, Allan. Unionism and Pan-Nationalism: Exploring the Dialectical Relationship between Minority and Majority Sub-State Nationalism. In: LECOURS, André; MORENO, Luis (orgs.). *Nationalism and Democracy*: Dichotomies, Complementarities, Oppositions. Londres: Routledge, 2010.

CREMONESI, Lorenzo. Ucraina, Tra i Russi al Fronte. *Corriere della Sera*, 18 fev. 2015. Disponível em: <https://perma.cc/AK4V-7LZX?type=image>. Acesso em: 22 dez. 2024.

CRIMEA CANNOT BE Returned to Ukraine, Czech President Says. *Reuters*, 9 set. 2016. Disponível em: <https://www.reuters.com/article/us-ukraine-crisis-crimea-czech-idUSKCN11F184>. Acesso em: 19 dez. 2024.

CRITCHLEY, Simon. *Tragedy, the Greeks, and Us*. Nova York: Vintage Books, 2020.

D. MEDVEDEV podschital, skolko mlrd doll. SShA Rossiya podarila Ukraine [D. Medvedev Calculated How many Billions US Dollars Russia Gave to Ukraine]. *Neftegaz*, 10 dez. 2014. Disponível em: <https://neftegaz.ru/news/politics/235589-d-medvedev-podschital-skolko-mlrd-doll-ssha-rossiya-podarila-ukraine/>. Acesso em: 19 dez. 2024.

DAG, O. George Orwell: Notes on Nationalism. *Orwell.ru*, 29 dez. 2019. Disponível em: <https://orwell.ru/library/essays/nationalism/english/e_nat>. Acesso em: 27 nov. 2021.

DAVID LANE. *Southern Poverty Law Center*, [s.d.]. Disponível em: <https://www.splcenter.org/fighting-hate/extremist-files/individual/david-lane>. Acesso em: 13 jan. 2022.

DAVIS, Madeleine. Is Spain Recovering its Memory? Breaking the "Pacto del Olvido". *Human Rights Quarterly*, v.27, n.3, p.858-80, ago. 2005. Disponível em: <http://www.jstor.org/stable/20069813>. Acesso em: 26 dez. 2024.

DE BIASE, Luigi. L'Ucraina, piccola Rus [Ukraine, Little Rus']. *Il Foglio*, 14 abr. 2014. Disponível em: <https://www.ilfoglio.it/articoli/2014/04/14/news/lucraina-piccola-rus-50579/>. Acesso em: 26 dez. 2024.

DEKHTYARENKO, Artem. Viktor Yushchenko: u Zakharchenko net ni odnogo tanka [Viktor Yushchenko: Zakharchenko Does not Have a Single Tank]. *Apostrophe*, 28 set. 2015. Disponível em: <https://apostrophe.ua/article/politics/2015-09-28/viktor-yuschenko-u-zaharchenko-net-ni-odnogo-tanka-o-chem-myi-s-nim-dogovarivaemsya/2307.

DENISENKO, Igor. Demokraiya v typike [Democracy at a Dead End]. *Zerkalo Nedeli*, 8 fev. 2022. Disponível em: <https://zn.ua/internal/demokratija-v-tupike-zhizn-v-hromadakh-bez-vyborov.html>. Acesso em: 22 dez. 2024.

DEPUTATY PERETRUSYLY komitety pid Lyashka [Deputies Shake Up under Lyashko]. *Ukrainska pravda*, 11 dez. 2014. Disponível em: <https://www.pravda.com.ua/news/2014/12/11/7051672/>. Acesso em: 19 dez. 2024.

DERKUL, Olga. Sotsiologiya podtverzhdaet etnotsid Russkikh na Ukraine [Sociology Confirms the Ethnocide of Russians in Ukraine]. *Discred.ru*, 23 abr. 2017. Disponível em: <https://www.discred.ru/2017/04/23/sotsiologiya-podtverzhdaet-etnotsid-russkih-na-ukraine/>. Acesso em: 27 dez. 2024.

DIETZ, Mary G. Patriotism. In: BALL, Terence; FARR, James; HANSON, Russell L. (orgs.). *Political Innovation and Conceptual Change.* Cambridge; Nova York: Cambridge University Press, 1989.

DINAMIKA SOTSIALNO-politychnykh nastroiv ta otsinok naselennya Ukrainy [Trends in the Socio-Political Sentiments and Assessments of the Ukrainian Population]. *Center Social Monitoring*, maio 2021. Disponível em: <https://smc.org.ua/dynamika-sotsialno-politychnyh-nastroyiv-ta-otsinok-naselennya-ukrayiny-traven-2021-roku-2-2611>.

DOBKIN I SHISHATSKY na syezde yugovostochnykh regionov uveryayut, chto oni – za tselostnost Ukrainy [Dobkin and Shishatsky at the Congress of the South-Eastern Regions Assure that They Are for the Integrity of Ukraine]. *Ukrainskaya pravda*, 22 fev. 2014. Disponível em: <https://www.pravda.com.ua/rus/news/2014/02/22/7015689/>. Acesso em: 20 dez. 2024.

DOBRIANSKY, Andrij V. Lackluster Journalism on Russo-Ukrainian War from PBS and Pulitzer Center. *Euromaidan*, 10 jul. 2016. Disponível em: <https://euromaidanpress.com/2016/07/10/lackluster-journalism-on-russo-ukrainian-war-from-pbs-newshour-and-pulitzer-center/>. Acesso em: 17 dez. 2024.

DOLGOV, Anna. Russian Citizen Elected Sevastopol Mayor Amid Pro-Moscow Protests in Crimea. *The Moscow Times*, 25 fev. 2014. Disponível em: <https://themoscowtimes.com/news/article/russian-citizen-elected-sevastopol-mayor-amid-pro-moscow-protests-in-crimea/495113.html>. Acesso em: 26 dez. 2024.

DOMINICK, Jesse. What Rights Does the Ukrainian Orthodox Church Really Have? *Orthodox Christianity*, 29 nov. 2018. Disponível em: <https://orthochristian.com/117556.html>. Acesso em: 22 dez. 2024.

DONETSK PATRULIRUYUT otryady kazakov i veteranov-afgantsev [Donetsk Is Patrolled by Cossacks and Afghan Veterans]. *Korrespondent*, 26 jan. 2014. Disponível em: <https://korrespondent.net/ukraine/politics/3297360-donetsk-patrulyruuit-otriady-kazakov-y-veteranov-afhantsev>. Acesso em: 19 dez. 2024.

DOVER, K. J. The Political Aspect of Aeschylus's Eumenides. *The Journal of Hellenic Studies*, v.77, parte 2, p.230-7, 1957.

DOVZHENKO, Alexander. Dnevnikovye Zapisi Aleksandra Dovzhenko obyasnyayut segodnya grazhdanskuyu voynu Na Ukraine [Alexander Dovzhenko's Diary Entries Explain Today's Civil War in Ukraine]. *Livejournal*, 16 set. 2020. Disponível em: <https://perma.cc/XU34-DCY9>. Acesso em: 20 dez. 2024.

DREYFUS, Emmanuel. Ukraine beyond Politics. *Le Monde Diplomatique*, 1º mar. 2014. Disponível em: <https://mondediplo.com/2014/03/02ukraine>. Acesso em: 20 dez. 2024.

DRISCOLL, Jesse. Ukraine's Civil War: Would Accepting this Terminology Help Resolve the Conflict? *Ponars Eurasia*, fev. 2019. Disponível em: <https://www.ponarseurasia.org/wp-content/uploads/attachments/Pepm572_Driscoll_Feb2019_2-1.pdf>. Acesso em: 24 dez. 2024.

DRUZHININ, Aleksei. Kandidatura Aksyonova na post glavy Kryma byla soglasovana s Yanukovichem v Fevrale 2014 Goda [Aksyonov's Candidacy for the Post of Head of Crimea Was Agreed upon with Yanukovych in February 2014]. *Tass*, 10 mar. 2016. Disponível em: <https://tass.ru/politika/2728698>. Acesso em: 16 dez. 2024.

______. Putin obyasnil, v svyazi s chem prinyal reshenie vozvratit Krym v sostav Rossii [Putin Explained Why He Decided to Return Crimea to Russia]. *Tass*, 9 mar. 2015. Disponível em: <https://tass.ru/politika/1816491>. Acesso em: 16 dez. 2024.

DUBINYANSKI, Mikhail. Den, yakyi [ne] zminyv use [The Day that Did [Not] Change Everything]. *Ukrainska pravda*, 24 mar. 2022. Disponível em: <https://www.pravda.com.ua/articles/2022/03/24/7334183/>. Acesso em: 26 dez. 2024.

______. Ukraina velyka i mala [Ukraine Big and Small]. *Ukrainska pravda*, 10 abr. 2021. Disponível em: <https://www.pravda.com.ua/articles/2021/04/10/7289691/>. Acesso em: 26 dez. 2024.

DUDAR, Anton. Zhebrivskiy naznachil mestnye vybory v chasti Donbassa na 29 noyabrya [Zhebrivsky Has Set Local Elections in Part of Donbass for November 29]. *Zerkalo Nedeli*, 19 ago. 2015. Disponível em: <https://zn.ua/POLITICS/zhebrivskiy-naznachilmestnye-vybory-na-chasti-donbassa-na-29-noyabrya-186076_.html>. Acesso em: 6 jan. 2025.

DUDCHAK, Aleksandr. Posol SShA prodolzhaet razdavat tituly Ukraine [US Ambassador Continues Hand Out Titles to Ukraine]. *Ukraina.ru*, 10 mar. 2016. Disponível em: <https://ukraina.ru/analytics/20160310/1015841918.html>. Acesso em: 16 dez. 2024.

DYE, Chris. Independence Referendums: Ballot for Saarland Referendum 1955. *Independence Referendums,* 3 nov. 2010. Disponível em: <http://independencereferendum.blogspot.com/2010/11/ballot-for-saarland-referendum-1955.html>. Acesso em: 19 dez. 2024.

DYNA MYKA SOTSIALNO-politichnykh nastroiv ta otsinok naselennya Ukrainy traven 2021 roku [Trends in Socio-Political Sentiments and Assessments of the Population of Ukraine in May 2021]. *Social Monitoring Center,* 15 jun. 2021. Disponível em: <https://smc.org.ua/dynamika-sotsial-no-politychnyh-nastroyivta-otsinok-naselennya-ukrayiny-traven-2021-roku-2-2611/>.

DYNAMYKA OTNOSHENIYA naseleniya Ukrainy k Rossii i naseleniya Rossii k Ukraine [Dynamics of Ukraine's Attitude toward Russia and Russian Population's Attitude toward Ukraine]. *Kiev International Institute of Sociology,* 27 jun. 2013. Disponível em: <https://www.kiis.com.ua/?lang=eng&cat=reports&id=177>. Acesso em: 20 dez. 2024.

DZYR, Y. I. *Litopys Samovydtsya* [Chronicle of an Eyewitness]. Kiev: Naukova Dumka, 1971.

EAGLETON, Terry. *Sweet Violence*: The Idea of the Tragic. Oxford: Blackwell, 2003. [Ed. bras.: *Doce violência*: a ideia do trágico. Trad. Alzira Vieira Allegro. São Paulo: Editora Unesp, 2013.]

EASTERLING, P. E. (org.). *The Cambridge Companion to Greek Tragedy.* Cambridge, RU: Cambridge University Press, 1997.

ECKSTEIN, Harry. Case Study and Theory in Political Science. In: GREENSTEIN, Fred I.; POLSBY, Nelson W. (orgs.). *Handbook of* Political *Science,* v.7: Strategies of Inquiry. Reading, MA: Addison-Wesley, 1975.

ECONOMIC IMPACT of a Deep and Comprehensive FTA between the EU and the Ukraine. *Oxford Economics,* p.122-3, 2012. Disponível em: <https://www.oxfordeconomics.com/my-oxford/projects/128886>.

EIDLIN, Fred. Berlin Alarmed by Aggressive Nato Stance on Ukraine. *Riac,* 11 jan. 2016. Disponível em: <https://russiancouncil.ru/en/blogs/fred-eidlin-en/_2248/>. Acesso em: 19 dez. 2024.

EKONOMIKA UKRAINY nazdozhene Polshchu cherez 50 rokiv [Ukraine's Economy Will Catch Up to Poland in 50 Years]. *Volynski novyny,* 17 fev. 2019. Disponível em: <https://www.volynnews.com/news/all/ekonomika-ukrayiny-nazdozhene-polshchu-cherez-50-rokiv-ministr-finansiv/>. Acesso em: 20 dez. 2024.

EKSGLAVA SBU rasskazal, kto vinovat v potere Kryma Ukrainoi [Former Head of SBU Told Who Is to Blame for Ukraine's Loss of Crimea]. *RIA Novosti Krym,* 30 mar. 2019. Disponível em: <https://crimea.ria.ru/20190330/1116330506.html>. Acesso em: 20 dez. 2024.

EKSPERT: RUSINY v Zelenskogo ne veryat. [Expert: Rusyns don't Believe in Zelensky]. *Pravda,* 19 jun. 2019. Disponível em: <https://www.pravda.ru/world/1421202-tjaskio/>. Acesso em: 29 dez. 2024.

EKS-PREMYER YAPONII – referendumv Krymu otrazil volyu naroda [Former Japanese Prime Minister Yukio Hatoyama: Crimea Referendum Reflected the Will of the People]. *RT na russkom*, 12 mar. 2015. Disponível em: <https://russian.rt.com/article/79030>. Acesso em: 20 dez. 2024.

ENCARNACIÓN, Omar G. Reconciliation after Democratization: Coping with the Past in Spain. *Political Science Quarterly*, v.123, n.3, p.435-59, 2008. Disponível em: <http://www.jstor.org/stable/20203049>. Acesso em: 27 dez. 2024.

ENGELSTAD, Kirsten. Utsettes også vi for propaganda? (Debatt) [Are We Being Exposed to Propaganda?]. In: Krim – der påstand møter påstand. *Aftenposten*, 17 nov. 2017. Disponível em: <https://www.aftenposten.no/meninger/debatt/i/79Wa8/krim-der-paastand-moeter-paastand-kirsten-engelstad>. Acesso em: 18 dez. 2024.

EPHIALTES. In: BLACKWELL, Christopher (org.). *Dēmos*: Classical Athenian Democracy. [s.L.]: *The Stoa*, [s.d.]. Disponível em: <https://ancientworldonline.blogspot.com/2012/03/demos-classical-athenian-democracy.html>. Acesso em: 21 out. 2021.

EPISKOP BARYSHEVSKY Viktor rasskazal o realnoi statistike perekhodov obshchin iz Ukrainskoi Pravoslavnoi Tserkvi v PTsU [Bishop Viktor of Baryshevsky Spoke about the Real Statistics of Communities Moving from the Ukrainian Orthodox Church to the OCU]. *Patriarchia.ru*, 21 fev. 2019. Disponível em: <http://www.patriarchia.ru/db/print/5375891.html>. Acesso em: 20 fev. 2024.

ERMAK: MINSKIE soglasheniya vypolnit nevozmozhno, nuzhno vnosit korrektivy [Yermak: Minsk Agreements Cannot Be Implemented, Adjustments Need To Be Made]. *Ukrainska pravda*, 13 fev. 2021. Disponível em: <https://www.pravda.com.ua/rus/news/2021/02/13/7283333/>. Acesso em: 20 fev. 2024.

ESLI KIEV ne proidet svoi katarsis [If Kiev Does not Undergo its Catharsis, Donbass Will Go to Russia and Belarus]. *Ukraina.ru*, 18 dez. 2019. Disponível em: <https://ukraina.ru/news/20191218/1026067559.html>. Acesso em: 18 dez. 2024.

EUBEN, J. Peter. The Tragedy of Tragedy. *International Relations*, v.21, n.1, p.15-22, 2007.

______ (org.). *Greek Tragedy and Political Theory.* Berkeley: University of California Press, 1986.

EUROPEAN PARLIAMENT Resolution of 13 December 2012 on the Situation in Ukraine. Disponível em: <https://www.europarl.europa.eu/doceo/document/TA-7-2012-0507_EN.html>. Acesso em: 10 nov. 2021.

FARION, Ivan. Derzhavna mova znovu poperek horla ukrainofobam [The State Language Is once again at the throat of Ukrainophobes]. *Vysokyi zamok*, 23 dez. 2020. Disponível em: <https://wz.lviv.ua/ukraine/426637-derzhavna-mova-znovu-poperek-horla-ukrainofobam>. Acesso em: 22 dez. 2024.

FEDERAL GOVERNMENT. Rede von Bundeskanzlerin Merkel Beim 3. Deutsch-Ukrainischen Wirtschaftsforum am 29 November 2018 in Berlin [Speech by Chancellor Merkel at the 3rd German-Ukrainian Economic Forum on 29 November, 2018 in Berlin]. *Presseund Informations amt der Bundesregierung*, 29 nov. 2018. Disponível em: <https://www.bundesregierung.de/breg-de/aktuelles/rede-von-bundeskanzlerin-merkel-beim-3-deutsch-ukrainischen-wirtschaftsforum-am-29-november-2018-in-berlin-1555732>. Acesso em: 29 dez. 2024.

FEDOTOV, Georgy Petrovich. Khristianskaya tragediya [Christian Tragedy]. In: *Collected Works*. v.9. Moscou: Sam and Sam, 1996. Disponível em: <https://azbyka.ru/otechnik/Georgij_Fedotov/hristianskaja-tragedija/>. Acesso em: 22 dez. 2024.

FELDMAN, Albert Leizer. Krizis ukrainskoi vlasti [The Crisis of Ukrainian Governance]. *Korrespondent*, 20 set. 2017. Disponível em: <http://blogs.korrespondent.net/blog/events/3888291>.

FELSKI, Rita (org.). *Rethinking Tragedy*. Baltimore: Johns Hopkins University Press, 2008.

FERGUSON, John. *A Companion to Greek Tragedy*. Austin; Londres: University of Texas Press, 1972.

FERGUSON, Jonathan; JENZEN-JONES, N. R. *Raising Red Flags*: An Examination of Arms and Munitions in the Ongoing Conflict in Ukraine, 2014. [s.L.]: Armament Research Services, 2014.

FESER, Reinhard. Izvilistyi put kharkovskogo gradonachalnika Kernesa [The Tortuous Path of Kharkov Mayor Kernes]. *Inosmi*, 17 abr. 2019. Disponível em: <https://inosmi.ru/politic/20190417/244953837.html>. Acesso em: 29 dez. 2024.

FILIPOV, Ivan. Tuka o vezdesushchikh agentakh Kremlya [Tuka Announced the Omnipresent Kremlin Agents in the Ukrainian State]. *Xoroshiy*, 28 nov. 2017. Disponívelem:<https://xoroshiy.ru/69049-tuka-obyavil-ovezdesuschih-agentah-kremlya-vukrainskom-gosudarstve-nedrugi-vezde.html>. Acesso em: 2 jan. 2025.

FISHER, Lucy; HAYNES, Deborah. Leaked Emails Expose Russian Dirty Tricks. *The Times*, 2 abr. 2018. Disponível em: <https://www.thetimes.com/article/leaked-emails-expose-russian-dirty-tricks-cmfkskj82>. Acesso em: 26 dez. 2024.

FLYNN, M. K. Political Mobilization in Eastern Ukraine: The Referendum of 1994 in the Donetsk Oblast. *The European Legacy*, v.1, n.1, p.342-9, 1996. Disponível em: <https://doi.org/10.1080/10848779608579417>. Acesso em: 26 dz. 2024.

FORBES' "Russian Casualties in Ukraine" Report that Set MSM on Fire Was a Fake. *Russia Insider*, 31 ago. 2015.

FOREIGN FIGHTERS IN UKRAINE. *Balkan Insight*, [s.d.]. Disponível em: <https://balkaninsight.com/foreign-fighters-in-ukraine/>. Acesso em: 15 jan. 2022.

FRANKIVTSI KYDAYUT kokteili Molotova v prymishchennya oblasnoho SBU [Frankivsk Residents Throw Molotov Cocktails at the Regional SBU Building]. *Halytskyi Korespondent*, 19 fev. 2014. Disponível em: <https://gk-press.if.ua/x11229/>. Acesso em: 18 dez. 2024.

FRASI SALVIANI sulla Crimea, Ucraina convoca l'ambasciatore italiano. *Corriere della Sera*, 22 jul. 2018. Disponível em: <https://www.corriere.it/politica/18_luglio_22/frasi-salvini-crimea-ucraina-convoca-ambasciatore-italiano-9222baf6-8dae-11e8-8382-fa27f64b6a47.shtml>. Acesso em: 29 dez. 2024.

FRATTINI: S UKRAINOI sdelali to zhe, chto i s Gruziei [Frattini: They Did the Same to Ukraine as to Georgia]. *Vesti*, 7 mar. 2015. Disponível em: <https://www.vesti.ru/article/1753965>. Acesso em: 21 dez. 2024.

FRIEDMAN, Thomas L. Now a Word from X. *New York Times*, 2 maio 1998. Disponível em: <https://www.nytimes.com/1998/05/02/opinion/foreign-affairs-now-a-word-from-x.html>. Acesso em: 2 jan. 2025.

FRIEDMAN, Uri. A 24-Step Plan to Resolve the Ukraine Crisis. *The Atlantic*, 26 ago. 2014. Disponível em: <https://www.theatlantic.com/international/archive/2014/08/a-24-step-plan-to-resolve-the-ukraine-crisis/379121/>. Acesso em: 2 jan. 2025.

FROST, Mervyn. Tragedy, Ethics and International Relations. *International Relations*, v.17, n.4, p.477-95, 2003.

FUKUYAMA, Francis. A Country of their Own: Liberalism Needs the Nation. *Foreign Affairs*, maio-jun. 2022. Disponível em: <https://www.foreignaffairs.com/articles/ukraine/2022-04-01/francis-fukuyama-liberalism-country>. Acesso em: 22 dez. 2024.

FULL TEXT OF GENEVA Agreement on Ukraine. *Interfax-Ukraine*, 18 abr. 2014. Disponível em: <https://en.interfax.com.ua/news/general/201277.html>. Acesso em: 21 dez. 2024.

GADDY, Clifford G. et al. Around the Halls: Has the Ruble Gone to Rubble? *Brookings*, 17 dez. 2014. Disponível em: <https://www.brookings.edu/blog/up-front/2014/12/17/around-the-halls-has-the-ruble-gone-to-rubble/>. Acesso em: 19 dez. 2024.

GAFAROV RASSKAZAL, kak izmenilos otnoshenie krymskih tatar k sobytiyam 2014–go [Gafarov Told How the Attitude of the Crimean Tatars to the Events of 2014 Has Changed]. *RIA Krym*, 28 fev. 2019. Disponível em: <https://crimea.ria.ru/vesna2019/20190228/1116156729.html>. Acesso em: 21 dez. 2024.

GAIDA, Fyodor. Zrada na million griven [Betrayal for a Million Hryvnias]. *Ukraina.ru*, 19 nov. 2019. Disponível em: <https://ukraina.ru/20191119/1025712466.html>. Acesso em: 21 dez. 2024.

GALADZHYI, Elena. Chto novyi sekretar SNBO govoril o Donbasse, ES i Putine [What the NSDC Secretary Said about Donbass, the EU and Putin]. *KP in Ukraine*, 4 out. 2019. Disponível em: <https://kp.ua/politics/648564-chto-novyi-sekretar-snbo-hovoryl-o-donbasse-es-y-putyne?_x_tr_sl=ru&_x_tr_tl=ru&_x_tr_hl=en-US>. Acesso em: 25 dez. 2021.

GALLAGHER, Sean. Catholic Archbishop, Orthodox Leader See Significance in Havana Meeting. *Catholic Philly*, 23 fev. 2016. Disponível em: <https://catholicphilly.com/2016/02/news/nationalnews/catholic-archbishop-orthodox-leader-see-significance-in-havana-meeting/>. Acesso em: 29 dez. 2024.

GAMEL, Mary-Kay. The Postclassical Reception of Greek Tragedy. In: LEFKOWITZ, Mary; ROMM, James (orgs.). *The Greek Plays*: Sixteen Plays by Aeschylus, Sophocles, and Euripides. Nova York: Modern Library, 2016.

GANGLOFF, Camille. *L'Import-export de la democratie*: Serbie, Georgie, Ukraine. Paris: L'Harmattan, 2008.

GARDUS, Maksim. Evropa stroit novuyu avtomagistral v obezd Ukrainy [Europe Is Building a New Highway to Bypassing Ukraine]. *Apostrophe*, 11 mar. 2016. Disponível em: <https://ukrrudprom.com/digest/Evropa_stroit_novuyu_avtomagistral_v_obezd_Ukraini_chem_eto_groz.html>. Acesso em: 26 dez. 2024.

GATEHOUSE, Gabriel. The Untold Story of the Maidan Massacre. *Information Clearing House*, 13 fev. 2015. Disponível em: <https://perma.cc/5CAU-VXEY>. Acesso em: 21 dez. 2024.

______. Neo-Nazi Threat in New Ukraine. *BBC Newsnight*, 28 fev. 2014. Disponível em: <https://www.youtube.com/watch?v=5SBo0akeDMY>. Acesso em: 26 dez. 2024.

GATHMANN, Moritz; SCHEPP, Matthias. Maidan-Jahrestag in Kiew: Das unaufgeklärte Massaker [Maidan Anniversary in Kiev: The Unsolved Massacre]. *Der Spiegel*, 18 fev. 2015. Disponível em: <https://www.spiegel.de/politik/ausland/maidan-jahrestag-in-kiew-das-unaufgeklaerte-massaker-a-1019044.html>. Acesso em: 26 dez. 2024.

GAVIN, Gabriel. Ultranationalist Organizations Are Radicalizing Ukraine's Young People, and the Kiev Government Is Paying them for it. *RT International*, 2 dez. 2020. Disponível em: <https://www.rt.com/russia/508427-ultranationalist-organisations-kiev-government/>. Acesso em: 21 dez. 2024.

GEISTLINGER, Michael. Der Beitritt der Republik Krim zur Russländischen Föderation aus der Warte des Selbstbestimmungsrechts der Völker [The Republic of Crimea Joining the Russian Federation from the Point of View of the Right of Peoples to Self-Determination]. *Archiv des Völkerrechts*, v.52, n.2, p.175-204, 2014.

GELB, Leslie H. How to Solve the Ukraine. *Daily Beast*, 9 mar. 2014. Disponível em: <https://www.thedailybeast.com/articles/2014/03/09/leslie-h-gelb-cut-the-baloney-on-ukraine>. Acesso em: 23 dez. 2024.

GENPROKUROR PREDLOZHILA ukraintsam opredelitsy s delami Maidana [Prosecutor General Suggested that Ukrainians Decide on Maidan Cases]. *Korrespondent.net*, 30 maio 2020. Disponível em: <https://korrespondent.net/ukraine/4235072-henprokuror-predlozhyla-ukrayntsam-opredelytsia-s-delamy-maidana>. Acesso em: 22 dez. 2024.

GENSEK OBSE: Nelzya tochno skazat, est li na Donbasse rossiiskie voennye [OSCE Secretary General: It Is Impossible to Say for Sure Whether there Are Russian Troops in Donbass]. *Korrespondent*, 12 fev. 2015. Disponível em: <https://korrespondent.net/ukraine/3478712-hensek-obse-nelzia-tochno-skazat-est-ly-na-donbasse-rossyiskye-voennye>. Acesso em: 21 dez. 2024.

GEORGES FLOROVSKY. *Wikipedia*, 10 out. 2021. Disponível em: <https://en.wikipedia.org/w/index.php?title=Georges_Florovsky&oldid=1049143081>. Acesso em: 21 dez. 2024.

GERHARD SCHRÖDER: Kein Russischer Präsident Wird Die Krim Wieder Aus Russland Ausgliedern [Gerhard Schröder: No Russian President Will Separated Crimea from Russia again]. *Ostexperte*, 21 set. 2017. Disponível em: <https://ostexperte.de/schroeder-bundeswehr-im-baltikum/>. Acesso em: 22 dez. 2024.

GERMANY DETAILED "Steinmeier Formula" for Ordlo Elections. *LB.ua*, 15 dez. 2016. Disponível em: <https://en.lb.ua/news/2016/12/15/2617_germany_detailed_steinmeier.html>. Acesso em: 22 dez. 2024.

GERSHMAN, Carl. Former Soviet States Stand Up to Russia. Will the U.S.? *Washington Post*, 26 set. 2013. Disponível em: <https://www.washingtonpost.com/opinions/former-soviet-states-stand-up-to-russia-will-the-us/2013/09/26/b5ad2be4-246a-11e3-b75d-5b7f66349852_story.html>. Acesso em: 19 dez. 2024.

GIULIANO, Elise. The Origins of Separatism: Popular Grievances in Donetsk and Lugansk. *Ponars Eurasia*, 28 out. 2015. Disponível em: <https://www.ponarseurasia.org/the-origins-of-separatism-popular-grievances-in-donetsk-and-luhansk/>. Acesso em: 20 dez. 2024.

GLADILIN, Ivan. Russkie – vragi ukraintsev. [Russians Are the Enemies of Ukrainians]. *KM.ru*, 13 fev. 2013. Disponível em: <https://www.km.ru/v-rossii/2013/02/13/

istoricheskoe-edinstvo-rossii-i-ukrainy/703952-russkie-vragi-ukraintsev-potomu-c>. Acesso em: 22 dez. 2024.

GLADKOV, Vladimir. V Kieve poboyalis publikovat rezultaty zapadnogo sotsoprosa v Krymu [Kiev Was Afraid to Publish the Results of a Western Social Survey in Crimea]. *PolitNavigator*, 7 set. 2021. Disponível em: <https://www.politnavigator.net/v-kieve-poboyalis-publikovat-rezultaty-zapadnogo-socoprosa-v-krymu.html>. Acesso em: 16 dez. 2024.

GLAVA VMS Ukrainy kontr-admiral Berezovsky prines prisyagu na vernost narodu Kryma [Head of the Ukrainian Navy Rear Admiral Berezovsky Took na Oath of Allegiance to the People of Crimea]. *Newsru.com*, 2 mar. 2014. Disponível em: <https://www.newsru.com/world/02mar2014/vmc.html>. Acesso em: 22 dez. 2024.

GOLDHILL, Simon. Greek Drama and Political Theory. In: ROWE, Christopher J.; SCHOFIELD, Malcolm (orgs.). *The Cambridge History of Greek and Roman Political Thought.* Cambridge, UK: Cambridge University Press, 2005.

______. The Audience of Athenian Tragedy. In: EASTERLING, P. E. (org.). *The Cambridge Companion to Greek Tragedy.* Cambridge, RU: Cambridge University Press, 1997.

GOLOVKO, Vadim. Sivokho o peregovorakh Kieva s Donbassom i novykh predstavitelyakh ot Ordlo [Sivokho about Kiev's Negotiations with Donbass and New Representatives from Ordlo]. *Dialog.ua*, 9 jun. 2020. Disponível em: <https://www.dialog.ua/ukraine/209099_1591700197>.

GONTAREVA NAZVALA ekonomicheskie poteri Ukrainy ot voiny na Donbasse [Gontareva Called Ukraine's Economic Losses from the War in Donbass]. *Hvylya.net*, 29 nov. 2015. Disponível em: <https://hvylya.net/uk/news/84043-gontareva-nazvala-ekonomicheskie-poteri-ukrainyi-ot-voynyi-na-donbasse>. Acesso em: 22 dez. 2024.

GOODMAN, David. One of the Most Meaningful Experiences of My Life Was Covering Archbishop Desmond Tutu as He Led South Africa's Truth & Reconciliation Commission in 1996-97. *Facebook*, 26 dez. 2021. Disponível em: <https://web.facebook.com/story.php?story_fbid=10224258681869185&id=1067218835&_rdc=1&_rdr#>. Acesso em: 19 dez. 2024.

GORCHINSKAYA, Katya. He Killed for the Maidan. *Foreign Policy*, 26 fev. 2016. Disponível em: <https://foreignpolicy.com/2016/02/26/he-killed-for-the-maidan/>. Acesso em: 21 dez. 2024.

GORDON, Michael R. Armed with Google and YouTube, Analysts Gauge Russia's Presence in Ukraine. *New York Times*, 27 maio 2015. Disponível em: <https://www.nytimes.com/2015/05/28/world/europe/videos-and-google-help-researchers-gauge-russias-presence-in-ukraine.html>. Acesso em: 26 dez. 2024.

GORSHKOV, Nikolai. UK and US always Knew Crimea Wanted to Re-Join Russia. *Sputnik News*, 28 dez. 2018. Disponível em: <https://sputniknews.com/20181228/uk-us--crimea-russia-1071042343.html>. Acesso em: 27 dez. 2024.

"GOTOVIM VOISKA": Khomchak zayavil o podgotvke VSU k boyam v gorodskoy mestnosti ["Preparing the Troops": Khomchak Announced the Preparation of the Ukrainian Armed Forces for Battles in Urban Areas]. *DonPress*, 22 fev. 2021. Disponível em: <https://donpress.com/news/22-02-2021-gotovim-voyska-homchak-zayavil-o-podgotovke-vsu-k-boyam-v-gorodskoy-mestnosti>. Acesso em: 22 dez. 2024.

GPU RASSKAZALA, kak “Kreml gotovil perevorot v Odesskoi oblasti” [The GPU Reveals How “the Kremlin Was Preparing a Coup in the Odessa Region”]. *Timer-Odessa*, 23 ago. 2016. Disponível em: <https://perma.cc/YQU3-LK3-L>. Acesso em: 13 mar. 2025.

GRABOVSKY, Serhiy. Ukrainska mova v chasy SRSR [Ukrainian Language during the USSR]. *Radio Svoboda*, 6 jul. 2020. Disponível em: <https://www.radiosvoboda.org/a/30709133.html>. Acesso em: 30 dez. 2024.

______. I Vsyozh: okupatsiya chy kolonizatsiya? [And Yet: Occupation or Colonization?]. *Den*, 10 abr. 2018. Disponível em: <https://day.kyiv.ua/article/istoriya-i-ya/i--vse-zh-okupatsiya-chy-kolonizatsiya>. Acesso em: 22 dez. 2024.

GRADIROVSKI, Sergey; ESIPOVA, Neli. Russian Language Enjoying a Boost in Post-Soviet States. *Gallup.com*, 1º ago. 2008. Disponível em: <https://news.gallup.com/poll/109228/Russian-LanguageEnjoying-Boost-PostSoviet-States.aspx>. Acesso em: 29 dez. 2024.

GRAYBILL, Lyn S. South Africa’s Truth and Reconciliation Commission: Ethical and Theological Perspectives. *Ethics & International Affairs*, v.12, p.43-62, 1998. Disponível em: <https://doi.org/10.1111/j.1747-7093.1998.tb00037.x>. Acesso em: 26 dez. 2024.

GRIGORSKAYA, Nina. “On odin raz skazal, a my raskhlebyvaem” [“He Said it Once and Now We’re Left to clean Up the Mess”]. *NV*, 26 mar. 2021. Disponível em: <https://nv.ua/ukraine/politics/vakcina-covishield-maksim-stepanov-obvinil-petra-poroshenko-v-sryve-postavok-50150371.html>. Acesso em: 27 dez. 2024.

GROSBY, Steven. *Nationalism*: A Very Short Introduction. Oxford; Nova York: Oxford University Press, 2005.

______. Reviews the Book *For Love of Country*: An Essay on Patriotism and Nationalism, by Maurizio Viroli. *Ethnic & Racial Studies*, v.20, n.1, jan. 1997.

GROYSMAN: reintegratsiya Donbassa dolzhna prokhodit po khorvatskomu stsenariyu [Groysman: Donbass Reintegration Should Follow Croatian Scenario]. *RIA Novosti*, 15 jun. 2017. Disponível em: <https://ria.ru/20170615/1496614916.html>. Acesso em: 22 dez. 2024.

GRYTSENKO, Anatoliy. Minsk Ceasefire only Anaesthesia, not Treatment of the Illness. *European Leadership Network*, 14 jan. 2015. Disponível em: <https://www.europeanleadershipnetwork.org/commentary/minsk-ceasefire-only-anaesthesia-not-treatment-of-the-illness/>. Acesso em: 16 dez. 2024.

GUBENKO, Irina. Nestor Shufrich o nachale konflikta na Donbasse [Nestor Shufrich on the Beginning of the Conflict in Donbass]. *NewsOne*, 5 set. 2018. Disponível em: <https://yandex.ru/video/preview/15284237044114561193>. Acesso em: 4 jan. 2025.

GUBIN, Dmitry. “Kiev vozvrashchaetsya v sostav edinoi i nedelimoi Rossii” [“Kiev Is Returning to a United and Indivisible Russia”: How the “Whites” Outplayed the “Yellow-Blues”]. *Ukraina.ru*, 31 ago. 2024. Disponível em: <https://ukraina.ru/20240831/1024802006.html>. Acesso em: 19 dez. 2024.

______. Rokovaya oshibka tovarishcha Shcherbitskogo [Comrade Shcherbitsky’s Fatal Mistake: What Life Was Like under Ukraine’s Most Successful Leader]. *Ukraina.ru*, 18 fev. 2020. Disponível em: <https://ukraina.ru/history/20200218/1026726106.html>. Acesso em: 19 dez. 2024.

GUILLORY, Sean. Ukraine's EU Association Is a Bad Deal. *SRB podcast*, 3 dez. 2013. Disponível em: <https://srbpodcast.org/2013/12/03/ukraines-eu-association-bad-deal/>.

GUZHVA, Igor. Ot kompromissa k voine [From Compromise to War]. *Strana.ua*, 19 nov. 2017. Disponível em: <https://strana.today/articles/istorii/105724-istorija-ukrainy-ot-1991-do-2017-hoda.html>. Acesso em: 22 dez. 2024.

______; MEDVEDEVA, Olesya; MININ, Maxim. Vtoroi srok Kuchmy, gibel Chernovola, krakh Lazarenko, novaya strategiya Zapada [Kuchma's Second Term, Chornovil's Death, Lazarenko's Collapse, the West's New Strategy. Ukraine in 1999]. *Strana.ua*, 3 ago. 2021. Disponível em: <https://strana.one/news/345889-1999-hod-v-istorii-ukrainy-vtoroj-srok-kuchmy-lazarenko-v-tjurme.html>. Acesso em: 22 dez. 2024.

HAHN, Gordon M. *Ukraine over the Edge*: Russia, the West and the "New Cold War". Jefferson, NC: McFarland, 2018.

______. Report: The Real Ukrainian "Snipers' Massacre", 20 February 2014. *Russian & Eurasian Politics*, 9 mar. 2016. Disponível em: <https://gordonhahn.com/2016/03/09/the-real-snipers-massacre-ukraine-february-2014-updatedrevised-working-paper/>. Acesso em: 22 dez. 2024.

______. Working Paper Revised/Update Edition: Escalation Points 1-5 in the Ukrainian Revolutionary Crisis, November 2013-January 2014. *Russian & Eurasian Politics*, 26 fev. 2016. Disponível em: <https://gordonhahn.com/2016/02/26/working-paper-revisedupdated-edition-escalation-points-1-5-in-the-ukrainian-revolutionary-crisis-november-2013-january-2014/>. Acesso em: 22 dez. 2024.

______. Report: Maidan Ukraine, the Ultra-Nationalist Tradition, and Anti-Semitism. *Russian & Eurasian Politics*, 17 jan. 2016. Disponível em: <https://gordonhahn.com/2016/01/17/report-maidan-ukraine-the-ultra-nationalist-tradition-and-anti-semitism-full-version-parts-1-3/>. Acesso em: 22 fev. 2024.

______. Violence, Coercion, and Escalation in Ukraine's Maidan Revolution: Escalation Point 6 – The "Snipers" of February. *Russian & Eurasian Politics*, 8 maio 2015. Disponível em: <https://gordonhahn.com/2015/05/08/violence-coercion-and-escalation-in-ukraines-maidan-revolution-escalation-point-6-the-snipers-of-february/>. Acesso em: 22 dez. 2024.

______. Violence, Coercion and Escalation in the Ukraine Crisis, Parts 1-5: November 2013-January 2014. *Russian & Eurasian Poltics*, 8 abr. 2015. Disponível em: <https://gordonhahn.com/2015/04/08/violence-coercion-and-escalation-in-the-ukraine-crisis-parts-1-5-november-2013-january-2014/>. Acesso em: 22 dez. 2024.

______. Coopting Neo-Fascism: Yarosh, Poroshenko, and the State's Monopoly on the Organs of Coercion. *Russian & Eurasian Politics*, 29 mar. 2015. Disponível em: <https://gordonhahn.com/2015/03/29/901/>. Acesso em: 22 dez. 2024.

______. Russia-Ukraine-EU. *Russia: Other Points of View*, 4 nov. 2013. Disponível em: <https://perma.cc/WQC6-VVA2?type=image>. Acesso em: 22 dez. 2024.

HALLINAN, Conn. The Dark Side of the Ukraine Revolt. *The Nation*, 6 mar. 2014. Disponível em: <https://www.thenation.com/article/archive/dark-side-ukraine-revolt/>. Acesso em: 19 dez. 2024.

HALYTS'KA ASAMBLEYA 1991 [The Galician Assembly 1991]. *Wikipedia*, [s.d.]. Disponível em: <https://uk.wikipedia.org/w/index.php?title=Halyts'ka_Asambleya_1991>. Acesso em: 22 dez. 2024.

HARGREAVES-HEAP, Shaun; CLARK, Colin. Economic Man. In: DURLAUF, Steven; BLUME, Lawrence E. (orgs.). *The New Palgrave Dictionary of Economics*. 2.ed. Londres: Palgrave Macmillan, 2008.

HAYDUKIEWICZ, Lech. Historical and Geographic Regionalization versus Electoral Geography. *Procedia: Social and Behavioral Sciences*, v.19, p.98-111, 2011. Disponível em: <http://t.ly/bVbQ>. Acesso em: 23 dez. 2024.

HECHTER, Michael. *Containing Nationalism*. Oxford: Oxford University Press, 2010.

HELMER, John. Radoslaw Sikorski Sees the Light in Eastern Ukraine. *Dances with Bears*, 6 jul. 2016. Disponível em: <https://johnhelmer.net/radoslav-sikorski-sees-the-light-in-eastern-ukraine-why-he-dumped-kiev-for-washington/>. Acesso em: 22 dez. 2024.

HELMUT SCHMIDT verteidigt in Krim-Krise Putins Ukraine-Kurs [Helmut Schmidt Defends Putin's Ukraine Course in the Crimea Crisis]. *Der Spiegel*, 26 mar. 2014. Disponível em: <https://www.spiegel.de/politik/ausland/helmut-schmidt-verteidigt-in-krim-krise-putins-ukraine-kurs-a-960834.html>. Acesso em: 22 dez. 2024.

HERBST, John E. Think Again. *Atlantic Council blog*, 16 jan. 2020. Disponível em: <https://www.atlanticcouncil.org/blogs/ukrainealert/think-again/>. Acesso em: 22 dez. 2024.

HILPOLD, Peter. Die Ukraine-Krise aus völkerrechtlicher Sicht. *Swiss Review of International and European Law*, v.25, n.2, p.171-81, 2015. Disponível em: <http://www.szier.ch/index.php?id=99>. Acesso em: 27 dez. 2024.

HIRSCHMAN, Albert. *The Passions and the Interests*: Political Arguments for Capitalism before its Triumph. Princeton, NJ: Princeton University Press, 1977. [Ed. bras.: *As paixões e os interesses*: argumentos políticos a favor do capitalismo antes de seu triunfo. Rio de Janeiro: Paz e Terra, 1979.]

HISHCHYNSKYI, Evhen I. (org.). *Zavolyu Ukrainy*: antolohiya pisen nacionalno-vyzvolnych zmahan. 2.ed. Lutsk: Vydavnyctvo Volynska Knyha, 2007.

HITCHENS, Peter. This Won't Be Popular... but our Navy's Black Sea Antics Were Stupid. *Mail Online*, 26 jun. 2021. Disponível em: <https://www.dailymail.co.uk/debate/article-9728423/PETER-HITCHENS-wont-popular-Navys-Black-Sea-antics-stupid.html>. Acesso em: 27 dez. 2024.

HLAVA DERZHAVY pidpysav zakony pro dekomunizatsiyu [The Head of State Signed Laws on Decommunization]. *Volyn news*, 16 maio 2015. Disponível em: <https://www.volynnews.com/news/policy/hlava-derzhavy-pidpysav-zakony-pro-dekomu nizatsiiu/>. Acesso em: 22 dez. 2024.

HOW THE MEDIA Spins Story of Russian Soldiers in Ukraine. *Russia Insider*, 15 maio 2015. Disponível em: <https://russia-insider.com/en/node/6919>.

HOW TO MAINSTREAM Neo-Nazis: A Lesson from Ukraine's New Government. *Bellingcat*, 21 out. 2019. Disponível em: <https://www.bellingcat.com/news/uk-and-europe/2019/10/21/how-to-mainstream-neo-nazis-a-lesson-from-ukraines-new-government/>. Acesso em: 22 dez. 2024.

HUNTINGTON, Samuel. *The Clash of Civilizations and Remaking of World Order.* Nova York: Simon & Schuster, 2007. [Ed. bras.: *O choque de civilizações e a recomposição da nova Ordem Mundial*. Rio de Janeiro: Objetiva, 1997.]

IBRAGIMOVA, Galiya. "Kiev otstupil" ["Kiev Retreated." What Crimeans Voted for in 1991]. *Ria.ru*, 20 jan. 2021. Disponível em: <https://riaru.turbopages.org/ria.ru/s/20210120/krym-1593733426.html>. Acesso em: 21 dez. 2024.

IDEOLOGIYA ORGANIZATSII ukrainskikh natsionalistov [Ideology of the Organization of Ukrainian Nationalists]. *Wikipedia*, 21 jun. 2021. Disponível em: <https://ru.wikipedia.org/w/index.php?title=Ideologiia_Organizatsii_ukrainskikh_natsionalistov>. Acesso em: 22 dez. 2024.

IMF DOWNGRADES Ukraine Growth Outlook. *True Economics*, 4 ago. 2015. Disponível em: <https://trueeconomics.blogspot.com/2015/08/4815-imf-downgrades-ukraine-growth.html>. Acesso em: 22 dez. 2024.

INTERNATIONAL CENTER FOR TRANSITIONAL JUSTICE (ICTJ). What Is Transitional Justice? *ICTJ*, 2008. Disponível em: <https://legal.un.org/avl/pdf/ls/Van-Zyl_RecReading1_.pdf>. Acesso em: 6 jan. 2025.

INVESTITSIONNYI potentsial Ukrainy obnulilsya [Ukraine's Investment Potential Has Been Reduced to Zero, Says Expert]. *Ukrainsky vybor*, 31 ago. 2018. Disponível em: <https://web.archive.org/web/20190914044141/http://vybor.ua/news/economy/investicionnyy_potencial_ukrainy_obnulilsya_ekspert.html>. Acesso em: 22 dez. 2024.

INVESTORY NE VERYA zayavleniyam Kieva o vosstanovlenii ekonomiki Ukrainy [Investors Do Not Believe Kiev's Statements about the Restoration of the Ukrainian Economy]. *Finanz.ru*, 16 fev. 2021. Disponível em: <https://perma.cc/4G8F-GVUH>. Acesso em: 22 dez. 2024.

ISAACS, William. *Dialogue and the Art of Thinking Together*: A Pioneering Approach to Communicating in Business and in Life. 1.ed. Nova York: Currency, 1999.

ISHCHENKO, Rostislav. "S treskom provalivsheesya gosudarstvo" ["A State that Failed wit a Mist"]. *Dosie*, 9 mar. 2015. Disponível em: <https://dosie.su/politika/21225-rostislav-ischenko-s-treskom-provalivsheesya-gosudarstvo.html>. Acesso em: 29 dez. 2024.

ISHCHENKO, Volodymyr. Nationalist Radicalization Trends in Post-Euromaidan Ukraine. *Ponars Eurasia*, n.529, maio 2018. Disponível em: <https://www.academia.edu/36666257/Nationalist_Radicalization_Trends_in_Post_Euromaidan_Ukraine>. Acesso em: 5 jan. 2025.

______. Denial of the Obvious: Far Roght in Maidan Protests and their Danger Today. *Vox Ukraine*, 16 abr. 2018. Disponível em: <https://voxukraine.org/en/denial-of-the--obvious-far-right-in-maidan-protests-and-their-danger-today>. Acesso em: 5 jan. 2025.

______. The Limits of Change and Wishful Thinking: Lessons from Ukraine's Euromaidan Uprising. *The Broker*, 26 jul. 2017. Disponível em: <https://www.thebrokeronline.eu/article/the-limits-of-change-and-wishful-thinking-lessons-from-ukraine-s-euromaidan-uprising/>. Acesso em: 5 jan. 2025.

______. Far Right Participation in the Ukrainian Maidan Protests: An Attempt of Systematic Estimation. *European Politics and Society*, v.17, n.4, p.453-72, 2016. Disponível em: <https://doi.org/10.1080/23745118.2016.1154646>. Acesso em: 5 jan. 2025.

______. Ukraine and the Right a Year after Maiden [*sic*]. *The Real News Network*, 26 nov. 2014. Disponível em: <https://therealnews.com/vishchenko1126ukraine>. Acesso em: 6 jan. 2025.

______. Ukraine's Fractures. *New Left Review*, n.87, p.5-33, 2014.

ISHCHENKO, Volodymyr; BALHORN, Loren. An Election for the Oligarchs. *Rosa Luxemburg Stiftung*, 14 mar. 2019. Disponível em: <https://www.rosalux.de/en/publication/id/40116/an-election-for-the-oligarchs-1/?fbclid=IwAR2ooCpoYyWbnjuxFvqPs0St-iQ1K1BwfafQhx6qqRHj_xiydG_6yZnmBxw>. Acesso em: 5 jan. 2025.

IVANCHENKO, Igor. Nationalnaya revolyutsiya trebuet revolyutsiya terminov [National Revolution Requires a Revolution of Terms]. *Banderivets*, 16 jan. 2014. Disponível em: <https://perma.cc/C6HRK38D>. Acesso em: 22 dez. 2024.

IVANISHIN, Petro. Natsionalizm i prava politychna syla [Nationalism and Rights Political Power]. *Naukovo-ideolohichnyi tsentr imeni Dmytra Dontsova*, [s.d.]. Disponível em: <http://dontsov-nic.org.ua/?m=content>.

______. Ukrainian National Revolution. *Ukrainian Crusade*, 28 jan. 2017. Disponível em: <https://ukrainiancrusade.blogspot.com/2017/01/ukrainian-national-revolution-some.html>. Acesso em: 27 dez. 2024.

IVANKOVA, Aleksandra. Ukraina zakupit kitaiskuyu vaktsinu ot koronavirusa [Ukraine to Purchase Chinese Coronavirus Vaccine]. *Lenta.ru*, 30 dez. 2020. Disponível em: <https://lenta.ru/news/2020/12/30/korona_ukraine/>. Acesso em: 16 dez. 2024.

IVANOV, Andrey V. et al. The Ethno-Cultural Concept of Classical Eurasianism. *International Journal of Environmental and Science Education*, v.11, n.12, p.5155-63, 2016.

IVANOV, Grigory; CHIKHAREV, Ivan. Diplomat s ruchkoi [Diplomat with a Pen]. *Ukraina.ru*, 25 set. 2021. Disponível em: <https://ukraina.ru/exclusive/20210925/1032316524.html>. Acesso em: 22 dez. 2024.

IVZHVENKO, Tatyana. Yevrointegratsiyu v Kieve travili gazom [Eurointegration in Kyiv Was Gassed]. *Nezavisimaya gazeta*, 26 nov. 2013. Disponível em: <https://www.ng.ru/cis/2013-11-26/1_ukraina.html>. Acesso em: 2 jan. 2025.

IZBITYI NATSISTAMI Sivokho vzyalsya za staroe [Sivokho, Beaten by Nazis, Returns to his Old Ways]. *Ukraina.ru*, 16 jul. 2021. Disponível em: <https://ukraina.ru/news/20210716/1031858276.html>. Acesso em: 22 dez. 2024.

IZMAILOV, Oleg. Pravoslavnaya tserkov perekhvatyvaet initsiativu u politikov ustanovleniya prochnogo mira v Donbasse [The Orthodox Church Is Taking the Initiative from Politicians to Establish Lasting Peace in Donbass]. *Ukraina.ru*, 21 set. 2020. Disponível em: <https://ukraina.ru/exclusive/20200921/1028982900.html>. Acesso em: 27 dez. 2024.

______. Kogda konchilos lekarstvo ot natsionalizma [When the Cure for Nationalism Ran Out]. *Ukraina.ru*, 28 set. 2019. Disponível em: <https://ukraina.ru/history/20190928/1025147739.html>. Acesso em: 27 dez. 2024.

______. Puti Gospodni [The Ways of the Lord]. *Ukraina.ru*, 10 mar. 2019. Disponível em: <https://ukraina.ru/exclusive/20190310/1022920400.html>. Acesso em: 29 dez. 2024.

______. Istoriya gimna poukrainski: sovmestnoe tvorchestvo rusofobov pripisali levaku s khoroshimi svyazyami [History of the Ukrainian Anthem: the Joint Creativity of Russophobes Attributed to a Well-Connected Leftist]. *Ukraina.ru*, 27 jan. 2019. Disponível em: <https://ukraina.ru/exclusive/20190127/1022461479.html>. Acesso em: 27 dez. 2024.

IZZA PODRYVA LEP ostanovilis zavody Khersona i Nikolayeva [Factories in Kherson and Nikolayev Have Stopped Due to Power Line Explosion]. *Ukraina.ru*, 5 dez. 2015. Disponível em: <https://ukraina.ru/news/20151205/1014992931.html>. Acesso em: 22 dez. 2024.

JACKSON, Patrick. Ukraine War Pulls in Foreign Fighters. *BBC News*, 1º set. 2014. Disponível em: <https://www.bbc.com/news/world-europe-28951324>. Acesso em: 27 dez. 2024.

JANIGA, Krzysztof. Minister zdrowia Ukrainy: w pracy zastanawiamy się, co by na naszym miejscu zrobił Bandera [Ukrainian Health Minister: At Work We Wonder what Bandera Would Do in our Place]. *Kresy blog*, 7 ago. 2017. Disponível em: <https://kresy.pl/wydarzenia/spoleczenstwo/minister-zdrowia-ukrainy-pracy-zastanawiamy-sie-by-naszym-miejscu-zrobil-bandera/>. Acesso em: 23 dez. 2024.

JÁNOS, Szilárd Tóth. Justifying Republican Patriotism. *Filozofija i Drustvo*, v.30, n.2, p.287-303, 2019. Disponível em: <https://doi.org/10.2298/FID1902287T>. Acesso em: 2 jan. 2025.

JIMMY CARTER o vstreche s Vladimirom Putinym [Jimmy Carter on Meeting with Vladimir Putin]. *e-News*, 30 abr. 2015. Disponível em: <https://e-news.su/mnenie-i-analitika/56941-dzhimmi-karter-o-vstreche-s-vladimirom-putinym.html>. Acesso em: 22 dez. 2024.

JOHNSTON, Steven. This Patriotism Which Is Not One. *Polity*, v.34, n.3, p.285-312, 2002. Disponível em: <https://www.jstor.org/stable/3235393>. Acesso em: 2 jan. 2025.

JUDT, Tony. The New Old Nationalism. *New York Review*, 26 maio 1994. Disponível em: <https://www.nybooks.com/articles/1994/05/26/the-new-old-nationalism/>. Acesso em: 2 jan. 2025.

KABACHIY, Roman. Ukrainian Nationalism: Are Russian Strategies at Work? *Open Democracy*, 18 jan. 2011. Disponível em: <https://www.opendemocracy.net/en/odr/ukrainian-nationalism-are-russian-strategies-at-work/>. Acesso em: 29 dez. 2024.

KABINET MINISTRIV UKRAINY. Deyaki pytannya derzhavnoi reiestratsii vaktsyn abo inshykh medychnykh imunobiolohichnykh preparativ dlya spetsyfichnoi profilaktyky hostroi respiratornoi khvoroby Covid-19, sprychynenoi koronavirusom Sars-CoV-2, pid zobovyazannya dlya ekstrenoho medychnoho zastosuvannya [Cabinet of Ministers of Ukraine, Some Issues of State Registration of Vaccines or other Medical Immunobiological Drugs for the Specific Prevention of Acute Respiratory Disease Covid-19 Caused by Coronavirus Sars-Cov-2, under the Obligation for Emergency Medical Use]. 8 jul. 2021. Disponível em: <https://perma.cc/7PZ3-V9UH>. Acesso em: 15 mar. 2025.

KABYSHEV, Vladimir T.; ZAMETINA, Tamara V. Prinyatie v Rossiiskuyu Federatsiyu Respubliki Krym i goroda Sevastopolya – vosstanovlenie istoricheskoi spravedlivosti: konstitutsionno-pravovoi analiz [Admission of the Republic of Crimea and City of Sevastopol to the Russian Federation – Restoration of Historical Justice: Constitutional and Legal Analysis]. *Vestnik Sgyua*, v.2, n.97, 2014. Disponível em: <https://cyberleninka.ru/article/n/prinyatie-v-rossiyskuyu-federatsiyu-respubliki-krym-i-goroda-sevastopolya-vosstanovlenie-istoricheskoy-spravedlivosti>. Acesso em: 5 jan. 2025.

KALACHOVA, Halyna; ABBASOVA, Samira. Komu i skilky vynna derzhava Ukraina [To Whom and How Much Does the State of Ukraine Owe?]. *Ukrainska pravda*, 30 mar. 2016. Disponível em: <https://epravda.com.ua/publications/2016/03/30/587267/>. Acesso em: 22 dez. 2024.

KALNYSH, Valery. V Kharkove reshili otdat vlast mestnym sovetam [In Kharkov They Decided to Hand Over Power to Local Councils]. *Kommersant*, 22 fev. 2014. Disponível em: <https://www.kommersant.ru/doc/2414773>. Acesso em: 3 jan. 2025.

KAMENETSKY, Felix. Odessa… – reshitelno tretya stolitsa Rossii… [Odessa… Is Decisively the Third Capital of Russia…]. *Porto-Franco*, v.23, n.819, 16 jun. 2006. Disponível em: <https://perma.cc/QK78-WREZ>. Acesso em: 18 dez. 2024.

KAPITSYN, Vladimir. “Mladorossiiskaya” identichnost [“Young Russian” Identity]. *Cyberleninka*, 22 ago. 2016. Disponível em: <https://cyberleninka.ru/article/n/mladorossiyskaya-identichnost-krym-2014-2016-gody>. Acesso em: 5 jan. 2025.

KAPSAMUN, Ivan; PLAKHTA, Dmitry; SHUTKEVICH, Olesya. “My popali v nerv” [“We Hit a Nerve”]. *Den*, 12 mar. 2018. Disponível em: <https://m.day.kyiv.ua/ru/article/podrobnosti/my-popali-v-nerv>. Acesso em: 22 dez. 2024.

KARLIN, Anatoly. Trump Is Factually Right on Crimea. *The Unz Review*, 31 jul. 2016. Disponível em: <https://www.unz.com/akarlin/trump-right-on-crimea/>. Acesso em: 16 dez. 2024.

KARPENKO, Maksim. Karasyov potreboval obuzdat vezde suyushchikh svoi nos galichan [Karasyov Demands that Galicians Stop Sticking their Nose into Everything]. *PolitNavigator.net*, 18 abr. 2020. Disponível em: <https://m.politnavigator.net/karasev-potreboval-obuzdat-vezde-suyushhikh-svojjnos-galichan.html/amp>.

KASYANOV, Georgy. *Do pytannya pro ideolohiyu OUN* [On the Question of the Ideology of the Organization of Ukrainian Nationalists]. Kiev: NAS of Ukraine; Institute of History of Ukraine, 2003. Disponível em: <http://irbis-nbuv.gov.ua/cgi-bin/ua/elib.exe?Z21ID=&I21DBN=UKRLIB&P21DBN=UKRLIB&S21STN=1&S21REF=10&S21FMT=online_book&C21COM=S&S21CNR=20&S21P01=0&S21P02=0&S21P03=FF=&S21STR=ukr0000835>. Acesso em: 22 dez. 2024.

KATCHANOVSKI, Ivan. The Maidan Massacre in Ukraine: Revelations from Trials and Government Investigations. *NYU Jordan Center for the Advanced Study of Russia*, 8 dez. 2021. Disponível em: <https://jordanrussiacenter.org/news/the-maidan-massacre-in-ukraine-revelations-from-trials-and-investigation/#.Ywkuyd8pDb0>. Acesso em: 22 dez. 2024.

______. The OUN, the UPA, and the Nazi Genocide in Ukraine. *Social Science Research Network*, 15 jul. 2019. Disponível em: <https://papers.ssrn.com/abstract=3429340>. Acesso em: 22 dez. 2024.

______. The “Snipers’ Massacre” on the Maidan in Ukraine. *Social Science Research Network*, 5 set. 2015. Disponível em: <https://papers.ssrn.com/sol3/papers.cfm?abstract_id=2658245>. Acesso em: 22 dez. 2024.

______. The Politics of World War II in Contemporary Ukraine. *The Journal of Slavic Military Studies*, v.27, n.2, p.210-33, 3 abr. 2014. Disponível em: <https://doi.org/10.1080/13518046.2013.844493>. Acesso em: 22 dez. 2024.

KAVA, Aleksandr. Vdol granitsy Ukrainy [Along the Border of Ukraine, not Through ist Territory...]. *Strana.ua*, 14 jan. 2019. Disponível em: <https://strana.one/opinions/181052-vdol-hranitsy-ukrainy-a-ne-cherez-ee-territoriju.html>. Acesso em: 16 dez. 2024.

KELLY, Alexander Reed. Vladimir Putin Not Responsible for Ukrainian Civil War, Expert Says. *Truthdig*, 21 mar. 2015. Disponível em: <https://www.truthdig.com/articles/vladimir-putin-not-responsible-for-ukrainian-civil-war-expert-says/>. Acesso em: 16 dez. 2024.

KENNEDY, John F. Commencement Address at American University. Washington, DC, 10 jun. 1963. *JFK Library*. Disponível em: <https://www.jfklibrary.org/archives/other-resources/john-f-kennedy-speeches/american-university-19630610>. Acesso em: 22 dez. 2024.

KEVORKYAN, Konstantin. *Ukraina.ru*. Disponível em: <https://ukraina.ru/authors/kevorkyan/>. Acesso em: 22 dez. 2024.

______. Kompleks nepolnotsennosti Ukrainy [Ukraine's Inferiority Complex]. *Ukraina.ru*, 6 jan. 2022. Disponível em: <https://ukraina.ru/opinion/20220106/1033023733.html>. Acesso em: 22 dez. 2024.

______. Spasti cherez pobedu [Saved through Victory]. *Ukraina.ru*, 2 jan. 2022. Disponível em: <https://ukraina.ru/exclusive/20220102/1033014994.html>. Acesso em: 22 dez. 2024.

______. O chem ne skazal Vladimir Putin. Ukraina kak anti-Rossiya [What Vladimir Putin Didn't Say. Ukraine as Anti-Russia]. *Ukraina.ru*, 4 ago. 2021. Disponível em: <https://ukraina.ru/history/20210804/1031989027.html>. Acesso em: 22 dez. 2024.

______. Patrioty po vyzovu [Patriots on Call]. *Ukraina.ru*, 7 maio 2021. Disponível em: <https://ukraina.ru/opinion/20210507/1031320666.html>. Acesso em: 22 dez. 2024.

______. Garant dostizhenii Maidana [Guarantor of the "Achievements" of Maidan]. *Ukraina.ru*, 3 mar. 2021. Disponível em: <https://ukraina.ru/exclusive/20210303/1030730012.html>. Acesso em: 22 dez. 2024.

______. Chrezmerno khitro sdelannye [To Cleverly Done]. *Ukraina.ru*, 10 fev. 2021. Disponível em: <https://ukraina.ru/opinion/20210210/1030508727.html>. Acesso em: 22 dez. 2024.

______. Nastupayut v boevom besporyadke [Advancing in Combat Disorder]. *Ukraina.ru*, 9 out. 2020. Disponível em: <https://ukraina.ru/opinion/20201009/1029194827.html>. Acesso em: 22 dez. 2024.

______. Smelost ostavatsia soboi [The Courage to Be Yourself]. *Ukraina.ru*, 16 jul. 2020. Disponível em: <https://ukraina.ru/opinion/20200716/1028270703.html>. Acesso em: 22 dez. 2024.

______. Ne slyshny v mozgu dazhe shorokhi [Not Even a Rustle Is Heard in the Brain]. *Ukraina.ru*, 9 jun. 2020. Disponível em: <https://ukraina.ru/opinion/20200609/1027938143.html>. Acesso em: 26 dez. 2024.

______. Vydrin: Vlast – eto kogda stranoi pravyat idei [Vydrin: Power Is when Ideas Rule the Country, and that Is Why the Right Has Already Seized Power in Ukraine]. *Ukraina.ru*, 3 fev. 2020. Disponível em: <https://ukraina.ru/20200203/1026505926.html>. Acesso em: 13 dez. 2024.

KEVORKYAN, Konstantin. Spasite nashi ushi [Save our Ears]. *Ukraina.ru*, 14 nov. 2019. Disponível em: <https://ukraina.ru/opinion/20191114/1025669123.html>. Acesso em: 22 dez. 2024.

______. Obydennost natsizma [The Everyday Life of Nazism]. *Ukraina.ru*, 15 out. 2019. Disponível em: <https://ukraina.ru/opinion/20191015/1025325571.html>. Acesso em: 22 dez. 2024.

______. Pervaya stolitsa protiv vtoroi [The First Capital against the Second]. *Ukraina.ru*, 30 mar. 2019. Disponível em: <https://ukraina.ru/20190330/1023139281.html>. Acesso em: 22 dez. 2024.

______. Vyrozhdenie i begstvo kak povod natsionalnoy gordosti ukraintsa [Degeneration and Flight as a Reason for Ukrainian National Pride]. *Ukraina.ru*, 1º nov. 2018. Disponível em: <https://ukraina.ru/opinion/20181101/1021613547.html>. Acesso em: 22 dez. 2024.

______. Oruell zhiv! [Orwell Is Alive!]. *Ukraina.ru*, 27 dez. 2017. Disponível em: <https://ukraina.ru/opinion/20171227/1019719194.html>. Acesso em: 22 dez. 2024.

KEY POINTS of the Bougainville Peace Agreement | Conciliation Resources. *Accord*, v.12, set. 2002. Disponível em: <https://rc-services-assets.s3.eu-west-1.amazonaws.com/s3fs-public/Accord12PNG_KeypointsoftheBougainvillePeaceAgreement.pdf>. Acesso em: 21 dez. 2024.

KHAVICH, Oleg. Den v istorii. 4 oktyabrya: vo Lvove sozdana russko-ukrainskaya partiya [A Day in History. 4 October: Russian-Ukrainian Party Established in Lviv]. *Ukraina.ru*, 4 out. 2020. Disponível em: <https://ukraina.ru/history/20201004/1029121815.html>. Acesso em: 12 mar. 2025.

______. Den v istorii. 11 iyulya: ukrainskie natsionalisty provozglasili sebya "demokratami" [Day in History. July 11: Ukrainian Nationalists Declare themselves "Democrats"]. *Rambler*, 11 jul. 2020. Disponível em: <https://news.rambler.ru/ukraine/44488434-den-v-istorii-11-iyulya-ukrainskie-natsionalisty-provozglasili-sebya-demokratami/>. Acesso em: 27 dez. 2024.

______. Nakanune rezni [On the Eve of the Massacre]. *Ukraina.ru*, 19 fev. 2020. Disponível em: <https://ukraina.ru/history/20200219/1026743222.html>. Acesso em: 27 dez. 2024.

KHISAMOV, Iskander. Eduard Stavytsky: tri stsenariya dlya Ukrainy [Eduard Stavytsky: Three Scenarios for Ukraine]. *Ukraina.ru*, 21 out. 2016. Disponível em: <https://ukraina.ru/exclusive/20161021/1017697180.html>. Acesso em: 22 dez. 2024.

KHROSHCHAK, Katerina. Yazykovoi ombudsmen, Taras Kremen o pritesnenii russkogo yazyka na Ukraine [Language Ombudsman Taras Kremin on the Restriction of the Russian Language in Ukraine]. *Ukrainska pravda*, 16 jul. 2020. Disponível em: <https://life.pravda.com.ua/society/2020/07/16/241660/>. Acesso em: 26 dez. 2024.

KHTO VYNEN u voiny [Who Is to Blame for the War]. *IMI.org*, jan.-mar. 2017. Disponível em: <http://imi.org.ua/news/58070-kojen-pyatiy-meshkanets-pivdnya-ta-shodu-pidtrimue-avto-nomiyu-okupovanogo-donbasu-opituvannya.html>.

KIEV CENTER FOR POLITICAL RESEARCH AND CONFLICTOLOGY; CENTER FOR EFFECTIVE POLITICS. Portret elektoratov Yushchenko i Yanukovycha [Portrait of the Electorates of Yushchenko and Yanukovych]. *Analitik*, 18 jan. 2005. Disponível em: <https://perma.cc/JN5X-58CP?type=image>. Acesso em: 29 dez. 2024.

KIEV OSOZNAL vliyanie “Pravogo sektora” na politiku [Kiev Is Now Realizing the Influence of the “Right Sector” on Politics]. *DAN News*, 2 fev. 2016. Disponível em: <https://perma.cc/7X8N-65N7>. Acesso em: 20 dez. 2024.

KIEV SAYS “No Extreme Right Organizations in Ukraine”. *RT.com*, 21 abr. 2015. Disponível em: <http://rt.com/news/251545-ukraine-ultra-right-extremism/>. Acesso em: 20 dez. 2024.

KITAITSY DAZHE ne znayut o dogovore naschyot ikh vaktsiny ot koronavirusa dlya Ukrainy [The Chinese don’t Even Know about the Contract for their Coronavirus Vaccine for Ukraine]. *Khrabro.od.ua*, 8 jan. 2021. Disponível em: <https://hrabro.od.ua/5770-kitajcy-dazhe-ne-znajut-o-dogovore-naschet-ih-vakciny-ot-koronavirusa-dlja-ukrainy-jepidemiolog.html>. Acesso em: 20 dez. 2024.

KLASTEROV KHVATIT na vsekh [There Are Enough Clusters for Everyone]. *Novosti Donbassa*, 24 mar. 2021. Disponível em: <https://novosti.dn.ua/ru/article/7770-klasterov-hvatit-na-vseh-v-moskve-obnarodovali-soderzhanie-novyh-predlozhenij-ukrainy-rossii>. Acesso em: 21 dez. 2024.

KLEIN, Naomi. *The Shock Doctrine*: The Rise of Disaster Capitalism. Canadá: Knopf, 2007. [Ed. bras.: *A doutrina do choque*: a ascensão do capitalismo do desastre. Rio de Janeiro: Nova Fronteira, 2008.]

______. The Rise of Disaster Capitalism. *Naomi Klein*, 15 abr. 2005. Disponível em: <https://naomiklein.org/rise-disaster-capitalism/>. Acesso em: 9 nov. 2021.

KLICHKO POOBESHCHAL privlech k otvetstvennosti aktivistov “Pravogo Sektora” [Klitschko Promised to Hold “Right Sector” Activists Accountable]. *From-UA*, 1º fev. 2014. Disponível em: <https://from-ua.org/news/298178-klichko-poobeschal-privlech-k-otvetstvennosti-aktivistov-pravogo-sektora.html>. Acesso em: 21 dez. 2024.

KLUSMEYER, Douglas. Beyond Tragedy: Hannah Arendt and Hans Morgenthau on Responsibility, Evil and Political Ethics. *International Studies Review*, v.11, n.2, p.332-51, jun. 2009.

KLUSSMANN, Uwe; SCHEPP, Matthias. Moscow Moves to Destabilize Eastern Ukraine. *Spiegel International*, 18 mar. 2014. Disponível em: <https://www.spiegel.de/international/europe/how-moscow-is-moving-to-destablize-eastern-ukraine-a-959224.html>. Acesso em: 2 jan. 2025.

KNOTT, Eleanor. Identity in Crimea before Annexation: A Bottom-Up Perspective. In: KOLSTØ, Pål; BLAKKISRUD, Helge (orgs.). *Russia before and after Crimea*: Nationalism and Identity, 2010-17. Edimburgo: Edinburgh University Press, 2018.

KNYAZEV, Svyatoslav. Ukraina protiv USSR [Ukraine vs. the Ukrainian SSR]. *Svobodnaya Pressa*, 8 out. 2017. Disponível em: <https://svpressa.ru/economy/article/183050/>. Acesso em: 2 jan. 2025.

______; TARAN, Irina; ONISHCHUK, Elena. “Zhitelei yugo-vostoka poschitali lyudmi vtorogo sorta” [“Residents of the South-East Were Considered Second-Class People”]. *RT in Russian*, 14 abr. 2019. Disponível em: <https://russian.rt.com/ussr/article/621255-ukraina-donbass-voina>. Acesso em: 2 jan. 2025.

KOCHIN, Michael Shalom. The Constitution of Nations. *The Good Society*, v.14, n.3, p.68-76, 2005. Disponível em: <https://doi.org/10.1353/gso.2006.0008>. Acesso em: 26 dez. 2024.

KOLOSKOV, Fyodor. Zakarpatye – novyi ukrainsky "Donbass"? [Transcarpathia – The New Ukrainian "Donbass"?]. *Ritm Eurasia*, 16 dez. 2020. Disponível em: <https://www.ritmeurasia.ru/news--2020-12-16--zakarpate-novyj-ukrainskij-donbass-52393>. Acesso em: 21 dez. 2024.

______. Voennye prestupleniya karatelei v Donbasse [War Crimes of the Punitive Forces in Donbass]. *Ritm Eurasia*, 17 mar. 2020. Disponível em: <https://www.ritmeurasia.ru/news--2020-03-17--voennye-prestuplenija-karatelej-v-donbasse-skolko-verevochke-ni-vitsja-47996>. Acesso em: 5 jan. 2025.

______. Kak Ukraina Sobiraetsya "osvobozhdat" Donbass [How Ukraine Is Going to "Liberate" Donbass]. *Ritm Eurasia*, 30 jan. 2017. Disponível em: <https://www.ritmeurasia.ru/news--2017-01-30--kak-ukraina-sobiraetsja-osvobozhdat-donbass-28100>. Acesso em: 21 dez. 2024.

KOLSTØ, Pål; BLAKKISRUD, Helge (orgs.). *Russia before and after Crimea*: Nationalism and Identity 2010-2017. Edimburgo: Edinburgh University Press, 2018.

KOMANDIR DUK "Pravyi Sektor" Stempitskii [Commander of the "Right Sector" DUK Stempitsky]. *Gordon.ua*, 30 jan. 2016. Disponível em: <https://gordonua.com/news/society/komandir-duk-pravyy-sektor-stempickiy-v-svyazi-s-zaklyucheniem-horvata-io-zamkomandira-duk-ps-naznachen-mirnyy-117816.html>. Acesso em: 21 dez. 2024.

KOMMUNISTICHESKAYA partiya Ukrainy [Communist Party of Ukraine]. *Wikipedia*, 23 out. 2021. Disponível em: <https://ru.wikipedia.org/w/index.php?title=Kommunisticheskaya_partiya_Ukrainy>. Acesso em: 21 dez. 2024.

KONDAKOVA, Evgeniya. Ukraina zaplatit zhiznyami lyudei za reshenie po vaktsine [Ukraine Has Failed the Europeanness Test. It Will Pay with People's Lives]. *Ukraina.ru*, 22 jan. 2021. Disponível em: <https://ukraina.ru/exclusive/20210122/1030322728.html>. Acesso em: 21 dez. 2024.

KONDRATOVA, Valerya. "Donbassu – Konets, on razrushen" ["Donbass Is Finished, it Is Destroyed". Interview with Gorbulin – in a Minute]. *Liga.net*, 7 fev. 2019. Disponível em: <https://www.liga.net/politics/articles/donbassu---konets-on-razrushen-intervyu-s-gorbulinym-za-minutu>. Acesso em: 20 dez. 2024.

______; DAVIDENKO, Boris. Aleksei Reznikov: Mir menyaetsya [Alexey Reznikov: The World Is Changing]. *Liga.net*, 2 set. 2021. Disponível em: <https://www.liga.net/politics/interview/aleksey-reznikov-mir-menyaetsya-a-s-nim-i-perspektivy-rossii-kak-strany-benzokolonki>. Acesso em: 3 jan. 2025.

KONSTANTINOV, Evgeniy. Drevnerusskaya narodnost [Old Russian People. Scientific Myth or Historical Reality]. *Ukraina.ru*, 23 jul. 2020. Disponível em: <https://ukraina.ru/history/20200723/1028331967.html>. Acesso em: 21 dez. 2024.

KONSTANTINOV, Vladimir. *To Go One's own Way*. Simferopol, Crimeia: Salta, 2017.

KONSTITUTSIYA Avtonomnoi Respubliki Krym [Constitution of the Autonomous Republic of Crimea]. *Ofitsiinyi vebportal parlamentu Ukraini*, 26 maio 2010. Disponível em: <https://zakon.rada.gov.ua/go/rb239k002-98>. Acesso em: 23 dez. 2024.

KONSTYTUTSIYA Ukrainy [Constitution of Ukraine]. *Ofitsiinyi vebportal parlamentu Ukrainy*, [s.d.]. Disponível em: <https://zakon.rada.gov.ua/laws/main/254%D0%BA/96-%D0%B2%D1%80#Text>. Acesso em: 23 dez. 2024.

KOPTI, Vera. Evgenii Kiselev: ispokhablennoe kremlevskoi propagandoi ponyatie "russkii mir" vse-taki sushchestvuet [Evgenii Kiselev: The Concept of the "Russian World", Defiled by Kremlin Propaganda, Still Exists]. *Postimees*, 25 abr. 2015. Disponível em: <https://rus.postimees.ee/3153101/evgeniy-kiselev-ispohablennoe-kremlevskoy-propagandoy-ponyatie-russkiy-mir-vse-taki-sushchestvuet>. Acesso em: 3 jan. 2025.

KOROSTELINA, Karina V. Mapping National Identity Narratives in Ukraine. *Nationalities Papers*, v.41, n.2, p.293-315, 2013. Disponível em: <https://doi.org/10.1080/00905992.2012.747498>. Acesso em: 22 dez. 2024.

KOROTIN, Vyacheslav. Pochemu zhiteli Galitsii ne lyubyat russkikh [Why Do the People of Galicia not Like Russians?]. *Russkaya semerka*, 14 maio 2020. Disponível em: <https://russian7.ru/post/pochemu-zhiteli-galicii-ne-lyubyat-russki/>. Acesso em: 6 jan. 2025.

KOSHANSKAYA, Irina. My kogo khotim obmanut? [Whom Are We Fooling?]. *24 Kanal*, 24 dez. 2019. Disponível em: <https://economy.24tv.ua/ru/my_kogo_hotim_obmanut_gerus_zajavil_chto_ukraina_pokupaet_rossijskij_gaz_n1253354>. Acesso em: 22 dez. 2024.

KOSHIK, O. Blef o nezavisimosti Ukrainy ot Rossiiskogo gaza [Bluffing about Ukraine's Independence from Russian Gas]. *Analitik*, 23 maio 2016. Disponível em: <http://www.analitik.org.ua/current-comment/economy/5739bd80913fd/>.

KOSHKINA, Sonya; BUTSKO, Diana. Ruslan Stefanchuk: "Use vyrishuie Zelenskyi" [Ruslan Stefanchuk: "Everything Is Decided by Zelensky"]. *LB.ua*, 22 maio 2019. Disponível em: <https://lb.ua/news/2019/05/22/427531_ruslan_stefanchuk_use_virishuie.html>. Acesso em: 30 dez. 2024.

KOSTAGIANNIS, Konstantinos. Hans Morgenthau and the Tragedy of the Nation-State. *The International History Review*, v.36, n.3, p.513-29, 2014. Disponível em: <https://www.tandfonline.com/doi/abs/10.1080/07075332.2013.828639>. Acesso em: 23 dez. 2024.

KOTLYAR, Alla. "Zolotaya Gora" ot Minzdrava ["Golden Mountain" from the Ministry of Health]. *Zerkalo Nedeli*, 1º mar. 2021. Disponível em: <https://zn.ua/Health/zolotaja-hora-ot-minzdrava-.html>. Acesso em: 16 dez. 2024.

KOVALENKO, Oksana. Anatoly Mogilyov o potere Kryma [Anatoly Mogilev on the Loss of Crimea]. *Ukrainskaya pravda*, 27 fev. 2018. Disponível em: <http://www.pravda.com.ua/rus/articles/2018/02/27/7172941/>. Acesso em: 27 dez. 2024.

KOVALEVICH, Dmitry. Borba s rossiiskoi vaktsinoi [Fighting the Russian Vaccine]. *Ukraina.ru*, 17 fev. 2021. Disponível em: <https://ukraina.ru/exclusive/20210217/1030578456.html>. Acesso em: 19 dez. 2024.

______; VINOGRADOV, Zakhar. Tri nerazgadannye tainy Evromaidana [Three Unsolved Mysteries of the Euromaidan]. *Ukraina.ru*, 4 jan. 2021. Disponível em: <https://ukraina.ru/exclusive/20210104/1030170033.html>. acesso em: 19 dez. 2024.

KOVALSKY, Aleksei. Burdzhanadze: Krym – chast Rossii, u Ukrainy net shansov [Burjanadze: Crimea Is Part of Russia, Ukraine Has No Chance]. *24SMI*, 10 jul. 2015. Disponível em: <https://24smi.org/news/27999-burdzhanadze-krym-chast-rossii-u-ukra-newsya-pol.html>. Acesso em: 16 dez. 2024.

KOZUB, Taras. Intervyu s Sergeem Sivokho – o Donbasse i yazyke [Interview with Sergey Sivokho about Donbass and Language]. *Vesti*, 20 set. 2021. Disponível em: <https://vesti.ua/strana/sergej-sivoho-u-nas-svoj-vokabulyar-za-nego-nam-nachalo-priletat>.

______. Sergey Sivokho – o platforme primireniya i otnosheniyakh s OP [Sergey Sivokho on the Reconciliation Platform and Relations with the Office of the President]. *Vesti*, 19 mar. 2020. Disponível em: <https://vesti.ua/strana/sergej-sivoho-unas-s-ermakom-odin-vokabulyar>.

______. Kiev gotovit spetssudy i bolshuyu amnistiyu dlya Donbassa [Kiev Is Preparing Special Courts and a Big Amnesty for Donbass]. *Vesti*, 21 nov. 2017. Disponível em: <https://vesti.ua/politika/266180-kiev-hotovit-donbassu-bolshuju-amnistiju>.

KRALYUK, Petro. Ukrainizatsiiya vid Petra Shelesta [Pyotr Shelest's Ukrainianization]. *Radio Svoboda*, 8 jun. 2020. Disponível em: <https://www.radiosvoboda.org/a/30656654.html>. Acesso em: 27 dez. 2024.

KRASNER, Stephen D. Building Democracy after Conflict: The Case for Shared Sovereignty. *Journal of Democracy*, v.16, n.1, p.69-83, 2005. Disponível em: <https://doi.org/10.1353/jod.2005.0013>. Acesso em: 2 jan. 2025.

______. Sharing Sovereignty: New Institutions for Collapsed and Failing States. *International Security*, v.29, n.2, p.85-120, 2004. Disponível em: <https://doi.org/10.1162/0162288042879940>. Acesso em: 2 jan. 2025.

______; PASCUAL, Carlos. Addressing State Failure. *Foreign Affairs*, v.84, n.4, p.153-63, 2005. Disponível em: <https://www.jstor.org/stable/20034427>. Acesso em: 2 jan. 2025.

KRAVCHUK POSPORIL s Savchenko o trekh raznykh Ukrainakh [Kravchuk Argued with Savchenko about Three Different Ukraines]. *RIA Novosti*, 3 jan. 2020. Disponível em: <https://ria.ru/20200103/1563095636.html>. Acesso em: 23 dez. 2024.

KRAVCHUK RASSKAZAL, pochemu Ukraina byla obrechena poteryat Krym [Kravchuk Explained why Ukraine Was Doomed to Lose Crimea]. *RIA Novosti*, 1º mar. 2017. Disponível em: <https://ria.ru/20170301/1489023466.html>. Acesso em: 23 dez. 2024.

KRAVCHUK, Leonid. OBRASHCHENIE L. M. Kravchuka "K Russkim sootechestvennikam" [L. M. Kravchuk, "An Appeal to Russian Compatriots"]. *BogdanClub – Forum*, 30 ago. 2009. Disponível em: <https://perma.cc/CG8D-SBZ3>. Acesso em: 27 dez. 2024.

KRAVETS, Roman; ROMANENKO, Valentina. OPZZh u Verkhovniy Radi perestala isnuvaty [The OPZH in the Verkhovna Rada Has Ceased to Exist]. *Ukrainska pravda*, 12 maio 2022. Disponível em: <https://www.pravda.com.ua/news/2022/05/12/7345720/>. Acesso em: 29 dez. 2024.

KRAVTSOV, A. A. Ob obshchestvenno-politicheskoi situatsii v Donetskoi oblasti [On the Socio-Political Situation in Donetsk Region]. *Donetsky oblastnoi sovet*, 3 mar. 2014. Disponível em: <http://donbassrada.gov.ua/?lang=ua&sec=02.01&iface=Public&cmd=showproject&args=id:892>. Acesso em: 27 dez. 2024.

KRIGEL, Mikhaylo. Mavra z hranatamy [Monkey with Grenades]. *Ukrainskaya pravda*, 3 dez. 2020. Disponível em: <https://www.pravda.com.ua/rus/articles/2020/12/3/7275645/>. Acesso em: 26 dez. 2024.

KRUSHELNYCKY, Askold. Crimean Peninsula Could Be the Next South Ossetia. *The Independent*, 28 ago. 2008. Disponível em: <https://www.independent.co.uk/news/world/europe/crimean-peninsula-could-be-the-next-south-ossetia-910769.html>. Acesso em: 19 dez. 2024.

KRYM POYASNIL izmenenie voprosov referenduma "zlymi slovami" Kieva [Crimea Explained the Change in Referendum Questions with "Evil Words" from Kiev]. *Newsru.com*, 8 mar. 2014. Disponível em: <https://www.newsru.com/world/08mar2014/referendum.html>. Acesso em: 23 dez. 2024.

KRYMSKY PARLAMENT zakhvatil sevastopolsky spetsnaz [Crimean Parliament Captured by Sevastopol Special Forces]. *Newsru.com*, 7 dez. 2017. Disponível em: <https://www.newsru.com/world/27feb2014/thecrimea.html>. Acesso em: 23 dez. 2024.

KRYMSKYI SOTSIOLOH u pryamomu efiri rozpovila ukraintsyam, chyi Krym [Crimean Sociologist Told Ukrainians Live TV, Who Crimea Belongs To]. *Golos Pravdy*, 26 out. 2020. Disponível em: <https://golospravdy.eu/krimskij-sociolog-u-pryamomu-efiri-rozpovila-ukraincyam-chij-krim/>. Acesso em: 23 dez. 2024.

KSENZ, Lyudmila; ROMANOVA, Maria. Kitayskaya po tsene Amerikanskoy [Chinese at the American Price]. *Strana.ua*, 30 dez. 2020. Disponível em: <https://strana.one/news/309533-ukraina-zakupit-kitajskuju-vaktsinu-coronavac-chto-o-nej-izvestno.html>. Acesso em: 23 dez. 2024.

______; TEREKHOVA, Ekaterina. Nikto ne zhdet VOZ [Nobody Is Waiting for the World Health Organization]. *Strana.ua*, 15 dez. 2020. Disponível em: <https://strana.one/news/306084-sputnik-v-vaktsina-proshla-li-tretju-fazu-ispytanij-kakimi-budut-issledovanija-s-astrazeneka.html>. Acesso em: 23 dez. 2024.

KTO I KOGDA VYSTUPAL s ideei federalizatsii [Who and When Came up with the Idea of Federalization]. *Kommersant*, 16 jul. 2012. Disponível em: <https://www.kommersant.ru/doc/1981569>. Acesso em: 23 dez. 2024.

KUCHMA NAZVAV odnu z naibilsh boliuchykh nevyrishenykh problem Ukrainy [Kuchma Named One of the Most Painful Unresolved Problems of Ukraine]. *112ua.tv*, 21 fev. 2019. Disponível em: <https://ua.112ua.tv/polityka/kuchma-nazvav-odnu-z-naibilsh-boliuchykh-nevyrishenykh-problem-ukrainy-481460.html>. Acesso em: 12 mar. 2025.

KUCHMA NE PODPISAL "formulu Shtainmaiera" [Kuchma Did Not Sign the "Steinmeier Formula"]. *Ukraina.ru*, 18 set. 2019. Disponível em: <https://ukraina.ru/news/20190918/1025039409.html>. Acesso em: 23 dez. 2024.

KUDELIA, Sergiy. Reply to Andreas Umland: The Donbas Insurgency Began at Home. *Ponars Eurasia*, 8 out. 2014. Disponível em: <https://www.ponarseurasia.org/reply-to-andreas-umland-the-donbas-insurgency-began-at-home/>. Acesso em:16 dez. 2024.

______. New Policy Memo: Domestic Sources of the Donbas Insurgency. *Ponars Eurasia*, 29 set. 2014. Disponível em: <https://www.ponarseurasia.org/new-policy-memo-domestic-sources-of-the-donbas-insurgency/>. Acesso em: 30 dez. 2024.

______. Politics and Democracy in Ukraine. In: KUZIO, Taras; HAMILTON, Daniel (orgs.). *Open Ukraine*: Changing Course towards a European Future. Washington, DC: Paul H. Nitze School of Advanced International Studies; Johns Hopkins University, 2011.

KUKOVA, Anastasiya; SLUTSKY, Pyotr. Gradus nenavisti ko vsemu russkomy ne tot! [The Degree of Hatred for Everything Russian Is Insufficient!]. *360tv.ru*, 28 fev. 2019. Disponível em: <https://360tv.ru/news/tekst/gradus-nenavisti-ko-vsemu-russkomy-ne-tot!/>.

KULCHYTSKYI, S. V.; VESELOVA, O. M. (orgs.). *OUN v 1941 Rotsi*: Dokumenty. Kiev: Instytut Istorii Ukrainy NAN Ukrainy, 2006.

KULEBA, Dmytro. The Peril of Polling in Crimea. *Foreign Affairs*, 21 abr. 2020. Disponível em: <https://www.foreignaffairs.com/articles/ukraine/2020-04-21/peril-polling-crimea>. Acesso em: 20 dez. 2024.

KUSHCH, Aleksei. Torgovlya oruzhiem mezhdu Ukrainoi i Rossiyei ne prekrashchalas i v samye goryachie fazy voiny [The Arms Trade between Ukraine and Russia Did Not Stop even During the Hottest Phases of the War]. *Strana.ua*, 13 abr. 2021. Disponível em: <https://strana.one/opinions/327881-torhovlja-oruzhiem-mezhdu-ukrainoj-i-rossiej-ne-prekrashchalas-i-v-samye-horjachie-fazy-vojny.html>. Acesso em: 16 dez. 2024.

KUZIO, Taras. *The Crimea*: Europe's Next Flashpoint? Washington, DC: Jamestown Foundation, 2011.

______. *Ukraine*: State and Nation Building. Londres; Nova York: Routledge, 1998.

______ (org.). *Contemporary Ukraine*: Dynamics of Post-Soviet Transformation. Armonk, NY: M. E. Sharpe, 1998.

KUZNETSOV, Viktor. Chuzhaya rodina Poroshenko [Poroshenko's Alien Homeland]. *Ukraina.ru*, 4 fev. 2019. Disponível em: <https://ukraina.ru/exclusive/20190204/1022556770.html>. Acesso em: 4 jan. 2025.

KUZNETSOVA, Anna. Ocherednoi korruptsionnyi skandal [Another Corruption Scandal]. *NewsUa.RU*, 26 mar. 2021. Disponível em: <https://is.gd/zLkPoi>. Acesso em: 15 mar. 2025.

LANG, Daniel. Reinhold Niebuhr on Tragedy, Irony, and Politics. *SSRN Scholarly Paper*, 18 ago. 2009. Disponível em: <https://papers.ssrn.com/abstract=1456940>. Acesso em: 19 dez. 2024.

LAPPO, Ivan. Proiskhozhdenie ukrainskoi ideologii noveishego vremeni [The Origin of the Ukrainian Ideology of Modern Times]. *Imperskoe Vozrozhdenie*, n.7, 2007.

LASHCHENKO, Oleksandr. Klimkin: Shkoduyu, shcho Ukraina ne rozirvala dypvidnosyny z Rosiieyu [Klimkin: I Regret that Ukraine Did not Break Off Diplomatic Relations with Russia]. *Radio Svoboda*, 3 out. 2020. Disponível em: <https://www.radiosvoboda.org/a/klimkin-shkoduyu-shcho-ukrayina-ne-rozirvala-dypvidnosyny-z-rosiyeyu/30871035.html>. Acesso em: 27 dez. 2024.

______. Vid referendum my nikudy ne denimosya – Andrukhovych pro Donbas [We Will not Run Away from the Referendum – Andrukhovych about Donbas]. *Radio Svoboda*, 21 abr. 2016. Disponível em: <https://www.radiosvoboda.org/a/27689191.html>. Acesso em: 4 jan. 2025.

LASSERRE, Isabelle. Beseda s Valeri Giscard D'Estaign [Conversation with Valerie Giscard D'Estaign]. *Inosmi.ru*, 4 mar. 2015. Disponível em: <https://inosmi.ru/world/20150304/226636185.html>. Acesso em: 22 dez. 2024.

LAST STATUE of General Franco Removed in Spain. *Madrid Metropolitan*, 24 fev. 2021. Disponível em: <https://www.madridmetropolitan.com/last-statue-of-dictator-franco-removed-in-spain/>. Acesso em: 23 dez. 2024.

LAVRENIN, Pyotr. Timoshenko rasskazala o bessmyslennom vneshnem yprvlenii Ukrainoi [Tymoshenko Spoke about the Senseless External Management of Ukraine]. *Lenta.ru*, 16 mar. 2021. Disponível em: <https://yandex.ru/turbo/lenta.ru/s/news/2021/03/16/vneshpol/>. Acesso em: 29 dez. 2024.

LAVROV: RUSSIA, US, EU, Ukraine Agree on De-Escalation Roadmap. *RT International*, 17 abr. 2014. Disponível em: <https://www.rt.com/news/geneva-document-ukraine-deescalation-224/>. Acesso em: 23 dez. 2024.

LEBED, Natalia. Plokhoi mir ili khoroshaya voina [A Bad Peace or a Good War]. *112ua.tv*, 21 fev. 2020. Disponível em: <https://112ua.tv/statji/plohoy-mir-ili-horoshaya-voyna-chto-neset-platforma-primireniya-ot-sivohi-526515.html>.

LEBOW, Richard Ned. *The Tragic Vision of Politics*: Ethics, Interests and Orders. Cambridge: Cambridge University Press, 2003.

LEE, Peter. The Scary Side of the Ukraine Troika. *CounterPunch*, 13 mar. 2014. Disponível em: <https://www.counterpunch.org/2014/03/13/the-scary-side-of-the-ukraine-troika/>. Acesso em: 27 dez. 2024.

LEEV, Egor. Ukrainizatsiya na marshe. Na Ukraine zapreshchayut govorit' po-russki [Ukrainization on the March. Speaking Russian Is Banned in Ukraine]. *Ukraina.ru*, 20 out. 2020. Disponível em: <https://ukraina.ru/20201020/1029316848.html>. Acesso em: 20 jan. 2025.

______. Tainstvennaya statistika [Mysterious Statistics: How Ukraine Uses Russian Investments in Crimea]. *Ukraina.ru*, 19 mar. 2019. Disponível em: <https://ukraina.ru/20190319/1023014298.html>. Acesso em: 20 dez. 2024.

LEFKOWITZ, Mary; ROMM, James (orgs.). *The Greek Plays*: Sixteen Plays by Aeschylus, Sophocles, and Euripides. Nova York: Modern Library, 2016.

LEGVOLD, Robert. Facing Reality in Ukraine. *The National Interest*, 16 set. 2014. Disponível em: <https://nationalinterest.org/feature/facing-reality-ukraine-11289>. Acesso em: 29 dez. 2024.

LEHOVICH, Dimitry V. *White against Red*: The Life of General Anton Denikin. Nova York: Norton, 1974.

LÊNIN, Vladimir Ilyich. K voprosu o natsionalnostiyakh ili ob avtonomizatsii [On the Question of Nationalities or "Autonomization"]. *Revarchiv*, 30 dez. 1922. Disponível em: <https://revarchiv.narod.ru/vladimilitch/lenin45/avtonomisazia.html>. Acesso em: 3 jan. 2025. [Ed. bras.: Para a questão das nacionalidades ou da "autonomização". *Ponto-e-vírgula*, v.21, ed. "100 anos da Revolução Russa", p.96-105, 2017. Disponível em: <https://doi.org/10.23925/1982-4807.2017i21p96-105>. Acesso em: 3 jan. 2025.]

LEUSTEAN, Lucian N.; SAMOKHVALOV, Vsevolod. The Ukrainian National Church, Religious Diplomacy, and the Conflict in Donbas. *Journal of Orthodox Christian Studies*, v.2, n.2, p.199-224, 2019. Disponível em: <https://doi.org/10.1353/joc.2019.0023>. Acesso em: 26 dez. 2024.

LIAKHOV, Andrei. Straight Talk about Russian Aggression in Ukraine. *Johnson's Russia List*, 9 jul. 2015. Disponível em: <https://russialist.org/re-utexpertsdiscgrp-straight-talk-about-russian-aggression-in-ukraine/>. Acesso em: 16 dez. 2024.

LIDER PREZYDENTSKOI honki Moldovy zayaviv, schho Krym nalezhit Rosii [Leader of Moldova's Presidential Race Says Crimea Belongs to Russia]. *Evropeiskaya pravda*, 25 out. 2016. Disponível em: <https://www.eurointegration.com.ua/news/2016/10/25/7056403/>. Acesso em: 23 dez. 2024.

LIKWITHOUT. III Universal ukrainskoi tsentralnoi Rady [III Universal of the Ukrainian Central Rada (November 7, 1917)]. *Likbez*, 28 jul. 2014. Disponível em: <https://likbez.org.ua/iii-decree-ukrainian-central-rada.html>. Acesso em: 27 out. 2021.

LIPOVETSKY, Svyatoslav. Tri goda polskoi okkupatsii [Three Years of Polish Occupation]. *Zerkalo Nedeli*, 15 mar. 2018. Disponível em: <https://zn.ua/HISTORY/tri-goda-polskoy-okkupacii-278056_.html>. Acesso em: 27 dez. 2024.

LISH BY POMOGLA [If only it Would Help]. *Timer-Odessa*, 24 dez. 2020. Disponível em: <https://web.archive.org/web/20220509011641/https://timer-odessa.net/news/lish_bi_pomogla_truhanov_ne_protiv_rossiyskoy_vaktsini_ot_koronavirusa_360.html>. Acesso em: 23 dez. 2024.

LIVINGSTONE, R. W. The Problem of the Eumenides of Aeschylus. *Journal of Hellenic Studies*, v.45, n.1, p.120-31, 1925. Disponível em: <https://doi.org/10.2307/624909>. Acesso em: 29 dez. 2024.

LLOBERA, Josep Ramón. *Recent Theories of Nationalism*. Barcelona: Institut de Ciències Polítiques i Socials, 1999.

LN – POSITIVE. 1 marta 1992 g. "Poezd druzhby" Unso v Sevastopole [March 1, 1992. Unso "Friendship Train" in Sevastopol]. *Liveinternet.ru*, 18 set. 2017. Disponível em: <https://www.liveinternet.ru/users/4768613/post421649462/>. Acesso em: 26 dez. 2024.

LOUW, Dirk J. Ubuntu: An African Assessment of the Religious Other. *Paideia*, [s.d.]. Disponível em: <https://www.bu.edu/wcp/Papers/Afri/AfriLouw.htm>. Acesso em: 19 dez. 2024.

LUCHNIKOV, Georgy. Logika parazita [Parasite Logic]. *Ukraina.ru*, 4 ago. 2021. Disponível em: <https://ukraina.ru/exclusive/20210804/1031994062.html>. Acesso em: 22 dez. 2024.

______. Plody propagandy [Fruits of Propaganda]. *Ukraina.ru*, 25 out. 2019. Disponível em: <https://ukraina.ru/exclusive/20191025/1025419477.html>. Acesso em: 22 dez. 2024.

______. Gotovy k radikalnym deistviyam [Ready for Radical Action]. *Ukraina.ru*, 17 set. 2019. Disponível em: <https://ukraina.ru/20190917/1025010770.html>. Acesso em: 21 dez. 2024.

LUKASH, Elena. Maidanu – amnistiyu, Donbassu – zakon? [Amnesty for Maidan, Law for Donbass?]. *Ukraina.ru*, 3 abr. 2017. Disponível em: <https://ukraina.ru/news/20170403/1018485691.html>. Acesso em: 20 dez. 2024.

LUTSENKO, Yuri. Formula "avtonomiya zamist vtorgnennya" smertelno nebezpechna dlya Ukrainy [The Formula "Autonomy Instead of Invasion" Is Deadly Dangerous for Ukraine]. *Ukrainska pravda*, 10 dez. 2021. Disponível em: <https://blogs.pravda.com.ua/authors/lucenko/61b332fdabc75/>. Acesso em: 6 jan. 2025.

LYAMETS, Serhii; KALACHOVA, Halyna. Uryad provalyv restrukturyzatsiyu zovnishnyoho borhu Ukrainy [The Government Failed to Restructure Ukraine's External

Debt]. *Ekonomichna pravda*, 27 ago. 2015. Disponível em: <https://epravda.com.ua/publications/2015/08/27/557144/>. Acesso em: 30 dez. 2024.

LYASKA, Vitaly. Bohdan Gud: Volin pered Volinnyu [Bohdan Hud: Volyn before Volyn]. *Istorichna pravda*, 27 jul. 2020. Disponível em: <https://www.istpravda.com.ua/articles/2020/07/27/157862/>. Acesso em: 19 dez. 2024.

MACKINNON, Amy. Counting the Dead in Europe's Forgotten War. *Foreign Policy*, 25 out. 2018. Disponível em: <https://foreignpolicy.com/2018/10/25/counting-the-dead-in-europes-forgotten-war-ukraine-conflict-donbass-osce/>. Acesso em: 16 dez. 2024.

MAGDYK, Nataliya. Skolko rossiyan poluchili grazhdanstvo Ukrainy [How Many Russians Received Ukrainian Citizenship]. *Vesti*, 25 mar. 2021. Disponível em: <https://vesti.ua/strana/stalo-izvestno-skolko-rossiyan-poluchili-grazhdanstvo-ukrainy>.

MAGITOT, François Gruber. The Crimean Referendum: A Democratic Secession or an Imperial Annexation? *Academia*, 2017. Disponível em: <https://www.academia.edu/35807218/The_Crimean_referendum_A_democratic_secession_or_an_imperial_annexation>. Acesso em: 21 dez. 2024.

MAKOVTSEV, Aleksei. Kuchma zaklykaie skhid Ukrainy ne rozvalyuvaty krainu [Kuchma Calls on Eastern Ukraine not to Tear the Country Apart]. *Korrespondent*, 29 nov. 2004. Disponível em: <https://ua.korrespondent.net/amp/250755-kuchma-zaklikae-shid-ukrayini-ne-rozvalyuvati-krayinu>. Acesso em: 16 dez. 2024.

______. Donbass – predposylki i predystoriya narodnykh respublik [Donbass: Prerequisites and Prehistory of the People's Republics]. *Regnum*, 22 mar. 2017. Disponível em: <https://regnum.-ru/news/2252676.html>.

MALGAVKO, Sergey. Ukrainskogo generala vyzvali na dopros iz-za slov o Kryme [Ukrainian General Summoned for Questioning over Crimea Comments]. *RIA Krym*, 1º ago. 2019. Disponível em: <https://crimea.ria.ru/world/20190801/1117087776.html>. Acesso em: 29 dez. 2024.

MALITSKA, Valerya. Skilky parafii UPTS (MP) pereishlo do PTSU [How Many Parishes of the UOC (MP) Have Transferred to the OCU (MAP)?]. *Fakty ICTV*, 6 jan. 2020. Disponível em: <https://fakty.com.ua/ua/ukraine/20200106-skilky-parafij-rpts-perejshlo-do-ptsu-karta/>. Acesso em: 3 jan. 2025.

MALOMUZH, Nikolai. Razrushiteli mifov [Myth Busters]. *Apostrophe*, 12 dez. 2019. Disponível em: <https://apostrophe.ua/article/politics/2019-12-12/razrushiteli-mifov-kak-ukraine-pobedit-rossiyskuyupropagandu/29790>.

MALTSEV, Vladislav. Povsyudu Azov [Azov Everywhere]. *Ukraina.ru*, 16 jun. 2021. Disponível em: <https://ukraina.ru/exclusive/20210616/1031638423.html>. Acesso em: 5 jan. 2025.

______. Eks-pravosek rasskazal, kak gotovil "poezd druzhby" v Krym i Sevastopol v marte 2014-go [Former Right Sector Member Tells How He Prepared the "Friendship Train" to Crimea and Sevastopol in March 2014]. *ForPost*, 30 maio 2020. Disponível em: <https://sevastopol.su/news/eks-pravosek-rasskazal-kak-gotovil-poezd-druzhby-v-krym-i-sevastopol-v-marte-2014-go>. Acesso em: 29 dez. 2024.

______. Mif i pravda o grazhdanskoi voine na Donbasse [Myth and Truth about the Civil War in Donbass]. *Ukraina.ru*, 16 abr. 2020. Disponível em: <https://ukraina.ru/exclusive/20200416/1027404109.html>. Acesso em: 5 jan. 2025.

MALTSEV, Vladislav. Sovsem nevezhlivye "chelovechki" [Total Impolite "Little People"]. *Ukraina.ru*, 11 abr. 2020. Disponível em: <https://ukraina.ru/exclusive/20200411/1027359226.html>. Acesso em: 5 jan. 2025.

______. Mertvye dushi [Dead Souls]. *Ukraina.ru*, 26 out. 2018. Disponível em: <https://ukraina.ru/exclusive/20181026/1021565946.html>. Acesso em: 5 jan. 2025.

______. Vtoroi Donbass [Second Donbass]. *Ukraina.ru*, 11 jun. 2018. Disponível em: <https://ukraina.ru/exclusive/20180611/1020471775.html>. Acesso em: 5 jan. 2025.

______. "Eto ne pro nas" ["This Is not about Us"]. *Ukraina.ru*, 16 nov. 2017. Disponível em: <https://ukraina.ru/exclusive/20171116/1019529997.html>. Acesso em: 26 dez. 2024.

______. "Pravyi Sektor" i ego metastazy ["Right Sector" and its Metastases]. *Ukraina.ru*, [s.d.]. Disponível em: <https://ukraina.ru/exclusive/20200119/1026369954.html>. Acesso em: 10 nov. 2021.

MANCHUK, Andrei. Deti dostoinstva [Children Advantages: Work, Sex, Shooting]. *Ukraina.ru*, 2 jun. 2021. Disponível em: <https://ukraina.ru/opinion/20210602/1031544519.html>. Acesso em: 16 dez. 2024.

______. "Rossiyu sozdali pod pulemetami" ["Russia Was Created under Machine Guns. Ukrainian War Party Attacks"]. *Ukraina.ru*, 6 jun. 2020. Disponível em: <https://ukraina.ru/20200606/1027917013.html>. Acesso em: 16 dez. 2024.

______. Dmitro Yarosh: "Rano ili pozdno, no my obrecheny voevat s Moskovskoi Imperiei" [Dmitro Yarosh: "Sooner or Later, We Are Doomed to Fightwith the Moscow Empire"]. *Censor.net*, 25 ago. 2008. Disponível em: <https://censor.net/ru/forum/2416274/dmitro-yarosh-rano-ili-pozdno-no-my-obrecheny-voevat-s-moskovskoyi-imperieyi>.

MANSFIELD, Harvey. The Tragedy of Weber. *Washington Examiner*, 9 dez. 1996. Disponível em: <https://perma.cc/7SYG-A2LV>. Acesso em: 11 mar. 2025.

MARINA, Epifanova. Mer Poltavy sdelal strannoe zayavlenie po ukrainskomu yazyku [Poltava Mayor Makes Strange Statement on Ukrainian Language]. *Blog Korrespondent Net*, 28 abr. 2016. Disponível em: <https://blogs.korrespondent.net/blog/events/3676354/>. Acesso em: 26 dez. 2024.

MARPLES, David. Ukrainians in 2018: Where do They Stand? *David R. Marples*, 11 jan. 2018. Disponível em: <https://davidrmarples.wordpress.com/2018/01/11/ukrainians-in-2018-where-do-they-stand/>. Acesso em: 2 jan. 2025.

MARSHALL, Jonathan. Nazi Roots of Ukraine's Conflict. *Consortium News*, 28 jan. 2016. Disponível em: <https://consortiumnews.com/2016/01/28/nazi-roots-of-ukraines-conflict/>. Acesso em: 22 dez. 2024.

MARTIN, Vladimir. "Pravyi Sektor" Zakarpatya ["Right Sector" of Transcarpathia]. *Zerkalo Nedeli*, 15 ago. 2014. Disponível em: <https://zn.ua/internal/pravyy-sektor-zakarpatya-razdvoenie-lichnosti-yavlyaetsya-li-zaschita-suvereniteta-rodiny-opravdaniem-dlya-ugolovnyh-prestupleniy-_.html>. Acesso em: 29 dez. 2024.

MARTOVSKIE STATYI [March Articles]. *Wikipedia*, 18 abr. 2021. Disponível em: <https://ru.wikipedia.org/w/index.php?title=Martovskie_stat'i>.

MARXSEN, Christian. Crimea's Declaration of Independence. *European Journal of International Law: Talk!*, 18 mar. 2014. Disponível em: <https://www.ejiltalk.org/crimeas-declaration-of-independence/>. Acesso em: 19 dez. 2024.

MATIOS v pryamom efire rasskazal uzhasy o zverstvakh batalona “Tornado” [Atrocities and Sadism of Ukrainian Nationalist Battalions: the “Tornado” Case]. *Ria.ua*, 20 abr. 2022. Disponível em: <https://ria.ru/20220420/tornado-1784201831.html>. Acesso em: 16 dez. 2024.

MATIOS V PRYAMOM efire rasskazal uzhasy o zverstvakh batalyona “Tornado” [Matios Spoke on Live TV about the Horrors and Atrocities of the “Tornado” Battalion]. *Vesti*, 19 jun. 2015. Disponível em: <https://vesti.ua/donbass/104244-matios-v-prjamom-jefire-rasskazal-uzhasy-o-zverstvah-batalona-tornado>.

MATIOS: DOBROVOLTSY na Ukraine nakhodyatsya vne zakona [Matios: Volunteers in Ukraine Are Illegal]. *Ukraina.ru*, 30 out. 2017. Disponível em: <https://ukraina.ru/news/20171030/1019448563.html>. Acesso em: 26 dez. 2024.

MATUSZAK, Sławomir. *The Oligarchic Democracy*: The Influence of Business Groups on Ukrainian Politics. Polônia: Centre for Eastern Studies, 2012. (OSW Studies, n.42.) Disponível em: <https://aei.pitt.edu/58394/1/prace_42_en_0.pdf>. Acesso em: 30 dez. 2024.

MAYNAYA, Nadezhda. Lider Pravoho sektoru Dmytro Yarosh [Dmytro Yarosh, Leader of the Right Sector]. *Glavred.info*, 10 fev. 2014. Disponível em: <https://glavred.info/politics/270621-lider-pravogosektoru-dmitro-yarosh-mi-prosto-prirecheni-peremogti.html>. Acesso em: 26 dez. 2024.

MEARSHEIMER, John J. Why the Ukraine Crisis Is the West’s Fault. *Foreign Affairs*, 18 ago. 2014. Disponível em: <https://www.foreignaffairs.com/articles/russia-fsu/2014-08-18/why-ukraine-crisis-west-s-fault>. Acesso em: 22 dez. 2024.

MEDVEDCHUK, Viktor. Presentation of Peace Plan of Settlement of Donbas Conflict in European Council. *112 Ukraine*, 18 jul. 2019. Disponível em: <https://112.international/politics/presentation-of-peace-plan-of-settlement-of-donbas-conflict-in-european-council-full-text-41848.html>.

______. ZST s ES: dva goda poter i provalov [FTA with the EU: Two Years of Losses and Failures]. *Ukrainsky vybor*, 4 jan. 2018. Disponível em: <https://web.archive.org/web/20200808082809/http://vybor.ua/article/vneshnjaja_politika/zst-s-es-dva-goda-poter-i-provalov.html>. Acesso em: 4 jan. 2025.

______. Ekonomika Ukrainy v srednesrochnoi perspektive ne sposobna vyiti na pokazateli dokrizisnogo 2013 goda [Ukraine’s Economy Is Not Capable of Reaching Pre-Crisis 2013 Levels in the Medium Term]. *Ukrainsky vybor*, 7 jul. 2017. Disponível em: <https://web.archive.org/web/20200804055751/http://vybor.ua/article/economika/ekonomika-ukrainy-v-srednesrochnoy-perspektive-ne-sposobna-vyyti-na-pokazateli-dokrizisnogo-2013-goda.html>. Acesso em: 4 jan. 2025.

______. Vernut Donbass v Ukrainu i Ukrainu na Donbass [Return Donbass to Ukraine and Ukraine to Donbass]. *Ukrainsky Vybor*, 12 jan. 2017. Disponível em: <https://perma.cc/ZUJ6-5T3N>. Acesso em: 4 jan. 2025.

______. ZST s ES: krakh nadezhd i prozrenie [FTA with the EU: The Collapse of Hopes and an Epiphany]. *Ukrainsky vybor*, 12 abr. 2016. Disponível em: <https://web.archive.org/web/20160720224334/http://vybor.ua/article/vneshnjaja_politika/zst-s-es-krah-nadejd-i-prozrenie.html>. Acesso em: 4 jan. 2025.

MEDVEDEV, Stanislav. Blokada Donbassa [Blockade of Donbass]. *Rhythm of Eurasia*, 26 dez. 2017. Disponível em: <https://dzen.ru/a/WkK-5_2WsdR3IM53>. Acesso em: 30 dez. 2024.

MEDVEDEVA, Olesya. Sergey Sivokho: "Otnoshenie komandy prezidenta k Donbassu menyaetsya" [Sergey Sivokho: "The Attitude of the President's Team towards Donbass Is Changing"]. *Strana.ua*, 5 jul. 2020. Disponível em: <https://strana.one/articles/interview/276900-sivokho-v-intervju-olese-medvedevoj-rasskazal-pochemu-buksuet-mirnyj-protsess-na-donbasse.html>. Acesso em: 27 dez. 2024.

______. Sergey Sivokho: Prezident ne dolzhen boyatsya vypolnyat svoi obeshchaniya po miru na Donbasse [Sergey Sivokho: the President Should not Be Afraid to Fulfill his Promises for Peace in Donbass]. *Strana.ua*, 5 jul. 2020. Disponível em: <https://strana.one/articles/interview/276900-sivokho-v-intervju-olese-medvedevoj-rasskazal-pochemu-buksuet-mirnyj-protsess-na-donbasse.html>. Acesso em: 27 dez. 2024.

MEDZHLIS VYDVINUL Poroshenko ultimatum po Krymu [Mejlis Issues Ultimatum to Poroshenko on Crimea]. *K-Politika*, 16 mar. 2018. Disponível em: <https://k-politika.ru/medzhlis-vydvinul-poroshenko-ultimatum-po-krymu/?utm_source=politobzor.net>. Acesso em: 26 dez. 2024.

MEIER, Christian. *The Political Art of Greek Tragedy.* Baltimore: Johns Hopkins University Press, 1993.

MELNIKOVA, L. *Facebook*, 18 nov. 2015. Disponível em: <https://www.facebook.com/mlnkv/posts/1002533856477859?fref=nf>. Acesso em: 23 dez. 2024.

MENDELSOHN, Daniel. "Saving the City", Tragedy in its Civic Context. In: LEFKOWITZ, Mary; ROMM, James (orgs.). *The Greek Plays*: Sixteen Plays by Aeschylus, Sophocles, and Euripides. Nova York: Modern Library, 2016.

MER DNEPRA [Dnieper Mayor]. *IA Regnum*, 8 set. 2018. Disponível em: <https://regnum.ru/news/society/2478026.html>. Acesso em: 26 dez. 2024.

MERCOURIS, Alexander. UN Deadlock on Ukraine Peacekeepers. *The Duran*, 21 set. 2017. Disponível em: <https://theduran.com/un-deadlock-ukraine-peacekeepers/>. Acesso em: 16 dez. 2024.

MERKEL, Reinhard. Die Krim und das Völkerrecht: Kühle Ironie der Geschichte [Crimea and International Law: The Cool Irony of History]. *Frankfurter Allgemeine*, 8 abr. 2014. Disponível em: <https://www.faz.net/aktuell/feuilleton/debatten/die-krim-und-das-voelkerrecht-kuehle-ironie-der-geschichte-12884464.html>. Acesso em: 29 dez. 2024.

______; REEMSTMA, Jan Philipp. Von Nachbarn, Töchtern Und Pistolen [Of Neighbors, Daughters, and Guns]. *Eurozine*, 3 set. 2014. Disponível em: <https://www.eurozine.com/von-nachbarn-tochtern-und-pistolen/>. Acesso em: 29 dez. 2024.

MEZZOFIORE, Gianluca. Ukraine Facing Civil War. *International Business Times*, 19 fev. 2014. Disponível em: <http://www.ibtimes.co.uk/ukraine-facing-civil-war-lviv-declares-independence-yanukovich-rule-1437092>. Acesso em: 22 dez. 2024.

MICALESSIN, Gian. La versione dei cecchini sulla strage di Kiev. *Il Giornale*, 15 nov. 2017. Disponível em: <https://www.ilgiornale.it/news/politica/versione-dei-cecchini-sulla-strage-kiev-ordini-1463409.html>. Acesso em: 22 dez. 2024.

MICHKOVSKAYA, Natalia. Ukraina razorvala programmu ekonomicheskogo sotrudnichestva s RF [Ukraine Has Torn Up its Program of Economic Cooperation with the Russian Federation]. *KP in Ukraine*, 21 mar. 2018. Disponível em: <https://kp.ua/economics/603920-ukrayna-razorvala-prohrammu-ekonomycheskoho-sotrudnychestva-s-rf-chto-dalshe>. Acesso em: 26 dez. 2024.

MIKHAIL DRAGOMANOV. *Onlain Biblioteka*, [s.d.]. Disponível em: <https://banauka.ru/2216.html>. Acesso em: 4 nov. 2021.

MIKHAILENKO, Nikolai. Yarosh bez vizitki. [Yarosh without a Business Card]. *Filolingvia*, 7 jun. 2014. Disponível em: <http://filolingvia.com/publ/jarosh_zhutko_sovetskij/441-1-0-6722>. Acesso em: 13 mar. 2025.

MIKHEICHEVA, E. A. "Otkuda est poshla Russkaya zemlya"/"From Whence the Russian Land Came To Be...". *Scientific Notes of Orel State University*, v.2, n.58, p.212-7, 2014. Disponível em: <https://cyberleninka.ru/article/n/otkuda-est-poshla-russkaya-zemlya-1/viewer>. Acesso em: 22 out. 2021.

MIKHNOVSKY, Mykola I. *Samostiina Ukraina* [Independent Ukraine]. Kiev: Diokor, 2002.

MILAKOVSKY, Brian. Cut Off: What Does the Economic Blockade of the Separatist Territories Mean for Ukraine? *Wilson Center*, 9 jan. 2018. Disponível em: <https://www.wilsoncenter.org/blog-post/cut-what-does-the-economic-blockade-the-separatist-territories-mean-for-ukraine>. Acesso em: 19 dez. 2024.

______. Understanding the "Under Control" Donbas. *Wilson Center*, 22 abr. 2016. Disponível em: <https://www.wilsoncenter.org/publication/kennan-cable-no16-understanding-the-under-control-donbas>. Acesso em: 19 dez. 2024.

MILITSIYA ZADERZHALA 58 chelovek posle zakhvata Cherkasskoi oblastnoi administratsii [Police Detain 58 People after Seizure of Cherkasy Regional Administration]. *TVRain.ru*, 24 jan. 2014. Disponível em: <https://tvrain.ru/teleshow/novosti_sajta/militsija_zaderzhala_58_chelovek_posle_zahvata_cherkasskoj_oblastnoj_administratsii-361247/>. Acesso em: 26 dez. 2024.

MILLARD, Gregory. The Jealous God: A Problem in the Definition of Nationalism. *Ethnicities*, v.14, n.1, p.3-24, fev. 2014. Disponível em: <https://doi.org/10.1177/1468796813484724>. Acesso em: 22 dez. 2024.

MILLER, Christopher. Ukrainian Militia behind Brutal Romany Attacks Getting State Funds. *Radio Free Europe/Radio Liberty*, 14 jun. 2018. Disponível em: <https://www.rferl.org/a/ukrainian-militia-behind-brutal-romany-attacks-getting-state-funds/29290844.html>. Acesso em: 19 dez. 2024.

MINIMUM WAGE: Ukraine. *Wage Indicator*, jan.-jul. 2016. Disponível em: <https://wageindicator.org/salary/minimum-wage/ukraine/archive-before-2019/minimum-wages-in-ukraine-with-effect-from-01-01-2016-to-30-07-2016>. Acesso em: 26 dez. 2024.

MININ, Maksim. Udar Burby [Burba's Strike]. *Strana.ua*, 20 nov. 2021. Disponível em: <https://strana.one/news/363099-burba-na-shustere-obvinil-ofis-prezidenta-v-provale-operatsii-po-vahnerovtsam.html>. Acesso em: 26 dez. 2024.

______. Opravdat Zelenskogo, Ermaka i TsRU [Justifying Zelensky, Yermak and the CIA]. *Strana.ua*, 16 nov. 2021. Disponível em: <https://strana.news/news/362389-

kto-provalil-operatsiju-po-vahnerovtsam-analiz-otcheta-tsk-bezuhloj.html>. Acesso em: 26 dez. 2024.

MININ, Maksim. Vse merzavtsy [All Are Scoundrels]. *Strana.ua*, 15 maio 2021. Disponível em: <https://strana.one/news/333426-mikhail-bulhakov-130-let-nazad-rodilsja-avtor-mastera-i-marharity-chto-on-hovoril-ob-ukraine.html>. Acesso em: 26 dez. 2024.

_____; TEREKHOVA, Ekaterina. "Donbass – rakovaya opukhol" ["Donbass Is a Cancerous Tumor"]. *Strana.ua*, 8 jun. 2021. Disponível em: <https://strana.one/news/337360-donbass-kak-rakovaja-opukhol-est-li-eto-v-dnevnikakh-olesja-honchara.html>. Acesso em: 26 dez. 2024.

MINISTR KULTURY UKRAINY oskorbil milliony sograzhdan [The Minister of Culture of Ukraine Insulted Millions of Fellow Citizens]. *1tv-ru*, 23 nov. 2016. Disponível em: <https://archive.ph/jvQtR>. Acesso em: 26 dez. 2024.

MINOBORONY NAZNACHILO rassledovanie v otnoshenii "Aidara" [The Ministry of Defense Has Ordered an Internal Investigation into "Aidar"]. *BBC*, 31 mar. 2015. Disponível em: <https://www.bbc.com/ukrainian/rolling_news_russian/2015/03/150331_ru_n_aydar_inquiry>. Acesso em: 26 dez. 2024.

MINOBORONY: flagi Rossii v Krymu podnyali 189 podrazdelenii vooruzhennykh sil Ukrainy [Ministry of Defense: 189 Units of the Armed Forces of Ukraine Have Raised the Russian Flags in Crimea]. *Newsru.com*, 23 mar. 2014. Disponível em: <https://txt.newsru.com/russia/23mar2014/flagi.html>. Acesso em: 26 dez. 2024.

MINSK RAZONRAVILSYA ukrainskim peregovorshchikam po Donbassu [Minsk Has Fallen out of Favor with Ukrainian Negotiators on Donbass]. *Timer-Odessa*, 6 abr. 2021. Disponível em: <https://perma.cc/2PK2-DX5A>. Acesso em: 26 dez. 2024.

MINSOTSPOLITYKY: ponad 3 mln ukraintsiv pratsiuye za kordonom na postiiniy osnovy [Ministry of Social Policy: Over 3 Million Ukrainians Work Abroad on a Permanent Basis]. *Radio Svoboda*, 1º ago. 2019. Disponível em: <https://www.radiosvoboda.org/a/news-trudovi-mihranty-z-ukrainy/30087119.html>. Acesso em: 26 dez. 2024.

MINZDRAV UKRAINY dopustil zakupku vaktsiny ot koronavirusa v Rossii [Ukrainian Health Ministry Allows Purchase of Coronavirus Vaccine from Russia]. *RIA Novosti*, 13 out. 2020. Disponível em: <https://ria.ru/20201013/koronavirus-1579661882.html>. Acesso em: 26 dez. 2024.

MINZDRAV UKRAINY Zapretil Rasprostranyat Informatsiyu o Proizvoditelyakh i Postavshchikakh Vaktsin Ot Covid-19 [The Ukrainian Ministry of Health Has Banned the Dissemination of Information about Manufacturers and Suppliers of Covid-19 Vaccines]. *Gordon.ua*, 3 mar. 2021. Disponível em: <https://gordonua.com/news/society/minzdrav-ukrainy-zapretil-rasprostranyat-informaciyu-o-proizvoditelyah-i-postavshchikah-vakcin-ot-covid-19-1542329.html>. Acesso em: 26 dez. 2024.

MINZDRAV UKRAINY zapretil razglashat usloviya zakupki vaktsin [The Ukrainian Ministry of Health Has Banned the Disclosure of Vaccine Procurement Conditions]. *Ukraina.ru*, 4 mar. 2021. Disponível em: <https://ukraina.ru/news/20210304/1030737437.html>. Acesso em: 26 dez. 2024.

MIRKIN, Sergey. Politicheskie "svaty" [Political "Matchmakers"]. *Ukraina.ru*, 31 mar. 2021. Disponível em: <https://ukraina.ru/history/20210331/1031004260.html>. Acesso em: 29 dez. 2024.

______. Pochemu Nestor Makhno ne mog byt soyuznikom ukrainskikh natsionalistov [Why Nestor Makhno Could not Be an Ally of Ukrainian Nationalists]. *Ukraina.ru*, 29 mar. 2019. Disponível em: <https://ukraina.ru/history/20190329/1023128197.html>. Acesso em: 29 dez. 2024.

MISHISHIN, Mikhail. Pravoslavie yavlyaetsya neotemlemoy i, pokhozhe, chto glavnoi chastyu Ukrainy [Orthodoxy Is an Integral and, it Seems, the Main Part of Ukraine]. *Soyuz pravoslavnykh zhurnalistov*, 28 jul. 2018. Disponível em: <https://spzh.eu/ru/socseti/55086-pravoslavije-javlyajetsya-neotemlemoj-i-pohozhe-chto-glavnoj-chastyju-ukrainy>. Acesso em: 26 dez. 2024.

MITCHELL, Daniel J. Ukraine, Ethnic Division, Decentralization, and Secession. *Forbes*, 3 mar. 2014. Disponível em: <https://www.forbes.com/sites/daniel-mitchell/2014/03/03/ukraine-ethnic-division-decentralization-and-secession/?sh=4e2798a04035>. Acesso em: 19 dez. 2024.

MITROPOLIT ONUFRIY: Neobkhodimo prekratit voinu i perestat ubivat drug druga [Metropolitan Onufriy: it Is Necessary to Stop the War and Stop Killing each other]. *Ukraina.ru*, 14 jul. 2015. Disponível em: <https://ukraina.ru/interview/20150714/1013658370.html>. Acesso em: 26 dez. 2024.

MNENIYA I VZGLYADY zhitelei yugo-vostoka Ukrainy [Opinions and Views of Residents of South Eastern Ukraine]. *Kiis*, 20 abr. 2014. Disponível em: <https://www.kiis.com.ua/?lang=eng&cat=reports&id=302&page=7>. Acesso em: 26 dez. 2024.

MOGILNITSKY, Maksim. Kogda yazyk imeet znachenie [When Language Matters]. *Fokus*, 16 jan. 2021. Disponível em: <https://focus.ua/opinions/471872-kogda-yazyk-imeet-znachenie-chego-hotya-otgosudarstva-te-ukraincy-kotorye-govoryat-po-russki>. Acesso em: 26 dez. 2024.

MOISEENKO, Aleksandr. "Zarobitchane" kak spasatelnyi krug, ili Zachem NBU povysil uchetnuyu stavku ["Guest Workers" as a Lifeline, or Why the NBU Raised the Discount Rate]. *Ekonomicheskaya pravda*, 13 jul. 2018. Disponível em: <https://www.epravda.com.ua/rus/publications/2018/07/13/638675/>. Acesso em: 20 jan. 2025.

MOLLOY, Sean. Aristotle, Epicurus, Morgenthau and the Political Ethics of Lesser Evil. *Journal of International Political Theory*, v.5, n.1, p.94-112, 2009. Disponível em: <https://journals.sagepub.com/doi/abs/10.3366/E1755088209000342>. Acesso em: 29 dez. 2024.

MONAKHOVA, Tatyana. Posle Evromaidana [After Euromaidan]. *Novosti Donbassa*, 11 jan. 2019. Disponível em: <https://novosti.dn.ua/article/7216-posle-evromaydana--nastupyla-ly-pora-bez-seksyzma-ehydzhyzma-y-gomofobyy>. Acesso em: 2 jan. 2025.

MONINA, Liza. Fashistskiy spetsnaz v tylu oppozitsii [Fascist Special Forces behind Opposition Lines]. *From-UA*, 9 jan. 2013. Disponível em: <https://from-ua.com/articles/256768-fashistskii-specnazv-tilu-oppozicii.html>. Acesso em: 26 dez. 2023.

MONITORYNH HROMADSKOY dumky naselennia Ukrainy [Public Opinion Monitoring of the Population of Ukraine]. *Tsentr "Sotsialnyi Monitorynh"*, 4 mar. 2021.

Disponível em: <https://smc.org.ua/monitoryng-gromadskoyi-dumky-naselennya-ukrayiny-lyutyj-2021-roku-2141/>.

MORGENTHAU, Hans J. *Truth and Power*: Essays of a Decade, 1960-1970. Nova York: Praeger, 1970.

______. *The Tragedy of German-Jewish Liberalism*. Nova York: Leo Baeck Institute, 1961.

______. *Scientific Man vs. Power Politics*. Chicago: University of Chicago Press, 1946.

MOSCOW ASKS for Restoration of Yanukovych-Signed Agreement as Kerry Heads for Kiev. *Fox News*, 4 mar. 2015. Disponível em: <https://www.foxnews.com/world/moscow-asks-for-restoration-of-yanukovych-signed-agreement-as-kerry-heads-for-kiev>. Acesso em: 26 dez. 2024.

MOSCOW RESPECTS Will Expressed by Population of Donetsk and Luhansk Regions of Ukraine. *Tass*, 12 maio 2014. Disponível em: <https://tass.com/world/731214>. Acesso em: 26 dez. 2024.

MOSKALENKO, Vadim. MID Ukrainy obyavil Rossiyu "vechnym vragom" [Ukrainian Foreign Ministry Declares Russia an "Eternal Enemy"]. *Polit Navigator*, 9 set. 2020. Disponível em: <https://www.politnavigator.news/mid-ukrainy-obyavil-rossiyu-vechnym-vragom.html>. Acesso em: 3 jan. 2025.

MOSKALENKO, Yulia. "Zerkalo Nedeli" voshlo v desyatku kachestvennykh Ukrainskikh media po versii IMI ["Zerkalo Nedeli" Entered the Top Ten Quality Ukrainian Media According to IMI]. *Zerkalo Nedeli*, 21 jan. 2021. Disponível em: <https://zn.ua/UKRAINE/zerkalo-nedeli-voshlo-v-spisok-media-s-kachestvennoj-informatsiej.html>. Acesso em: 6 jan. 2025.

MOSPANOV, Andrei. Na Dnestre – 25 let mira [25 Years of Peace on the Dniester]. *Ritm Eurasia*, 2 ago. 2017. Disponível em: <https://www.ritmeurasia.org/news--2017-08-02--na-dnestre-25-let-mira.-hotja-zhelajuschih-raz-morozit-konflikt-ne-perevoditsja-31633>.

MOSTOVAYA, Yulia; RAKHMANIN, Sergey; VEDERNIKOVA, Inna. Pesnya o Rodine [Song about the Motherland. Folk Words]. *Zerkalo Nedeli*, 26 dez. 2014. Disponível em: <https://zn.ua/internal/pesnya-o-rodine-slova-narodnye-_.html>. Acesso em: 6 jan. 2025.

MOTYKA, Grzegorz. *Ukraińska Partyzantka 1942-1960*: Działalność Organizacji Ukraińskich Nacjonalistów i Ukraińskiej Powstańczej Armii. 1.ed. Warszawa: Instytut Studiów Politycznych Pan; Rytm, 2006. (Seria Wschodnia.)

MOVCHAN, Veronika; GIUCCI, Ricardo. *Quantitative Assessment of Ukraine's Regional Integration Options*: DCFTA with European Union vs. Customs Union with Russia, Belarus and Kazakhstan. Berlim; Kiev: German Advisory Group; Institute for Economic Research and Policy Consulting, nov. 2011. (Policy Paper Series, PP/05/2011.) Disponível em: <http://www.case-research.eu/sites/default/files/Movchan_0.pdf>. Acesso em: 4 jan. 2025.

MRACHNIK, Dmitry, K 2100 godu naselenie Ukrainy sokratitsya na 68% i sostavit 17 mln chelovek [By 2100, Ukraine's Population to Shrink by 68% to 17 Million People]. *Babel*, 15 jul. 2020. Disponível em: <https://babel.ua/ru/news/47364-lancet-naselenie-ukrainy-k-koncu-veka-sokratitsya-na-68-i-sostavit-17-millionov>. Acesso em: 22 dez. 2024.

MUKHAMATULIN, Timur. "Anarkhiya trebuyet vysokogo urovnya kul'tury" ["Anarchy Requires a High Level of Culture"]. *Gazeta.ru*, 9 jun. 2014. Disponível em: <https://www.gazeta.ru/science/2014/06/09_a_6064065.shtml>. Acesso em: 27 dez. 2024.

MURAEV, Evgeniy. "Ediny ot yugo-vostoka dlya vsei Ukrainy" ["United from the South-East" for All Ukraine]. *Korrespondent*, 18 maio 2018. Disponível em: <https://blogs.korrespondent.net/blog/politics/3972140/>. Acesso em: 21 dez. 2024.

MURAWSKI, Bernd. Die ungelöste Krim-Frage als Hemmschuh [The Unresolved Crimean Question as a Stumbling Block]. *Heise online*, 7 nov. 2019. Disponível em: <https://www.heise.de/tp/features/Die-ungeloeste-Krim-Frage-als-Hemmschuh-4578550.html>.

MURZINA, Elena. Chakhlyk i Khmarochos [Chakhlyk and Khmarochos. What's Wrong with the Ukrainian Language?]. *Ukraina.ru*, 13 fev. 2021. Disponível em: <https://ukraina.ru/20210213/1030493658.html>. Acesso em: 20 dez. 2024.

MUSLENKO, Sergey; MOISEYENKO, Oleksandr. Kak rossiisky biznes "vgryzalsya" v Ukrainu [How Russian Business "Bit into" Ukraine and what Has Changed]. *Ekonomicheskaya Pravda*, 20 ago. 2019. Disponível em: <https://epravda.com.ua/rus/publications/2019/08/20/650787/>. Acesso em: 30 dez. 2024.

MYKHAILOVA, Olga. Liberalizm: utopiya, yaka zdiisnyuyetsya cherez nas [Liberalism: A Utopia that Is Realized through Us]. *Ukrainska pravda*, 14 jul. 2015. Disponível em: <https://www.pravda.com.ua/columns/2015/07/14/7074153/>. Acesso em: 27 dez. 2024.

MYTROPOLYT EPIFANIY. Derzhavnyi prapor stav lakmusovym papirtsem na ukrainskist [The National Flag Has Become a Litmus Test for the Ukrainian Identity]. *Ukrinform*, 23 ago. 2020. Disponível em: <https://www.ukrinform.ua/rubric-society/3086380-derzavnij-prapor-stav-lakmusovim-papircem-na-ukrainskist.html>. Acesso em: 26 dez. 2024.

NA KRESTNYI khod vyshli 250 ty syach veruyushchikh [250 Thousand Believers Took Part in the Procession]. *Korrespondent*, 27 jul. 2018. Disponível em: <https://korrespondent.net/ukraine/3994634-na-krestnyi-khod-vyshly-250-tysiachveruuischykh-upts>. Acesso em: 26 dez. 2024.

NA MOMENT OBRETENIYA nezavisimosti dolya promyshlennosti v VVP Ukrainy byla 44%, segodnya – tolko 14 % [At the Time of Independence, the Share of Industry in Ukraine's GDP Was 44%, Today it Is only 14%]. *Finansovoe obozrenie*, 12 out. 2016. Disponível em: <https://finoboz.net/finances/na-moment-obreteniya-nezavisimosti-dolya-promyshlennosti-v-vvp-ukrainy-byla-44-segodnya-tolko-14/>. Acesso em: 26 dez. 2024.

NA UKRAINE NACHNUT sobirat avtomobili iz rossiiskikh komplektuyushchikh [Ukraine to Start Assembling Cars from Russian Components]. *Ukraina.ru*, 17 set. 2020. Disponível em: <https://ukraina.ru/news/20200917/1028936586.html>. Acesso em: 26 dez. 2024.

NA UKRAINE PREDLOZHILI gotovit molodyozh k "voine s Rossiei" [Ukraine Proposes to Prepare Youth for "War with Russia"]. *Regnum*, 7 nov. 2019. Disponível em: <https://regnum.ru/news/2771018.html>. Acesso em: 26 dez. 2024.

NA UKRAINE RASKRYLI detali "Vagnergeita" [Ukraine Reveals Details of "Wagnergate"]. *Ukraina.ru*, 23 dez. 2021. Disponível em: <https://ukraina.ru/news/20211223/1032953690.html>. Acesso em: 26 dez. 2024.

NAHAYLO, Bohdan. *The Ukrainian Resurgence.* Londres: C. Hurst & Co. Publishers, 1999.

______. Toward the Rule of Law: Ukraine. *RFE/RL Research Report*, v.1, n.27, p.50-6, 3 jul. 1992.

NAITI "RUKOPOZHATNYKH" liderov slozhno [It Is Difficult to Find Leaders Who Can "Shake Hands"]. *Inosmi*, 19 jun. 2015. Disponível em: <https://inosmi.ru/overview/20150619/228682333.html>. Acesso em: 26 dez. 2024.

NALYVAICHENKO PRIZNALSYA, chto eto on razvyazal voinu v Donbasse vopreki prikazu Turchinova [Nalyvaichenko Admitted that He Started the War in Donbass Despite Turchynov's Orders]. *Ukraina.ru*, 19 maio 2018. Disponível em: <https://ukraina.ru/news/20180519/1020364371.html>. Acesso em: 26 dez. 2024.

NALYVAICHENKO, Valentyn. Rozdil "peredmova" [Prefácio]. In: YAROSH, Dmytro. *Natsiya i Revolyutsiya*. Lviv: LA Piramida, 2013.

NALYVAICHENKO: SBU budem reformirovat po obrazu OUN-UPA [Nalyvaichenko: We Will Reform the SBU in the Image of the OUN-UPA]. *Ukraina.ru*, 1º abr. 2015. Disponível em: <https://ukraina.ru/news/20150401/1012608625.html>. Acesso em: 26 dez. 2024.

NARDELLI, Alberto. How Nicolas Sarkozy Went from Fierce Putin Critic to Ardent Admirer. *BuzzFeed News*, 19 nov. 2016. Disponível em: <https://www.buzzfeed.com/albertonardelli/tu-vuo-fa-l-americain>. Acesso em: 16 dez. 2024.

______; IOFFE, Julia. Trump Told G7 Leaders that Crimea Is Russian because Everyone Speaks Russian in Crimea. *BuzzFeed News*, 14 jun. 2018. Disponível em: <https://www.buzzfeednews.com/article/albertonardelli/trump-russia-crimea>. Acesso em: 16 dez. 2024.

NARODNYI MER SLAVYANSKA [People's Mayor of Slavyansk]. *Regnum*, 20 out. 2014. Disponível em: <https://regnum.ru/news/1858546.html>. Acesso em: 27 dez. 2024.

NATHANSON, Stephen. Nationalism and the Limits of Global Humanism. In: MCKIM, Robert; MCMAHAN, Jeff (orgs.). *The Morality of Nationalism.* Nova York: Oxford University Press, 1997. [Ed. esp.: *La moral del nacionalismo*. Madri: Gedisa, 2009.]

NATSBANK OBRUSHIL prognoz ekonomicheskogo rosta Ukrainy iz-za blokady Donbassa [National Bank Crashed Ukraine's Economic Growth Forecast Due to Donbass Blockade]. *Ukraina.ru*, 21 mar. 2017. Disponível em: <https://ukraina.ru/news/20170321/1018437002.html>. Acesso em: 26 dez. 2024.

NATSBANK UKRAINY prinyal storonu rossiiskikh bankov [The National Bank of Ukraine Took the Side of Russian Banks]. *Ukraina.ru*, 20 mar. 2016. Disponível em: <https://ukraina.ru/news/20160320/1015931958.html>. Acesso em: 26 dez. 2024.

NATSBANK UKRAINY pytaetsya dobratsya do rossiiskikh deneg [The National Bank of Ukraine Is Trying to Get Access to Russian Money]. *Vesti*, 15 mar. 2017. Disponível em: <https://www.vesti.ru/article/1567996>. Acesso em: 26 dez. 2024.

NATSIONALNYI INSTYTUT STRATEHICHNYKH DOSLIDZHEN [National Institute of Strategic Research]. Disponível em: <https://www.niss.gov.ua/>. Acesso em: 26 dez. 2024.

NATSIST DROZDOV nazval Donbass "naikhudshim regionom" zaselennym "parnokopytnymi" [Nazi Drozdov Called Donbass "the Worst Region" Inhabited by "Eventoed Ungulates"]. *Novoros Inform*, 28 out. 2021. Disponível em: <https://novorosinform.org/nacist-drozdov-nazval-donbass-naihudshim-regionom-zaselennym--parnokopytnymi-32551.html>. Acesso em: 26 dez. 2024.

"NAVIT KHERSON bilsh proukrainsky" ["Even Kherson Is more Pro-Ukrainian"]. *Inshe.tv*, 22 fev. 2017. Disponível em: <https://inshe.tv/politics/2017-02-22/206294/>. Acesso em: 26 dez. 2024.

NAYEM, Mustafa. Sevastopol – Ne Ukraina [Sevastopol Is not Ukraine]. *Ukrainska pravda*, 19 out. 2009. Disponível em: <https://blogs.pravda.com.ua/authors/nayem/4adc22c19f1b6/>. Acesso em: 26 dez. 2024.

NE DEMARSH, a isterika [Not a Demarche, but Hysteria]. *Regnum.ru*, 16 mar. 2021. Disponível em: <https://regnum-ru.turbopages.org/regnum.ru/s/news/3216711.html>.

NE GRAZHDANE [Not Citizens]. *Antikor*, 26 maio 2017. Disponível em: <https://antikor.com.ua/articles/170745-ne_grahdane_semenchenko_razgromil_hitelej_donbassa>. Acesso em: 26 dez. 2024.

NEDYUK, Mariya. Lish 5% ukraintsev ne ispolzuyut russky yazyk [Only 5% of Ukrainians Do Not Use the Russian Language]. *Izvestiya*, 27 fev. 2017. Disponível em: <https://iz.ru/news/666745>. Acesso em: 26 dez. 2024.

NEKROT, Aleksandr. Tsvetnye perevoroty na Ukraine [Color Revolutions in Ukraine]. *RitmEurasia*, 22 nov. 2019. Disponível em: <https://www.ritmeurasia.ru/news--2019-11-22--cvetnye-perevoroty-na-ukraine-kto-i-kak-obrek-stranu-na-rasterzanie-4610/>. Acesso em: 16 dez. 2024.

NEVEROYATNO, NO FAKT: Ukraintsy Na Ukraine Ne Ponimayut "novoukrainskogo" Yazyka [Unbelievable but Fact: Ukrainians in Ukraine Don't Understand the "New Ukrainian" Language]. *yurasumy*, 10 set. 2020. Disponível em: <https://yurasumy.livejournal.com/2797338.html>. Acesso em: 27 out. 2021.

NEVEROYATNYE PROTOKOLY pytok v "Tornado" [Incredible "Tornado" Torture Protocols]. *Polit Forums*, 22 jun. 2015. Disponível em: <https://www.politforums.net/ukraine/1434940735.html>. Acesso em: 26 dez. 2024.

NIEBUHR, H. Richard. *The Meaning of Revelation*. Louisville, KY: Westminster John Knox, 2006.

NIEBUHR, Reinhold. *The Irony of American History.* Nova York: Charles Scribner's Sons, 1962. [Ed. esp.: *La ironia en la historia americana*. Madri: Centro de Estudios Politicos y Constitucionales, 2000.]

______. Greek Tragedy and Modern Politics. *The Nation*, v.146, n.1, p.740-1, jan. 1938.

NIETZSCHE, Friedrich. *The Use and Abuse of History.* Nova York: Cosimo Classics, 2010.

"NIKAKOGO DONBASSA ne sushchestvuet": Danilov prizval bol'she ne nazyvat' region takim slovom ["There Is no Donbass": Danilov Called to stop Calling the Region by this Word]. *Delo.ua*, 24 mar. 2021. Disponível em: <https://delo.ua/econonomyandpoliticsinukraine/nikakogo-donbassa-ne-suschestvuet-danilov-prizv-379895/>. Acesso em: 26 dez. 2024.

NIKITIN, Maxim. "Pravyi sektor" grozit vooruzhennym pokhodom na Kiev ["Right Sector" Threatens Armed March on Kyiv]. *Tass*, 17 ago. 2014. Disponível em: <https://tass.ru/mezhdunarodnaya-panorama/1384348>. Acesso em: 3 jan. 2025.

NORIN, Evgeniy. Strashnee velikogo i strashnogo [More Terrible than the Great and Terrible]. *Ukraina.ru*, 17 jan. 2019. Disponível em: <https://ukraina.ru/history/20190117/1022370061.html>. Acesso em: 21 dez. 2024.

NORTHERN IRELAND ASSEMBLY. The Belfast Agreement/Good Friday Agreement 1998. *Northern Ireland Assembly*, 10 abr. 1998. Disponível em: <https://education.niassembly.gov.uk/post-16/snapshots-devolution/belfast-agreementgood-friday-agreement-1998>. Acesso em: 9 jan. 2022.

NOVIKOVA, Olga. Poroshenko: My ne mozhem pozvolit sebe razdora [Poroshenko: We Cannot Afford Discord]. *Objective.tv*, 14 dez. 2015. Disponível em: <http://archive.objectiv.tv/141215/122203.html>. Acesso em: 13 mar. 2025.

NOVYM PREMYEROM Kryma izbran lider "Russkogo Edinstva" Aksenov – nachal'nik upravleniya sekretariata parlamenta ARK [Aksenov, the Leader of "Russian Unity" and Head of the Secretariat of the Arc Parliament, Was Elected as the New Prime Minister of Crimea]. *Business Information Network*, 27 fev. 2014. Disponível em: <https://bin.ua/top/152391-novym-premerom-kryma-izbran-lider-russko-go.html>. Acesso em: 27 dez. 2024.

NUSSBAUM, Martha C. Patriotism and Cosmopolitanism. *Boston Review*, 1º out. 1994. Disponível em: <https://bostonreview.net/articles/martha-nussbaum-patriotism--and-cosmopolitanism/>. Acesso em: 26 dez. 2024.

_____ et al. *For Love of Country*: Debating the Limits of Patriotism. Org. Joshua Cohen. Boston: Beacon, 1996.

NYE JR., Joseph S. A Western Strategy for a Declining Russia. *Project Syndicate*, 3 set. 2014. Disponível em: <https://www.project-syndicate.org/commentary/joseph-s--nye-wants-to-deter-russia-without-isolating-it>. Acesso em: 22 dez. 2024.

NYKA. Vlasti Ukrainy priznali plan utopleniya Kryma v krovi [Ukrainian Authorities Admit to Plan to Drown Crimea in Blood]. *Nyka*, 16 fev. 2018. Disponível em: <https://nyka.livejournal.com/19015444.html>. Acesso em: 5 jan. 2025.

NYOMENSKY, Oleg. Chtoby byt Rusi bez Rusi [To Be Rus without Rus]. *Perspektivy*, 22 maio 2012. Disponível em: <https://www.perspektivy.info/book/chtoby_byt_rusi_bez_rusi_ukrainstvo_kak_nacionalnyj_projekt_2012-05-22.html>. Acesso em: 19 dez. 2024.

O'LOUGHLIN, John et al. A New Survey of the Ukraine-Russia Conflict Finds Deeply Divided Views in the Contested Donbas Region. *Washington Post*, 12 fev. 2021. Disponível em: <https://www.washingtonpost.com/politics/2021/02/12/new-survey-ukraine-russia-conflict-finds-deeply-divided-views-contested-donbas-region/>. Acesso em: 22 dez. 2024.

O'LOUGHLIN, John; TOAL, Gerard; BAKKE, Kristin M. To Russia with Love. *Foreign Affairs*, 3 abr. 2020. Disponível em: <https://www.foreignaffairs.com/articles/ukraine/2020-04-03/russia-love>. Acesso em: 22 dez. 2024.

ODESSA-MOSKVA i Nikolayev-Moskva stali samymi napolnennymi poezdami v 2018 godu [Odessa-Moscow and Nikolayev-Moscow Were the Most Crowded Trains in 2018]. *Timer-Odessa*, 15 fev. 2019. Disponível em: <https://perma.cc/VSV8-WYYS>. Acesso em: 27 dez. 2024.

ODESSKY GORSOVET progolosoval protiv zakonoproektov Vyatrovicha [Odessa's City Council Voted Against Vyatrovich's Proposals]. *Vesti*, 24 mar. 2017. Disponível em: <https://vesti.ua/odessa/231237-odesskij-horsovet-proholosoval-protiv-zakonoproektov-vjatrovicha>.

OFIS ZELENSKOGO Obyasnil, pochemu ukraintsy massovo uezzhayut [Zelensky's Office Explained Why Ukrainians Are Leaving en Masse]. *Smotrim*, 30 dez. 2021. Disponível em: <https://smotrim.ru/article/2659043>. Acesso em: 27 dez. 2024.

OFITSIINO: Z MILITSII Lvova vyneseno maizhe 1200 odynyts vohnepalnoi zbroi [Official: Nearly 1200 Firearms Have Been Taken from the Lvov Militia]. *Zikua.tv*, 14 fev. 2019. Disponível em: <http://zikua.tv/news/2014/02/19/ofitsiyno_z_militsii_lvova_vyneseno_mayzhe_1200_odynyts_vognepalnoi_zbroi_462336>.

OFITSIINYI PORTAL VERKHOVNOI RADY UKRAINY [Official Portal of the Verkhovna Rada of Ukraine]. Committee (2014-2019). *Rada.gov.ua*. Disponível em: <http://w1.c1.rada.gov.ua/pls/site2/p_komity?pidid=2633>. Acesso em: 27 dez. 2024.

OGLESBY, Elizabeth. History Education and Reconciliation in Guatemala. *Carnegie Council*, 1º set. 2004. Disponível em: <https://www.carnegiecouncil.org/media/series/68/history-education-and-reconciliation-in-guatemala>. Acesso em: 20 dez. 2024.

OLSZAŃSKI, Tadeusz Andrzej. The Language Issue in Ukraine: An Attempt at a New Perspective. In: *Problem Jezykowy na Ukraine*. Varsóvia: Ośrodek Studiów Wschodnich, 2012. (OSW Study, n.40.) Disponível em: <https://www.osw.waw.pl/en/publikacje/osw-studies/2012-05-16/language-issue-ukraine-attempt-a-new-perspective>. Acesso em: 2 jan. 2025.

ØREBECH, Peter. International Law and the Crimea. *Radikal Portal*, 8 jun. 2017.

ORGANISATION FOR ECONOMIC CO-OPERATION AND DEVELOPMENT (OECD). Value Added by Activity. *OECD*, 2022. Disponível em: <https://doi.org/10.1787/a8b2bd2b-en>. Acesso em: 19 dez. 2021.

ORGANIZATION FOR SECURITY AND CO-OPERATION IN EUROPE (OSCE). Package of Measures for the Implementation of the Minsk Agreements. *OSCE.org*, 12 fev. 2015. Disponível em: <https://www.osce.org/cio/140156>. Acesso em: 27 dez. 2024.

ORGANIZATSIYA UKRAINSKIKH NATSIONALISTOV [Organization of Ukrainian Nationalists]. *Wikipedia*, 7 jan. 2022. Disponível em: <https://ru.wikipedia.org/w/index.php?title=Organizatsiia_ukrainskikh_natsionalistov>. Acesso em: 27 dez. 2024.

ORTEGA, Ignasio. Plan Medvedchuka [The Medvedchuk Plan]. *Ukrainsky vybor*, 11 abr. 2019. Disponível em: <https://perma.cc/X8YW-YH54>.

______. U "Oppozitsionnoi platformy" – Za zhizn est chetkaya programma, kak ustanovit mir i spasti ekonomiku [The "Opposition Platform" – For Life Has a Clear Program on How to Establish Peace and Save the Economy]. *Ukrainsky vybor*, 12 nov. 2018. Disponível em: <https://perma.cc/WP8M-TRYX>.

OSBORN, Andrew. Berezovsky "Funded Revolution". *The Independent*, 12 nov. 2005. Disponível em: <https://www.independent.co.uk/news/world/europe/berezovsky-funded-revolution-514948.html>. Acesso em: 19 dez. 2024.

OSCE SPOKESMAN Says Wrong to Call Ukraine's Independence Supporters "Separatists". *Sputnik International*, 6 ago. 2014. Disponível em: <https://sputniknews.com/20140806/OSCE-Spokesman-Says-Wrong-to-Call-Ukraines-Independence-191777262.html>. Acesso em: 27 dez. 2024.

OSCE: NO RUSSIAN Violations on Ukrainian Border. *RT International*, 7 ago. 2014. Disponível em: <https://www.rt.com/news/178668-osce-russia-ukraine-border/>. Acesso em: 27 dez. 2024.

"OSTANAVLIVAL RUSSKUYU vesnu v Odesse" ["He Stopped the Russian Spring in Odessa"]. *Timer Odessa*, 23 set. 2019. Disponível em: <https://perma.cc/GPJ6-3LYA>. Acesso em: 27 dez. 2024.

"OSTANUTSYA mrazyami i podonkami" ["They Will Always Be Scum and Bastards"]. *Dnr24.su*, 22 out. 2019. Disponível em: <https://perma.cc/PC4U-KGC5>. Acesso em: 27 dez. 2024.

OSTRIITCHOUK, Olha. *Les Ukrainiens face à leur passé*: Vers une meilleure compréhension du Clivage Est/Ouest. Bruxelas: Peter Lang, 2013.

OT "FORMULY SHTAINMAIERA" k ukrainskoi formule mira [From the "Steinmeier Formula" to the Ukrainian Peace Formula]. *Fakty.ua*, 24 out. 2019. Disponível em: <https://politics.fakty.ua/322157-ot-formuly-shtajnmajera-k-ukrainskoj-formule-mira>. Acesso em: 27 dez. 2024.

OTNOSHENIE ZHITELEI Ukrainy i Rossii k sobytiam v Ukraine [The Attitude of the Residents of Ukraine and Russia to the Events in Ukraine]. *Levada.ru*, 3 mar. 2014. Disponível em: <https://www.levada.ru/2014/03/03/otnoshenie-zhitelej-ukrainy-i-rossii-k-sobytiyam-v-ukraine/>. Acesso em: 27 dez. 2024.

PAPASTEPHANOU, Marianna. Patriotism and Pride beyond Richard Rorty and Martha Nussbaum. *International Journal of Philosophical Studies*, v.25, n.4, p.484-503, 2017. Disponível em: <https://doi.org/10.1080/09672559.2017.1342684>. Acesso em: 26 dez. 2024.

______. Cosmopolitanism Discarded: Martha Nussbaum's Patriotic Education and the Inward-Outward Distinction. *Ethics and Education*, v.8, n.2, p.166-78, 2013. Disponível em: <https://doi.org/10.1080/17449642.2013.846057>. Acesso em: 26 dez. 2024.

PAREDES, Teresa Fernández. Transitional Justice in Democratization Processes: The Case of Spain from an International Point of View. *International Journal of Rule of Law, Transitional Justice and Human Rights*, v.1, p.120-35, dez. 2010. Disponível em: <https://bit.ly/3CuTBsQ>. Acesso em: 16 dez. 2024.

PARLAMENT KRYMA prizval yug i vostok Ukrainy vystupit edino protiv perevorota v strane [The Crimean Parliament Called on the South and East of Ukraine to Unite Against the Coup in the Country]. *Wikinews*, 24 jan. 2014. Disponível em: <https://bit.ly/4hsOl8d>. Acesso em: 26 dez. 2024.

PARLAMENT KRYMA PRIZVAL yug i vostok Ukrainy vystupit edino protiv perevorota v strane [The Crimean Parliament Called on the South and East of Ukraine to Unite Against the Coup in the Country]. *Newsru.com*, 24 jan. 2014. Disponível em: <https://www.newsru.com/world/24Jan2014/crimea.html>. Acesso em: 27 dez. 2024.

PARRY, Robert. Crimeans Keep Saying No to Ukraine. *Consortium News*, 22 mar. 2015. Disponível em: <https://consortiumnews.com/2015/03/22/crimeans-keep-saying-no-to-ukraine/>. Acesso em: 29 dez. 2024.

PARRY, Robert. NYT Is Lost in its Ukraine Propaganda. *Consortium News*, 24 jan. 2015. Disponível em: <https://consortiumnews.com/2015/01/24/nyt-is-lost-in-its-ukraine-propaganda/>. Acesso em: 29 dez. 2024.

______. NYT Discovers Ukraine's Neo-Nazis at War. *Consortium News*, 10 ago. 2014. Disponível em: <https://consortiumnews.com/2014/08/10/nyt-discovers-ukraines-neo-nazis-at-war/>. Acesso em: 29 dez. 2024.

PARTY OF REGIONS. *Wikipedia*, 20 jul. 2021. Disponível em: <https://en.wikipedia.org/w/index.php?title=Party_of_Regions&oldid=1034622068>. Acesso em: 27 dez. 2024.

PARUBIY GOVORIT, chto na Maidane byl zapasnoi "lvovskiy plan" [Parubiy Says There Was a Backup "Lviv Plan" on Maidan]. *Ukrainskaya pravda*, 2 out. 2018. Disponível em: <https://www.pravda.com.ua/rus/news/2018/10/2/7193828/>. Acesso em: 27 dez. 2024.

PARUBIY ZAYAVIL, chto mnenie zhitelei vostoka Ukrainy mozhno ignorirovat [Parubiy Said that the Opinion of the Inhabitants of the East of Ukraine Can Be Ignored]. *Izvestia*, 2 jun. 2016. Disponível em: <https://izvestia.kiev.ua/article/92790>. Acesso em: 27 dez. 2024.

PASCUAL, Carlos. Next US Ambassador an Expert on "Failed States". *La Jornada*, 27 mar. 2009. Disponível em: <http://www.walterlippmann.com/docs2357.html>. Acesso em: 19 dez. 2024.

PAVKOVIĆ, Aleksandar; PRIMORATZ, Igor (orgs.). *Patriotism*: Philosophical and Political Perspectives. Londres: Routledge, 2016.

PAVLOVA, Anna. Spetsaoperatsiya Kremlya [The Kremlin's Special Operation]. *Vesti.ua*, 20 maio 2020. Disponível em: <https://vesti.ua/strana/plenki-poroshenko-i-bajdena-eks-prezident-opravdalsya-za-skandal>.

PECHENKIN, Anton. Maidan 2014 [Maidan, 2014]. *Vesti*, 18 fev. 2020. Disponível em: <https://vesti.ua/strana/vo-skolko-ukraine-oboshelsya-majdan>.

______. Sivokho rasskazal, kto stoit za atakoi natsionalistov [Sivokho Revealed Who Was behind the Radicals' Attack on Him]. *Glavred net*, 12 mar. 2020. Disponível em: <https://glavred.net/ukraine/10156616-sivoho-rasskazal-kto-za-stoit-za-atakoy-radikalov-na-nego.html>. Acesso em: 23 dez. 2024.

PEREVOZKINA, Marina. Aleksei Chalyi raskryl tainy prisoedineniya Kryma k Rossii [Aleksei Chalyi Reveals Secrets of Crimea's Annexation to Russia]. *ForPost*, 16 mar. 2019. Disponível em: <https://sevastopol.su/news/aleksey-chalyy-raskryl-tayny-prisoedineniya-kryma-k-rossii>. Acesso em: 26 dez. 2024.

PETERSON, Nolan. Foreign Fighters Vow to Support Ukraine against Russian Invasion. *Coffee or Die Magazine*, 24 dez. 2021. Disponível em: <https://coffeeordie.com/foreign-fighters-ukraine-russian-invasion/>. Acesso em: 27 dez. 2024.

PETRO, Nicolai N. Ukraine's Pinochet Scenario. *The Nation*, 28 nov. 2018. Disponível em: <https://www.thenation.com/article/archive/ukraines-pinochet-scenario/>. Acesso em: 26 dez. 2024.

______. Ukraine's Ongoing Struggle with its Russian Identity. *World Politics Review*, 6 maio 2014. Disponível em: <https://www.worldpoliticsreview.com/ukraine-s-ongoing-struggle-with-its-russian-identity/>. Acesso em: 26 dez. 2024.

PETROVA, Albina. V strane tovarishcha mauzera [In Comrade Mauser's Country]. *Rossiiskaya gazeta*, 14 mar. 2014. Disponível em: <https://rg.ru/2014/03/14/tolochko.html>.

PETTIT, Philip. *Republicanism*: A Theory of Freedom and Government. Oxford: Oxford University Press, 1999.

PID CHAS PSEVDOREFERENDUMU v Krymu naspravdi lyshe 15% hromadyan xotily pryyednannya do Rosiyi [During the Pseudo-Referendum in Crimea, only 15% of Citizens Actually Wanted to Join Russia]. *TSN.ua*, 5 maio 2014. Disponível em: <https://tsn.ua/politika/pid-chas-psevdoreferendumu-v-krimu-naspravdi-lishe-15--gromadyan-hotili-priyednatisya-do-rosiyi-348108.html>. Acesso em: 27 dez. 2024.

PIFER, Steven. Curing "Ukraine Fatigue". *Brookings blog*, 9 fev. 2010. Disponível em: <https://www.brookings.edu/articles/curing-ukraine-fatigue/>. Acesso em: 2 jan. 2025.

PILIAYEV, Igor. The Nature of the Armed Conflict in Donbas: A Postnonclassical Viewpoint. *Politcs Religion & Ideology*, v.14, n.3, p.77 105, 2021. Disponível em: <https://www.researchgate.net/publication/351244543_THE_NATURE_OF_THE_ARMED_CONFLICT_IN_THE_DONBAS_A_POSTNONCLASSICAL_VIEWPOINT_1>. Acesso em: 22 dez. 2024.

PILIPENKO, Evgen. Putin vspomnil ob osobom statuse Donbassa i amnistii dlya boevikov [Putin Recalled the Special Status of Donbass and Amnesty for Militants]. *Liga*, 20 ago. 2019. Disponível em: <https://news.liga.net/politics/news/putin-vspomnil--ob-osobom-statuse-donbassa-i-amnistii-dlya-boevikov>. Acesso em: 21 dez. 2024.

PIPES, Richard. *The Formation of the Soviet Union*: Communism and Nationalism, 1917-1923. ed. rev. Cambridge, MA: Harvard University Press, 1964. (Russian Research Center Studies, n.13.)

PIRRO, Robert Carl. *Hannah Arendt and the Politics of Tragedy*. DeKalb, Illinois: Northern Illinois University Press, 2001.

PLAKHOTNY, Vitaly. Na lbu ne napisano [It's not Written on his Forehead]. *Fakty.com.ua*, 26 mar. 2018. Disponível em: <https://fakty.ictv.ua/ru/ukraine/20180326-na-lobi-ne-napysano-poroshenko-zayavyv-pro-p-yatu-kolonu-v-ukrayini>. Acesso em: 5 jan. 2025.

PLAN-KONTSEPTSIYA uregulirovaniya krizisa na yugo-vostoke Ukrainy [Concept Plan for Crisis Management in the South-East of Ukraine]. *Podrobnosti.ua*, 30 jan. 2019. Disponível em: <https://podrobnosti.ua/2280981-plan-kontseptsija-uregulirovanija-krizisa-na-jugo-vostoke-ukrainy.html>. Acesso em: 27 dez. 2024.

PLIYEVA, Anastasiya. Kak naiti rabotu v 2021 godu [How to Find Work in 2021]. *Vesti*, 11 jan. 2021. Disponível em: <https://vesti.ua/poleznoe/rabota/komu-povysyat-zarplaty-i-pochemu-zarobitchane-ne-vozv-rashhayutsya-prognoz>.

PLOKHY, Serhii. *The Cossack Myth*: History and Nationhood in the Age of Empires. Cambridge: Cambridge University Press, 2012.

PO PRIMERU KHORVATII [Following the Example of Croatia]. *Sudebno-yuridicheskaya gazeta*, 20 ago. 2018. Disponível em: <https://sud.ua/ru/news/ukraine/123708-po-primeru-khorvatii-diplomat-rasskazal-chto-nuzhno-sdelat-na-donbasse>. Acesso em: 27 dez. 2024.

"POCHEMU YA ne snaiper, pochemu ne strelyayu" ["Why Am I Not a Sniper, Why don't I Shoot?", OCU Hierarch Declared Zelensky a Traitor Due to the Ceasefire in Donbass]. *Strana.ua*, 27 jul. 2020. Disponível em: <https://strana.one/news/281005-ierarkh-ptsu-afanasij-shkurupij-prokommentiroval-shah-zelenskoho-k-peremiriju-na-donbasse.html>. Acesso em: 16 dez. 2024.

PODGORNY, Nikolai. Vizitkapo-kievski [Business Card in Kiev]. *Lenta.ru*, 28 abr. 2016. Disponível em: <https://lenta.ru/articles/2016/04/28/vizitka/>. Acesso em: 27 dez. 2024.

______. Konstantin Bondarenko: Obedinenie ZUNR i UNR uchit, chto ukraint sam nuzhno spokoino vosprinimat otlichiya drug druga [Konstantin Bondarenko: the Unification of ZUNR and UNR Teaches that Ukrainians Need to Calmly Accept each other's Differences]. *Ukraina.ru*, 22 jan. 2018. Disponível em: <https://ukraina.ru/exclusive/20180122/1019804567.html>. Acesso em: 27 dez. 2024.

POGORELOV, Aleksej V. *Izgibaniya poverkhnostei i ustoichivost obolochek*. 2.ed. Kiev: Naukova Dumka, 1998. [Ed. ing.: *Bending of Surfaces and Stability of Shells*. Providence, Rhode Island: American Mathematical Society, 1988. (Translations of Mathematical Monographis, v.72.)]

POLISHCHUK, Viktor. *Gorkaya Pravda*: Prestupnost OUN-UPA (ispoved Ukraintsa) [Bitter Truth: Crimes of the OUN-UPA (A Ukrainian's Confession)]. Toronto; Varsóvia; Kiev: Golden Gate, 2011. Disponível em: <https://militera.lib.ru/research/0/pdf/polischuk_vv01.pdf>. Acesso em: 6 jan. 2025.

______. Ponyatie integralnogo ukrainskogo natsionalizma [The Concept of Integral Ukrainian Nationalism]. *Maloros.ru*, set. 1997. Disponível em: <https://malorus.ru/ukrstor/piun.html>. Acesso em: 4 jan. 2025.

POLUNEEV, Yuri. *Ukraine*: Ten Shocks. Baltimore: Johns Hopkins Institute for Applied Economics, Global Health, and Study of Business Enterprise, 2015. (Studies in Applied Economics – SAE, n.27.) Disponível em: <https://sites.krieger.jhu.edu/iae/files/2017/04/Yuri_Poluneev_Ukraine_Ten_Shocks.pdf>. Acesso em: 6 jan. 2025.

______. Desyat shokiv Ukrainy [Ten Shocks of Ukraine. Part One]. *Ekonomichna pravda*, 12 dez.2014.Disponívelem:<https://epravda.com.ua/publications/2014/12/12/512627/>. Acesso em: 6 jan. 2025.

POLUNIN, Andrei. Den utrachennoi nezavisimosti [Day of Lost Independence]. *Ukraina.ru*, 24 ago. 2015. Disponível em: <https://ukraina.ru/independence/20150824/1014059666.html>. Acesso em: 15 mar. 2025.

POMPEO ON CRIMEA and Golan Heights – Recognizing the Reality on the Ground and the History that Existed in that Particular Space. *U.S. Department of State*, 16 nov. 2019. Disponível em: <https://www.state.gov/in-tribute-to-human-freedom/>.

"PONIMAYUT OTVET s pyatogo raza i khamyat" ["They Understand the Answer on the Fifth Try and Are Rude"]. *DonPress*, 3 mar. 2021. Disponível em: <https://donpress.com/news/03-03-2021-ponimayut-otvet-s-pyatogo-raza-i-hamyat-v-tkg-pozhalovalis-na-povedenie>. Acesso em: 27 dez. 2024.

PONOMARENKO, Dmitry. Ukraina mozhet vygnat vsekh rossiyan iz Kryma posle deokkupatsii poluostrova, – Reznikov [Ukraine May Expel All Russians from Crimea after Deoccupation of the Peninsula – Reznikov]. *Ukranews*, 9 jul. 2021. Disponível em: <https://archive.ph/Mjrnb>. Acesso em: 19 dez. 2024.

POOLE, Ross. Patriotism and Nationalism. In: PAVKOVIĆ, Aleksandar; PRIMORATZ, Igor (orgs.). *Patriotism*: Philosophical and Political Perspectives. Londres: Routledge, 2016.

POP-ELECHES, Grigore; ROBERTSON, Graeme. Ukraine Isn't Unified Yet. *Washington Post*, 13 nov. 2015. Disponível em: <https://www.washingtonpost.com/news/monkey-cage/wp/2015/11/13/ukraine-isnt-unified-yet-these-4-charts-explain-how/>. Acesso em: 22 dez. 2024.

______; ______. Do Crimeans Actually Want to Join Russia? *Washington Post*, 6 mar. 2014. Disponível em: <https://www.washingtonpost.com/news/monkey-cage/wp/2014/03/06/do-crimeans-actually-want-to-join-russia/>. Acesso em: 21 jan. 2025.

POPOVYCH, Myroslav. Is Liberalism Un-Ukrainian? *Den*, 31 out. 2000. Disponível em: <https://day.kyiv.ua/en/article/close/liberalism-un-ukrainian>.

POROSHENKO BLASTS MPs as "Fifth Column" after E. Ukraine "Terrorist" Bill Fails. *RT.com*, 2 ago. 2014. Disponível em: <https://www.rt.com/news/177560-ukraine-poroshenko-terrorist-east/>. Acesso em: 27 dez. 2024.

POROSHENKO INITSIIRUET ofitsialnuyu transportnuyu i torgovuyu blokadu Kryma [Poroshenko Initiates Official Transport and Trade Blockade of Crimea]. *Ukraina.ru*, 23 nov. 2015. Disponível em: <https://ukraina.ru/news/20151123/1014900453.html>. Acesso em: 27 dez. 2024.

POROSHENKO NAZVAL Ekonomicheskie Poteri Iz-Za Konflikta v Donbasse [Poroshenko Cites Economic Losses Due to the Conflict in Donbass]. *Ritm Eurasia*, 23 mar. 2018. Disponível em: <https://www.ritmeurasia.org/news-2018-03-23-poroshenko-nazval-ekonomicheskie-poteri-iz-za-konflikta-v-donbasse-35569>.

POROSHENKO NE PUSTIT nardepa OPZZh v prezidium, Rady [Poroshenko Will not allow the OPZZh MP into the Rada Presidium]. *Korrespondent.net*, 24 ago. 2019. Disponível em: <https://korrespondent.net/ukraine/4132727-poroshenko-ne-pustytnardepa-opzzh-v-prezydyum-rady>. Acesso em: 27 dez. 2024.

POROSHENKO OBYAVIL UPA "drugim frontom" borby s fashizmom [Poroshenko Declared UPA "Another Front" in the Fight against Fascism]. *Ukraina.ru*, 9 maio 2015. Disponível em: <https://ukraina.ru/news/20150509/1013015597.html>. Acesso em: 27 dez. 2024.

POROSHENKO OZVUCHYV "formulu suchasnoi ukrainskoy identychnosti" [Poroshenko Announced the "Formula of Modern Ukrainian Identity"]. *Obozrevatel*, 20 set. 2018. Disponível em: <https://news.obozrevatel.com/ukr/politics/poroshenko-ozvuchiv-formulu-suchasnoi-ukrainskoi-identichnosti.htm>. Acesso em: 27 dez. 2024.

POROSHENKO POOBESHCHAL, chto na ukrainskom yazyke zagovorit vsya Ukraina [Poroshenko Promised that All of Ukraine Will Speak Ukrainian]. *Tass*, 10 nov. 2017. Disponível em: <https://tass.ru/mezhdunarodnaya-panorama/4718541>. Acesso em: 27 dez. 2024.

POROSHENKO PRIGROZIL "pyatoi kolonne Kremlya" novymi initsyativami [Poroshenko Threatens "Kremlin's Fifth Column" with New Initiatives]. *Ukraina.ru*, 10 fev. 2021. Disponível em: <https://ukraina.ru/news/20210210/1030516060.html>. Acesso em: 29 dez. 2024.

POROSHENKO PROGOVORILSYA [Poroshenko Let it Slip]. *Ukraina.ru*, 30 jan. 2016. Disponível em: <https://ukraina.ru/news/20160130/1015465217.html>. Acesso em: 29 dez. 2024.

POROSHENKO V ZASHCHITU yazykovogo zakona [Poroshenko in Defense of the Language Law]. *Obozrevatel.com*, 7 jul. 2020. Disponível em: <https://news.obozrevatel.com/politics/poroshenko-v-zaschitu-yazyikovogo-zakona-revanshistyi-voyuyut-s-samoj-ukrainoj.htm>. Acesso em: 29 dez. 2024.

POROSHENKO – OSTATOCHNE proshchavai feat. Twenty One Pilots [Poroshenko – The Final Farewell Feat. Twenty One Pilots]. *YouTube*, 2017. Disponível em: <www.youtube.com/watch?v=4zSRHp2gxXU>. Acesso em: 29 dez. 2024.

POROSHENKO, Petro. Derzhat shturval [Hold the Helm]. *NV.ua*, 1º jan. 2019. Disponível em: <https://nv.ua/opinion/derzhatshturval-2515855.html>. Acesso em: 27 dez. 2024.

______. Pislya otrymannya Tomosu pro avtokefaliyu vzhe 320 parafii pryiednalysya do nashoi tserkvy [After Receiving the Tomos on Autocephaly, 320 Parishes Have Already Joined our Church]. *Twitter*, 18 fev. 2019. Disponível em: <https://twitter.com/poroshenko/status/1097477651244175362>. Acesso em: 27 dez. 2024.

POROSHENKO: "HET vid Moskvy, dayesh Yevropu" [Poroshenko: "Get Away from Moscow, You're Giving Europe"]. *BBC News Ukraina*, 14 maio 2017. Disponível em: <https://www.bbc.com/ukrainian/news-39914781>. Acesso em: 29 dez. 2024.

POROSHENKO: DONBAS Children Will Sit in Cellars, "ours" Will Go to School. *Sputnik International*, 14 nov. 2014. Disponível em: <https://sputniknews.com/20141114/1014748940.html>. Acesso em: 29 dez. 2024.

POROSHENKO: NAM khvatit uma i sil, chtoby "Pyataya Kolonna" i ne dumala podnyat golovu [Poroshenko: We Have Enough Intelligence and Strength to Ensure that the "Fifth Column" Does not Even Think about Raising its Head]. *Gordon.ua*, 24 ago. 2017. Disponível em: <https://gordonua.com/news/politics/poroshenko-nam-hvatit-uma-i-sil-chtoby-pyataya-kolonna-i-ne-dumala-podnyat-golovu-203989.html>. Acesso em: 6 jan. 2025.

POROSHENKO: PROROSSIISKAYA pyataya kolonna vnutri gosudarstva i eroziya mirovoi solidarnosti [Poroshenko: Pro-Russian Fifth Column within the State and Erosion of Global Solidarity]. *Espreso.tv*, 15 fev. 2020. Disponível em: <https://ru.espreso.tv/news/2020/02/15/poroshenko_prorossyyskaya_pyataya_kolonna_vnutry_gosudarstva_y_erozyya_myrovoy_solydarnosty_eto_glavnye_ugrozy_dlya_ukrayny>. Acesso em: 29 dez. 2024.

POROSHENKO: V RADE zasedayut soobshchniki separatistov [Poroshenko: Separatists' Accomplices are Sitting in the Rada]. *Ukrainska pravda*, 25 ago. 2014. Disponível em: <https://www.pravda.com.ua/rus/news/2014/08/25/7035758/>. Acesso em: 29 dez. 2024.

PORTNIKOV, Vitaly. Ukraina dlya lyudei [Ukraine for the People]. *Vitaly Portnikov's Journal*, 15 ago. 2008. Disponível em: <https://vokintrop.livejournal.com/660016.html>. Acesso em: 2 jan. 2025.

PORTNOV, Andrii. V programme "Prestuplenie i Nakazanie" [In "Crime and Punishment"]. *YouTube*, 2019. Disponível em: <https://www.youtube.com/watch?v=SECAs53Oov8>.

______. How "Eastern Ukraine" Was Lost. *Open Democracy*, 14 jan. 2016. Disponível em: <https://www.opendemocracy.net/en/odr/how-eastern-ukraine-was-lost/>. Acesso em: 17 dez. 2024.

______; LUKASH, Elena. Massovye falsifikatsii v spiske Nebesnoj Sotni [Massive Falsifications in the List of the Heavenly Hundred]. *Strana.ua*, 17 fev. 2020. Disponível em: <https://strana.news/articles/analysis/250173-massovye-falsifikatsii-v-spiske-nebesnoj-sotni-rassledovanie-eleny-lukash-i-andreja-portnova.html>. Acesso em: 17 dez. 2024.

POSKANNAYA, Yelena. Stepanov: skolko lyudei privili v Rossii? [Stepanov: How Many People Have Been Vaccinated in Russia?]. *Gordon.ua*, 9 fev. 2021. Disponível em: <https://gordonua.com/news/politics/stepanov-skolko-lyudey-privili-v-rossii--u-nih-samih-problemy-so-sputnikom-v-nikto-ne-verıt-chto-eta-vakcina-effektivna-1539242.html>. Acesso em: 6 jan. 2025.

______. Sivokho: zhitelyam Donetskoi oblasti nikogda ne predlagali novykh politikov [Sivokho: Residents of Donetsk Region Have Never Been Offered New Politicians]. *Gordon.ua*, 12 jul. 2019. Disponível em: <https://gordonua.com/publications/sivoho-zhitelyam-doneckoy-oblasti-nikogda-ne-predlagali-novyh-politikov-vsegda-byli-kandidaty-kem-to-postavlennye-kem-to-kuplennye-i-lyudi-znali-kem-1105079.html>. Acesso em: 20 dez. 2024.

POSNER, Eric. What to Do about Crimea? Nothing. *Slate*, 27 mar. 2014. Disponível em: <https://slate.com/news-and-politics/2014/03/sanctionsagainst-russia-why-everything-we-are-doing-about-crimea-is-completely-wrong.html>. Acesso em: 20 dez. 2024.

POSTPRED POROSHENKO: V Khersonskoi oblasti ischezayut priznaki ukrainskoi gosudarstvennosti [Poroshenko's Permanent Representative: Signs of Ukrainian Statehood Are Disappearing in the Kherson Oblast]. *Ukraina.ru*, 29 maio 2018. Disponível em: <https://ukraina.ru/news/20180529/1020407567.html>. Acesso em: 29 dez. 2024.

"PRAVYI SEKTOR" otpustil mera Kurakhovo ["Right Sector" Frees Kurakhovo Mayor]. *Racurs*, 10 jul. 2014. Disponível em: <https://racurs.ua/n30887-rossiya-nachala-eksport-krymskogo-zerna-na-kipr-i-v-saudovskuu-araviu.html>. Acesso em: 29 dez. 2024.

"PRAVYI SEKTOR" pregradil put krestnomu khodu" ["Right Sector" Blocks the Way of the Procession of the Cross]. *Ukraina.ru*, 18 jul. 2016. Disponível em: <https://ukraina.ru/news/20160718/1017015489.html>. Acesso em: 16 dez. 2024.

"PRAVYI SEKTOR" stal politicheskoi partiei ["The Right Sector" Has Become a Political Party]. *Vesti*, 22 mar. 2014. Disponível em: <https://vesti.ua/strana/43784-pravyj-sektor-stal-politicheskoj-partiej>.

"PRAVYI SEKTOR" ugrozhaet uchastnikam krestnogo khoda ["The Right Sector" Threatens the Participants of the Procession]. *Timer-Odessa*, 19 jul. 2016.

"PRAVYI SEKTOR" vorvalsya v gorsovet Nikopolya ["The Right Sector" Stormed into Nikopol City Council: Shooting, Kefir, Green Paint]. *Ukraina.ru*, 4 maio 2018. Disponível em: <https://ukraina.ru/news/20180504/1020299642.html>. Acesso em: 16 dez. 2024.

PREDVSTUPITELNYI DOGOVOR [Pre-Accession Treaty]. *Prostopravo*, [s.d.]. Disponível em: <https://prostopravo.com.ua/klub_yuristov/zakonodatelstvo/istoriko_pravovye_dokumenty/predvstupitelnyy_dogovor_01_12_1918>. Acesso em: 4 nov. 2021.

PREMIER KRYMA PRIZNAL: vazhnye obekty okhranyayut rossiiskie voennye [Crimean Prime Minister Admits: Important Facilities Are Guarded by Russian Military]. *Newsru.com*, 1º mar. 2014. Disponível em: <https://www.newsru.com/world/01mar2014/ruswarriors.html>. Acesso em: 29 dez. 2024.

PREPODAVATELYA zashchishchayut ot "Pravogo Sektora" [Teachers Are Being Protected from the "Right Sector"]. *Odessa1*, 7 jul. 2016. Disponível em: <https://odessa1.com/news/onu-protiv-pravogo-sektora.html>.

PRESIDENT OF UKRAINE. Prezident podpisal zakon "O korennykh narodakh Ukrainy" [The President Signed the Law "On the Indigenous Peoples of Ukraine"]. *President.gov.ua*, 21 jul. 2021. Disponível em: <https://www.president.gov.ua/ru/news/prezident-pidpisav-zakon-pro-korinni-narodi-ukrayini-69677>. Acesso em: 29 dez. 2024.

PRESS-RELIZY i otchety otnoshenie naseleniya Ukrainy k Rossii i naseleniya Rossii k Ukraine [Attitude of the Population of Ukraine to Russia and the Population of Russia to Ukraine]. *Kiev International Institute of Sociology*, 2 mar. 2021. Disponível em: <https://www.kiis.com.ua/?lang=rus&cat=reports&id=1015&page=2#>. Acesso em: 29 dez. 2024.

PRIESTLEY, Joseph. *Political Writings*. Org. Peter N. Miller. Cambridge; Nova York: Cambridge University Press, 1993. (Cambridge Texts in the History of Political Thought.)

PRIMACHENKO, Yana. Istoricheskaya spravka ob izmeneniyakh v ideologii OUN [Historical Background on Changes in the Ideology of the OUN]. *Likbez*, 1º set. 2014. Disponível em: <https://likbez.org.ua/historical-information-about-the-changes-in-the-ideology-of-the-oun.html>. Acesso em: 6 jan. 2025.

PRIMORATZ, Igor. Introduction. *Journal of Ethics*, v.13, n.4, p.293-9, 2009. Disponível em: <https://link.springer.com/article/10.1007/s10892-009-9063-1>. Acesso em: 22 dez. 2024.

______. Patriotism and Morality: Mapping the Terrain. *Journal of Moral Philosophy*, v.5, n.2, p.204-26, 2008. Disponível em: <https://doi.org/10.1163/174552408X328984>. Acesso em: 21 dez. 2024.

"PROBLEMA KROETSYA v nas" [The Problem Lies in Us]. *Rambler.ru*, 29 maio 2020. Disponível em: <https://news.rambler.ru/ukraine/44263056-problema-kroetsya-v-nas-deputat-rady-rasskazal-ob-ukrainskom-radikalnom-natsionalizme/. Acesso em: 29 dez. 2024.

PROEKT ZAKONA Ukrainy "ob otvetstvennosti" [Draft Law of Ukraine "On Liability"]. *Sila prava*, 9 set. 2020. Disponível em: <https://sila-prava.org/uk/bez-rubriki-uk/proekt-zakonu-ukrayini-pro-proshhennya-2/>. Acesso em: 29 dez. 2024.

PROFESSOR Don NU Elena Styazhkina: "Donbass ne vernetsya v Ukrainy potomu chto Donbass ne sushchestvuyet" [Professor of Dontsk National University Elena Styazhkina: "Donbass Will not Return to Ukraine, because Donbass Does not Exist"]. *Fakty. ua*, 6 nov. 2014. Disponível em: <https://fakty.ua/190599-elena-styazhkina-donbass-ne-vernetsya-v-ukrainu-potomu-chto-donbassa-ne-sucshestvuet>. Acesso em: 16 dez. 2024.

PROKOPCHUK, Stanislav. Kreml proty Ukrainskoi derzhavy [The Kremlin against the Ukrainian State]. *Uryadovyi Kuriyer*, 22 dez. 2020. Disponível em: <https://ukurier.gov.ua/uk/articles/kreml-proti-ukrayinskoyi-derzhavi/>. Acesso em: 30 dez. 2024.

PRONIN, Alexander. "Volim pod tsarya vostochnogo, pravoslavnogo!" ["We Will Be Under the Eastern, Orthodox Tsar!"]. *Stoletie*, 13 jan. 2014. Disponível em: <https://www.stoletie.ru/territoriya_istorii/volim_pod_cara_vostochnogo_pravoslavnogo__383.htm>. Acesso em: 16 dez. 2024.

PROPOSAL FOR SPAIN to Reckon with its Past during Franco Era, Welcomed by UN Rights Experts. *United Nations News*, 25 jul. 2018. Disponível em: <https://news.un.org/en/story/2018/07/1015522>. Acesso em: 29 dez. 2024.

PROSTIT DONBASS [Forgive Donbass]. *Avdeevka City*, 9 abr. 2018. Disponível em: <https://avdeevka.city/news/view/prostit-donbass-e-ksperty-razmyshlyayut-o-novom-zakonoproekte>. Acesso em: 29 dez. 2024.

PROTSENKO, Nikolai. Poslednyaya "vnutrennyaya Amerika" Evropy [Europe's Last "Inner America"]. *Ukraina.ru*, 29 maio 2020. Disponível em: <https://ukraina.ru/history/20200529/1027833564.html>. Acesso em: 27 dez. 2024.

PRYAMAYA LINIYA s Vladimirom Putinym [Direct Line with Vladimir Putin]. *Kremlin. ru*, 17 abr. 2014. Disponível em: <http://kremlin.ru/events/president/news/20796>. Acesso em: 29 dez. 2024.

PRYMA, Andrew. In the Decade since the First Container Train Traveled from China to Europe, the Annual Flow Has Increased from 17 Trains in 2011, to 10,000 Last Year. *UBN*, 2 abr. 2021. Disponível em: <https://ubn.news/in-the-decade-since-the-first-container-train-traveled-from-china-to-europe-the-annual-flow-has-increased-from-17-trains-in-2011-to-10000-last-year/?amp=1>. Acesso em: 22 dez. 2024.

PUTIN, KRIM und Psychologie [Putin, Crimea and Psychology]. *Globus Deutschland*, 13 mar. 2019. Disponível em: <https://www.globusdeutschland.de/2019/03/13/putin--krim-und-psychologie-funf-jahre-mit-russia/>. Acesso em: 29 dez. 2024.

PUTIN: NASHI voennye "vstali za spinoi" samooborony Kryma [Putin: our Military "Stood Behind" the Crimean Self-Defense]. *BBC News Russkaya sluzhba*, 17 abr. 2014. Disponível em: <https://www.bbc.com/russian/russia/2014/04/140417_putin_phone_line>. Acesso em: 29 dez. 2024.

PUTINA, Gloria (Genby). Ukraina dostigla urovnya proizvodstva elektroenergii 1972 goda [Ukraine Has Reached the Level of Electricity Production of 1972]. *Livejournal*, 31 jan. 2021. Disponível em: <https://genby.livejournal.com/898371.html>. Acesso em: 21 dez. 2024.

"PYATAYA KOLONNA", armiya i tserkov ["Fifth Column", Army and Church]. *BBC News*, 20 set. 2018. Disponível em: <https://www.bbc.com/ukrainian/features-russian-45587393>. Acesso em: 29 dez. 2024.

PYTKI V SBU [Torture in the SBU]. *Korrespondent*, 30 ago. 2016. Disponível em: <https://korrespondent.net/ukraine/3738354-pytky-v-sbu-novyi-vytok-skandala>. Acesso em: 29 dez. 2024.

QUINN-JUDGE, Katharine. To Reunite Ukraine, Kyiv Must Overcome its own Prejudices. *Crisis Group*, 20 mar. 2018. Disponível em: <https://www.crisisgroup.org/europe-central-asia/eastern-europe/ukraine/reunite-ukraine-kyiv-must-overcome-its-own-prejudices>. Acesso em: 21 dez. 2024.

RADI OBSHCHEGO budushchego [For the Sake of a Common Future]. *Interfax-Ukraine*, 16 jul. 2020. Disponível em: <https://interfax.com.ua/news/press-release/675075.html>. Acesso em: 29 dez. 2024.

RADIKALYVORVALISvKievskiigorsovet[RadicalsStormstheKievCityCouncil]. *Ukraina.ru*, 1º jun. 2017. Disponível em: <https://ukraina.ru/news/20170601/1018736694.html>. Acesso em: 29 dez. 2024.

RAFALSKY, Denys. Razshifrovka rechi prezidenta na Den sobornosti [Transcript of the President's Speech on Unity Day]. *Strana.ua*, 23 jan. 2018. Disponível em: <https://strana.one/articles/analysis/119181-tsar-obedinitel-poroshenko-opredeljaetsja-s-messedzhami-dlja-budushchej-prezidentskoj-kampanii.html>. Acesso em: 19 dez. 2024.

RAGUTSKAYA, Liliya. Yarosh: plokho, kogda stayu lvov vozglavlyayut barany [Yarosh: It's Bad when the Pack of Lions Is Led by Sheep]. *Obozrevatel*, 27 mar. 2015. Disponí vel em: <https://dobrovoltsi.org.ua/uncategorized/yarosh-ploho-kohda-stayu-lvov-vozhlavlyayut-baranyi-obozrevatel/>. Acesso em: 23 dez. 2024.

RAKHMANIN, Sergey; KRAVCHENKO, Vladimir. "Het vid Kieva?" ["Get Away from Kiev?"]. *Zerkalo Nedeli*, 8 jun. 2019. Disponível em: <https://zn.ua/internal/get-vid-kiyeva-320129_.html>. Acesso em: 30 dez. 2024.

RANKIN, Stuart. How the Badinter Commission on Yugoslavia Laid the Roots for Crimea's Secession from Ukraine. *LSE*, 20 fev. 2015. Disponível em: <https://blogs.lse.ac.uk/europpblog/2015/02/20/how-the-badinter-commission-on-yugoslavia-laid-the-roots-for-crimeas-secession-from-ukraine/>. Acesso em: 22 dez. 2024.

RAPOZA, Kenneth. One Year after Russia Annexed Crimea, Locals Prefer Moscow to Kiev. *Forbes*, 20 mar. 2015. Disponível em: <https://www.forbes.com/sites/kenrapoza/2015/03/20/one-year-after-russia-annexed-crimea-locals-prefer-moscow-to-kiev/>. Acesso em: 21 dez. 2024.

RAY, Julie; ESIPOVA, Neli. Approval Ratings in Ukraine, Russia Highlight Differences. *Gallup.com*, 31 jul. 2009. Disponível em: <https://news.gallup.com/poll/121976/Approval-Ratings-Ukraine-Russia-Highlight-Differences.aspx>. Acesso em: 22 dez. 2024.

RAZENKOVA, Mariya. Sotsiolog Golovakha [The Sociologist Golovakha]. *Vesti*, 17 ago. 2017. Disponível em: <https://vesti.ua/strana/252417-sotsioloh-evhenij-holovakha>.

RAZVEDKA UBEZHDENA, chto RPTs na 99% kontroliruetsya spetssluzhbami RF [Intelligence Is Convinced that the Russian Orthodox Church Is 99% Controlled by Russian Special Services]. *Ukrainskaya pravda*, 24 jan. 2019. Disponível em: <https://www.pravda.com.ua/rus/news/2019/01/24/7204779/>. Acesso em: 29 dez. 2024.

REFERENDUM O statuse Kryma proydet 30 marta [The Referendum on the Status of Crimea Will Take Place on March 30]. *Newsru.com*, 1º mar. 2014. Disponível em: <https://txt.newsru.com/world/01mar2014/referendum.html>. Acesso em: 29 dez. 2024.

REHM, Rush. *Understanding Greek Tragic Theater*. Nova York: Routledge, 2017.

REINER, J. Toby Rediscovering our Roots: John Schaar on Radical Politics Student Protest and the Amelioration of Alienation. [não publ.] Disponível em: <https://www.coursehero.com/file/51650625/Schaar-paper-draft-twodoc/>. Acesso em: 27 nov. 2021.

RENGGER, Nicholas. Tragedy or Scepticism? Defending the Anti-Pelagian Mind in World Politics. *International Relations*, v.19, n.3, p.321-8, 2005. Disponível em: <https://journals.sagepub.com/doi/abs/10.1177/0047117805055409>. Acesso em: 29 dez. 2024.

RESIDENTS IN BREAKAWAY Ukrainian Donbass Regions Have More Trust in Government than those Living under Kiev's Rule, New Poll Finds. *RT International*, 19 fev. 2021. Disponível em: <https://www.rt.com/russia/515965-donbass-more-trust-government-kiev/>. Acesso em: 29 dez. 2024.

REVNOVA, Alisa. Protestnaya Ukraina [Protest Ukraine]. *Segodnya Ukraina*, 24 jan. 2014. Disponível em: <https://www.segodnya.ua/spectopics/maidan2013/protestnaya-ukraina-regiony-strany-ohvatili-masshtabnye-putchi-491015.html>.

REVYAKINA, Anna. Sergey Sivokho o tom, chto meshaet Ukraine vernut Donbass [Sergey Sivokho on what Is Preventing Ukraine from Returning Donbass]. *Ukraina.ru*, 24 fev. 2021. Disponível em: <https://ukraina.ru/20210224/1030644960.html>. Acesso em: 17 dez. 2024.

______. Donbass v ocheredi za svobodoi. Kak ėto bylo 11 i 12 maya 2014 goda [Donbass in Line for Freedom. How it Was on May 11 and 12, 2014]. *Ukraina.ru*, 11 maio 2021. Disponível em: <https://ukraina.ru/exclusive/20210511/1031284571.html>. Acesso em: 22 jan. 2025.

REZNIKOV O vaktsinatsii v Krymu i Ordlo [Reznikov about Vaccination in Crimea and Ordlo]. *RBC Ukraina*, 25 fev. 2021. Disponível em: <https://news.rbc.ua/rus/politics/reznikov-vaktsinatsii-krymu-ordlo-eto-voennoe-1614265151.html>. Acesso em: 29 dez. 2024.

REZULTATY MSTSEVYKH Vyboriv [Local Election Results]. *Ukrainska pravda*, 8 nov. 2010. Disponível em: <https://www.pravda.com.ua/articles/2010/11/8/5552584/>. Acesso em: 29 dez. 2024.

RF INSISTS ON Kiev's Dialogue with Donetsk, Lugansk, Ukraine Says There Is no Point in it. *Panorama*, 26 mar. 2015. Disponível em: <https://www.panorama.am/en/news/2015/03/26/karasin/85894>. Acesso em: 29 dez. 2024.

RFPI GOTOV proizvodit vaktsinu "Sputnik V" na Ukraine [RDIF Ready to Produce "Sputnik V" Vaccine in Ukraine]. *Kommersant*, 8 dez. 2020. Disponível em: <https://www.kommersant.ru/doc/4604712>. Acesso em: 29 dez. 2024.

RIABCHUK, Mykola. "Two Ukraines" Reconsidered: The End of Ukrainian Ambivalence? *Studies in Ethnicity and Nationalism*, v.15, n.1, n.esp. Nationalism and Belonging, p.138-56, abr. 2015. Disponível em: <https://doi.org/10.1111/sena.12120>. Acesso em: 13 dez. 2024.

RICHARDSON, Ollie. Former Ukrainian Defence Minister Igor Tenyukh: Ukrainian Troops Refused to Shoot Russians in Crimea in 2014. *Stalker Zone*, 3 mar. 2019. Disponível em: <https://www.stalkerzone.org/former-ukrainian-defence-minister-igor-tenyukh-ukrainian-troops-refused-to-shoot-russians-in-crimea-in-2014/>.

RINGIS, Anastasia. Gennady Moskal: Prorossiiskie nastroeniya v Luganskoi oblasti 80-95% [Gennady Moskal: Pro-Russian Sentiments in Lugansk Region 80-95%]. *Ukrainska pravda*, 30 out. 2014. Disponível em: <https://www.pravda.com.ua/rus/articles/2014/10/30/7042701/>. Acesso em: 21 dez. 2024.

ROBINSON, Paul. Origins of the War in Donbass. *Irrusianality*, 14 set. 2016. Disponível em: <https://irrussianality.wordpress.com/2016/09/14/origins-of-the-war-in-donbass/>. Acesso em: 27 dez. 2024.

______. Holding Kiev to Account. *Irrussianality*, 6 out. 2015. Disponível em: <https://irrussianality.wordpress.com/2015/10/06/holding-kiev-to-account/>. Acesso em: 27 dez. 2024.

ROBSON, Roy R. Liturgy and Community among Old Believers, 1905-1917. *Slavic Review*, v.52, n.4, p.713-24, 1993. Disponível em: <https://www.jstor.org/stable/2499649>. Acesso em: 22 jan. 2025.

ROMANISHIN, Yuliana. Chto pomozhet bolshe prodavat v Evropu [What Will Help to Sell More in Europe]. *Ekonomicheskaya pravda*, 11 mar. 2016. Disponível em: <https://epravda.com.ua/rus/publications/2016/03/11/584736/>. Acesso em: 6 jan. 2025.

ROMANOV, Aleksei. Vspomnim, kak 5 let nazad razzhigali voinu na Donbasse [Let's Remember How 5 Years Ago They Started a War in Donbass]. *Strana.ua*, 18 out. 2019. Disponível em: <https://strana.one/opinions/228427-vspomnim-kak-5-let-nazad-razzhihali-vojnu-na-donbasse.html>. Acesso em: 16 dez. 2024.

ROMANOVA, Mariya. Ne proshla ispytaniy [It Didn't Pass the Test]. *Strana.ua*, 6 fev. 2021. Disponível em: <https://strana.one/news/316073-novavaks-podrobnoe-opisanie-vaktsiny-dlja-ukrainy.html>. Acesso em: 26 dez. 2024.

______. Pervyi zhe kontrakt na grani sryva [The First Contract Is on the Verge of Collapse]. *Strana.ua*, 16 fev. 2021. Disponível em: <https://perma.cc/A2DS-P5D5>. Acesso em: 26 dez. 2024.

ROMANOVSKY, Georgii B. Itogi vossoedineniya Kryma s Rossiyey: pravovye voprosy [Results of the Reunification of Crimea with Russia: Legal Issues]. *Nauka. Obshchestvo. Gosudarstvo*, t.4, n.3(15), p.8, 2016. Disponível em: <https://esj.pnzgu.ru/files/esj.pnzgu.ru/romanovsky_gb_16_3_04.pdf>. Acesso em: 21 dez. 2024.

ROSHCHENKO, Alena. Poroshenko priravnyal poluchenie tomosa k pobede na fronte [Poroshenko Equated Receiving the Tomos with a Victory at the Front]. *Ukrainska pravda*, 15 jan. 2019. Disponível em: <https://www.pravda.com.ua/rus/news/2019/01/15/7203856/>. Acesso em: 29 dez. 2024.

______. Muzhenko: vo vremya zakhvata Kryma byl boi na materike [Muzhenko: During the Capture of the Crimea There Was a Battle on the Mainland]. *Ukrainskaya pravda*, 10 mar. 2017. Disponível em: <http://www.pravda.com.ua/rus/news/2017/03/10/7137690/>. Acesso em: 16 dez. 2024.

ROSSIISKAYA TATNEFT vozobnovila postavki topliva ukrainskoi dochke vpervye s 2014-go goda [Russia's Tatneft Has Resumed Fuel Supplies to its Ukrainian Subsidiary for the First Time Since 2014]. *Ekonomicheskaya Pravda*, 10 jun. 2020. Disponível em: <https://epravda.com.ua/rus/news/2020/06/10/661589/>. Acesso em: 29 dez. 2024.

ROSSIISKIE DEPUTATY sobirayutsya zashchitit Krym ot "politicheskogo Chernobylya" [Russian MPs Plan to Protect Crimea from "Political Chernobyl"]. *Newsru.com*, 25 fev. 2014. Disponível em: <https://www.newsru.com/world/25feb2014/crimea.html>. Acesso em: 29 dez. 2024.

ROSSIYA STALAV 2,5 raza chashche predostavlyat grazhdanstvo [Russia Has Begun Granting Citizenship 2.5 Times more Often]. *Kommersant*, 19 maio 2020. Disponível em: <https://www.kommersant.ru/doc/4348761>. Acesso em: 29 dez. 2024.

ROSTOVTSEV, Oleg. Gogol obyedinyaet dazhe v razdiraemoi na kuski Ukraine [Gogol Unites even in a Ukraine Torn Apart]. *Nezavisimaya Gazeta*, 18 maio 2017. Disponível em: <https://www.ng.ru/kartblansh/2017-05-18/100_gogolukr.html>. Acesso em: 27 dez. 2024.

ROTHMAN, Maarten; PEPERKAMP, Lonneke; RIETJENS, Sebastiaan (orgs.). *Reflections on the Russia-Ukraine War*. Leiden, Netherlands: Leiden University Press, 2024.

ROULAND, Norbert. À qui la Crimée appartient-elle? [Who Does Crimea Belong To?]. *The Conversation*, 23 jul. 2020. Disponível em: <http://theconversation.com/a-qui-la-crimee-appartient-elle-le-regard-dun-juriste-142927>. Acesso em: 27 dez. 2024.

ROWE, Christopher J.; SCHOFIELD, Malcolm (orgs.). *The Cambridge History of Greek and Roman Political Thought.* Cambridge, UK: Cambridge University Press, 2005.

ROZANOV, Vasily Vasilievich. Golos malorossa o neomalorossakh [The Voice of a Little Russian about Neo-Little Russians]. *Wikisource*, 19 jan. 1914. Disponível em: <https://bit.ly/3PvI9A4>. Acesso em: 3 jan. 2025.

RUDLING, Per Anders. The OUN, the UPA and the Holocaust: A Study in the Manufacturing of Historical Myths. *The Carl Beck Papers in Russian and East European Studies*, n.2107, 2011. Disponível em: <https://carlbeckpapers.pitt.edu/ojs/index.php/cbp/article/view/164/160>. Acesso em: 22 dez. 2024.

______. Historical Representation of the Wartime Accounts of the Activities of the OUN-UPA. *East European Jewish Affairs*, v.36, n.2, p.163-89, 2006. Disponível em: <https://doi.org/10.1080/13501670600983008>. Acesso em: 27 dez. 2024.

RUDOMETOV, Denis. Oleg Nyomensky: Ukraine udobno kormit Rossiyu nadezhdami na to, chto Minskie soglasheniya budut vypolneny [Oleg Nemensky: It Is Convenient for Ukraine to Feed Russia with Hopes that the Minsk Agreements Will Be Implemented]. *Ukraina.ru*, 23 jun. 2020. Disponível em: <https://ukraina.ru/20200623/1028061194.html>. Acesso em: 19 dez. 2024.

RUSSIA'S 25,000-Troop Allowance & other Facts You May not Know about Crimea. *RT International*, 4 mar. 2014. Disponível em: <https://www.rt.com/news/russian-troops--crimea-ukraine-816/>. Acesso em: 29 dez. 2024.

RUSSIAN FEDERATION. Prilozhenie k Pismu Postoyannogo Predstavitelya Rossiiskoi Pri Organizatsii Obyedinennykh Natsii Ot 3 Marta Goda Na Imya Generalnogo Sekretarya [Appendix to the Letter Dated 3 March 2014 from the Permanent Representative of the Russian Federation to the United Nations, Addressed to the Secretary

General]. Nova York: UN, 3 mar. 2014. Disponível em: <https://digitallibrary.un.org/record/766526?ln=en>. Acesso em: 3 jan. 2025.

RUSSIAN TRANS-CONTINENTAL Rail Freight Doubles in 2021. *Russia Briefing News*, 30 mar. 2021. Disponível em: <https://www.russia-briefing.com/news/russian-trans-continental-rail-freight-doubles-in-2021.html/>.

RYABOV, Mikhail. Kievsky zhurnal zapretil intelligentsii Lvova obsuzhdat vozmozhnost otdelenita Kryma i Donbassa [Kievan Magazine Forbids Discussion of the Possible Separation of Crimea and Donbass to Lviv Intellectuals]. *Novyi den*, 9 fev. 2013. Disponível em: <https://newdaynews.ru/kiev/423752.html>. Acesso em: 18 dez. 2024.

______. Ukrainsky pisatel predlagaet dat vozmozhnost otdelitsya Krymu in Donbassu [Ukrainian Writer Proposes Giving Crimea and Donbass the Opportunity to Secede]. *Novyi den*, 22 jul. 2010. Disponível em: <https://newdaynews.ru/kiev/293271.html>. Acesso em: 26 dez. 2024.

RYBALKO, Nadezhda. My snimem blokadu Donbassa [We Will Lift the Blockade of Donbass]. *Tehnopolis*, 16 ago. 2018. Disponível em: <https://tehnopolis.com.ua/index.php?option=com_content>.

SABOV, Aleksandr. Zhurnalist napomnil, chto raspad Ukrainy mog sostoyatsya 20 let nazad [Journalist Recalls that Ukraine Could Have Collapsed 20 Years Ago]. *Rossiiskaya gazeta*, 14 jan. 2015. Disponível em: <https://rg.ru/2015/01/14/ruina1.html>. Acesso em: 16 dez. 2024.

SAFONOV, Pyotr. Tam vsyo protivorechit Minskim soglasheniyam [Everything There Contradicts the Minsk Agreements]. *Ukraina.ru*, 23 ago. 2021. Disponível em: <https://ukraina.ru/exclusive/20210823/1032104356.html>. Acesso em: 29 dez. 2024.

SAKWA, Richard. *Frontline Ukraine*: Crisis in the Borderlands. Londres; Nova York: I. B. Tauris, 2015.

SALIVON, Sergey. Vtoroi god podryad Ukraina importiruet rekordnye obyemy uglya [Ukraine Imports Record Volumes of Coal for Second Year in a Row]. *Strana.ua*, 20 jan. 2020. Disponível em: <https://strana.one/opinions/245415-vtoroj-hod-podrjad-ukraina-importiruet-rekordnye-obemy-uhlja.html>. Acesso em: 30 dez. 2024.

SALKEVER, Stephen G. Tragedy and the Education of the Demos. In: EUBEN, J. Peter (org.). *Greek Tragedy and Political Theory.* Berkeley: University of California Press, 1986.

SAMAR, Valentina. Ekzamen Na Krym Perenositsya [Crimea Exam Postponed]. *Zerkalonedeli*, 14 jun. 2019. Disponível em: <https://zn.ua/internal/ekzamen-na-krym-pere nositsya-320868_.html>. Acesso em: 3 jan. 2025.

SAMAYEVA, Yulia. V Rossii rabotaet 40 % vsekh trudovykh migrantov iz Ukrainy [40% of All Labor Migrants from Ukraine Work in Russia]. *Ukrainskaya pravda*, 9 out. 2016. Disponível em: <https://www.pravda.com.ua/rus/news/2016/10/9/7123068/>. Acesso em: 6 jan. 2025.

SAMOFALOVA, Olga. Ukraina smozhet vosstanovit svoyu ekonomiku tolko za schet Rossii [Ukraine Will Be Able to Restore its Economy only at the Expense of Russia]. *Vzglyad*, 19 maio 2019. Disponível em: <https://vz.ru/economy/2019/5/19/978334.html>. Acesso em: 27 dez. 2024.

"SAMOOBORONA" Maidana uderzhivaet 12 adminzdanii ["Self-Defense" of the Maidan Holds 12 Administrative Buildings: Prosecutor's Office]. *Ukrainskaya pravda*, 15 jul. 2014. Disponível em: <http://www.pravda.com.ua/rus/news/2014/07/15/7031971/>. Acesso em: 16 dez. 2024.

SARDOČ, Mitja. The Anatomy of Patriotism. *Anthropological Notebooks*, v.23, n.1, p.43-55, 2017. Disponível em: <https://www.researchgate.net/publication/317688502_The_anatomy_of_patriotism>. Acesso em: 26 dez. 2024.

SARNA, Arkadiusz. The Transformation of Agriculture in Ukraine: From Collective Farms to Agroholdings. *OSW Centre for Eastern Studies*, 7 fev. 2014. Disponível em: <https://www.osw.waw.pl/en/publikacje/osw-commentary/2014-02-07/transformation-agriculture-ukraine-collective-farms-to>. Acesso em: 19 dez. 2024.

SASSE, Gwendolyn. Terra Incognita: The Public Mood in Crimea. *Zois Berlin*, 16 nov. 2017. Disponível em: <https://www.zois-berlin.de/en/publications/terra-incognita-the-public-mood-in-crimea>. Acesso em: 22 dez. 2024.

______. *The Crimea Question*: Identity, Transition, and Conflict. Cambridge, MA: Harvard University Press; Harvard Ukrainian Research Institute, 2007. (Harvard Series in Ukrainian Studies.)

SAUNDERS, Doug. Have Ukraine's Protests Been Taken over by this Ultra-Right-Wing Group? *The Globe & Mail*, Canadá, 7 fev. 2014. Disponível em: <https://perma.cc/EP4R-7CYY>. Acesso em: 20 dez. 2024.

SAVICHEV, Anton. Mir na Donbasse i platforma edinstva [Peace in Donbass and the Unity Platform]. *Vesti*, 16 nov. 2020. Disponível em: <https://vesti.ua/politika/sergej-sivoho-ukraina-sejchas-vedet-peregovory-slovno-v-shage-ot-pobedy>. Acesso em: 18 dez. 2024.

______. Yermolaev pro zustrich Zelenskoho z Baidenom ta povernennya Donbasu [Yermolaev on Zelensky's Meeting with Biden and Return of Donbass]. *YouTube*. Disponível em: <https://www.youtube.com/watch?v=hLprMiaS-bo>.

SCHAAR, John H. *Legitimacy in the Modern State*. New Brunswick, NJ: Transaction Publishers, 1981.

______ et al. What Is Patriotism? *The Nation*, 15 jul. 1991. Disponível em: <https://www.thenation.com/article/archive/what-patriotism/>. Acesso em: 22 dez. 2024.

SCHOUTEN, Peer. Theory Talk #21: Stephen Krasner on Sovereignty, Failed States and International Regimes. *Theory Talks*, out. 2008. Disponível em: <https://www.files.ethz.ch/isn/155242/theory%20talk21_krasner.pdf>. Acesso em: 27 dez. 2024.

SCHREYER, Paul. "Annexion der Krim": Prof. Merkel Widerspricht Georg Restle ["The Annexation of Crimea": Prof. Merkel Contradicts Georg Restle]. *Paul Schreyer*, 29 maio 2018. Disponível em: <https://paulschreyer.wordpress.com/2018/05/29/annexion-der-krim-prof-merkel-widerspricht-georg-restle/>. Acesso em: 27 dez. 2024.

SEKRETAR SOVNATSBEZA Ukrainy isklyuchil sushchestvovanie Donbassa [Secretary of the National Security Council of Ukraine Ruled Out the Existence of Donbass]. *Regnum.ru*, 24 mar. 2021. Disponível em: <https://regnum-ru.turbopages.org/regnum.ru/s/news/3224141.html>. Acesso em: 29 dez. 2024.

SENCHENKO, Andriy. Arestovicha ne sprosili! [Arestovich Was Not Asked!]. *Facebook*, 8 jun. 2021. Disponível em: <https://www.facebook.com/andriy.senchenko/posts/2611117692522693>. Acesso em: 17 dez. 2024.

SERDYUKOV, Igor. S14 i NABU: Natsistskii kontrol nad Ukrainoi [C14 and Nabu: Nazi Control over Ukraine]. *Ukraina.ru*, 31 maio 2018. Disponível em: <https://ukraina.ru/exclusive/20180531/1020423731.html>. Acesso em: 22 dez. 2024.

SERHYI SYVOKHO Reveals his Responsibilities at Post of Advisor of National Security Secretary. *112 Ukraine*, 22 out. 2019. Disponível em: <https://censor.net/en/news/3155154/serhiy_sivokho_reveals_his_responsibilities_at_post_of_advisor_of_national_security_secretary>.

SHANKOVSKY, Oleg. Zhebrivsky govorit, chto khochet bolshoi voiny s Rossiei za Donbass [Zhebrivsky Says He Wants a Big War with Russia over Donbass]. *Ukrainskaya pravda*, 8 abr. 2016. Disponível em: <https://www.pravda.com.ua/rus/news/2016/04/8/7104896/>. Acesso em: 27 dez. 2024.

SHARE OF PEOPLE Who Received at Least One Dose of Covid-19 Vaccine. *Our World in Data*, 2 dez. 2020. Disponível em: <https://ourworldindata.org/grapher/share-people-vaccinated-covid>. Acesso em: 10 maio 2022.

SHARII, Anatoly. Reintegratsiya prodlitsya 25 let [Reintegration Will Last 25 Years]. *YouTube*, 18 set. 2020. Disponível em: <https://www.youtube.com/watch?v=5TjYhytrB44>. Acesso em: 16 dez. 2024.

______. Intervyu s Prezidentom [Interview with the President]. *YouTube*, 2019. Disponível em: <https://www.youtube.com/watch?v=uEF0HA2CLMI>. Acesso em: 16 dez. 2024.

SHASHKOVA, Marina. Samuyu bolshuyu oshibku Ukraina sovershila za mnogo let do anneksii Kryma – Ilmi Umerov [Ukraine Made its Biggest Mistake many Years before the Annexation of Crimea – Ilmi Umerov]. *Apostrophe*, 7 nov. 2017. Disponível em: <https://apostrophe.ua/article/politics/2017-11-07/samuyu-bolshuyu-oshibku-ukraina-sovershila-za-mnogo-let-do-anneksii-kryima--ilmi-umerov/15379>.

SHEKHOVTSOV, Anton. Security Threats and the Ukrainian Far Right. *Open Democracy*, 24 jul. 2012. Disponível em: <https://www.opendemocracy.net/en/opensecurity/security-threats-and-ukrainian-far-right/>. Acesso em: 19 dez. 2024.

SHENFIELD, Stephen D. Ukraine: Popular Uprising or Fascist Coup? *Johnson's Russia List*, 5 abr. 2014. Disponível em: <https://russialist.org/stephen-d-shenfield-ukraine-popular-uprising-or-fascist-coup/>. Acesso em: 2 jan. 2025.

SHEREMET, Pavel. Dmitry Yarosh: Ya na voine komfortno sebya chuvstvuyu [Dmitry Yarosh: I Feel Comfortable at War]. *Ukrainskaya pravda*, 22 set. 2015. Disponível em: <http://www.pravda.com.ua/rus/articles/2015/09/22/7082096/>. Acesso em: 12 jan. 2022.

SHEVCHENKO, Alena. V MID RF vystupili s zayavleniem o vydache Rossiiskikh pasportov v Ordlo [The Russian Foreign Ministry Issued a Statement on the Issuance of Russian Passports in Ordlo]. *UA News*, 26 jun. 2021. Disponível em: <https://news.online.ua/v-mid-rf-vystupili-s-zayavleniem-o-vydache-rossiyskih-pasportov-v-ordlo_n834166/>. Acesso em: 16 dez. 2024.

SHEVCHENKO, Daryna. Poroshenko Pledges to Step Up Anti-Terrorism Operation, Bring Success within "Hours", not Months. *Kyiv Post*, 26 maio 2014. Disponível em: <https://www.kyivpost.com/post/10257>. Acesso em: 19 dez. 2024.

SHEVCHENKO, Natasha. Pravyi Sektor prizval vladeltsev ognestrelnogo oruzhiya vyiti na Maidan [Right Sector Calls on Firearm owners to Come to Maidan]. *Zerkalo Nedeli*, 18 fev. 2014. Disponível em: <https://zn.ua/UKRAINE/pravyy-sektor-prizval-vladelcev-ognestrelnogo-oruzhiya-na-maydan-138997_.html>. Acesso em: 27 dez. 2024.

SHEVCHUK, Vladimir. Konets Rossii [The End of Russia]. *Apostrophe*, 28 dez. 2021. Disponível em: <https://apostrophe.ua/article/politics/foreign-policy/2021-12-28/konets-rossii-kak-deputatyi-reshili-poizdevatsya-nad-agressorom/43664>.

SHEVTSOVA, Svetlana. "Taras Bulba". *InoSMI*, 4 abr. 2021. Disponível em: <https://inosmi.ru/20210404/249477995.html>. Acesso em: 2 jan. 2025.

SHKANDRIJ, Myroslav. *Ukrainian Nationalism*: Politics, Ideology, and Literature, 1929-1956. New Haven, CT; Londres: Yale University Press, 2015.

SHTOGRIN, Iryna. Khto natsyst? [Who Is a Nazi?]. *Radio Svoboda*, 28 maio 2017. Disponível em: <https://www.radiosvoboda.org/a/28512571.html>. Acesso em: 22 dez. 2024.

SHUFRICH O "progibe" Poroshenko pered Heleteyem [Shufrich on Poroshenko Kowtowing to Heletey]. *Agenstvo Novostei Kharkova*, 26 dez. 2017. Disponível em: <https://perma.cc/TLH9-VCL2>. Acesso em: 13 mar. 2025.

SHUFRICH: "DONBASS ne treboval nichego takogo, chego ne khotel by Lvov ili Ivano--Frankovsk" [Shufrich: "Donbass Did Not Demand Anything that Lviv or Ivano-Frankivsk Did Not Want"]. *DNR24 Novosti*, 8 jan. 2018. Disponível em: <https://web.archive.org/web/20201128194918/http://dnr24.su/dnr/21111-shufrich-donbass-ne-treboval-nichego-takogo-chego-ne-hotel-by-lvov-ili-ivano-frankovsk.html>. Acesso em: 30 dez. 2024.

SHULGIN, Vasily Vitalievich. *Tri stolitsy* [Three Capitals]. reimpr. Moscou: Sovremennik, 1991.

______. Ukrainstuyushchie i my! [The Ukrainians and Us!]. *Angel Fire*, [s.d.]. Disponível em: <https://www.angelfire.com/nt/oboguev/images/shulgin1.htm>. Acesso em: 22 out. 2021.

SHUSTER, Simon. Leader of Far-Right Ukrainian Militant Group Talks Revolution with *Time*. *Time*, 4 fev. 2014. Disponível em: <https://time.com/4493/ukraine-dmitri-yarosh-kiev/>. Acesso em: 11 nov. 2021.

SIDORCHIK, Andrei. Posle nezalezhnosti [After Independence]. 15 out. 2019. Disponível em: <https://aif.ru/society/history/posle_nezalezhnosti_chem_zakonchili_ukrainskie_vozhdi_nachala_xx_-veka>.

SIDORENKO, Sergey. Kvasnievsky: eta voina, esli sluchitsya, budet strashnoi, v tom chisle po kolichestvu zhertv [Kwasniewski: This War, if it Happens, Will Be Terrible, Including in Terms of the Number of Victims]. *NewsLand*, 10 abr. 2015. Disponível em: <https://newsland.com/community/129/content/kvasnevskii-eta-voina-esli-sluchitsia-budet-strashnoi-v-tomchisle-po-kolichestvu-zhertv/3404009>. Acesso em: 30 dez. 2024.

SIDORUK, Arkady. Stanislav Kulchytskyi: "Bilykh plyam" shchodo diyalnosti UPA vzhe ne isnue [Stanislav Kulchytskyi: There Are no More "Blank Spots" Regarding the Activities of the UPA]. *Ukraina moloda*, 10 jan. 2007. Disponível em: <https://www.umoloda.kiev.ua/number/833/169/30322/>. Acesso em: 30 dez. 2024.

SIKORSKY: VOZVRASCHENIE Donbassa i Kryma nevygodno Ukraine [Sikorsky: Return of Donbass and Crimea Is not Beneficial for Ukraine]. *Inosmi.ru*, 20 maio 2016. Disponível em: <https://inosmi.ru/politic/20160520/236607098.html>. Acesso em: 30 dez. 2024.

SIMONENKO BOLSHE ne podderzhivaet Yanukovicha [Symonenko no Longer Supports Yanukovych]. *Delo.ua*, 26 jan. 2014. Disponível em: <https://delo.ua/econonomyandpoliticsinukraine/simonenkobolshe-ne-podderzhivaet-janukovicha-225502/>. Acesso em: 30 dez. 2024.

SINITSIN, Nikita. Kak nachalas voina na Donbasse [How the War in Donbass Started]. *Vest*, 14 mar. 2021. Disponível em: <https://vesti.ua/donbass/mart-kotoryj-nas-izmenil-7-let-nazad-donbass-prevratili-v-porohovuyu-bochku>.

SITNIKOVA, Irina. "Ukraina ne mozhet vechno byt v zale ozhidaniya" ["Ukraine Can't Be in the Waiting Room Forever"]. *Hromadske.ua*, 16 abr. 2021. Disponível em: <https://hromadske.ua/ru/posts/ukraina-ne-mozhet-vechno-byt-v-zale-ozhidaniya--zelenskij-prizval-prinyat-ukrainu-v-nato-i-es>. Acesso em: 22 dez. 2024.

SIVOKHO PREDLOZHIL alternativny plan reintegratsii Donbassa [Sivokho Proposed an Alternative Plan for the Reintegration of Donbass]. *Versii*, 31 ago. 2021. Disponível em: <https://versii.com/news/sivoho-predlozhil-alternativnyj-plan-reintegracii-donbassa/>. Acesso em: 30 dez. 2024.

SIVOKHO PRIZVAL Ukrainu poprosit proshcheniya u Donbassa [Sivokho Called on Ukraine to Ask Donbass for Forgiveness]. *Novorossiya*, 20 nov. 2019. Disponível em: <https://novorosinform.org/sivoho-prizval-ukrainu-poprosit-prosheniya-u-don bassa-31504.html>. Acesso em: 30 dez. 2024.

SIVOKHO S BOEM prezentoval platformu primireniya [Sivokho "with a Fight" Presented the Platform of Reconciliation]. *Korrespondent*, 12 mar. 2020. Disponível em: <https://korrespondent.net/ukraine/4203426-syvokho-s-boem-prezentoval-plat formu-prymyrenyia>. Acesso em: 30 dez. 2024.

SIVOKHO TKNUL Ukrainu nosom v politiku LDNR [Sivokho Poked Ukraine's Nose into the Politics of the Donetsk People's Republic]. *Donetskaya Narodnaya Respublika*, 24 fev. 2021. Disponível em: <https://dnr24.su/dnr/31859-sivoho-tknul-ukrainu-nosom-v-politiku-ldnr.html>.

SIZEMSKAYA, I. N. Istoki evraziistva [The Origins of Eurasianism]. *Filosofskie nauki*, n.3, p.49-52, 2013.

SKOL'KO ROSSIYAN zhivet v Ukraine, ukazala infografika Soveta o natsional'nom sostave strany [How many Russians Are in Ukraine, the Rada Infographic on the Country's Ethnic Composition Named]. *Racurs.UA*, 28 jul. 2020. Disponível em: <https://racurs.ua/n141710-skolko-rossiyan-v-ukraine-nazvala-infografika-rady-o-nacionalnomsostave-strany.html>. Acesso em: 26 dez. 2024.

SKOROKHOD, Olga. Koly my zabiratimemo Krym, tam budut ruiny [When We Take back Crimea, There Will Be Ruins]. *Censor.net*, 30 jun. 2019. Disponível em: <https://censor.net/ru/resonance/3134577/koli_mi_zabiratimemo_krim_tam_budut_runi_rosyani_zaberut_use_ta_voni_navt_yayitsya_pokradut_u_kureyi>.

SLEPTSOVA, Taisiya. Istorik Gritsak rasskazal, chto imenno mozhet obyedinit ukraintsev vostoka i zapada [Historian Grytsak Explained what Exactly Can Unite

Ukrainians of the East and the West]. *Natsionalnyi bank novostei*, 6 fev. 2020. Disponível em: <https://nbnews.com.ua/obshchestvo/2020/02/06/istorik-gricak-rasskazal-chto-imenno-mojet-obedinit-ykraincev-vostoka-i-zapada/>. Acesso em: 2 jan. 2025.

SLOVACHCHYNA PIDTVERDYLA kupivlyu 2 milioniv doz rosiiskoi Covid-vaktsyny [Slovakia Confirms Purchase of 2 Million Doses of Russian Covid Vaccine]. *Euro Integration*, 1º mar. 2021. Disponível em: <https://www.eurointegration.com.ua/news/2021/03/1/7120396/>. Acesso em: 30 dez. 2024.

SMAGIN, Stanislav. Tragediya ukraintsa-rusofila [The Tragedy of a Russophile Ukrainian]. *Ukraina.ru*, 27 jul. 2020. Disponível em: <https://ukraina.ru/history/20200727/1028344214.html>. Acesso em: 30 dez. 2024.

SMITH, Anthony David. *The Ethnic Origins of Nations*. Oxford; Malden, MA: Blackwell, 1986.

SMITH, Rogers M. *Stories of Peoplehood*: The Politics and Morals of Political Membership, Contemporary Political Theory. Cambridge; Nova York: Cambridge University Press, 2003.

SMOLIN, M. Niskhozhdenie Ukrainskogo separatizma [The Descent of Ukrainian Separatism]. *Maloros.ru*, [s.d.]. Disponível em: <https://malorus.ru/ukrstor/smolin_nishozhdenije.htm>. Acesso em: 4 nov. 2021.

SNEGIREV, Yuriy. Ekspert: My ne znaem, chto budet s Ukrainoi, no znaem, chto budet s Krymom [Expert: We Don't Know what Will Happen to Ukraine, but We Know what Will Happen to Crimea]. *Rossiiskaya gazeta*, 18 mar. 2014. Disponível em: <https://rg.ru/2014/03/18/baharev-site.html>. Acesso em: 6 jan. 2025.

SNIDER, Ted. Is the US Hindering Much-Needed Diplomatic Efforts? *Responsible Statecraft*, 9 abr. 2022. Disponível em: <https://responsiblestatecraft.org/2022/04/09/is-the-us-hindering-much-needed-diplomatic-efforts/>. Acesso em: 2 jan. 2025.

SOBCHAK, Ksenia. Intervyu Sobchak s Tyagnibokom [Interview of Sobchak with Tyahnybok]. *Telegraf*, 12 fev. 2014. Disponível em: <https://telegraf.com.ua/ukraina/politika/1109726-intervyu-sobchak-s-tyagnibokom-video.html>. Acesso em: 22 dez. 2024.

SOKOLOVA, Anna. Lyubovnitsa arestovannogo Pashinskogo rasskazala, kto razvyazal voinu v Donbasse [The Mistress of the Arrested Pashinsky Describes Who Unleashed the War in Donbass]. *NewsUA.ru*, 9 out. 2019. Disponível em: <https://gorlovka.today/blogs/20078-lyubovnitsa-arestovannogo-pashinskogo-rasskazala-kto-razvyazal-vojnu-v-donbasse>.

SOLOVYOVA, Antonina. Krestnyi khod posetili okolo 350 tys. veruyushchikh [The Church Procession Was Attended by about 350 Thousand Believers]. *Ukrainski novini*, 27 jul. 2021. Disponível em: <https://ukranews.com/news/791234-bolee-350-tys-veruyushhih-prinyali-uchastie-v-krestnom-hode>.

SOLYAR, Ihor. *Ukraina: Kulturna spadshchina, natsionalna svidomist, derzhavnist*. Lviv: Natsionalna Akademiya Nauk Ukrainy; Institut Ukrainoznavstva, 2019.

SOROS, George. A Winning Strategy for Ukraine. *Jewish Business News*, 19 jun. 2015. Disponível em: <https://jewishbusinessnews.com/2015/06/19/george-soros-a-winning-strategy-for-ukraine/>. Acesso em: 21 dez. 2024.

SOUS, Anna. "Cherchil by skazal, chto Krym russki" ["Churchill Would Say that Crimea Is Russian"]. *Radio Svoboda*, 7 mar. 2016. Disponível em: <https://www.svoboda.org/a/27585655.html>. Acesso em: 17 dez. 2024.

"SOZDANIE VOORUZHENNYKH gruppirovok" ["Creation of Armed Groups"]. *Strana.ua*, 23 set. 2019. Disponível em: <https://strana.one/news/223761-parubij-odessa-2-maja-v-chem-obvinjaet-hbr-byvsheho-spikera-rady.html>. Acesso em: 30 dez. 2024.

SPEIKHER, Tatyana. Dmitry Yarosh: Ya veryu v parad pobedy Ukrainy v Moskve [Dmitry Yarosh: I Believe in the Victory Parade of Ukraine in Moscow]. *Apostrophe*, 30 set. 2016. Disponível em: <https://www.fin.org.ua/news/1211929>. Acesso em: 2 jan. 2025.

SPETSPREDSTAVITEL PREZIDENTA Rossii [Special Representative of the President of Russia]. *Ukraina.ru*, 8 ago. 2018. Disponível em: <https://ukraina.ru/news/20180808/1020774436.html>. Acesso em: 30 dez. 2024.

SPIKER RADY schitaet zhitelei Donbassa okkupantami [Rada Speaker Considers Donbass Residents to Be Occupiers]. *Ukraina.ru*, 2 jun. 2016. Disponível em: <https://ukraina.ru/news/20160602/1016520748.html>. Acesso em: 30 dez. 2024.

STANOVLENIE KAZATSKO-Getmanskogo Gosudarstva [The Formation of the Cossack-Hetman State]. *Onlain Biblioteka*, [s.d.]. Disponível em: <http://politics.ellib.org.ua/pages-1837.html>. Acesso em: 30 dez. 2024.

STATISTIC TIMES. List of Countries by GDP Sector Composition 2017. *Statistics Times*, 2017. Disponível em: <https://statisticstimes.com/economy/countries-by-gdp-sector-composition.php>. Acesso em: 19 dez. 2021.

STATSENKO, Aleksei. "Yevreyskiy lager' Lemberg". Kak natsisty unichtozhali yevreyev L'vova ["Jewish Camp Lemberg". How the Nazis Exterminated the Jews of Lvov]. *Ukraina.ru*, 8 nov. 2020. Disponível em: <https://ukraina.ru/history/20201108/1029539982.html>. Acesso em: 16 dez. 2020.

STECKLOW, Steve; AKYMENKO, Oleksandr. Reuters Special Report: Flaws Found in Ukraine's Probe of Maidan Massacre. *New Cold War*, 12 out. 2014. Disponível em: <https://newcoldwar.org/reuters-special-report-flaws-found-in-ukraines-probe-of-maidan-massacre/. Acesso em: 2 jan. 2025.

STEINER, George. "Tragedy" Reconsidered. In: FELSKI, Rita (org.). *Rethinking Tragedy.* Baltimore: Johns Hopkins University Press, 2008.

STEPUSHOVA, Lyubov. Lider Rusinov: Ukrainsky yazyk segodnya – krest inoyazychnykh [Leader of the Rusyns: Ukrainian Language Today Is a Cross of Foreign Speakers]. *Pravda*, 23 jul. 2019. Disponível em: <https://www.pravda.ru/world/1422193-tjasko/>. Acesso em: 23 dez. 2024.

STERN, David. Svoboda: The Rise of Ukraine's Ultra-Nationalists. *BBC*, 26 dez. 2012. Disponível em: <https://www.bbc.com/news/magazine-20824693>. Acesso em: 19 dez. 2024.

STOROZHENKO, Nikolai. Ukraine prishlos prinyat srochnuyu pomoshch Rossii [Ukraine Was Forced to Accept Urgent Aid from Russia]. *Vzglyad*, 16 fev. 2021. Disponível em: <https://vz-ru.turbopages.org/vz.ru/s/world/2021/2/16/1085348.html>. Acesso em: 27 dez. 2024.

STOROZHENKO, Nikolai. Rossiya zabiraet russkikh s Ukrainy [Russia Is Taking Russians from Ukraine]. *Vzglyad*, 21 jan. 2020. Disponível em: <https://vz.ru/world/2020/1/21/1019232.html>. Acesso em: 27 dez. 2024.

STOYAKIN, Vasily. "Formula Zelenskogo" ot "diplomata s Maidana" Bogdana Yaromenko ["Zelensky Formula" from "Maidan Diplomat" Bohdan Yaremenko]. *Ukraina.ru*, 24 set. 2019. Disponível em: <https://ukraina.ru/20190924/1025089754.html>. Acesso em: 3 jan. 2025.

______. Yubilei Rukha [The Anniversary of Rukh]. *Ukraina.ru*, 8 set. 2019. Disponível em: <https://ukraina.ru/history/20190908/1024904935.html>. Acesso em: 13 mar. 2025.

______. Krestnyi khod pobeditelei [The Procession of the Victors]. *Ukraina.ru*, 29 jul. 2019. Disponível em: <https://ukraina.ru/exclusive/20190729/1024439106.html>. Acesso em: 3 jan. 2025.

______. ATO: pyataya godovshchina [ATO: Fifth Anniversary]. *Ukraina.ru*, 13 abr. 2019. Disponível em: <https://ukraina.ru/exclusive/20190413/1023300658.html>. Acesso em: 3 jan. 2025.

STRUS, Galina. Kremin rasskazal o puti k gospodstvu ukrainskogo yazyka [Kremin Spoke about the Path to the Dominance of the Ukrainian Language as the State Language]. *Politeka.net*, 14 jul. 2021. Disponível em: <https://politeka.net/uk/society/336257-kremin-rasskazal-o-puti-k-gospodstvu-ukrainskogo-yazyka-kak-gosudarstvennogo-eto-put-v-pustyne-eto-put-moiseya>. Acesso em: 21 dez. 2024.

STSIBORSKYI, Mykola. Natsiokratiya [Natiocracy]. *Ukrainske zhyttya v Sevastopoli*. Disponível em: <http://ukrlife.org/main/evshan/natiocracy.htm>. Acesso em: 27 dez. 2021.

STUCHLIK, Stephen; SVIRIDENKO, Olga; JAHN, Philipp. The Shootings in Kiev: Who Was Responsible for the Bloodbath on the Maidan? *Monitor*, 10 abr. 2014. Disponível em: <https://www.wikispooks.com/w/images/5/52/Maidan_snipers.pdf>. Acesso em: 2 jan. 2025.

STUDENNIKOVA, Galina. Igry Patriotov [Patriot Games]. *Strana.ua*, 15 mar. 2017. Disponível em: <https://strana.one/articles/analysis/60635-igry-patriotov.html>. Acesso em: 21 dez. 2024.

STULEN, Ekaterina. "Pravyi sektor" ukhodit s oruzhiem v regiony [The "Right Sector" Heads for the Regions with Weapons]. *Vesti*, 4 abr. 2014. Disponível em: <https://vesti.ua/strana/45844-pravyj-sektoruhodit-s-oruzhiem-v-regiony>.

SUBTELNY, Orest. *Ukraine*: A History. Toronto: University of Toronto Press, 2000.

SUKHA, Nadiya. Partiya yakoho myru? [What Kind of Peace Party?]. *Vybory*, 9 nov. 2018. Disponível em: <https://vybory.pravda.com.ua/articles/2018/11/9/7149780/>. Acesso em: 26 dez. 2024.

SUKOV, Alexander. Nevidimye dengi [Invisible Money: Why Did Ukrainians not Feel €15 Billion in Aid from the EU]. *MinProm*, 27 set. 2019. Disponível em: <https://minprom.ua/opinion/256237.html>. Acesso em: 16 dez. 2024.

SURVEY CLAIMS Most Crimean Tatars Satisfied with Living in Russia. *Tass*, 1º mar. 2017. Disponível em: <https://tass.com/society/933346>. Acesso em: 2 jan. 2025.

SUSPILNO-politychni nastroi naselennya (23-25 lypnia 2021) – Ukraina – Doslidzhennya – Sotsiolohichna hrupa Reitynh [Socio-Political Sentiments of the Population

(July 23-25, 2021) – Ukraine – Research – Sociological Group Rating]. *Rating*, 27 jul. 2021. Disponível em: <https://ratinggroup.ua/research/ukraine/obschestvenno-politicheskie_nastroeniya_naseleniya_23-25_iyulya_2021.html>. Acesso em: 6 jan. 2025.

SVOBODA (partiya, Ukraina) [Svoboda (Party, Ukraine)]. *Wikipedia*, 30 out. 2021. Disponível em: <https://en.wikipedia.org/wiki/Svoboda_(political_party)>. Acesso em: 2 jan. 2025.

SYEZD DEPUTATOV v Kharkove [Congress of Deputies in Kharkov]. *Newsru.com*, 22 fev. 2014. Disponível em: <https://www.newsru.com/world/22feb2014/ukreast.html>. Acesso em: 2 jan. 2025.

SYROID DOPUSKAET prichastnost predstavitelei segodnyashnei vlasti k sobytiyam, proiskhodivshim na Evromaidane [Syroid Admits the Involvement of Representatives of the Current Government in the Events that Took Place on the Euromaidan]. *112ua.tv*, 18 fev. 2017. Disponível em: <https://112ua.tv/video/syroid-dopuskaet-prichastnost-predstaviteley-segodnyashney-vlasti-k-sobytiyam-proishodivshim-na-evromaydane-227708.html>.

"TAKAYA VOT 'platforma' natsionalnogo primireniya" ["This Is the 'Platform' of National Reconciliation – with Jostling and Insults."]. *Gordon.ua*, 12 mar. 2020. Disponível em: <https://gordonua.com/news/politics/takaya-vot-platforma-nacionalnogo-primireniya-s-tolkotney-i-oskorbleniyami-socseti-obsuzhdayut-konflikt-sivoho-s-nacionalistami-1490832.html>. Acesso em: 2 jan. 2025.

TALOVA, Olga. Viktor Tenyukh: "Vmesto togo, chtoby strelyat po zakhvatchikam, 10 tysyach krymskikh voennykh srazu pereshli na storonu vrag" [Viktor Tenyukh: "Instead of Shooting at the Invaders, 10 Thousand Crimean Soldiers Immediately Went over to the Enemy's Side"]. *Antifashist*, 8 fev. 2018. Disponível em: <https://antifashist.com/item/viktor-tenyuh-vmesto-togo-chtoby-strelyat-po-zahvatchikam-10-tysyach-krymskih-voennyh-srazu-pereshli-na-storonu-vraga.html>. Acesso em: 27 dez. 2024.

TATAROV OTREAGIROVAL na aktsiyu pod OP isnovazayavil pro "vneshnee upravlenie" [Tatarov Responded to the Protest near the President's Office and again Spoke about "External Management"]. *Ukrainska pravda*, 5 dez. 2020. Disponível em: <https://www.pravda.com.ua/rus/news/2020/12/5/7275975/>. Acesso em: 2 jan. 2025.

TAYLOR, Charles. Why Democracy Needs Patriotism. In: NUSSBAUM, Martha C. et al. *For Love of Country*: Debating the Limits of Patriotism. Org. Joshua Cohen. Boston: Beacon Press, 1996.

TEREKHOV-KRUGLY, Aleksandr. Sivokho: O primirenii na Donbasse i o budushchem KVN v Ukraine [Sivokho: About Reconciliation in Donbass and the Future of KVN in Ukraine]. *Ukraina.ru*, 27 maio 2020. Disponível em: <https://ukraina.ru/interview/20200527/1027816725.html>. Acesso em: 16 dez. 2024.

TESLENKO, Dmitry. Kak Avstriya iz rusinov Galitsii sozdala ukraintsev [How Austria Created Ukrainians from Galician Ruthenians]. *Alternatio*, 14 abr. 2018. Disponível em: <https://alternatio.org/articles/articles/item/58249-kak-avstriya-iz-rusinov-galitsii-sozdala-ukraintsev>. Acesso em: 3 jan. 2025.

TESLYA, Andrei A. Federalizm M. P. Dragomanova [Federalism M. P. Drahomanov]. *Filosofiya. Zhurnal Vysshei Shkoly Ekonomiki*, v.1, n.1, p. 72-90, 31 mar. 2017. Disponível em: <https://philosophy.hse.ru/article/view/4424>. Acesso em: 16 dez. 2024.

THE DEUTSCHE Presse-Agentur. In: MINORITY AT RISK PROJECT. Chronology for Crimean Russians in Ukraine. *Refworld*, 2004. Disponível em: <https://webarchive.archive.unhcr.org/20230521204858/https://www.refworld.org/docid/469f38ec2.html>. Acesso em: 21 dez. 2021.

THE GEOGRAPHICAL (and Historical?) Divisions Underlying Ukraine's Political Strife. *Observationalism*, 27 jan. 2014. Disponível em: <https://observationalism.com/2014/01/27/the-geographical-and-historical-divisions-underlying-ukraines-political-strife>. Acesso em: 2 jan. 2025.

THORPE, Nick. Coronavirus: Hungary First in EU to Approve Russian Vaccine. *BBC News*, 21 jan. 2021. Disponível em: <https://www.bbc.com/news/world-europe-55747623>. Acesso em: 26 dez. 2024.

TICKLE, Jonny. 33 Russian "Mercenaries" Targeted by Ukrainian Sting Operation. *RT International*, 18 nov. 2021. Disponível em: <https://www.rt.com/russia/540605-russians-detained-belarus-ukrainian-operation/>. Acesso em: 22 dez. 2024.

TIKHY, Fyodor. Pyat faktov, kotorye nuzhno znat ob Ukraine [Five Facts You Need to Know about Ukraine]. *Ukraina.ru*, 20 mar. 2021. Disponível em: <https://ukraina.ru/exclusive/20210320/1030883980.html>. Acesso em: 27 dez. 2024.

______. Tainye operatsii i rost dolgov [Covert Operations and Growing Debts]. *Ukraina.ru*, 24 mar. 2021. Disponível em: <https://ukraina.ru/exclusive/20210324/1030920138.html>. Acesso em: 30 dez. 2024.

______. 15 let s rynochnoi ekonomikoi [15 Years with a Market Economy]. *Ukraina.ru*, 14 fev. 2021. Disponível em: <https://ukraina.ru/20210214/1030533644.html>. Acesso em: 21 dez. 2024.

______. Kak Rossiya spasla Ukrainu ot kontsa sveta [How Russia Saved Ukraine from the End of the World]. *Ukraina.ru*, 10 fev. 2021. Disponível em: <https://ukraina.ru/exclusive/20210210/1030508682.html>. Acesso em: 21 dez. 2024.

______. MVF podschital [The IMF Has Calculated]. *Ukraina.ru*, 22 out. 2020. Disponível em: <https://ukraina.ru/exclusive/20201022/1029362166.html>. Acesso em: 21 dez. 2021.

______. Pyatiletka Poroshenko [Poroshenko's Five-Year Plan]. *Zarya Novorossii*, 31 mar. 2019. Disponível em: <https://ukraina.ru/20190331/1023139328.html>. Acesso em: 21 dez. 2024.

TKACHUK, Oleg. Ukraina ne uspela zakazat vaktsiny ot koronavirusa [Ukraine Failed to Order a Vaccine Against Coronavirus on Time]. *Vesti*, 4 jan. 2021. Disponível em: <https://vesti.ua/strana/zakupki-vaktsiny-provaleny-kogda-mozhno-budet-privitsya-ot-koronavirusa>.

______. Kak vystupili na vyborakh natsionalisty [How the Nationalists Fared in the Elections]. *Vesti*, 12 nov. 2020. Disponível em: <https://vesti.ua/strana/na-pravom-flange-pochemu-natsionalisty-imeyut-shansy-v-ukrainskoj-politike>.

TOAL, Gerard; O'LOUGHLIN, John. The Crimean Conundrum. *Open Democracy*, 3 mar. 2015. Disponível em: <https://www.opendemocracy.net/en/odr/crimean-conundrum/>. Acesso em: 22 dez. 2024.

TOAL, Gerard; O'LOUGHLIN, John.; BAKKE, Kristin M. Six Years and $20 Billion in Russian Investment Later, Crimeans Are Happy with Russian Annexation. *Washington Post*, 18 mar. 2020. Disponível em: <https://www.washingtonpost.com/politics/2020/03/18/six-years-20-billion-russian-investment-later-crimeans-are-happy-with-russian-annexation/>. Acesso em: 22 dez. 2024.

TOKAREV, Alexey. Electoral History of the Post-Soviet Crimea: From the Ukrainian SSR to Russia. *Vestnik Mgimo-Universiteta*, n.5(44), p.32-41, out. 2015. Disponível em: <https://doaj.org/article/1bb88484b2e94d82937f56d642010edf>. Acesso em: 16 dez. 2024.

______. Institutsionalizatsiya Ukrainskogo Natsionalizma [The Institutionalization of Ukrainian Nationalism]. 2014. Disponível em: <https://yaznanie.ru/a/hIbs29ha>.

TOVT, Anastasiya. Indiiskaya vaktsina CoviShield kotoroi privivayut ukraintsev, byla zergistrirovana bez sertifikatsii [Indian Coronavirus Vaccine Receives UK Certificate after Being Sento to Ukraine]. *Strana.ua*, 5 mar. 2021. Disponível em: <https://strana.news/news/321200-zakuplennaja-ukrainoj-indijskaja-vaktsina-proizvedena-na-nesertifitsirovannoj-ploshchadke.html>. Acesso em: 16 dez. 2024.

______. Godovshchina kvot na radio [Anniversary of Radio Quotas]. *Strana.ua*, 28 nov. 2017. Disponível em: <https://strana.one/articles/analysis/107008-sem-hlavnykh-posledstvij-kvot-na-radio-spustja-hod.html>. Acesso em: 16 dez. 2024.

______. Nichego ne znayu pro genetiku [I Don't Know Anything About Genetics]. *Strana.ua*, 23 nov. 2016. Disponível em: <https://strana.one/articles/special/41886--nichego-ne-znayu-pro-genetiku-ya-politeh-zakanchival.html>. Acesso em: 23 dez. 2024.

"TREBA SHUKATY spilnu ideolohiyu" ["We Need to Look for a Common Ideology"]. *Volynski novyny*, 14 dez. 2020. Disponível em: <https://www.volynnews.com/news/all/treba-shukaty-spilnu-ideolohiiu-vladyka-mykhayil-pro-filareta-tomos-ta-moskovskyy-patriarkhat/>. Acesso em: 2 jan. 2025.

TREMYA SAMYMI pribylnymi poezdami "Ukrzaliznytsi" okazalis napravleniya v Moskvu [The Three Most Profitable Trains of "Ukrzaliznytsia" Were the Ones to Moscow]. *Strana.ua*, 21 fev. 2020. Disponível em: <https://strana.one/news/251087-poezd-kiev-moskva-stal-samym-pribylnym-v-2019-hodu-ukrzaliznytsi.html>. Acesso em: 2 jan. 2025.

TROYAN POHODYVSYA staty pershym zastupnykom Dekanoidze [Troyan Agreed to Become Dekanoidze's First Deputy]. *Ukrainska pravda*, 2 mar. 2016. Disponível em: <https://www.pravda.com.ua/news/2016/03/2/7100934/>. Acesso em: 2 jan. 2025.

TRUKHANOV PROSIT institut natspamyati razreshit vernut v Odessu prospekt Marshala Zhukova [Trukhanov Ask the Institute of National Memory to Allow the Return of Marshal Zhukov Avenue to Odessa]. *Timer-Odessa*, 10 jun. 2020. Disponível em: <https://web.archive.org/web/20220509020136/https:/timer-odessa.net/news/tru hanov_prosit_institut_natspamyati_razreshit_vernut_v_odessu_prospekt_marshala_jukova_669.html>. Acesso em: 2 jan. 2025.

TRUTH AND RECONCILIATION Commission of South Africa Report. 29 out. 1998. (South African Broadcasting Corporation, v.5.) Disponível em: <https://sabctrc.saha.org.za/originals/finalreport/volume5/volume5.pdf>. Acesso em: 2 jan. 2025.

TRUTH COMMISSION: Guatemala. *United States Institute of Peace*, 1º fev. 1997. Disponível em: <https://www.usip.org/publications/1997/02/truth-commission-guatemala>. Acesso em: 6 jan. 2025.

TSUKANOVA, Arina. Medzhlisovskaya krymsko-tatarskaya avtonomiya [Mejlis Crimean Tatar Autonomy]. *NK*, 16 jul. 2021. Disponível em: <https://nk.org.ua/politika/medjlisovskaya-kryimsko-tatarskaya-avtonomiya-ugroza-i-kryimu-i-ukraine-i-evrope-00315417>.

TSYKUNOV, Grigory. Historical and Legal Bases of Crimea's Inclusion in the Russian Federation. *Izvestiya Irkutskoi Gosudarstvennoi Ekonomicheskoi Akademii*, v.25, n.3, p.550-5, 2015.

TUKA: V KIEVE 75% lyudei s vatoi v golove [Tuka: In Kyiv, 75% of People Have Cotton Wool in their Heads]. *Ukraina.ru*, 7 out. 2015. Disponível em: <https://ukraina.ru/news/20151007/1014481939.html>. Acesso em: 2 jan. 2025.

TURCHINOV OPROVERG opisannye separatistami chudesa yavki na "referendum" [Turchynov Denies Separatists' Miracles of Turnout for "Referendum"]. *Ukrainskya pravda*, 12 maio 2014. Disponível em: <http://www.pravda.com.ua/rus/news/2014/05/12/7025064/>. Acesso em: 2 jan. 2025.

TURCHINOV PODPISAL "amnistiyu" aktivistam Maidana [Turchynov Signs "Amnesty" for Maidan Activists]. *Glavred.info*, 26 fev. 2014. Disponível em: <https://glavred.info/politics/272287-turchinov-podpisal-amnistiyu-aktivistam-maydana.html>. Acesso em: 2 jan. 2025.

TURCHINOV SOOBSHCHIL o gotovnosti Kieva k blitskrigu protiv DNR i LNR [Turchynov Announced Kiev's Readiness for a Blitzkrieg against the DPR and LPR]. *Ukraina.ru*, 16 dez. 2016. Disponível em: <https://ukraina.ru/news/20161216/1018022399.html>. Acesso em: 2 jan. 2025.

TURCHINOV ZAYAVIL, chto tolko 29,6% soldat i ofitserov VSU i 0,8% sotrudnikov MVD ne predali Ukrainu vo vremya okkupatsii Kryma [Turchynov Stated that only 29,6% of Soldiers and Officers of the Armed Forces of Ukraine and 0,8% of Employees of the Ministry of Internal Affairs Did Not Betray Ukraine during the Occupation of Crimea]. *Gordon.ua*, 27 fev. 2017. Disponível em: <https://gordonua.com/news/crimea/turchinov-zayavil-chto-tolko-296-soldat-i-oficerov-vsu-i-08-sotrudnikov-mvd-nepredali-ukrainu-vo-vremya-okkupacii-kryma-175897.html>. Acesso em: 2 jan. 2025.

TURENKO, Katerina. Bolshinstvo ukraintsev ne vidyat izmenenii v svyazi s prinyatiem zakona o gosyazyke [Most Ukrainians Do Not See Any Changes in Connection with the Adoption of the Law on State Language]. *Vesti*, 29 jul. 2020. Disponível em: <https://vesti.ua/strana/bez-izmenenij-ukraintsy-vynesli-verdikt-zakonu-o-gosyazyke>.

TWINING, Daniel. What Ukrainians Think about the War with Russia. *Wall Street Journal*, 6 maio 2022. Disponível em: <https://www.wsj.com/articles/what-ukrainians-think-about-the-war-russia-putin-invasion-zelensky-victory-results-approval-rating-11651868038>. Acesso em: 19 dez. 2024.

TYAGNIBOK: LYUDEY na Donbasse nuzhno zastavit "vyt" [Tyagnibok: People in Donbass Need To Be Forced to "howl"]. *Dnr24.su*, 15 out. 2019. Disponível em: <https://perma.cc/MGU2-LXFX>. Acesso em: 2 jan. 2025.

TYMCHENKO, Roman. Use pro respubliku zakhidnykh ukraintsiv [ZUNR: Everything about the Republic of Western Ukrainians]. *Istorychna pravda*, 13 nov. 2018. Disponível em: <https://www.istpravda.com.ua/articles/2018/11/13/153262/>. Acesso em: 4 nov. 2021.

TYMOSHENKO, Denis. "Bez vtruchannya, bez viyny, bez anneksiy Krymu Rosieyu nichoho b ne bulo" ["Without Intervention, without War, without Russia's Annexations of Crimea, nothing Would Have Happened" – Professor Hiroaki Kuromiya]. *Radio Liberty (Crimean Realities)*, 3 set. 2019. Disponível em: <https://ua.krymr.com/a/khiroaki-kuromia-donbas-ukrainskyi-natsionalizm/30144401.html>. Acesso em: 19 dez. 2024.

TYSHCHENKO, Kateryna. Lyshe chvert zakarpattsiv khochut zhyty v unitarnii tsentralizovanii Ukraini [Only a Quarter of Transcarpathians Want to Live in a Unitary Centralized Ukraine]. *Ukrainska pravda*, 8 jun. 2019. Disponível em: <https://www.pravda.com.ua/news/2019/06/8/7217536/>. Acesso em: 21 dez. 2024.

TYURDO, Yurii. Ukraina Nesoborna [Disunited Ukraine]. *Zaxid.net*, 24 mar. 2008. Disponível em: <https://zaxid.net/ukrayina_nesoborna_vikliki_syevyerodonetska_n1051027>.

U RIVNOMU shturmuyut bazu "Berkutu" ["Berkut's" Base Stormed in Rivne]. *Ukrainska pravda*, 18 fev. 2014. Disponível em: <http://www.pravda.com.ua/news/2014/02/18/7014576/>. Acesso em: 16 dez. 2024.

U SBU zayavyly pro kradizhku trokh kulemetiv, 268-my pistoletiv i 15-ty tysyach patroniv [The SBU Announced the Theft of Three Machine Guns, 268 Pistols and 15 Thousand Cartridges]. *TSN.ua*, 19 fev. 2014. Disponível em: <https://tsn.ua/politika/u-sbu-zayavili-pro-kradizhku-troh-kulemetiv-268-mi-pistoletiv-i-15-ti-tisyach-patroniv-335355.html>. Acesso em: 16 dez. 2024.

U. S. EMBASSY KYIV UKRAINE. CDA Kvien Hosted a Constructive and Collegial Dinner with Minister Stepanov. *Facebook*, 16 out. 2020. Disponível em: <https://www.facebook.com/usdos.ukraine/posts/10158431128031936>. Acesso em: 2 jan. 2025.

U. S. ENVOY URGES Ukraine to Become Agricultural "Superpower". *Radio Free Europe/Radio Liberty*, 25 fev. 2016. Disponível em: <https://www.rferl.org/a/us-envoy-urges-ukraine-become-agricultural-superpower-cargill-/27572568.html>. Acesso em: 2 jan. 2025.

UBERTI, Luca J. Crimea and Kosovo – The Delusions of Western Military Interventionism. *Open Democracy*, 24 mar. 2014. Disponível em: <https://www.opendemocracy.net/en/odr/crimea-and-kosovo-delusions-of-western-military-interventionism-nato-putin-annexation-legal/>. Acesso em: 21 dez. 2024.

UCHASTNIKI BLOKADY Kryma snyali vse blokposty [Participants in the Crimea Blockade Have Removed All Checkpoints]. *Korrespondent*, 16 jan. 2016. Disponível em: <https://korrespondent.net/ukraine/3616084-uchastnyky-blokady-kryma-snialy-vse-blokposty>. Acesso em: 2 jan. 2025.

UCRANIA PIDE AYUDA a la UE para no tener que recurrir a la vacuna rusa. [Ukraine Asks EU for Help to Avoid Having to Resort to Russian Vaccine]. *La Vanguardia*, 13 jan. 2021. Disponível em: <https://www.lavanguardia.com/internacional/20210113/6181653/ucrania-pide-ayuda-ue-recurrir-vacuna-rusa.html>. Acesso em: 2 jan. 2025.

UCRÂNIA. Deklaratsiya Pro derzhavnyi suverenitet Ukrainy [Declaration on the State Sovereignty of Ukraine]. *Bulletin of the Supreme Soviet of the Ukrainian SSR*, n.31, p.429, 1990. Disponível em: <https://zakon.rada.gov.ua/laws/show/55-12#Text>. Acesso em: 19 dez. 2024.

______. Den Sobornosti [Unity Day]. *Ukrainian Nuclear Society*, 22 jan. 2024. Disponível em: <https://ukrns.org/en/activity/2024-en/ukrainian-unity-day>. Acesso em: 19 dez. 2024.

UK LOCAL ELECTIONS. 2006. Disponível em: <https://commons.wikimedia.org/wiki/Category:2006_UK_local_elections>. Acesso em: 16 dez. 2024.

UKRAINA I ROSSIYA [Ukraine and Russia]. *Tass*, [s.d.]. Disponível em: <https://tass.ru/ukraina/predystoriya>. Acesso em: 2 jan. 2025.

UKRAINA OTKAZALAS vypolnyat trebovanie MVF [Ukraine Refused to Comply with IMF Demand]. *Ukraina.ru*, 7 abr. 2017. Disponível em: <https://ukraina.ru/news/20170407/1018504689.html>. Acesso em: 2 jan. 2025.

UKRAINA OTKLYUCHILA LNR ot vodosnabzheniya [Ukraine Has Effectively Cut Off Water Supply to the LPR]. *Rambler*, 4 jan. 2016. Disponível em: <https://news.rambler.ru/cis/32401666-ukraina-fakticheski-perekryla-podachu-vody-v-lnr/>. Acesso em: 2 jan. 2025.

UKRAINA POKAZHET, gde ukrainskaya zemlya [Ukraine Will Determine where Ukrainian Land Is]. *Republic.com.ua*, 11 mar. 2018. Disponível em: <https://republic.com.ua/article/ukraina-pokazhet-gde-ukrainskaya-zemlya-yarosh-rasskazal-chto-budet-posle-osvobozhdeniya-donbassa-ikryima.html>.

UKRAINA POLNOSTYU prekrashchaet torgovye otnosheniya s Krymom [Ukraine Completely Terminates Trade Relations with Crimea]. *Ukraina.ru*, 6 dez. 2015. Disponível em: <https://ukraina.ru/news/20151206/1015013780.html>. Acesso em: 2 jan. 2025.

UKRAINA POLNOSTYU prekratila postavki elektrichestva v Donbass [Ukraine Has Completely Cut Off Electricity Supplies to Donbass]. *RIA Novosti*, 26 jul. 2017. Disponível em: <https://ria.ru/20170726/1499191508.html>. Acesso em: 2 jan. 2025.

UKRAINA POTERYALA bolee 25% otechestvennykh bankov [Ukraine Has Lost More than 25% of Domestic Banks]. *Novosti bankov Rossii*, 26 set. 2015. Disponível em: <https://piv-bank.ru/novostibankov/11033-ukraina-poteryala-bolee-25-otechest vennyh-bankov-novosti-bankov.html>. Acesso em: 2 jan. 2025.

UKRAINA: STARYE GRANITSY, novaya strana [Ukraine: Old Borders, New Country]. *Topinform*, 17 jun. 2017. (em 02:16:32.) Disponível em: <https://www.youtube.com/watch?v=lohHxTMnJo0>.

UKRAINE "STILL Wants to Sign EU Deal". *Al Jazeera*, 29 nov. 2013. Disponível em: <https://www.aljazeera.com/news/2013/11/29/ukraine-still-wants-to-sign-eu-deal>. Acesso em: 2 jan. 2025.

UKRAINE AND RUSSIA Signed 5 Year Long Package Deal on Gas Transit through Ukraine. *South Front*, 31 dez. 2019. Disponível em: <https://t.ly/3VsH>. Acesso em: 2 jan. 2025.

UKRAINE CRISIS: Crimea Leader Appeals to Putin for Help. *BBC News*, 1º mar. 2014. Disponível em: <https://www.bbc.com/news/world-europe-26397323>. Acesso em: 2 jan. 2025.

UKRAINE CUT ITS Coal Import Bill Last Year by 40% Year-on-Year to $1.7 Billion. *UBN*, 22 jan. 2021. Disponível em: <https://ubn.news/ukraine-cut-its-coal-import-bill-last-year-by-40-yoy-to-1-7-billion/>. Acesso em: 2 jan. 2025.

UKRAINE ELECTIONS MAP. 2010. Disponível em: <https://commons.wikimedia.org/wiki/File:Ukraine_ElectionsMap_2010-2_Yanukovich.svg>. Acesso em: 16 dez. 2024.

UKRAINE ELECTIONS MAP. Disponível em: <https://commons.wikimedia.org/wiki/File:Ukraine_ElectionsMap_Nov2004.png>. Acesso em: 16 dez. 2024.

UKRAINE NATIONALISTS Attempt Storm on Kiev Supreme Court. *RT International*, 7 abr. 2014. Disponível em: <https://www.rt.com/news/right-sector-supreme-court-825/>. Acesso em: 2 jan. 2025.

UKRAINE PRESIDENTIAL ELECTION. 1994. Disponível em: <https://en.wikipedia.org/wiki/1994_Ukrainian_presidential_election>. Acesso em: 16 dez. 2024.

UKRAINE SAYS RUSSIAN Troops in Crimea Have Doubled to 30,000. *Independent*, 7 mar. 2014. Disponível em: <https://www.independent.ie/world-news/ukraine-says-russian-troops-in-crimea-have-doubled-to-30000/30071613.html>. Acesso em: 2 jan. 2025.

UKRAINE STELLT HANDEL mit der Krim ein [Ukraine Stops Trade with Crimea]. *Zeit*, 16 dez. 2015. Disponível em: <https://www.zeit.de/politik/ausland/2015-12/ukraine-russland-krim-tataren-handel>. Acesso em: 2 jan. 2025.

UKRAINE WON'T BUY Russian Coronavirus Vaccine. *UkrInform*, 15 out. 2020. Disponível em: <https://perma.cc/GSQ6-BGLL>. Acesso em: 2 jan. 2025.

UKRAINE. Pro dostup do publichnoi informatsii [About Access to Public Information]. *Ofitsiinyi vebportal parlamentu Ukrainy*. Disponível em: <https://zakon.rada.gov.ua/go/2939-17>. Acesso em: 30 nov. 2021.

______. Pro memorandum porozuminnya i myru [About the Memorandum of Understanding and Peace]. *Ofitsiinyi vebportal parlamentu Ukraïny*, 20 maio 2014. Disponível em: <https://zakon.rada.gov.ua/go/1280-18>. Acesso em: 29 dez. 2024.

______. Pro osoblyvosti derzhavnoy polityky iz zabezpechennya derzhavnoho suverenitetu Ukrainy na tymchasovo okupovanykh terytoriyakh u Donetskii ta Luganskii oblastyakh [On the Specifics of State Policy to Ensure the State Sovereignty of Ukraine in the Temporarily Occupied Territories in the Donetsk and Lugansk Regions]. *Golos Ukrainy*, 23 fev. 2018. Disponível em: <http://www.golos.com.ua/article/300158>. Acesso em: 29 dez. 2024.

______. Pro vnesennya zmin do deyakykh zakoniv Ukrainy shchodo vyznachennya daty pochatku tymchasovoi okupatsii [On Amendments to Certain Laws of Ukraine Regarding the Determination of the Date of Commencement of Temporary Occupation]. *Ofitsiinyi vebportal parlamentu Ukrainy*, 15 set. 2015. Disponível em: <https://zakon.rada.gov.ua/go/685-19>. Acesso em: 29 dez. 2024.

______. Pro zabezpechennya funktsionuvannya ukrainskoy movy yak derzhavnoy stattya 30. Derzhavna mova u sferi obsluhovuvannya spozhyvachiv [On Ensuring the Functioning of the Ukrainian Language as the State Language in Accordance with Article 30. The State Language in the Field of Customer Service]. *Ligazakon*, Law n.2704-VIII, 25 abr. 2019 (modificado). Disponível em: <https://ips.ligazakon.net/document/T192704>. Acesso em: 29 dez. 2024.

UKRAINE. Pro zasady derzhanvoi polityky perekhidnoho period [On the Principles of State Policy in the Transition Period]. Ministry for Question of Reintegration of Temporarily Occupied Territories of Ukraine. *Ligazakon*, jun. 2021. Disponível em: <https://ips.ligazakon.net/document/JI05837A?an=148>. Acesso em: 29 dez. 2024.

______. Proekt zakonu pro stvorennyaneobkhidnykh umov dlya mirnogo vregulyuvannya situatsii v okremykh raionakh Donetskoi ta Luganskoi oblastei [Draft Law on the Creation of the Conditions Necessary for the Peaceful Resolution of the Situation in Certain Areas of the Donetsk and Lugansk Regions]. *Zakon Rada*, 6 out. 2017. Disponível em: <https://zakon.rada.gov.ua/laws/show/2167-19#Text>. Acesso em: 29 dez. 2024.

______. Pryinyato postanovu "pro utvorennya ta likvidatsiyu raioniv" [Resolution "On the Formation and Liquidation of Districts"]. *Verkhovna Rada Ukrainy*, 17 jul. 2020. Disponível em: <https://www.rada.gov.ua/news/Novyny/196122.html>. Acesso em: 29 dez. 2024.

______. Stenohrama zasidannya Rady natsionalnoi bezpeky i oborony pid holovuvannyam v.o. Prezydenta Ukrainy, Holovy Verkhovnoi Rady Ukrainy O. V. Turchynova [Transcript Meeting of the National Security and Defense Council, under the Chairmanship of Acting President of Ukraine, Chairman of the Supreme Rada of Ukraine, O. V. Turchynova]. 28 fev. 2014. Disponível em: <https://www.rnbo.gov.ua/files/2016/stenogr.pdf>. Acesso em: 2 jan. 2025.

UKRAINE: AUTHORITIES Must Commit to a Thorough Investigation after 13 People Released from Secret Detention. *Amnesty International*, 29 ago. 2016. Disponível em: <https://perma.cc/7HHY-X2HM>. Acesso em: 2 jan. 2025.

UKRAINE'S MAIDAN CURSE. *Russia Insider*, 16 mar. 2015. Disponível em: <https://russia-insider.com/en/node/4516>.

UKRAINE'S NEO-NAZI Leader Becomes Top Military Adviser. *RT International*, 6 abr. 2015. Disponível em: <https://www.rt.com/news/247001-ukraine-army-adviser-yarosh/>. Acesso em: 2 jan. 2025.

UKRAINE'S RIGHT Sector Radical Group, Eyes Power after Ukraine Protest. *Epoch Times*, 14 mar. 2014. Disponível em: <https://perma.cc/9WT3-WLKH?type=image>. Acesso em: 2 jan. 2025.

UKRAINIAN FAR-RIGHT MP Declares "Hunt" for Moscow-Loyal Priests after Split. *RT International*, 17 dez. 2018. Disponível em: <https://www.rt.com/news/446630-ukraine-mp-hunt-priests/>. Acesso em: 2 jan. 2025.

UKRAINIAN PRESIDENT Zelenskiy Sanctions Pro-Russia Rival Medvedchuk's TV Stations. *Intellinews*, 3 fev. 2021. Disponível em: <https://www.intellinews.com/ukrainian-president-zelenskiy-sanctions-pro-russia-rival-medvedchuk-s-tv-stations-201955/>. Acesso em: 2 jan. 2025.

UKRAINIAN PRESIDENTIAL ELECTION, ROUND 2. 2019. Disponível em: <https://pt.m.wikipedia.org/wiki/Ficheiro:2019_Ukrainian_presidential_election,_round_2.svg>. Acesso em: 16 dez. 2024.

UKRAINSKIE VLASTI ozvuchili tri stsenariya vosstanovleniya kontrolya nad Donbassom [Ukrainian Authorities Have Announced Three Scenarios for Restoring

Control over Donbass]. *Ukraina.ru*, 1º maio 2018. Disponível em: <https://ukraina.ru/news/20180501/1020290080.html>. Acesso em: 2 jan. 2025.

UKRAINSKIY MINISTR predskazyvaet banderovskiy put prezidentu Zelenskomu [Ukrainian Minister Predicts Bandera Path for President Zelensky]. *Novorosinform.org*, 10 jun. 2019. Disponível em: <https://novorosinform.org/ukrainskij-ministr-predskazyvaet-banderovskij-put-prezidentu-zelenskomu-38947.html>. Acesso em: 2 jan. 2025.

UKRAINTSY – NA 3-mu mistsi za kilkistyu posvidok na prozhyvannya v ES [Ukrainians Are in 3rd Place in the Number of Residence Permits in the EU]. *Eurointegration*, 21 jan. 2021. Disponível em: <https://www.eurointegration.com.ua/news/2021/01/21/7118811/>. Acesso em: 2 jan. 2025.

UKRANIAN PARLIAMENTARY ELECTION. 2007. Disponível em: <https://en.wikipedia.org/wiki/2007_Ukrainian_parliamentary_election>. Acesso em: 16 dez. 2024.

ULYANITSKY, Dmitry; POKATIS, Viktoriya. Novyi prezident MAU Evgenii Dykhne [New UIA President Evgeny Dykhne]. *Delo.ua*, 27 set. 2019. Disponível em: <https://delo.ua/business/novyj-prezident-mau-evgenij-dyhne-aviabiznes-358520/>. Acesso em: 19 dez. 2024.

UMLAND, Andreas. Is Tiahnybok a Patriot? How the Spread of Banderite Slogans and Symbols Undermines Ukrainian Nation-Building. *Geopolitika*, Vilnius Centre for Geopolitical Studies, 6 jan. 2014. Disponível em: <https://www.academia.edu/5693544/Is_Tiahnybok_a_Patriot_How_the_Spread_of_Banderite_Slogans_and_Symbols_Under-mines_Ukrainian_Nation_Building>. Acesso em: 16 dez. 2024.

UN EXPERT URGES Spain to Probe Alleged Atrocities during 1930's Civil War. *UN News*, 5 fev. 2014. Disponível em: <https://news.un.org/en/story/2014/02/461222>. Acesso em: 2 jan. 2025.

UNDP UKRAINE. *Kvartalnyi monitoringovyi otchet* [Quarterly Monitoring Report]. Ucrânia: UNDP Crimea, ago. 2009. Disponível em: <https://web.archive.org/web/20140502000238/http:/www.undp.crimea.ua/img/content/file/monitoring_ru_2009_10-12.pdf>. Acesso em: 23 dez. 2024.

UNITED NATIONS DEPARTMENT OF PUBLIC INFORMATION. *Untaes*, jan.1996--jan.1998. Disponível em: <https://peacekeeping.un.org/en/mission/past/untaes.htm>. Acesso em: 9 jan. 2022.

UNITED NATIONS DIGITAL LIBRAY SYSTEM. Pismo Postoyannogo predstavitelya Rossiiskoi Federatsii Organizatsii Obedinennykh Natsii ot 3 Marta 2014 goda na imya generalnogo sekretarya [Letter Dated March 3, 2014 from the Permanent Representative of the Russian Federation to the United Nations in the name of the Secretary General], 3 mar. 2014. Disponível em: <https://digitallibrary.un.org/record/766526?ln=fr&v=pdf>. Acesso em: 27 dez. 2024.

UNITED NATIONS MISSION IN SUDAN. *Unmis*, 9 jul. 2011. Disponível em: <https://unmis.unmissions.org/>. Acesso em: 9 jan. 2022.

UNITED NATIONS. OHCHR: Transitional Justice. *United Nations Office of Human Rights*, 9 nov. 2021. Disponível em: <https://www.ohchr.org/en/issues/ruleoflaw/pages/transitionaljustice.aspx>. Acesso em: 27 dez. 2024.

UNITED STATES AGENCY FOR INTERNATIONAL DEVELOPMENT (Usaid). *Ukraine Local Government Assessment.* Washington: Usaid, 2007. Disponível em: <https://democracyinternational.com/media/Ukraine%20Local%20Government%20Assessment.pdf>. Acesso em: 2 jan. 2025.

UPC (MP) PEREHOVUVALA rosiiskih diversantiv i vbivts – Parubiy [UOC (MP) Hid Russian Saboteurs and Murderers – Parubiy]. *Risu.ua*, 7 out. 2018. Disponível em: <https://risu.ua/upc-mp-perehovuvala-rosiyskih-diversantiv-i-vbivc-parubiy_n93540>. Acesso em: 2 jan. 2025.

V 2019 GODU Rossiysky pasport poluchili pochti 300 tysyach ukraintsev [In 2019, almost 300 Thousand Ukrainians Received Russian Passports]. *Strana.ua*, 24 jan. 2020. Disponível em: <https://strana.today/news/246167-v-2019-hodu-rossijskie-pasporta-poluchili-okolo-300-tys-ukraintsev-.html>. Acesso em: 2 jan. 2025.

VIROLI, Maurizio. *For Love of Country*: An Essay on Patriotism and Nationalism. Oxford: Clarendon, 1995.

V KIEVE PRIZNALI, chto Ukraina ostalas bez indiiskoi vaktsiny ot Covid-19 [Kiev Admits Ukraine Is Left without an Indian Covid-19 Vaccine]. *Novorosinform*, 26 mar. 2021. Disponível em: <https://novorosinform.org/v-kieve-priznali-chto-ukraina-ostalas-bez-indijskoj-vakciny-ot-yayayayayayayaya-10716.html>. Acesso em: 2 jan. 2025.

V KIEVE ZAYAVILI, chto bolshinstvo Ukraintsev schitaet Putina prezidentom [Kiev Says Majority of Ukrainians Consider Putin President]. *Regnum*, 1º jan. 2022. Disponível em: <https://regnum-ru.turbopages.org/regnum.ru/s/news/3467722.html>. Acesso em: 2 jan. 2025.

V KRYMU NAZVALI pervyi shag na puti k vossoedineniyu s Rossiei [Crimea Names First Step Towards Reunification with Russia]. *Ritm Eurasia*, 19 jan. 2021. Disponível em: <https://www.ritmeurasia.org/news--2021-01-19--v-krymu-nazvali-pervyj-shag-na-puti-k-vossoedineniju-s-rossiej52847>. Acesso em: 2 jan. 2025.

V KRYMU PROPADAET svyaz, nebo zakryto dlya grazhdanskikh sudov, Moskvu obvinili v anneksii [Crimea Loses Communications, Skies Closed to Civilian Ships, Moscow Accused of Annexation]. *Newsru.com*, 28 fev. 2014. Disponível em: <https://www.newsru.com/world/28feb2014/telekom.html>. Acesso em: 2 jan. 2025.

V ODESSE PRAVYI SEKTOR sorval pokaz filma posvyashchennogo tragedii 2 maya [In Odessa, the Right Sector Disrupted the Screening of a Film Dedicated to the May 2 Tragedy]. *Strana*, 23 out. 2016. Disponível em: <https://strana.today/news/37296-v-odesse-pravye-radikaly-sorvali-pokaz-filma-posveshennogo-separatistam.html>. Acesso em: 2 jan. 2025.

V PRAVITELSTVE VYSTUPILI protiv ekonomicheskoi blokady Donbassa [The Government Opposes the Economic Blockade of Donbass]. *Vybor.ua*, 30 set. 2016. Disponível em: <https://perma.cc/PKE8PSNE>. Acesso em: 2 jan. 2025.

V PROTIVOSTOYANII s Kievom Krym perekhodit ot samooborony k oborone [In the Standoff with Kiev, Crimea Is Moving from Self-Defense to Defense]. *Newsru.com*, 4 mar. 2014. Disponível em: <https://www.newsru.com/world/04mar2014/crimea_ministery_defense.html>. Acesso em: 2 jan. 2025.

V SBU SOVETUYUT "ukrainofobam" umenshit svoyu ritoriku "do nulya" [SBU Advises "Ukrainophobes" to Reduce their Rhetoric "to Zero"]. *RT na russkom*, 21 abr. 2015. Disponível em: <https://russian.rt.com/article/86874>. Acesso em: 2 jan. 2025.

V SEMI OBLASTYAKH Ukrainy razgoraetsya narodnoe vosstanie [Popular Uprising Is Flaring Up in Seven Regions of Ukraine]. *Sevatopol*, 24 jan. 2014. Disponível em: <https://sevastopol.su/news/v-semi-oblastyah-ukrainy-razgoraetsya-narodnoe-vosstanie>. Acesso em: 3 jan. 2025.

V SNBO NAZVALI usloviya dlya silovogo osvobozhdeniya Donbassa [The National Security Council Named the Conditions for the Liberation of Donbass by Force]. *RBK-Ukraina*, 20 jan. 2020. Disponível em: <https://www.rbc.ua/rus/news/snbo-nazvali-usloviya-silovogo-osvobozhdeniya-1579517895.html>. Acesso em: 3 jan. 2025.

V UKRAINE ZARABOTAL ekspertnyi sovet [An Expert Council Is Launched in Ukraine]. *Vesti*, 22 set. 2017. Disponível em: <https://vesti.ua/strana/257555-knihi-zapreshchajut-iz-za-knjazej-i-stalina>.

V UKRAINU BOLSHE vsego deneg pereveli iz Rossii v 2017 [The Largest Amount of Money Was Transferred to Ukraine from Russia in 2017]. *Capital.ua*, 23 fev. 2018. Disponível em: <https://www.capital.ua/ru/news/108678-v-ukrainu-bolshe-vsego-deneg-pereveli-iz-rossii-v-2017>. Acesso em: 3 jan. 2025.

VAN ZON, Hans; BATAKO, Andre; KRESLAVSKA, Anna. *Social and Economic Change in Eastern Ukraine*: The Example of Zaporizhzhya. Aldershot; Brookfield (Vermont): Ashgate, 1998.

VANINSKAYA, Anna. "My Mother, Drunk or Sober": G. K. Chesterton and Patriotic Anti-Imperialism. *History of European Ideas*, v.34, n.4, p.535-47, 2008. Disponível em: <https://www.tandfonline.com/doi/full/10.1016/j.histeuroideas.2008.07.001>. Acesso em: 18 dez. 2024.

VARSHALOMIDZE, Tamila. Kharkiv's Pro-Russian Protesters still Mistrustful of Kiev. *Aljazeera*, 29 mar. 2019. Disponível em: <https://www.aljazeera.com/news/2019/3/29/kharkivs-pro-russian-protesters-still-mistrustful-of-kiev>. Acesso em: 2 jan. 2025.

VASILENKO, Evgeniy. V MID ne ponimayut, pochemu Ukrainu ne priglasili na zakrytyi sammit Nato – Kuleba [The Foreign Ministry Does not Understand why Ukraine Was not Invited to the Close Nato Summit-Kuleba]. *New Voice*, 26 maio 2021. Disponível em: <https://nv.ua/world/geopolitics/ukrainav-nato-v-mid-vozmushcheny-chto-alyans-ne-priglasil-ukrainu-na-zakrytyy-sammit50162253.html>. Acesso em: 21 dez. 2024.

VASILIEV, Alexander. Nikolai Skripnik i ukranizatsiya "Odesskikh izvestii" [Nikolai Skrypnik and the Ukrainianization of "Odessa News"]. *Ukraina.ru*, 25 abr. 2020. Disponível em: <https://ukraina.ru/history/20200425/1027520304.html>. Acesso em: 27 dez. 2024.

______. 24 sentyabrya. Ukraina obyavila voinu Rossii [September 24th. Ukraine Declared War on Russia]. *Ukraina.ru*, 24 set. 2018. Disponível em: <https://ukraina.ru/20180924/1021217159.html>. Acesso em: 19 dez. 2024.

VASILIEV, Alexander. Byla li Pereyaslavskaya rada vossoedineniem Ukrainy s Rossiei [Was the Pereyaslav Rada the Reunification of Ukraine with Russia?]. *Ukraina.ru*, 21 jan. 2019. Disponível em: <https://ukraina.ru/history/20190121/1022370094.html>. Acesso em: 16 dez. 2024.

______. Den v istorii. 20 noyabrya: vo imya spaseniya Rossii provozglashena Ukrainskaya Narodnaya Respublika [Day in History. November 20: The Ukrainian People's Republic Is Proclaimed in the Name of Saving Russia]. *Ukraina.ru*, 20 nov. 2018. Disponível em: <https://ukraina.ru/history/20181120/1021803240.html>. Acesso em: 16 dez. 2024.

VASYL RASEVICH. *Zaxid.net*. Disponível em: <https://zaxid.net/blogger/vasil_rasevich_u5243/>.

VASYL SHKLYAR: Donbass ne vartiy zhyttiv naikrashchykh ukraintsiv [Vasyl Shklyar: Donbass Is Not Worth the Life of the Best Ukrainians]. *Volynski noviny*, 29 maio 2017. Disponível em: <https://www.volynnews.com/news/culture/vasyl-shkliar-donbas-ne-vartyy-zhyttiv-naykrashchykh-ukrayintsiv/>. Acesso em: 3 jan. 2025.

VEITH, Gene. Chesterton on the Virtue of Patriotism. *Cranach*, 4 jul. 2018. Disponível em: <https://www.patheos.com/blogs/geneveith/2018/07/chesterton-on-the-virtue-of-patriotism/>. Acesso em: 21 dez. 2024.

VELIKAYA I MALAYA RUS [Great and Little Rus']. *Russkaya semerka*, 28 set. 2021. Disponível em: <https://russian7.ru/post/velikaya-i-malaya-rus-kakie-zemli-tak-na/>. Acesso em: 3 jan. 2025.

VENGATTIL, Munsif; CULLIFORD, Elizabeth. Facebook Allows War Posts Urging Violence against Russian Invaders. *Reuters*, 11 mar. 2022. Disponível em: <https://www.reuters.com/world/europe/exclusive-facebook-instagram-temporarily-allow-calls-violence-against-russians-2022-03-10/>. Acesso em: 26 dez. 2024.

VERKHOVNAIYA RADA osudila reshenie polskogo seima o "genotside na Volyni" [The Verkhovna Rada Condemned the Decision of the Polish Sejm on "Genocide in Volyn"]. *Fokus*, 8 set. 2016. Disponível em: <https://focus.ua/politics/356747>. Acesso em: 3 jan. 2025.

VERKHOVNYI SOVET Kryma otpravil v otstavku pravitelstvo [The Supreme Concil of Crimea Dismissed the Government]. *Newsru.com*, 27 fev. 2014. Disponível em: <https://www.newsru.com/world/27feb2014/krimsovmin.html>. Acesso em: 3 jan. 2025.

VERNUT SILOI, pasporta – zabrat [Return by Force, Take away Passports]. *RIA Novosti Ukraina*, 17 set. 2017. Disponível em: <https://rian.com.ua/analytics/20170917/1027756703.html>.

VERSHBOW, Alexander. How to Bring Peace to the Donbas (Yes, it's Possible). *Atlantic Council*, 5 jan. 2018. Disponível em: <https://www.atlanticcouncil.org/blogs/ukrainealert/how-to-bring-peace-to-the-donbas-yes-it-s-possible/>. Acesso em: 16 dez. 2024.

VESELOV, Andrey. Kolumbiiskie uroki dlya Ukrainy [Colombian Lessons for Ukraine: Why the Rebels Cannot Be Defeated]. *RIA Novosti*, 5 mar. 2017. Disponível em: <https://ria.ru/20170305/1489269030.html>. Acesso em: 17 dez. 2024.

VIDISHENKO, Andrey. Oles Buzina byl prodolzhatelem dukhovnykh traditsii Gogolya i Bulgakova [Oles Buzina Was a Successor to the Spiritual Traditions of Gogol and Bulgakov]. *Ukraina.ru*, 16 abr. 2020. Disponível em: <https://ukraina.ru/20200416/1027429152.html>. Acesso em: 17 dez. 2024.

VIKTOR Medvedchuk v programme "Maga" na 112 Ukraina [Viktor Medvedchuk in the "Maga" Program on 112 Ukraine]. *YouTube* (em 01:27:20.) Disponível em: <https://youtu.be/nw6id84IE>.

VINOGRADOV, Zakhar; KHISAMOV, Iskander. Nikolai Azarov: Ukraina segodnya eto 50 ottenkov korichnevogo [Nikolay Azarov: Ukraine Today Is 50 Shades of Brown]. *Ukraina.ru*, 12 dez. 2016. Disponível em: <https://ukraina.ru/exclusive/20161212/1017986126.html>. Acesso em: 6 jan. 2025.

VINOKUROV, E. Yu et al. The Deadlock of the Struggle for Integration in Europe *(Analytical Report)*. *Questions of Economics*, n.8, p.4-25, 20 ago. 2014. Disponível em: <https://www.vopreco.ru/jour/article/view/676>. Acesso em: 20 dez. 2024.

VIROLI, Maurizio. *For Love of Country*: An Essay on Patriotism and Nationalism. Oxford: Clarendon Press, 1995. [Ed. esp.: *Por amor a la pátria*: un ensayo sobre las diferencias entre patriotismo y nacionalismo. Madri: Deusto, 2019.]

VISHNEVSKY, Dina. Sergey Sivokho: "Stranu nuzhno spasat!" [Sergey Sivokho: "The Country Needs to Be Saved!"]. *KP v Ukraine*, 24 fev. 2020. Disponível em: <https://kp.ua/politics/660562-serhei-syvokho-stranu-nuzhno-spasat>. Acesso em: 19 dez. 2024.

VITYAZEVA, Yulia. Vina russkikh Ukrainy [Wines of the Russians of Ukraine]. *Koht*, 27 set. 2017. Disponível em: <https://cont.ws/@Vityzeva/725933/full>. Acesso em: 6 jan. 2025.

"VIZITKA YAROSHA" ["Yarosh's Business Card"]. *Timer Odessa*, 22 abr. 2016. Disponível em: <https://web.archive.org/web/20210515023327/https://timer-odessa.net/news/vizitka_yarosha_eks_glava_pravogo_sektora_rasskazal_kak_ego_boytsi_shturmovali_slavyansk_587.html>. Acesso em: 5 jan. 2025.

VLASOV, Rodion. Est tolko odin put vernut Donbass [There Is only One Way to Return Donbass]. *NBNews*, 2 out. 2020. Disponível em: <https://nbnews.com.ua/politika/2020/10/02/est-tolko-odin-put-vernut-donbass-moskal-predlozhil-radikalnyi-plan/>. Acesso em: 29 dez. 2024.

VO LVOVE ZAKHVATILI OGA, SBU, prokuraturu, militsiyu, i nalogovuyu [In Lviv, the Regional State Administration, the Security Service of Ukraine, the Prosecutor's Office, the Police, and the Tax Office Were Seized]. *Ukraina News*, 19 fev. 2014. Disponível em: <https://fakty.ua/ru/177020-vo-lvove-zahvatili-oga-sbu-prokuraturu-miliciyu-i-nalogovuyu-foto>. Acesso em: 5 jan. 2025.

VOINA NEIZBEZHNA [War Is Inevitable]. *Novorossiya*, 12 dez. 2021. Disponível em: <https://tinyurl.com/y6lbhn88>. Acesso em: 5 jan. 2025.

VOLKER, Kurt. What Does a Successful Biden-Putin Summit Look Like? *Center for European Policy Analysis*, 2 jun. 2021. Disponível em: <https://cepa.org/what-does-a-successful-biden-putin-summit-look-like-not-what-you-think/>. Acesso em: 23 jan. 2025.

VOLKOV, Konstantin. Prezident Moldavii vystupil protiv zapreta retranslyatsii lyubykh SMI [Moldovan President Opposes Ban on Rebroadcasting of Any Media]. *Rossiĭskaya gazeta*, 17 jan. 2017. Disponível em: <https://rg.ru/2017/01/17/prezident-moldavii-vystupil-protiv-zapreta-retransliacii-liubyh-smi.html>. Acesso em: 22 dez. 2024.

VOLKOV, Pavel. "Kod natsii" protiv demokratii ["Nation Code" versus Democracy]. *Ukraina.ru*, 2 jan. 2022. Disponível em: <https://ukraina.ru/exclusive/20220102/1032845562.html>. Acesso em: 27 dez. 2024.

______. Glavnoe iz doklada OON o narusheniyakh prav cheloveka na Ukraine v 2014-2020 godakh [Key Points from the UN Report on Human Rights Violations in Ukraine, 2014-2020]. *Ukraina.ru*, 2 dez. 2020. Disponível em: <https://ukraina.ru/exclusive/20201202/1029818181.html>. Acesso em: 27 dez. 2024.

VORA, Jay A.; VORA, Erika. The Effectiveness of South Africa's Truth and Reconciliation Commission: Perceptions of Xhosa, Afrikaner, and English South Africans. *Journal of Black Studies*, v.34, n.3, p.301-22, 2004. Disponível em: <https://www.jstor.org/stable/3180939>. Acesso em: 22 dez. 2024.

VOSSTANIE KHMEL'NITSKOGO [Khmelnitsky's Rebellion]. *Wikipedia*, 14 set. 2021. Disponível em: <https://ru.wikipedia.org/w/index.php?title=Vosstanie_Khmel'nitskogo>. Acesso em: 6 jan. 2025.

VRUCHNYI, Maksim. Politolog nazval glavnye prichiny poteri Ukrainoi Kryma [Political Scientist Names the Main Reasons for Ukraine's Loss of Crimea]. *Riafan*, 2 out. 2020. Disponível em: <https://riafan.ru/1317269-politolog-nazval-glavnye-prichiny-poteri-ukrainoi-kryma>.

VSEMU DONBASSU gotovyat pravilo "Moskalya" ["Moskal" Rule Is Being Prepared for the Whole Donbass]. *Vesti.ua*, 2 jun. 2015. Disponível em: <https://vesti.ua/donbass/101944-vsemu-donbassu-gotovjat-pravilo-moskalja>. Acesso em: 6 jan. 2025.

VSEUKRAINSKY REFERENDUM (1991) [All-Ukrainian Referendum (1991)]. *Wikipedia*, 18 maio 2021. Disponível em: <https://ru.wikipedia.org/w/index.php?title=Vseukrainsky_referendum_(1991)>.

VSU GOTOVY k nastupliniyu na Donbasse, no budut posledstviya [The Ukrainian Armed Forces Are Ready for an Offensive in Donbass, but There Will Be Consequences]. *Strana.ua*, 30 mar. 2021. Disponível em: <https://strana.one/news/325420-khomchak-zajavil-chto-vsu-hotovy-k-nastupleniju-na-donbasse.html>. Acesso em: 6 jan. 2025.

VUETS, Pavlo; GRUZDEV, Stanislav. Oleksiy Reznikov: Bezpecha reintehratsiya Donbasu zaime minimum 25 rokiv [Oleksiy Reznikov: Safe Reintegration of Donbass Will Take at Least 25 Years]. *Glavcom.ua*, 11 jul. 2020. Disponível em: <https://glavcom.ua/interviews/oleksiy-reznikov-bezpechna-reintegraciya-donbasu-zayme-minimum-25-rokiv-692369.html>. Acesso em: 27 dez. 2024.

VYSTUP PREZYDENTA za rezultatamy Vseukrainskoho Pravoslavnoho Obiednavchoho Soboru [Speech by the President Following the Results of the All-Ukrainian Orthodox Unification Council]. *Ofitsiine internet-predstavnytstvo Prezydent Ukrainy*, 15 dez. 2018. Disponível em: <https://www.president.gov.ua/news/vistup-prezidenta-za-rezultatami-vseukrayinskogo-pravoslavno-52050>.

VYSTUP ROKU NA TEDxKyiv: Olena Styazhkina pro Donbas, bogiv, shibentsyu i vyiny [TEDxKyiv Talk of the Year: Olena Styazkina about Donbass, Gods, the Gallows, and War]. *Ukrainska pravda*, 3 nov. 2014. Disponível em: <https://life.pravda.com.ua/society/2014/11/3/183223/>. Acesso em: 6 jan. 2025.

WADE, Robert H. The Ukraine Crisis Is not what it Seems. *Le Monde Diplomatique*, 31 mar. 2015. Disponível em: <https://mondediplo.com/outsidein/the-ukraine-crisis-is-not-what-it-seems>. Acesso em: 27 dez. 2024.

WALKER, Shaun. Crimean Tatars Divided between Russian and Ukrainian Promises. *The Guardian*, 17 mar. 2015. Disponível em: <https://www.theguardian.com/world/2015/mar/17/crimean-tatars-divided-between-russian-and-ukrainian-promises>. Acesso em: 30 dez. 2024.

______. Ukrainian Far-Right Group Claims To Be Co-Ordinating Violence in Kiev. *The Guardian*, 23 jan. 2014. Disponível em: <https://www.theguardian.com/world/2014/jan/23/ukrainian-far-right-groups-violence-kiev-pravy-sektor>. Acesso em: 30 dez. 2024.

WEBER, Eugen. *Peasants into Frenchmen*: The Modernization of Rural France, 1870-1914. Stanford, CA: Stanford University Press, 2007. [Ed. esp.: *De campesinos a franceses: la modernización del mundo rural, 1870-1914*. Madri: Taurus, 2023.]

WEHRSCHÜTZ, Christian. Exklusiv-Interview: Sondergesandter Sajdik [Exclusive Interview: Special Envoy Sajdik]. *Kleine Zeitung*, 24 jan. 2019. Disponível em: <https://www.kleinezeitung.at/politik/aussenpolitik/5567894/>. Acesso em: 19 dez. 2024.

WEIJENBERG, Gijs; VAN ZUIJDEWIJN, Jeanine de Roy. The Forgotten Front: Dutch Fighters in Ukraine. *International Center for Counter-Terrorism*, 16 jul. 2021. Disponível em: <https://icct.nl/publication/forgotten-front-dutch-fighters-ukraine>. Acesso em: 22 dez. 2024.

WEIL, Simone. *The Need for Roots*: Prelude to a Declaration of Duties towards Mankind. Londres; Nova York: Routledge, 2002. (Routledge Classics.) [Ed. bras.: *O enraizamento*: prelúdio a uma declaração dos deveres para com o ser humano. Petrópolis, RJ: Vozes, 2023.]

WEIR, Fred. Moldova Shows Russia and the West Can Work Together. Can They Do Again? *Christian Science Monitor*, 17 jul. 2017. Disponível em: <https://www.csmonitor.com/World/Europe/2019/0717/Moldova-shows-Russia-and-the-West-can-work-together.-Can-they-do-it-again>. Acesso em: 21 dez. 2024.

WEISFLOG, Christian. OSCE Reports on Russian Soldiers. *Neue Zürcher Zeitung*, 4 ago. 2015. Disponível em: <https://www.nzz.ch/international/osze-trifft-auf-russische-soldaten-1.18590107?reduced=true>. Acesso em: 19 dez. 2024.

WENK, Viktoria. Nedoverie, util, prosrochka, novyi shtamm [Mistrust, Scrap, Expired, New Strain]. *Strana.ua*, 1º mar. 2021. Disponível em: <https://strana.one/news/320337-vaktsinatsija-v-ukraine-kak-ona-idet-na-1-marta-2021-koronavirus-novosti.html>. Acesso em: 4 jan. 2025.

WENK, Viktoria. Zrada pod elochku [Betrayal under the Christmas Tree]. *Strana.ua*, 2 jan. 2021. Disponível em: <https://strana.one/news/309931-chto-ukraintsy-iskali-v-google-i-smotreli-v-youtube-na-novyj-hod.html>. Acesso em: 4 jan. 2025.

______. Ostanovit zakrytie russkikh shkol [Stop the Closure of Russian Schools]. *Strana.ua*, 18 jul. 2020. Disponível em: <https://strana.one/news/279217-kak-poroshenko-russkij-jazyk-zashchishchal.html>. Acesso em: 4 jan. 2025.

______. Uvazhenie k yazykam i nikakogo Nato [Respect for Languages and no Nato]. *Strana.ua*, 16 jul. 2020. Disponível em: <https://strana.one/news/279033-deklarat-sija-o-suverenitete-ukrainy-chto-nam-obeshchali-30-let-nazad.html>. Acesso em: 4 jan. 2025.

______. Konditsionera ne bylo [There Was no Air Conditioning]. *Strana.ua*, 2 jun. 2020. Disponível em: <https://strana.one/news/270777-aviaudar-po-luhanskoj-oha-2-ijunja-2014-chto-my-znaem-o-trahedii-shest-let-spustja.html>. Acesso em: 4 jan. 2025.

______. "Shkurnyaki" Poroshenko i familii strelkov Maïdana [Poroshenko's "Shkurnyaki" and the Names of the Maidan Shooters]. *Strana.ua*, 18 dez. 2019. Disponível em: <https://strana.today/news/240033-elena-lukash-na-sude-po-berkutu-raskryla-familii-ubijts-na-majdane.html>. Acesso em: 4 jan. 2025.

WILES, Peter. *The Political Economy of Communism*. Cambridge, MA: Harvard University Press, 1964.

WILLIAMS, Raymond. *Modern Tragedy*. Stanford, CA: Stanford University Press, 1966. [Ed. bras.: *Tragédia moderna*. São Paulo: Cosac & Naify, 2002.]

WILSON, dr. Andrew. *The Ukrainians*: Unexpected Nation. New Haven, CT: Yale University Press, 2002.

WOLFF, Stefan; MALYARENKO, Tetyana. How Can Ukraine, Crimea and Russia Secure a Stable Future? *The Conversation*, 4 mar. 2014. Disponível em: <https://theconversation.com/how-can-ukraine-crimea-and-russia-secure-a-stable-future-23947>. Acesso em: 2 jan. 2025.

______; RODT, Annemarie Peen. Self-Determination after Kosovo. *Europe-Asia Studies*, v.65, n.5, p.799-822, 2013. Disponível em: <https://doi.org/10.1080/09668136.2013.792450>. Acesso em: 2 jan. 2025.

WOOD, L. Todd. Ukrainian Corruption Casts a Nuclear Pall over All of Europe. *Washington Times*, 30 mar. 2017. Disponível em: <https://www.washingtontimes.com/news/2017/mar/30/ukrainian-corruption-casts-nuclear-pall-over-all-e/>. Acesso em: 23 dez. 2024.

YACK, Bernard. Popular Sovereignty and Nationalism. *Political Theory*, v.29, n.4, p.517-36, ago. 2001. Disponível em: <https://doi.org/10.1177/0090591701029004003>. Acesso em: 19 dez. 2024.

YAK BACHAT 30 rokiv nezalezhnosti prezidenty [How Presidents See 30 Years of Independence]. *Ukrainska pravda*, 26 ago. 2021. Disponível em: <https://www.pravda.com.ua/articles/2021/08/26/7304998/>. Acesso em: 6 jan. 2025.

YAKOVENKO, Marina. Tam zhivut prestupniki [Criminals Live There]. *Vesti.ua*, 9 set. 2020. Disponível em: <https://vesti.ua/politika/tam-zhivut-prestupniki-pochemu-vlasti-slivayut-vozvrashhenie-donbassa>.

YAKOVENKO, Marina. Reintegratsiya Donbassa [The Reintegration of Donbass]. *Vesti*, 9 set. 2020. Disponível em: <https://vesti.ua/politika/tam-zhivut-prestupniki-pochemu-vlasti-slivayut-vozvrashhenie-donbassa>.

______; TKACHUK, Oleg. Operatsiya Vagner [Operation Wagner]. *Vesti*, 17 nov. 2021. Disponível em: <https://vesti.ua/strana/ne-proshlo-i-goda-chto-rasskazali-bellingcat-v-nashumevshejstate-o-vagnere>.

YAROSH prigrozil "otrubit" golovy separatistam Nikolayevskoi oblasti [Yarosh Threatened to "Cut Off" the Heads of Separatists of the Nikolayev Region]. *Vesti*, 9 mar. 2017. Disponível em: <https://perma.cc/G2VB-U4BL>. Acesso em: 16 jan. 2025.

YAROSH V NIKOLAYEVE poobeshchal "rubit golovy" mestnym separatistam [Yarosh in Nikolaev Promised to "Cut off the Heads" of Local Separatists]. *Donpress News*, 9 mar. 2017. Disponível em: <https://donpress.com/news/09-03-2017-yarosh-v-nikolaeve-poobeshchal-rubit-golovy-mestnym-separatistam>. Acesso em: 6 jan. 2025.

YAROSH, Dmitro. Ukrainska revolyutsiya XXI stolittya [Ukrainian Revolution: XXI Century]. *Banderivets.org.ua*, 16 maio 2022. Disponível em: <https://perma.cc/LEF6-W6RR>. Acesso em: 19 dez. 2024.

YAROSH: I CAN Send Several Battalions to Kiev and Resolve the Government Issue. *Euromaidan News*, 18 out. 2014. Disponível em: <https://euromaidanpress.com/2014/10/18/yarosh-i-can-send-several-battalions-to-kyiv-and-resolve-the-government-issue/>. Acesso em: 6 jan. 2025.

YERCHENKO, Kirill. Krymsko-tatarskaya kultura v rossiiskom krymu [Crimean Tatar Culture in the Russian Crimea]. *Rhythm of Eurasia*, 3 jul. 2018. Disponível em: <https://dzen.ru/a/WzqjlBn7_wCp78wX>. Acesso em: 18 dez. 2024.

YERMOLAYEV, Andrey. V Ukraine – totalnoe nedoverie ko vsem politicheskim lideram [In Ukraine There Is Total Distrusts of All Political Leaders]. *Spaces.ru*, 24 out. 2020. Disponível em: <https://spaces.im/diary/read/comm/souzmira/2063667915/>. Acesso em: 17 dez. 2024.

"YOU'LL ALL Be Dead": Polish Foreign Minister Radoslaw Sikorski's Warning to Ukraine Protest Leader. *On Demand News*, 21 fev. 2014. Disponível em: <https://www.youtube.com/watch?v=PoKyqoiq5b4>. Acesso em: 21 dez. 2024.

YURASUMY (Yuri Podolyaka). Tse ostatochne proshchavai [This Is the Final Farewell]. *Livejournal*, 12 mar. 2019. Disponível em: <https://yurasumy.livejournal.com/2344611.html>. Acesso em: 6 jan. 2025.

YURY FEDOTOV: We Risk Danger by Granting Kosovo Independence. *The Independent*, 19 dez. 2007. Disponível em: <https://www.independent.co.uk/voices/commentators/yury-fedotov-we-risk-danger-by-granting-kosovo-independence-765912.html>. Acesso em: 6 jan. 2025.

YUSHCHENKO NASCHITAL 24 voiny s Rossiei [Yushchenko Counted 24 Wars with Russia]. *Ukraina.ru*, 5 abr. 2017. Disponível em: <https://ukraina.ru/news/20170405/1018493199.html>. Acesso em: 6 jan. 2025.

YUSHCHENKO PRO KRIM i Donbas [Yushchenko on Crimea and Donbass]. *Pravda Ukrainy*, 26 dez. 2014. Disponível em: <https://www.pravda.com.ua/news/2014/12/26/7053324/>. Acesso em: 6 jan. 2025.

YUSHCHENKO UDIVIL zayavleniem o prisutstvii RF na Donbasse [Yushchenko Surprised with Statement about Russian Presence in Donbass]. *Sud.ua*, 3 set. 2018. Disponível em: <https://sud.ua/ru/news/ukraine/124607-yuschenko-udivil-zayavleniem-o-prisutstvii-rf-v-donbasse>. Acesso em: 6 jan. 2025.

YUSHCHENKO: U NAS neskolko yazykov i tserkvei – eto nenormalno [Yushchenko: We Have Several Languages and Churches – This Is not Normal]. *NewsOne*, 20 jan. 2017. Disponível em: <https://hvylya.net/news/digest/yushhenko-u-nas-neskolko-yazyikov-i-tserkvey-eto-nenormalno.html>. Acesso em: 6 jan. 2025.

Z KHRYSTOM u sertsi [With Christ in our Hearts]. *Banderivets*, [s.d.]. Disponível em: <https://perma.cc/ X79F-KR78>.

ZA 5 LET CHISLO passazhirov na zheleznykh dorogakh mezhdu RF i Ukrainoi sokratilos pochti na 65% [Over 5 Years, the Number of Passengers on Railways between Russia and Ukraine Has Decreased by Almost 65%]. *Tass*, 9 abr. 2019. Disponível em: <https://tass.ru/ekonomika/6311094>. Acesso em: 6 jan. 2025.

ZA CHTO NASH zemlyak ubil Simona Petlyuru [Why Did our Fellow Countryman Kill Simon Petlyura]. *Timer-Odessa*, 3 fev. 2016. Disponível em: <https://web.archive.org/web/20210126020617/https://timer-odessa.net/statji/za_chto_nash_zemlyak_ubil_simona_petlyuru_ili_zachem_ukraine_antisemitskaya_reputatsiya_860.html>. Acesso em: 4 nov. 2021.

ZA GOD KOLICHESTVO storonnikov evrointegratsii sredi ukraintsev umenshilos [Over the Year, the Number of Supporters of European Integration among Ukrainians Has Decreased]. *Unian*, 11 mar. 2016. Disponível em: <https://www.unian.net/society/1287630-za-god-kolichestvo-storonnikov-evrointegratsii-sredi-ukraintsev-umenshilos-issledovanie.html>. Acesso em: 6 jan. 2025.

ZA GOD UKRAINTSEV stalo menshe eshche na chetvert milliona chelovek [Ukrainians Have Become Fewer by another Quarter of a Million People in a Year]. *Ukrainsky vybor*, 18 fev. 2020. Disponível em: <https://web.archive.org/web/20200814105638/http://vybor.ua/news/society/za_god_ukraincev_stalo_menshe_eshche_na_chetvert_milliona_chelovek_gosstat.html>. Acesso em: 6 jan. 2025.

ZABORIN, Dmitry. "Globus Ukrainy" ["Globe of Ukraine". Maps, Intrigues and Failure at the Paris Peace Conference]. *Ukraina.ru*, 23 jan. 2020. Disponível em: <https://ukraina.ru/20200123/1026429521.html>. Acesso em: 20 dez. 2024.

ZAHALNOUKRAINSKE SOTSIOLOHICHNE opituvannya naselennya Ukrainy [All-Ukraine Sociological Survey of the Population of Ukraine]. *Social Monitoring Center*, 21 dez. 2021. Disponível em: <https://smc.org.ua/zagalnoukrayinske-sotsiologichne-opytuvannya-naselennya-ukrayiny-3551/>.

ZAITSEV, Aleksandr. Ukrainskyi integralnyi natsionalizm v poiskakh "osobogo puti" [Ukrainian Integral Nationalism in Search of a "Special Path"]. *Novoye Literaturnoye Obozreniye (NLO)*, n.2, 2011.

ZAKHARCHENKO, Vitaly. Federalizatsiya Ukrainy vmesto kolonizatsii Zapadom [Federalization of Ukraine Instead of its Colonization by the West]. *Ukraina.ru*, 6 abr. 2015. Disponível em: <https://ukraina.ru/analytics/20150406/1012650922.html>. Acesso em: 5 jan. 2025.

ZAKHAROV, Dmitriy. Ekspert nazval dva stsenariya prekrashcheniya voiny v Donbasse [An Expert Names Two Scenarios for Ending the War in Donbass]. *Zerkalo Nedeli*, 4 jan. 2020. Disponível em: <https://zn.ua/POLITICS/ekspert-nazval-dva-scenariya-prekrascheniya-voyny-v-donbasse235849_.html>.

ZAKON PRO AMNISTIYU [Amnesty Law]. *News24.ua*, 25 abr. 2018. Disponível em: <https://news24ua.com/zakon-pro-amnistiyu-napravlen-na-nerassledovanie-vseh-prestupleniy-na-maydane-advokat-nebesnoy-sotni>.

ZALEVSKAYA, Natalya. Nemaya Ukraina [Silent Ukraine]. *Novorossiya*, 10 fev. 2021. Disponível em: <https://novorosinform.org/nemaya-ukrainaya-kak-v-sssr-ukrainskij-literaturnyj-yazyk-sozdavali-13516.html>. Acesso em: 26 dez. 2024.

ZAMANA: V 2016-2017 godakh v minoborony Ukrainy unichtozhili dokumenty, kotorye kasayutsya primeneniya Rossiiskoi armii v Krymu vo vremya anneksii [Zamana: In 2016-2017, the Ukrainian Defense Ministry Destroyed Documents Related to the Use of the Russian Army in Crimea during the Annexation]. *Gordon.ua*, 9 nov. 2020. Disponível em: <https://gordonua.com/news/politics/zamana-v-2016-2017-godah-v-minoborony-ukrainy-unichtozhili-dokumenty-kotorye-kasajutsja-primenenija-rossijskoj-armii-v-krymu-vo-vremja-anneksii-1526576.html>. Acesso em: 6 jan. 2025.

ZAPOLSKI, Aleksandr. Kto kogo kormil v SSSR [Who Fed Whom in the USSR and Who Lost the Most from its Collapse]. *Komsomolskaya pravda*, 28 set. 2017. Disponível em: <https://www.kp.ru/daily/26571.7/3586720/>. Acesso em: 16 dez. 2024.

ZAPPULLA, Silvia. Reading *Antigone* through Hannah Arendt's Political Philosophy. In: MEDITERRANEAN CONGRESS OF AESTHETICS, 5. 2011. Disponível em: <https://www.um.es/vmca/proceedings/docs/11.Silvia-Zappulla.pdf>. Acesso em: 30 dez. 2024.

ZARINYAN, Fosgen. Vinnitsa. Zakhvat oblastnoi gosudarstvennoi administratsii [Vinnitsa. Seizure of the Regional State Administration]. *YouTube*, 26 jan. 2014. Disponível em: <https://www.youtube.com/watch?v=-qoRD-fyZNCg>.

ZAWADZKI, Sabina; HOSENBALL, Mark; GREY, Stephen. In Ukraine, Nationalists Gain Influence – and Scrutiny. *Reuters*, 18 mar. 2014. Disponível em: <https://www.reuters.com/article/ukraine-crisis-far-right-idINDEEA2H07J20140318/>. Acesso em: 29 dez. 2024.

ZDANIYA PRAVITELSTVA i parlamenta Kryma zakhvatili vooruzhennye lyudi v maskakh [The Crimean Government and Parliament Buildings Were Seized by Armed Men in Masks]. *Newsru.com*, 7 dez. 2017. Disponível em: <https://www.newsru.com/world/27feb2014/crimea.html>. Acesso em: 6 jan. 2025.

ZDIORUK, Sergey; TOKMAN, Vladimir. Vydavlivaya Moskvu po kaple [Squeezing Moscow Out Drop by Drop]. *Zerkalo Nedeli*, 23 out. 2015. Disponível em: <https://zn.ua/internal/vydavlivaya-moskvu-po-kaple-_.html>. Acesso em: 30 dez. 2024.

ZE-CHERKNUTO [ZE-Crossed Out]. *AgitParohod*, n.28, 2019. Disponível em: <https://www.youtube.com/watch?v=AlaL6kQbwMI>. Acesso em: 6 jan. 2025.

ZELENSKY BANS Main Ukrainian Opposition Party. *RT.com*, 20 mar. 2022. Disponível em: <https://www.rt.com/russia/552321-ukraine-zelensky-opposition-parties/>. Acesso em: 6 jan. 2025.

ZELENSKY ON Donbas Truce Achievements: Combat Losses Down 90% on Year. *Unian*, 12 jun. 2020. Disponível em: <https://www.unian.info/war/donbas-truce-zelensky-says-combat-losses-down-90-on-year-11245502.html>. Acesso em: 6 jan. 2025.

ZELENSKY, Volodymyr. Ukraina rabotaet nad reformoi dvoinogo grazhdanstva [Ukraine Working on Introducing Dual Citizenship]. *Ukraina.ru*, 21 jan. 2020. Disponível em: <https://ukraina.ru/20200121/1026395720.html>. Acesso em: 4 jan. 2025.

ZHEBRIVSKIY PROSIT Poroshenko sozdat VGA vo vsekh raionakh donetskoi oblasti [Zhebrivsky Asks Poroshenko to Create Military-State Administrations in all Districts of Donetsk Region]. *Ukrainskaya pravda*, 13 ago. 2015. Disponível em: <https://www.pravda.com.ua/rus/news/2015/08/13/7077754/>. Acesso em: 6 jan. 2025.

ZHEBRIVSKY ZAYAVIL, chto Donbass mozhno osvobodit za chetyre dnya [Zhebrivsky Says Donbass Can Be Liberated in Four Days]. *MIG News*, 23 jun. 2017. Disponível em: <https://m.mignews.com.ua/politics/18374779.html>.

ZHEBRIVSKY: NA Donbasse – chetyre tysyachi voennykh RF [Zhebrivsky: There Are Four Thousand Russian Troops in Donbass]. *Korrespondent*, 5 maio 2017. Disponível em: <https://korrespondent.net/ukraine/3847855-zhebryvskyi-na-donbasse-chetyre-tysiachy-voennykh-rf>. Acesso em: 6 jan. 2025.

ZHITELI KRYMA khotyat reshat sudbu poluostrova na referendume [Residents of Crimea Want to Decide the Fate of the Peninsula in a Referendum not Provide for by Law]. *Newsru.com*, 27 fev. 2014. Disponível em: <https://www.newsru.com/world/27feb2014/referendum.html>. Acesso em: 6 jan. 2025.

ZHITELI YUGA UKRAINY shchitayut Evromaidan perevorotom [Residents of Southern Ukraine Consider Euromaidan a Coup and Believe that the War in Donbass Is Beneficial to Kyev]. *Timer-Odessa*, 14 fev. 2017. Disponível em: <https://web.archive.org/web/20190202040926/http://timer-odessa.net/news/jiteli_yuga_ukraini_schitayut_maydan_perevorotom_i_veryat_chto_voyna_na_donbasse_vigodna_kievu_849.html>. Acesso em: 6 jan. 2025.

ZHMERINSKY, Alexei. Vosem voprosov liberalam i dirizhistam [Eight Questions for Liberals and "Conductors", or How to Change the Country?]. *Ukrainska pravda*, 26 fev. 2016. Disponível em: <https://www.pravda.com.ua/rus/articles/2016/02/26/7100396/>. Acesso em: 16 dez. 2024.

ZHURNALIST NAPOMNIL, chto raspad Ukrainy mog sostoyatsya 20 let nazad [Journalist Recalls that Ukraine Could Have Collapsed 20 Years ago]. *Rossiiskaya gazeta*, 14 jan. 2015. Disponível em: <https://rg.ru/2015/01/14/ruina1.html>. Acesso em: 9 nov. 2021.

ZOLOTAREV RASSKAZAL, chto na Ukraine na samom dele dumayut o zhitelyakh Kryma i Donbassa [Zolotarev Told what Ukraine Really Think about the Residents of Crimea and Donbass]. *Ukraina.ru*, 9 dez. 2020. Disponível em: <https://ukraina.ru/news/20201209/1029890131.html>. Acesso em: 6 jan. 2020.

ZOLOTUKHINA, Inna. General Zamana: "Nakanune godovshchiny anneksii Kryma vlastyam nuzhna novaya zhertva" [General Zamana: "On the Eve of the Anniversary of the Annexation of Crimea, the Authorities Need a New Victim"]. *Strana.ua*, 25 fev. 2019. Disponível em: <https://amp.strana.news/articles/interview/

188059-vladimir-zamana-intervju-s-opalnym-heneralom-kotoryj-ruhal-turchinova.html>. Acesso em: 22 dez. 2024.

ZUBYUK, Pavlo. Nash nenash Krym [Crimea: ours and not ours]. *Zaxid.net*, 16 mar. 2020. Disponível em: <https://zaxid.net/nash_nenash_krim_n1499339>.

ZVERNENNYA SVYASHCHENNOHO Synodu Pravoslavnoï Tserkvy Ukrainy z pryvodu eskalatsyi rosiiskoï ahresii proty Ukrainy [Address of the Holy Synod of the Orthodox Church of Ukraine on the Escalation of Russian Aggression against Ukraine]. *PTsU*, 19 abr. 2021. Disponível em: <https://www.pomisna.info/uk/vsi-novyny/zvernennya-svyashhennogo-synodu-pravoslavnoyi-tserkvy-ukrayiny-z-pryvodu-eskalatsiyi-rosijskoyi-agresiyi-proty-ukrayiny-ukr-ros/>. Acesso em: 6 jan. 2025.

Índice remissivo*

* Números de página em itálico indicam tabelas; e números de páginas seguidos de "n" referem-se às notas de rodapé.

O

P

R

Y

Z

SOBRE O LIVRO

Formato: 16 x 23 cm
Mancha: 26 x 48,6 paicas
Tipologia: StempelSchneidler 10,5/12,6
Papel: Off-White 80 g/m² (miolo)
Cartão Triplex 250 g/m² (capa)
1ª edição Editora Unesp: 2025

EQUIPE DE REALIZAÇÃO

Edição de texto
Tulio Kawata (Copidesque)
Jennifer Rangel de França (Revisão)

Editoração eletrônica
Eduardo Seiji Seki

Capa
Marcos Keith Takahashi (Quadratim)

Assistente de produção
Erick Abreu

Assistência editorial
Alberto Bononi
Gabriel Joppert

Rettec artes gráficas e editora

Rua Xavier Curado, 388 • Ipiranga - SP • 04210 100
Tel.: (11) 2063 7000
rettec@rettec.com.br • www.rettec.com.br